개정증보판

서양사
강좌

개정증보판

서양사 강좌

박윤덕 외 지음

아카넷

개정증보판 머리말

『서양사강좌』가 세상에 나온 지 벌써 6년이 지났다. 본격적으로 집필 작업을 시작했던 2012년으로부터 치면 10년이라는 짧지 않은 세월이 흘렀다. 출간 이후『서양사강좌』는 당초 목표했던 대로, 대학의 교양 및 전공 과정에 개설된 〈서양문화사〉 또는 〈서양사입문〉 강좌를 위한 강의교재로, 그리고 일반 독자에게 재미와 교훈을 줄 수 있는 스토리텔링(storytelling)이 가능한 서양사 입문서로 확실하게 자리 잡은 듯 보인다.

돌이켜 보면, 20-21세기의 전환기는 '단기(短期)의 20세기'를 마감하고 새로운 시대를 여는 대변혁의 시기였다. 소비에트 연방과 동유럽 사회주의 정권의 붕괴로 냉전이 종식되었지만, 문명권 간의 대립과 갈등이 심화하고 미·중 간의 패권 경쟁이 격화하면서 국제적 긴장은 오히려 더 고조되었고 세계정세는 훨씬 더 복잡해졌다. 그뿐만 아니라 정보통신 기술의 비약적 발전, 이른바 제4차 산업혁명과 함께 자본주의가 '산업', '금융' 자본주의 단계를 넘어 이전에는 상상할 수 없었을 정도로 고도화·집중화되었고, 기후 변화 및 생태 위기 등으로 말미암아 인류의 일상생활 자체가 큰 변화를 겪었다. 이러한 변화 속에서 기존의 역사 해석과 서술은 새로운 도전에 직면하지 않을 수 없었는데, 시대 변화의 요구에 부응하는 새로운 서양사 개설서로 기획된 것이 바로『서양사강좌』였다.

『서양사강좌』는 세기 전환기의 변화를 반영한 새로운 연구 경향과 성과를 담아내고자 했다. 첫째, 서양사의 내적 논리만이 아니라 서양 바깥의 움직임도 함께 고려하고, 세계의 중심으로서의 유럽이 아니라 여러 지역과 문명권 가운데 하나로서 유럽과 서양을 바라봄으로써 유럽 중심주의를 탈피하고자 했다. 둘째, 정치 일변도의 서술을 지양하고 사회사와 문화사의 연구 성과를 적극적으로 반영함으로써, 지역 간 교류와 접촉, 이주 등에 관한 새로운 문제의식을 수용하고 인간 사회의 다양한 측면들을 함께 고찰하고자 했다. 셋째, 지도와 도표 등 다양한 자료를 곁들여 역사적 맥락과 의미를 이해하기 쉽게 서술함으로써 서양사에 관심을 가진 사람이라면 누구나 한 번 읽어보고 싶도록 만들고자 노력했다.

그러나 필진의 이러한 문제의식과 노력에도 불구하고 『서양사강좌』에는 부족하고 미흡한 점이 있었다. 여러 가지 사정으로 애당초 계획되었던 장절(章節)이 다 채워지지 못해 장구한 역사적 흐름을 끊고 맥락을 건너뛰게 만드는 빈틈들이 있었다. 또한 각 장의 내용이 독자적인 강의 주제로서 자기 완결성을 가지면서도 하나의 전체상을 구성하는 그림 조각들처럼 서양사라는 큰 그림의 한 부분으로서 상호 유기적으로 연결되어야 했는데, 기대에 미치지 못한 면이 있었다. 마지막으로, 중·고등학교 교육과정에서 역사 교육 특히 서양사 교육의 비중이 현저히 축소되고 그 수준이 크게 낮추어진 상황에서, 서양사 교육의 지침서로서의 역할을 더 강화할 필요성이 있었다.

이제 이러한 문제점을 보완하고 한층 더 완성도를 높인 개정증보판 『서양사강좌』를 세상에 내놓는다. 매우 중요하지만 다 채워 넣지 못했던 주제인 '헬레니즘 시대', '19세기 민족주의 시대', '러시아 혁명'에 관한 장을 새로이 추가했고, 일부 장절의 내용을 수정·보완했다. 좋은 책을 만들기 위해서 수고를 아끼지 않은 아카넷 출판사의 편집진, 자료를 조사하고 함께 토론했던 선후배 동학들, 심혈을 기울여 집필하고 내용을 보완해준 모든 필자에게 감사드린다.

2022년 2월
필자를 대표해서
박윤덕

초판 머리말

『서양사강좌』는 고대 그리스·로마로부터 20세기 말의 사회주의 몰락에 이르기까지 서양사 전체를 아우르는 서양사 개설서이다. 이 책은 대학의 교양 및 전공 과정에 개설된 〈서양문화사〉 또는 〈서양사입문〉 강좌를 위한 교재로 구상되었지만, 서양사에 관심을 가진 일반 독자들에게도 한 번 읽어보도록 권할 만한 교양서이다.

국내 연구진에 의해서 서양사 개설서가 출간된 것은 1992년『서양사강의』가 출판된 이후 실로 25년 만의 일이다. 그 이전에도『서양사총론』(1976),『서양사개론』(1983) 등 각 세대를 대표하는 서양사 개설서가 있었고 이후 몇 차례 개정판이 나왔지만, 이미 오래전부터 21세기의 신세대에 맞는 새로운 서양사 개설서가 요구되었던 것이 사실이다. 지난 세기말은 역사를 새로이 써야 할 만큼 크게 소용돌이쳤던 격변의 시대였기 때문이다. 현실 사회주의가 붕괴하고 냉전이 종식되었을 뿐만 아니라, 문명권 간의 대립과 갈등이 심화되는 등 국제정세의 변화로 말미암아 기존의 역사 해석과 서술은 새로운 도전에 직면하게 되었다. 다른 한편, 교육과정의 개편으로 중·고등학교 과정에서 서양사 교육의 비중이 현저히 감소하였기 때문에, 대학의 역사교육은 이러한 변화에도 적절히 대응해야 했다.

이러한 문제의식을 공유한 필자들은 지난 세기말의 변화를 반영한 새로운 연구 경향과 성과들을 담아내면서도 유럽중심주의를 탈피한 "새로운 서양사 개설서"를 지향했다. 서양사를 서술하면서 서양의 중심인 유럽의 시각을 탈피한다는 것은 일견 모순된다. 그러나 유럽사를 유럽사의 내적 논리만이 아니라 유럽사 바깥의 요소들을 함께 고려하고, 세계의 중심으로서의 유럽이 아니라 여러 지역과 문명권 가운데 하나로서 유럽과 서양을 바라본다면, 단지 구호로만이 아니라 실질적으로 유럽중심주의를 탈피하는 것이 가능하리라 판단했다. 또한 정치 일변도의 서술을 지양하고 그동안 제대로 반영되지 않았던 사회사와 문화사의 연구 성과들을 적극적으로 반영했다. 이를 통해서 지역 간 교류와 접촉, 이주 등에 관한 새로운 문제의식을 수용하고, 독자들에게 인간사회의 다양한 측면들을 고찰할 수 있는 기회를 제공하고자 했다. 마지막으로, 지도와 도표 등 다양한 자료를 곁들여 이해하기 쉽게 서술함으로써, 대학의 강의교재로서뿐만 아니라 일반 독자에게 재미와 교훈을 줄 수 있는 스토리텔링(Storytelling)이 가능한 서양사를 서술하고자 노력했다.

    이 책을 처음 구상한 것은 2005년 서울대학교 교수학습개발센터와 서양사학과가 공동으로 진행한 〈"서양 문명의 역사" 강의개선 워크숍〉에 참여했을 때였다. 그로부터 벌써 10년이란 짧지 않은 세월이 흘렀다. 그동안 좋은 책을 만들기 위해서 자료를 조사하고 함께 토론했던 선후배 동학들과 집필에 참여한 모든 필자들에게 감사드린다.

2016년 1월
필자를 대표해서
박윤덕

차례

개정증보판 머리말   004
초판 머리말   006

1장   고대 그리스 세계 | 김봉철   015
    1   지중해 세계와 그리스   016
    2   폴리스 시대의 그리스   021
    3   그리스 문화   034

2장   헬레니즘 세계 | 박재욱   041
    1   알렉산드로스의 정복   042
    2   '계승자들'의 시대(기원전 323-280년)   050
    3   헬레니즘 왕국들의 흥망(기원전 280-30년)   053
    4   헬레니즘 사회와 문화   058

3장   고대 로마와 지중해 세계 | 김덕수   067
    1   트로이아에서 이탈리아로: 아이네이스 신화가 역사가 되다   068
    2   로마 공화정   072
    3   로마 제국과 로마의 평화(Pax Romana)   079
    4   로마 문명의 특징: 개방성, 인간주의, 실용성   086

4장   기독교의 형성과 고대 세계 | 정기문   089
    1   예수와 제자들의 활동   090
    2   로마의 기독교에 대한 대응   097
    3   기독교의 공인과 국교화   103
    4   기독교 교리의 정비   107

5장 중세 유럽의 탄생과 세 문명권의 성립 | 박흥식   113

  1 로마 제국 너머의 세계: 게르만 왕국들의 등장과 기독교   114
  2 비잔티움 제국: 콘스탄티노폴리스 성립 이후   121
  3 이슬람 제국의 성립과 팽창   125
  4 카롤링 제국의 발전과 봉건제(950년까지)   129

6장 중세 서유럽 세계의 발전 | 남종국   139

  1 농업 경제의 발전   140
  2 상업의 부활과 도시의 발전   143
  3 중세 봉건 왕정의 발전   151
  4 중세 교회의 발전   157

7장 중세 유럽 사회: 농민과 귀족, 성직자 | 성백용   165

  1 '일하는 자들': 농민   167
  2 '싸우는 자들': 기사와 귀족   174
  3 '기도하는 자들': 성직자와 중세 교회   182

8장 중세 유럽의 문화와 타 문명과의 교류 | 성백용·남종국   191

  1 중세 유럽의 문화   192
  2 지중해 교류의 확대   203
  3 아시아와의 만남   208

9장 중세 사회의 위기와 변화 | 박용진   215

  1 장원제의 붕괴   216
  2 주종제도의 몰락   223
  3 교회의 위기   232
  4 근대의 태동   234

10장   대항해 시대와 세계 체제 | 김원중   239

1 대항해의 동기   241
2 항해 기술의 발전   246
3 포르투갈의 아시아 해상 제국   249
4 에스파냐의 아메리카 제국   253
5 '대항해'의 의미와 세계 체제   262

11장   르네상스와 종교개혁 | 황대현   265

1 르네상스란 무엇인가   266
2 르네상스의 다양성   271
3 종교개혁과 서유럽 기독교 세계의 분열   276
4 르네상스와 종교개혁의 관계   287

12장   근대 초 유럽의 재정·군사 국가의 형성 | 임승휘   289

1 재정·군사 국가의 등장   290
2 유럽 각국의 발전   296

13장   근대 초 유럽의 사회와 문화 | 박윤덕   313

1 경제적 배경   314
2 사회상의 변화   318
3 문화적 측면들   330

14장   시민혁명과 신체제의 수립 | 양희영   335

1 대서양 세계의 혁명   336
2 미국 독립 혁명   338
3 프랑스 혁명   344

15장 산업혁명과 자본주의 | 김대륜 　　　　　　　　　　361

　　1 산업혁명의 의미　　　　　　　　　　　　　　　　362
　　2 산업혁명의 전개　　　　　　　　　　　　　　　　366
　　3 산업혁명의 원동력　　　　　　　　　　　　　　　375
　　4 산업혁명의 확산　　　　　　　　　　　　　　　　380

16장 19세기 전반기 대서양 양안 세계의 변화 | 박구병 　387

　　1 나폴레옹의 몰락과 빈 체제　　　　　　　　　　　389
　　2 라틴아메리카의 독립투쟁과 유럽의 자유주의 혁명　393
　　3 신생 공화국 미국의 성장과 변화　　　　　　　　　400
　　4 노예제의 종식과 유럽 협조 체제의 변형　　　　　　405

17장 19세기 민족주의 시대 | 고재백　　　　　　　　　411

　　1 장기의 19세기, 민족주의 시대　　　　　　　　　　412
　　2 민족과 민족주의 개념　　　　　　　　　　　　　　413
　　3 근대 민족주의의 등장과 초기의 민족주의(1789-1815)　416
　　4 중기의 민족주의(1815-1870년대)와 민족국가의 수립　422
　　5 후기의 통합민족주의(1880년대-1914)　　　　　　435

18장 산업사회의 등장과 노동운동 | 신명훈　　　　　441

　　1 산업사회와 노동계급의 형성　　　　　　　　　　　447
　　2 사회주의 사상의 형성과 발전　　　　　　　　　　　453
　　3 노동조합 운동의 발전　　　　　　　　　　　　　　461
　　4 사회주의정당의 발전　　　　　　　　　　　　　　467
　　5 사회주의 운동의 성과와 한계　　　　　　　　　　471

19장　도시화와 근대 문화의 성장 | 민유기　473

1 산업도시의 성장과 도시문제의 대두　474
2 근대적 도시정비의 이상과 현실　481
3 사회주택의 등장　490
4 도시 문화의 확산과 예술의 변화　493

20장　제국주의의 시대(1870-1914) | 최재인　499

1 용어: 제국, 제국주의, 식민주의　500
2 제국주의와 국민국가　503
3 제국주의와 자본주의　509
4 기술과 군사력　513
5 제국주의 시대의 이데올로기　517
6 제국주의의 유산　520

21장　이주의 물결과 이동의 확대 | 이경일　523

1 이주와 정주: 관점의 전환과 확장　524
2 본격적인 산업화 이전의 인구 이동　526
3 산업화와 도시화 그리고 이주　533
4 국제적 이주: 이동 범위의 확대　538
5 1914년 이후의 이주　545

22장　제1차 세계대전과 총력전의 세기 | 강창부　549

1 1914년의 유럽과 세계대전의 서막　550
2 1915년: 대안 전략의 모색　560
3 1916년: '과다출혈'의 해법　563
4 1917년: 위기와 기대의 공존　568
5 1918년: 결정의 해　574
6 총력전과 전쟁의 새로운 양상　579

23장 러시아 혁명과 사회주의 국가의 출현:
억압에서 해방으로, 해방에서 동원으로 | 류한수   587

    1 1917년 혁명 이전의 러시아 제국   588
    2 러시아 혁명과 내전   594
    3 혁명과 내전 이후의 소비에트 러시아   602
    4 나오는 말   608

24장 전간기 유럽 사회와 파시즘의 전개 | 장문석   609

    1 전쟁과 전후   610
    2 파시즘의 대두   614
    3 파시즘의 변형   622
    4 다시 전쟁과 전후   632

25장 제2차 세계대전과 홀로코스트 | 이용우   637

    1 제2차 세계대전   638
    2 홀로코스트   648
    3 제2차 세계대전의 유산   661

26장 냉전 체제의 전개와 제3세계의 대두 | 이용재   665

    1 냉전 체제의 확립   667
    2 탈식민화와 민족해방   676
    3 냉전인가 열전인가   684
    4 냉전의 종식과 냉전 이후의 세계   690

27장 68운동과 새로운 사회운동 | 송충기   695
    1 징후   696
    2 분출   698
    3 폭발   705
    4 재분출   712

28장 제2차 세계대전부터 소련 사회주의 체제의 해체까지: 717
변화와 개혁의 시도 | 박원용
    1 제2차 세계대전 이후 러시아사의 역동성   718
    2 제2차 세계대전과 소련 사회의 변화   719
    3 스탈린 체제의 유산 극복을 위한 시도: 흐루쇼프 개혁   724
    4 구질서 회복을 통한 안정: 브레즈네프 시대   730
    5 체제 구원을 위한 또 하나의 시도: 고르바초프의 개혁과 개방   736

참고문헌   742
찾아보기   755
저자 약력   774

1
고대 그리스 세계

김봉철

1 지중해 세계와 그리스

지중해 세계와 그리스 문명

고대 그리스 세계의 역사와 문화는 지중해를 무대로 형성되었다. 지중해는 고대인들에게 크나큰 자연적 장애물이기도 했지만, 인근 지역의 문물이 유포되고 확산되는 거대한 교류 공간이기도 했다. 특히 그리스 세계는 산악지형이 우세하고 토지가 척박해 육상교통보다는 해상교통이 더 유리했으며 바다를 통한 해외교류가 매우 절실했다. 기원전 8세기 이래 그리스 세계는 오늘날의 그리스 본토와 소아시아 서부해안, 그리고 에게해의 여러 섬들로 이뤄져 있었기 때문에 에게해를 통한 왕래와 교류가 활발한 편이었다. 더욱이 기원전 8-7세기에는 인구 증가와 그에 따른 토지 부족 때문에 그리스인들의 해외 식민 활동이 활발해졌고, 그 결과 그리스인들의 거주 지역은 서쪽 방면으로는 남부 이탈리아, 시칠리아, 남부 프랑스에까지 이르렀고, 북쪽 및 동쪽 방면으로는 흑해 연안과 이집트에까지 확대되었다. 비록 식민시들과 모시(母市)의 관계가 근대 세계의 식민지 경영에서처럼 긴밀하게 유지된 것은 아니었지만, 식민 활동 자체는 바다를 통한 그리스인의 해외교류를 더욱 활성화시켰다고 할 수 있다.

그리스인들은 지중해를 통해 많은 해외문물을 받아들였다. 우선 경제적 측면에서는 그리스 세계의 특산물인 포도주와 올리브유를 수출하고 곡물, 목재, 파피루스, 아마포 등을 수입했다. 또 문화적 측면에서도 그리스인들은 지중해 세계의 다양한 문화적 성과들을 받아들였다. 그들은 히타이트인들에게서 제철 기술을 받아들이고, 페니키아인들에게서는 문자, 리디아인들에게서는 화폐주조술, 이집트인들에게서는 건축과 예술, 기하학을 받아들였다. 또한 그리스인들의 신앙 체계 속에는 프리기아의 키벨레, 이집트의 이시스, 트라키아의 사바지오스 신앙도 포함되어 있었다. 그리스인들은 특히 이집트의 유구한 역사와 선진적인 문화를 높이 평가하고 이집트의 문물을 많이 받아들였다. 예를 들어, 그리스인들이 실물크기의 조각상을 만드는 데 참고한 선례는 이집트 조각상들이고, 열주양식의 신전을 만드는 데에도 이집트 신전을 참고했던 것으로 보인다.

그렇다면 그리스 문명은 그리스 세계의 독창적인 기반에서 별도로 형성되었다기보다 지중해 세계의 외래 문물들을 수용하면서 만들어진 것이라 할 수 있다. 즉 그리스 세계는 지중해 세계의 일부로서 존재하고 성장한 것이다. 하지만 그리스 문명은 나름의 독창성과 특수성도 아울러 지니고 있었다. 그리스 문명이 청동기시대와 상고기에는 오리엔트 세계의 영향을 받으면서 성장했지만, 고전기에는 외래적 요소와 구분되는 그리스만의 독특한 개성이 나타났던 것이다. 그것은 폴리스 체제의 발전, 인간 중심적인 사고와 합리적인 사유의 확대, 개성적인 문화예술의 전개, 체계적인 학문의 발달 등에서 확인된다. 이처럼 그리스 문명은 지중해 세계를 무대로 해, 외래적인 선구 문명의 성과들을 승계하고 자신의 독창적 문화 요소가 가미되어 만들어진 역사적 산물이었다.

고대 그리스 세계의 역사는 크게 나누어 크레타 문명(기원전 2500년경-1400년경), 미케네 문명(기원전 2000년경-1100년경), 암흑기(기원전 1100년경-800년경), 상고기(上古期, 기원전 8세기-479년), 고전기(기원전 479-338년), 헬레니즘 시대(기원전 323-30년)로 구분된다. 이 중 크레타 문명과 미케네 문명은 청동기시대에 속하고, 그 이후부터는 철기시대에 해당한다. 흔히 상고기와 고전기는 그리스-페르시아 전쟁(기원전 492-479년)을 기준으로 구분되고 고전기는 카이로네이아 전투(기원전 338년) 때까지로 본다.

에게해 문명

에게해 문명은 그리스의 청동기시대에 에게해를 중심으로 발달된 크레타 문명과 미케네 문명을 가리킨다. 이들 문명의 존재와 구체적인 내용은 19세기 후반 이후에야 고고학적 발견을 통해 세상에 알려졌다. 크레타 문명은 크레타를 중심으로 기원전 2500년경-1400년경 사이에 존속한 해상 문명을 말한다. 에게해 최초의 문명인 크레타 문명을 건설한 자들은 해상활동에 능한 크레타인들로, 혈통상 그리스인들과는 다른 주민들이었다. 크레타 문명에 관한 대표적인 자료는 크노소스와 페스토스의 궁전유적과 선상문자 점토판들인데, 크레타 문자로 추정되는 선상문자 A가 아직 해독되지 않아 현재는 소수의 고고학 자료들을 통해서만 크레타 문명을 이해하고 있다.

크레타 문명의 중심지인 크레타는 정치적으로 통일되지 않고 다수의 지역 국가들이 각기 분립해 있었던 것으로 보인다. 또 발굴된 궁전의 규모와 장식, 물품들의 제작 수준을 고려할 때, 지역별로 비교적 강력한 왕권이 유지되고 화려한 궁정 문화가 번성했을 것으로 추정된다. 크레타는 이집트와 시리아, 소아시아 및 그리스 본토를 잇는 교통로에 위치해 있었기 때문에, 해상 교역과 수공업을 기반으로 정치적 안정과 물질적 풍요를 누렸다고 할 수 있다. 크레타

좌 크레타 문명 시대의 아크로티리(Akrotiri)에서 발굴된 프레스코. 아크로티리는 현재의 테라(산토리니)에 위치한 곳이다.

우 기원전 17-15세기에 그려진 청돌고래 프레스코. 크레타 문명의 중심이었던 크노소스 궁전에 그려져 있다.

아래 크레타 문명의 주요 의식으로 여겨지는 '황소 뛰어넘기(bull leaping)'를 그린 프레스코이다.

문명은 에게해 일대와 그리스 본토에까지 세력을 확장하며 강력한 해상 문명의 위상을 확립했지만, 기원전 1400년경에 멸망하고 말았다. 아마 미케네 문명 하의 그리스인들의 침입이나 자연재해 때문에 급속히 멸망한 것으로 보인다.

미케네 문명은 그리스인들이 건설한 최초의 문명이었다. 그리스인은 인도유럽어족에 속하며 이들이 발칸반도 남부에 이주해온 것은 기원전 2000년경이었을 것으로 보인다. 미케네 문명은 그리스 본토를 중심으로 기원전 2000년경-1100년경 사이에 존속한 청동기 문명을 가리킨다. 미케네 문명에 관한 자료 역시 미케네, 티린스, 필로스 등에서 발굴된 고고학적 자료와 선상문자 B의 점토판이 주종을 이룬다. 선상문자 B는 현재 해독된 상태이지만, 점토판의 수가 많지 않고 그 내용도 단편적인 물품목록이나 인원명부인지라 당시의 사회를 이해하는 데 큰 도움을 주지 못한다. 전설적인 트로이아 전쟁이 미케네 문명 말기인 기원전 13세기에 발생했을 것으로 추정되기 때문에, 호메로스 서사시도 제한적이나마 미케네 문명의 자료로 활용되곤 한다.

미케네 문명은 평화적인 크레타 문명과는 달리 호전적이고 상무적인 성격이 두드러지게 나타난다. 미케네 문명의 유적들에서는 성곽과 무기들이 많이 발견되고 전쟁과 사냥을 주제로 한 묘사들도 적잖이 남아 있는 것이다. 아마 정복자인 그리스인과 선주민 사이의 충돌, 크레타 문명 세력과의 대결, 정착 과정에서의 그리스인들 간의 내분 등이 폭력적인 양상을 낳았을 것으로 보인다. 미케네 문명하의 그리스 세계 역시 정치적으로 통일되지 않고 다수의 지역 국가들이 성채와 궁전을 갖춘 채 서로 분립해 있었던 것 같다. 규모가 큰 성채와 무덤들, 물품 및 인원명부의 존재는 이들 지역 국가들의 통치세력이 상당한 권력과 부를 지녔음을 말해준다. 호메로스 서사시에서 미케네가 중요한 위치를 차지하기 때문에 미케네 문명이라는 이름으로 불리긴 하지만, 실제로 미케네가 중심적 역할을 했는지는 확인되지 않는다. 미케네 문명은 전성기에 에게해 쪽으로 세력을 확대해 크레타에까지 이르렀지만 점차 쇠퇴해 기원전 1100년경에 멸망했다. 미케네 문명의 멸망 원인은 북방 도리아인의 침입 혹은 동부 지중해 일대의 민족이동 때문이었을 것으로 추정된다.

미케네 문명의 멸망 이후 그리스 세계에는 약 3세기 동안 이른바 '암흑기'

미케네 전사들이 그려진 크라테르. 크라테르는 술과 물을 섞는 데 쓰던 단지를 말한다. 기원전 12세기. 아테네 국립고고학박물관 소장

가 찾아온다. 이 시기에는 미케네 문명이 파괴된 후 혼란과 무질서한 상황이 계속되어 전반적인 생활이 피폐해졌을 것으로 보인다. 그러는 중에도 암흑기는 그리스 세계에 새로 들어온 도리아인과 종전의 주민들이 이동과 정착을 반복하면서 새로운 문명을 준비하고 있었다.

2 폴리스 시대의 그리스

폴리스의 성립과 발전

암흑기가 지나고 기원전 8세기가 되면서, 그리스 본토와 소아시아 해안지역에 폴리스(polis)라고 불리는 국가들이 등장했다. 폴리스는 고대 그리스의 대표적인 국가 형태로, 중심 도시와 그 주변 지역으로 이루어진 소규모 국가를 가리킨다. 폴리스는 원래 '성채, 요새'를 뜻하는 말이었지만, 나중에 '도시', '국가'라는 의미도 지니게 되었다. 폴리스는 정복과 파괴, 이주로 점철된 암흑기의 혼란 속에서 자신의 생명과 재산을 지키고자 성채를 중심으로 형성되었던 것 같다. 처음에는 '성채'로서 출발했지만, 성채 주변에 점점 더 많은 인구가 거주함에 따라 '성채'가 확대되어 '도시'가 되고 그 '도시'를 중심으로 해서 '국가'로서의 폴리스가 등장한 것이다. 이후 폴리스는 그리스의 대표적인 국가 형태로 확립되고, 기원전 8세기에서 338년까지의 폴리스 시대는 그 전후 시대와 확연히 구분된다. 즉 왕정이 지배하는 이전의 미케네 문명이나 마케도니아 왕국의 지배를 받는 이후의 헬레니즘 시대와는 구분되는, 독자적인 폴리스 시대가 전개되었던 것이다.

고대 그리스의 폴리스는 중심 도시와 주변부의 농촌 지역으로 구성되었다. 그리스에서도 중심 도시가 없는 국가들이 존재했는데, 그것은 폴리스와 구분되어 에트노스(ethnos)라고 불렸다. 에트노스는 중심 도시가 없는 부족연합체로서, 부족들의 개별적 독립성과 부족연합체의 통합적인 유대가 공존하던 체제였다. 반면에 폴리스는 중심 도시가 정치, 종교, 상업의 중심지 역할을 하면서 인근 지역을 하나의 국가로 통합하는 체제였다. 폴리스는 주로 그리스 본토의 남부와 중부 지역, 소아시아 해안 지역에 분포하고 에트노스는 그리스 본토의 북부 지역에 분포해 있었다. 그리스의 폴리스 체제는 기원전 8-7세기의 식민 활동을 통해 흑해 연안과 이탈리아, 시칠리아 등지로 확대되었고 고전기에는 그 수가 500개 이상이었을 것으로 추정된다.

폴리스는 영토가 작은 소규모 국가였다. 그리스의 지형상 넓은 영역 국가가 등장하기 어려웠기 때문에 산지와 계곡, 해안, 그리고 도서 지역에 조그만 국가들이 독립적으로 등장했다. 대부분의 폴리스는 시민 수가 5,000명을 넘지 못했다. 그리스의 대표적인 폴리스였던 아테네, 스파르타, 시라쿠사 같은 폴리스는 예외적으로 규모가 큰 국가였다. 그리스의 폴리스는 대개 인근 지역으로 영역을 확대하지 않고 또 시민권을 적극 개방하지도 않았기 때문에, 소국으로서의 폴리스의 특성은 후대에도 계속 유지되었다.

폴리스는 자유 시민들의 공동체 국가였다. 시민들이 공동으로 폴리스를 운영하고 국가방위를 담당했다. 폴리스의 시민 자격과 권리는 폴리스마다 달랐는데, 그것은 각 폴리스 구성원들 내부의 역학관계에 따라 차이가 있었다. 폴리스의 정치 체제는 단일한 것이 아니었고 각 폴리스의 내부 사정에 따라 귀족정(貴族政), 과두정(寡頭政), 민주정(民主政) 등의 다양한 정치 체제가 나타났다. 이제 국가권력은 예전처럼 왕과 같은 통치자 개인의 수중에 있지 않고, 소수이건 다수인건 간에 시민 집단의 공동 소유물이 되었다. 폴리스는 시민들이 공동으로 운영하고 그 속에서 그들의 개인적인 삶이 전개되던 그리스 특유의 국가였다. 아리스토텔레스가 "인간은 폴리스적인 동물"이라고 말했듯이, 그리스인의 삶은 폴리스와 긴밀하게 연관되어 있었다. 사실 오늘날 높이 평가되는 그리스인의 대표적인 유산과 업적은 대개 폴리스 시대의 산물이다. 그러한 성과는 폴리스의 독립성과 다양성이 유지되고 또 폴리스 내에서 개인의 자율성이 어느 정도 보장되었기 때문에 생겨난 것이었다.

그리스의 많은 폴리스들은 초기에 귀족정 체제를 유지했다. 귀족정은 전통적인 혈연귀족들의 권위와 그들의 토지재산에 바탕을 둔 소수의 지배 체제이다. 그런데 기원전 8세기 후반과 7세기에 지중해 일대에서 그리스 폴리스들의 식민운동이 활발하게 전개되었다. 당시 폴리스들은 인구 증가와 토지 부족을 해소하기 위해 시민단의 일부를 해외로 파견해 식민시를 세웠다. 식민자들을 파견한 모시와 식민시 사이에 지속적인 유대관계가 유지되지는 않았지만,

식민운동 자체는 그리스의 교역을 촉진하는 데 기여했고 그 결과 새롭게 부를 축적한 자들이 생겨났다. 특히 그리스의 대표적인 수출품인 포도주와 올리브유 수출을 통해 새롭게 부를 창출한 부유한 농민과 수공업자들이 등장했다. 과거에는 전통적인 귀족들이 부를 독점했지만, 이제 농민이나 수공업자, 상인들도 많은 재산을 축적할 수 있게 되었던 것이다.

새로운 부유층이 생겨남에 따라 기존의 귀족정 사회는 도전을 받게 되었다. 그 결과, 그리스에서는 기원전 7세기 후반과 6세기에 도처에서 참주들이 등장했다. 이때의 참주들은 대개 귀족정 반대 세력인 평민(농민과 수공업자, 상인 등)들의 지원하에 개인권력을 강화시킨 독재적인 통치자들이었다. 물론 모든 폴리스들이 참주의 지배를 경험하지는 않았다. 그러나 새로운 사회 변화와 그에 따른 정치적 질서의 재편과정에서 많은 참주들이 등장하게 되었다. 코린토스의 킵셀로스, 시키온의 클레이스테네스, 아테네의 페이시스트라토스가 대표적인 참주들이었다.

스파르타의 정치와 역사

아테네와 스파르타는 고대 그리스를 대표하는 폴리스들이면서도 서로 대조적인 국가였다. 우선 아테네는 그리스인 중에서도 이오니아인에 속했고 스파르타는 도리아인에 속했다. 아테네는 해상활동이 활발하고 해군이 우세한 국가인 반면에, 스파르타는 내륙에 위치한 대표적인 육군 국가였다. 또 아테네는 다수의 정치참여가 보장되는 민주정 국가였지만, 스파르타는 소수가 지배하는 과두정 국가였다. 아테네는 개방적이고 개성과 문화를 존중하는 국가였지만, 스파르타는 폐쇄적이고 집단주의적인 전사 국가였다.

스파르타는 참주정 과정을 겪지 않았다. 스파르타인들은 기원전 8세기 후반에 이웃인 메세니아 정복을 통해 새로운 토지와 예속 노동력을 확보함으로써 토지문제를 해결할 수 있었다. 스파르타 특유의 정치 체제는 기원전 7세기의 전설적인 입법가 리쿠르고스에 의해 수립되었다고 전한다. 스파르타에는 과거 왕정의 유습으로 2명의 왕이 존재했다. 왕은 상징적인 존재로서 전쟁과 원정에서 군사령관의 역할을 수행했지만, 평상시의 정치적 권한은 미미했다.

스파르타의 최고 주권 기구는 30세 이상의 남성시민들의 총회인 민회였다. 민회는 입법 및 국가의 주요 정책을 논의하는 최종적인 의결 기구였으며 감찰관과 원로회 의원들을 선출하기도 했다. 그러나 스파르타 민회는 독자적인 의안 제안권이 없이 감찰관과 원로회가 제안한 안건에 대해서만 찬반투표만을 수행했고 표결도 개인적인 투표가 아니라 집단적인 함성에 의해 결정되었기 때문에, 민주정적인 성격이 미약한 편이었다. 스파르타의 최고행정관은 5인의 감찰관들(ephoroi)이었는데, 이들은 임기 1년의 관직으로 국가행정을 관장하고 민회와 원로회를 주재하며 재판권을 행사했다. 또 원로회(gerusia)는 2명의 왕과 60세 이상의 원로시민들을 합해 30명으로 구성되었는데, 종신직으로 법안을 제안하고 재판을 담당했다. 이들은 스파르타의 대표적인 유력자들로서 사실상 스파르타 정치를 주도했다고 할 수 있다.

스파르타 주민들은 자유 시민, 반예속민인 페리오이코이(perioikoi), 완전예속민인 헤일로타이(heilotai)로 구분되어 있었다. 이는 스파르타가 이웃 지역을 정복해 방대한 영토의 전사 국가를 구축하는 과정에서 형성된 사회질서였다. 자유 시민층은 상위계층으로 스파르타 시민단을 구성하는 자들이었다. 이들은 별도의 생업에 종사하지 않고 국가에서 제공하는 토지와 노동력을 기반으로 정치활동과 군사활동에 전념했으며, 국가의 공교육과 집단생활을 통해 스파르타의 핵심적인 전사 집단을 이루었다. 이들은 7세 이후의 아동기와 청소년기에 국가 주도의 집단적인 교육과 훈련과정을 이수하고 20세 이후의 청년기에는 군대에서 공동 기숙 생활을 하며, 30세 이후의 장년기에는 개인 생활과 공동식사, 군사훈련을 병행하면서 전사로서의 임무를 계속 수행했다. 그들이 군대복무에서 면제되는 것은 60세 이후의 노년기에야 가능했으니, 그들은 거의 평생을 스파르타의 전사로서 살아간 셈이다.

페리오이코이는 '주변의 주민들'이라는 뜻으로, 평야지대의 변경에 사는 반예속민들이었다. 이들은 시민으로서의 참정권을 누리지 못했으나 국가에 대한 납세와 군사적 의무를 지니고 있었다. 그들은 토지를 경작하기도 했지만, 주로 상업이나 수공업에 종사했다. 한편 헤일로타이는 피정복민인 선주민과 메세니아인들로 구성되었는데, 그들은 스파르타인들에게 예속된 일종의 국가 노예들이었다. 그들은 주로 농업에 종사하며, 자유 시민들이 전사로서의 공동생활을 영위할 수 있도록 생활 기반을 제공했다. 페리오이코이는 어느 정도 자치권을 누리고 있었지만, 헤일로타이는 스파르타 시민들의 철저한 통제를 받았다. 이런 스파르타의 불평등한 사회구조는 메세니아가 독립(기원전 369년)할 때까지 계속 유지되었다.

스파르타는 기원전 6세기부터 그리스의 대표적인 강국으로 등장했다. 육군 국가인 스파르타는 주로 펠로폰네소스 지역과 중부 그리스의 내륙 지역에서 지도적인 영향력을 행사했다. 그리스-페르시아 전쟁 때에는 아테네와 더불어 그리스 연합군을 지휘했는데, 특히 테르모필레 전투(기원전 480년)와 플라타이아 전투(기원전 479년)에서 스파르타의 명성을 떨쳤다. 그리스-페르시아 전쟁 이후에 스파르타는 델로스 동맹의 지도 국가인 아테네와 함께 그리스의 패권을 놓고 경쟁을 벌이다가, 결국 펠로폰네소스 전쟁(기원전 431-404년)에서 페르시아의 도움을 얻어 승리함으로써 단독 패권 국가로 부상했다. 스파르타는 기원전 4세기에 아테네, 코린토스, 테바이와의 계속되는 전쟁으로 인해 국력이 쇠퇴했고 레욱트라 전투(기원전 371년)의 패배와 메세니아 독립 이후에는 돌이킬 수 없는 쇠락의 길을 걷게 되었다.

아테네의 정치와 역사

아테네의 정치와 역사는 스파르타와는 다소 다르게 전개되었다. 아테네 역시 초기에는 귀족정으로 운영되어, 전통적인 혈연귀족들이 폴리스의 국정을 주도했다. 귀족들은 명문 가문으로서의 권위와 막대한 토지재산, 기병으로서의 군사적 공헌을 바탕으로 정치적 실권을 장악하고 있었다. 그러나 기원전 6세기부터 아테네에서는 귀족들의 정치 독점에 반대하며 시민들의 참정권을 확대하려는 움직임이 나타났다. 우선 식민운동 이후의 활발한 교역 활동과 수공업 생산 덕에 부유한 농민과 상인, 수공업자들이 등장했고, 이들은 귀족층에 대항하여 자신들의 정치적 참여를 요구했다. 또한 군사 전술에서도 중요한 변화가 생겼는데, 기존의 기병 중심의 전술에서 다수의 중갑보병이 참여하는 팔랑크스(phalanx) 전술로 변화했던 것이다. 중갑보병에 주로 충원된 세력은 바로 중농 이상의 농민들, 부유한 상인, 수공업자들이었다. 이들은 과거에 비해 재산과 군사적 공헌에서의 위상이 증대하게 되었고, 그로써 국정 운영에 대한 책임과 권한이 커졌다.

아테네 민주정을 지속적으로 발전시킨 요인들은 또 있었다. 그것은 해군 기반 전술의 확대와 해군전력의 강화라는 군사적 요인, 그리고 델로스 동맹 금고와 노예 노동력의 확보라는 경제적 요인들이었다. 아테네는 그리스-페르시아 전쟁 직전부터 대규모 함대를 거느리고 있었지만, 해군 운용이 본격화된 것은 델로스 동맹의 결성(기원전 478년) 이후였다. 델로스 동맹은 해상동맹이었으므로 해군력의 양성과 유지가 가장 중요한 문제였다. 해군력을 운영하는 자금은 동맹금고에서 충당되었지만, 해군의 주축인 노병(櫓兵) 인력은 주로 아테네인들로 채워졌다. 노병은 비무장병이었기 때문에, 이제껏 중갑보병 전술에서 소외된 아테네 하층민들에게 좋은 기회를 제공했다. 즉 그들은 이제 해군 복무 수당으로 생계부담에서 벗어나고 정치활동을 할 수 있는 여가를 갖게 되었다. 그래서 기원전 5세기에는 하층민에게까지 실질적으로 참정권이 확대된, 보다 완성된 민주정이 가능하게 되었다. 또한 노예 노동력도 아테네 민주정을 위한 중요한 경제적 기반이 되었다. 아테네는 전체 인구의 3분의 1 정도가 노예였을 것으로 추정되는데, 바로 이들 덕분에 아테네 시민들이 마음 놓고 정치활동을 할 수 있었다. 노예들은 시민들이 직접 담당할 생업과 가내 노동을 대행해줌으로써 시민들이 부담 없이 국정에 참여할 수 있게 해주었던 것이다. 이렇듯 아테네 민주정의 발전 과정은 여러 가지 여건의 변화와 그로 인한 아테네 시민단 내부의 역학관계의 변화가 반영된 것이었다.

아테네 민주정의 구체적인 발전 과정은 귀족의 권한을 제약하고 하층민을 보호하기 위한 법적·제도적 장치 확보, 폭력적인 정권 장악을 통한 귀족 세력 억제, 부족개혁을 통한 귀족 세력 기반의 혁파와 중간층의 실질적 참정권 확보, 하층민의 실질적 참정권 확보의 순서로 진행되었다. 그 과정에 나타난 아테네의 정치가들은 각각 솔론, 페이시스트라토스, 클레이스테네스, 페리클레스였다.

솔론의 시대는 변화와 혼란의 시대였다. 식민운동 이후의 활성화된 교역과 수공업 덕분에 부유해진 자들이 있는가 하면, 다른 한편에는 흉작과 부채로 고통받는 빈곤한 자들도 많았다. 폴리스가 분열되고 무질서 상태에 직면한 상황에서, 솔론은 혼란을 수습하는 중재자로 등장했다(기원전 594년). 그가 해결해야 할 문제는 참정권의 분배와 시민들 사이의 경제적 불균형 문제였다. 그는 아테네 시민들을 네 개 등급으로 구분하고 재산 규모에 따라 참정권을 차등 부여하는 금권정치(金權政治)를 시행했다. 제1계층인 펜타코시오메딤노이(Pentakosiomedimnoi)와 제2계층인 기사들(Hippeis)은 고위 관직을 차지하고 중간층인 제3계층인 제우기타이(Zeugitai)는 하급관직을 차지했다. 제4계층인 테테스(Thetes)는 관직에 오르지 못하고 다만 민회와 시민법정에 참석할 수 있는 권리를 가졌다. 솔론은 또 400인 협의회를 만들고 시민법정의 권한을 강화하는 등 아테네의 제도를 정비하고 국가의 기본적인 법률을 성문화했다. 그리고 시민들의 경제적 불균형과 관련해서는, 빈곤한 시민들의 부채를 말소하고 이후로는 인신을 담보로 하는 부채관계를 무효화한다고 공표했다. 그러나 솔론의 정책은 법률과 제도 정비를 통해 귀족층의 부당한 지배를 방지하려는 소극적인 차원에 머물렀기 때문에, 아테네의 정치적·사회적 혼란은 해결되지 못했다.

이때 등장한 것이 참주정이다. 참주 페이시스트라토스는 기원전 546-545년에 무력을 써서 참주가 된 후, 귀족 세력을 견제하고 추방된 귀족의 토지를 몰수해 토지가 없는 농민에게 분배했으며 빈농들에게는 영농자금을 지원하기도 했다. 또한 그는 상업을 장려하고 아테네에서 대대적인 건축공사를 벌였으며 아테네의 공동체 제전을 거행하기도 했다. 그러나 정치적으로는 아테네인들의 민주적인 정치참여를 억제하고 자신의 개인권력을 강화했다. 아테네인들은 비민주적인 참주지배를 견디지 못하고 결국 기원전 510년에 페이시스트라토스 일가의 참주정을 축출했다. 그리고 참주의 재등장을 막기 위해 도편추방제(Ostrakismos)를 제정했다.

아테네 민주정의 실질적 개혁은 클레이스테네스 시대에 이루어졌다(기원전 508년). 클레이스테네스는 아테네의 데모스(민중)의 지원에 힘입어, 귀족 세력의 온상인 기존의 혈연부족들을 폐지하고 새로운 지연부족들을 창설했다.

그는 네 개의 혈연부족을 없애고, 해안과 평원, 산악 지역에 고루 분산된 열 개의 새로운 부족을 만들었다. 부족제 개편에 따라 400인 협의회도 500인 협의회로 바뀌고, 민회 활동도 강화되었다. 하지만 클레이스테네스 개혁으로 인해 실질적인 참정권을 누린 자들은 아테네의 중간층인 중갑보병층이었다. 아직 하층민은 국가의 정치와 군사활동에 참여할 만한 경제적 여유와 여가를 갖지 못했기 때문이다.

그리스-페르시아 전쟁 이후 델로스 동맹 결성과 아테네 해군의 성장은 하층민들의 정치참여를 가능하게 했다. 종전에는 하층민들이 생계 때문에 정치활동을 벌일 여력이 없었지만, 함대의 노병(櫓兵)으로 복무하게 되자 정치와 군사 활동에도 적극 참여할 수 있게 되었다. 이런 여건에서 에피알테스와 페리클레스가 아테네 민주정을 더욱 발전시켰다. 에피알테스는 기원전 462-461년에 귀족들의 정치조직인 아레오파고스 회의 대부분 권력을 박탈하고 그 권력을 민회와 500인 협의회, 시민법정으로 이전했다. 그러나 에피알테스는 곧 암살되고, 페리클레스가 그 뒤를 이었다. 페리클레스는 추첨에 의한 관직 선출을 확대하고 행정관직과 배심원에 대한 수당을 지급하여 하층민의 정치참여를 지원했다. 그는 델로스 동맹을 기반으로 아테네의 권력을 강화하고 파르테논 신전 건립 등으로 아테네를 미화했다. 이로써 하층시민도 완전한 참정권을 행사하는 진전된 민주정이 등장했다.

아테네 민주정은 이처럼 폴리스의 자유민 남성들이 자유롭고 평등한 참정권을 확보해가는 과정이었다. 그것은 아테네의 정치적, 경제적, 사회적 및 국제적 여건의 변화에 따른 결과였다. 아테네 민주정의 특징을 들자면, 첫째, 그것은 폴리스라는 소규모 국가에서나 가능한 직접 민주정이었다. 아테네 시민들은 민회와 시민법정에 직접 참석하고 교대로 관직을 맡으면서 국가를 공동으로 운영했다. 관직은 대개 민회에서 추첨으로 선출되었는데, 1년 임기에 중임제한이 있었다. 시민법정에서도 추첨으로 선출된 배심원들이 재판을 담당했다. 둘째, 아테네 민주정은 20세 이상의 성인 남성만이 참여한 것이고 자유민 여성이나 외국인, 노예는 배제된 것이었다. 아테네인이 민주정에서 추구하는 자유는 남성시민들만이 누리는 집단적 자유였으며, 인간 개개인이 누리는 보편적 자유가 아니었던 것이다. 특히 노예는 주인에게 예속된 신분이었기 때문에, 인간의 기본적인 자유와 권리를 보장받지 못했다. 하지만 고대세계 다른 지역의 비민주적인 정치상황과 비교할 때, 아테네 남성시민들이 특유의 민주적인 방식으로 국가를 공동 운영한 경험은 민주정의 역사에서 중요한 전례가 될 만하다.

아테네는 그리스-페르시아 전쟁을 계기로 하여 그리스의 대표적 강국으로 성장했다. 아테네는 마라톤 전투(기원전 490년)와 살라미스 해전(기원전 480년) 승리의 주역으로서 그리스 내의 정치적 영향력이 크게 강화되었고, 전쟁 이후 결성된 델로스 동맹은 아테네의 입지를 더욱 공고하게 만들어주었다. 그러나 아테네의 위력과 영광은 펠로폰네소스 전쟁의 패배를 계기로 무너지고 말았다. 즉 아테네의 권력 기반이던 델로스 동맹이 해체되고 아테네의 영토와 함대가 대폭 축소되었던 것이다. 그 후 아테네는 스파르타의 패권에 계속 도전하고 제2차 해상동맹의 결성(기원전 378-377년)을 통해 강력한 해상 국가로서의 면모를 재현하고자 했지만, 과거처럼 동맹의 결속력을 유지하지는 못했다. 결국 아테네의 부당한 간섭과 동맹국의 이탈 때문에 동맹국 전쟁(기원전 357-355년)이 발발했고 그 후 아테네는 동맹에 대한 통제력을 상실했다.

그리스와 페르시아

페르시아 왕국은 고대 그리스의 역사에 가장 중대한 영향을 미친 국가였다. 페르시아는 기원전 6세기 후반에 리디아 왕국, 신바빌로니아 왕국, 이집트 왕국을 차례로 정복해 오리엔트 지역을 통일한, 지중해 세계의 최대 강국이었다. 그리스와 페르시아가 직접적인 관계를 맺게 된 것은 페르시아의 리디아 정복(기원전 547년) 이후였다. 그 후 페르시아는 기원전 4세기 후반까지 약 2세기 동안 그리스인들을 견제하고 위협하는 인접국이 되었다. 당시에는 이집트도 페르시아의 지배하에 있었고 마케도니아 왕국은 기원전 4세기 중엽에야 강국으로 부각되기 때문에, 고대 그리스에 영향을 미친 대표적인 외국은 단연 페르시아였다. 그리스와 페르시아의 관계는 기원전 5세기의 그리스-페르시아 전쟁과 델로스 동맹 결성으로 대표되는 무력적인 대결구도와 기원전 4세기의 외교

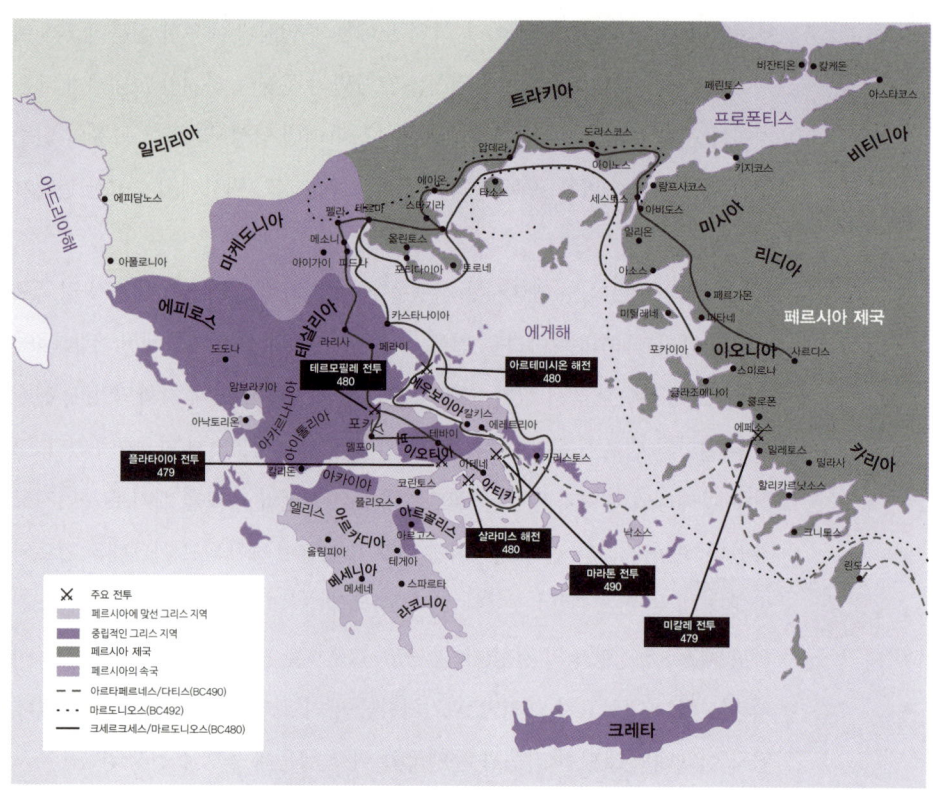

그리스-페르시아 전쟁(기원전 492-479년) 동안의 그리스 세계

전 구도로 나뉠 수 있다.

그리스-페르시아 전쟁은 페르시아군의 그리스 원정을 통해 진행되었는데, 1차(기원전 492년), 2차(기원전 490년), 3차(기원전 480-479년)에 걸쳐 일어났다. 1차 원정은 자연재해 때문에 그리스 북부에서 중도에 포기했고, 2차 원정은 마라톤 전투의 패배로 실패했으며, 3차 원정 역시 살라미스 전투와 플라타이아 전투에서 패해 실패로 끝났다. 하지만 그리스-페르시아 전쟁의 종결로 인해 페르시아의 위협이 사라진 것은 아니었다. 그리스인들은 페르시아의 재침에 대비해 해상동맹인 델로스 동맹을 결성했고 맹주인 아테네를 중심으로 에게해에 대한 방어 체제를 구축했다. 페르시아는 전쟁 패배 이후 한동안 에게해 지역에서 벗어나 있었지만, 그리스의 내분인 펠로폰네소스 전쟁을 이용해 다시 에게해 국가로 복귀했다. 페르시아는 펠로폰네소스 전쟁에서 스파르타군을 지원한 대가로 소아시아의 그리스인 국가들에 대한 지배권을 되찾

왔던 것이다.

페르시아는 기원전 4세기에 그리스인들의 정치에 빈번하게 개입했다. 페르시아는 테바이와 코린토스 등을 지원해 스파르타와 코린토스 전쟁(기원전 395-389년)을 벌이게 했고, 기원전 388-387년에는 페르시아 왕의 이름으로 안탈키다스평화를 체결하기도 했다. 페르시아는 안탈키다스평화를 통해 그리스를 통제하고자 했다. 즉 페르시아는 소아시아의 그리스 국가들에 대한 자신의 지배권을 확립하고 다른 그리스 국가들의 독립을 보장하며, 평화를 준수하지 않는 국가들에 대해서는 페르시아 왕이 직접 전쟁을 벌이겠다고 공표했다. 이는 그리스 국가들의 독립을 보장함으로써 페르시아에 대적할 대규모 강국의 등장을 방지하고 페르시아 왕의 정치적 영향력을 증대하려는 시도였다. 이후에도 페르시아 왕은 그리스의 내분에 개입해 자신의 영향력을 과시하곤 했다. 반면에 내분을 벌이던 그리스인들은 각자 자국의 사절들을 페르시아 왕에게 파견해 자국의 이익을 확보하려고 외교경쟁을 벌였다.

이처럼 페르시아가 그리스 국내정치에 간여하고 큰 영향력을 행사함에 따라 그리스에서는 페르시아에 대한 부정적인 인식이 표출되었다. 특히 아테네의 연설가 이소크라테스는 페르시아를 그리스인들의 타고난 적(敵)이라고 주장하며, 그리스인들에게 내분을 멈추고 서로 단합해 페르시아에 대한 공동 원정을 실시하자고 제안했다. 후일 마케도니아 왕국의 필리포스와 알렉산드로스가 페르시아 원정을 구상하고 실현한 것도 페르시아에 대한 이런 부정적인 여론과 무관하지 않은 것이다.

폴리스 체제의 쇠퇴

펠로폰네소스 전쟁 이후 그리스의 폴리스 체제는 쇠퇴 조짐을 보였고, 폴리스의 물질적 기반과 인적 기반은 현저하게 약화되었다. 폴리스 체제의 쇠퇴를 촉발시킨 원인은 무엇보다도 빈번한 전쟁과 그로 인한 폴리스의 자원 소모였다. 펠로폰네소스 전쟁에서 카이로네이아 전투에 이르는 약 1세기 동안에 그리스의 폴리스들은 숱한 전쟁에 시달렸다. 대표적인 전쟁만 해도 펠로폰네소스 전쟁, 코린토스 전쟁, 아테네 해상동맹의 결성과 동맹국전쟁, 스파르타와 테바이의 패권 대결, 델포이 관할을 둘러싼 성전(聖戰) 등을 들 수 있다. 그것들은 강국 폴리스들의 패권다툼이나 군소 폴리스들 간의 지역적인 이해대립에서 비롯된 것들이었다. 폴리스들은 계속되는 소모전 속에서 물질적인 기반이 약화되고 그로써 독자적인 생존능력이 상당 부분 훼손되었다.

폴리스의 쇠퇴는 인적 기반의 약화를 통해서도 드러났다. 그것은 공동체적 유대의 약화를 뜻하는데, 폴리스를 구성하는 시민단 내부에 균열이 생겨 결속력이 약해졌던 것이다. 시민단의 분열은 기원전 4세기에 부쩍 심화된 빈부의 갈등과 연관된 것이었다. 부자들은 전쟁과 공동체 운영에 필요한 경제적 부담을 버거워했고, 특히 공역(公役) 부담을 기피하려고 했다. 공역은 부자 시민들이 개인적인 희사를 통해 국가의 공공행사나 공익사업의 경비를 충당하는 제도였다. 공역은 폴리스의 공동체적 성격을 반영한 것이므로, 공역 기피는 폴리스의 위기와 직결되는 문제였다. 폴리스의 쇠퇴 현상은 업무의 전문화 양상에서도 확인된다. 폴리스 체제에서는 시민들이 비전문가로서 국가를 교대로 통치한다는 관행이 존재했는데, 기원전 4세기에는 차츰 업무의 전문화 양상이 나타났던 것이다. 예전에는 정치가가 장군직을 겸임하곤 했는데 이제는 장군과 정치가가 따로 구분되어 선출되었다. 군사적 업무의 전문화는 장군뿐 아니라 군대의 전문화와 직업화를 초래했다. 그래서 기원전 4세기에는 시민군과 더불어 차츰 직업적인 용병들이 등장하게 되었다. 또한 군사업무 외에 재정 분야 관직에도 전문적인 능력이 요구되어, 기원전 4세기에는 재정 관직도 장군과 마찬가지로 투표로 선출되었다. 이런 양상하에서 시민들의 자발적인 참여와 유대는 약화되고 폴리스 체제는 쇠퇴해갔다.

폴리스의 쇠퇴 속에서도 폴리스에 대한 대안(代案)은 제시되지 않았다. 플라톤과 아리스토텔레스의 정치사상에도 폴리스에 대한 대안적 구상은 나타나지 않았고, 범그리스주의를 주창한 이소크라테스 역시 폴리스 체제를 고수했다. 이소크라테스는 그리스인의 화합과 통합적인 공동원정을 강조했지만 폴리스 체제의 해체를 주장하지는 않았다. 그는 폴리스의 보전과 독립을 바탕으로 한 그리스인들의 연합체를 구상했던 것이다.

폴리스들의 인적 및 물적 기반이 약화되는 동안, 그리스의 신흥강국으로 부상한 것은 북방의 마케도니아 왕국이었다. 기원전 4세기 중엽부터 마케도니아의 필리포스 2세는 폴리스들의 세력 약화를 이용해 그리스인들에 대한 정치적 영향력을 강화할 수 있었다. 마케도니아는 풍부한 자원과 막강한 군사력, 효율적인 왕권을 바탕으로 더욱 강성해졌고, 마침내 카이로네이아 전투(기원전 338년)에서 그리스의 폴리스 연합군에게 최종적인 승리를 거두었다. 이로써 폴리스를 기본 정체로 하는 고대 그리스의 역사가 마감했다. 이제 폴리스의 독립적인 주권은 박탈되고, 그리스인들은 마케도니아 왕국에게 예속되었다.

3 그리스 문화

그리스 문화의 성격

그리스인들은 청동기시대에 초창기 문화를 이룩하는 과정에서 지중해 세계의 여러 지역들로부터 선진 문물을 수용했다. 그러나 그리스인들은 단순히 외래문화를 수용하고 모방하는 데 그치지 않고 그리스 특유의 독창적인 문화를 발전시켰다. 그리스 문화의 독특한 성격은 폴리스적인 문화이고 인간 중심적인 합리적 문화이면서도, 합리성과 비합리성이 공존하는 문화라고 할 수 있다.

우선 그리스 문화는 폴리스적인 문화였다. 그것은 그리스 특유의 국가 형태인 폴리스 체제에서 형성된 것이고 폴리스 시대의 산물이었다. 그리스의 폴리스는 소규모 국가였고 대외적 팽창과 시민권 개방에 적극적이지 않았기 때문에, 개인의 자율성과 문화적 다양성을 규제할 만한 국가권력이 상대적으로 미약했다. 따라서 그리스 문화는 획일화되지 않고 다양한 요소들이 개성적으로 표현될 수 있었다. 그러나 다른 한편으로 폴리스는 시민들의 공동체 국가였기 때문에, 개별 시민들이 폴리스의 집단적인 가치와 규범으로부터 자유로울 수는 없었다. 폴리스에서 개인의 가치와 자유는 폴리스 시민 집단의 일원으로서 누리는 가치와 자유였던 것이다. 그래서 그리스 문화는 폴리스의 특성을 반영하여 개인성과 집단성이 조화를 이룬 문화였다. 예를 들어 아테네의 극문학은 디오니소스 제전과 연극 공연이라는 국가적 행사를 배경으로 발전한 것이고 대개는 주제가 당대의 공적 문제이기 때문에 집단생활의 산물이라 할 수 있지만, 그 개별적인 작품들에는 극작가들의 개성이 다양하게 표출되어 있다. 그 외에 그리스의 철학과 종교 등도 폴리스 공동체를 배경으로 한, 시민들의 다양한 활동이 집적된 결과였다.

또한 그리스 문화는 인간 중심적인 합리적인 문화였다. 그리스인은 인간 개인의 가치와 이성적 능력을 존중하고 인간의 독립적 위상을 어느 정도 인정하는 편이었다. 그것은 인간을 신에 예속된 존재로 보고 인간의 가치를 인식하지 못한 전통적 가치관에 대한 비판에서 비롯되었다. 그리스 문화의 합리적인 측면은 주로 철학과 자연과학 등의 학문 분야, 역사서술 분야 등에서 두드러졌다. 기원전 6세기에 등장한 이오니아 지방의 자연철학은 신화적 사유가 아닌 합리적 추론을 통해 자연계의 이치를 파악하고자 했고, 플라톤과 아리스토텔레스의 고전철학은 인간을 이성적 존재로 보는 관점을 내포한 것이었다. 또 헤로도토스와 투키디데스의 역사서술도 인간이 역사의 주체이며 역사에 대한 합리적인 파악이 가능하다는 믿음에서 비롯된 것이었다. 종교 영역에서도 그리스인은 신들의 형상과 감정을 인간과 똑같이 묘사했는데, 이는 인간을 신 못지않게 소중하다고 여기는 인간 존중의 관념이 반영된 것이었다.

그렇지만 그리스 문화는 전체적으로 보면 합리성과 비합리성이 공존하는 문화였다. 그리스 문화의 합리적 측면이 일부 영역에서 확인되는 것은 분명하지만, 그것이 고대 그리스인의 사고와 행동에 지배적인 영향을 미쳤다고 보기는 어렵다. 그리스인들은 대부분 신의 존재를 의심하지 않았고, 그들의 삶은 종교적 신앙과 밀접하게 연관되어 있었다. 그들은 집단적으로 국가의 제전에 참여했을 뿐만 아니라, 개별적으로 자신의 개인사에 관해 신에게 의탁하곤 했다. 그리스인들은 델포이와 도도나 등의 신탁소에서 신의 계시를 통해 불안한 마음을 해소했고, 질병 치유를 위해서는 의술의 신 아스클레피오스의 신전을 찾기도 했다. 또 그리스 문학에는 인간의 불경과 신의 응징이라는 서술구도가 자주 등장하고 신에게 복종하는 인간의 경건한 모습이 긍정적으로 묘사되곤 했다. 실생활에서도 그리스인들은 자신의 삶과 행복에 직결되는 신들에게 정기적으로 제사를 지내 축복을 기원했고 신들을 노하게 한다는 행동을 가급적 삼갔다. 그러므로 그리스 문화는 합리적인 면모와 비합리적인 면모를 동시에 지닌 것이었다. 물론 합리적이고 인간 중심적인 특성이 그리스 문화의 독특한 성격이었다는 점은 부정할 수 없지만, 그것을 그리스 문화의 일반적인 성격으로 확대 해석할 필요는 없는 것이다.

그리스 문화의 내용

그리스 문화의 대표적인 분야는 문학, 예술, 철학, 역사서술, 종교 등이다. 그리스문학은 기원전 8세기의 호메로스 서사시들로부터 시작되었다. 호메로스의 서사시『일리아스』와『오디세이아』는 그리스 최초의 문학작품인데, 그것들은 미케네 문명 시대부터 전해오는 구전 서사시를 호메로스가 문자로 정리한 것으로 추정된다.『일리아스』는 전설적인 트로이아 전쟁을 배경으로 하여 그리스연합군의 트로이아 공격을 묘사하는데, 전사들의 용감한 무용담과 가치관이 잘 나타나 있다.『오디세이아』는 트로이아 전쟁에 참전한 오디세우스가 고국 이타카로 귀향하면서 겪은 모험담을 서술하는데, 그리스인의 항해와 가정생활이 잘 묘사되어 있다. 한편 기원전 8-7세기의 서사시인 헤시오도스는『일과 날들』과『신통기』등의 작품을 남겼는데,『일과 날들』은 농민들의 농사월력과 농촌 생활을 묘사한 작품이고『신통기』는 자연과 인간의 탄생, 신들의 계보를 체계적으로 서술한 작품이다. 호메로스가 상류층인 전사귀족들의 생활과 가치관을 묘사한 반면에, 헤시오도스는 하층민인 농민의 삶과 생각을 묘사하고 있어서 좋은 대조를 이룬다.

기원전 7-6세기에는 인간의 개인적 감정을 개성적으로 표현한 서정시인들이 등장했는데 아르킬로코스와 사포가 대표적이다. 하지만 서정시들은 현재 온전하게 남아 있는 것들이 거의 없고 그저 단편적인 시구들만이 전해온다.

기원전 6세기 후반 이후에는 아테네를 중심으로 극문학이 크게 번성했는데, 이는 아마 디오니소스 제전과 연극경연을 거행한 페이시스트라토스 시대 이후에 본격화되었을 것으로 보인다. 기원전 5세기에는 아테네의 3대 비극시인들인 아이스킬로스, 소포클레스, 에우리피데스가 많은 작품을 써서 상연했고, 대표적인 희극시인 아리스토파네스도 아테네의 사회문제를 다룬 문제작들을 무대에 올렸다. 비극은 대개 신화나 전설상의 소재를 이용해 신과 인간의 관계 및 인간의 내면적인 가치와 심리를 묘사했다. 아이스킬로스는〈오레스테이아 3부작〉에서 아가멤논 일가의 연쇄적인 친족살해와 인간의 비극적인 운명을 다루었으며, 소포클레스는『오이디푸스왕』에서 아버지를 죽이고 어머니와 결혼한 오이디푸스의 반인륜적 비극을 묘사하고『안티고네』에서는 인간이 만든 국가의 실정법과 신이 만든 자연법의 대립을 다루었다. 가장 후대의 에우리피데스는 『바카이』에서 디오니소스 신앙을 거부한 인간의 비극적인 종말을 묘사하는 한편 『메데이아』에서는 남편의 배신과 아내의 복수라는 세속적인 인간사를 다루기도 했다.

그리스의 예술은 조각과 건축, 회화를 통해 표현되었다. 조각술은 초기에 오리엔트의 영향을 받았지만, 기원전 5-4세기에는 조화와 균형의 고전미를 추구하는 그리스적인 조각술을 발전시켰다. 대표적인 조각가로는 파르테논 신전 건축을 감독한 페이디아스, 〈원반 던지는 사람〉을 조각한 미론, 〈창을 든 사람〉의 조각가 폴리클레이토스를 들 수 있다. 그리스 건축은 주로 신전과 극장 같은 공공건물 건축을 통해 발전했는데, 가장 대표적인 현존 건축물은 아테네의 아크로폴리스에 있는 파르테논 신전이다. 파르테논 신전은 페리클레스가 델로스 동맹의 동맹금고 자금으로 지은 아테나 신전인데, 당시 그리스의 건축 및 예술 역량을 총동원해 건설한 그리스 예술의 백미라 할 수 있다. 예술적으로는 신전박공의 군상(群像)과 내부 상단 벽면의 판아테나이아 제전 행렬 부조가 파르테논 신전을 대표하는 걸작들이다. 그리스에서는 회화도 많이 그려졌다고 하나, 현존하는 자료가 없어서 자세한 내용을 확인할 수가 없다. 다만 도자기 회화는 많이 남아 있는데, 이는 그리스인들의 생활용품인 도자기 표면에 묘사된 회화를 말한다. 도자기 공예도 역시 초기에는 오리엔트의 영향을 받았을 것으로 보이지만, 기원전 5-4세기의 적색문양 양식 도자기들은 섬세하고 생생한 묘사를 통해 사실적인 아름다움을 잘 드러낸다.

철학도 그리스 문화의 대표적 영역으로 평가받고 있다. 그리스 철학은 기원전 6세기에 이오니아 지방에서 유행한 자연철학에서 시작되었다. 자연철학자들은 자연계의 기원과 현상을 신화적으로 설명하던 종전의 방식을 버리고 추론을 통해 만물의 생성 근원(아르케, arche)을 밝히고자 했다. 밀레토스의 탈레스, 아낙시만드로스, 아낙시메네스, 압데라의 데모크리토스 등이 대표적이다. 철학의 관심을 자연에서 인간으로 돌린 것은 기원전 5-4세기의 소피스트들이었다. 그들은 인간 생활과 관련된 지식을 교육하는 직업적인 순회교사들이었는데, 주로 수사학과 문법 등을 가르쳤다. 또한 그들은 합리적 사유를 통해 전통적인 관행과 가치관을 부정하기도 했다. 그들의 인식론적 입장은 절대적이고 보편적인 진리는 존재하지 않는다는 상대주의적 관점이었다. 이는 "인간은 만물의 척도"라는 프로타고라스의 말에서 잘 드러난다. 그는 선과 악, 진실과 거짓을 구분하는 보편적인 기준을 부정하고 그것을 개인적 판단의 문제로 인식했던 것이다. 당시의 대표적인 소피스트는 압데라의 프로타고라스, 레온티니의 고르기아스, 엘리스의 히피아스 등이었다.

소피스트의 상대주의를 비판하고 '필로소피아'를 통해 보편적인 진리를 추구한 철학자는 아테네의 소크라테스와 플라톤이었다. 소크라테스는 인간의 사고와 행동이 합리적 이성에 따라 이루어져야 한다고 보고, 전통적인 미신과 신화를 비판했다. 그는 직업적인 교사인 소피스트들과는 달리 시장이나 거리에서 만나는 일반 시민들에게 특유의 문답법을 통해 자신의 사상을 설파했다. 플라톤은 스승 소크라테스의 죽음 이후 아카데미아라는 학교를 세우고 많은 대화편을 저술하여, 그리스 고전철학의 토대를 마련하고 자신의 철학사상을 교육했다. 그는 이데아를 선과 정의, 진리에 대한 영원하고 보편적인 기준으로 상정하고, 변화하는 감각 세계의 현상은 이데아의 모방이며 불완전하다고 보았다. 따라서 인간이 선한 삶을 추구하고 진리를 찾는 일은 감각적인 경험 세계에서는 불가능하고 이성이 지배하는 이데아의 세계에서만 가능하다고 주장했다. 일상적인 현실 세계를 초월하여 이상을 추구하는 플라톤의 입장은 그의 이상국가론에서도 확인된다. 그는 평생 동안 아카데미아 교육을 통해 철인정치 이상을 전파하고 많은 철학자와 정치가들을 길러냈다.

소크라테스(좌)와 플라톤(우)

아리스토텔레스는 마케도니아 출신으로 플라톤의 아카데미아에서 20년간 수학한 플라톤의 대표적인 제자였다. 그는 자연계의 현상을 추론을 통해 이해하고자 한 자연철학자들의 전통과 인간 세계에 보편적인 기준을 제시하고자 한 플라톤의 전통을 모두 종합한 그리스 고전철학의 완성자였다. 아리스토텔레스는 경험 세계를 초월한 이데아의 세계에서 보편적인 진리를 획득할 수 있다는 플라톤의 생각에 반대하고, 실제적이고 경험적인 현실 세계를 중시했다. 그는 리케이온이라는 자신의 학교를 아테네에 세우고 활발한 연구와 교육활동을 벌였다. 그 결과 그는 제자들과의 공동작업을 통해 물리학, 동물학, 식물학, 천문학, 논리학, 형이상학, 윤리학, 정치학, 수사학, 시학 등의 학문의 기초를 세웠다.

그리스인은 일찍이 역사서술의 중요성을 인식하고 많은 역사가들을 배출했다. 그리스 역사서술의 전통은 인간과 인간행위의 특별한 가치를 인식하고 인간의 주요 행적을 객관적인 기록을 통해 후대에 전하려는 노력의 산물이었다. 기원전 5세기 후반에 소아시아의 할리카르나소스의 헤로도토스는 그리스-페르시아 전쟁에 관한 『역사』를 서술했는데, 그것은 현존하는 지중해 세계 최초의 역사서로 평가받는다. 그는 지중해 일대를 직접 여행하며 자료를 수집하고 선별하여, 그리스와 페르시아, 이집트를 포함한 지중해 세계 일대의 역사와 지리, 민속을 상세하게 기술했다. 하지만 그의 역사서술에는 신화와 전설이 뒤섞여 있고 엄격한 사료비판의 태도가 결여되어 있기 때문에, 진술의 신빙성 측면에서 많은 비판을 받기도 한다. 한편 아테네의 투키디데스는 펠로폰네소스 전쟁에 관한 『역사』를 기술했는데, 그것은 객관적인 역사서술의 귀감으로 평가받고 있다. 그는 자신이 직접 경험한 전쟁에 대해 엄밀한 사료비판과 확실한 증거제시, 객관적인 서술을 시도하여 합리적인 역사서술의 모범을 제시했다. 헤로도토스와 투키디데스가 수행한 역사서술 작업은 이후 서양의 역사서술 전통의 기반이 되었다.

고대 그리스인의 삶은 종교적인 신앙과 밀접하게 연관되어 있었다. 그들은 정치적으로 폴리스의 독립을 유지하며 생활했지만, 종교적으로는 공통적인 신앙을 지니고 있었다. 그리스인의 신앙은 올림포스 신화 중심의 다신교 체제이며, 최고신 제우스를 중심으로 하늘과 바다, 땅, 그리고 지하 세계와 관련된 다양한 신들이 숭배되었다. 그리스인들은 각지에 신상과 신전을 만들고 신들에게 주기적으로 제물을 바치며 행복과 안녕을 기원했다. 특히 도처의 그리스인들이 함께 모여 공동으로 제사를 지내는 범그리스적 제전들이 있었는데, 제우스를 기리는 올림피아 제전, 포세이돈을 기리는 이스트미아 제전, 아폴론을 기리는 피티아 제전이 대표적이다. 그리스인들의 중요한 문화유산인 올림픽경기와 연극도 종교적 제전과 관련된 것이었다. 근대 올림픽의 원형인 고대 올림픽경기는 올림피아의 제우스 제전에서 비롯되었고 연극은 아테네의 디오니소스 제전의 연극경연을 통해 발전한 것이다. 대체로 그리스인들의 신앙은 국가나 특정 공동체의 집단적인 숭배로서의 성격이 강했고, 개인의 정신적인 안위나 내세의 평안을 희구하는 경향이 희박했다. 그리스의 종교는 폴리스와 공동체의 집단적 유대를 조성하는 중요한 정신적 기반이었다.

2

헬레니즘 세계

박재욱

헬레니즘이라는 시대 구분과 명칭을 처음 제시한 사람은 19세기 독일의 구스타프 드로이젠이다. 그는 알렉산드로스의 동방 원정으로 새로운 시대가 열렸다고 믿었다. 독일어 Hellenismus는 그리스어 '헬레니스모스'에서 유래하는데, 이는 '그리스적인 삶의 방식'을 의미했다. 즉 드로이젠은 이 시대에 그리스 문화가 동진하여 인도 접경까지 이르렀고, 이것이 역사적으로 매우 중요하다고 주장했다.

    오늘날에도 대부분의 역사가들은 헬레니즘 시대를 따로 구별하는 데 동의한다. 이 시대는 알렉산드로스가 사망한 기원전 323년에 시작하여 마지막 헬레니즘 왕국인 이집트의 프톨레마이오스 왕국이 로마에 병합되는 기원전 30년에 끝난다. 지리적으로 헬레니즘 세계는 알렉산드로스가 정복한 지역을 뜻한다. 서쪽으로는 아드리아해에서 시작해 동쪽으로는 히말라야까지이다. 헬레니즘은 문화적 의미도 가진다. 이 광활한 지역에서 그리스 왕조들이 지배자로 군림하며 그리스어를 공용어로 사용했고, 그리스에서 동방으로 온 많은 이민자들은 그리스식 도시를 건설하고 그리스식 삶을 이식했다.

1 알렉산드로스의 정복

알렉산드로스의 권력 장악과 페르시아 원정

알렉산드로스는 아드리아해부터 인더스강까지, 그리스, 아나톨리아(현대 터키), 이집트, 시리아, 페르시아(현대 이란), 박트리아(아프가니스탄), 소그디아나(현대 우즈베키스탄, 타지키스탄), 펀잡(파키스탄과 인도 접경)에 이르는 지역을 이전과는 완전히 다른 새로운 세계로 변모시켰다. 기원전 336년 여름에 즉위하여 기원전 323년에 요절할 때까지 극히 짧은 시간에 이룬 그의 위업은 당대인에게는 상상의 범위를 넘는 일이었고 후대인에게는 신화적인 성취로 기억되었다.

　알렉산드로스의 아버지 필리포스 2세는 그리스의 문물과 전술을 수용하고 개량하여, 반유목민, 반야만인 취급을 받던 마케도니아를 그리스의 패권국가로 키웠다. 더 나아가 그는 페르시아 원정을 준비했는데 이미 일부 부대가 출정한 상황에서 암살당했다. 그리하여 알렉산드로스는 불과 20세에 갑자기 왕이 되었다. 테바이, 아테네, 스파르타 등 유서 깊은 폴리스들은 젊은 새 왕을 얕보고 이 기회에 마케도니아의 멍에를 벗으려고 반란을 일으켰다. 알렉산드로스는 반란을 신속하게 진압하고 테바이를 본보기로 삼아 잔혹하게 처단했다. 그는 살아남은 모든 테바이인을 노예로 팔고, 다만 명망 높은 시인 핀다로스의 후손만 보존시켰다고 한다. 이러한 알렉산드로스의 행동은 당시의 기준으로도 잔혹한 것이었지만 효과는 분명했다. 뻣뻣한 스파르타인을 제외하면 그리스 폴리스 대부분은 저항 의지를 잃고 알렉산드로스의 페르시아 원정에 동참했다.

　알렉산드로스는 마케도니아 내부를 정리하고 그리스 폴리스들을 확보한 뒤 기원전 334년 봄에 페르시아를 침공했다. 마케도니아와 그리스 '동맹'이 동원한 원정군의 총병력은 3만 7000명이었다. 이는 145년 전 페르시아에 맞서 싸운 그리스 연합군의 병력과 비슷한 규모로서 충분하다고 보기 어렵다. 마케도니아를 장악하고 그리스를 통제하기 위해 마케도니아 병력의 절반을 남겨두고 와야 했던 것도 큰 제약이었다. 전비 역시 충분하지 않아서 애초부터 현지에서 조달하여 해결할 계획이었다. 반대로 균형 잡힌 병력 구성은 효율적이었고 승리에 크게 기여했다. 마케도니아의 정예 중장보병인 '히파스피스타이'('방패를 든 자들') 3,000명과 정예 기병인 '헤타이로이'('왕의 동료들') 1,800기는 엘리트 부대로서 '망치'로 활약했고, 극단적으로 길이를 늘인 장창으로 무장한 9,000명의 중장보병 방진과 다양한 역할을 하는 경무장 보병들이 '모루'의 역할을 감당했다.

페르시아 정복

기원전 334년 그라니코스강에서 알렉산드로스는 소아시아 서부의 페르시아 총독들을 격파했다. 알렉산드로스는 화려한 갑주를 걸치고 최전방에서 돌격했고, 트로이아 전쟁의 영웅을 연상케 했다. 그는 실제로 목숨이 위험한 순간들을 맞이했으나, 결과적으로는 대승을 이끌었다. 알렉산드로스는 노획한 페르시아 갑옷 300벌을 아테네로 보내 아테나 여신에게 봉헌하며 자신의 승리를 선전했다. 봉헌물에는 "필리포스의 아들 알렉산드로스와 스파르타인을 제외한 그리스인이 바친다"라고 새겼다. 이 문구에는 마케도니아를 언급하지 않음으로써 이 원정을 범그리스적인 성격으로 규정하는 한편, 비협조적이었던 스파르타인에 대한 알렉산드로스의 불편한 심기가 드러나 있다.

기원전 333년 알렉산드로스는 이소스에서 다레이오스가 이끄는 제국군을 맞아 대규모 전투를 벌였고, 놀랍게도 수적인 열세를 뒤집고 이번에도 승리를 거두었다. 알렉산드로스는 영웅적이고 지나칠 정도로 과감한 기병 돌파로 중앙의 다레이오스를 직접 노렸고, 다레이오스는 크게 놀라 군대를 버리고 도망갔다. 페르시아군은 혼란과 공포 속에서 흩어졌다. 알렉산드로스는 페르시아의 왕에게 도망이라는 치욕을 안겼고, 왕의 어머니, 왕비, 딸들, 왕위 계승권

알렉산드로스 모자이크. 알렉산드로스와 다레이오스 3세의 전투를 묘사한 모자이크 벽화이다. 폼페이에서 발견되었고, 헬레니즘 시대의 원본을 로마 시대에 복제한 것으로 추측된다. 로마인은 헬레니즘 세계를 군사적으로 정복한 이후 그 문화를 전폭적으로 수용했다. 헬레니즘 문화는 헬레니즘 왕국들이 정치적, 군사적으로 몰락한 이후에도 로마인을 통해 지중해 서쪽까지 확산되었다.

자인 아들까지 사로잡았다. 알렉산드로스는 명민하게도 이들을 죽이거나 모욕하지 않고 오히려 페르시아 왕실을 존중하는 자세를 보임으로써 자신이 페르시아의 새로운 지배자가 되기에 충분한 품격을 갖추었음을 상징적으로 드러냈다.

이소스 전투의 승리와 뒤이은 진군으로 알렉산드로스는 메소포타미아 서쪽, 즉 아나톨리아와 레반트 지역, 이집트까지 점령했다. 그 과정에서 지리적으로 유리한 티로스가 수개월간 저항했으나, 결국 이 공성전은 알렉산드로스의 전설적인 승리들에 하나를 추가하는 것으로 종결되었다. 알렉산드로스는 이집트에 무혈 입성한 뒤 시와의 아몬 신전을 방문하여 자신이 아몬신의 아들이라는 신탁을 받아낸다. 아몬은 그리스에서는 제우스와 동일시되었고, 따라서 알렉산드로스는 제우스의 아들이라는 것이다. 알렉산드로스는 시와에서 돌아온 뒤 신도시 알렉산드리아를 건설했다. 알렉산드리아는 『오디세이아』에 등장하는 유명한 섬 파로스 인근에 위치한 도시로 지리상 안전한 항구와 나일강에 대한 접근성이 좋아 상업적 중심지로 성장할 가능성이 높았다. 그러나 알렉산드리아 건설의 가장 중요한 역사적 의의는, 이것이 그리스식 폴리스로 건설되고, 그리스인과 마케도니아인만 완전한 시민권을 누리며, 머나먼 곳에서 그리스식 삶을 제공하는 도시라는 점이다. 이는 장차 알렉산드로스와 그의 후계자들이 건설할 많은 도시들의 특징이 된다.

이소스 전투에서 패배하고 도망갔던 다레이오스는 막대한 몸값, 영토 제공, 혼인 동맹 등 파격적인 수준의 양보를 내세워 화해를 요청했지만 알렉산드로스는 이를 거부했다. 양편의 군대는 기원전 331년 현대 이라크의 동북부에 있는 가우가멜라에서 다시 한번 부딪혔다. 다레이오스는 이소스 전투를 교훈 삼아 기병과 전차가 기동하기 좋은 넓은 지역을 전장으로 선택했다. 그러나 실제 전투는 이소스와 닮은꼴이었다. 알렉산드로스와 '헤타이로이' 기병대가 페르시아군 중심을 타격했고, 다레이오스는 또 도망쳤다. 알렉산드로스는 이번에도 다레이오스를 놓쳤지만, 전투 이후 페르시아의 핵심 도시인 바빌론, 수사, 페르세폴리스를 단기간에 장악했다. 알렉산드로스는 아시아를 정복한 왕으로 인정받았고, 수도 페르세폴리스는 불타올라 알렉산드로스의 승리를 밝히

알렉산드로스 원정 지도

고 폐허가 되었다.

　기원전 330년 여름에 다레이오스는 배신을 당해 죽고, 박트리아의 총독이 페르시아 왕위를 주장했다. 놀랍게도 알렉산드로스는 입장을 바꾸어 억울하게 죽은 다레이오스의 복수자를 자처했다. 그는 다레이오스의 시신을 예우를 다해 페르시아로 송환하고 왕으로서 부족함 없는 장례식을 치러주었다. (추후의 일이지만, 이 다레이오스를 죽인 자는 기원전 329년 자기 부하에게 배신당해 끌려왔다. 알렉산드로스는 선왕을 대신하여 페르시아 방식으로 그를 처형했다.) 이 일을 계기로 알렉산드로스는 증오의 대상인 정복자가 아니라 페르시아 귀족과 아케메네스 왕가의 전폭적인 지지를 받는 정당한 지배자로 인정받았다.

박트리아와 소그디아나 원정

기원전 330-327년의 만 3년 동안 알렉산드로스는 미지의 땅 박트리아(현대 아프가니스탄)와 소그디아나(현대 타지키스탄과 우즈베키스탄 일부)로 진군했다. 그리스인에게 미지의 땅인 이곳을 정복하는 일은 신화적이고 놀라운 일이었다. 그러나 알렉산드로스와 그의 군대는 험난한 산악 지역에서 현지 유목 민족들의 복잡한 정치적 구조 속에 빠져들어 온갖 고생을 해야 했다. 그리고 장기화된 원정 속에 알렉산드로스와 그의 동료들, 그리고 마케도니아 병사들 사이에 갈등이 고조되었다.

알렉산드로스는 기원전 327년 소그디아나에서 현지 귀족의 딸 록사네와 결혼했다. 그의 동료들과 병사들은 그리스인도 아닌 페르시아 제국 동쪽 끝의 이방인 여성을 왕비와 미래의 왕위 계승자의 어머니로 받아들여야 하는 상황에 놓였다. 이 결혼은 현지의 반란과 적대 세력을 누그러뜨리는 데에는 도움이 되었지만, 동료들과 병사들을 당황케 했다. 알렉산드로스가 '프로스키네시스', 즉 왕 앞에서 부복하는 동방식 관행을 도입하려 하자 갈등은 심화되었다. 이를 통해 알렉산드로스가 자신의 신성을 주장하려 했다고 본 고대 역사가도 있으나, 일반적으로는 이 관행에 익숙한 페르시아의 관료들을 통제하기 위한 것으로 본다.

알렉산드로스는 자신이 정복한 방대한 영역에 마케도니아인과 페르시아인으로 구성된 새로운 지배계급을 도입하려 했다. 장기간의 원정으로 지친 마케도니아 병사들을 현지 출신 병사들로 부분적으로 대체하기도 했다. 그러나 그의 아버지 때부터 함께한 군 지휘관들과 자신의 동료들, 병사들 중 일부는 알렉산드로스가 오만한 폭군, 페르시아의 전제군주로 변질되었다고 생각했다. 이미 기원전 330년에 '헤타이로이' 기병대장인 필로타스가 왕 암살 음모에 연루되어 처형되었고, 그의 아버지 파르메니온은 암살되었다. 기원전 328년에는 필리포스 때부터 복무했던 클레이토스가 만취한 알렉산드로스에게 살해당했다. 클레이토스는 그라니코스 전투에서 알렉산드로스를 죽기 직전에 구해낸 인물이었다. 마케도니아인 중 최소한 일부는 왕이 폭군으로 변했다고 믿었고, 왕은 음모를 경계해야 했다.

기원전 4세기 말 바빌론에서 주조된 것으로 추측되는 은화.
(위) 부케팔로스에 탄 알렉산드로스가 코끼리에 탄 적을 향해 돌격한다.
(아래) 알렉산드로스가 왼손으로는 창을 짚고 오른손에는 제우스의 상징인 번개를 들고 있다. 위에서는 승리의 여신 니케가 승리관을 씌워주려 하고 있다.

원정의 종착점, 인도

알렉산드로스는 기원전 327년 페르시아의 영역을 넘어 인더스강 유역으로 진출했다. 그리스인에게 알려진 세계의 끝에 도달했다는 점에서는 역시 신화적인 위업이었으나, 복잡한 정치 지형이 구축되어 있는 미지의 땅에서 그와 그의 군대가 이룰 수 있는 일은 많지 않았다. 알렉산드로스는 기원전 326년 현지의 포로스 왕의 군대와 히다스페스강에서 전투를 벌여 승리했다. 그러나 그의 군대는 낯선 열대 우림 지대에서 전투 코끼리 부대를 운영하는 강력한 현지 왕국들과의 전쟁을 더 이상 수행하려 하지 않았고, 기원전 325년 알렉산드로스는 자신의 군대에게 패하여 원정을 종식하고 귀환을 결정했다.

　알렉산드로스 원정이 인도에 남긴 결과를 보면, 그의 생애와 치세와 닮아 양면적이다. 알렉산드로스는 이 지역에도 여러 개의 그리스식 도시를 건설하고 주둔지를 마련하여 항구적인 지배를 꾀했다. 그러나 알렉산드로스 사후 10년도 지나지 않아 그 모든 것은 사라졌다. 그리스 문화의 요소가 간다라 미술에 일부 전해지기는 했지만, 인도인의 기억에서 알렉산드로스는 완전히 잊혔다. 그렇지만 후일 찬드라굽타가 제국을 건설할 때 이 북부 지역까지 통합할 수 있었던 것은 알렉산드로스가 먼저 현지의 강력한 세력들을 약화시켜 놓았기 때문이다.

알렉산드로스 원정 이전에 그리스인이 생각한 세계

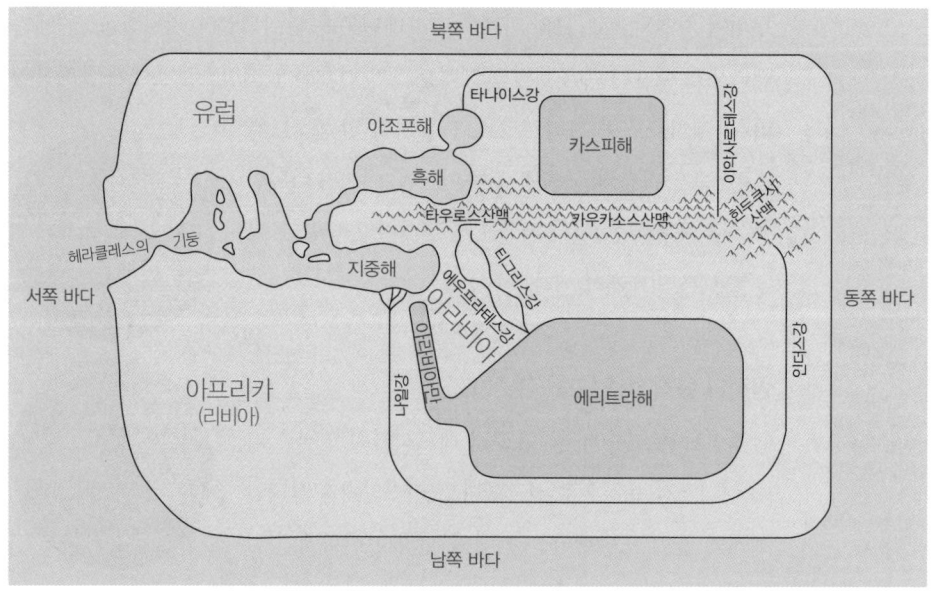

귀환과 사망

알렉산드로스는 부대를 둘로 나누어 귀환했는데, 그가 이끄는 본대는 육상으로 게드로시아(현대 파키스탄 서남부)를 지나는 동안 자연재해를 비롯한 온갖 고생을 하고 막대한 인명 손실을 입고서야 안전지대에 도달했다. 알렉산드로스는 귀환 후 8명의 총독을 비롯해 많은 이들을 숙청했다. 또 페르시아 왕들의 딸 두 명(다레이오스 3세의 딸 스타테이라, 아르탁세륵세스 3세의 딸 파리사티스)과 결혼식을 올렸다. 알렉산드로스의 부하 장군 90명도 그 행사에서 함께 페르시아 여성을 아내로 맞이했고, 왕의 모범을 따라 아시아 여성과 결혼한 1만 명의 병사들은 포상을 받고 부채를 탕감받았다. 알렉산드로스는 마케도니아 출신 노병들은 집으로 돌려보내고 그 빈자리를 마케도니아 신병과 페르시아 병사들로 채웠다. 알렉산드로스가 모든 인류를 하나로 통합하려 했는지는 알 수 없지만, 적어도 마케도니아인, 그리스인, 페르시아인의 통합을 진지하게 추구했던 것으로 보인다. 이에 대해 많은 마케도니아인과 그리스인은 우려와 분노를 표명했다. 그들이 보기에 알렉산드로스는 그리스의 방식을 벗어나 동방식 전제군주, 오만한 폭군의 길로 나아가고 있었다. 알렉산드로스가 너무 빨리 사망했기 때문에 이러한 평가가 얼마나 공정한지는 판단하기 어렵다. 그러나 헬레니즘 시대의 왕정을 회고해본다면 최소한 알렉산드로스가 동료들 중의 최우선자라는 그리스 전통에서 전제적 군주로 나아가는 모습을 보였음은 부정하기 어렵다.

알렉산드로스는 기원전 323년 6월에 33세의 나이로 바빌론에서 사망했다. 그는 지중해 동부에서 페르시아에 이르는 세계의 모습을 완전히 바꾸어놓았다. 그러나 새로운 세계를 통치할 구체적인 청사진은 제시하지 않았다. 그는 자신의 후계자도 지명하지 않았다. 알렉산드로스는 거대한 제국을 창설하고 그 꼭대기에 마케도니아인과 그리스인을 지배자로 올려두었다. 이 신세계를 새로이 구성하고 건설하는 일은 그의 '계승자들'의 몫으로 남았다.

2 '계승자들'의 시대
(기원전 323-280년)

알렉산드로스가 사망한 직후 왕위 계승이 문제가 되었다. 신생 제국은 막대한 부를 보유했지만 아직 체제가 정비되지 못했고, 야심 찬 장군들이 기회를 노리고 있었으며, 확실한 왕위 계승자가 없었다. 알렉산드로스 휘하에서 함께했던 유력한 장군들이 이제 경쟁자가 되었다. 이들은 모두 자신이 알렉산드로스의 정당한 계승자라고 주장했고, 그래서 '계승자들'(그리스어 '디아도코이')이라 불린다. 이들은 알렉산드로스 사후 40여 년 동안 치열한 쟁탈전을 벌였다.

페르디카스의 섭정

'헤타이로이' 기병대장이었던 페르디카스는 임신 중인 록사네의 출산을 기다려, 아들이면 왕으로 추대하자고 제안했다. 그러나 마케도니아 보병 지휘관인 노장 멜레아그로스는 알렉산드로스의 이복동생 아리다이오스에게 계승권이 있다고 주장했다. 파국을 막기 위해 기묘한 타협이 이루어졌다. 록사네의 출산을 기다려 아들이 태어나면 둘을 공동 왕으로 추대한다는 결론이었다. 마침내 록사네는 알렉산드로스 4세를 출산했고 아리다이오스는 필리포스 3세로 공동 왕이 되었다. 페르디카스는 제국 전체의 섭정이 되었고, 알렉산드로스에게 마케도니아를 위임받았던 안티파트로스와 그리스로 귀환 중이던 1만 병사를 지휘하는 크라테로스가 마케도니아를 공동으로 지배했다.

알렉산드로스의 사망 소식이 전해진 후 여러 지역에서 반란이 일어났으나 신속하게 진압되었다. 위기는 끝난 듯했다. 그러나 이는 표면적인 안정일 뿐이었다. 왕의 사후 이집트 총독을 맡았던 프톨레마이오스가 마케도니아로 향하던 알렉산드로스의 장례 행렬을 탈취해 왕의 시신을 이집트로 빼돌렸다. 왕의 장례는 계승자로서 정통성을 주장하는 데 중요한 요소였기 때문에 이 문제로 장군들 사이에서 전쟁이 벌어졌다. 페르디카스는 기원전 321년에 이집트를 침공했으나 오히려 큰 손실을 입고 자신의 부하에게 살해되었다. 크라테로스 역시 비슷한 시기에 소아시아에서 전사했다. 전후 합의를 통해 안티파트로스가 페르디카스의 지위를 차지하고 공동 왕들과 함께 마케도니아로 귀환했다. 프톨레마이오스는 이집트를, 리시마코스는 트라키아를, 셀레우코스는 바빌론을 차지했다. 안티고노스는 아시아에 남은 페르디카스의 잔당을 처리하는 일을 맡았다.

안티고노스 가문의 약진과 새로운 질서의 성립

짧고 기만적인 세력 균형이었지만 이마저도 기원전 319년에 안티파트로스가 갑자기 사망하고 그의 섭정 지위를 폴리페르콘이 이어받으면서 무너졌다. 프리기아 총독으로서 아시아를 장악했던 '외눈의' 안티고노스, 프톨레마이오스, 리시마코스, 그리고 안티파트로스의 아들 카산드로스가 새 섭정을 반대하여 공동 전선을 형성했고 3년에 걸친 전쟁이 벌어졌다. 이 과정에서 알렉산드로스의 어머니인 올림피아스는 필리포스 3세와 왕비를 살해했고, 카산드로스는 마케도니아를 장악한 후 올림피아스를 살해하고 알렉산드로스 4세와 록사네를 가택 연금했다.

아시아에서는 안티고노스가 권력을 장악했고 셀레우코스는 바빌론을 버리고 프톨레마이오스에게로 도망쳤다. 그리스와 아시아는 형식상 알렉산드로스 4세의 통치 아래 있었으나 실제로는 카산드로스와 안티고노스에 의해 점점 더 별개의 영역이 되었다. 안티고노스는 그리스 폴리스들이 카산드로스에게 저항하도록 부추기면서 제국을 다시 하나로 만들려고 시도했으나 실패했다. 그러나 그의 아들 데메트리오스는 기원전 307년에 다시 전쟁을 일으키고 카산드로스와 프톨레마이오스에게 연이어 승리를 거두며 많은 폴리스들을 '해방'했다. 데메트리오스는 강력한 공성 병기를 동원해 여러 도시를 함락시켰고 '공성자(攻城者)'라는 별명을 얻었다. 그의 승리에 고무된 병사들은 기원전 306년 안티고노스와 데메트리오스를 왕으로 추대했다. 이는 중대한 전환점이었다. 이전까지는 장군들이 모두 알렉산드로스 왕가를 섬기는 대리인이라 주

데메트리오스 은화.
(위) 데메트리오스가
머리띠 모양의
왕관을 쓰고 있다.
머리에 난 뿔은
신성을 표현한다.
헬레니즘 시대
왕들은 신적인
숭배를 받았다.
(아래) '데메트리오스
왕의' 은화라고 적혀
있고, 삼지창을 든
포세이돈이 새겨져
있다.

장했다. 이제 데메트리오스가 선을 넘자 뒤이어 카산드로스, 리시마코스, 프톨레마이오스, 셀레우코스도 왕을 칭했다.

기원전 301년 입소스 전투에서 카산드로스, 리시마코스, 셀레우코스의 연합군이 안티고노스의 군대와 맞붙었다. 81세의 안티고노스는 코끼리에 밟혀 전사하고, 데메트리오스는 도망쳤다. 왕국을 잃어버린 데메트리오스는 복수를 준비했고, 왕국을 보유한 다른 4명의 왕들은 내부를 정비하며 힘을 쌓았다. 데메트리오스는 다시 일어나 마케도니아를 장악했으나, 아시아로 진격했다가 리시마코스에게 패배하고 포로가 되었다.

프톨레마이오스는 기원전 282년에 천수를 누리고 죽었으나, 리시마코스와 셀레우코스는 기원전 281년 코루페디온에서 맞붙었다. 리시마코스는 전사했고, 계승자 중 마지막 생존자인 셀레우코스는 드디어, 알렉산드로스를 따라 아시아 원정에 나선 지 53년 만에 유럽으로 돌아왔다. 알렉산드로스가 남긴 제국의 서쪽 유럽과 동쪽 아시아가 마침내 재통합되는 듯했다. 그러나 이는 짧은 순간뿐이었다. 셀레우코스는 암살당했고, 뒤이어 갈리아인이 침공하여 공포와 파괴를 안겼다. 이때 안티고노스의 손자, 데메트리오스의 아들 안티고노스 고나타스가 갈리아인을 막아내고 마케도니아의 왕위에 올랐다. 이로써 알렉산드로스의 사망 이후 처음으로 확고하고 장기적인 세력 균형이 이루어졌다. 40여 년의 투쟁과 운명의 부침 끝에, 알렉산드로스의 제국은 마케도니아의 안티고노스 왕국, 이집트의 프톨레마이오스 왕국, 아시아의 셀레우코스 왕국으로 분할되었다.

3 헬레니즘 왕국들의 흥망 (기원전 280-30년)

셀레우코스 왕국

세 왕국 중 셀레우코스 왕국은 그리스 동북부의 트라키아부터 인도에 이르는 가장 넓은 영역을 차지했다. 종족과 문화도 가장 다양했다. 발칸반도의 마케도니아나 나일강을 따라 좁게 분포된 이집트와 비교할 때 통합성이 약해 강력한 통치가 이루어지지 못했다. 그러나 적어도 초기의 왕들은 극히 다양한 요소로 이루어진 왕국을 지배하는 방법에서 높은 유연성을 보였다. 셀레우코스 왕국의 지배계급은 마케도니아인과 그리스인이었으며, 이들은 그리스식 방식으로 건설되고 그리스식 이름을 가지며 그리스식 삶을 제공하는 도시들에서 지배했다. 알렉산드로스가 시도했던 그리스인과 페르시아인의 합동 통치는 이루어지지 않았다. 이는 모든 헬레니즘 왕국에서 공통된 현상이었다. 그러나 셀레우코스 왕가는 단순한 정복자에 그치지 않았다. 그들은 이전의 페르시아의 통

헬레니즘 왕국과 그리스의 연맹

치 방식을 계승하여 지역적 다양성을 존중했고, 마케도니아인의 정체성을 가지면서도 현지에 뿌리내리려 했다. 대표적으로 셀레우코스는 시리아 북부에 자신의 이름을 딴 셀레우케이아, 아들의 이름을 딴 안티오케이아, 어머니의 이름을 딴 라오디케이아, 페르시아인 아내의 이름을 딴 아파메이아를 건설했다. 그의 의도는 명백했다. 이곳, 시리아가 새로운 고향이라는 것이었다. 그리스인들과 로마인들은 셀레우코스의 왕들을 관행적으로 '시리아의 왕'이라고 불렀다.

그러나 3세기 후반부터 셀레우코스 왕국은 외곽부터 시작하여 무너지기 시작했다. 기원전 245년 가장 동쪽의 박트리아는 반란을 일으켰고, 몇 년 후에는 파르티아인이 등장하여 페르시아 동북부를 휩쓸었다. 소아시아에서는 페르가몬과 같은 소규모 지역 왕국들이 난립했다. 기원전 2세기, 셀레우코스 왕국은 사실상 시리아와 메소포타미아만을 제대로 통제했고, 나머지는 수많은 지방 세력들에 의해 분할되었다.

마케도니아 왕국과 그리스

안티고노스 왕가의 마케도니아 왕국은 세 세력 중 가장 작았고, 가장 취약한 모습으로 출발했다. 기원전 276년에 안티고노스 고나타스가 왕위에 올랐는데, 그 2년 전에는 갈리아인이 마케도니아를 휩쓸고 지나갔고, 2년 뒤에는 에피로스의 피로스 왕이 침공했다. 이러한 상황에서 안티고노스 고나타스의 과제는 그리스 본토를 다시 통제 아래에 두는 것이었다. 아테네와 스파르타는 계속 반마케도니아 운동을 펼쳤지만, 안티고노스 고나타스는 이것을 분쇄했다. 나아가 프톨레마이오스의 함대를 격파하여 에게해 지배를 확보했다. 그러나 그리스에서는 중부의 아이톨리아 연맹, 펠로폰네소스의 아카이아 연맹이 등장하여 안티고노스를 괴롭게 했다.

'코이나'라고 불리던 이러한 연맹들은 전통적인 시민공동체 폴리스가 강력한 전제적 헬레니즘 왕국에 대처하기 위해 고안한 혁신이었다. 폴리스는 소규모 공동체이므로 개별적으로는 결코 헬레니즘 왕국의 물질적 부유함과 군사력을 능가할 수 없었다. 그렇다고 대규모 영역 국가로 여러 폴리스를 통합하는 것은 자율과 자치라는 폴리스의 핵심 가치를 포기해야 하는 것이므로 불가능했다. 그리스인은 일종의 중간 단계로서 각 폴리스의 자율을 일부분 양보하여 공동의 의회를 구성하고 군사력을 모으는 방법을 택했다. 이러한 연맹들은 헬레니즘 시대 마케도니아의 패권을 어느 정도 견제했지만, 결국 이후에 로마라고 하는 더 강력한 제국 앞에서 붕괴되었다.

프톨레마이오스 왕국: 이집트

이집트를 장악한 프톨레마이오스 왕국의 상황은 위의 두 나라와 달랐다. 프톨레마이오스 왕국 역시 셀레우코스 왕국처럼 종족과 문화가 다양했지만, 마케도니아와 그리스 출신과 토착 이집트인 사이에는 넘을 수 없는 경계선이 그어졌다. 마케도니아와 그리스 출신의 정착민 지배층이 총 주민의 10퍼센트를 차지했고, 약 400만 명 정도의 토박이 이집트인이 지배를 받았다.

프톨레마이오스 왕국은 수많은 폴리스와 연맹이 난립하여 통합에 어려움을 겪던 마케도니아 왕국과도 달랐다. 프톨레마이오스와 후계자들은 처음부터 파라오의 계승자로서 통치했고 기존의 중앙집권적 지배를 유지했다. 그래서 이집트의 전통적인 정부 구조와 농업 체계, 신전 등은 그대로 유지한 채 그리스식의 지배를 그 위에 부과했다. 이집트의 농경지는 왕실의 직영지, 그리스인 퇴역병들에게 할당된 농지, 이집트의 신전들에 소속된 토지 등으로 재편되었고, 여기에서 들어오는 막대한 세입이 프톨레마이오스 왕가를 지탱했다.

로제타 스톤. 프톨레마이오스 5세의 즉위를 기념하여 기원전 196년에 이집트 사제들의 포고령을 새긴 비석이다. 그리스어, 신성문자, 민중문자의 3개 문자로 기록되었다. 나폴레옹의 이집트 원정 때 발견되어 고대 이집트 문자 해독에 결정적인 도움이 되었다.

또 왕실은 파피루스, 직물, 기름 등 다양한 상품의 생산과 유통을 엄격하게 통제하여 세입을 극대화했다. 수도 알렉산드리아의 번성은 이를 잘 드러낸다.

프톨레마이오스 왕국은 기원전 270년대부터 시작하여 기원전 160년대까지 셀레우코스 왕국과 끊임없이 싸웠다. 지중해 동부 해안 지역이 핵심 분쟁 대상이었다. 프톨레마이오스 왕국은 기원전 246-245년에 잠시나마 셀레우코스를 시리아에서 메소포타미아로 내몰고 바빌론을 장악하기도 했다. 반대로 기원전 170-168년에는 셀레우코스가 알렉산드리아를 거의 점령할 뻔했다. 그러나 이집트의 핵심인 나일강 유역은 언제나 외부의 위협으로부터 안전했다. 프톨레마이오스 통치의 가장 큰 고민은 내부의 불안정이었다. 토착 이집트인은 거의 모든 권력에서 배제되고 불평등한 대우를 받았다. 이들의 봉기 때문에 기원전 217년부터 기원전 186년까지 이집트는 거의 상시로 내란 상태였고 이는 프톨레마이오스 왕국의 힘을 소진시켰다.

헬레니즘 세계와 로마

로마의 등장과 더불어 헬레니즘 왕국들의 쇠퇴와 분열은 가속화되었다. 마케도니아의 필리포스 5세(기원전 221-179년)는 로마가 한니발 전쟁에 묶인 상황을 이용해서 아드리아해 방면에서 로마의 세력을 몰아내고 그리스 본토 전체에 마케도니아의 영향력을 강화하려 했다. 이로 인해 마케도니아와 로마 사이에 제1차 마케도니아 전쟁(기원전 214-220년)이 발발했고, 그리스 중부의 아이톨리아 연맹은 로마와 연합하여 마케도니아에 맞섰다. 이 전쟁은 뚜렷한 승부를 가리지 못하고 종결되었다. 한니발 전쟁이 끝나자 로마는 제2차 마케도니아 전쟁(기원전 200-197년)을 일으키고 마케도니아를 격파했다. 로마 장군 플라미니누스는 기원전 196년 코린토스에 나타나 '그리스의 해방'을 선언했다.

한편 셀레우코스 왕국은 안티오코스 3세(기원전 223-187년) 치하에서 제2의 전성기를 구가했다. 안티오코스는 장기간의 전쟁을 통해 기원전 190년대에 이르러 에게해부터 박트리아까지 셀레우코스 왕국의 옛 영토를 거의 회복했다. 로마와 셀레우코스 왕국은 결국 충돌했고, 로마 장군 스키피오 아시아티쿠스는 기원전 190-189년 겨울 마그네시아 전투에서 셀레우코스 군대를 파멸시켰다. 이로써 불과 10년 만에 로마는 헬레니즘 세계의 세 왕국 중 둘을 굴복시켰다.

기원전 168년 안티오코스 4세는 프톨레마이오스 왕국이 내란으로 약화된 틈을 이용하여 이집트를 침공하고, 알렉산드리아를 제외한 나일강 하부를 장악했다. 그러나 로마가 개입하여 최후통첩을 보냈고, 20년 전 마그네시아에서 겪은 패배의 공포 때문에 안티오코스는 물러났다. 이후 셀레우코스 왕국은 줄곧 내리막길을 걸었다. 유대인은 반란을 일으켜 독립국가를 건설했다. 파르티아는 기원전 141-138년에 메소포타미아를 장악했다. 이제 셀레우코스 왕국에 남은 것은 시리아 북부뿐이었다.

　　마케도니아 안티노고스 왕가의 마지막 왕 페르세우스는 그리스 본토와 에게해의 여러 폴리스와 관계를 개선함으로써 부흥을 꾀했는데 로마는 이를 용납하지 않았다. 안티오코스 4세가 알렉산드리아에서 굴욕적으로 물러난 바로 그해 기원전 168년에 마케도니아군은 로마 장군 아이밀리우스 파울루스에게 격파되었다. 로마군은 1,000여 명의 그리스 정치인을 인질로 삼아 이탈리아로 끌고 갔고, 마케도니아에 가세한 아이톨리아 연맹 지도자 550명을 살해했으며, 그리스인 15만 명을 노예로 팔았다. 그리고 기원전 146년에는 그리스 본토에 남은 마지막 세력인 아카이아 연맹이 로마인에게 무너졌다. 로마는 본보기로서 코린토스를 완전히 파괴하고 모든 주민을 노예로 삼았다.

　　기원전 168년과 146년의 사태로 로마의 그리스 지배가 확립되었다. 단, 이 것은 매우 기묘한 지배였다. 기원전 2세기 로마는 몇몇 지역에 정기적인 공납을 요구했지만, 대부분의 지역에 대해서는 제도적 지배도 과세도 부과하지 않았다. 그리스 폴리스들은 로마에 반항하지 않는 한 자치를 누렸다. 그리스가 로마의 직접적인 지배를 받기 시작한 것은 기원전 120년대에 아시아 속주가 구성되면서부터였다. 이후 로마의 착취를 혐오하게 된 그리스인들은 흑해 폰토스 왕국의 미트라다테스의 깃발 아래 로마인에게 대항했다. 기원전 88년 사전에 계획된 작전으로 로마인과 이탈리아인 8만 명이 학살되었고, '미트라다테스 전쟁'은 기원전 60년대까지 지루하게 이어졌다. 이 전쟁을 끝으로 그리스 본토와 아나톨리아, 셀레우코스 왕국의 잔여물은 모두 로마의 속주로 재편되었다. 마지막 헬레니즘 왕국인 프톨레마이오스 왕국은 왕가를 유지하려는 클레오파트라의 필사적인 노력을 기억에 남기고 기원전 31년 악티움 해전, 기원전 30년 옥타비아누스의 알렉산드리아 점령과 함께 소멸되었다. 알렉산드로스가 이루었던 제국은 이제 서쪽은 로마의, 동쪽은 파르티아의 손에 들어갔다. 그러나 그리스 폴리스들과 헬레니즘 문화는 로마와 파르티아의 지배 아래에서도 번영을 이어갔다. 기원전 1세기 로마 시인 호라티우스는 헬레니즘을 통해 그리스 문화가 로마에 이어졌음을 이렇게 표현했다. "정복당한 그리스가 난폭한 승자를 정복하고 조야한 라티움에 문화를 가져왔다."

4 헬레니즘 사회와 문화

헬레니즘 시대 초기에 그리스의 정치적, 군사적 지배가 짧은 기간에 광범위하게 확산되었다. 그리스 문화의 영향력이 지리적으로 확대되었고, 새로운 세계 질서는 문화 발전에도 창조적인 활력을 불어넣었다. 헬레니즘 문화는 단순하게 정의할 수도 없고 전혀 균질적이지 않았지만 그래도 고전기와 비교하여 여러 새로운 측면들이 나타났다고 할 수 있다. 폴리스보다 훨씬 강력하고 부유한 왕조국가의 후원은 학문과 예술에 새로운 가능성을 부여했다. 그리스인은 이집트와 서아시아 세계를 거의 3세기 동안 지배했고, 지중해에서 박트리아에 이르는 광대한 지역의 도시들에서는 그리스 문화가 특권적인 지위를 누렸다.

헬레니즘 사회와 문화의 성격
헬레니즘이 얼마나 융합적인 성격의 문화였는지는 오랜 논쟁의 대상이다. 한쪽에서는 헬레니즘 도시가 '용광로' 역할을 하여 다양한 종족과 지역, 문화를 융합했고 그 결과 새로운 국제적인 문화를 낳았다고 보지만, 다른 쪽에서는 헬레니즘을 통해 그리스 문화가 동쪽으로 확산되었을 뿐이며 헬레니즘 도시와 문화의 주도권은 혈통상 마케도니아인과 그리스인에게 있었다고 본다.

헬레니즘 도시의 구성과 운영을 보면 문화적 종족 분리와 차별이 확연하게 드러난다. 헬레니즘 도시의 주민은 압도적으로 그리스인이었다. 그리스인이 아닌 사람들은 거주 구역도 분리되었고, 사법 체계도 다르게 적용되었다. 그리스인은 헬레니즘 세계에 이주한 후에도 그리스인으로 살고자 했다. 그들이 건설한 도시들에는 김나시온, 극장, 공회당을 비롯한 그리스적 삶의 요소들이 복제되었고, 그들은 그리스에서 가지고 온 법과 제도, 교양 속에서 살았다. 헬레니즘 왕들과 그리스인에게 이집트와 동방의 주민들은 세금을 납부하여 자신들을 부양해야 할 사람에 지나지 않았다. 당연히 지배자들과 주민들 사이에는 편견과 긴장이 자리 잡았고, 헬레니즘 역사는 그리스의 '멍에'를 벗어버리려는 주민들의 반란으로 얼룩졌다.

그러나 그리스인과 비그리스인의 경계는 절대적이지 않았다. 프톨레마이오스 왕가는 효율적인 통제를 위해 이집트의 전통적인 지배 엘리트인 지방의 사제들과 신전들을 존중하고 지원했다. 셀레우코스의 왕들도 바빌론의 신전들과 예루살렘의 성전을 지원하여 해당 사제들의 지지를 획득했다. 사제뿐 아니라 촌락의 유력자들 역시 중앙의 그리스인과 하층 이집트 주민들 사이에서 중간자 역할을 하면서 상승의 기회를 얻었다. 그리스인 이주자들이 상대적으로 소수였고 대부분 군인이었기 때문에, 장기적으로는 통혼과 문화적 혼합이 이루어졌다. 헬레니즘 세계에서는 점점 '그리스적'이라는 말이 혈통적 의미가 아니라 그리스식 교육을 받고 그리스식 생활방식을 받아들이며 그리스식 이름을 취하고 헬레니즘 시대의 국제 공용어인 단순화된 그리스어, 즉 '코이네'를 구사하는 사람을 뜻하게 되었다.

그리스적 요소와 동방의 요소의 융합이 가장 두드러진 분야는 종교였다. 그리스 종교는 다신교로서 유연하며 엄격한 교리체계를 가지고 있지 않았고, 전통적인 올림포스 신들은 새로운 시대에 맞게 변형되었다. 프톨레마이오스 왕가는 그리스의 하데스, 디오니소스, 제우스의 신격과 이집트의 오시리스를 결합하여 새로운 신 사라피스를 만들어 알렉산드리아의 수호자로 삼았다. 그리스인에게는 생소했던 이집트의 동물신 숭배

이시스.
서기 2세기 로마시대에 제작되었다. 이 조각상의 양식과 옷, 머리 모양 등은 그리스식이다. 가슴 부분의 옷 매듭은 이시스를 상징하는 전형적인 이집트식 방법이며, 머리 장식은 하토르에게 빌려온 것이다. 손에 들고 있는 기물도 전형적인 이집트식이다. 오른손에는 흔들어서 소리를 내는 신성한 악기(그리스어로 '세이스트론')의 손잡이가 남아 있고, 왼손에는 나일강물을 담는 신성한 물병을 들고 있다. 이집트 여신이 그리스적 모습으로 로마에서 숭배되었음을 보여준다.

가 헬레니즘 종교에 도입되었다. 헬레니즘적 변형의 대표적인 사례는 이집트 종교에서 오시리스의 아내이자 호로스의 어머니였던 이시스가 그리스의 아프로디테, 데메테르, 아테나와 결합한 것이다. 그 결과 이시스는 우주의 어머니이자 문명의 발명자로서 모든 종족을 가호하는 신격이 되었다.

알렉산드리아 박물관과 도서관

프톨레마이오스 시대 알렉산드리아 박물관과 도서관은 헬레니즘 시대의 문화 발전을 상징적으로 대표한다. 박물관이라 번역하지만 원어인 '무세이온'은 예술품을 수집, 전시하는 장소가 아니라 학예를 관장하는 여신들을 섬기는 성소를 뜻한다. 알렉산드리아의 무세이온은 학문 연구 기관으로 확립되었고, 여기에 소속된 학자들에게는 국비로 숙소와 식사가 제공되었다. 헬레니즘 세계 전역에서 학자와 문인, 예술가가 무세이온에 집결하여 국가의 전폭적인 지원 속에서 매우 다양한 주제를 연구했다. 이들이 왕조 국가의 지원을 받았다는 점과 현학적인 연구를 했다는 점은 고대부터 문제가 되었다. 알렉산드리아의 학자들은 '새장 속에서 그칠 줄 모르고 지껄이는' 모습으로 풍자되기도 했다. 그러나 전례 없는 자원의 집중과 인적 교류 덕분에 어용 학문에 그치지 않는 진정한 발전이 이루어졌다.

　박물관 부속기관으로 도서관이 설립되었는데, 알렉산드리아 도서관이 책에 대해 보인 집착과 탐욕은 악명이 높았다. 이집트를 방문하는 학자는 자신이 소유한 희귀본을 빼앗기고 싸구려 복사본을 돌려받을 각오를 해야 할 정도였다. 고대와 중세의 추산에 따르면 70만 개에 달하는 파피루스 두루마리를 도서관이 소장했다고 한다. 이 숫자를 그대로 믿기는 어려우나 도서관의 위상에 대해 시사하는 바가 있다. 이곳에서 수행된 연구는 수학, 지리학, 자연과학, 문학을 발전시켰고, 세상과 인간에 대한 이해를 심대하게 변화시켰다.

헬레니즘 과학

기원전 3세기 전반에 사모스의 아리스타르코스는 태양이 우주의 중심이라는 가설을 제시했다. 이 가설을 증명하기에는 관측도구도 미비했고 물리학의 도

에라토스테네스
지구측량

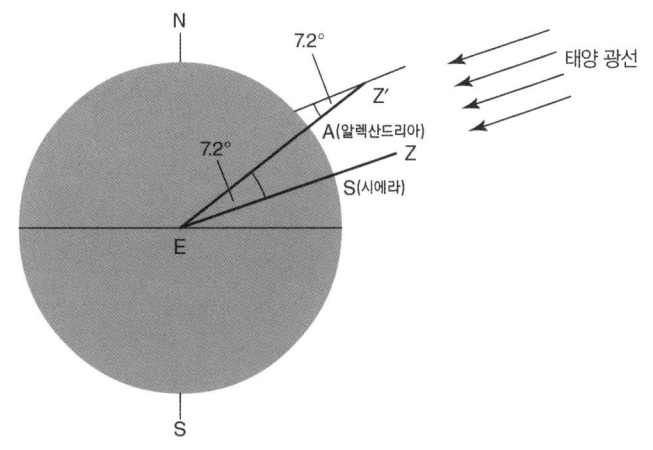

움도 받을 수 없었다. 그러나 이 가설은 그리스인의 활동 영역이 폭발적으로 확장된 시대에 걸맞은 혁명적인 발상임은 분명하다. 기원전 3세기 후반에 알렉산드리아 도서관의 사서였던 키레네의 에라토스테네스는 더 극적인 성과를 낳았다. 그는 간결한 기하학으로 지구의 크기를 계산하는 방법을 제시했다. 그는 지구가 둥글고, 태양빛은 지구 모든 곳에 평행하게 도달한다고 전제했다. 놀라울 정도로 정확한 추측이었다. 이 전제를 바탕으로 알렉산드리아와 시에네에서 하지에 발생하는 그림자 각도를 측정하고, 아름답고 단순한 기하학 모델로 지구 둘레를 계산해냈다. 그 결괏값은 현대의 측정치와는 상당한 차이가 있지만 이는 당시의 측정 단위가 정밀하지 못했기 때문이었을 뿐, 그의 방법은 완벽하게 정확하다. 에라토스테네스의 위업은 헬레니즘 학문의 특징을 잘 보여준다. 지구 크기를 계산하는 과정에서 기준점이 된 두 도시 알렉산드리아와 시에네는 당시 프톨레마이오스 왕국의 북단과 남단이었다. 이는 에라토스테네스의 연구가 왕조의 지원과 밀접하게 관련되었음을 보여준다. 그러나 그의 연구는 한 왕조에 봉사하는 수준을 넘어섰다. 에라토스테네스는 헬레니즘 시대에 이르러 크게 확대된 세계를 맞이하여 인간과 세계를 새롭게 인식하는 방법을 제시했다.

에라토스테네스의 별명은 '베타'였다. 수많은 지식 분야에 통달했지만 어느 한 분야에서도 최고는 아니었다는 의미이다. 헬레니즘 시대 수학 분야에서

'알파'는 시라쿠사이의 아르키메데스였다. 아르키메데스는 원주율을 계산해 낸 것으로 유명하지만, 또 '유레카'로 유명한 밀도와 부피 측정 문제에서 나타나듯이 수학을 활용해 물리적 난제를 해결하는 데 탁월했다. 그는 광학, 유체정역학 등의 분야에서 뛰어난 업적을 남겼다. 나선 펌프로 관개와 광산 배수에 도움을 주고, 시라쿠사이 방어에도 중요한 기여를 했다고 전한다. 아르키메데스 외에도 헬레니즘 시대의 창조적 수학자들과 공학자들은 다양한 혁신을 일으켰다. 어떤 학자들은 증기를 이용한 기관을 구상하기도 했다. 증기기관이 사회와 경제에 실제로 혁신을 일으킨 것은 근대였지만, 헬레니즘 시기에 등장한 수직 물레방아는 농업 노동의 핵심적인 부분인 밀가루 생산에서 인력과 축력을 수력으로 대체하는 혁신을 일으켰다. 헬레니즘 시대 공학자들의 역량이 어디까지 이르렀는지를 보여주는 유물은 '안티키테라 장치'이다. 이 장치는 고도로 복잡한 톱니바퀴 조합을 이용해 천체의 움직임을 재현하는 데 쓰였고, 근대 이전까지 이보다 진보된 기계장치는 출현하지 않았다.

헬레니즘 과학은 분명히 왕실의 지원을 받았고, 그 결과 군사 기술에서 중요한 진보가 이루어졌다. 그러나 폴리스 시절에는 꿈꾸지 못했던 대규모 지원과 연구자들의 활발한 교류는 직접적인 국가의 이해를 넘어서서 과학이 새로운 단계로 성장하게 했다. 헬레니즘 시대를 고대 과학의 황금기로 불러 마땅하다.

헬레니즘 문학

고대에는 자연과학과 문학의 구분이 분명하지 않았다. 에라토스테네스나 아르키메데스는 수학, 물리학적 주장을 시적인 언어로 표현했다. 역으로 헬레니즘 문학은 과학적 비판 정신을 드러낸다. 헬레니즘을 대표하는 문학적 업적은 호메로스 서사시의 판본을 확립한 것이다. 헬레니즘 시대에도 고전기와 마찬가지로 호메로스 서사시는 그리스 문화의 핵심이었고 교양 교육의 근간이었다. 그러나 시대와 지역에 따라 다양한 이형태가 난립했다. 알렉산드리아에 모인 학자들은 여러 종의 본문을 연구하여 원본에 근접한 판본을 제시하려고 노력했다. 이러한 비판적 편집과 주해 작업을 통해, 기원전 150년경 사모스의 아리스타르코스가 『일리아스』와 『호메로스』의 판본과 주석을 완성했다. 현대에 사용되는 판본이 아리스타르코스의 판본과 크게 다르지 않다는 사실은 이것이 얼마나 역사적으로 중요한 업적인지를 보여준다.

헬레니즘 시대에 작가들은 한편으로는 후원자인 왕들에게 유리한 글을 쓰기도 했으나 단순히 후원자에게 아부하는 데 그치지는 않았다. 알렉산드리아에 모인 시인들은 중요한 혁신적인 작품들을 저술했다. 칼리마코스는 헬레니즘 문체를 대표하는 현학적인 작품을 썼다. 그의 작품에는 그리스 세계 전역의 신화와 관습이 우아한 운문으로 재현된다. 그의 경쟁자였던 로도스의 아폴로니오스는 『아르고호 이야기』를 통해 오랜 전통을 가진 서사시 장르에 새로운 활력을 불어넣었다. 시라쿠사이의 테오크리토스는 서양 문학사에 전원의 삶에 대한 동경을 추가했다.

헬레니즘 예술

헬레니즘 시대의 시각예술도 고전기 이래의 전통과 새로운 혁신적 요소의 결합을 특징으로 한다. 고전기 조각은 폴리스의 이상적인 남성을 표현하는 데 높은 수준에 도달했다. 헬레니즘 시대에도 유사한 조각 양식이 계승되었으나 주로 왕들을 영웅적으로 표현하는 데 국한되었다. 헬레니즘의 고유한 특징은 다양한 인간의 개별적인 경험과 감정을 극적으로 표현하는 데 있었다. 〈라오

〈라오콘〉.
로마 시인 베르길리우스에 따르면 라오콘은 트로이아에서 포세이돈 신의 사제였다. 그는 트로이아인에게 그리스인이 남긴 목마를 경계하라고 조언했고, 그리스인의 속임수를 폭로하려고 목마를 창으로 찔렀다. 그러자 거대한 물뱀이 나타나 그와 두 아들을 죽였다고 한다.
서기 1세기에 노(老)플리니우스가 이 조각상을 언급하여 기록으로만 전하다가 16세기 초 로마에서 발굴되었다.

콘〉은 극한의 고통과 죽음의 순간을 포착했고, 〈죽어가는 갈리아인〉은 비록 청동 원본이 소실되고 로마시대의 대리석 복제품만 남아 있으나 인간의 존엄성과 피할 수 없는 패배와 죽음이라는 모순의 교차를 드러낸다. 고전기 조각이 여성 누드를 금기시했음에 반해 헬레니즘 시대에는 여성의 신체와 누드가 다양하게 묘사되었는데, 특히 목욕하는 아프로디테 조각상이 크게 유행했다. 또 승리를 형상화한 〈사모트라케의 니케〉처럼 추상적 개념을 표현한 조각들도 등장했다.

헬레니즘 철학

헬레니즘 시대의 지적 연구와 교육에서 알렉산드리아가 결코 수위를 차지하지 못한 단 하나의 분야는 철학이었다. 이 분야에서는 아테네가 단연 우월했다. 국가의 지원도 없었고 공식적인 제도도 없었지만 그리스 전역에서 철학을 공부하고자 하는 젊은이들이 아테네에 모여들었다. 이미 기원전 4세기에 플라톤의 아카데메이아와 아리스토텔레스의 리케이온이 최고의 교육과 연구 기관으로 자리 잡았다. 그러나 헬레니즘과 로마 세계에 장기적으로 양향을 끼친 것은 기원전 4세기 말에 아테네에 자리 잡은 두 외국인, 에피쿠로스와 제논이었고 기원전

〈죽어가는 갈리아인〉.
서기 1세기 혹은 2세기에 조각된 것으로 추측되며 17세기에 발굴되었다.
기원전 3세기에 페르가몬에서 제작된 원본을 로마 시대에 복제한 것으로 보인다.
이 조각은 한 갈리아인 전사가 가슴에 치명상을 입고 죽어가는 장면을 묘사한다. 얼굴은 고통으로 일그러져 있다. 임박한 죽음 앞에서도 의연한 모습을 드러냈고, 침략자인 외국인 전사를 고결하게 표현했다.

3세기 이후 아테네 철학을 주도한 것은 이들의 후예가 세운 학원이었다. 로마 시대에도 철학자들은 대부분 에피쿠로스주의(루크레티우스, 필로데무스) 아니면 스토아주의(세네카, 에픽테토스, 마르쿠스 아우렐리우스)를 따랐다.

사모스의 에피쿠로스는 은둔과 쾌락을 주장했다. 그러나 그에게 쾌락은 특별한 의미를 가졌다. 일반적으로 생각하는 음주, 향연, 성적 쾌락 등은 오히려 '잘못된' 쾌락이며, 진정한 쾌락은 마음의 안정된 상태('아타락시아')에서 얻을 수 있다. 신들도, 죽음도 이 평정을 흔들 수 없다. 데모크리토스의 원자론에 의거하면 우주는 원자로 구성되어 있고 죽음이란 그저 이 원자들이 해체되는 것이기 때문이다. 에피쿠로스주의는 나쁜 습관과 잘못된 욕망을 자신의 삶에서 제거함으로써 진정한 쾌락에 도달한다고 가르쳤다.

키티온의 제논은 벽화가 그려진 주랑(채색 주랑, 스토아 포이킬레)에서 제자들을 가르쳤는데, 거기에서 스토아주의라는 명칭이 유래했다. 스토아주의에서는 이성에 대한 확고한 신념을 가졌고, 인간이 합리적으로 사고하고 자신을 충분히 성찰하면 덕의 완성을 향해 나아갈 수 있다고 가르쳤다.

에피쿠로스의 가르침이 진정한 쾌락을 방해하는 요소를 외과 수술처럼 과감하게 단번에 잘라낼 것을 요구했다면, 스토아주의는 자연의 순리에 따르는 삶을 장기적으로 갈고 닦는 길을 제시했다. 대중성과 영향력에서는 스토아주의가 앞섰다.

헬레니즘 철학은 고전기의 철학 전통과 근본적으로 차이를 보인다. 플라톤의 이상국가론이나 아리스토텔레스의 정치학은 헬레니즘 시대와 맞지 않았다. 시민이 폴리스의 정치에 참여하여 자신의 삶을 스스로 결정하는 시대는 지나갔고, 멀리 있는 강력한 왕이 도시의 운명을 좌우했다. 폴리스 구성원이라는 정체성에 얽매이지 않고 새로이 확장된 세계를 누비는 사람들이 급증했다. 헬레니즘 철학은 현실의 법과 제도, 사회문제에 대해 무관심했고, 두 학파 모두 철학의 임무를 개인의 영혼을 치유하는 것으로 재정의했다. 스토아주의가 로마제국의 부유한 원로원 계급에게 특히 사랑받았던 것은 우연이 아니다.

3

고대 로마와
지중해 세계

김덕수

1 트로이아에서 이탈리아로: 아이네이스 신화가 역사가 되다

이탈리아의 자연환경

유럽 대륙에서 지중해로 1,200여 킬로미터 정도 남동쪽으로 내리뻗은 이탈리아반도는 문명의 형성에 유리한 지리적 이점을 가지고 있었다. 북쪽에는 알프스산맥이, 남쪽에는 지중해가 자연 방어막 역할을 하였다. 반도를 타고 길게 뻗어 있는 아페니누스산맥이 동서 교류에 장애가 되었지만 중간 중간에 교통을 위한 통로가 열려 있어서 교류와 소통의 여지를 남겨주었다. 북쪽에는 포강 유역, 반도의 서해안을 따라서는 라티움 지방과 캄파니아 지방, 그리고 남부 시칠리아 섬이 밀의 생산지로서 풍부한 농업 생산력을 자랑했다. 또한 이탈리아반도에는 그리스가 위치한 발칸반도와는 달리 선박 건조 및 건축용 삼림 자원이나 구리, 철광석 등 광물 자원도 풍부했다.

이탈리아의 중앙에 위치한 로마는 동서남북으로 나가는 교통의 요지가 될 수 있었고, 로마 군대는 최소한의 노력으로 어느 방향으로든 이동할 수 있었다. 초기 로마를 형성하는 데 토대가 되었던 7언덕들은 60-90미터의 낮은 구릉으로 방어에 유리했을 뿐만 아니라 외부 세력의 이동을 쉽게 관측할 수 있었다. 또한 언덕 위의 마을들이 가까이 있었기 때문에 단일 국가로 연합하고 규모를 확장시킬 수 있었다. 특히 로마는 티레니아해에서 티베리스강을 따라 25킬로미터 내륙으로 들어와 있었기 때문에 항구가 발달하지는 않았지만 해양 세력의 침입으로부터 보호받을 수 있었다. 티베리스강은 북쪽으로부터 내려오는 적들의 접근을 차단하는 보호막이자 내륙과 해안을 연결하는 물자의 수송로로써 활용되었는데, 특히 소금을 실어 나르는 데 유용했다. 이처럼 풍부한 자원과 지리적 이점을 활용하면서 로마는 중부 이탈리아의 작은 마을에서 점진적으로 이탈리아반도를 통일하고 지중해 세계로 뻗어나갔다.

트로이아 전쟁의 '패자 부활'

어느 민족이든 자신들의 기원을 설명하는 건국 신화를 가지고 있는데 고대 로마에는 라틴인과 로마인에 관한 두 개의 건국 신화가 있다. 우선 아우구스투스 시대의 시인 베르길리우스는 구전되어온 전승들을 정리해서 라틴인의 기원신화를 완성한 대서사시 『아이네이스(Aeneis)』를 저술했다. '아이네아스(Aeneas)의 노래'라는 뜻의 『아이네이스』는 베누스 여신과 트로이아 왕족 안키세스 사이에 태어난 아이네아스가 베누스 여신의 도움으로, 패망한 트로이아를 탈출해서 이탈리아의 라티움에 정착하는 과정을 그린 것이다. 서사시는 아이네이스가 라티움의 통치자 라티누스 왕의 딸 라비니아와 결혼하고, 토착 세력과의 대결에서 승리한 뒤 라티움에 안착하는 데서 끝난다. 이로써 트로이아인과 라틴인이 연합한 새로운 역사가 이탈리아반도 중부 라티움 지방에서 시작되었다. 라틴인들의 언어는 이후 지중해 제국의 공용어로 발전하면서 로마 문명을 담는 그릇이 되었다.

트로이아를 탈출하는 아이네아스가 아버지 안키세스를 어깨에 둘러업고 아들 아스카니우스, 아내 크레우사와 함께 황급히 성을 빠져나오고 있다. 로마 보르게제 미술관 소장

한편 아우구스투스 시대의 역사가 리비우스는 로마가 건국되어 지중해 제국으로 성장하기까지 발전 과정을 담은 역사서 『로마사(Ab Urbe Condita)』를 썼는데, 역시 트로이아 전쟁의 패배한 영웅 아이네아스가 라티움에 정착한 것을 로마 역사의 기원으로 삼았다. 그가 라티움에서 라티누스의 딸 라비니아와 결혼해 라비니움이라는 도시를 건설함으로써 트로이아인과 라티움인의 연합 국가를 열었고, 그의 아들 아스카니우스는 트로이아 왕가의 계보를 이은 새로운 라틴도시 알바 롱가(Alba Longa)를 건설했다는 것이다. 그로부터 아이네아스의 16대손인 로물루스가 로마를 건설하고 왕정을 열면서 로마의 기원 신화가 완성되었고 역사시대가 시작되었다. 이런 식으로 신화가 역사가 되고, 트로이아 전쟁의 패자가 부활한 것이다.

로마 왕정: 로물루스가 시작한 로마

리비우스에 따르면 로마는 기원전 753년경 아이네아스의 16대손인 로물루스에 의해서 팔라티움 언덕에서 건국되었고, 그때부터 기원전 509년까지 244년 동안 일곱 명의 왕들에 의해 통치되었다. 왕은 정치와 군사, 사법과 종교의 우두머리로서 권력과 권위의 중심에 있었다. 로물루스 이후 왕은 종신직이었지만 세습되지는 않았다. 왕이 사망하면 후임 왕은 원로원의 추천과 신들의 재가, 그리고 민회에서의 인민의 지지를 통해 왕권을 수여받고 왕으로 즉위했고, 죽을 때까지 왕으로서 최고 통치권인 임페리움을 행사했다.

왕정기에 이탈리아반도에는 라틴인 이외에도 여러 종족의 이탈리아인들이 퍼져 살고 있었다. 그리고 로마 북쪽에는 에트루리아인, 멀리 남쪽으로는 그리스인들의 식민시가 저마다 세력을 떨치고 있었다. 이러한 대외 환경에서 로마는 주변 민족들과 대립과 제휴를 반복하면서 영향력을 확대해 나갔다. 세 개 부족으로 구성된 초기 로마는 각 부족마다 열 개의 쿠리아로 편성되었는데, 이들 서른 개의 쿠리아들의 모임이 곧 로마 최초의 민회, 즉 쿠리아 민회가 되었다. 민회는 왕을 선출하고 왕에게 임페리움을 부여하는 법을 제정함으로써 왕권의 지지 기반이 되었다.

로마 사회는 초기부터 귀족과 평민으로 나뉘어져 있었다. 로물루스는 대

귀족 가문의 수장들을 일종의 자문단으로 활용했는데, 이들이 로마 원로원의 모체가 되었다. 처음에 원로원 의원 수는 100명이었지만 이후 로마의 세력권이 확대되면서 유력자들을 원로원으로 받아들였기 때문에 그 수는 공화정 후기에 300여 명으로 늘었다. 원로원은 왕의 자문기관이었고, 왕이 죽은 뒤 후임 왕을 선출하는 데 중추적 역할을 했다.

기원전 6세기에는 12도시의 연맹체였던 에트루리아인들의 힘이 절정에 달해서 북으로는 포강 유역까지, 남으로는 라티움을 넘어서 캄파니아까지 세력을 떨쳤다. 로마는 5대왕 타르퀴니우스 프리스쿠스를 시작으로 3대에 걸쳐 에트루리아 출신 왕들의 지배를 받았다. 그 과정에서 왕권은 강화된 반면 로마 귀족들이 주축이 된 원로원의 권한은 약화되었다. 왕정 말기에 6대왕 세르비우스는 계속 확대되는 영토를 고려해 기존의 혈연에 기반을 둔 부족제를 해체하고 국가 영역을 지리적 행정구획으로 확대 개편했다. 즉 3개의 트리부스 체제를 해체하고 지역을 기반으로 하는 20개의 트리부스 체제로 확대 개편한 것이다.

그는 또한 센서스(호구조사)를 실시해 시민을 재산 상태에 따라 193개의 켄투리아로 나누는 병제개혁을 단행했다. 켄투리아는 100을 뜻하는 라틴어 켄툼(centum)에서 왔고 약 100여 명으로 구성된 백인대를 뜻했다. 귀족들은 기병 18켄투리아로, 평민들은 보병 170켄투리아로 편성되었는데, 보병 켄투리아는 다시 재산에 따라 5등급으로 나뉘어서 1등급 80켄투리아, 2-4등급 각 20켄투리아, 5등급 30켄투리아가 되었다. 비무장병 5켄투리아에는 각각 공병, 나팔수, 프롤레타리아 등이 배정되었다. 시민들의 군대 조직인 193개 켄투리아 체제는 그 자체가 시민 총회, 즉 켄투리아 민회가 되어 전쟁과 평화, 입법 등 국가의 중대사를 결정하는 모임이 되었다. 그러나 7대왕 타르퀴니우스는 전임 왕들이 확립한 합법적 제도들을 폐지하고 공포정치를 펼쳐서 로마 귀족들의 반발을 샀다. 더욱이 그의 아들 섹스투스가 로마 귀족의 부인인 루크레티아를 겁탈하는 사건이 발생했고 그 일로 루크레티아가 자살하자 친척인 브루투스를 중심으로 로마 귀족들이 들고 일어나 왕정 타도를 외쳤다. 그 결과 기원전 509년에 타르퀴니우스 왕가는 로마에서 축출되고 왕정이 폐지되었다.

2 로마 공화정

로마 공화정의 형성

기원전 509년 에트루리아 출신 마지막 왕 타르퀴니우스 수페르부스를 몰아낸 로마인들은 공화정이라는 새로운 체제를 출범시켰다. 공화정은 정무관, 민회, 원로원이 서로 세력 균형을 이루며 나라를 이끌어가는 체제이다.

왕 대신에 선출된 2인의 고위 정무관인 콘술들은 켄투리아 민회에서 혈통 귀족 출신자들 중에서 선출되었고 1년 임기 동안 서로 협의하면서 왕이 가지고 있던 임페리움(통치권)을 행사했다. 그러나 공화정 초기 귀족들의 콘술직 독점에 불만을 품은 평민들이 이른바 '신분 투쟁'을 벌이자 기원전 367년에 콘술직 두 자리 중 한 자리는 평민 출신에게 할당되었다. 이때부터 평민 출신이라도 콘술직을 역임하면 지배층에 합류할 수 있었기 때문에 로마 사회에는 혈통 귀족과 함께 새로운 지배층이 된 신귀족층, 즉 노빌리타스가 생겨나게 되었다.

민회는 정무관 선출, 입법, 사법, 중요 국사 결정권을 가진 로마인민의 총회였다. 정무관직의 피선거권이 혈통귀족이나 신귀족에게 독점되기는 했지만 그들을 선출한 것은 로마인민이었기에 인민주권의 원리가 민회를 통해서 실현되었다. 로마 민회의 특징은 오직 하나의 민회만 있던 아테네와 달리 네 개의 민회(쿠리아 민회, 켄투리아 민회, 트리부스 인민회, 트리부스 평민회)가 있어서 각기 자신이 속한 쿠리아, 켄투리아, 트리부스별로 투표에 참여할 수 있었다는 것이다. 각 투표 단위 안에서는 과반수 원칙이 적용되었지만, 전체 민회의 최종 결정은 각 투표 단위(30쿠리아, 193켄투리아, 35트리부스)가 각각 한 표를 행사하는 단위투표제였다.

한편 원로원은 1년 임기를 마친 정무관 역임자들로 채워졌다. 원로원 의원은 종신직으로 재정, 외교, 사법 등 국정 전반에 대해 논의했는데, 논의 결과인 원로원 결의는 비록 법적인 구속력은 없었지만 정무관들의 국정운영에 큰 지침이 되었다.

신분투쟁을 거치면서 기원전 3세기 말이 되면 '원로원과 로마인민(S.P.Q.R. =Senatus Populusque Romanus)'으로 표현되는 로마 공화정은 귀족과 평민 간의 불평등을 해소하고 로마인민으로서 일체감을 강화하면서 원로원의 권위와 인민주권의 원리가 조화를 이룬 정치 체제로 발전했다. 일찍이 아리스토텔레스는 『정치학』에서 이상적인 정치 체제로 1인의 왕정, 소수의 귀족정, 다수의 민주정이 있다고 말했는데, 기원전 2세기의 그리스 출신 역사가 폴리비오스는 로마 공화정을 이 세 요소가 잘 배합된 혼합정체라고 평가했다. 즉 콘술 제도에서 왕정의 장점이, 원로원에서 귀족정의 장점이, 민회들에서 민주정의 장점이 잘 결합되었다는 것이다.

민회에서 구현된 인민주권의 원리나 정무관직에 부여된 임페리움이 막강한 통치권을 상징했다 해도 로마 공화정의 중심은 원로원이었다. 원로원은 왕정기에는 씨족장으로 구성되었고, 공화정기에 오면 고위 정무관 역임자들로 구성된 일종의 귀족 과두체였다. 형식적으로는 콘술에 의해 소집되고, 콘술에게 자문하는 기관에 불과했지만 원로원의 결의는 그 전통의 무게와 지배 엘리

카피톨리움 언덕에서 본 로마 광장. 오른쪽 하단부터 사투르누스 신전 기둥들, 바실리카 율리아 터, 카스토르 신전 기둥, 그리고 그 오른쪽이 팔라티움 언덕이다. 중앙 끝에 티투스 개선문 모습이 보인다.

트 구성원들의 권위에 힘입어 사실상 국정을 주도했다. 원로원이 로마에서는 영속성을 누린 유일한 제도, 즉 전통의 산실이었기 때문이다. 카피톨리움 언덕과 팔라티움 언덕 사이의 습지에 배수시설을 설치해서 만들어진 로마 광장(Forum Romanum)은 원로원과 로마인민으로 상징되는 로마 공화정의 산실이자 상징이었다.

로마 공화정의 위기: 개혁과 분열

로마는 내적으로는 신분투쟁을 통해 대립과 갈등을 극복하고 결속을 다지고 대외적으로 팽창을 거듭했지만 이탈리아 여러 도시들을 직접 지배하기보다는 동맹 체제로 연결하여 결속을 다졌다. 한편 기원전 9세기 말 오늘날 북아프리카 튀니지에 페니키아인들이 세운 카르타고는 시칠리아, 사르디니아 등 서부 지중해로 팽창하면서 해상제국을 형성하고 있었다. 육지와 해상에서 세력을 강화하던 두 세력은 기원전 3세기 중엽을 시작으로 세 차례에 걸친 포에니 전쟁에서 충돌하여 지중해 세계의 승자를 가리는 대 접전을 펼쳤다.

1차 포에니 전쟁(기원전 264-241년)은 시칠리아 쟁탈전이었다. 그때까지만 해도 시칠리아는 동남부에 자리한 그리스의 식민시 시라쿠사이 일대를 빼면 카르타고의 세력권이었다. 그러나 동북부에 위치한 메사나에서 내부 분쟁이 일자 로마와 카르타고가 간섭하면서 양 세력이 충돌하게 되었고, 로마의 승리로 끝났다. 결국 카르타고는 시칠리아, 사르디니아 등 이탈리아반도 주변의 섬들에 대한 지배권을 상실했고, 로마는 지중해 세계로 팽창할 기회를 잡게 되었다.

이후 카르타고는 히스파니아 쪽으로 세력을 확장해 서부 지중해에서의 패권을 회복하려 했다. 기원전 218년 히스파니아 주둔군 사령관 한니발이 대군을 이끌고 피레네산맥과 알프스산맥을 넘어 이탈리아를 침공함으로써 제2차 포에니 전쟁(기원전 218-201년), 즉 한니발 전쟁이 일어났다. 2차 포에니 전쟁 초반에는 한니발 군대가 승리를 거듭했지만 남부 이탈리아의 로마 동맹국들이 대부분 로마에 대한 신의를 지켜 충성했기 때문에 로마 군대는 초반 열세를 만회하고 승리를 거둘 수가 있었다. 그로부터 반세기 만에 일어난 3차 포에니 전쟁(기원전 149-146년)에서 카르타고는 완전히 파괴되고 역사 속으로 사라졌다.

이로써 로마공화국은 서부 지중해의 패권을 장악했으며 이후 동쪽으로 헬레니즘 세계를 정복해 지중해 세계를 지배하는 대제국이 되었다. 정복사업은 광대한 영토와 막대한 수입을 가져다주었다. 특히 2차 포에니 전쟁 때 장기간의 군복무로 버려진 경작지가 많아졌으며, 주인이 확인되지 않은 토지나 전쟁 중에 한니발 군대를 지지했던 일부 동맹국들의 토지가 몰수되어 공유지의 규모를 확대시켰다. 전리품과 전쟁 포로가 대규모로 이탈리아로 유입되었고, 노예무역이 활발해지면서 자본과 노동력이 로마로 집중되었다. 이탈리아 도시들이 성장하면서 구매력이 증대했을 뿐만 아니라 로마가 계속해서 지중해 연안의 나라들을 정복하면서 보다 안정적인 광대한 시장이 형성되었다.

그러나 이러한 팽창과 정복의 열매가 달콤한 것만은 아니었다. 장기간의 종군, 전쟁으로 인한 토지의 황폐, 대토지 겸병으로 토지를 상실한 농민들이 무산시민(Proletarii)이 되어 로마로 몰려들면서 사회 불안의 요인이 되었기 때문이다. 자영농민은 농업적인 로마 사회의 중산층이었고, 또한 로마 군대의 주력이었기 때문에 자영농민의 몰락은 군사적인 문제뿐만 아니라 심각한 사회문제를 야기했으며 이는 '원로원과 로마인민'의 조화 속에 추진되어 온 공화정의 위기로 이어졌다. 이러한 위기를 타개하기 위해 개혁운동을 전개한 것은 기원전 133년 호민관이 된 티베리우스 그라쿠스였다.

티베리우스는 라티푼디움 경영에 제동을 걸기 위해 농지법을 제정했고,

2차 포에니 전쟁의 자마 전투에서 스키피오 장군이 이끄는 로마군이 트럼펫과 코넷을 불며 전진하자 한니발 군대의 코끼리들이 놀라 카르타고 진영으로 도망치며 누미디아 기병대를 혼비백산케 했다. 이 전투에서 한니발 군대는 대패했고, 스키피오는 아프리카누스라는 명예 칭호를 얻었다. 〈자마 전투 상상도〉, 코넬리스 코트, 1567.

proletarii는 '자식'을 뜻하는 라틴어 proles에서 왔다. 재산이 없어서 자식을 낳아 인구를 증대시키는 것으로 국가에 기여하는 시민이라는 뜻이다.

농지분배 3인위원회를 설치해서 공유지 보유 상한선을 어긴 토지 보유자들로부터 공유지를 빼앗아 무산시민에게 분배하는 정책안을 제시했다. 그러나 티베리우스는 원로원 보수파의 반대에 직면해 정치폭력의 희생자가 되었다. 한편 기원전 123년에 동생 가이우스 그라쿠스가 호민관이 되어 곡물법을 제정했고, 로마의 무산시민들을 위해 시장가격의 절반 이하로 곡물 배급을 실시했다. 가이우스는 그 외에도 창고법, 도로법 등 일련의 개혁 입법을 통해 로마 평민들이나 기사 신분의 지지를 얻어 개혁운동을 추진하려 했다. 그러나 가이우스 역시 개혁 반대파의 공격을 피해 도망치다가 자살로 생을 마감했다.

이로써 기원전 2세기 말부터 로마는 현상유지 속에 기득권을 고수하려는 원로원 중심의 귀족파와 평민의 이익을 옹호하려는 민중파로 나뉘어 대립하면서 폭력 사태가 되풀이되는 내전기로 접어들었다. 후일 그라쿠스 형제의 개혁운동에 대해 비판적이었던 키케로는 "티베리우스 그라쿠스의 죽음은, 아니 이미 그가 죽기 이전부터 저 호민관의 생각은 하나의 인민을 둘로 갈라놓았다"라고 말했다.

내전과 공화정의 몰락

일련의 위기에서도 원로원은 무능력하게 현상 유지에 급급했고, 군대를 배경으로 한 군인정치가들의 정치적 야심은 더욱 노골적으로 표출되었다. 귀족파와 민중파의 투쟁은 군인정치가들의 권력투쟁과 결부되면서 치열한 내전이 전개되었다. 마리우스는 최초로 정치무대에 등장한 민중파였다. 여러 전선에서 외적을 물리친 군사적 공적에 힘입어 기원전 107년 콘술이 된 마리우스는 전통을 어기고 군복무에 필요한 재산 자격을 철폐하고 무산시민들도 군대에 받아들여 국가에서 무장을 해주고 봉급을 지불하는 군제개혁을 단행했다. 기원전 100년에 6선 콘술이 된 마리우스는 호민관 사투르니누스를 끌어들여 원로원의 반대를 무릅쓰고 자기 병사들을 퇴역시키면서 1인당 100유게라씩의 토지를 분배해주고 북아프리카, 시칠리아, 아카이아, 마케도니아, 코르시카 등지에 정착시키는 법안을 제정했고, 16년간 복무한 후 제대할 때 토지를 주어 정착시키는 정책을 추진했다. 그 결과 로마 군대는 국가보다 장군에게 더 큰 충성을 바치게 되어 군대의 사병화가 이루어졌다. 그리고 장군이 빈민들을 징집해 데리고 있다가 제대할 때 그들에게 토지를 분배해 자영농민으로 내보내는 관행이 술라, 폼페이우스, 카이사르 등 장군들에게 답습되었다.

로마가 지중해 제국으로 발전하는 데는 이탈리아 전역에 퍼져있던 동맹국들도 기여했다. 이탈리아 동맹국들은 외견상으로는 독립국이었지만 외교나 군사에 자율권이 없어 로마의 통제를 받았고, 특히 전쟁이 있을 때에는 군사력을 제공해야 했다. 그럼에도 불구하고 동맹국 시민들이 로마의 팽창에 기여한 만큼의 혜택을 누리지 못해 불만이 많았고, 로마에서도 이를 해결하기 위해 로마 시민권을 동맹국에 개방할 필요를 주장하는 개혁 정치가들도 있었다. 그러나 보수적인 원로원 귀족들뿐만 아니라 로마 평민들도 동맹국 시민들에게 시민권을 개방함으로써 자신들의 이익을 나누는 데에는 반대가 컸다. 결국 기원전 91-89년 동맹국들은 단합해서 '이탈리아'라는 나라를 만들고 시민권 개방을 반대하는 로마에 도전했다. 일명 동맹국 전쟁 또는 이탈리아 전쟁이 일어난 것이다. 위기에 직면한 로마는 로마에 협조하는 동맹국부터 선별적으로 시민권을 수여하는 정책을 펼쳐서 전쟁을 매듭지었고 결과적으로는 이탈리아반도의 모든 자유인들에게 시민권을 개방할 수밖에 없었다.

이처럼 동맹국 전쟁에서 값비싼 대가를 치르고 동맹국 시민들에게 로마 시민권을 부여했지만 내적인 갈등은 계속되었다. 귀족파 술라의 등장, 민중파 마리우스와의 내전과 술라의 독재, 폼페이우스·카이사르·크라수스의 제1차 삼두정치, 카이사르·폼페이우스의 내전 등 일련의 사건들을 겪으면서 공화정은 몰락의 길을 걸었다. 결국 기원전 49년 군대를 거느리고 루비콘강을 건너 로마로 진군한 카이사르는 다수의 원로원 의원들을 거느린 폼페이우스파를 물리치고 종신독재관이 되어 사실상 군주처럼 군림했다. 그는 종신 콘술, 대신관직을 겸직하는 등 권력을 독점했으며, 식민시를 건설해서 노병들을 정착시키고 시민들에게 연회와 구경거리를 제공하면서 인기를 유지했다. 그 외에도 신전이나 각종 공공건물 건립, 부채 삭감(을 통한 채무자의 부담을 경감), 추종자

에스파냐 코르도바에 있는 악티움 해전 묘사 대리석 부조. 기원전 1세기 전반 추정

300명을 원로원에 입회시켜 원로원 의원 수를 900명으로 늘리는 등 사실상 군주제를 수립했다. 카이사르의 이러한 행보는 공화정파 귀족들을 두려움과 분노에 떨게 했고 결국에 브루투스, 카시우스와 같은 공화정파 귀족들에 의해 기원전 44년 카이사르는 암살되었다.

이탈리아의 통일과 지중해 세계로의 팽창의 원동력이었던 로마 원로원과 소수의 귀족들은 공화정 초기 신분투쟁 과정에서 보여주었던 타협과 양보의 정신을 망각한 채 자신들의 기득권 지키기에 급급했다. 이미 그라쿠스 형제 개혁에서 드러났듯 원로원과 귀족들은 중소 자영농의 몰락과 도시로 집중한 무산시민들의 사회문제에 대해 적극적인 대책을 마련하지 못하고 오히려 개혁운동을 저지하다가 정국의 주도권을 상실하고 말았다. 그 와중에서 사병화된 군대를 배경으로 강력한 정치세력으로 등장한 군인정치가들은 내전을 전개해서 국력을 약화시켰고, 카이사르의 독재라는 최악의 상황을 초래했던 것이다.

카이사르는 암살되었지만 이후 정치 주도권은 카이사르의 양자 옥타비아누스, 카이사르의 심복이었던 안토니우스와 레피두스 등 제2차 삼두정치가들의 손으로 넘어갔고 공화정파는 기원전 42년 필리피 전투에서 패하여 제거되었다. 그 이후 3두는 연합과 대립을 거듭했다. 기원전 36년에 레피두스가 3두에서 탈락하고 옥타비아누스와 안토니우스가 제국을 양분하여 대립하다 기원전 31년 악티움(Actium) 해전에서 옥타비아누스가 안토니우스와 클레오파트라의 연합세력을 물리치면서 군인정치가들의 시대는 끝나고 공화정도 막을 내렸다.

3 로마 제국과 로마의 평화(Pax Romana)

아우구스투스의 원수정

프리마 포르타의 아우구스투스 입상. 옥타비아누스가 기원전 28년부터 프린켑스로서 신체제를 공고히 해서 로마의 평화시대를 열었다. 이 입상은 로마 북쪽 12킬로미터 지점, 아우구스투스의 황후 리비아의 별장으로 가는 수로의 제1문 (프리마 포르타) 에서 1863년에 발견되었고, 현재 바티칸 박물관에 있다.

기원전 30년 알렉산드리아 전투에서 패한 안토니우스와 클레오파트라가 자살하면서 100여 년에 걸친 내전과 무질서가 끝나고 로마와 지중해 세계는 평화와 안정의 시대를 맞게 되었다. 카이사르 사후 19세의 젊은 나이에 카이사르의 양자가 된 옥타비아누스는 내전을 거치면서 폼페이우스, 카이사르, 키케로, 안토니우스 같은 '정치 선배들'의 실패를 거울 삼아 신중하게 일인지배 체제를 만들어갔다. 이를 '프린켑스의 체제'(프린키파투스), 즉 원수정(元首政)이라 부른다. 프린켑스(princeps civitatis, 원수)는 '국가의 제1시민'이라는 의미이다.

기원전 28년 옥타비아누스는 내전기에 1,000여 명으로 불어난 원로원 의원 중에서 200여 명을 숙청해 원로원의 권위를 강화하면서 장악해나갔다. 그는 기원전 27년 초에 원로원에 나가 "국가를 원로원과 로마인민에게 이양한다"라고 선언했지만 원로원은 옥타비아누스에게 '아우구스투스'(존엄한 자)라는 명예 칭호와 총독의 임페리움을 10년 임기로 부여하면서 군대가 주둔하고 있는 히스파니아, 갈리아, 시리아, 이집트 등의 큰 속주들을 맡겼다. 기원전 18년에는 다시 200명을 숙청해서 원로원 의원은 600명 정도를 유지하게 되었다. 이로써 원로원은 아우구스투스 통치하에서 체제를 강화하고 지지하는 기관이 되었다.

공화정기의 군대는 전쟁 등 비상시에만 그 해의 정무관이나 정무관 역임자들에 의해 징집된 시민군이었다. 이러한 군사제도는 방대한 로마 영토를 방어하기에는 효율성이 떨어졌고, 주로 정치적 경력을 쌓는 데 관심이 있던 유력한 귀족들에게 군사력을 맡기면서 국가를 위협하는 큰 요인이 되었다. 악티움 해전 이후 70여 개에 달했던 로마군단은 재정에 부담이 될 뿐만 아니라 체제를 위협하는 세력이 될 수 있었다. 아우구스투스는 정규 군단의 수를 25개로 축소하고 직업군인제도를 도입해서 병사들의 복무기간(16년)과 연봉(225데나리우스)을 규정했다. 그러나 인구 증가와 퇴역군인들에 대한 퇴직금 과다지출이 국고를 압박할까 우려되어 점차 그 임기가 20년으로 늘어났고, 더 많은 제대보상금을 받기 위해서 로마 병사들은 그 이상의 기간을 복무했다. 군대가 정치에 개입하는 것을 막기 위해 이탈리아에 군대가 주둔하는 것을 금지하고 군단장은 임기가 1년으로 원로원 신분 중에서 아우구스투스가 직접 임명했다. 9개 연대 규모의 친위대를 창설해서 3개 연대는 로마에 상주하면서 황제의 신변보호막으로 삼았고, 6개 연대는 주변 농촌에 배치했다. 친위대장은 원로원 신분이 아닌 기사 신분 중에 선출해서 확실한 충성을 확보했다.

체제 유지의 핵심은 국가 재정이었다. 공화정 시기에는 사투르누스 신전 안에 국고가 보관되었기 때문에 국고를 아이라리움 사투르니(aerarium Saturni)라고 부르고 원로원이 이를 관리했다. 그러나 내전 기간 원로원의 국가재정 통제권은 유명무실했고 장군들이 각자 스스로 자기 세력권 안에서 재정을 관리했다. 속주민에게서 걷은 세금은 속주 정부와 주둔군대의 경비를 충당하기 위해 사용했다. 그러나 아우구스투스는 군대가 주둔하는 큰 속주를 대부분 관리했으므로 속주 재정에도 자연스레 관여할 수 있었다. 카이사르로부터 물려받은 재산 외에도 이집트가 황제의 개인 재산이었기에 사실상 황제는 로마 제일의 부자였다. 이제 황제 속주 재정은 말할 것도 없고, 원로원 속주의 재정마저 황제의 통제에 들어가게 되면서 국가재정은 곧 황제의 재정이 되었다.

이처럼 아우구스투스는 원로원, 군대, 재정을 장악했을 뿐만 아니라 권력과 권위를 독점하며 신체제를 공고히 했다. 기원전 23년(11선 콘술)까지 매년 콘술직을 장악했고, 기원전 23년 종신호민관의 권한, 기원전 19년 종신 콘술의 임페리움, 기원전 12년에는 대사제직을 추가했다.

아우구스투스는 통치 초기부터 후계자 문제에 많은 신경을 썼다. 기원전 25년 조카 마르켈루스(누이 옥타비아의 아들)와 외동딸 율리아를 결혼시켜 후계자 수업을 시작했다. 그러나 3년 만에 마르켈루스가 병으로 죽는 바람에 그는 기원전 21년 율리아(당시 18세)를 친구이자 군대의 제2인자인 아그리파(당시 42세)와 재혼시켰다. 아우구스투스는 이들 사이에 태어난 두 외손자 가이우스와 루키우스를 기원전 17년에 양자로 삼고 각각 가이우스 율리우스 카이사르, 루키우스 율리우스 카이사르로 명명해 제위 계승을 위한 자원으로 활용하려 했다. 그러나 기원전 12년 아그리파마저 병사하자 이듬해 유부남이었던 티베리우스를 강제로 이혼시키고 아그리파의 미망인 율리아와 재혼시킴으로써 두 양자의 보호막으로 삼으려 했다. 서기 2년과 4년 두 양자들이 모두 죽자 결국 4년에 티베리우스를 양자로 삼게 되었고, 14년에 아우구스투스가 병사하자 티베리우스가 제2대 황제가 되었다. 아우구스투스는 죽기 직전에 자신의 업적을 정리한 『업적록』을 남겼는데, 그 마지막을 다음과 같이 선언했다.

원로원과 기사 신분 그리고 로마인민이 한마음이 되어서 국부 칭호를 수여했다(『업적록』 35).

이로써 '원로원과 로마인민'으로 상징되던 로마 공화정 대신에 아우구스투스를 국부로 하고 '원로원과 기사 신분, 그리고 로마인민'으로 구성된 원수정 체제가 수립되었으며 서기 14년에 자신의 후계자 티베리우스가 황제직을 계승함으로써 세습 군주정을 완성했다.

서기 1세기를 시작으로 지중해는 로마인들에게 명실상부한 '우리 바다(mare nostrum)'가 되었으며 로마와 지중해 세계에 도래한 '로마의 평화'는 그 후 약 200년간 지속되었다. 특히 네르바, 트라야누스, 하드리아누스, 안토니누스 피우스, 마르쿠스 아우렐리우스로 이어진 한 세기 동안 로마는 유럽 대륙의 라인강과 다뉴브강을 자연 국경으로 삼아 광대한 영토에 로마 문명을 퍼뜨리면서 전성기를 맞게 되었고, 내부적으로도 정치적 안정을 유지함으로써 '5현제 시대', 또는 '황금시대'로 불리게 되었다.

3세기의 위기와 제국의 재편

5현제의 마지막 인물인 마르쿠스 아우렐리우스 황제는 게르만족과 파르티아인들의 침입에 맞서서 국경을 지키는 데 탁월한 군사적 능력을 보여주었을 뿐만 아니라 전선에서 여가를 이용해서 『명상록』이라는 작품을 후세에 남김으로써 스토아 철학자 황제라는 명성을 얻게 되었다. 그는 마지막 8년 동안 계속해서 다뉴브강 전선을 지키다가 혹한을 이기지 못하고 병을 얻어 전선에서 사망했다. 그러나 제위를 계승한 그의 아들 코모두스는 군사적 역량이나 정치외교적 역량에서 아버지의 능력을 이어받지는 못했다. 그는 게르만족과 불리한 평화조약을 체결하고 로마로 귀환하여 육체적 타락에 탐닉하면서 폭정을 거듭하다가 암살당했다.

이후 셉티미우스 세베루스와 그의 아들인 카라칼라 통치기에 잠시 안정을 회복했지만 군대가 제위 계승에 주요 변수로 등장하면서 로마의 평화기가 끝나고 다시 혼란과 무질서가 재현되었다. 반세기 동안에 26명의 황제가 살육당했기 때문에 군인황제 시대(235-284)라 불린다. 이 기간에는 대외적으로 사산조 페르시아가 일어나 동방의 국경선을 위협하고 다뉴브-라인 북방국경선으로 게르만족의 침입이 끊이지 않았다. 제위를 노리는 군대의 약탈 등이 상공업에 치명타를 가했고, 이는 도시 자치권의 소멸과 군사적인 전제왕권 강화추세로 이어지게 되었다. 이른바 3세기의 위기를 맞게 된 것이다.

3세기의 위기(Third-Century Crisis)를 수습하고 3세기 말에 제국 재편성에 나선 것이 디오클레티아누스였다. 그는 중앙정부의 권력과 권위를 회복하는 것을 과제로 삼고 국경 지대를 방어하고 반란을 일으켜 속주 체제에서 이탈한 속주들을 다시 체제 내로 흡수하고, 권력 찬탈 음모를 분쇄했다.

디오클레티아누스는 권력 투쟁을 미연에 방지하면서 광대한 제국을 효율적으로 통치하기 위해 293년에 제국을 동과 서로 나누고 2인의 정황제(아우구스투스) 밑에 각기 한 사람씩 부황제(카이사르)를 임명해서 4인의 황제들이 제국을 분할 통치하는 4제 통치(tetrarchy)를 도입했다. 디오클레티아누스 자신은 소아시아 서부 니코메디아를 수도로 해서 소아시아, 시

디오클레티아누스의 4제 통치를 보여주는 4황제 석상. 정황제(Augustus)인 디오클레티아누스와 막시미아누스, 부황제(Caesar)인 갈레리우스와 콘스탄티우스가 서로 포옹하면서 화합을 다짐한다. 제4차 십자군이 콘스탄티노폴리스 함락을 기념하는 전승 기념물로 가져와서 베네치아의 성 마르코 성당 북서쪽 코너에 두었다.

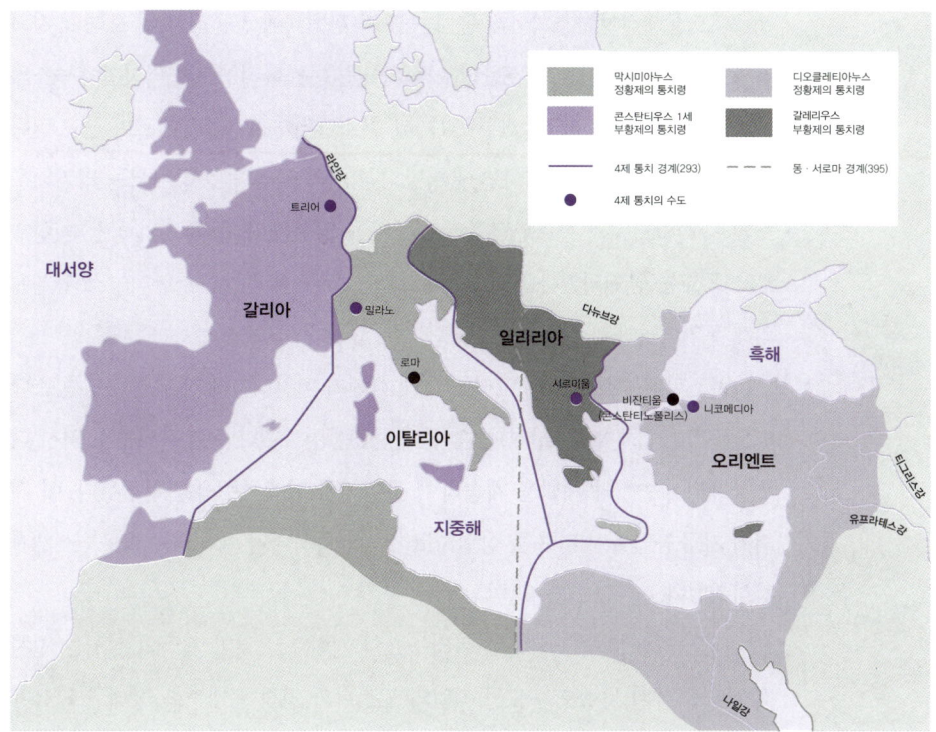

4제 통치 시기의 로마

리아, 이집트 및 트라키아(오리엔트 대관구)를 통치했다. 최고권을 가진 디오클레티아누스가 로마를 떠나 동방에 자리 잡음으로써 제국의 중심은 동방으로 이동했고, 동방식 전제주의 기풍이 나타나게 된다. 디오클레티아누스는 동방의 전제군주처럼 옷차림을 했고 자신을 대할 때는 마치 신을 대하듯 경건하게 예를 갖추도록 했다. 그는 속주를 세분화하는 행정개혁을 단행했고, 수도 근방에 중무장 기병대인 야전군과 변경에는 변경주둔군을 편성해서 군대를 강화했다.

디오클레티아누스의 개혁으로 관리와 군인의 수가 늘어나면서 국가 재정은 큰 부담을 안게 되었고, 이를 해결하기 위해서 증세가 불가피했다. 결국 한 속주의 예산총액을 관할 속주의 할당 시 참사회에 떠넘겼으며, 상인과 수공업자의 신분과 직업을 세습화하고 고정화하는 등 통제 정책을 펼쳤다. 하지만 이러한 통제 정책으로 인해 과도한 세금을 내지 못한 많은 중소자영농들은 소작인으로 몰락하는 등 부작용이 컸다.

디오클레티아누스의 4제 통치는 그가 황제직에서 물러난 뒤 오래 유지되지 못했다. 서방에서는 콘스탄티우스의 아들 콘스탄티누스와 막시미아누스의 아들 막센티우스가 제권을 다투었는데, 콘스탄티누스가 312년 로마 근교 밀비우스 다리 전투에서 승리하면서 서방의 황제가 되었다. 동방에서는 리키니우스가 승리함으로써 콘스탄티누스와 로마를 양분했다. 두 황제의 공동 칙령으로 기독교는 공인되었다(밀라노 칙령, 313). 그 뒤 제국은 콘스탄티누스 황제에 의해 통일되었다.

콘스탄티누스 황제는 그리스의 옛 식민지 비잔티움에 새로운 수도 콘스탄티노폴리스(현재의 이스탄불)를 건설해 330년 천도했다. 콘스탄티누스 역시 디오클레티아누스의 개혁을 계승하여 동방적인 전제군주제를 확립했다. 이 시기에 자유농민들이 자유를 상실하고 소작인화하다가 예속되는 콜로누스제가 강화되었다.

디오클레티아누스와 콘스탄티누스의 개혁으로 로마 제국의 질서는 일시적으로 회복된 듯했으나 모든 직업의 고정화와 엄격한 계층화, 방대한 관료제와 군대에 의존하는 동방적인 전제군주 체제가 강화되었다. 그럼에도 불구하고 디오클레티아누스의 개혁과 콘스탄티누스의 통치는 제국의 붕괴를 막고 중앙집권적인 관료제를 통해 고도로 통제된 절대군주정을 확립시킴으로써 서로마 제국은 200여 년 이상, 동로마 제국은 천 년 이상 발전할 수 있었다.

서로마 제국의 몰락

4세기 말인 발렌스 황제의 치세에 훈족의 압박을 받은 서고트족의 이동을 계기로 이른바 게르만족의 이동이 시작되었다(375). 테오도시우스는 서고트족을 무마하고 391년에 기독교를 국교로 선포했으며, 395년에는 제국을 양분해 동로마를 장자인 아르카디우스에게, 서로마를 차자인 호노리우스로 하여금 통치케 했다. 이로써 동·서로마의 분리는 기정사실이 되었다. 그러나 5세기에는 게르만족의 이동이 격화되었다. 410년에 서고트족이, 455년에는 반달족이 로마를 약탈했다. 결국 476년 황제 로물루스 아우구스툴루스가 게르만의 용병대장 오도아케르에 의해 폐위되고 서로마 제국은 멸망했다. 이로써 '영원한 도시 로마(Roma Aeterna)'가 야만족에게 유린당하고 '로마의 평화'를 자랑하던, 정치 체제로서의 로마 제국은 몰락한 것이다.

로마 제국이 몰락한 원인에 대해서는 당대부터 오늘날까지 여러 이론이 제시되었다. 당대에 로마의 전통주의자들은 로마의 전통가치를 버린 기독교의 국교화를 비난했다면 기독교인들은 로마의 도덕적, 윤리적 타락과 게르만족의 침입을 들었다. 또한 납 중독과 같은 환경오염, 전제정치와 황제권의 붕괴, 농민층의 붕괴와 콜로누스제의 등장, 군사력의 쇠퇴 등 복합적 원인이 제시되었다.

그러나 과연 로마는 역사 속에서 사라지고 만 것인가? 18세기 계몽주의자로 『로마 제국쇠망사』를 쓴 에드워드 기번은 쇠망의 원인으로 야만족과 그 종교를 들었지만, 다른 한편 쇠망의 원인을 설명하기보다는 로마 제국이 장구한 세월 동안 통치를 이어갈 수 있었던 이유를 알아봄이 더 중요할 것이라고 말했다. 또한 19세기 말 독일 법학자 루돌프 폰 예링은 지중해를 정복했던 로마 제국의 몰락 뒤에도 로마법의 지배, 로마교회(가톨릭교회)의 지배를 거론하며 로마는 세 번 세계를 제패했다고 말했다(루돌프 폰 예링, 『로마법의 정신』, vol.1, 1891, p.1.). 사실 서로마 제국의 몰락으로 로마를 중심으로 통합되었던 유럽의 고전 문명은 무너졌지만 동로마 제국, 즉 비잔티움 제국은 15세기 중엽까지 존재하면서 훗날 이슬람의 팽창을 저지하고 르네상스 운동으로 그리스 로마 고전 문명의 부활을 가능하게 했기 때문이다. 또한 서로마 세계에서는 800년 프랑크 왕국의 카롤루스가 교황 레오 3세로부터 로마 황제로 대관되기도 했으며, 962년에는 동프랑크의 오토 1세가 신성 로마 제국의 황제로 그 지위를 계승해서 1806년 나폴레옹이 마지막 황제를 폐위시킬 때까지 천 년을 이어갔다. 그렇다면 이와 같은 로마 문명의 생명력은 어디에 있을까?

4 로마 문명의 특징: 개방성, 인간주의, 실용성

로마 문명의 첫 번째 특징으로 들 수 있는 것은 개방성이다. 이는 우선 로마가 유럽 대륙의 중앙에서 남쪽으로 돌출한 이탈리아반도에서 그리고 유럽과 아시아와 아프리카를 경계로 하는 세 대륙 사이의 바다, 즉 지중해를 끼고 발전했다는 지정학적 요인으로 설명될 수 있다. 이러한 지리적 이점과 함께, 앞에서 말했듯이 로마 문명의 건설자들이 이탈리아 본토 원주민이 아니라 소아시아에서 지중해의 거친 파도를 헤치고 건너온 이주민이었다는 사실에서도 개방성은 확인된다. 아이네아스는 그리스 원정군에 의해 멸망당해 불타는 트로이아 성에서 겨우 목숨을 건져서 아들과 일부 무리를 이끌고 이주해온 방랑자였다. 오리엔트 문명권의 서쪽 전초 기지였던 트로이아와 에게해를 중심으로 부상한 신흥세력 그리스 사이의 세계 대전, 즉 트로이아 전쟁에서 로마는 승리한 그리스가 아니라 패배한 오리엔트 쪽에 자신의 기원을 연결시켰다.

그 뒤에도 로마는 지중해를 통해 동쪽에서 이탈리아반도로 유입되는 그리스 고전 문명과 헬레니즘 문명, 더 나아가 기독교까지도 적극적으로 수용하고 변용함으로써 로마 문명의 개방성을 강화했고, 로마 시민의 구성원 자격도 서기 3세기가 되면 제국 전체의 자유인에게 확대되면서 엘리트와 민중이 공히 하나되는 서양 고대 문명을 완성시켰다.

로마 문명의 두 번째 특징은 인간주의이다. 호메로스의 서사시 『일리아스』와 『오디세이아』에서 기원해, 특히 헬레니즘 문명의 도래로 로마에까지 이어진 인간주의는 기원전 2세기의 작가 테렌티우스 아페르에게서 잘 드러난다. 그는 카르타고 출신으로 로마로 팔려온 노예였는데, 문학적 재능이 있음을 알아차린 원로원 의원 테렌티우스 루카누스를 만난 덕분에 해방되어 30세에 못 미치는 짧은 생애 동안 6편의 희극을 쓸 수 있었다. 그중에 한 작품에서 나오는 노예 크레메스의 대사에는 신분상 노예이지만 평등한 인간으로 대해줄 것을 요구하는 테렌티우스 자신의 경험이 잘 반영되어 있다.

> 나도 인간이다. 인간인 한, 인간사 그 어떤 것도 나와 무관하지 않다고 생각한다(테렌티우스, 『자기를 학대하는 자』 77).

이처럼 로마인들은 노예제도 자체를 부정하지는 않았지만 노예마저도 주인의 재량으로 자유인이 되는 길을 열어 놓았음을 알 수 있다.

더 나아가 아우구스투스를 시작으로 해서 1세기의 황제들은 로마나 이탈리아 출신이었지만, 2세기에 오면 히스파니아 출신, 3세기가 되면 아프리카와 발칸반도 출신이 황제가 되어 로마를 통치하기도 했다. 노예와 자유인, 시민과 비시민의 구별이 있었지만 재능과 능력에 따라 신분상승이 가능했던 로마사회의 역동성의 배경에는 인간주의가 깔려 있었다고 볼 수 있다.

인간주의의 연장선상에 나타나는 로마 문명의 세 번째 특징은 실용성이다. 그것은 문명의 요소들은 결국 인간의 현실적 필요와 행복에 부응하는 것이어야 한다는 생각에서 나온 것들이다. 로마 공화정과 법제도 등 인간 사회의 안정적 운영을 위한 제도들, 광장, 경주장, 원형경기장, 목욕장, 수도교, 도로 등의 모든 시설들은 로마인민과 제국 통치를 위한 실용적인 목적으로 만들어졌고, 그 유적들은 오늘날까지 이탈리아반도뿐 아니라 로마가 통치했던 지중해 전역에 남아 있다.

오늘날 로마는 이탈리아 공화국의 수도일 뿐이지만 한때 서양 고대 문명을 주도했던 지중해의 중심 도시로서의 명성과 자긍심을 이어가고 있다. '영원한 로마'라는 말이 상징하듯이 로마인들이 남긴 유산들과 함께 세계화 시대에 우리가 로마를 기억하는 것은 로마 문명의 특징인 개방성, 인간주의, 실용성 때문이 아닐까 한다.

4

기독교의 형성과 고대 세계

정기문

1 예수와 제자들의 활동

예수의 개혁

기원전 4년경에 예수가 태어났을 때 유대인들은 유대교를 믿고 있었다. 유대교는 야훼를 유일신으로 숭배하며 그가 명령한 율법을 준수하고 예루살렘 성전에서 제사를 지내야 한다고 가르쳤다. 그렇지만 예수 시절에 유대교의 교리가 확고하게 정해져 있던 것은 아니다.

바빌론 유수를 전후하여 페르시아 문화와 헬레니즘의 문화가 유대에 큰 영향을 끼쳤다. 기원전 586년 신바빌로니아가 유다 왕국을 멸망시키고 많은 유대인을 바빌론으로 끌고 갔다. 이 사건으로 유대인의 종족적, 문화적 뿌리가 크

바빌론 유수.
〈포로들의 대이동〉
제임스 티소,
뉴욕 유대인
박물관 소장

게 흔들렸다. 그 후 살아 남은 유대인은 페르시아 문화와 헬레니즘의 문화를 받아들이면서 유대교의 교리를 새롭게 정비해나갔다. 페르시아의 조로아스터교는 부활, 천사, 종말과 심판이라는 새로운 개념을 가져왔고, 헬레니즘은 유대의 협소한 민족주의를 벗어나 세계를 하나로 바라볼 것을 주문했다. 이런 영향 속에서 유대인들은 야훼를 올바로 섬기는 길에 대해서 다양한 의견을 펼쳤는데 다음의 세 종파가 그 논쟁을 주도했다.

사두가이파는 예루살렘 성전의 제사를 주도하고 있었는데 유대교의 전통적인 신앙을 지켜야 한다고 주장했다. 그들은 모세 오경만을 인정하고 예루살렘 성전의 제사가 유대교의 핵심이라고 주장했다. 따라서 이들은 모세 오경에서 근거를 찾을 수 없는 외래 신앙, 즉 부활 신앙과 종말론에 반대했다.

바리사이파는 부활과 종말을 믿었으며 구약에 규정된 율법 이외에도 '구전 전승'을 지켜야 한다고 주장했다. '구전 전승'은 하느님이 구두로 모세에게 명령한 것으로, 족장들과 장로들을 통해서 계속 전해 내려왔다. 바리사이파는 이 구전 전승을 연구하여 '기록된 율법'을 보충해야 한다고 강조했다. 즉 성경에 명시된 율법이 구체적인 상황을 제대로 규정하지 않은 경우 혹은 율법들이 서로 충돌하는 경우에는 구전 전승에 따라서 행동의 지침을 마련해야 한다는 것이다.

가령 성경의 「출애굽기」와 「민수기」에는 "안식일을 거룩하게 지키라"라는 규정이 있다. 그리고 안식일에 해서는 안 되는 일이 몇 가지 규정되어 있다. 안식일에는 노동을 해서는 안 되고, 집에서 나와 이리저리 돌아다녀도 안 된다. 그렇지만 이런 규정은 너무나 소략해서 애매한 경우가 많았다. 가령 어부가 안식일이 시작되기 이전에 그물을 걸고 있었다면 그 일을 중단해야 할까, 아니면 그물을 걷은 후에 더 이상 그물을 치지 말아야 할까? 바리사이파는 이런 문제들을 두고 토론을 벌여서 의견을 종합했고, 그렇게 정리된 의견으로 백성들을 가르쳤다. 또한 바리사이파는 '구전 전승'을 이용해 율법을 지키기 위한 추가 규정들을 만들기도 했다. 가령 그들은 안식일에 2,000보 이상의 걸음을 걸어서는 안 되고, 불을 피워서 조리를 해서는 안 된다 등과 같은 구체적인 지침 39가지를 규정했다.

그러나 바리사이파가 흔히 알려진 바와 같이 극단적인 형식주의자들이었던 것은 아니다. 그들은 율법을 시대에 맞게, 그리고 백성에게 유리하게 해석하고자 노력했다. 가령 1세기 중엽에 활동했던 시몬 벤 가말리엘의 일화는 바리사이파가 백성의 이익을 위해서 때때로 율법을 정지시키기까지 했음을 보여준다. 율법에 따르면 여성은 매번 아이를 낳을 때마다 양을 바쳐야 했지만 양 가격이 너무 비쌌기 때문에 대신 비둘기 두 마리를 바칠 수 있었다(레위기 12:8). 그러나 여성들이 출산을 할 때마다 비둘기를 바치자 제물을 준비하는 상인들이 비둘기 한 쌍의 가격을 금화 1냥으로 매우 높게 책정했다. 이렇게 상인들이 과도하게 제물의 가격을 높이는 것이 사회문제가 되자 시몬은 제물의 가격을 낮추기 위한 조처를 감행했다. 그는 성전으로 나아가 "여성이 다섯 번 출산한 후에 한 번만 제물을 바쳐도 된다"라고 가르쳤고 그 때문에 비둘기 가격이 폭락했다.

에세네파는 바리사이파보다 철저하게 율법을 지켜야 한다고 생각했으며, 극단적으로 종말론을 신봉했다. 그들은 세속의 유대인이 타락했기 때문에 세속에서 머물 수 없다며 자기들만이 사는 별도의 공동체를 구성했다. 수도원과 같은 조직을 만든 이들은 철저하게 율법을 지키고 금욕했고, 그것을 통해서 최후의 날에 벌어질 악한 세력과의 싸움에서 하늘의 군대와 합세할 수 있다고 믿었다.

예수는 세 종파가 펼쳤던 사고에 대해 일정 부분 긍정했지만 근본적으로 다른 길을 제시함으로써 새로운 개혁의 길을 열었다. 첫째, 예수는 에세네파처럼 철저하게 종말론을 신봉했지만 세속을 버린 것이 아니라 오히려 세상 한가운데 살면서 모든 사람들을 구원해야 한다고 생각했다는 점에서는 그들과 달랐다. 또한 예수는 극단적인 금욕주의에 물들지 않았다. 그 때문에 예수는 세리, 죄인, 심지어 창녀들과 어울렸고 금식하지도 않았다. 예수의 그런 모습을 보고 사람들은 "예수는 즐겨 먹고 마시며 세리나 죄인들하고만 어울리는구나!"라고 말했다.

둘째, 예수는 바리사이파처럼 부활과 심판, 천사의 존재를 믿었고, 또한 율법을 현실에 맞게 해석하고자 했다. 그렇지만 예수는 율법을 어떤 바리사이파보다 더 유연하게 해석해 백성을 이롭게 하려고 했다. 가령 바리사이파는 안식일에 중병 걸린 환자를 치료하는 것이 가능하다고 주장했지만 예수는 사람에게 이로운 것이라면 어떤 것도 가능하다고 가르쳤다. 이는 '밀 서리 사건'에서 잘 드러난다. 어느 날 예수의 제자들이 안식일에 밀을 서리해서 먹었는데, 바리사이파는 예수의 제자들이 금지된 행위를 했다고 항의했다. 그렇지만 예수는 안식일이라고 해도 심하게 배가 고프면 서리를 해 먹을 수 있다고 주장했다. 예수는 또한 그가 구상했던 새로운 나라에 세리와 죄인과 같은 하층민이 참여할 수 있다고 주장했다. 대다수 바리사이파가 경건한 자들의 세계를 꿈꾸었지만 예수는 계층의 차별이 없는 세상을 꿈꾸었던 것이다.

셋째, 예수는 에세네파나 바리사이파와는 다르게 사두가이파에는 전혀 동의하지 않았다. 예수는 성전에서 장사하는 사람들의 탁자를 엎어버리며 "성서에 '내 집은 기도하는 집이라고 불리리라' 했는데 너희는 이 집을 '강도의 소굴'로 만들었다"라고 말했다. 이는 사두가이파에 대한 적극적인 반대이다. 사두가이파가 성전 장사치들의 뒤를 봐주고 있었기 때문이다. 예수는 또한 종말의 날이 오면 예루살렘 성전이 허물어지고 새로운 성전이 세워질 것이라고 예언했다.

예수가 성전에 대해서 문제를 제기하자 사두가이파는 그를 로마 총독에 고발했다. 그리하여 예수는 반란죄로 로마 총독의 재판을 받게 되었고, 십자가에서 '유대인의 왕'으로 죽었다.

예수 생애에서 논란이 되는 또 다른 핵심적인 사항은 '메시아'의 문제였다. 오랫동안 외세의 지배를 받고 있던 유대인은 하느님이 메시아를 보내서 유대인을 구원해줄 것이라고 믿고 있었다. 예수가 기적을 행하며 새로운 가르침을 펼치자 일부 유대인은 그가 메시아라고 믿고 그가 로마군을 몰아내고 다윗의 영광을 복원해줄 것을 기대했다. 그러나 기독교 신자들은 예수가 이스라엘의 영광을 복원할 정치적 메시아가 아니라 사람들의 영혼을 구원해줄 영적인 메시아라고 주장했다. 예수가 정치적 반란을 선동하지 않고 십자가에서 죽자 대다수 유대인은 예수가 메시아라는 사실을 거부하게 되었고, 그 후 기독교는 이방인에게 선교되었다.

예루살렘 교회의 수립과 발전

예수 사후 제자들은 예수가 부활했으며 진정한 메시아라고 주장했다. 예수가 부활했다는 것은 그가 초인간적인 존재이며 하느님으로부터 신성을 받았음을 의미한다. 하느님이 그에게 신성을 부여한 것은 그를 메시아로 삼았기 때문이다. 그런데 여기서 예수의 제자들은 여느 유대인과 달리 메시아는 로마를 타도하고 다윗의 영광을 부활시킬 분이 아니라 세상을 종말시키고 모든 사람을 심판하실 분이라고 주장했다. 이는 유대인의 메시아에 대한 생각을 뒤집는 것이었고 바로 이 점에서 기독교 신앙이 시작된다.

메시아는 히브리어로 '기름 부음을 받은 자'라는 뜻이고, 그리스어(헬라어)로 번역하면 그리스도(Christos)이다. 예수가 메시아라고 믿은 그의 제자들은 33년경 예루살렘에 모여서 교회를 결성했다. 시간이 지나면서 점차 신도가 늘어나고 교회 내에서 분파가 생겨났다. 아람어를 사용했던 팔레스타인 본토 출신들은 히브리파라고 불렸고, 헬라어를 사용했던 팔레스타인 외부 출신들은 헬라파라고 불렸다. 히브리파는 율법을 철저히 준수하고 성전 예배에 정기적으로 참여했다. 그들은 예수가 메시아라고 믿는 점을 제외하면 여느 유대인과 다른 점이 없었다. 이들은 성전 의례를 중시하는 유대교의 테두리 내에 머물면서 예수가 메시아라고 주장했을 뿐이었다. 이에 반해서 헬라파는 율법을 유연하게 해석했고 성전 의례의 중요성을 인정하지 않았다.

유대 지도자들은 헬라파의 이런 개혁 성향을 인정하지 않고, 제거하려고 시도했다. 박해를 받은 헬라파는 팔레스타인 밖으로 가서 교회를 건설했다. 그 가운데 가장 유명한 것은 시리아 지역의 안티오키아에 건설된 교회이다. 처음에 교회를 박해했던 바울이 이 교회에 가세하면서 안티오키아 교회는 더욱 개혁적인 성향을 갖게 되었다. 안티오키아 교회의 신자들은 이방인들에게 선교 활동을 펼치기 시작했으며, 율법을 지키지 않아도 구원을 받을 수 있다고 가르쳤다. 이에 많은 이방인들이 기독교를 받아들였다.

안티오키아 교회에 율법을 지키지 않는 이방인 출신 신자들이 늘어나자 예루살렘 교회에서 논란이 일어났다. 예루살렘 교회의 보수파 신자들은 '할례당'을 결성해 안티오키아 교회의 선교 정책을 정면으로 부정했다. 이들은 이방인도 할례를 받고 율법을 지켜야 구원을 받을 수 있다고 주장했다. 이에 49년경에 기독교 주요 지도자들이 최초로 공적으로 모인 이른바 '예루살렘 사도회의'가 열렸다. 이 회의에서 바울은 안티오키아 교회의 의견을 적극적으로 개진했고, 베드로가 그들의 편에 가담했다. 예수의 형제 야고보는 바울의 주장을 받아들이되 "우상에게 바친 음식을 먹지 말라"를 비롯한 세 가지 기본적인 계명만을 지키게 하자는 중재안을 제시했다. 야고보의 의견이 수용되면서 예루살렘 교회와 안티오키아 교회의 갈등은 일단락되었다.

예루살렘 사도회의가 끝나고 얼마 지나지 않아서 베드로와 바울이 안티오키아 교회에서 신자들과 함께 식사를 하고 있었다. 이때 예루살렘 교회에서 '예수의 형제 야고보'가 보낸 사람들이 온다는 소식을 들은 베드로가 자리를 뜨려고 했다. 베드로는 야고보가 유대인 출신 신자와 이방인 출신 신자가 함께 식사하는 것에 반대한다고 생각했고, 자신이 이방인 출신 신자들과 함께 식사했다는 것이 알려지면 또 다시 분란이 발생할 것이라

바울의 개종.
바울은 유대교에 열심을 갖고 있던 바리사이파였다. 그는 기독교인들을 잡으러 다메섹(다마스코스)으로 가다가 하늘로부터 내려오는 빛과 예수의 음성을 듣는 체험을 한 후 기독교 신자가 되었고, 그 후 주로 이방인들에게 기독교를 전파해서 소아시아와 그리스를 거쳐 로마로 퍼져 나가는 데 크게 기여했다.

고 생각했다. 그러나 바울은 베드로의 '위선적인 행동'을 용납할 수 없었다. 바울은 유대인 출신 신자와 이방인 출신 신자 사이에 모든 차별을 철폐해야 한다고 주장하면서 베드로를 공개적으로 비난했다. 그런데 안티오키아 교회의 신자들 다수는 바울의 주장을 받아들이지 않고 베드로 편에 가담했다. 할례당과의 충돌이 있은 지 얼마 되지 않았기에 또 다시 예루살렘 교회의 보수파를 자극하는 것은 적절하지 않다고 생각했기 때문이다. 이 사건을 계기로 바울은 안티오키아 교회를 떠나게 되었다.

2 로마의 기독교에 대한 대응

바울의 선교

바울은 세 차례 선교 여행을 감행했는데 그 첫 번째는 안티오키아 교회에 있을 때였다. 안티오키아 교회는 바나바를 책임자로, 바울을 동행자로 삼아서 소아시아 지역으로 파견했다. 이때 바나바와 바울은 소아시아 동쪽 지역에 몇몇 교회를 수립하는 성과를 거두었다. 그러나 이 여행은 바울이 주도한 것이 아니었기에 큰 의미를 부여하기 힘들다.

2차 선교 여행은 '안티오키아 사건' 직후에 이루어졌다. 앞에서 설명했듯이 바울은 '패배해' 안티오키아 교회를 떠났다. 이는 기독교의 역사에서 매우 중요한 순간이었다. 후에 기독교 신앙의 주류가 될 바울이 보수적인 예루살렘 교회는 물론 예루살렘 교회의 감독을 받던 안티오키아 교회를 떠나서 완전히 독립적으로 활동할 수 있는 환경이 조성되었기 때문이다. 2차, 3차 선교 여행을 통해서 바울은 에페소스, 코린토를 비롯한 여러 지역에 독자적인 교회를 수립했다.

바울이 수립한 이 교회들은 이전의 여느 교회와도 달랐다. 이전 교회들은 유대인이 주도권을 장악하고 있었지만 바울파 교회는 오로지 바울의 지도만을 받았다. 바울은 이 교회들에서 자신의 새로운 신앙, 즉 구원을 받는 데 있어서 율법의 준수 여부는 중요하지 않으며, 유대인 출신 신자와 이방인 출신 신자 사이에는 아무런 차별이 없다는 믿음을 실천했다. 따라서 바울파 교회가 수립된 순간이 바로 기독교가 유대교에서 독립해 별도의 종교로 탄생한 순간이라고 말할 수 있다.

네로와 도미티아누스의 박해

네로 이전에 로마 정부는 기독교를 유대교의 한 분파로 여겼는데, 로마 제국

내에서 유대교는 '합법 종교'였다. 따라서 로마 정부가 탄생기의 기독교를 박해할 이유는 없었다. 로마 제국이 기독교를 박해하기 시작한 것은 네로 시절부터였다. 64년에 로마에 대화재가 발생했는데 네로가 불을 질렀다는 소문이 퍼졌다. 네로는 기독교 신자들에게 방화범 혐의를 뒤집어씌워서 잔혹하게 박해함으로써 위기를 모면하려고 했다. 전승에 의하면 이때 베드로와 바울이 순교했다고 한다.

네로가 죽은 후 기독교에 대한 로마의 박해는 끝났다. 그렇지만 로마 정부는 기독교가 단순히 유대교의 한 분파가 아니라 유대교로부터 독립한 별도의 분파라는 인식을 갖게 되었다. 특히 문제가 되었던 것은 '유대세'의 납부였다. 팔레스타인 밖으로 진출한 유대인을 '디아스포라 유대인'이라고 불렀는데 이들은 예루살렘 성전의 유지비로 매년 2드라크마의 '성전세'를 납부했다. 70년에 유대인의 반란을 진압한 베스파시아누스는 모든 유대인에게 성전세 납부를 중단하고 대신 같은 금액을 로마 정부에 '유대세'라는 명목으로 납부하라고 명령했다.

그런데 기독교 신자들은 자신들이 유대인이 아니라는 이유로 '유대세'의 납부를 거부했다. 기독교인들이 유대세 납부를 거부하자 로마 정부는 심각한 고민에 빠졌다. 로마 정부는 피정복민들의 전통적인 종교에 대해서는 관용했지만 새로운 종교를 용인할 의사는 없었고, 더욱이 유대인들이 유대세를 납부

네로는 기독교도들에게 로마 화재 사건의 혐의를 뒤집어씌우고 화형시킬 것을 명했다. 그림의 오른쪽 부분에 화형당할 사람들이 묶여 있다. 〈네로의 박해〉, 헨리크 시에미라즈키

하는 조건으로 종교적 관용을 누리고 있는데 기독교도들은 유대교와 유사한 관습을 행하고 비슷한 주장을 하면서도 세금을 내려고 하지 않았다.

이 문제가 도미티아누스 시절에 부각되었다. 도미티아누스의 측근이었던 클레멘스를 비롯한 궁정의 주요 인사들이 유대인의 풍습을 행하면서 유대세를 납부하지 않았다. 이에 도미티아누스는 95년에 클레멘스를 처형하고 그에 동조하던 무리들을 추방했다. 이때 기독교 신자들도 유대세를 납부하지 않고 무신론을 행한다는 이유로 박해를 받았다. 그러나 도미티아누스가 96년에 죽었기 때문에 궁정에서 이루어졌던 그의 박해는 곧 중단되었다.

이렇듯 네로나 도미티아누스가 주도했던 박해는 짧은 시간 한정된 장소에서만 진행되었다. 그런데 성경을 비롯한 기독교의 사료들은 1세기 후반 기독교에 대한 박해가 광범위하게 이루어졌다고 전한다. 그렇다면 기독교의 사료들이 없는 사실을 가공해서 만들어냈다고 봐야 하는 것일까? 그렇지 않다. 성경에 반복해서 등장하는 박해는 중앙 정부가 아니라 지방 정부 차원에서 이루어진 것이다. 로마는 정복한 지역에 대해서 폭넓은 자치권을 부여했고, 자치정부들은 자체적으로 치안을 유지하고 사법권을 행사했다. 자치정부들이 사형권을 갖고 있지는 않았지만 필요한 경우에는 로마 총독에게 호소하여 피고자를 사형시킬 수도 있었다. 예수도 그렇게 죽었다. 이 경우 중앙 정부는 아무런 간여를 하지 않았으며 각 지방에서 범죄자 몇 명이 처형되는 것을 일일이 점검하지도 않았다.

1세기 후반 로마 제국의 동방 지역에서 지방 정부들이 기독교 신자들을 박해했던 것은 기독교가 확산되면서 심각한 문화 충돌이 일어났기 때문이었다. 다신교도들은 로마의 황제를 신으로 숭배했는데 기독교 신자들은 이를 거부했다. 또한 기독교 신자들은 다신교도들의 종교 생활을 우상숭배라며 공격했다. 이렇게 기독교 신자들이 '공격적인' 태도를 취하자, 다신교 신자들은 자치권을 이용하거나 로마 총독에게 호소함으로써 기독교 신자들을 박해했다.

플리니우스의 박해

112년경 로마가 기독교를 박해하는 방식이 변했다. 그 해 트라야누스의 명령을 받은 플리니우스가 비티니아-폰투스 지역의 총독이 되었다. 그가 임지에 도착했을 때 주민들이 기독교 신자들을 고발했다.

플리니우스는 기독교 신자들을 체포해 심문했는데 소문과 달리 기독교 신자들이 특별히 사악한 행동을 하지는 않았음을 알게 되었다. 그럼에도 불구하고 그는 기독교도를 사형시켰는데 그 이유는 다음과 같다. 먼저 그가 판단하기에 기독교는 '사악하고 극단적인 미신'이었고 기독교의 전파로 인해서 로마의 전통 신앙이 뿌리째 흔들리고 있었다. 곳곳에서 신전이 방기되고 신전에서 종교와 관련된 일들을 하던 이들은 직업을 잃었다. 두 번째로 기독교 신자들은 로마 제국이 금지하고 있는 야간 모임을 가졌고, 마술을 행했다. 마지막으로 기독교 신자들을 거듭 설득했음에도 불구하고 완고하게 신앙을 지키려 했고, 로마 황제를 숭배하라는 명령을 거부했다.

플리니우스는 기독교 신자들을 사형시킨 후 자신의 판단이 옳았는지, 이후에 어떻게 행동해야 하는지를 트라야누스 황제에게 묻는 편지를 보냈다. 이에 트라야누스는 "기독교 신자들을 사형시킨 것은 올바른 판단이었다. 그렇지만 그들을 수색해서 찾지는 말 것이며, 주민들이 고발한 경우에만 재판해서 처형하라. 이때 익명으로 제기된 고발은 무시할 것이며 고발당한 기독교인이 뉘우친다면 용서하라"라고 대답했다. 트라야누스의 이 대답은 이후 데키우스의 대박해가 일어날 때까지 로마 제국이 기독교도를 다루는 기본 원칙이 되었다.

트라야누스가 기독교 신자를 단지 기독교를 믿는다는 이유만으로 사형시키라고 명령한 것은 그가 기독교를 불법종교로 규정했음을 의미한다. 이후 많은 기독교 신자들이 다른 아무런 죄를 짓지 않았지만 단지 기독교 신자라는 이유만으로 사형을 당했다.

그러나 트라야누스 이후 로마 제국이 기독교를 박멸하기 위해서 대대적인 박해를 가했던 것은 결코 아니었다. 관리들이 먼저 기독교 신자를 수색하는 일은 없었으며, 누군가 이름을 대고 기독교 신자를 고발할 때만 그 사람을 체포해서 재판했다. 따라서 2세기-3세기 전반까지 기독교 신자들은 이웃에게 고발당하지만 않는다면 자유롭게 신앙 생활을 유지할 수 있었다. 이 기간에 고발을 당한 기독교 신자들이 몇 명이나 되는지 통계는 없지만 결코 그 숫자가 많지는 않다는 것이 학자들의 중론이다.

대박해

3세기 중엽에 이르러 상황이 크게 바뀌었다. 3세기에 로마 제국은 대위기를 맞았다. 외부적으로는 북쪽에서 게르만족이, 동쪽에서 페르시아가 쳐들어왔고, 내부적으로는 전염병과 기근이 심했다. 이런 위기 속에서 로마인들은 기독교가 전파되면서 로마의 전통 신들에 대한 숭배가 소홀해졌기 때문에 위기가 발생했다고 생각하게 되었다.

249년에 로마 제국의 황제가 된 데키우스는 이런 인식을 표방하면서 제국의 모든 기독교인들로 하여금 로마의 신들에게 희생제사를 드리라고 명령했다. 이 명령에 따라서 로마의 관리들과 군인들은 제국의 기독교 신자를 색출해 내기 위해서 제국의 모든 시민들에게 희생제사를 드리라고 강요했다. 다신교도들은 주저 없이 희생제사를 드리고 증명서를 받았지만 기독교 신자들은 희생제사에 참여하기를 거부하고 현장에서 끌려 나가 사형을 당했다. 데키우스는 이렇게 제국 전역에서 기독교도를 색출해 죽이려고 했다. 이는 트라야누스 이래 견지된 '온건한' 박해를 끝내고 기독교를 완전히 박멸하려는 것이었다.

데키우스의 대대적인 박해가 오래 지속되었다면 기독교는 그 뿌리에 심각한 손상을 입었을 것이다. 그런데 기독교 신자들에게는 다행스럽게도 데키우스는 251년 전사하고 말았다. 그가 죽자 그의 기독교 박해 정책도 추동력을 상실했다. 이후 수십 년간 기독교 신자들은 '평화'를 누렸다. 이 기간에 기독교도들은 거대한 예배당들을 지었고, 교회의 예식에 필요한 각종 고가의 장비들을 마련했다. 교세도 크게 확장되었는데, 특히 아프리카에서 주교직의 숫자가 260년에서 300년 사이에 배로 늘어났다.

상당 기간 평화를 누리고 있던 기독교 신자들에게 다시 환란이 찾아온 것은 303년의 일이었다. 군인황제 시대를 끝내고 로마의 중흥을 이끌었던 디오클레티아누스는 로마의 전통을 복원하고 권력을 강화하기 위해서 노력했다.

그는 로마의 전통 종교 의례를 자주 집전했으며, 스스로 유피테르(Jupiter)의 대리자임을 선언했고 제국의 모든 백성들로 하여금 그를 알현할 때는 무릎을 꿇고 땅바닥에 이마를 대라고 명령했다. 그런데 기독교 신자들은 디오클레티아누스가 집전하는 전통 의례나 신들에게 드리는 제사에 참여하는 것도 거부했다. 게다가 일부 기독교 신자들은 군복무 자체를 부정했다. 기독교 신자들의 이런 비협조적인 태도가 제국을 복원하는 데 큰 장애물이라고 판단한 디오클레티아누스와 그의 협력자 갈레리우스는 303년에 모든 기독교 신자에게 배교를 강요하는 칙령을 내렸다.

전 제국에 관리와 군인들이 파견되어 교회를 무너뜨리고, 기독교 신자들을 색출했다. 제국의 모든 도시에 로마의 신들에게 제사를 드리는 제단이 설치되었고 모든 시민들로 하여금 제사에 참여하라는 명령이 하달되었다. 희생제사를 거부하는 기독교 신자들은 현장에서 잡혀가 사형을 당했다. 이때의 순교자는 수천 명에 달했던 것으로 추산된다.

디오클레티아누스의 박해는 311년까지 지속되었다. 디오클레티아누스가 305년에 퇴임했지만 그의 협력자였던 갈레리우스가 계속 집권하면서 박해를 추진했기 때문이다. 그렇지만 오랜 박해에도 불구하고 기독교의 세력이 약화되지 않은 것을 보고 갈레리우스는 자신의 정책이 실패했다고 판단하고 311년에 박해를 중단하라고 명령했다. 그리하여 로마 제국 최후의 대박해는 수많은 순교자를 남긴 채 종결되었다.

3 기독교의 공인과 국교화

콘스탄티누스의 기독교 공인

디오클레티아누스가 추진했던 최후의 대박해는 311년에 끝났다. 그렇지만 로마 제국의 기독교에 대한 박해가 완전히 끝난 것은 아니었다. 막시미누스 다이아 황제가 갈레리우스가 죽은 후 6개월 만에 박해를 재개했기 때문이다. 콘스탄티누스와 리키니우스가 313년에 막시미누스를 몰아내고 통치권을 장악한 후에야 기독교 박해가 완전히 끝났다.

콘스탄티누스는 리키니우스와 협의해 이른바 '밀라노 칙령'을 내렸다. 이 칙령은 '기독교 신자들을 포함한 모든 사람에게 각자의 신앙에 따라서 종교 생활을 할 수 있도록 허락했다.' 또한 박해 기간에 압수된 기독교 교회와 교회 자산을 반환하도록 규정했다.

이렇게 콘스탄티누스가 밀라노 칙령을 통해서 기독교를 공인하기로 결정한 데에는 여러 요소가 작용했다. 기독교의 전승에 따르면 그가 막시미누스 다이아의 협력자였던 막센티우스와 벌인 밀비우스 전투를 치르기 전에 하늘에서 십자가 환상을 보았고, 또한 "이 표시로 싸워 이기라"라는 소리를 들었다. 콘스탄티누스는 이 전투에서 승리했고 기독교 신자가 되었다. 그러나 이 전승을 그대로 믿기는 힘들다. 콘스탄티누스는 황제가 된 후에도 세례를 받지 않았을 뿐만 아니라 계속해서 태양신을 숭배했기 때문이다.

콘스탄티누스는 이런 개인적 체험보다 현실을 더 고려했을 가능성이 크다. 당시 기독교 신자는 전 인구의 10퍼센트가량이었는데 특히 동방 지역에서는 그 비율이 훨씬 높았다. 디오클레티아누스 이래 오랫동안 진행되어온 박해에도 불구하고 기독교 세력은 축소되지 않았기에 계속해서 그들을 물리적으로 억압하는 것은 별 효과를 거둘 수 없었다. 따라서 제국을 안정시키기 위해서는 계속 그들을 억압하기보다는 협력자로 받아들이는 편이 나았다. 특히 그의 적이었던 갈레리우스와 막시미누스 다이아가 기독교를 박해했기 때문에 그들을 물리치고 새로이 황제가 된 콘스탄티누스가 그들의 정책을 계승한다는 것은 적절하지 않았다.

콘스탄티누스는 독실한 기독교 신자는 아니었지만 통치 기간 내내 기독교에 우호적인 태도를 견지했다. 그는 일요일을 휴일로 정해 기독교 신자들이 주일을 준수할 수 있도록 결정했으며, 기독교 성직자가 그 임무를 성실히 수행할 수 있도록 공공 임무에서 면제해주었다. 또한 죽기 전에는 세례를 받음으로써 이후 로마를 기독교 제국으로 만드는 데 결정적으로 기여했다. 이후 로마의 황실은 모두 기독교를 신봉했으며, 로마에서 출세하고자 하는 자들은 황실의 총애를 받기 위해 기독교로 개종했다.

또한 콘스탄티누스는 기독교 교리의 통일에도 깊은 관심을 보였다. 320년대에 기독교 신자들은 성자이신 예수가 성부이신 야훼 하느님과 어떤 관계에 있는지를 놓고 대립했다. 이 때문에 기독교 세계가 심각하게 분열하자, 콘스탄티누스는 325년에 니케아 공의회를 소집했다. 콘스탄티누스는 이 회의를 주도

기독교의
전파 지도

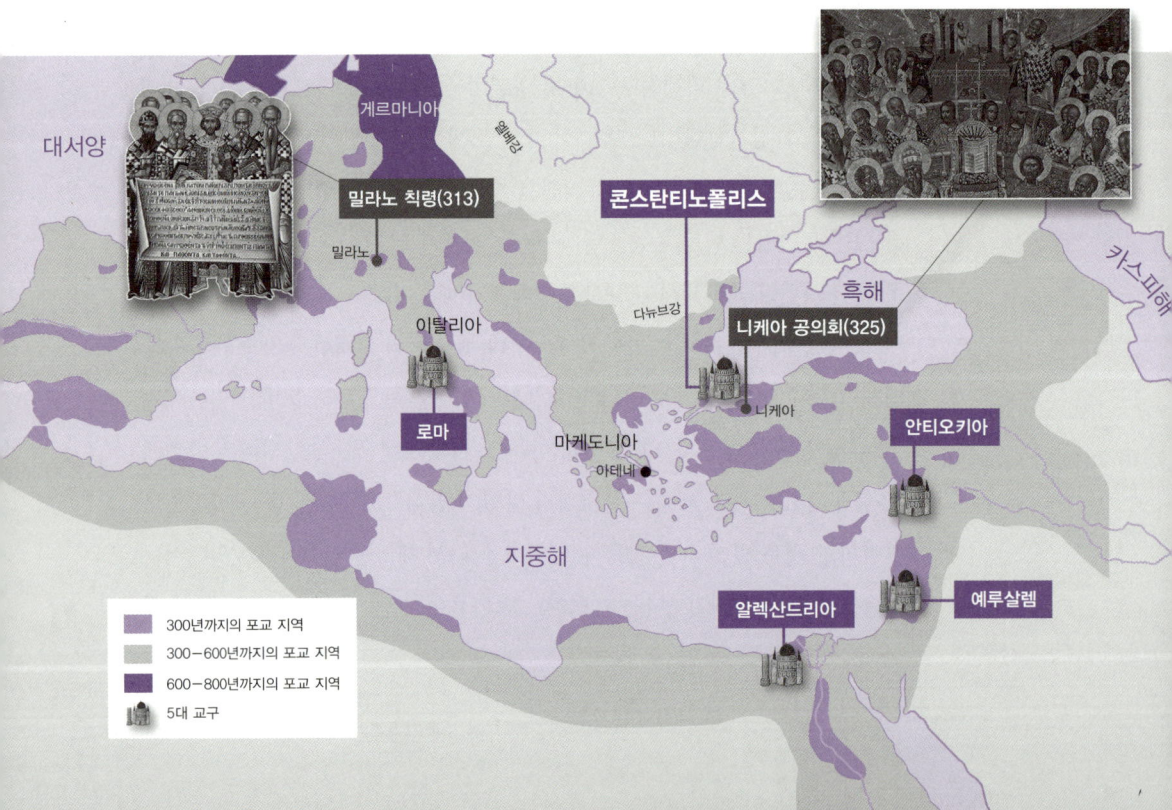

하면서 교리의 통일을 촉구했고 그 결과 삼위일체를 주장한 아타나시우스파가 정통으로 채택되었다.

테오도시우스의 국교 선언

콘스탄티누스가 기독교를 확고한 기반에 올려놓았기 때문에 그 후 황제들은 대부분 기독교 신자였고, 기독교에 대해서 우호적인 태도를 보였다. 이 때문에 기독교 세력은 날로 커져간 반면 전통적인 다신 숭배는 날로 축소되었다. 특히 신앙심이 두터웠던 황제들은 공권력을 이용해 이교 신앙을 잠재우려고 했다. 콘스탄티우스 2세가 대표적인 인물이다. 그는 340년대에 여러 칙령을 통해서 다신교도의 희생제사를 금지하고, 다신교도 신전을 폐쇄하고자 시도했다. 특히 346년에는 신전에서 제사를 드리는 것을 죄로 규정하고 사형과 재산몰수의 처벌을 내리겠다고 위협하는 칙령을 내렸다.

이렇게 로마의 황제와 공권력이 기독교에 대해서 우호적인 태도를 취했기 때문에 제국 곳곳에서 기독교도들의 '만행'이 늘어났다. 그들은 법을 무시하고 유대교 회당이나 이교도 신전을 훼손하곤 했다. 이렇게 기독교 신자들의 '공격'이 갈수록 거세어지자 이교도들의 저항도 만만찮게 일어났다. 4세기에 진행된 기독교와 이교도의 이런 투쟁을 상징적으로 보여주는 사건이 이른바 '승리의 제단'을 설치할 것인지 폐지할 것인지에 대한 논쟁이다.

'승리의 제단'은 기원전 29년 로마의 초대 황제인 아우구스투스가 악티움 해전에서 안토니우스와 클레오파트라를 격파하고 로마에 평화를 가져온 것을 기념해 만든 것으로 그 위에는 황금으로 만든 빅토리아 여신의 조각상이 놓여 있었다. 이 제단은 원로원 의사당에 설치되었으며 로마의 다신주의를 상징하는 것으로 인식되었다. 반이교주의 정책을 본격적으로 수행했던 콘스탄티우스 2세가 357년에 이 제단을 제거해버렸다. 363년에 황제가 된 율리아누스는 배교자로 유명하다. 그는 기독교 신자로 자랐지만 그리스 철학을 배운 후에 기독교를 버렸기 때문이다. 그가 다시 이 제단을 복원했다가 382년에 그라티아누스 황제가 다시 이 제단을 제거했다.

그런데 384년에 로마의 원로원 귀족으로 다신교의 복원을 꿈꾸었던 심마쿠스는 동료 원로원 의원들을 설득해 로마 원로원의 이름으로 발렌티아누스 2세에게 승리의 제단을 복원해달라는 청원서를 제출했다. 그는 "우리 후손들에게 우리가 어린 시절에 물려받은 것을 전할 수 있도록 해주십시오", "우리 모두는 같은 별들을 바라보며, 같은 하늘 아래서 살고 있습니다. 우리들 각자가 각자의 방식으로 진리를 추구하는 것이 무슨 문제가 되겠습니까?"라고 호소했다. 물론 여기서 진리는 종교를 말한다. 다시 말해서 이교도인 심마쿠스가 기독교도인 로마 황제에게 신앙의 자유를 호소하고 있는 것이다.

물론 심마쿠스와 그의 동료들의 청원은 받아들여지지 않았다. 기독교 신앙심이 두터웠던 발렌티아누스 2세가 서방을 다스리고 있을 때 동방의 황제였던 테오도시우스는 '저항하는' 이교도들을 모두 제압하고 로마를 완전히 기독교 제국으로 만들기로 결심했다. 그리하여 392년에 이교도를 근본적으로 억압하는 칙령을 발표했다. 이 칙령에서 그는 희생제사를 드리기 위해서 짐승을 죽이는 것을 금지했고, 이교도 신전에 가는 것 또한 금지했다. 이후에 그가 이 법령을 강력하게 시행함으로써 이교도들이 설 자리는 완전히 사라지게 되었다. 이리하여 기독교는 드디어 로마의 국교가 되었고, 이후 로마 문명의 후계자들은 모두 기독교 신자가 되었다.

4 기독교 교리의 정비

신약성경의 수립

신약성경은 복음서 네 권, 역사서 한 권, 서신서 스물한 권, 계시서 한 권으로 구성되어 있다. 신약성경이 어떻게 형성되었는가를 알고자 할 때 가장 먼저 고려해야 할 것은 그 서술 시기가 매우 늦다는 것이다. 신약성경에 포함된 문서 가운데 가장 먼저 쓰인 것은 바울 서신이다. 바울은 50년대 자신이 세운 교회들을 관리하기 위해서 편지를 썼고, 그것들이 후대에 수집되어 성경에 포함되었다. 바울 서신 다음으로 쓰인 것들은 사복음서이다. 복음서는 예수의 행적과 말씀을 기록한 것인데 네 개의 복음서가 있기 때문에 흔히 사복음서라고 한다. 사복음서 가운데 가장 먼저 쓰인 것은 마가복음으로 70년경에 집필되었으며, 가장 늦게 쓰인 것은 요한복음으로 1세기 말에 쓰였다. 따라서 복음서들은 예수가 죽은 지 40년이 지난 후에야 비로소 쓰였다. 바울 서신과 사복음서를 제외한 다른 모든 문서들은 1세기 후반에서 2세기 초반에 쓰였다.

둘째, 2세기 중반 이전의 기독교 신자들은 신약성경이라는 개념을 전혀 갖고 있지 않았다. 그들은 '성경'을 이용했는데 그것은 오로지 구약성경을 의미했다. 1세기 후반까지 기독교 신자들은 자신들이 유대교를 대체해 새로운 종교를 만드는 것이 아니라 오히려 유대교를 완성한다는 생각을 갖고 있었다. 따라서 구약성경을 보충하거나 대체할 어떤 경전을 만들어야 한다고 생각하지 않았다. 신약성경에 포함된 문서를 집필한 사람 가운데 누구도 자신이 성경을 쓰고 있다는 생각을 하지 않았으며, 1세기 기독교 신자 가운데 누구도 후대에 신약성경에 포함된 문서들을 경전으로 인정하지 않았다. 2세기가 되면서 상황이 변하기 시작했다.

예수(가운데)와 베드로(왼쪽), 바울(오른쪽)

1세기 후반에 기독교와 유대교의 대립이 심해졌는데, 그 결과 2세기에 기독교가 유대교의 한 분파가 아니라 새로운 종교라는 인식이 확산되었다. 그리고 기독교 내에서 유대인 출신 신자들의 비중이 대폭 축소되었고, 이방인 출신 신자들이 중추를 이루게 되었다. 이런 상황의 변화에 맞추어서 기독교의 정체성을 강화하기 위해서는 구약성경을 보충할 새로운 경전이 필요했다.

이런 필요성을 절실하게 느끼고 새로운 대안을 제시한 사람은 마르키온이었다. 140년대 중반에 그는 유대교의 신 야훼는 예수가 가르친 참 하느님이 아니고, 유대교의 가르침을 담고 있는 구약성경은 경전이 아니라고 주장했다. 이렇게 과감하게 구약을 버린 마르키온은 누가복음과 바울 서신 열 편을 묶어서 새로운 성경을 만들었다. 그러나 로마교회를 필두로 한 정통 교회는 마르키온을 이단으로 규정했다. 그가 구약의 하느님은 심판하고 복수하는 하느님이기에 예수가 가르친 '사랑의 하느님'과는 다른 존재라고 가르치는 등 너무나 과격한 주장을 펼쳤기 때문이다. 그렇지만 정통 교회가 마르키온을 이단으로 규정했다고 모든 문제가 해결된 것은 아니었다. 마르키온을 추종하는 신자 수가 정통 교회 신자 수보다 더 많았기 때문이다.

이에 정통 교회 지도자들은 마르키온파와 싸우기 위해서는 정통 교회의 성경을 마련해야 한다는 인식을 공유하게 되었다. 이에 2세기 말에 정통 교회의 성경을 마련하는 작업이 수행되었다. 그리하여 2세기 말에 사복음서와 사도행전, 바울 서신 등을 포함한 신약성경의 윤곽이 드러나기 시작했다. 3세기 중엽 초기 기독교의 최고 교부인 오리게네스는 신약성경에 포함되는 문서들을 세 부류로 나누었다. 첫째는 모든 교회가 동의하고 있는 문서인데 여기에는 사복음서, 사도행전, 13개의 바울 서신, 베드로전서, 요한 1서, 요한 계시록이 들어가 있다. 둘째는 성경에 포함해야 할지 의심을 받고 있는 문서들인데 여기에는 베드로후서, 요한 2, 3서, 히브리서, 야보고서, 유다서가 있다. 셋째는 배격되어야 할 문서인데 애굽 복음서, 도마 복음서 등이 여기에 포함되었다.

이후에도 상당 기간 어떤 문서를 신약성경에 포함시키고, 어떤 문서를 배제할지 논란이 계속되었다. 이런 논란은 삼위일체 교리를 수립하는 데 크게 기여했던 아타나시우스가 367년 스물일곱 권을 성경 목록으로 제시하면서 정리되었다. 그 후 397년 카르타고 종교회의를 비롯한 서방 교회의 여러 회의에서 아타나시우스의 목록을 승인했고 현재까지도 인정된다. 이렇게 신약성경의 각 문서들은 1세기에 집필되었고 2세기 말에 정경으로 인정을 받기 시작했다. 그리고 4세기에 비로소 신약성경의 범위가 정해졌다.

니케아 공의회

기독교는 예수를 그리스도로 숭배하는 종교이다. 그렇다면 예수는 인간인가, 신인가? 이 문제는 이미 예수가 살아 있을 때부터 논란이 있었다. 예수의 제자들은 예수의 실체에 대해서 각각 다른 생각을 가지고 있었다. 어떤 제자들은 예수는 뛰어난 인간이라고 생각했고, 또 어떤 제자들은 예수는 인간이 아니라 천사와 같은 신적인 존재라고 생각했다. 사도 요한의 제자들은 로고스라고 했는데, 로고스는 태초에 천지를 창조한 원리로서 하느님 자체를 가리키는 말이다.

2세기에 요한복음에 나오는 로고스 기독론이 주도적인 견해로 정착했지만, 그 로고스가 구약에 나오는 성부 하느님과 어떤 관계인지에 대해서 계속 논란이 되었다. 2세기 기독교 지도자 유스티누스는 예수를 '제2의 하느님'이라고 불렀다. 제2의 하느님은 절대적이고 스스로 존재하시며, 신성의 근원이신 제1의 하느님 야훼보다는 낮은 존재이지만 모든 피조물보다는 높으신 신이라는 의미를 갖고 있다.

3세기에 예수의 신성과 야훼 하느님과의 관계에 대한 논의가 더욱 활발해졌다. 비잔티움의 테오도투스나 사모사타의 바울은 예수는 인간이었지만 하느님이 그를 특별히 택하여 권능을 주었다고 주장했다. 사벨리우스는 하느님이 원래 하나의 실체이신데 시대에 따라서 다른 모습으로, 즉 구약시대에는 성부 야훼의 모습으로, 아우구스투스 시절에 성자 예수의 모습으로, 그리고 예수가 승천한 후에는 성령의 모습으로 나타났다고 주장했다.

4세기에도 예수의 신성에 대한 고민이 계속되었다. 논란은 아프리카 교회에서 시작되었다. 아프리카의 중심 교회였던 알렉산드리아 교회의 주교 알렉산드로스가 성부와 성자가 동일한 본성을 가졌다고 설교했을 때, 알렉산드리아 교회의 관할을 받는 지교회의 사제였던 아리우스는 주교가 사벨리우스 이단에 빠졌다며 비난했다. 그리고 성부를 홀로 피조되지 않으신 유일한 최고의 신으로, 성자를 피조물로 규정지음으로써 성부와 성자를 엄격하게 구별하고자 시도했다. 이에 알렉산드로스는 320년에 아리우스를 파문하여 추방했다. 그러나 아리우스는 주장을 굽히지 않고 동방 여러 지역에서 지지자를 규합했다. 아리우스의 지지자들이 늘어가자 교회가 큰 혼란에 빠졌다.

이런 혼란 상황을 방치할 수 없다고 판단한 콘스탄티누스 황제는 325년 니케아에 제국의 모든 주교들을 소집했다. 그리하여 318명의 주교들이 각각 여러 명의 조력자들을 대동하고 참가했다. 논쟁을 주도한 사람은 삼위일체 교리의 확립자로 유명한 아타나시우스와 논란의 핵심 인물이었던 아리우스였다. 약 한 달간 논쟁이 계속되었지만 결론이 나지 않자 콘스탄티누스가 직접 개입해서 신속하게 결론을 내줄 것을 요구했고, 그 결과 중도파가 아타나시우스 편에 가담했다. 그리하여 참가자들은 삼위일체 교리의 기초를 마련한 니케아 신조를 발표했다. 이 신조는 380년에 열린 콘스탄티노폴리스 공의회에서 수정 보완되었다. 그 후 기독교 신자들은 니케아-콘스탄티노폴리스 신조를 신앙의 기본으로 삼았다.

기독교는 어떻게 세계의 종교로 성장했을까

팔레스타인에서 탄생한 소종파였던 기독교가 어떻게 400년 만에 로마 제국의 국교로 성장했고, 그 이후 줄곧 모든 서양인의 정신 세계를 지배할 수 있었을까? 기독교는 분명 어떤 거대한 힘을 가지고 있었기에 이런 일이 가능했을 것인데 과연 그 힘은 무엇일까?

가장 먼저 생각할 수 있는 것은 기독교가 가지고 있는 종교적인 힘이다. 로마의 전통 종교는 공적인 면에서 보면 국가 종교 혹은 정치 종교의 형태를 띠고 있었다. 종교의 주요 목적은 개인의 정신적인 고통을 위로하고 영혼을 구원하기 위함이 아니라 특별한 의례를 정해진 순서대로 치름으로써 국가와 사회의 안녕을 기원하는 것이었다. 사적인 면에서 보면 시민 개개인이 자신과 가정의 안녕과 복을 기원하는 의례가 발달했다. 시민들은 여러 종류의 보호신들에게 적절한 의례를 행사하면서 각자의 소망을 빌었다. 따라서 로마의 전통 종교는 현세의 기복에 머물렀으며 영혼의 안녕과 구원에 대해서는 아무런 답을 주지 않았다. 이런 상황에서 기독교가 현세의 삶에서 상처받은 영혼을 위로하고 내세의 구원을 약속하자 많은 사람들이 거기에 매력을 느꼈다.

기독교의 또 다른 종교적 매력은 형식주의 혹은 의례 중심주의를 탈피했다는 것이다. 유대교를 포함해서 모든 고대 종교는 신들을 기쁘게 하거나 달래기 위해서 제사를 드려야 한다고 생각했다. 이를 위해서 신들을 모시는 신전을 세우고, 그곳에서 의례를 행하는 사제들을 임명했다. 그러나 기독교는 신전을 세우지 않았으며, 신에게 제물을 바쳐야 한다고 가르치지도 않았다. 이렇게 기독교는 형식적인 예배를 철폐하고 대신 기도와 자선, 도덕적인 삶을 신앙의 새로운 지침으로 제시했다.

기독교는 종교적인 면에서 이런 혁신을 이룩했을 뿐만 아니라 세상의 질서에 대해서도 새로운 대안을 제시했다. 기독교가 창시되기 이전에 소수의 철학자들만이 보편적 박애를 추구했다. 다시 말해서 대부분의 고대인은 자신이 속한 공동체의 시민만이 자신과 동등한 권리를 갖고 있는 인간이라고 생각했고, 공동체 내에서도 사람들은 신분에 따라서 질적으로 다르다고 생각했다. 따라서 어떤 공동체에 속했든, 그리고 어느 신분에 속했든 모든 사람을 동등하게 파악하고 배려해야 한다는 생각은 없었다. 그런데 기독교는 모든 사람이 평등하고 또한 보편적인 사랑을 받을 권리가 있다고 가르쳤다. 따라서 기독교는 이 세상에서 차별받고 소외된 가난한 자와 장애인이 '복 받은 사람'이라고 가르쳤고, 기독교 신자들은 공동 기금을 조성해 과부나 고아를 비롯한 이 '복 받은 사람'을 돌보았다. 이 때문에 기독교 신자가 되면 누구나 교회의 보호를 받을 수 있었고, 이는 가난한 자와 소외된 자들에게 큰 힘이 되었다. 기독교의 이런 보편적 인류애가 많은 사람에게 감명을 주었다.

기독교는 또한 대단히 윤리적인 종교였다. 그리스·로마인이 숭배했던 신들은 정의롭거나 윤리적인 존재는 아니었다. 그들은 탐욕스럽고, 질투하고, 심지어 바람을 피우기까지 했고, 자기를 숭배하는 자들을 돕기 위해서 온갖 협잡과 사기를 일삼기도 했다. 이에 반해서 기독교의 하느님은 절대적으로 선한 분이고, 그의 명령을 받고 지상에 온 예수는 모든 사람에게 윤리적 삶을 권장했다. 그는 내세에 모든 사람이 심판을 받을 것이며 그때 이 세상에서 '착하게 산 것 혹은 악하게 산 것'이 중요한 기준이 될 것이라고 가르쳤다. 기독교 신자들이 이렇게 윤리적 삶을 추구했기 때문에 많은 로마인이 감명을 받았다. 이런 여러 요소들이 복합적으로 작용해 기독교 성공의 밑바탕이 되었다.

5

중세 유럽의
탄생과
세 문명권의 성립

박흥식

1 로마 제국 너머의 세계: 게르만 왕국들의 등장과 기독교

게르만의 이동

지중해는 고대 서양 역사의 주요 무대로서 상이한 세계들과 다양한 종족들을 이어주고 문명의 발전을 자극하며 매개하던 젖줄이었다. 로마 제국은 그 형성·발전 과정에서 다양한 문명들을 흡수했을 뿐 아니라, 로마화해서 다시 밖으로 내뿜는 역할을 해왔으나 점차 그 역동적 힘을 상실했다. 특히 4세기 후반 이래 유럽 대륙의 동쪽 끝 혹은 그 너머에서 촉발된 게르만족의 대대적인 이동으로 고대 세계의 근간은 결정적인 위협을 받게 되었으며, 서유럽 지역에 모습을 드러낸 새로운 왕국들은 구 제국의 내부 혹은 경계 지역을 변형시키며 새로운 구심점을 형성하기 시작했다.

지중해 중심의 로마 세계가 서유럽 지역으로 확장하게 된 계기를 찾으려면 제국의 전성기까지 거슬러 올라가야 한다. 기원전 1세기 중엽 갈리아 지역 총독을 지냈던 카이사르는 『갈리아 전쟁기』 첫 번째 책에서 켈트인들이 게르만족을 그들의 영토 밖으로 쫓아내기 위해 힘겨운 전투를 벌이고 있던 상황을 언급했다. 그는 게르만인이 성마르고 호전적인 켈트인들보다도 상대하기 어려운 집단이라고 진단했고, 수에비족을 통해 경험했듯이 강인하고 끊임없이 전쟁을 수행하기 때문에 위협적이며 공격적인 집단이라고 간주해 경계했다. 특히 마르코만니 전쟁(166-180)의 사례에서 볼 수 있듯이 2세기 후반 이래로 제국과 국경을 맞대고 있던 게르만족은 제국에 꽤 위협적인 존재로 변모했다. 마르쿠스 아우렐리우스 황제 이래로 제국은 외부의 위협을 감소시키고 군대를 강화하려는 의도에서 다수의 게르만을 로마 군대에 받아들이는 정책을 추진했고, 그 영향으로 로마군의 게르만화가 꾸준히 진행되었다. 그 외에도 상업적 교류, 통혼, 용병 근무, 소규모 이주 등이 진행되면서 제국 내로 게르만들이 유입되었고, 국경지대뿐 아니라 제국 내부에서도 상이한 종족들 및 문명들 사이에 교류와 혼합이 이루어졌다. 용병이나 농민으로 제국 내에 편입된 자들뿐 아니라, 게르만 지배층도 로마에 대해 우호적인 태도를 취했는데, 로마와 좋은 관계를 유지하는 것이 게르만 사회에서의 영향력을 확장하는 데에 유리하게 작용했기 때문이다.

게르만족의 대이동은 로마가 구축한 지중해 중심의 고대 세계를 변형시키고 나아가 와해시킨 결정적인 사건이었다. 게르만족이 이동한 근본적인 원인으로는 기후변화, 인구의 증가, 토지에 대한 필요 등이 언급되지만, 이동을 촉발한 직접적인 계기가 없었다면 이동의 시기나 방식이 달라졌을 것이다. 대이동 초기의 상황은 전적으로 로마의 역사가 마르켈리누스의 기록에 의존한다. 그에 따르면 중앙아시아의 유목민으로 알려진 훈족이 흑해 북쪽에 정착해 살고 있던 고트족을 압박하자 376년에 테르빙족을 필두로 그레우퉁족 등 고트족 연맹세력이 줄지어 다뉴브강을 건너려 시도했고, 일부만을 제국 내로 받아들이려던 발렌스 황제와 갈등을 빚었다. 당시 페르시아와 전쟁을 치르고 있던 로마 제국은 병력을 대거 동방으로 이동시켰기에 힘으로 게르만을 제압할 수 없었다. 결국 제국의 기대와 달리 여러 고트족 연맹세력은 제국의 동쪽 영토에 진입했다. 5세기 초에는 또 다른 게르만 세력이 중부 유럽의 국경을 통과해 이탈리아를 침공했고, 5세기 중반까지 로마 시가 여러 차례 약탈을 당할 정도로 제국은 큰 혼란에 휩싸였다.

이 시기 게르만들은 로마인 주거지를 습격하면서 자주 대량살육이나 파괴를 자행했으며 기근이 극심했기에 심지어 인육으로 배를 채우기도 했으리라 추정된다. 그렇지만 서고트족이 침입했던 지역처럼 별다른 저항이 없었던 경우에는 큰 희생이 없었으며, 파괴행위가 자행되었을 경우에도 그 기간은 비교적 짧았다. 이 시기 로마인들에 의해 기록된 여러 문헌에는 훈족과 게르만족의 야만적이고 반문명적인 속성이 적나라하게 묘사되어 있다. 그 기록들은 실제로 발생한 사실을 그대로 기술했다기보다는 전쟁과 같은 극심한 혼란기에 으레 발생하는 비극적 상황에 덧붙여 로마인들이 스스로를 위협하는 세력에 대해 지니고 있던 편견과 혐오가 더해져 과장되었던 것이다. 한편 힙포의 주교 아우구스티누스는 410년 서고트의 통치자 알라릭이 로마를 습격했을 때에 교회 시설을 약탈 대상에서 제외시켰을 뿐 아니라, 교회로 피신한 자들에게는 폭력을 사용하지도 인질로 잡아가지도 않았다고 기록했다. 고트족에는 철학적 안목을 지닌 잘목시스(Zalmoxis)라는 왕도 있었고, 탁월한 지식인들도 있었다. 4세기 말과 5세기에 로마 제국 변방의 이민족들은 미개한 야만족이 아니라, 로마 제국을 비롯한 여러 주변 문명들의 영향을 받으며 이미 충분히 독자적인 문명으로 발전하고 있던 집단이었다. 그들은 제국을 동경했으며, 당면한 위기를 타개하고자 제국 내로 이동했다. 대이동기에 비로소 파악되는 게르만 부족들은 오래전에 존재했던 동일한 이름의 부족들과 동질적인 성격의 부족이었다고 보기는 어렵다. 부족간 합종연횡을 거치며 꾸준히 그 정체성이나 구성이 변형되었기 때문이다.

게르만족 대이동기의 혼란한 상황을 감당할 수 없었던 서로마 제국의 수도 로마에서는 장군들이 황제들을 지명해 정권을 이어갔다. 그러다가 결국 476년 로마의 용병대장이자 훈족의 왕 아틸라의 애첩이 낳은 오도아케르가 마지막 황제 로물루스를 폐위시킴으로써 서로마 제국은 종말을 맞았다. 그는 라벤나에서 왕이라는 칭호만 유지한 채 통치했으며, 황제의 휘장은 동로마 제국의 황제 제논에게 돌려주었다. 한편 동로마 제국은 이전에도 그러했듯이 군사력으로 대항하기보다는 협상과 금품매수를 통해 게르만들의 침입을 무마시키면서 그들이 콘스탄티노폴리스로 향하는 것을 막고 서로마 제국 쪽으로 가도록 유도하며 위기를 모면했다. 그것은 상공업과 도시의 발달이 제국의 방어와 유지에 필요한 재원을 제공해주었기에 가능한 일이었다.

게르만 왕국들

도미노 현상을 초래한 게르만족의 대규모 이동은 정주와 이동을 주기적으로 반복하는 오랜 과정이었으나, 6세기에 롬바르드족의 이동을 끝으로 대체로 마무리되었다. 결국 제국이 와해된 서부 지역에 여러 게르만 왕국들이 들어섰다. 로마 제국은 정치적으로 분열되었으나 로마의 제도와 문화는 그 왕국들에 의해 계승되었다. 게르만 이동의 결과 로마와 게르만적 요소뿐 아니라, 훈족과 고트족에게 영향을 미친 여러 동방 문명들, 나아가 슬라브 문명에 이르기까지 상이하고 다양한 문명들이 서로 영향을 미치고 혼합되었다.

여러 게르만 왕국들이 대이동 이전에 이미 기독교를 받아들였다. 제국과 지리적으로 가까웠던 왕국들의 경우 로마 문명의 영향을 지속적으로 받고 있었다. 특히 서고트족의 경우 발칸반도나 소아시아에서 잡아온 노예들을 통해 기독교가 전파되었다. 그 영향으로 울필라스 같은 종교지도자가 출현했다. 그는 어린 시절 고트족의 인질이 되었는데 콘스탄티노폴리스에서 아리우스파 기독교를 접했다. 주교가 된 후 그는 고트족의 개종을 목표로 성경을 번역했고, 많은 추종자를 거느리게 되었다. 물론 기독교화의 과정이 순탄치만은 않았다. 서고트에서도 기독교로의 개종은 내부의 강한 반발을 불러일으켜 옛 종교를 고수하는 자와 기독교를 수용한 자들 사이에 피비린내 나는 전쟁이 발생하기도 했다. 울필라스와 그 제자들이 게르만들에게 전파한 기독교는 로마인들 다수가 수용하고 있던 이른바 아타나시우스파 기독교가 아니었기에 추후 기독교계 내에서 심각한 갈등이 초래되는 원인이 되었다.

게르만족의 대이동과 6세기 초의 유럽

6세기 초 게르만 세력들의 서유럽 지역 분할이 대체로 마무리되면서 여러 왕국들이 모습을 드러냈다. 최종적으로 왕국의 건설에 성공한 게르만 부족으

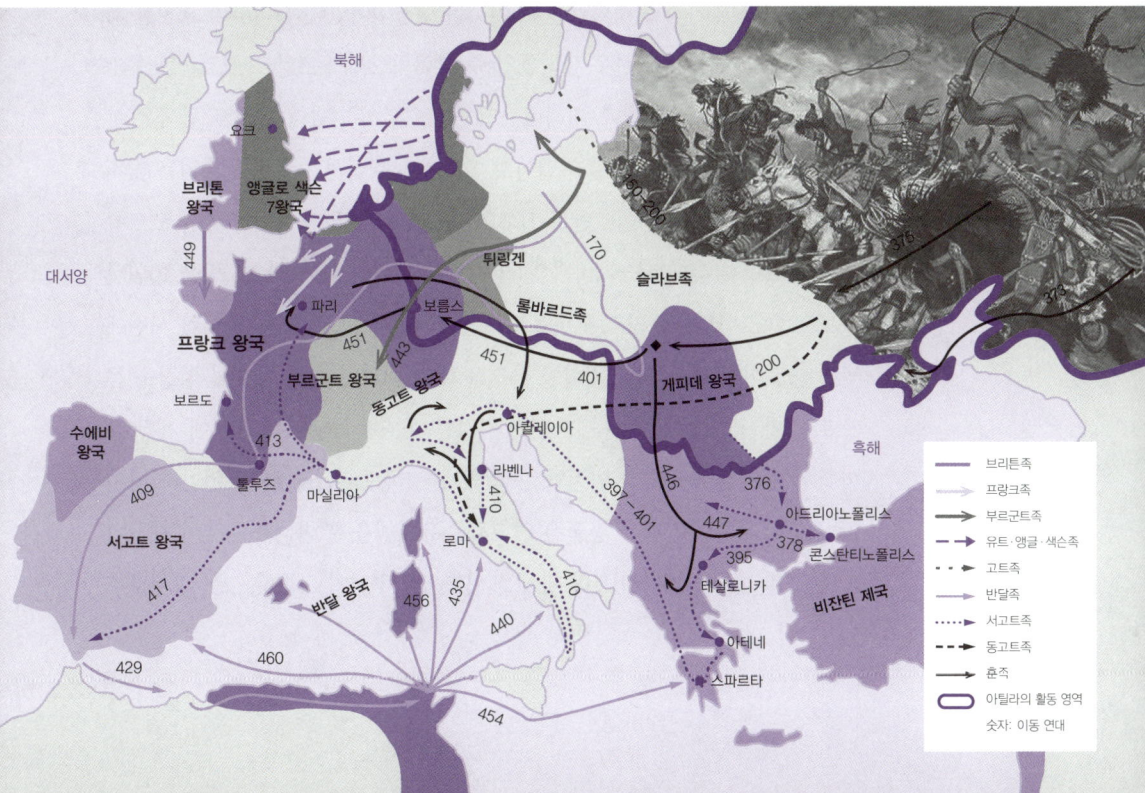

로는 앵글로색슨족, 부르군트족, 서고트족, 동고트족, 반달족, 프랑크족 정도를 들 수 있다. 게르만이 건설한 왕국들은 군사적 지배자인 게르만 전사들과 문화적으로 우월한 제국 내 거주민들이 타협해서 결성한 이질적인 공동체였다. 게르만들은 전체 인구 가운데 2-5퍼센트 정도에 불과할 정도로 한결같이 숫적인 열세에 놓여 있었다. 따라서 게르만 왕국에서는 피정복민이 압도적인 다수를 차지했을 뿐 아니라, 문화적으로도 월등했기에 그들을 억압하기보다는 협조 체제를 구축해 통치하려 했다. 로마의 행정 기구나 각종 제도가 유지되었을 뿐 아니라, 로마인 관리들로 하여금 그 운용을 담당하게 했다. 법에 있어서는 게르만들에게 이동 전부터 익숙한 그들의 관습법을 적용했고, 로마인들에게는 과거의 로마법을 단순화한 법을 편찬해서 적용하는 이른바 이중적인 속인주의가 시행되었다. 그러나 이와 같은 분리는 여러 가지 문제를 야기했다. 더군다나 게르만 왕국에서도 차츰 로마법이 합리적이고 우월하다는 인식이 뚜렷해지면서 그 영향력이 확대되었고, 로마인과 게르만인 사이의 상호관계를 규정할 법의 필요성이 부각되면서 속인주의가 약화되었다. 이처럼 게르만들은 정복한 지역의 문화와 언어를 수용했고, 토착민들과 융합하는 과정을 밟았다.

　　동고트 왕국과 프랑크 왕국은 게르만들이 옛 서로마 제국에 건설한 여러 왕국들 가운데 가장 안정되었을 뿐 아니라 성공적이었다. 갈리아의 요지를 차지했던 서고트 왕국의 경우 강력한 군주 알라릭 2세가 프랑크-부르군트 동맹군에게 패배하고 전사한 후 피레네산맥 이남으로 밀려났다. 동고트 왕국은 본래 로마 제국에서 상당히 멀리 떨어져 있었기에 직접적으로 접촉할 일은 많지 않았으나 제국 말기에 이르면서 접촉하는 빈도가 늘었다. 5세기 중엽 고트족의 왕이었던 발라메르는 제국과의 거래를 위해 그의 조카 테오도릭을 10년간 볼모로 콘스탄티노폴리스에 머물도록 했기 때문에 테오도릭은 어린 시절에 발달한 로마 문화를 접할 기회를 가졌을 뿐 아니라, 로마의 제도와 행정을 몸으로 익힐 수 있었다. 그런 테오도릭의 경험 때문에 동고트족은 후에 가장 로마화된 게르만 왕국으로 발전할 수 있었다. 고국으로 귀환한 후 얼마 지나지 않아 왕이 된 테오도릭은 왕국을 견고하게 유지했을 뿐 아니라, 동로마 제국과도 협조 관계를 이어가며 로마 황제를 위기에서 구하기도 했다. 그는 황제로부터 이탈리아 총사령관이라는 지위를 공식으로 부여받고 이탈리아로 건너가 오도아케르를 제거했으며, 라벤나를 거점으로 삼고 33년간 이탈리아를 비교적 성공적으로 통치했다. 하지만 523년 유스티니아누스 황제가 아리우스파를 권력에서 배제하는 칙령을 반포하자 테오도릭은 가톨릭에 대한 관용을 중단했다. 이처럼 동고트 왕국에서 종교문제는 언어나 문화 못지않게 로마인과 게르만인의 완전한 통합과 안정을 저해하는 결정적인 요인이었다.

약관 15세의 나이에 부친 칠데릭 1세를 이어 살리 프랑크족의 부족장이 된 클로비스는 탁월한 통솔력을 발휘해 프랑크족 대부분을 규합했으며 로마 세력과 서고트족을 제압하고 여러 세력으로 나뉘어 있던 북갈리아 지역을 마침내 하나의 왕국으로 통합했다. 클로비스는 전쟁에만 능했던 것이 아니다. 그는 로마가톨릭으로 개종하여 왕국의 발전에 결정적인 계기를 만들었다. 그가 개종한 이유에 대해서는 여러 추측이 있지만, 위기상황이었던 알레만족과의 전쟁에서 기독교의 절대자에게 의지해 승리를 쟁취한 것이 계기가 되었던 것으로 보인다. 그렇지만 그 후에도 아리우스파를 받아들인 서고트 왕국의 위협을 극복하는 과제가 남아 있었고, 갈리아 주교들과 접촉하며 로마가톨릭으로의 개종이 수반할 이득을 저울질했을 것으로 추정된다. 즉 그가 개종한 이유는 로마화한 갈리아 지역의 귀족 세력들을 끌어들이기 위한 방편이었던 것이다. 갈리아의 귀족들에게 종교는 정체성을 결정짓는 요소였기에 로마가톨릭의 수용으로 정복전쟁과 통치에서 구 지배 세력의 협조를 이끌어낼 수 있었다. 이어지는 정복전쟁을 통해서 프랑크 왕국은 6세기 초 프로방스를 제외한 갈리아 전역을 차지했다. 클로비스는 정복 과정에서 갈로-로만 지배계층과 지역 교회 조직의 협조를 얻을 수 있었다. 교회는 제국 말기에 이미 로마적인 조직 체제를 기반으로 구축되어 있었으며, 그것이 교회의 안정과 발전에 큰 힘을 제공했다. 이는 메로빙 왕조 초기에 통치자의 권력을 확립하는 데에도 기여했다.

프랑크 왕국은 로마가톨릭으로의 개종 외에도 다른 게르만 왕국들에 비해 발전에 유리한 요소들을 갖추고 있었다. 그들은 원래 거주지를 버리지 않고 서서히 팽창했기에 고유한 지역적·문화적 기반을 유지할 수 있었으며, 사전에 이동할 지역에 대한 정보를 얻을 수 있어서 비옥한 땅을 차지하기에도 용이했다. 또한 갈리아 지역이 지정학적으로 비잔티움이나 이슬람 세력으로부터 멀리 떨어져 있었기에 이웃한 게르만 왕국들에게 군사력을 집중하면서 왕국의 기반을 다져나갈 수 있었다. 결국 프랑크 왕국은 로마적 전통과 유산이 잔존하던 갈리아 지역을 차지했을 뿐 아니라, 기독교를 통해 게르만과 갈로-로만 지배 세력 사이의 통합을 촉진했다. 클로비스로부터 시작된 메로빙 왕조는 로마의 유산뿐 아니라, 게르만적 전통을 계승하면서 새로운 중세 문명이 형성되는 토대를 구축했다.

2 비잔티움 제국: 콘스탄티노폴리스 성립 이후

동로마 제국

서로마 제국이 몰락한 후 500년 이상 비잔티움 제국, 이슬람 세계, 라틴 기독교 세계라는 이질적인 세 문명이 옛 로마 제국의 영토를 나눠 지배했으며, 지중해는 세 문명이 상호 영향을 미치고 또 각축을 벌이는 공간이 되었다. 세 문명은 모두 로마 제국의 공동 상속자로서 정도 차이는 있으나 그 유산을 이어받았다. 그 가운데 제국의 새로운 수도가 위치한 지역의 명칭에서 유래한 '비잔티움 제국'은 로마 제국의 동부, 즉 동로마 제국이 그대로 이어진 정치체였다. 한동안 가장 높은 수준의 문명을 유지했던 이 제국은 이후 서유럽 지역에 등장한 라틴 제국과 구별 짓기 위해 차츰 후기 로마 제국, 그리스 제국 또는 비잔티움 제국 등의 명칭으로 불렸지만, 공식 명칭은 여전히 '로마 제국'이었다.

비잔티움 제국의 수도 콘스탄티노폴리스는 최초의 기독교 황제 콘스탄티누스가 자신의 이름을 따서 만든 도시로, 삼면이 바다로 둘러싸인 천혜의 항구이자 난공불락의 요새로서 육로만 방비하면 정복이 불가능한 입지를 갖추었다. 게다가 흑해와 지중해, 유럽과 아시아를 이어주기에 상업의 중심지로서도 더할 나위 없는 요지였다. 콘스탄티누스가 330년 이 도시를 제국의 수도로 삼은 이래로 콘스탄티노폴리스로 불렸지만, 고대부터 그 지역의 지명이었던 비잔티움이라는 이름도 함께 사용되었다. 게르만족은 제국의 동부에 향후

축복받은 성모 마리아에게 도시의 모형을 보여주고 있는 콘스탄티누스 황제(터키 이스탄불 하기아 소피아 성당의 서남쪽 출입구에 있는 모자이크)

지속적으로 존속할 왕국을 건설하지 않았기에 비잔티움 제국은 게르만의 습격이나 대이동의 후유증을 극복한 후 차츰 안정을 되찾았다. 그렇지만 서로마 제국의 마지막 황제 로물루스 아우구스툴루스가 오도아케르에 의해 폐위되었다는 소식을 듣고도 제논과 그 계승자들은 콘스탄티노폴리스를 방어하는 데 급급할 뿐 서로마 지역을 다시 차지하기 위해 아무런 행동도 취할 수 없었다. 이탈리아 북부에 동고트 왕국을 건설한 테오도릭에게 기약하기 어려운 선의를 기대할 뿐이었다.

황제 유스티니아누스

527년 유스티니아누스 황제가 제국의 통치를 맡게 되면서 비잔티움 제국의 재건을 위한 본격적인 조치가 이루어졌으며 과거의 영광을 되찾는 듯했다. 콘스탄티노폴리스는 옛 로마를 대신한 '새로운 로마'로서 당대 최대의 도시로 발전했다. 로마적인 관료제와 동부의 경제적 기반은 비잔티움 제국이 위기를 이겨내고 다시 일어설 수 있던 토대였다. 이 시기에 황제들은 구 제국에 대한 합법적인 통치권이 자신들에게 있다고 주장했으며, 옛 영광을 회복하기 위한 노력도 기울였다. 유스티니아누스 황제는 제위에 오른 지 얼마 지나지 않아 니케의 반란으로 위기를 맞았으나, 공동통치를 수행하던 여제 테오도라의 결단력과 조언에 힘입어 반황제파를 제압한 후 권력을 공고히 장악했다. 앞선 시기 제국의 통치자들과 달리 유스티니아누스는 제국의 재건을 위해서 지중해의 요충지를 장악할 필요가 있다고 판단하여 이미 중요한 지역들을 선점한 게르만 왕국들과의 전쟁을 기피하지 않았다. 결국 그는 반달 왕국과 동고트 왕국을 멸망시켰고, 서고트로부터 베티카도 쟁취하는 등 로마 제국의 절반 가까이를 회복했다. 하지만 무리한 팽창 정책과 오랜 전쟁은 오히려 제국의 기반을 약화시켰다. 그와 더불어 갑자기 찾아온 기근과 541년에서 543년 사이 이집트에서 시작되어 제국의 중심부로 확대된 흑사병은 막대한 인명손실을 초래했고, 콘스탄티노폴리스 인구의 약 40퍼센트를 사망에 이르게 했다. 그의 치세 말에는 아바르족과 사산조 페르시아가 제국을 위협하자 서부로의 팽창 정책을 포기할 수밖에 없었으며, 애써 획득한 제국 영토의 대부분을 상실했다.

유스티니아누스 황제가 후대에 남긴 가장 중요한 유산은 로마법이다. 그는 로마의 영광을 회복하고 국가행정을 원활히 하기 위해 로마법을 정비했다. 로마법이 오랜 기간에 걸쳐 발전하면서 일관된 체제를 상실했기 때문이다. 법치를 확립하기 위해 많은 법학자들을 동원해 『학설휘찬(*Digesta*)』을 비롯해 『법학제요(*Institutiones*)』, 『칙법집(*Codex*)』, 『신칙법(*Novellae*)』 등을 편찬했다. 후대에 『시민법대전(*Corpus Iuris Civilis*)』이라는 이름으로 묶어 간행된 이 라틴어 법전들은 제국이 그리스화하면서 당대에 큰 효용성을 갖지 못했지만, 그 법이 지닌 합리적 성격 때문에 12세기 이래로 서양법의 발전에 크게 기여했다.

동방의 적대 세력들이 제국을 위협하고 이슬람이 무서운 속도로 팽창하는 와중에도 비잔티움 제국이 정체성을 유지하며 발전할 수 있었던 기반은 로마의 국가제도, 그리스 문화, 기독교 신앙이었다. 비잔티움 제국은 콘스탄티누스 황제가 확립한 기독교 정책, 즉 교회에 자율성을 부여하기보다는 교회의 보호자를 자처한 황제가 교회를 통치의 대상으로 삼아 통제하는 이른바 황제교황제(*Caesaropapism*)를 추구했다. 유스티니아누스를 비롯한 강력한 군주들은 모두 기독교 군주로서의 자의식을 지녔으며, 콘스탄티노폴리스의 총대주교를 임명할 뿐 아니라, 교회 및 수도원에 대한 간섭을 포기하지 않았다. 그로 인해 황제권과 교권이 분리되어 발전한 서방과는 전혀 다른 전통이 형성되었다. 황제의 권위를 인정하는 차원을 넘어 숭배의 대상으로까지 높이는 문화는 동방적인 전제국가의 전통과도 맞닿아 있었다. 기독교가 절대적인 통치권력을 정당화시키는 기능을 수행한 셈이다.

로마 제도 및 전통 계승이라는 측면에는 관료제도가 자리 잡고 있다. 제국의 행정과 통치에는 관료 체제가 필요했으며, 교육을 통해 배출한 관료들을 경제와 종교 등 다양한 영역에 활용했다. 농업은 물론 대외경제가 발전함에 따라 제국은 상공업을 장려하고 교역에 필요한 제반 여건들, 즉 화폐, 세금제도, 법률, 상거래 질서와 치안 등을 정비했다. 이 시기 제국은 페르시아와 중국 등 동양과의 무역에 큰 비중을 두었으며, 각종 사치품을 수입하는 통로로 활용했다. 콘스탄티노폴리스의 많은 인구와 제국의 우월한 경제력은 세계 무역의 중심을 차지하고 있던 비잔티움 제국이 발전시켜 온 경제적 번영의 결과물이었다.

비잔틴 양식

전성기 비잔티움 제국의 영광을 가시적으로 드러내는 영역은 건축과 예술이다. 이미 유스티니아누스 황제는 니케의 반란 때에 불탄 성당 자리에 하기아 소피아 성당을 건축하여 비잔티움의 건축술과 미적 역량을 과시한 적이 있다. 이 성전은 그 후 하느님의 신성과 황제의 권위를 나타내는 상징으로 자리 잡았다. 9세기와 10세기 사이 꽃피운 전성기 비잔티움의 건축은 서유럽에는 로마네스크 양식의 색상이나 디자인에 반영되었고, 슬라브 지역이나 지중해 여러 지역에도 확산되었다. 심지어 이슬람의 모스크에서도 비잔티움의 영향을 볼 수 있다. 키예프를 비롯한 슬라브 문화의 대표적인 장소에는 전성기 비잔티움의 건축 양식을 모방한 건축물, 특히 성전들이 지금까지도 서 있다. 이는 비잔티움의 문화와 종교가 주변 문명에 커다란 영향을 미쳤음을 보여주는 상징들이다.

터키 이스탄불에 있는 하기아 소피아 성당

3 이슬람 제국의 성립과 팽창

6세기 후반에 아라비아반도에서 예언자 무함마드가 이슬람교라는 새로운 종교를 창시하면서 고대 지중해 세계의 주변부에 불과했던 지역이 이슬람 문명의 본거지로 급속히 부상했다. 새로운 제국은 곧 이웃한 비잔티움 제국을 위협할 정도로 성장했으며, 아프리카를 거쳐 711년에는 톨레도까지 점령하여 서고트 왕국을 붕괴시키고 이베리아반도를 차지했다. 무어인들은 정복한 지역의 앞선 문명들을 계승했고, 그로 인해 흥미로운 문명의 혼합이 이루어졌다. 이베리아반도의 경우 갈리아 남부 지역과 교류하던 반도 북부의 일부 기독교 공국들을 제외하고는 모두 이슬람 세력의 차지가 되었고, 두에로-에브로강 이남에는 아랍인과 베르베르 이주민, 토착 기독교인, 유대인 등이 공존하게 되었다. 반도의 지배자가 된 위마야드 가는 에미르 신분과 칼리프 지위를 차지한 채 코르도바를 중심으로 통치권을 행사했다.

이베리아반도에서 이슬람으로의 개종은 대략 850년에서 1000년 사이에 점진적으로 진행되었다. 그러나 농촌과 도시의 상황이 달랐고, 지역적으로도 큰 차이를 보였다. 도시와 달리 농촌에서는 이슬람의 영향이 생각보다 크지 않았고 여러 지역에서 기독교 공동체가 유지되고 있었던 것으로 추정된다. 그렇지만 아랍어는 물론 이슬람 문화의 영향이 차츰 깊이 뿌리내렸다. 이슬람의 문물과 지식은 9, 10세기를 거치며 이베리아반도에도 전해졌으며, 그 영향으로 쌀과 사탕수수 등의 작물도 유입되었다.

이슬람의 등장

아라비아는 아시아와 아프리카를 왕래하던 대상들에게 안전한 통행로를 제공해주었는데, 특히 홍해를 끼고 있으며 통상로의 길목에 위치한 메카는 교역의 중심지로 발전할 수 있었다. 한편 이 도시에는 하늘에서 내려온 '검은 돌'을 안치한 신전이 있어 순례지로서도 중요했다. 아라비아의 북부 지역을 장악한 비잔티움이 남쪽으로 영향력을 확대하려던 6세기 후반에 등장한 인물이 무함마드였다. 610년 상업 활동에 종사하던 무함마드가 40세에 신비한 체험을 하고 유일신 알라의 예언자가 됨으로써 이슬람이라는 새로운 종교가 탄생했다.

무함마드는 622년 야스리브(후에 도시명이 예언자의 도시라는 의미의 '메디나'로 변경되었다)로 이주해 종교적인 성공을 거두었는데, 이슬람교에서는 그 해를 원년으로 삼는다. 무함마드는 메디나의 통치자가 되었는데, 예언자이자 정치의 수장이라는 지위를 겸했다. 630년에는 무력으로 메카를 점령하고 그곳을 이슬람교의 성지로 발전시켰다. 632년 무함마드가 죽을 때까지도 이슬람교는 아라비아반도를 벗어나지 못했으나, 그로부터 불과 한 세기가 지나지 않아 중동, 아프리카, 이베리아반도에 이르기까지 거대한 지역이 이슬람의 영향권으로 급변했다.

이슬람이 급속히 확산된 배경에는 무슬림들의 종교적 동기와 군사적 역량이 작용했지만, 정복한 지역에서의 세금 정책 등 현지인에 대한 동화 정책이 오히려 더 중요한 역할을 했다. 아랍인들은 이슬람교를 강요하기보다는 종교에 있어서 관용적인 정책을 취하면서 이전 지배자들보다 더 낮은 세금을 거두었을 뿐 아니라, 공평하게 과세하려 노력했다. 더구나 개종하는 경우에 세금을 감면받았기 때문에 정복자들의 종교를 받아들이는 자들이 급속히 늘어났다.

이슬람이 팽창해가던 국면에 내부에서는 칼리파의 계승을 둘러싸고 쉬

천사 가브리엘로부터 첫 계시를 전해듣는 무함마드와 '검은 돌'을 안치하는 무함마드. 『집사(集史)』, 라시드 알 딘 하마다니. 에든버러 대학교 도서관

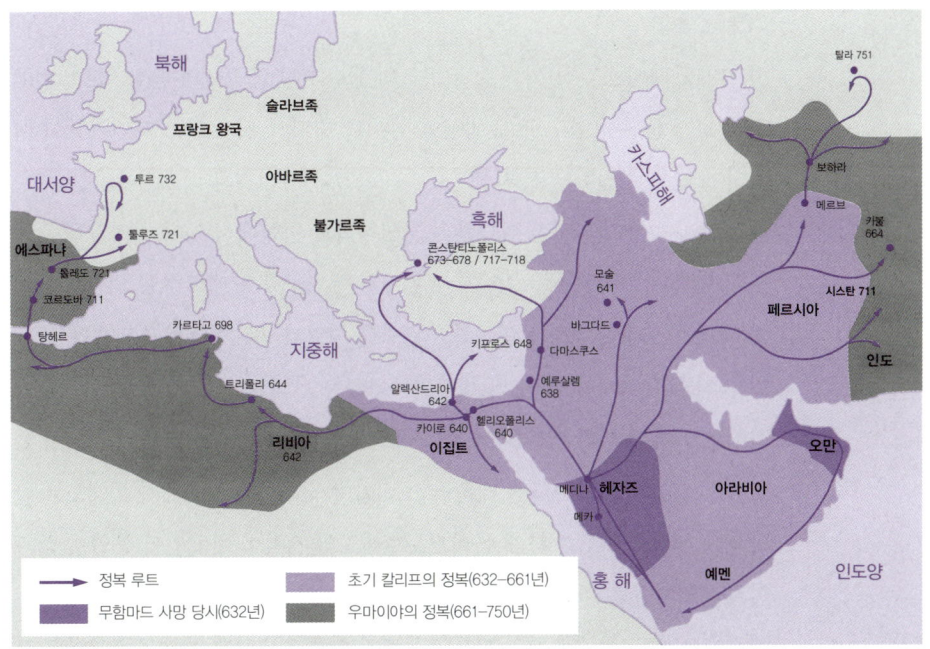

이슬람 세력의 팽창

아파와 순니파로 나뉘어 갈등이 벌어졌다. 다수파인 순니파는 칼리파가 꾸라이쉬 부족에서 선출되어야 한다고 주장한 반면, 쉬아파는 무함마드 가문에 계승권이 있다고 주장하며 대립했다. 이슬람 세력은 시리아에 근거한 우마이야 왕조와 새로운 거점 바그다드를 중심으로 한 압바스 왕조를 거치며 발전을 거듭했다. 거대한 제국을 이룬 압바스 왕조 시기에 에스파냐와 북아프리카 지역은 왕조의 종주권을 인정하되 실제적으로는 독립적 세력이 되었으며, 이집트와 터키에도 독립된 왕조가 형성되는 등 이슬람 세계가 분할·통치되었는데, 이것이 오히려 이슬람의 종교와 문화가 확산되는 데 긍정적으로 작용했다. 이슬람이 서쪽으로는 유럽과 아프리카, 동쪽으로는 인도와 중국까지 팽창하면서 경제와 교역에서의 활동범위도 그만큼 확대되었고 국제 교역도 증가했다.

이슬람 문화

바그다드, 다마스커스, 카이로, 코르도바 등은 이슬람 문명의 중심지로 발전했고 종교는 물론 상업도 크게 번성했다. 이들 대도시에는 고등교육기관들이 설립되어 학문이 집적되고, 지식인도 육성되었다. 그리스와 페르시아의 고대 문명을 수용하고 발전시킨 이슬람은 자연과학과 철학에서 뛰어난 역량을 보였다. 수학과 천문학 지식을 기반으로 천체관측 기구들을 개발하고, 의학과 생물학 지식을 토대로 질병을 연구하고 병원을 설립해 의료경험을 축적했다. 12세기를 전후로 이베리아반도와 이탈리아에서는 고대 그리스 저작뿐 아니라, 아랍어로 기록된 과학 및 의학 서적이 라틴어로 번역되었고 그것들이 서유럽 지역까지 전달되었다. 1077년 레온-카스티야 왕국의 알폰소 6세가 톨레도를 함락시켰는데, 톨레도를 통해 아리스토텔레스의 저작이 아랍인이 붙인 주석과 함께 번역되었고, 이탈리아의 살레르노에서는 아랍의 의학지식이 번역되어 전해졌다. 이슬람 문명과 서양 기독교 문명이 상호 긴밀하게 영향을 주고받던 그와 같은 중심지들에서 번역 활동이 활발하게 전개됨으로써 12세기에는 이슬람 문명이 보전하고 발전시켰던 철학 및 과학이 서유럽에 전달되어 새로운 문화적 발전을 자극했는데, 이를 후대에 '12세기 르네상스'라고 부르게 되었다.

4 카롤링 제국의 발전과 봉건제(950년까지)

카롤링 왕조의 등장

갈리아 전역을 지배하게 된 프랑크 왕국의 메로빙 왕조는 왕가 내부의 분열이 심화되면서 귀족들을 견제할 만한 역량을 차츰 상실했다. 왕국이 성격이 다른 세 부분으로 나뉘어 세습 및 분열을 거듭하면서 왕조 내부의 다툼뿐 아니라, 왕족과 귀족 사이의 갈등도 발생했으며, 특히 왕국의 동부와 서부를 칭하던 아우스트라지아와 노이스트리아 귀족 가문들 사이의 대립도 빈번했다. 7세기 중엽에 이르면서 왕들은 지위에 걸맞은 실권을 차지하지 못했고 궁재라 불린 귀족의 대표들이 실질적으로 왕권을 행사했다. 특히 아우스트라지아의 궁재를 역임해오던 카롤루스 가문은 강력한 무장세력을 기반으로 프랑크 왕국의 지배 세력을 자임했다. 그 가문의 계승자 중에 '망치'라는 별명을 지닌 카롤루스(Carolus Martellus)는 작센, 프리슬란트, 알레만 지역 등에서 전개된 전투를 승리로 이끌었을 뿐 아니라, 732년에는 피레네산맥을 넘어 프랑스 남부 지역을 공략하려던 이슬람 세력을 제압함으로써 왕국 전체에 명성을 드높였다. 그의 뒤를 이은 궁재 피피누스는 유명무실한 국왕 칠데릭 3세를 수도원에 가두고 교황의 권위에 힘입어 국왕의 지위를 가로챔으로써 751년 카롤루스 가(家)로의 왕조교체를 성취했다.

유난히 키가 작아 '단신(短身)'이라는 별명을 지니고 있던 피피누스(Pippinus Brevis)는 심각한 위기 상황에 처한 교황을 구원할 수 있는 유일한 세력이었다. 교황 자카리우스는 피피누스에게 랑고바르드족으로부터 위협받는 로마를 군사적으로 원조해 달라고 요청했고, 피피누스는 그 기회를 이용해 쿠데타에 대한 동의를 타진한 후 결국 원하는 왕권을 얻어낼 수 있었다. 피피누스는 프랑크족의 유력자들에 의해 왕으로 선출되는 절차를 밟았지만, 교황의 동의를 거쳤을 뿐 아니라 교황 사절 보니파키우스가 직접 왕에 대한 도유식을 거행하도록 했다. 이로써 왕권의 정당성을 보장받기 위해서 교황의 축성을 받는 새로운 전통이 형성되었다. 이제 프랑크 왕은 교회를 보호하는 후견자 역할을 맡게 되었고, 교황은 세속 권력에게 신적인 권위를 부여하는 신성한 존재로 확고한 기반을 마련하게 되었다. 이후 피피누스는 756년 이탈리아 원정에서 탈취한 중북부 이탈리아의 영토 가운데 일부를 성인 베드로의 무덤 앞에 바침으로써 교황령이 탄생하는 토대를 마련해주었다.

피피누스의 아들이자 후계자 카롤루스(Carolus Magnus)는 정복전쟁을 통해 프랑크 왕국의 영토를 더욱 확장시켰다. 오랜 시간을 공들여 왕국의 동쪽에 위치한 작센을 정복하고 남동부의 바이에른을 종속시켰을 뿐 아니라, 이탈리아로 진출해 랑고바르드 왕국을 정벌한 후 '프랑크인과 랑고바르드인의 왕'이 되었다. 에스파냐 지역으로도 원정하여 이슬람 세력이 피레네산맥을 넘어오지 못하도록 단속했다. 결국 카롤루스에 의해 프랑크 왕국은 잉글랜드를 제외한 기독교 세계 대부분을 하나의 정치적 단위 속에 통합시켜 알쿠이누스의 표현대로 '기독교 제국(imperium Christianum)'을 건설했다.

카롤루스가 이처럼 전쟁에서 승승장구할 수 있었던 비결은 2,000-3,000명에 이르는 뛰어난 기병을 동원할 수 있었기 때문인데, 동원 체제의 확립에는 그의 할아버지 '망치' 카롤루스가 도입한 주종제가 크게 기여했다. 카롤루스가 연이은 정복전쟁의 승리와 군사력을 과시하고 있을 때에 교황 레오 3세는 로마시에서의 미약한 기반 때문에 위기에 처해 있었다. 교황은 파스칼리스의 사주를 받은 자객이 자신의 목숨까지 노리는 상황을 겪은 후 카롤루스에게 직접 찾아가 도움을 요청했다. 카롤루스는 교회를 보호하고 로마의 질서를 바로잡기 위해 로마를 방문했으며, 엄정한 재판을 통해 교황의 결백을 인정하고 상대 세력에게 징계를 내림으로써 질서를 바로잡았다. 며칠 후 교황은 800년 성탄절에 성 베드로 대성당에서 거행된 미사에 참여한 카롤루스에게 황제의 관을 수여함으로써 서유럽 지역에 새로운 황제를 출현시켰다. 카롤루스가 사전에 그 대관식을 인지하고 있었는지 다소 논란이 있지만, 주목할 부분은 그 대관식을 주도한 것이 로마 교황이었으며, 로마인들의 전폭적인 환호 속에 그의식이 거행되었다는 사실이다. 교황은 명목상 이탈리아에 대한 소유권을 주장하며 사사건건 간섭하려 드는 비잔티움과 같은 제국이 아니라, 카롤루스와 같이 필요할 때면 언제든지 교회를 보호하는 데 동원할 수 있는 군사력을 필요로 했으며, 그를 통해 이탈리아와 교황권이 안정적으로 회복하기를 원했다. 그뿐 아니라, 교황은 대관식을 통해 하느님을 대신해 황제를 선택하고 그에게 신성한 권위를 부여하는 지위를 지니고 있음을 만천하에 드러내고자 했다.

제관의 소유권을 독점했다고 믿었던 비잔티움 제국은 카롤루스의 황제 대관을 제관의 찬탈로 간주했을 뿐 아니라, 혹시라도 그가 정복전쟁을 일으킬 것을 우려해 경계했다. 비잔티움은 군사적 충돌과 장기간의 협상을 거치고 나서야 비로소 812년에 카롤루스의 황제위를 인정했으며, 카롤루스 제국은 그 대가로 베네치아와 달마치아를 양보하고, '로마인의 황제'라는 칭호를 사용하지 않겠다고 약속했다.

제국의 통치

카롤루스는 서유럽 지역 대부분을 아우르는 거대한 제국을 형성하기까지 탁월한 능력을 발휘했다. 그러나 제국을 구성하는 다양하고 이질적인 사람들과 상이한 문명에 통일성을 부여하고 융합하는 과제를 완수하기에는 많은 난관이 있었다. 그와 같은 역할을 수행하는 데 가장 유용한 기반은 종교, 즉 기독교였다. 기독교 군주를 표방한 카롤루스는 정복한 지역마다 수도원을 건설했을 뿐 아니라, 제국의 중심부인 아헨에 궁전을 건설해 통치중심지로 삼았다. 또 제국 여러 곳에 임시 궁전도 건설하여 이동하며 통치하기 위한 거점을 마련했다.

아헨에 건설한 궁전, 특히 예배당은 제국의 권위를 드높이기 위해 로마와 라벤나의 당대 건축물을 모방했으며 건축 재료들도 이탈리아에서 힘들게 수송해왔다. 이 궁전의 권위는 카롤링가의 군주들뿐 아니라, 이후 신성 로마 제국의 국왕들이 이곳에서 대관식을 치렀던 사실만으로도 짐작할 수 있다. 궁전 예배당은 제국의 가장 중요한 성물들을 보존하고 있었으며, 제국의 상서 업무도 관장했다. 성직자들만이 종교적 기능과 더불어 문서 업무를 관장할 수 있었기에 국왕 주변의 고위성직자들은 그와 같은 역할을 담당하면서 왕국 및 국왕의 정책과 활동에 깊이 개입하고 자문할 수 있었다.

6세기에서 8세기 사이에 고전 문명에 대한 기억은 희미해졌지만 보에티우스(Boetius), 이시도루스(Isidorus de Sevilla), 베다(Beda Venerabilis) 등 고대의 지식과 문화를 중세에 전달해준 지식인들이 개별적으로 활동하고 있었다. 그 가운데 특히 '카롤링 르네상스'라고 불리는 현상은 주목할 만한데 카롤루스 황제가 아헨의 궁전에 당대의 대표적인 학자들을 불러 모아 통치에 도움이 될 문화적·종교적 혁신을 추구했기 때문이다. 카롤루스는 문화적인 활동에 관심이 많았는데, 780-781년 이탈리아 원정을 전후로 당대 최고의 지식인들과 접촉할 기회를 갖게 되었으며, 그들을 자신의 궁정으로 데리고 와 궁전학교에서 활동할 수 있도록 했다. 성직자의 교육 수준을 향상시키고 기독교의 선교를 위해 고대의 교육 전통과 문헌을 재발굴하고 축적하는 것이 시급하다고 판단한 듯하다. 요크 출신의 알쿠이누스가 중심이 된 궁전의 지식인들은 정확하고 통일성 있는 텍스트를 복구하려 노력했고 그 과정에서 '카롤링 소문자체'라는 표준적인 글자체를 고안했다. 라틴어 문법도 정비되어 중세 라틴어가 확립되었다. 실용적 측면이 중시되었지만 7자유학은 종교 활동과 학문의 기초를 이루었다. 전반적으로 이러한 활동들은 제도 교회의 발전과 성직자 양성이라는 좁은 의미의 목표에 초점이 놓여졌지만 결국 카롤루스 제국의 문화적 혁신에 기여하는 결과를 가져왔다. 궁전학교는 후에 성당 및 수도원 학교의 모델이 되었

독일 김나지움
교과서에 실린
아헨 궁전과
궁전예배당 모형도

다. 카롤링 시대 수도원에서 본격화된 필사작업과 서적 제작으로 인해 상당수 고대 저작들은 소실되지 않고 대체로 9세기 필사본의 형태로 오늘까지 전해진다. 이와 같은 문화적 업적은 비잔티움에 비해 천박했던 카롤루스 궁전의 권위와 위엄을 높이는 데 기여했다. 그럼에도 불구하고 카롤루스 시대에 이루어진 문화적 혁신이 르네상스라는 용어를 사용할 만큼 집약적이고 일관된 문화현상이었는지, 그리고 카롤루스가 이와 같은 흐름을 주도했다고 평가할 수 있는지는 여전히 논란이 되고 있다.

각 지역에는 토착귀족들이 영향력을 행사하고 있었기 때문에 카롤루스는 그들에게 백작의 지위를 하사하고 지방관으로 임명했다. 이는 봉의 하사를 통해 봉건적인 주종관계를 국가의 통치조직으로 확산시키는 과정이었는데, 당시에 약 500개 정도의 백작령이 존재했던 것으로 추정된다. 국왕으로부터 위임된 권력을 기반으로 지방을 통치하던 백작들은 재판권과 군대통솔권을 지녔으며, 백작령 내에 있던 국왕의 재산을 감시하는 역할도 맡았다. 그들과 더불어 주교들과 대수도원장들도 주군이자 통치자로서의 역할을 담당했다. 카롤루스는 지방의 세력을 감찰하기 위해 성과 속의 관리를 한 쌍으로 묶어 관찰사를 파견하는 구상도 갖고 있었으나 실질적으로 관철하지는 못했다. 일관된 통치 기반을 확립하기 위해 작센, 튀링엔, 프리슬란트 등 정복한 지역에 대해 관습법을 성문화한 법전을 편찬했고, 제국 전체에 통용되는 법령(capitulare)도 반포했다. 그렇지만 제국의 통치를 위한 체제를 구현하기에는 적지 않은 한계가 있었다. 시간이 경과되면서 카롤루스 제국의 봉건화 경향은 진전된 반면, 후계자 루도비쿠스가 제국을 안정적으로 장악하지 못해 분열이 불가피해졌다.

카롤링 제국의 분열

카롤루스 황제가 이룩한 광대한 제국은 그가 사망하자 곧 해체될 위기에 직면했다. 제국에 지속성과 안정성을 제공할 기반이 결여되었기 때문이다. 카롤링 시대에 경제는 상당히 호전되었으나, 그 이득이 왕실의 재정으로 흘러들어가지는 않았다. 교회 조직이 왕권에 협조적이었지만 왕권이 지탱할 토대로 삼기에는 미약했으며 지역 세력을 제압하려면 더 강력한 무력이 필요했다. 더구나 카롤루스를 이은 계승자들은 전임자만큼 강력한 권력을 행사할 역량을 지니지 못해 제국을 유지하기 어려웠으며, 나아가 제국을 하나로 유지해야 할 뚜렷한 이유도 찾지 못했다. 카롤루스 황제는 본래 아들이 세 명 있었으나 제국을 물려줄 때에는 막내 루도비쿠스(Hludovicus) 한 명만이 남아 그에게 제국 전체를 물려줄 수 있었다. 그러나 이 후계자는 아버지만큼 카리스마가 있는 인물은 아니었기 때문에 교회, 귀족들, 심지어는 자신의 아들들의 커져가는 영향력을 통제하지 못해 제국은 결국 분열의 길로 들어서게 되었다.

루도비쿠스가 살아 있을 때부터 끈질기게 상속을 요구하던 아들들은 그가 죽자 마침내 제국을 분할받았다. 큰 아들 로타르는 황제권과 함께 알짜에 속하는 제국의 중부를 상속받았고, 아키텐을 다스리던 둘째 피피누스는 아버지보다 먼저 사망했으며, 셋째 독일왕 루드비히와 넷째 대머리왕 샤를은 나머지를 나누어받았다. 상속영토에 만족하지 못한 두 동생은 연합해 로타르와 전쟁을 치렀고, 843년에 베르됭 조약을 통해 비로소 왕국의 경계선을 확정했다. 국경선이 당시의 언어 경계에 따른 것이 아니라, 주로 지리적 경계를 토대로 구분되었으나 차츰 항구적인 성격을 지니게 되면서 언어적 분리도 심화되었다. 855년 중프랑크 왕국의 로타르가 사망하자 세 아들들에게 그 영토가 상속되었는데 국력이 약화된 틈을 타서 공격해온 동서 프랑크의 지배자들에게 북부의 영토를 빼앗기고 말았다. 결국 870년 메르센 조약으로 로타링기아, 즉 로타르의 땅은 두 동생들의 차지가 되었으며, 로타르의 세 아들이 상속한 중프랑크는 곧 이탈리아로 축소되었다. 카롤링가의 권위는 잠식되었고 지방 귀족들도 자신의 세력을 확장하려 했기에 그마저도 유지할 수 없었다.

서프랑크의 카롤링가도 무력하기는 마찬가지였다. 바이킹의 공격이 거세졌지만 속수무책으로 당하기 일쑤였고, 지방의 유력자들에 대해서도 맞설 힘이 없었다. 각 지역은 여러 맹주들에 의해 분할되었고, 정치적·문화적 다양성이 심화되었다. 그로 인해 카롤링가가 아닌 로베르가의 위그 카페가 987년 왕조를 창건했으나 서프랑크 내에서조차 그리 주목받지 못했다. 그에 비하면 중세 초 비교적 일찍 안정된 왕권을 확립한 곳은 동프랑크였다. 919년 작센의 공

프랑크 제국의 분열-메르센 조약 (870), 독일 김나지움 교과서

작 하인리히는 새로운 왕가를 개창한 후 영토와 세력을 확장했으며, 그의 둘째 아들 오토는 비교적 안정된 상황에서 왕위를 계승했다. 특히 오토는 카롤링가의 전통을 계승한다는 차원에서 대관식을 아헨에서 거행했으며, 중서부 유럽을 오랫동안 약탈하던 마자르족을 결정적으로 격퇴함으로써 유럽 전역에서 명성을 높였다. 결국 오토가 962년 교황 요하네스 12세로부터 황제의 대관을 받게 된 이유는 당시에 이탈리아, 나아가 유럽 기독교 세계를 구원할 세속적 힘이 동프랑크, 즉 독일왕에게 있다고 인정되었기 때문이었다.

봉건제도

게르만의 대이동으로부터 이슬람, 바이킹, 마자르족이 유럽을 위협하던 10세기에 이르기까지 유럽은 외세의 침략으로 혼란과 무질서가 지속되었다. 무엇보다 생존이 절박한 상황에서 서서히 봉건제라는 새로운 정치적·군사적 체제가 자생적으로 형성되었다. 이 체제에서는 무력을 장악한 주군이 토지는 물론 사회 전반을 지배했으며, 그에게 군사적 봉사를 제공하는 가신 혹은 봉신에게 봉사의 대가로 봉토를 제공했다. 로마의 은대제 제도와 게르만 및 갈로-로마 지역의 종사제에 기원을 둔 이 제도는 8세기에 망치 카롤루스가 군대, 특히 많은 비용이 소요되는 기병을 대대적으로 동원하려 했던 시기에 새로운 방식으로 결합했다. 카롤루스는 기병을 동원하는 전사들에게 충성서약을 하게 했고, 보상이 될 정도의 충분한 토지를 왕령지와 교회 소유의 토지에서 제공했다. 전사들은 군사적 봉사를 제공하는 동안에만 수여받은 토지를 통해 이득을 창출할 수 있었다. 즉 봉토는 소유권까지 넘겨받은 것이 아니라, 용익권만을 제공하는 방식으로 주어졌다. 상호간에 군사적 의무 관계에 토대를 두었던 그와 같은 주종적 협력 체제가 카롤루스 가문이 제국의 지배자가 되면서 국가의 공적인 통치 체제로 확립되었다.

전사, 즉 귀족들은 더 많은 토지를 소유하는 데 관심이 있었으며, 통치자는 봉토를 매개로 왕국을 방어하는 데 필요한 동원 체제를 확립해야 했다. 귀

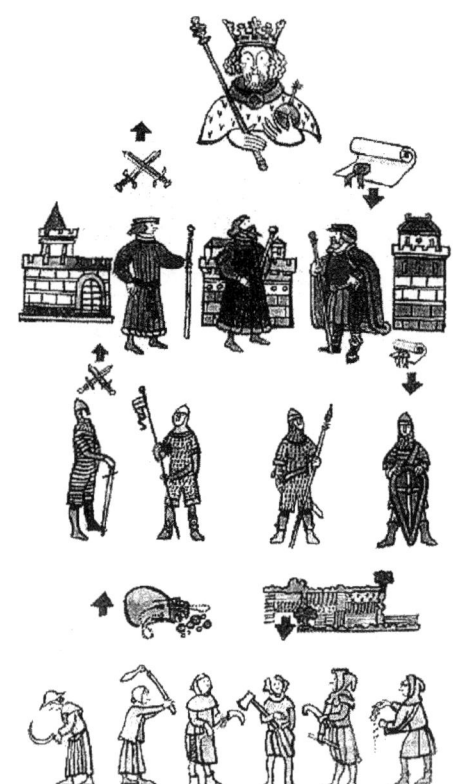

봉토의 수수와
계서화된 사회구조

족들은 봉토에 대해 불입권(不入權, immunitas)이라고 불리던 징세와 재판 등에 대한 배타적 지배권을 보장받았으며, 보유 토지에 예속된 농민들에 대해서는 영주로서의 권한을 행사했다. 이처럼 봉건제의 본질인 복종과 보호의 관계는 봉건사회를 구성하고 있는 국왕으로부터 그 구조의 최하층에 위치한 종속된 농민까지 모두를 포괄하며, 삶의 모든 영역을 포함했다. 봉건제가 정착하기까지는 적지 않은 시간이 소요되었지만, 봉신들은 가문의 경제적·사회적 기반을 안정화시키기 위해 봉의 세습을 요구해 결국 관철했다. 반면 주군들은 봉신들이 여러 주군들과 복수로 봉건계약을 체결해 그 주군들 사이의 갈등이 벌어지는 경우 의무를 이행하지 않거나 제한적인 의무만을 수행해 불이익을 초래하는 것을 막고자 우선적인 봉사를 강요하는 최상신서(最上臣誓)를 도입하고자 했다. 11세기 이래 프랑스 왕들은 그와 같은 요구를 관철할 수 있었다. 봉건제도는 필요에 의해 자생적으로 출현했기 때문에 지역마다 상이한 모습들을 지니고 있었고, 주군이나 봉신의 봉건적 의무나 권리도 상이했다. 그렇지만 카롤링 가문이 쇠약해지고 이어지는 왕가들이 강력한 권력을 행사하지 못하는 사이 지방에 자리 잡은 봉건세력들이 강화되는 경향을 띠었다.

6

중세
서유럽 세계의
발전

남종국

1 농업 경제의 발전

이민족의 침입과 그에 따른 혼란이 종식된 10세기 무렵 서유럽 봉건사회는 안정을 찾아갔고 그와 동시에 농업 위주의 자급자족적인 장원 경제 내부에서도 생산성이 향상되기 시작했다. 온난한 기후 및 농기계와 농업 기술의 발전은 농업 생산량을 증가시켰다. 쟁기의 개량, 마력의 이용, 3포제의 도입 같은 농업 기술의 발전 덕분에 농업 생산량이 늘어날 수 있었던 것이다. 10세기에서 11세기 사이 이루어졌던 이 혁신들은 '농업혁명'이라 불릴 정도로 서유럽 사회에 커다란 변화를 가져왔다.

서유럽 문명의 중심 무대가 지중해에서 북대서양 연안 지역으로 옮겨가면서 농업 환경은 오히려 나아졌다. 남부 잉글랜드에서 우랄산맥에 이르는 북유럽 대부분은 매우 비옥한 충적토였다. 그렇지만 북유럽 토양에 맞는 농기구와 농업기술이 개발되어야만 했다. 지중해 연안의 부드러운 토양에나 적합한 가벼운 쟁기는 무겁고 습한 북유럽 토양에는 맞지 않았다. 이 문제를 해결한 것이 바로 무거운 쟁기였다. 무거운 쟁기는 경작이 불가능했던 땅을 경작할 수 있게 했을 뿐만 아니라 노동력까지 절감해주었다.

또 다른 농업 혁신은 3포제의 도입이었다. 10세기와 11세기에 걸쳐 북유럽에서는 점차 더 많은 촌락이 3포제를 도입했다. 3포제란 경작지의 3분의 1은 휴경지로, 3분의 1은 가을에 파종해서 다음 해 여름에 수확하는 추경지로, 나머지 3분의 1은 봄에 파종해서 가을에 수확하는 춘경지로 활용하는 농법이었다. 이러한 3포제는 남부 유럽의 기후조건에는 적합하지 않았다. 지중해 지역은 여름이 고온 건조해서 여름에 성장하는 곡식을 재배하기가 어려웠기 때문이다. 2포제에서 3포제로의 전환은 간단한 변화였지만 그것이 가져온 결과는 컸다. 우선 2포제에서는 매년 경작지의 반을 휴경해야 했지만 3포제에서는 경

중세 농업 기술의 발전

1100년경에 설립된 시토 교단은 교회의 타락과 부패를 바로 잡고 베네딕트 계율을 가능한 한 순수하고 엄격하게 준수하고자 했다. 12세기 중엽 클레르보의 성 베르나르의 지도 아래 크게 교세를 확장해, 1115년 다섯 곳에 불과했던 교단의 수도원 수가 베르나르가 사망할 당시 343곳 이상으로 늘어났다.

작지의 3분의 1만 휴경해도 되었다. 봄에 심은 콩류는 곡류와 탄수화물 위주의 식단에 단백질을 제공해주었으며, 가을에 파종하는 밀이나 호밀처럼 지력을 크게 고갈시키지도 않았다.

   농업 생산이 늘어나자 인구도 늘어났고 인구 증가는 다시 새로운 농지 개발을 촉진시켰다. 11세기 동안 유럽 각지에서 숲과 황무지 개간 운동이 일어났다. 국왕, 봉건 제후들과 영주들은 황무지와 숲을 개간해 경작지로 만들었다. 특히 11세기 말 세워진 시토 교단은 유럽 전역에서 황무지 개간 사업을 전개했다. 시토 교단은 장원을 비롯한 농경지 기증을 거부하고 직접 황무지를 개간해 이를 교단의 수입원으로 삼았다. 시토 교단의 개간 사업 덕분에 요크셔 지방의 황무지가 광대한 목양지로 변해 영국이 양모 생산의 중심지가 될 수 있었다.

2 상업의 부활과 도시의 발전

상업의 부활

10세기 이후 사회 안정, 인구 증가와 그에 따른 경작지 확대는 농업 생산성을 증가시켰고, 농업 생산성 증가로 발생한 잉여 생산물은 소규모 지역 시장에 새로운 활기를 불어넣었다.

경제적 성장의 기지개를 켠 서유럽을 상업적으로 자극한 것은 국제적인 상업, 즉 원거리 무역의 부활이었다. 원거리 무역은 10세기부터 활성화되었고 그 중심지는 남부의 지중해 그리고 북부의 발트해와 북해였다. 북부 이탈리아의 베네치아, 제노바, 피사, 그리고 남부 이탈리아의 아말피와 같은 항구도시들은 일찍부터 지중해를 통해 이슬람 세계 및 비잔티움 제국과 상업 교역을 하고 있었다. 이탈리아 상인들은 아시아로부터 수입된 후추와 생강을 비롯한 향신료, 비단 등 사치품을 동지중해로부터 들여와 서유럽 시장에 판매하는 중개무역에서 큰 이익을 얻었다.

북방 무역의 중심지는 플랑드르 지방이었다. 이 지역은 오래전부터 모직물 생산지로 유명했다. 영국산 양모를 가공해서 만든 플랑드르 모직물은 유럽 각지로 팔려나갔으며 중세 후반으로 가면 동방으로 가는 제일의 수출품이 되었다. 플랑드르 지방의 경제적 활기는 인접 지역을 자극했고 12세기에는 북부 독일 연안의 도시로 번져나갔다. 뤼베크, 함부르크, 브레멘 등 북부 독일 연안의 도시들은 한자 동맹을 결성해서 노브고로트, 스칸디나비아반도, 런던 등을 오가면서 활발하게 교역했다. 그들은 생선, 목재, 곡물, 모피, 금속, 호박 등을 서유럽 시장에 공급하고 모직물, 포도주, 향신료 등을 구입해 돌아갔다.

북부 이탈리아를 중심으로 한 지중해 무역과 플랑드르 중심의 북방 무역을 연결시켜 준 것은 지중해와 북유럽으로 통하는 자연적인 교통로의 중앙 지

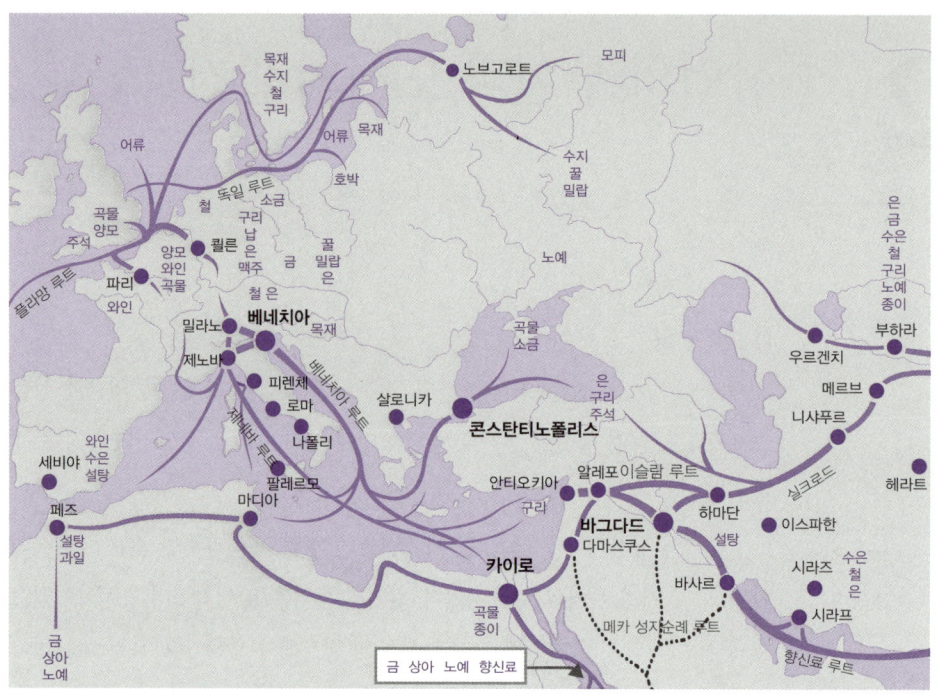

13세기 유럽
국제무역

점에 위치한 샹파뉴 정기시였다. 샹파뉴 백작은 유럽 전역에서 오는 상인들에게 안전한 통행과 상거래에 필요한 편의 시설들을 제공했다. 플랑드르 상인은 모직물을, 먼 북방의 상인들은 가죽, 꿀, 목재 등을, 영국 상인들은 주석을 가져왔으며, 이탈리아 상인들은 향신료, 비단, 설탕을 들여와 북방 상인들과 서로 교환했다. 12-13세기 동안 샹파뉴는 서유럽에서 가장 중요한 시장으로 군림했다. 그러나 13세기 후반 지중해와 대서양을 연결하는 해로가 개통되면서 샹파뉴 시장은 이전의 명성을 상실하게 되었다.

도시의 발전

상업이 활성화되면서 기존 도시들은 활력을 되찾았고 새로운 도시들도 생겨났다. 이와 동시에 성직자, 귀족과 농노로 구성된 중세 신분 사회에 새로운 상인 계층이 형성되기 시작했고 도시는 이들의 활동 근거지로서 기능했다. 그런 점에서 중세 도시는 이전의 고대 도시와는 차이가 있었다. 일반적으로 고대 도시는 정치와 행정의 중심지였다면 중세 도시는 상업과 수공업 중심지였다.

게르만의 침입 이후로 상인과 수공업이 경제의 중심 역할을 하는 도시는 거의 사라졌다. 그러나 옛 로마 시대의 도시(civitas)는 주교나 백작의 소재지이자 중요한 수도원의 소재지로 존속했다. 일부 중세 도시는 이러한 옛 중심지에 상인과 수공업자들이 자리 잡으면서 형성되었다. 또는 상인 집단이 중요한 교역로에 위치한 성이나 수도원 주변(burgus)에 정착하면서 새로운 도시가 생겨나기도 했다.

처음에는 성직자 봉건 영주들과 속인 봉건 영주들이 도시를 지배했다. 그들은 수공업자와 상인들을 자신의 도시로 끌어들이기 위해 특허장을 부여했다. 이러한 특허장에 따르면 농노도 그곳에 일정 기간 거주하면 자유민이 될 수 있었고, 도시민들이 영주에게 집이나 상점에 대한 지대를 현물로 지불할 수 있었으며, 도시민의 재산은 영주의 자의적인 압수나 점유로부터 보호받았다. 위의 세 가지 특권은 대다수 도시의 특허장에 나타나 있지만 그 외의 특권에 관해서는 도시별로 차이가 컸다. 많은 봉건 영주들은 상업상의 분쟁을 신속하게 해결하기 위해 도시민에게 송사에 대한 사법권(하급 사법권)과 도시민의 조합 구성권을 부여하기도 했다.

상인들은 자신들의 권익을 보호하기 위해 조합(guild)을 결성했다. 상인조합은 11세기경에 나타나기 시작했고, 12세기 수공업자들이 조합을 결성했다. 상인조합은 공동의 이익과 안전을 도모하기 위한 조직으로서 상품 손실 시 이를 지원하고 회원 사망 시 장례를 치르고 미망인과 자식들을 도와주며 회원들의 자녀 교육을 위해 학교를 운영하기도 했으며 종교적 축제를 후원했다. 상인조합의 제일의 목적은 도시에서의 사업 독점권을 확보하는 것이었다. 회원이 아니면 도시에서 물건을 소매할 수 없었다. 또한 상인조합은 중세 도시의 자치권 획득에 앞장섰고, 이후에는 도시귀족으로서 도시의 행정권을 독점하게 되었다.

수공업조합은 동일 업종마다 조직되었기 때문에 동업조합으로도 불렸다. 수공업조합의 일차 목적은 동일 업종에 종사하는 수공업자를 다른 도시의 수공업자와의 경쟁에서 보호하고 동업자 간의 경쟁을 배제하는 것이었다. 이를 위해 생산에서 판매에 이르는 모든 과정을 엄격히 통제했다. 노동 시간, 품질, 제조방법, 가격 등을 통제하고 회원 간의 경쟁을 금지하며 생산량을 조절하고 일정한 범위 내의 주변 농촌에서 동일 제품 생산을 금했다. 이러한 규제는 경쟁을 배제해 기술 혁신을 저해하는 결과를 낳기도 했다. 위계질서 또한 엄격했다. 수공업조합의 회원이 될 수 있는 사람은 독립된 가게를 보유한 장인(master)이었다. 장인은 직인(journey-man)과 도제(apprentice)를 고용해 제품을 만들었고 직인은 조합이 정한 작품을 만들어 심사에 통과하면 장인이 되어 조합에 가입할 수 있었다.

시간이 지나면서 수공업조합도 시정에 자신들의 목소리를 내고 대표를 선출할 수 있게 되었다. 역설적이게도 이러한 정치적 양보를 얻어낸 수공업조합은 회원 자격을 더욱 엄격하게 제한함으로써 가난한 직인이나 도제들이 회원으로 가입하는 것을 더욱 어렵게 만들었다. 중세 말로 갈수록 장인이 되는 길은 더욱 폐쇄되었고 그로 인한 불만은 도시 하층 노동자들의 반란으로 이어졌다. 1378년 피렌체에서 모직물 노동자들(Ciompi)은 반란을 일으켜 독자적인 조합결성, 도시 행정에의 참여, 독자적인 사법권을 요구했다.

상인들은 부를 축적하면서 날로 성장하고 있었지만 봉건 제후 및 영주들은 일부 경제적 특권과 하급 사법권 이상을 도시민들에게 양도하는 것을 꺼려했다. 이에 도시민들은 서로 서약(conjuration)을 맺고 코뮌(commune, 자치도시)을 천명했다. 도시민들은 주로 봉건 영주에게 일정한 돈을 지불함으로써 도시의 자유와 자치권을 확보했고 때론 싸워서 이를 쟁취하기도 했다. 코뮌 운동이 가장 먼저 일어난 곳은 이탈리아, 구체적으로 롬바르디아와 토스카나 지방의

중세 수공업 길드. 왼쪽부터 금세공인, 염색업자, 이발사, 무구제조자

도시들이었다. 이곳에서는 주교가 도시의 지배자였고 주변 농촌에 토지를 소유한 봉건귀족들은 주교의 봉신으로 도시 행정에 관여하고 있었다. 도시민들은 이들 봉건귀족들과 연합해 코뮌을 선포하고 주교를 몰아냈다. 이후 원거리 무역에서 부를 축적한 도시의 거상들과 봉건귀족들이 결합해 새로운 지배 계층을 형성했고 이들이 도시를 통치했다. 이러한 과정 덕분에 이탈리아 도시들에서는 봉건귀족들이 상업 활동에 적극적으로 참여했다. 이탈리아 자치도시들은 12-13세기 신성 로마 제국 황제들과의 오랜 싸움에서 승리했으며 중세 말 밀라노, 베네치아, 피렌체 등의 주요 도시들은 주변의 농촌 지역을 포괄하는 도시국가로 발전했다. 중세 서유럽에서 자치도시가 도시국가로 발전한 경우는 이탈리아가 거의 유일했다.

11세기 말 프랑스에서도 코뮌 운동이 일어났는데, 이곳에서는 도시민들이 단독으로 봉건 영주를 몰아냈다. 이러한 코뮌은 자체 관리들을 선출했으며, 이들 관리들은 고등사법권을 보유하고 완전한 통치권을 행사했다. 영주에 대한 코뮌의 유일한 의무는 일정액의 연공과 군사적 봉사로 제한되었다. 프랑스의 도시들은 영주에 맞서기 위해 왕권과 손을 잡았다. 하지만 잉글랜드에서는 이와는 반대되는 현상도 발생했다. 잉글랜드의 도시들은 존 왕의 강압적인 통치에 맞서 봉건 제후 편에 가담했다. 그렇지만 중세 말 잉글랜드와 프랑스 모두에서 대다수 도시가 왕권에 통합되었고 그 결과 이탈리아의 경우와는 다르게 독립적인 도시국가로 발전하지 못했다.

여기서 주목할 점은 도시가 자치권을 획득하는 과정에서 왕권 강화에 크게 기여했다는 사실이다. 많은 곳에서 도시는 지배자였던 봉건 영주들을 몰아내는 과정에서 왕권과 연합했기 때문이다. 즉 도시와 왕의 이해관계가 상당 부분 일치했기 때문이다. 왕은 봉건 영주들로부터 도시를 보호해줄 강력한 후견인 역할을 할 수 있었으며 멀리 떨어져 있어서 직접적인 간섭보다는 자치를 허용했다. 또한 상인들은 왕의 이름으로 원거리 무역을 하면 여러 가지 특혜와 보호를 받을 수도 있었다. 그런 점에서 도시의 입장에서는 가까운 곳에 거주하는 기존의 봉건 영주들보다 멀리 떨어져 있는 왕이 훨씬 더 이상적인 주군이었던 것이다. 도시는 왕이 필요로 하는 인적·재정적·기술적 자원을 보유하고 있었다. 교육받은 도시민들은 왕의 관료로 충원될 수 있었고, 도시로부터 들어오는 자금으로 왕은 봉건 제후들의 군사적 봉사에 의존하지 않고 자신의 군대를 고용할 수 있었다.

농업이 주된 생산 활동이었던 중세 서유럽 사회에서 상공업의 중심지로서 도시는 새로운 현상이었다. 하지만 새로운 모습의 도시는 아직 서유럽 사회에서 큰 비중을 차지하고 있지 않았으며 동시대의 이슬람과 중국의 도시들과 비교했을 때 여러 면에서 초라했다. 11-12세기 도시 인구는 전체 서유럽 인구에서 5퍼센트 정도밖에 되지 않았고 도시의 규모도 보잘것없었다. 인구가 만 명 이상이면 당시로서는 국제적인 규모의 도시였다. 독일에는 도시가 3,000개 정도 있었는데 이 중 2,800개는 인구가 1,000명 이하였고 15개 도시만이 인구가 만 명을 넘었다. 잉글랜드 도시 중 만 명 이상의 인구를 가진 도시는 런던밖에 없었고 파리는 런던보다 약간 큰 정도였다. 가장 규모가 컸던 도시는 이탈리아 도시들로 전성기 피렌체와 베네치아의 인구는 10만 명 정도였다.

규모에서 짐작할 수 있듯이 대다수 중세 유럽 도시의 모습은 근대적 의미의 도시라기보다는 여전히 농촌에 가까웠다. 중세 유럽 도시의 진보적 성격을 강조하는 역사가들은 중세 도시는 농촌과는 서로 다른 독특한 성격을 가졌으며 도시의 성장은 종국적으로 봉건적인 농촌 사회를 붕괴시켰다고 주장한다. 이들은 봉건적인 농촌과 비 봉건적인 도시라는 이중 구도로 중세 사회를 파악하며 그러한 구도에서 중세 도시는 고립된 섬이 될 수밖에 없다고 본다. 그러나 실제로 도시는 주변 농촌과 밀접하게 상호 연결되어 있었다.

중세의 경제관념

중세 유럽 사회는 종교 활동과 경제 활동이 엄격히 분리되어 있지 않았으며 상업을 포함한 모든 경제 활동은 종교적 규범과 윤리에 크게 좌우되었다. 교회가 탐욕을 일곱 가지 주요 죄(교만, 질투, 분노, 게으름, 탐욕, 식탐, 음욕) 중 하나로 간주했기 때문에 돈이나 탐욕과 밀접한 관련이 있는 상인은 천시받을 수밖에 없었다. "상인은 신을 조금도 혹은 결코 기쁘게 할 수 없다"라는 이야기는 이를 잘 대변한다.

상업 활동을 규제하는 종교적 윤리는 '공정한 가격'이라는 개념에서도 잘 드러난다. 토마스 아퀴나스는 "어떤 것을 그 공정 가격보다 비싸게 팔려고 사기를 치는 것은 이웃을 속여 손해를 보게 하는 짓이므로 큰 죄악이다"라고 말했다. 로마에서 성직 의상을 구입했는데 나중에 매우 싼 가격에 옷을 구입한 사실을 알고 나서 옷을 팔았던 사람에게 웃돈까지 붙여서 서둘러 돌려준 10세기 한 성직자에게 공정한 가격은 꼭 지켜야 할 규범이었던 것이다.

무엇보다도 교회의 공격을 받았던 대상은 이자 대부 혹은 고리대금이었다. 당시 이자 대부는 절도 행위였다. 시간이 지나면 이자를 받아 챙기는 이자 대부업자는 시간을 훔친 것이었다. 시간은 오직 하느님에게 속한 것이므로 시간을 훔치는 행위는 하느님의 재산을 도둑질하는 대역죄였다. 상인들 중에서도 특히 이자대부업자는 교회와 공동체로부터의 저주라는 천형을 짊어져야 했으며, 그들에게는 교회 묘지에 묻히는 것조차 허락되지 않았다. 이자대부업자들은 죄인으로서 종교재판에 회부되기도 했다. 그런 이유 때문에 교회는 기독교인들이 아닌 유대인들에게 이자대부업을 떠넘겼다.

〈환전상과 그의 아내〉, 쿠엔틴 마세이스, 1514, 루브르 박물관 소장. 이 그림의 제목은 '대부업자와 그의 아내'라고도 하는데, 그 이유는 당시에 환전상이 대부업자를 겸하는 경우가 대부분이었기 때문이다. 그림 속 남자는 부지런히 각종 금화와 은화, 동전의 무게를 재고 있다. 남자의 아내는 성모자가 그려져 있는 기도서를 넘기다가, 남편이 하는 일을 넘겨다보고 있다. 그녀는 지금 세속의 일에 마음을 빼앗기고 있는 것이다. 하지만 그녀의 뒤쪽 창장에 있는 불 꺼진 양초는 인간의 생명이 유한하다는 것과 인간이 죽으면 이러한 세속의 물질적인 일들이 모두 부질없다는 것을 암시하고 있다. 이자 대부는 라틴어로 우수라(usura)라고 한다. 우수라는 원래 이자를 받는 대부 행위를 의미했지만 시간이 지나면서 지나치게 높은 이자, 즉 고리를 받는 대부 행위를 한정하게 되었다.

화폐와 상업 발달이 미약했던 농업 위주의 장원제도에서 돈과 상업을 부정적으로 생각하는 교회의 윤리는 크게 문제되지 않았다. 하지만 10세기 이후 상업과 도시가 본격적으로 성장함에 따라 이러한 기독교적인 가치와 윤리들은 위협받게 되었다. 그 때문에 교회는 11세기 말부터 13세기 초까지 상인과 고리대금에 대해 더욱 강경한 입장을 고수했다. 교회는 이자가 죽음에 이르는 대죄라는 칙령까지 반포했다. 그러나 돈과 상업, 이자에 관한 부정적인 관념은 점진적으로 변화했다. 일부 신학자들과 교회법학자들은 상환이 지체되면서 예상치 못했던 손해가 발생할 경우 이때 받는 이자는 더 이상 고리가 아니며, 이자대부업자도 여러 곳을 누비며 장사를 하거나 회계 장부를 작성하는 등 일정 정도의 노동을 하기 때문에 그 대가를 받을 수 있으며, 채무자가 빚을 갚을 수 없거나 악의로 빚을 갚으려고 하지 않을 경우 채권자가 자본을 상실할 위험이 있기 때문에 용인할 정도의 이자는 받을 수 있다고 주장하기에 이르렀다. 결국 교회도 변화하는 사회에 일정 정도 적응할 수밖에 없었고 그와 동시에 지나치지 않은 정도의 이자는 사회적으로 용인되었다. 점차 자본주의적 경제관념이 형성되고 있었던 것이다.

3 중세 봉건 왕정의 발전

신성 로마 제국과 오토 1세

476년 게르만족에 의해 서로마 제국이 멸망한 후 서유럽에서 제국이라는 칭호와 황제권은 몇 세기 동안 사라졌다. 800년 12월 25일 로마 교황청에서 프랑크족의 카롤루스가 서로마 황제로 즉위하면서 서로마 제국은 명목상으로 부활했지만 카롤루스의 사후 명목적인 제국마저 사라졌다. 다시 황제라는 칭호와 제국을 부활시킨 사람은 작센 출신의 오토 1세였다. 962년 교황 요하네스 12세가 작센의 오토에게 황제의 관을 씌워줌으로써 제국은 부활했다.

오토의 아버지인 작센 공작 하인리히 1세는 프랑크족 출신이 아닌 사람으로서는 최초로 독일 왕이 되었다(918). 그는 통일 군주로서의 지위를 인정받았지만 지방의 자치를 허용할 수밖에 없었고 지방 제후들은 여전히 독립적인 지배자로 군림하고 있었다. 아버지를 이어 왕위에 오른 오토는 강력한 왕권을 수립하기를 원했는데 이를 위해서는 우선 지방 제후들을 제압해야만 했다. 그는 바바리아, 프랑켄, 슈바벤의 권좌에 자신의 친족들을 심었고, 개별 공작령의 세습을 인정하기를 거부하면서 지방 제후들을 통합된 왕국의 신하로 간주했다. 그는 951년 이탈리아를 침공해 자신을 이탈리아 왕으로 선포함으로써 강력한 군주로서의 위상을 과시했으며, 955년 레히펠트 전투에서 마자르족을 격파함으로써 국경선을 더욱 안정시켰다. 또한 오토는 왕권 강화의 일환으로 교회를 자기 세력으로 끌어들었다. 오토는 주교와 수도원장들에게 부와 권력을 부여하면서 이들로부터 충성과 지지를 이끌어냈다. 961년 교황 요하네스 11세의 원조 요청은 오토의 오랜 소망인 황제관을 얻을 수 있는 기회였다. 오토는 교황의 요청을 들어주고 그 대가로 962년 신성 로마 제국의 황제관을 받았다. 오토는 교황령의 존재를 인정해주는 대가로 어떤 교황이든지 자신의 동의 없이 선출될 수 없다고 선언했다. 그 결과 한 세기 동안 오토와 그의 계승자들은 그 권리를 이용해 교황 선출에 막강한 영향력을 행사했다. 이로써 오토 왕조의 황제들은 그들의 계승자들에게 로마 제국이라는 꿈과 교황을 황제에게 예속시키는 전통을 유산으로 남겨주었다.

프랑스의 봉건 왕조

1000-1300년 사이 프랑스와 잉글랜드의 봉건 왕조는 중앙집권적인 국가로 가는 제도적 장치들과 이데올로기를 만들어가고 있었다. 왕권 강화를 위해 프랑스와 잉글랜드의 봉건 왕들은 안정적인 재정 수입원을 확보하고 국왕에 충실한 관료조직을 만들려고 노력했다.

987년 카롤루스 왕조의 마지막 왕 루이 5세가 사망하자 전국의 봉건귀족과 고위성직자들은 위그 카페(Hugh Capet)를 새로운 왕으로 선출했다. 카페 왕조는 다행히 왕자가 끊이지 않아 1328년까지 유지될 수 있었다. 카페 왕조의 초기 왕들은 왕권이 미약했다. 왕권은 왕의 직할령인 파리를 중심으로 한 일드 프랑스 지역에 국한되었고 부와 권력에서도 백작령이나 공작령을 소유한 대제후들보다 나을 것이 없었다.

앙리 4세가 연주창 환자들을 치료하고 있는 모습. 중세 프랑스와 잉글랜드의 봉건 왕들은 왕권 강화를 위해 손으로 만져서 연주창이라는 병을 치료하는 행사를 벌이기도 했다. 이를 통해서 왕은 신으로부터 초자연적인 능력을 부여받은 존재임을 부각시키고자 했다.

미약한 왕권을 강화시킨 것은 존엄왕 필리프 2세였다. 필리프 2세는 잉글랜드 존 왕의 프랑스 영지 중 노르망디, 메인, 앙주, 투렌을 점령했다. 존 왕은 조카인 독일 황제 오토 4세와 동맹을 맺고 필리프를 공격했지만 1214년 7월 27일 부빈 전투에서 크게 패했고 그의 수중에는 아키텐, 가스코뉴와 기엔의 해안지대만이 남게 되었다. 부빈의 승리는 왕권을 중심으로 프랑스를 정치적으로 통합시켰다. 필리프는 수복한 영토를 관리하기 위해 바이이와 세네샬이라는 지방행정관 제도를 창설했다.

필리프의 손자인 루이 9세는 바이이와 같은 지방행정관들의 전횡을 감독하기 위해 감찰관을 파견했고, 감찰관들은 행정관 감독 이외에 소송 사건도 처리했다. 그는 신민들에게 상급법원에 상소할 권리를 부여했고, 파리에는 고등법원을 설치했다. 또한 세제를 좀 더 균형 있게 했다. 공정함과 정의로움으로 신민들의 광범위한 지지를 받았던 루이는 중세의 가장 이상적인 군주상을 실현한 인물로 평가된다. 그러나 문제는 십자군에 대한 그의 지나친 열정이었다. 그는 1249년 이집트 원정에서는 포로가 되어 몸값을 지불하고 풀려났고, 1270년 튀니지 원정에서 병사하고 말았다.

필리프 3세를 계승한 필리프 4세는 왕권을 중심으로 한 중앙집권적인 체제를 더욱 공고히 했다. 우선 고등법원을 강화했고, 회계원을 창설해 재정 업무를 맡겼고 국왕 자문기관으로 왕실평의회를 설치했다. 또한 1302년 교황 보니파키우스 8세와의 투쟁에서 신민들의 지지를 확보하고자 삼부회(Etats généraux)를 창설했다. 성직자, 귀족과 제3신분으로 구성된 삼부회는 초기에는 왕권 지지 세력으로 왕권 강화에 기여했다.

잉글랜드의 봉건 왕조

앵글로색슨 출신인 에드워드 고해왕이 사망한 후 잉글랜드에서 왕위계승전쟁이 발생했다. 고해왕의 사촌인 노르망디 공작 윌리엄은 헤이스팅스 전투(1066)에서 국왕 자문기관인 위탄회의가 추대한 웨섹스의 해럴드를 물리치고 왕위에 올랐다. 이로써 잉글랜드에 새로운 노르만 왕조가 시작되었다. 노르망디 공작이었던 윌리엄이 잉글랜드 왕이 된 사건은 이후 프랑스와 잉글랜드 간의 영토 분쟁의 불씨가 되었다. 윌리엄은 정복자로서 강력한 왕권을 행사했고 대륙식 봉건제를 도입했다. 무력으로 저항하지 않은 색슨족 지주들을 신하로 받아들이고 반항한 자들의 토지는 몰수해 자신의 병사들에게 분배했다. 1086년 전국의 배신(subvassals)들을 솔즈베리로 소집해 국왕에 대한 충성서약을 시켰고 이는 배신의 주군에게 행한 것보다 우선하다고 규정했다. 행정과 조세를 목적으로 각 지역의 자원을 상세하게 작성해서 이를 토대로 한 토지대장(Domesday Book)을 편찬했다.

헨리 1세는 국왕의 직접 대리인에 의해 재판이 시행되는 제도인 순회재판관을 전국에 파견함으로써 사법권을 강화시켰고, 왕실의 수입과 지출을 관리하기 위해 재무관을 설치하고, 주장관인 세리프에게 연 2회 보고하도록 함으로써 재정을 강화시켰다. 헨리 2세는 아버지 앙주 백작에게서 상속을 받고 아키텐 공주 엘레노아와 결혼함으로써 프랑스 서부 해안 대부분을 보유하게 되었다. 또한 그는 아일랜드 일부를 정복했고 스코틀랜드 왕을 봉신으로 삼았다. 그는 순회재판관 제도를 전국으로 확대했고, 재판에서 지방 유력자들의 영향력을 줄이기 위해 배심원 제도를 도입했으며, 봉건 제후의 법정 판결에 불만이 있을 경우 왕립 법정에 상소할 수 있도록 했다. 헨리 2세의 재판 제도 개혁은 향후 영국 보통법(common law)의 초석이 되었다. 또한 그는 클라렌든 협정(Constitutions of Clarendon, 1164)을 통해 성직자들이 로마교회에 호소하는 것을 제한하는 동시에 성직자들도 시민 법정에 종속시켰다. 하지만 헨리 2세의 강압적인 통치는 귀족과 성직자 모두로부터 저항을 불러일으켰고, 한때 왕의 총신이었던 켄터베리 대주교 토머스 베케트(Thomas Becket)조차 왕과 절연했다.

헨리 2세의 후계자들인 리처드 1세와 존은 각자 십자군과 프랑스와의 전비를 충원하기 위해 새로운 세금을 부과함으로써 귀족들의 반감을 샀다. 특히 존 왕이 프랑스 왕과의 전쟁에서 패하면서 프랑스 내 영토 대부분을 상실하자 봉건귀족들은 성직자와 시민 계급의 전폭적인 지지를 바탕으로 1215년 무장봉기를 일으켰다. 존 왕은 귀족들의 요구사항, 즉 대헌장(Magna Carta)을 승인할 수밖에 없었다. 대헌장의 핵심은 봉건귀족의 전통적인 권리와 의무를 보장하고 왕권이 이들의 동의 없이 관습적인 권리들을 폐지하는 것을 막는 것이었다. 왕 또한 법에 종속됨을 천명한 셈이었다. 자유인은 정당하고 합법적인 절차 없이 구속되거나 투옥되지 않는다는 조항은 이후 자유민의 의미가 왕국의 모든 시민을 포함하게 되면서 더욱 중요한 의미를 갖게 되었다.

헨리 2세가 연 플랜태저넷 왕조는 에드워드 1세 때 전성기를 맞이했다. 에드워드 1세는 내란 중에 약화되었던 왕권을 회복하고 왕국의 행정을 전문화했다. 그는 봉건적 세금과 함께 재산세와 관세도 최대한 징수했고, 자신의 뜻에 복종하는 충복들을 관리로 등용했으며 봉건 제후들을 강력하게 통제하려고 했다. 에드워드는 유능하고 강력한 통치자였지만 그의 고압적인 통치 방식은 결국 봉건귀족들의 반발을 불러왔다. 1295년 에드워드 1세는 프랑스와의 전비를 마련하기 위해 성주 이상의 귀족과 수도원장을 포함한 고위성직자, 각 주에서 기사 두 명과 자치도시에서 시민 대표 두 명을 자신의 의회(모범의회, Model Parliament)로 소집했다. 1296년 에드워드 1세는 의회의 동의 없이 새로운 관세를 부과하려다 상인과 귀족의 반발을 불러일으켰다. 1297년 의회 지도자들은 대헌장을 개정한 확인헌장(Confirmation)을 통해 의회의 과세 동의권을 분명히 했다. 에드워드 1세의 의회는 과세 문제 이외에도 국정을 논하고 법률도 제정했으며 일상적인 사법 업무도 처리했다.

에드워드 1세 시기는 잉글랜드 의회 발달사에서 매우 중요한 시기였다. 잉글랜드 의회는 앵글로색슨 시대의 위탄회의, 노르만 왕조의 왕실대회의(Great Council), 주 법정 등의 요소와 13세기의 정치적 상황이 결합되어 만들어졌다. 왕실대회의는 국왕의 법관, 고문관, 궁정대신, 대 귀족, 고위성직자 등으로만 구성되었지만, 에드워드 1세의 의회에는 하급귀족인 기사와 도시 중산계급의 대표도 함께 참여하게 되었다. 그러나 에드워드 1세의 의회의 역사적 의미를 과장해서는 안 될 것이다. 왜냐하면 에드워드 1세는 정치적 목적을 위해 의회를 빈번하게 소집했지만 후대의 왕들에게 그 관행을 지속할 법적 의무가 부과되지 않았기 때문이다.

호엔슈타우펜 왕조

12-13세기 프랑스와 잉글랜드의 봉건 왕조는 중앙집권적인 국가로 가는 초석

을 놓았다. 왕은 봉건귀족들을 제압하거나 그들과 타협하면서 정치적 안정을 달성했다. 반면 독일은 이들과는 다른 정치 행보를 걸었다. 그 원인은 오토 왕조 시절 시작된 이탈리아 정치에 대한 간섭과 개입이었다. 오토 왕조 때부터 시작된 이탈리아 정책은 교황과의 충돌을 불가피하게 만들었고 황제파와 교황파 간의 갈등과 전쟁은 독일뿐만 아니라 이탈리아 정치도 복잡하게 만들었다.

12세기 독일에서 정권을 잡은 호엔슈타우펜 왕조는 제국을 남부 이탈리아로까지 확장하려고 노력했다. 1152년 호엔슈타우펜 왕조를 연 프리드리히 1세는 롬바르디아 지방으로 진출해 황제권 회복에 나섰지만 레냐노(Legnano) 전투(1176)에서 롬바르디아 도시 동맹에 패하고 평화 협정을 체결했다. 하지만 프리드리히는 이탈리아 정책을 포기하지 않았고 중부 이탈리아로 세력 확장을 꾀했다. 마침 콘스탄티노폴리스 정복을 원하는 노르만 출신의 시칠리아 왕 윌리엄 2세가 동맹을 제안했고, 동맹의 표시로 프리드리히의 아들 하인리히(하인리히 6세)는 윌리엄의 고모이자 후에 시칠리아 왕국의 상속자가 될 콘스탄스를 아내로 맞이했다(1186).

하인리히 6세가 사망할 당시 그의 아들 프리드리히는 아직 어린 나이였기에 벨펜 가문의 오토가 이를 이용해 왕위에 올랐다. 하지만 성년이 된 프리드리히 2세는 교황 인노켄티우스 3세의 지지로 벨펜 가문으로부터 황제 자리를 되찾았다(1212). 그는 시칠리아의 피를 이어받았고 38년의 재위 기간 동안 기껏 9년 동안만 독일에 머물 정도로 이탈리아 문제에 집중했다. 독일 정치는 대리인에게 맡기고 제후들이 원하는 것을 기꺼이 들어주었다. 1231년 독일 제후의 이익을 위한 헌장을 선포해 지방제후들에게 실질적인 독립과 주권을 부여했다. 반면 이탈리아에서는 교황과 충돌했다. 그는 중부 이탈리아를 침공한 교황을 격파하고 시칠리아와 중부 이탈리아를 통일국가로 재편성했다. 황제는 롬바르디아 도시들의 자치권을 제한하려 했고 이에 맞서 롬바르디아 도시들은 다시 동맹을 결성해 저항했고 교황 인노켄티우스 4세는 황제를 파문하고 동맹을 지원했다. 황제는 이를 굴복시키지 못하고 사망했다. 프리드리히의 사망과 함께 오토 왕조와 호엔슈타우펜 왕조의 강력했던 황제권은 사라졌다. 독일 제후들은 독립된 정치세력으로 성장했으며 이러한 상황은 독일의 통일국가로의 발전을 지연시켰다. 마찬가지로 이탈리아의 정치적 분열도 계속되었다.

4 중세 교회의 발전

교회의 개혁

9세기 후반에서 10세기 초반 교황청은 로마 귀족 붕당의 꼭두각시에 불과했고, 주교와 수도원장 등 고위성직자는 왕과 제후들의 봉신이 되었으며 하위 성직자들은 세속영주의 고용인에 지나지 않았다. 교회는 생존을 위해 또는 권력과 부를 위해 세속제후의 보호를 구했고 황제와 왕은 고위성직자를 직접 임명했다. 이러한 사태는 교회를 세속화시켰으며 이러한 세속화로 성직자의 혼인과 성직매매가 성행했다.

이러한 상황에서 교회의 세속화를 막고 세속권력으로부터의 독립을 쟁취하려는 교회 내부의 개혁운동이 일어나기 시작했다. 이 개혁운동을 주도한 것은 910년 아키텐 공작의 승인으로 설립된 클뤼니 수도원이었다. 개혁운동의 핵심요지는 세속권력으로부터의 독립과 성직자의 독신이었다. 당시 천명된 정교의 분리와 성직자의 독신이라는 두 원칙은 오늘날까지 이어지고 있다. 수도원을 중심으로 한 개혁운동은 11세기 중엽 이후 교황 주도로 전 유럽적인 규모로 전개되었다. 교황 레오 9세는 종교회의로 하여금 성직매매와 성직자 결혼을 금하도록 지시했으며 클뤼니 수도원 출신의 개혁적인 인사들을 로마 교황청의 주요 관직에 등용했다. 1059년 교황 니콜라스 2세는 로마 귀족 붕당과 황제의 교황 선출 개입을 막기 위해 고위성직자로 구성된 위원회(추기경회의)에서 교황을 선출한다는 교령을 반포했다. 추기경회의에서 교황을 선출한다는 원칙은 오늘날까지도 지켜지고 있다.

서임권 투쟁

이 교령으로 교회는 로마 귀족과 황제의 권력으로부터 독립을 선언했지만 세속군주들은 여전히 교황 선출에 영향력을 행사하려고 했다. 클뤼니 수도원 출신의 개혁적인 성향의 힐데브란트가 그레고리우스 7세로 교황이 되자 교권과 속권은 정면으로 충돌했다. 그레고리우스 7세는 황제 하인리히 4세에게 밀라노 주교 선출에 간여하지 말 것을 요구하고 이제부터 주교와 수도원장은 세속 군주로부터 서임을 받지 못하도록 규정했다(서임권 논쟁). 하인리히 4세는 그레고리우스의 요구가 황제의 권리를 부인하는 동시에 자신의 권력 기반을 약화시킬 것임을 잘 알고 있었지만 당시 독일 내의 반란을 수습해야 했기에 처음에는 타협적이었다. 반란을 진압한 후 황제는 주교회의를 소집해 교황을 찬탈자로 규정했고 이에 교황은 황제의 파문과 폐위라는 강수로 대응했다. 황제의 권력 증대를 원하지 않았던 독일 제후들이 반 황제 노선에 서자 하인리히는 1076년 카노사에서 교황에게 용서를 빌었다. 그러나 최종 승자는 황제였다. 황제는 1080년 독일 내의 반대 세력을 진압하고 로마로 진군해 허수아비 교황을 옹립했고 피신한 그레고리우스 7세는 수개월 후 사망했다. 서임권 논쟁은 1122년 보름스 협약으로 일단락되었다. 협약에 따르면 황제 하인리히 5세는 황제가 교황을 임명하는 이전까지의 관행을 포기했고 그에 대한 보답으로 교황 칼릭스투스는 황제가 서임식에 참여하고 봉토를 수여하는 것을 인정했다.

하인리히 4세가 카노사 성의 주인으로 교황의 후원자인 마틸다와 클뤼니 수도원장 후고 앞에 무릎을 꿇고 그레고리우스 7세를 만나게 해달라고 간청하는 장면

교황청이 주도한 십자군 전쟁

십자군 전쟁은 교황권 강화에 크게 기여했다. 십자군 전쟁은 종교적 열정과 신앙심이 없으면 불가능했겠지만 이를 주도한 것은 교황청이었다. 즉 십자군은 교회가 조직한 군대였던 것이다. 십자군을 처음 구상했던 교황은 그레고리우스 7세였다. 비잔티움 제국이 곤경에 처했음을 알고 있는 그레고리우스 7세는 1074년 셀주크튀르크족에 맞서 싸울 군대를 일으켜 자신이 직접 지휘해서 동방으로 가는 계획을 구상했다. 교황은 이를 통해 동서 교회를 화합하고 기독교 세계를 통일할 수 있기를 희망했고 더 나아가 자신이 통일된 기독교 세계의 수장임을 보여주고 싶었을 것이다. 자신이 동방 원정을 간 사이 교회를 보호하고 인도하는 책임을 황제 하인리히 4세에게 맡기겠다고 제의했지만 양자 사이에 서임권 논쟁이 터지면서 십자군 구상은 잊혔다.

그레고리우스 7세의 꿈을 현실화시킨 것은 바로 교황 우르바누스 2세였다. 1095년 11월 29일 클레르몽 공의회에서 우르바누스 2세는 십자군을 제청했다. 하지만 위험에 처한 비잔티움 제국을 도와주는 것만으로 많은 사람들의 동참을 끌어내기 어렵다고 생각한 우르바누스 2세는 성지인 예루살렘을 이교도로부터 해방할 것을 함께 촉구했다. 이제 십자군의 제일 목표는 콘스탄티노폴리스가 아니라 예루살렘이 되었다. 교황은 십자군에 참여하는 사람들에게 죄에 대한 포괄적인 사면을 약속했다.

교회는 외부의 적인 이슬람을 공격하는 것뿐만 아니라 유럽 내부에 있는 적들, 즉 이단을 공격하는 것도 십자군 전쟁으로 간주했다. 알비 십자군과 발트해 십자군이 이에 속한다. 인노켄티우스 3세는 1199년 10월 5일 이미 진행 중이던 발트해 십자군에 참여하는 이들에게 은사를 약속했으며, 1208년 3월 10일에는 알비파 이단을 척결하는 십자군을 촉구했다. 십자군을 주도한 것은 교황청이었지만 중세 기독교인들의 종교적 열정과 신앙심이 없었다면 십자군은 불가능했을 것이다.

본격적인 의미의 십자군을 촉발시킨 것은 비잔티움 황제 알렉시우스 콤네누스의 지원 요청이었다. 황제는 셀주크튀르크족 침입에 맞설 군사적 지원을 교황 우르바누스 2세에게 요청했고, 교황은 이에 대한 답으로 1095년 클레르몽 공의회에서 셀주크튀르크가 비잔티움을 침략하고 예루살렘을 차지하고 기독교인들의 성지순례를 방해한다고 언급하면서 성지회복을 위한 성전을 촉구했다. 은자 피에르를 포함한 여러 설교자들은 여러 지역을 다니면서 성전에 동참할 것을 호소했고 이에 호응한 농민들과 가난한 기사들이 1096년 봄, 가슴에 붉은 십자 표시를 달고 예루살렘을 향해 떠났다. 이들 대다수는 예루살렘에 도착하지도 못하고 소아시아에서 튀르크 군대에게 궤멸되었다. 교황 우르바누스 2세가 조직한 정규군은 1096년 가을에 출발했다. 이렇게 시작된 1차 십자군은 최종적으로 예루살렘을 정복했고 1차 십자군의 승리로 시리아에는 네 개의 라틴 왕국이 건설되었다.

1차 십자군의 승리는 상당 부분 이슬람 국가의 분열 덕분이었다. 그러나 모술이 북시리아를 통일하고 알레포의 아타베그(태수)인 장기가 에데사 백령을 정복하자 2차 십자군이 조직되었다. 프랑스 왕 루이 7세와 독일 황제 콘라드 3세가 참전한 2차 십자군은 완전히 실패로 끝났다. 장기의 뒤를 이어 12세

1209년 카르카손의 알비파 추방. 11세기 무렵 프랑스 남부의 알비(Albi) 지방을 중심으로 활동했기 때문에 알비파로 불렸다. 일명 카타리파로도 불린다. 마니교의 영향을 받아 육체를 죄악시하고, 엄격한 금욕 생활을 주장하며 가톨릭의 성사를 배격했다.

기 후반 이집트와 시리아를 정복한 살라딘이 1187년 하틴 전투에서 승리해 예루살렘을 빼앗았다. 예루살렘을 다시 수복하기 위해 3차 십자군이 조직되었으며 영국 왕 리처드 1세, 독일 황제 프리드리히 2세, 프랑스 왕 필리프 1세 등 당시 유럽을 대표하는 군주들이 이에 참여했다. 하지만 3차 십자군이 얻어낸 것은 순례자들이 예루살렘을 자유롭게 통과할 수 있는 통행권이 고작이었다.

1198년 8월 15일 교황 인노켄티우스 3세가 십자군을 촉구하는 칙령을 발표하면서 시작된 4차 십자군은 전혀 예상치 못한 결과를 초래했다. 기독교 성지 예루살렘을 되찾기 위한 전쟁은 기독교 형제 국가인 비잔티움의 수도 콘스탄티노폴리스를 무너뜨리는 결과를 가져왔다. 콘스탄티노폴리스 점령 후 십자군과 4차 십자군을 수송했던 베네치아는 비잔티움 제국을 분배했고 플랑드르 백작 보두엥을 황제로 추대해 라틴 제국을 세웠다.

5차 십자군은 이슬람의 근거지인 이집트를 공격해 초기에 다미에타를 점령하는 성과를 거뒀지만 최종적으로 이를 탈환당함으로써 실패로 끝났다. 독일 황제 프리드리히 2세가 참여한 6차 십자군은 1229년 협상을 통해 예루살렘을 회복했지만 1244년 예루살렘은 다시 이슬람 수중에 들어갔다. 마지막 십자군 원정을 주도한 사람은 프랑스 왕 루이 9세였다. 그는 이집트를 공격했지만 포로가 되어 막대한 보상금을 지불하고 풀려났다(1248-1254). 루이 9세는 마지막 원정인 튀니스 원정에서 병사했다(1270).

초기 십자군의 성공은 교황권 강화에 일조했지만 1291년 라틴 왕국의 최후의 거점이었던 아크레가 이슬람 수중에 들어감으로써 십자군 전쟁은 종결된다. 1095년 클레르몽 공의회에서 교황 우르바누스 2세의 호소로 시작되어 약 200년간 계속되었던 십자군 전쟁이 최종적으로 실패로 돌아감으로써 교황권도 함께 실추되었다.

인노켄티우스 3세

37세에 교황에 오른 인노켄티우스 3세는 교황이 모든 세속군주를 능가하는 기독교 세계의 최고지배자임을 천명함으로써 교황권을 최대한 확대시키려고 노력했다. 그는 첫 왕비와 이혼하려는 프랑스 왕 필리프 2세와 교황의 캔터베리 대주교 임명에 반대한 영국 존 왕에게 성사 금지령을 내렸다. 인노켄티우스는 교황청의 재정 수입원을 확대하기 위해 속인에게도 교회세를 부과했고, 성직자들에게는 수입의 2.5퍼센트에 해당하는 성직세를 부과했다. 특히 성직자로 임명된 첫해 수입 전체를 교회에게 바치는 세금인 초입세(Annate)는 매우 중요한 재정 수입원이었다. 다양한 죄를 사면할 수 있는 권한을 교황의 고유 권한으로 천명했고 이는 교황청의 재정 수입 증가로 이어졌다. 1215년 4차 라테라노 공의회를 소집해 기본적인 교리들을 확립했다. 4차 라테라노 공의회는 교회의 역사에서 중요한 전환점이 된 사건이었다. 먼저 이전까지 논쟁의 대상이었던 성찬식 때 먹는 빵과 포도주가 그리스도의 살과 피로 변한다는 교리인 화체설을 공식적으로 인정했다. 그리고 모든 성인 신자들이 1년에 한 번 고해 성사와 부활절 성체 성사를 하도록 이를 의무화했다. 또한 인노켄티우스 3세는 내부와 외부의 적들을 물리침으로써 기독교 세계를 정화시키고 궁극적으로는 교권을 드높이려고 노력했다. 그는 1198년 4차 십자군을, 1209년 프랑스 남부의 이단 알비파에 대한 십자군을 제청했으며, 프란체스코 수도회와 도미니쿠스 수도회를 공식적으로 인정함으로써 교황의 지지 세력으로 만들었다. 특히 도미니쿠스 수도회는 이단척결에 혁혁한 전과를 세웠다. 모든 면에서 인노켄티우스 3세 시절 교황권은 절정에 달했다.

보니파키우스 8세와 필리프 4세

인노켄티우스 3세와 대립했던 황제 프리드리히 2세가 사망하고(1250), 프랑스 왕 루이 9세(1226-1270)가 강력한 교황 지지자로 있었던 13세기 중반 이후 교황에 맞설 세력이 없어 보였다. 하지만 교권과 속권 사이의 가장 첨예한 대립은 13세기 말과 14세기 초 교황 보니파키우스 8세와 프랑스 왕 필리프 4세 사이에 발생했다. 1295년 필리프 4세가 영국과의 가스코뉴 공령 쟁탈전에 필요한 전비를 마련하기 위해 성직자들에게 과세하려 하자, 교황 보니파키우스는 「재속 사제에게 명함(Clericis Laicos)」(1296)이라는 칙령을 반포함으로써 성직자들에게 교황의 동의 없이 군주에게 세금을 내지 못하도록 명했다. 이에 맞서 필리프 4세는 프랑스에서 교황청으로의 금전유출(교회세)을 금지했고 이를 통해 교황청의 재정운영을 어렵게 했다. 이후 잠시 화해 분위기가 이어졌지만 1301년 필리프 4세에게 적대행위를 한 남부 프랑스의 한 주교를 필리프 4세가 제제함으로써 양자는 다시 대립했다. 필리프 4세는 국민 지지를 확보하기 위해 삼부회를 소집했고, 교황은「유일한 권위(Unam Sanctam)」(1301)라는 칙령을 발표하면서 이에 맞섰다. 이 칙령은 "만일 세속권이 과오를 범하면 영적 권력에 의해 심판을 받아야 하며, 영적 권력은 세속권보다 우월"하다는 것이다. 1303년 교황이 필리프 4세를 파문하기로 결정하자 필리프 4세는 심복인 노가레(Guillaume de Nogaret)를 시켜 아나니에 머물고 있는 교황을 생포하게 했다. 교황은 석방되기는 했지만 충격과 수모를 이기지 못하고 곧 사망했다.

1305년 추기경회의는 보르도의 대주교 클레멘스 5세를 교황으로 선출했다. 필리프 4세의 주도로 새로운 교황에 오른 클레멘스 5세는 교황의 거처를 아비뇽으로 옮겼다. 이 사건을 아비뇽 유수라 한다. 고대 유대인들이 겪었던 바빌론 유수의 고사를 따라 교황의 바빌론 유수라고도 한다. 이로써 교황은 프랑스 왕권의 지배하에 들어가게 되었다.

7

중세 유럽 사회: 농민과 귀족, 성직자

성백용

관례적인 시대 구분에 따르면 서로마 제국의 멸망(476)과 동로마 제국의 멸망(1453)이라는 두 상징적 사건 사이의 긴 시대를 흔히 '중세 천 년'이라고 부른다. 하지만 이런 상투적인 표현을 좇아서 이 장구한 시대를 하나의 동질적인 시대라고 생각하는 것은 큰 착각이다. 앞서 살펴보았듯이, 중세는 서기 1000년을 전후로 커다란 변화를 겪었다. 그리스도 이후 천 년이 지나서 세상의 종말이 오리라던 믿음과는 반대로, 이른바 '서기 1000년'은 사실 서구가 오랜 시련과 고통 끝에 종말에 대한 공포를 뒤로하고 도약의 첫걸음을 내디딘 전환점이었다. 유럽을 혼란에 빠트린 이민족들의 침입이 물러가면서 친족, 촌락과 교구 같은 사회의 세포 조직이 되살아나고, 봉건적 질서가 자리 잡았으며, 한동안 실추되었던 국가 조직이 다시 회생하기 시작했다. 사람들은 개간의 전선으로, 대성당의 공사판으로 나섰고, 스스로 정화하기 시작한 교회는 '신의 평화'를 부르짖으며 전사들의 폭력을 길들이고자 했다. 이렇듯 안정과 활력을 되찾은 삶의 터전 위에서 중세 사회의 위계적인 기본 구조가 자리를 잡았다. 위계, 질서 등으로 번역되는 라틴어의 '오르도(ordo)'라는 개념은 인간 사회가 신의 창조 계획에 따라 제각기 특수한 직분을 부여받고 또 서로 협력하고 조화를 이루도록 조직된 안정된 범주들로 나뉘어져 있음을 나타냈다. 장원을 기반으로 한 농촌 경제와 아울러 사회적 이동이 가로막힌 경직된 사회에 들어맞는 이러한 개념은 집단의식 속에 파고들어 인간 사회를 세 개의 층위로 이루어진 하나의 피라미드형 구조로 인식하도록 했다. 이 유서 깊은 피라미드형 구조는 곧 '기도하는 자들', '싸우는 자들', '일하는 자들'로 이루어진 위계질서였다.

1 '일하는 자들': 농민

중세 유럽은 기본적으로 농업 사회였고 인구의 십중팔구가 농촌에 거주하는 농민들의 세계였다. 유명한 중세사가인 르고프가 로마 제국 말기부터 산업혁명에 이르기까지 1500년에 걸친 시기를 '장기적 중세'로 볼 수 있다고 말한 가장 중요한 근거 역시 바로 농민 사회의 연속성이었다. 이러한 연속성은 무엇보다도 물질 환경 면에서 뚜렷이 나타난다. 생산도구의 주된 소재는 나무와 철이었고, 대부분의 동력은 생물학적 에너지, 즉 역축과 인간에게서 나왔다. 사람들이 하루에 갈 수 있는 거리는 아마도 오늘날 서울을 동서로 가로지르는 정도였을 것이며, 가장 빠른 이동수단을 이용해도 그 두 배를 넘지는 못했을 것이다. 중세의 자연이 오늘날에 비할 바 없이 더 가혹했던 것은 자연 앞에서 인간이 그만큼 무기력했기 때문이다. 물론 중세에도 기술의 진보가 이루어지기는 했지만, 물레방아나 풍차, 마구 등의 예에서 볼 수 있듯이 대부분 과거에 알려진 기술을 개량하여 널리 보급한 것들이었고 이마저도 주로 중세 후기에 집중되었다.

이 같은 기술적 한계로 말미암아 이른바 '생물학적 구체제'라고 하는 인구의 주기적인 팽창-수축 움직임이 나타났다. 대략적으로 1000년에서 1300년 사이에 유럽의 인구는 두 배 내지 세 배가량 증가했고, 그에 따라 경작지 면적과 곡물 생산량도 증가했다. 황무지가 대대적으로 개간되고 새로운 촌락이 건설되었으며, 농산물 잉여가 생겨 시장이 발달하고 이를 중심으로 곳곳에 도시가 형성되었다. 그러나 점점 늘어나는 인구는 자원을 압박하기 시작했다. 점점 더 척박한 변두리 땅과 가축 사육을 위한 초지에까지 곡물 경작을 확대함에 따라 토지 생산성이 떨어지기 시작한다. 전근대 농업 경제의 가장 중요한 특징 가운데 하나는 이렇듯 양적인 팽창과 질적인 성장이 서로 상충한다는 것이었다. 대략 1300년을 전후한 시기에 유럽은 팽창의 한계에 이르렀다. 자원에 비해 인구가 상대적으로 과잉 상태였고, 이를 고비로 장기간의 팽창 국면은 훨씬 더 급격한 수축 국면으로 넘어갔다. 대략 1300년에서 1450년경까지 이어지는 '장기의 14세기'에 유럽의 인구 규모는 과잉 인구의 해결사로 알려진 기근, 역병, 전쟁의 환란 속에서 4-5세기 이전의 원점으로 돌아갔다. 이렇듯 인구와 농업경제가 마치 밀물과 썰물처럼 순환했던 이유는 주로 생산성을 획기적으로 증진할 기술적인 돌파구가 없었기 때문이다. 1000년 이후 농업 기술이 상당히 개선되었음에도 불구하고 중세 농업의 생산성은 전반적으로 고대 로마인들의 수준을 뛰어넘지 못한 것으로 보인다.

하지만 농업 생산성이 크게 개선되지 못한 것은 장원 영주의 지배 아래 있었던 중세 농민들의 부자유한 지위와도 깊은 관련이 있었다. 고대 로마 이래의 법적 전통과 사회 통념에서 가장 뿌리 깊은 것은 자유민과 노예의 구별이었다. 카롤링 시대의 라틴어 문서들에서도 고대의 노예를 가리키던 '세르부스(servus)', '만키피아(mancipia)' 등의 용어가 그대로 쓰였다. 이들은 태어날 때부터 주인의 소유물로서 원칙상 소유권이나 배우자 선택권 및 친권, 제소권 등 일체의 권리를 가질 수 없었으며 성직자 서품을 받을 수 없는 등 일련의 결격성을 지닌 존재로 여겨졌다. 요컨대 그들은 공적 공동체와 법의 보호 밖에 있는 사람들이었다. 그러나 고대의 노예와 달리 이들은 인간의 영혼을 지닌 기독교인이었다(이베리아반도와 지중해 연안 지역들을 제외하고 기독교화된 지역에서 노예 매매와 더불어 노예의 수는 크게 줄었다). 또한 영주 집안에 거주하며 직영지를 경작하는 가내노예도 일부 있었지만 대개는 분가해 가족을 거느리고 영주가 떼어준 토지를 경작했으며, 영주들은 주로 이러한 농민들의 부역을 이용해 자신의 직

영주의 성과 일하는 농민들.
15세기 초에 베리 공작을 위해 림부르크 형제가 그린 『베리 공작의 화려한 기도서』 중 3월의 삽화. 전경에 수염이 덥수룩한 농부가 쟁기질을 하고 다른 밭에서도 농민들이 봄철에 해야 할 다양한 농사일로 분주하다. 저 멀리에는 요새처럼 강고하면서도 세련된 외관을 자랑하는 영주의 거대한 성이 농민들이 일하는 들판을 굽어보고 있다. 이 성은 원래 뤼지냥(Lusignans) 가문의 소유였으나 14세기 초에 프랑스 왕령으로 편입되고 이 시기에는 샤를 5세의 동생인 베리 공작의 거처로 쓰였다. 오른쪽 탑 위로 날아가는 용은 전설에서 이 가문의 백작과 결혼한 요정 멜뤼진의 변신한 모습으로 이 고성의 내력을 알려준다.

영지를 직접 경영할 수 있었다. 이들은 주인의 손아귀에서 차차 벗어남에 따라 자유농민에 점점 더 가까워졌으며 자유민의 딸과 결혼하는 일도 드물지 않았다. 물론 이 노예들이 그 출신의 흔적을 완전히 지워버리기는 어려웠으며, 법적으로 그리고 주민들의 의식 속에서 자유민과 노예의 구분은 몇 세대 더 존속했다.

하지만 중앙 권력의 약화와 더불어 특히 프랑스의 경우 1000년을 전후한 시기에 성주들이 공권력을 사취함에 따라, 자유민이든 노예든 간에 대부분의 농민들은 무력과 공권력을 거머쥔 이 주인들의 사법권 아래서 똑같은 취급을 당했으며, 이들의 보호 아래 있다는 이유로 다같이 강제 징수에 종속되었다. 사실상 똑같이 착취당하고 긴밀한 인연을 맺고 사는 사람들을 법적으로 구분하는 일은 더 이상 별 의미가 없었다. 실제로 한 세기 뒤에 프랑스에서 고대의 노예를 가리키는 단어들은 샹파뉴 등의 몇몇 지역들을 제외하고 법률문서에서 자취를 감추었다. 그 대신 '인신예속민(homo proprius)' 같은 새로운 용어들이 토지는 물론 주인에게 긴박된 농노들을 가리키는 데 널리 쓰이게 되었다. 이들은 영주에 대한 세습적 예속성으로 말미암아 인두세와 상속세, 그리고 다른 영주의 농노와 결혼하는 영외혼(領外婚)인 경우 혼인세 등을 물어야 했다. 여하튼 이 시대의 농노는 고대의 노예와 확연히 다른 존재였다. 무엇보다도 그에게는 가족을 거느리고 토지를 경작할 권리가 있었다. 비록 그는 토지를 떠날 권리가 없었지만 그렇다고 그의 토지를 정당한 이유 없이 빼앗을 수도 없었다.

자유와 예속 사이의 법적 차이보다 실제로 농민들의 생활에서 훨씬 더 중요했던 것은 경제적 조건의 차이, 즉 무엇보다도 쟁기 및 역축을 소유한 농가와 그렇지 못한 농가 사이의 차이였다. 그럼에도 불구하고 영주권의 압박은 모든 장원 농민들의 지위와 조건을 어느 정도 평준화하고 경제적 상승을 가로막는 경향이 있었다. 시기와 지역에 따라 큰 차이가 있겠으나, 교회의 십일조나 국왕의 임시적인 과세와 같은 장원 외부로부터의 부담을 치지 않더라도 농민의 생산에서 장원 영주가 거둬간 몫은 대개 3분의 1에서 절반에 달했을 것으로 추정된다. 게다가 파종량 대 수확량의 비율이 매우 낮아서 각 농민은 수확량의 상당 부분을 다음 해에 파종할 종자로 무조건 남겨둬야 했기 때문에 각 농가가 처분할 수 있는 소득은 그만큼 더 줄어들 수밖에 없었다.

농촌 사회의 변화가 매우 완만했다고 해서 거의 변동 없이 정체되어 있었던 것은 아니다. 무엇보다도 12세기를 지나면서 농노제가 조금씩 느슨해지기 시작했다. 일찍이 개간사업이 광범위하게 이루어지던 시기에 새로운 개간지에 정착한 농민들은 으레 영주로부터 유리한 조건을 보장받았고, 또 상당 액수의 해방금을 대가로 개별적으로 농노 신분에서 벗어나는 농민들도 있었다. 한편 12세기 이후로는 영주로부터 자치권을 획득한 많은 도시공동체들처럼 마을공동체가 영주와 협상하여 인신적 예속에 따른 부담들과 영주의 자의적인 징수를 일정하게 제한·고정시키고 이를 문서로 보장받음으로써 많은 농민들이 사실상 인신적 자유를 얻게 되었다. 더욱이 중세 후기로 갈수록 영주의 직영지 경영이 축소되는 경향이 있었다. 인구 증가로 노동력이 풍부해지는 상황에서 비효율적이고 저항이 클 수밖에 없는 강제 노동인 부역에 의존하는 대신 직영지를 농민들에게 임대하고 지대를 수취하는 영주들이 점점 더 많아졌다. 시장의 발달로 화폐 유통이 늘어나고 영주들의 사치품 수요가 늘어난 것 또한 영주들이 지대수취자로 변모하게 된 한 요인이었다. 하지만 이러한 경향이 어디서나 한결같은 것은 아니었다. 일례로 13세기 잉글랜드 동남부나 15-16세기 엘베강 동쪽의 프로이센, 폴란드 등지에서는 거꾸로 농노제 및 직영지 경영이 강화되는 경향이 나타났다. 특히 12세기 이래 대대적인 식민운동으로 개척된 프로이센에서는 후일 융커(Junker)라고 불리게 될 영주들이 국제시장을 겨냥한 곡물 생산을 위해 기존 농민들의 자유를 박탈하고 이들의 강제 노동에 입각한 대농장경영에 나섬으로써 전에 없던 새로운 농노제가 시작되었다.

농노제의 이완과 더불어 또 하나 주목할 것은 농민 사회 내부의 경제적 분화였다. 13세기 후반 들어 더 이상 개간의 여지가 사라지고 농촌 인구가 포화상태에 이르면서 농민 가구의 토지 규모는 점점 더 줄어들 수밖에 없었고, 그 결과 생계를 잇기 위해서 품을 팔거나 땅뙈기를 양도받는 대가로 영주에 대한 예속을 감수하는 농촌의 프롤레타리아들이 점점 더 늘어갔다. 반면에 부와 지위 면에서 농촌의 엘리트 계층으로 성장한 사람들이 있었다. 이들 가운데는 가난한 이웃의 일손을 고용하고 잉여를 시장에 내다팔고 때론 토지 거래나 혼인 등을 통해 재산을 불릴 수 있었던 부농들이 있었다. 또한 영주를 대리해 재판하고 징수하고 감독하는 직책을 맡은 장원 관리들이 있었으며, 대영주와 수도원의 영지 관리를 위임받은 청부인들도 있었다. 이들은 농민들에게 마치 영주처럼 행세하고 귀족의 생활 방식을 모방하고자 했으며, 실제로 가난한 귀족 가문과 혼인관계를 맺거나 자식들을 성직이나 관직으로 진출시키려고 노력했다.

이 같은 농촌 사회의 변화와 함께 마을공동체 또한 변화를 겪지 않을 수 없었다. 사료에 기록되어 있지 않은 까닭에 종종 '침묵의 공동체'라고도 불리는 농촌 주민들의 공동체는 고립된 농가들이 산재하는 산촌(散村)이 아니라면 언제 어디서나 존재했다. 더욱이 자원에 대한 인구의 압박이 커가는 상황에서 늘어난 인구를 부양하려면 자원을 좀 더 효율적으로 이용해야만 했고, 이를 위해서는 주민들이 더 강하게 결속해야 했고 자치기구 또한 필요했다. 특히 마을 주민들의 가축을 충돌 없이 유지하려면 일정한 돌려짓기를 강제하고 추수를 마친 빈 들판과 마을 주위 숲에서 방목할 권리를 적절히 배분하고 규제할 필요가 있었고, 그래서 주민들의 이해관계를 조정하고 통제하는 자치 공동체의 역할이 대단히 중요했다. 장원에 예속된 무기력한 농민들이 재판권을 가진 영주에 맞서 자신들의 관습적 권리를 보호하고 더 나아가 영주를 상대로 투쟁하거나 협상하여 자신들의 권리를 집단적으로 보장받는 것은 이런 주민들 사이의 결속이 있었기에 가능한 일이었고, 또 이러한 집단적 저항의 경험이 공동체적 결속을 더욱 굳게 다져주었다. 반면 농민 사회의 경제적 분화처럼 이러한 결속을 해치는 요인도 있었다. 특히 중세 말에 자신의 토지에 울타리를 치고 공동체적 규제에서 벗어나려고 하는 부농들이 나타났고, 이런 개인주의적 영농 움직임은 농촌 사회에 균열과 갈등을 빚기 마련이었다.

농민 사회 내부의 사회경제적 차이에도 불구하고 전반적으로 중세의 농민들은 생존의 경계선에서 흙과 씨름하며 빠듯하고 고된 삶을 이어갔고, 때론 갖가지 자연 재해, 역병, 전쟁의 위협에까지 맞서야 했다. 태어난 아이들 가운데 절반가량이 가임 연령에 이르기 전에 사라질 정도로 사망률이 매우 높았으며, 따라서 인구 수준을 그대로 유지하려면 출산율도 높아야 했다. 이 전형적인 다산다사형의 인구 패턴은 당시 사람들의 열악한 생활수준을 대변한다.

농민 가옥은 대개 방 한두 개에 가구나 편의시설이 빈약하기 짝이 없는 누옥이었다. 그 지역의 사정에 따라 다양한 건축 재료들이 사용되었지만, 주된 재료는 대개 목재와 진흙이었고, 중세 후기로 가면서 석재가 사용되었다. 흙바닥인 실내 중앙에는 난방과 조리를 위한 화로가 있었고, 때론 가축우리가 한 지붕 아래 딸려 있기도 했다. 변변한 식탁조차 없었고, 으레 온가족이 짚이나 요를 깐 큰 침대를 함께 썼으며, 유리창 같은 것은 아직 찾아보기 힘들었다. 고된 삶은 농민들의 빈약한 식단에도 배어 있었다. 곡물에 편중되어 동물성 단백질과 지방, 비타민 섭취는 상대적으로 부족했다. 통밀에 호밀, 보리, 귀리 등 잡곡이 들어간 거무스름하고 거친 빵이 주요 영양소의 공급원이었고, 이런 잡곡으로 만든 죽이 빵을 대신하기 일쑤였다. 유럽 북부에서는 조리할 때 버터를, 남부에서는 올리브유를 많이 썼으며, 음료는 맥주와 포도주가 많이 소비되었다.

농민들의 일상은 당연히 계절의 순환에 따른 농사 절기와 맞물려 흘러갔다. 지역에 따라 다소 차이가 있지만, 대개 3포제를 시행하는 지역에서는 봄이 오면 작물 파종을 위해 쟁기질로 밭을 갈아엎고 포도나무 가지를 치며 한 해

〈농사력〉 이탈리아 볼로냐의 피에트로 데 크레쉬엔지가 14세기 초 자신의 고향 영지에 은퇴하여 저술한 『시골의 혜택』의 삽화(15세기 중엽의 필사본). 매사냥을 묘사한 5월 달 그림을 빼고 1년 12달의 주요한 농사일을 월별로 그리고 있다. 점토 채취, 거름주기, 포도나무 가지치기, 양털 깎기, 건초 작업, 수확과 탈곡, 파종, 포도즙 짜기, 도토리 채취, 돼지 잡기 등의 장면들을 간결하면서도 사실적으로 묘사하고 있다.

농사의 시동을 걸었다. 여름이 다가오면서 일손은 더욱 바빠진다. 양털을 깎고 쉼 없는 낫질로 풀을 베어 겨우내 가축을 먹일 건초더미를 쌓아놓으면 곧 수확 철이 시작된다. 무르익은 곡식의 이삭을 베고 타작을 하고 빈 들판에 가축을 방목하고 포도송이를 거둬들여 손질한다. 이렇게 추수가 끝나고 겨울로 접어들 무렵 겨울 밀을 파종하고 나면 비로소 한 해 농사가 마무리된다. 일련의 축제는 이 같은 고된 나날의 막간 휴식이었다. 기독교의 몇몇 대축일들과 농사력의 주요 절기들은 서로 겹쳐 있었다. 춘분 무렵의 부활절, 자연의 소생을 경축하고 풍요를 기원하는 오월제(Mayday)와 성령강림절이 봄의 대표적인 축제였다. 하지의 세례자 요한 축일(6.24) 무렵부터 본격적인 농번기였고, 가을걷이가 끝나갈 무렵의 성미카엘 축일(9.29)은 수확에 감사하고 그간의 노고를 위로하는 잔치판이 벌어지는 때인 동시에 임차 및 지대 납부의 기한이었다. 망자를 기리는 할로윈과 만성절(11.1)부터 농한기로 접어들면 농민들은 그동안 숲에서 살을 찌운 돼지를 잡고 성탄절에서 공현절(1.6)에 이르는 최대의 축제를 기다렸다. 아마도 이 시절이 농민들에게는 가장 안락한 한때였을 것이다.

2 '싸우는 자들': 기사와 귀족

중세 사회는 귀족계급, 특히 기사로 알려진 남자 전사들의 엘리트 집단에 의해 통제되었다. 이들은 봉건제라는 사적인 동시에 법적인 관계망의 발전과 함께 등장하고 상승했다. 카롤링 시대만 해도 이들은 하나의 사회적 신분으로 구별되는 존재가 아니었다. 앞서 말했듯이 사람들을 구별하는 법적 경계선은 근본적으로 자유와 예속 사이를 가로질렀을 뿐이고, 이때의 자유민이란 공공 재판을 받고 국왕의 군대에 소집되는 사람들이었다. 즉 자유민 남자라면 누구나 국왕의 방백이나 이의 대리인이 주재하는 공공 법정에서 재판을 받을 권리가 있었고 또 국왕이 군사를 소집할 때 무장을 하고 방백의 지휘 아래 복무할 의무가 있었다. 그런데 기병이 군대의 주력으로 부상하면서 보병의 복무는 상대적으로 축소되거나 물적 납부로 전환되었으며, 그에 따라 라틴어 문헌에서 일반 군인을 가리키는 밀레스(miles, 복수는 milites)라는 말은 주로 기병을 가리키는 말로 쓰이게 되었다.

  카롤링 말기에 자유민을 소집하는 중앙 권력이 무너지고 지방의 유력자들이 공권력을 가로채는 혼란한 상황에서 법적인 자유와 예속의 구분은 더 이상 의미가 없게 되었다. 법적인 자유민이라 해도 무력한 농민들은 유력자의 예속민들과 하등 다를 바가 없었다. 힘 있는 자만이, 그리고 힘 있는 자에게 의탁한 사람만이 실제로 자유를 지킬 수 있었다. 신체적으로나 경제적으로 기병으로 무장할 수 있는 자만이 이제 진정한 자유민이었다. 유력자들이 자신의 지배 영역 안에 부과한 강제 체제가 이들 전사들에게까지는 미치지 못했기 때문이다. 이제 사회적 경계선은 이 진정한 소수의 자유민과 그 아래 예속된 농민 대중 사이에 놓여 있었다.

  말을 타고 싸우는 일은 이 직업 전사들을 하나의 위계로 위치시키는 특징이었다. 물론 이들이 자유롭다고 해서 완전히 독립적인 것은 결코 아니었다. 이들은 주종관계라고 하는 영주와 종사(vassal) 사이의 유대관계와 그에 따른 몇 가지 봉사의 의무에 매여 있었다. 그러나 여기에는 영주와 농노의 관계에서와 같은 강제와 억압이 없었다. 이 관계는 두 자유민의 자유로운 선택과 계약으로 맺어진 것이었다.

영주의 휘하에 들어간 이 종사들은 영주 집안의 노예거나 해방노예 가운데 발탁된 사람일 수도 있고, 영주에게 의탁하고자 자신의 토지를 바치고 다시 하사받은 이웃의 자유민일 수도 있으며, 아니면 종사라는 말이 '윗사람을 섬기는 청년'을 가리키듯이 영주와 친척관계에 있는 젊은이일 수도 있었다. 여하튼 이 종사들은 귀족 신분이 아니었다. 사실 중세 초기의 귀족이란 법적으로 정의된 명확한 신분이 아니라 사회의 통념상으로 구별되는 존재였다. 무엇보다도 명망 가문의 후손이고, 군주를 대리해 군사를 지휘하고 사법권을 행사하는 공직을 맡을 수 있으며, 대영지를 소유하고 있다는 우월성이 그들을 구

중무장기사와 궁수, 창병 등으로 구성된 중세 시대 군대. 1346년에 있었던 프랑스와 잉글랜드의 칼레 공방전을 묘사한 그림

별 지었다. 종사들은 이 유력자들에게 부양과 보호를 받는 대가로 그들을 섬기는 기병이었을 뿐이다. 앞서 말했듯이 이 하수인들은 지역의 유력자들이 공권력을 사취하고 그 관할구역 안의 모든 '일하는 자들'이 그 권력에 예속됨에 따라 이런 농민 대중과 구별되는 우월한 존재가 되었다. 11세기에 교회가 추진한 '신의 평화' 운동 역시 이들의 폭력을 규제함과 동시에 그들의 무력에 일련의 사명과 도덕률을 부과함으로써 기사들을 무장하지 못하는 일반 대중과 구별 지었다.

　　11-12세기를 거치면서 이 기사 집단의 우월성은 더욱 뚜렷해졌다. 영주의 집에 기거하며 부양을 받는 기사는 점차 사라지고, 대부분은 장원으로 조직된 상속 재산이나 봉토를 소유했다. 조상대대로 내려온 가문의 저택과 주된 재산을 장남에게 물려주는 상속 관행과 아울러, 가산의 분해를 피하기 위해 세대마다 결혼하는 자녀의 수를 제한하고 일부 손아래 자식들을 수도원이나 성직에 집어넣는 가족 정책 같은 것이 있었다. 또 다른 자식들은 자신의 생계를 보장해줄 후한 대영주 주위로 모여들거나 부유한 상속녀와의 결혼을 꾀했다. 개중에는 물론 여느 농민과 다를 바 없이 가난한 기사들이 있었지만, 부모나 후한 대영주 또는 배우자로부터 재산을 물려받은 기사들은 대개 부유하거나 적어도 가난을 면할 수 있었다.

　　하지만 이 같은 물질적 우월성을 떠나서 가난하든 부유하든 모든 기사들은 군사적 기능을 수행한다는 직업적 우월성을 공유했다. 말을 타고 칼을 휴대한다는 것이 이 집단의 상징적 속성이었다. 이러한 기능과 속성이 세습되면서 기사의 자제만이 기사가 될 수 있다는 사회적 관념이 자리 잡게 되었다. 젊은이에게 무기를 수여하는 게르만 사회의 성인식이 기사서임식이라는 중요한 의식으로 이어졌다. 같은 또래의 젊은이들이 일정한 수련 과정을 마치고 같은 통과의례를 치름으로써 하나의 동료 집단으로 결속할 수 있었다. 게다가 12세기에 사제가 참석하여 신참 기사에게 수여할 검을 축복하는 관행이 유포되어 기사서임식 자체가 하나의 성사처럼 거행되면서 기사의 직무에 종교적 사명을 불어넣었다. 이 시기의 문학 작품들을 통해 더욱 널리 유포된 기사의 윤리, 이른바 기사도 역시 용맹, 의리, 신의, 충성 등 전사로서 당연시되었던 덕목들과 나란히 성스러운 교회와 신앙의 수호를 위해 무기를 사용해야 할 기사의 의무를 강조했다. 농업 경제 및 시장의 발달과 더불어 12-13세기에 기사들의 생활이 윤택해진 데다가 제후들을 중심으로 봉건사회의 질서가 재편되고 안정됨에 따라 이런 대영주들의 통제 아래 들어간 기사들의 윤리와 예절은 점점 더 세련되어 갔다. 정정당당한 승부, 포로에 대한 인간적인 대우, 약자의 보호, 명예에 대한 존중 등이 새로이 강조되었다. 또한 제후들의 궁정에서 후원을 받는 음유시인들을 통해 이른바 '궁정식 사랑(courtly love)'이 유행하면서 세련되게 치장하고 대화하며 귀부인 앞에서 정중하게 처신하는 것이 귀족 남성의 덕목이 되었다.

이렇게 여러 방면에서 기사 집단의 우월성이 뚜렷해지고 그러한 우월성이 혈통으로 세습됨에 따라 기사 신분과 귀족 신분이 일치하게 되었다. 앞서 말했듯이 카롤링 시대에 '귀족(nobiles)'이라는 말은 몇몇 유력한 가문 및 주요 공직을 보유하는 개인들에게 적용되었고, '귀족'이나 '유력자', '지도자' 등으로 다양하게 불린 이들은 실제로 기사가 아니었으며 결코 기사를 자처하지도 않았다. 이들의 신분을 정의하는 것은 법적 특권이라기보다는 사회적·정치적 우월성이었다. 한편 12세기에 이르러 귀족신분을 정의하는 것은 무엇보다도 우수한 혈통과 기사신분의 결합이었고, 그래서 다양한 계층의 기사들이 이 새로운 개념의 신분으로 통합되는 경향이 있었다. 이러한 통합은 13세기 중에 더욱 강화되어 거의 완전한 단계, 즉 귀족신분과 기사신분이 일치하는 단계에 이르렀다. 이 시기의 귀족들은 무엇보다도 먼저 자신을 기사로 의식하고 그렇게 자처했다. 귀족이란 날 때부터 그렇게 태어나는 것이고 그런

장 달뤼의 횡와상, 1248년경.
길이 2미터 남짓한 이 대리석 묘지 조각상은 당시 유럽의 귀족 문화를 지배한 기사도의 이상을 아주 잘 표현하고 있다. 이 횡와상이 안치되어 있는 프랑스 투르 근방의 라클라르테디외 수도원은 1240년 장이 십자군 원정을 떠나기 직전에 그가 설립을 후원한 수도원이었다. 그는 1244년에 프랑스로 귀환할 때 크레타에서 입수한 진품 십자가의 성유물을 지니고 왔다. 단정하게 무장을 한 채 기도하는 자세로 두 손을 모은 이 젊은 기사의 모습은 기독교 신앙에 순화된 전사의 이미지를 전형적으로 보여준다.

고귀한 혈통만이 기사가 될 자격이 있었다.

말을 타고 싸우는 것은 이 귀족-기사들이 사실상 독점하는 기능이었으며, 이 기능이야말로 이들을 다른 사회 신분들, 특히 그들에게 경멸의 대상이기 십상이었던 보병 대열의 농민들과 구별 짓는 신분적 표지였다. 하지만 실제로 기사가 되기까지는 길고 힘든 훈련을 거쳐야만 했다. 흔히 귀족의 어린 자식들은 친한 영주나 친척의 궁정에서 수습 기간을 보냈다. 거기서 그들은 때론 시동(侍童)으로 봉사하고 기마술과 무술을 배웠으며 더 나중에는 종자(squire)로서 전투에서 그들의 영주를 수행했다. 성년이 될 무렵 이 소년들은 의식을 통해 검을 받고 자신들의 영주를 위해 싸우는 젊은 기사들의 배타적인 대열에 입문했다.

그러나 귀족들이 기사로서의 자의식과 경험을 공유하게 된 이때부터 귀족과 기사 신분이 더 이상 동일시되지 않는 경향이 나타났다. 기사의 자제라면 기사로서 서임을 받든 받지 않든 귀족신분의 모든 법적 특권을 온전히 누릴 수 있게 됨에 따라 기사서임을 통해 그 신분을 취득하지 않은 하급 귀족들의 수가 점점 더 늘어났다. 1500년에 이르면 이들이 오히려 압도적인 다수를 차지했고, 그럼에도 그들은 귀족으로서 인정을 받았다. 기사라는 치장이 없어도 혈통으로 충분했던 것이다. 이제 귀족은 면세권이나 성직 및 관직에서의 우선권, 민형사상의 특별대우, 무기 휴대나 사냥의 권리 등 일련의 법적 특권으로 정의되는 하나의 세습 신분이 되었다. 이렇듯 귀족신분의 장벽이 더욱 높아졌지만 그렇다고 해서 실제로 그 신분이 완전히 폐쇄적인 카스트 집단으로 된 것은 아니었다. 전반적으로 귀족 사회의 결혼·출산 행태가 비귀족 사회에 비해 구성원의 충원에 더 유리했다고 해도 귀족 가문들 대부분이 안정적으로 재생산된 것은 아니었다. 예컨대 프랑스 중부의 포레(Forez) 백작령의 경우 중세 말기에 평균 3-4세대마다 절반가량의 가문이 단절되고 신흥 가문들로 교체된 것으로 나타난다. 이는 귀족 사회가 생물학적 연속성보다는 사회적 이동을 통해서 활발하게 충원되었음을 의미한다.

중세 말 귀족 사회는 생물학적으로 뿐만 아니라 경제적으로도 위기를 겪었다. 중세 말의 위기는 무엇보다도 귀족계급의 위기였다. 사치품 수요를 포함해 귀족의 수입 욕구는 늘어난 반면 인구 감소와 전쟁, 지대 하락과 임금 상승 등의 영향으로 영주 수입의 위기가 널리 나타났다. 국왕과 제후 같은 대영주에게 부와 권력이 집중되는 경향이 심화되면서 토지 수입에 상대적으로 더 많이 의존하는 중소 귀족층이 특히 더 경제적 곤경을 겪었다. 이들의 토지 재산과 그에 결부된 권력은 위로는 국왕과 제후들로부터, 아래로는 상승하는 부르주아들로부터 잠식되는 경향이 있었다. 이들 가운데 상당수는 자신이 보유한 소규모 장원을 부유한 부르주아에게 넘기고 '평민 귀족'이라는 표현이 어울릴 정도로 극히 미미한 수입으로 살아갔다. 그러나 또 다른 많은 귀족들은 국왕이나 제후에 대한 봉사나 전쟁 속에서 돌파구를 찾을 수 있었다. 어떤 귀족들은 국가 재정에서 점점 더 큰 몫을 차지하는 전비 지출과 약탈의 기회에 편승했고, 또 어떤 귀족들은 여느 부르주아들과 마찬가지로 대학 교육을 통해 '법의 기사'가 되어 관직에 진출하거나, 아니면 잉글랜드처럼 귀족의 상업 활동에 대해 좀 더 개방적인 곳에서는 직접 사업에 뛰어들기도 했다. 중세 말의 위기 속에서 귀족 사회가 근본적인 변형을 겪지 않은 것은 부유한 부르주아들이 공식적으로든 실질적으로든 귀족의 일원으로 편입되었기 때문이기도 하지만 귀족들이 다양한 활동 영역에서 새로운 활로를 찾았기 때문이기도 하다.

중세의 귀족은 혈통의 내력, 위신과 특권, 부, 활동 분야 등에서 실로 다양성을 띠고 있었다. 그럼에도 불구하고 중세에 귀족은 동질성을 띤 하나의 사회계급으로 자리 잡았으며, 이런 의미에서 중세는 서양 귀족의 전통이 뿌리 내리기 시작한 시대라고 할 수 있다. 귀족계급의 가장 중요한 특질 가운데 하나는 바로 그들이 누리는 자유와 여가에 있었다. 귀족은 대다수 인구를 짓누르는 굴욕적 예속성과 물적 부담에서 벗어나 있었다. '일하는 자들'의 땀과 고통으로 부양을 받고 그 대신 자신의 피와 칼로써 이들의 안전을 지키는 것이 '싸우는 자들'인 귀족의 본분이었다. 이러한 군사적 기능을 수행하기 위해서는 경제적·시간적 여유가 필수적이었다. 이른바 '귀족답게 산다'는 것의 첫 번째 요건은 농사나 장사 같은 일을 멀리하고 더 명예롭고 고상한 활동에 참여하는 것이었다. 공동체를 수호하기 위해 싸우는 것은 귀족 스스로 자임하고 사회가 그들에게 기대하는 가장 기본적인 책무였고, 또 이것이 그들이 누리는 특권과 호사를 정당화했다. 귀족적 삶의 중요한 일부였던 사냥과 마상시합은 오락이기에 앞서 평상시의 훈련이자 일종의 모의 전투였다. 성직이나 관직에 종사하는 것 역시 귀족에 걸맞은 공적 활동이었고 이를 위해 점점 더 많은 귀족들이 교양과 학식을 닦는 데 힘썼다. 궁정 생활에서 요구되는 정중하고 세련된 예절 또한 귀족 사회의 문화적 속성으로 스며들었다.

또 하나 중요한 귀족의 덕목은 선심이었다. 주종관계는 전사들 사이의 사적 계약관계이지만 이는 본래 아낌없이 베푸는 영주 어르신과 그에게 복종하고 충성하는 젊은 부하들 사이의 정서적 관계에서 출발했다. 이들에게 생계수단을 마련해줄 뿐 아니라 때때로 전리품을 푸짐하게 안겨주고 잔치를 베풀어 위로하는 것은 영주가 아랫사람들의 충성과 존경을 끌어내는 가장 중요한 수단이었다. 과시적인 자선과 소비는 귀족을 인색한 부르주아와 차별화하는 미덕이었다. 문학과 예술 또한 귀족의 이러한 미덕에서 나온 문예보호를 자양분으로 삼았음은 두말할 것도 없다. 이와 무관치 않은 것으로 체면과 명예는 모든 계층에게 중요했지만 특히 귀족에게는 생명만큼이나 소중했다. 수많은 금지 조치에도 불구하고 귀족들 사이에서 유독 끈질기게 잔존한 결투 관행이 한

'기사도의 꽃' 윌리엄 마셜.
윌리엄 마셜이 한 마상시합에서 긴 창으로 상대방을 공격해 낙마시키고 있다. 12세기 중엽 기사 집안의 네 번째 아들로 태어나 젊은 시절 마상시합을 전전하며 두각을 나타내고 초대 펨브로크 백작이 된 윌리엄 마셜은 자신의 무용으로 가장 높이 출세한 기사 가운데 하나였다. 그는 세 명의 잉글랜드 왕을 섬겼으며 말년에는 헨리 3세의 섭정을 맡기도 했다. 그는 1219년에 숨을 거두고 런던의 템플 처치에 묻혔다. 그의 생애는 기사 세계의 가장 역동적인 한 시대를 대변한다.

증거이다. 자신의 권리를 침해하는 왕권에 대한 저항 정신 또한 귀족 전통으로 스며들었다. 귀족은 지킬 권리가 많은 기득권 집단이었고, 그런 만큼 사소한 권리 침해에도 민감하기 마련이었다. 1215년 잉글랜드의 대헌장(Magna Carta)은 바로 국왕의 권리 침해에 대한 귀족들의 집단적 반발에서 비롯된 것이었다. 또한 잉글랜드 의회나 프랑스의 삼부회 같은 중세의 여러 신분제 의회들은 군주가 그 봉신들의 이해관계가 걸린 사안들에 대해 서로 머리를 맞대고 협의하던 관습에서 발전한 것이었다.

그러나 중세를 지나면서 귀족과 군주 사이의 힘의 관계는 후자 쪽으로 기울기 시작했다. 중세 말에 등장한 많은 기사단이 보여주듯이 기사제도는 실질적인 군사적 기능보다는 왕권이 귀족 사회를 통제하는 한 수단으로 이용되었으며, 전통적인 기사도는 왕권에 종속된 군율로 계승되었다. 이후 왕권에 의한 귀족 사회의 통제는 근대 절대주의 시대에까지 줄곧 이어졌고, 베르사유 궁이 상징하는 절대 왕권의 비호 아래서 그 신분의 특권과 전통 또한 명맥을 이어갈 것이었다.

3 '기도하는 자들': 성직자와 중세 교회

일하는 자들과 이들의 노동에 기생하여 부양받는 나머지 사람들, 싸우는 자들과 이들의 무력으로 보호를 받는 나머지 사람들 사이를 갈라놓은 것보다 더 원초적인 구분선은 극소수의 기도하는 자들과 일반 평신도 또는 속인들 사이에 있었다. 그 어느 시대보다도 신앙이 살아 있었던 중세에 중요했던 것은 영적인 것과 육적인 것, 신성한 신의 영역과 속된 인간 영역 사이의 구별이었다. 성직자는 여느 종교공동체의 단순한 지도자와는 달리 신과 인간 사이의 중개자라는 특별한 위상을 가진 존재였다. 성직자를 지칭하는 클레리쿠스(clericus)라는 라틴어는 본래 선별된 자를 가리키는 그리스어의 클레로스(kleros)에서 나왔다. 기독교의 경우 신의 선택을 받은 자로 해석되는 이들은 속인인 라이쿠스(laicus) 또는 일반 대중을 가리키는 플레브스(plebs)와 뚜렷이 구별되었다. 하지만 이러한 구별이 처음부터 엄연했던 것은 아니다. 모든 성직자에게 공통되는 형식적인 표지는 정수리 부위의 삭발이었다. 초대 교회 때부터 독신의 계율이 주교와 사제에게 부과되기는 했지만 이것이 엄격하게 적용되기 시작한 것은 11세기 말 교황 그레고리우스 7세의 개혁 이후부터였다. 중세 교회사의 한 분수령이 된 이 개혁은 봉건화의 물결 속에서 오염된 교회, 특히 성직자의 혼인과 성직매매 같은 오랜 폐단에 오염된 교회를 정화함으로써 궁극적으로 성직자를 속인과 차별화하려는 의도를 담고 있었다. 피와 섹스에 대한 금기의 준수는 신에게 좀 더 가까이 다가가며 신의 은총을 받고 나눠줄 수 있게 하는 필수적인 자질로 여겨졌던 것이다.

최초의 성직자들은 사도의 후계자로 로마 제국의 주요 도시들에 교회를 세운 주교들과 이들의 동역자로서 세워진 사제들이었다. 교회사가인 에우세비우스가 인용한 교황 코르넬리우스의 한 서한에 따르면, 252년경 로마교회에

"사제가 46명, 부제(副祭)가 7명, 차부제가 42명, 구마품(acolyte exorcist)이 42명, 강경품(lector)과 수문품(ostiary)이 합해서 52명"이 있었음을 알려준다. 이렇듯 이미 로마 제국 시대에 기독교 신자 수가 늘어나면서 사제품 이외에 다양한 품계의 성직자들이 세워졌음을 알 수 있다. 하지만 엄밀한 의미에서 성직자는 사제와 부제처럼 축성이나 안수를 통해 특별한 은사(카리스마)와 권능을 받고 성사(聖事)를 행하도록 부름받은 신의 사역자들이었다. 기독교 초창기의 선교 과정에서 등장한 이 성별화된 목자들은 자신의 입으로 무지한 양떼에게 신의 말씀을 전하고 자신의 손으로 신의 은총을 나누어주었다. 설교와 성사가 곧 이들에게 부여된 사명이요 독점적 권능이었다.

로마교회는 주교가 관할하는 교구(diocese) 단위로 조직되었다. 대개 교구는 로마 제국 말기의 주요 도시들에 세워졌으며, 그 중심지에 흔히 대성당이라고 불린 주교좌 교회(cathedral)가 있었다. 성직자와 신도가 주교를 선출하던 초기의 전통을 거슬러 오랫동안 주교의 선출이 황제와 국왕의 입김에 의해 좌우되었지만 서임권 투쟁 이후로는 주교좌 교회의 참사회가 선출권을 갖게 되었다. 참사회에서 선출되든 교황에 의해 임명되든 반드시 사제서품을 받은 사람이어야만 주교가 될 수 있는 것은 아니었다. 실제로 사제서품을 받지 않은 수도사들이 주교로 선출되고 나서 서품을 받고 축성받은 경우가 적지 않았으며, 심지어 사제서품을 받기에는 너무 이른 나이에 일찌감치 주교로 낙점을 받고

사도 베드로에게서 열쇠를 받는 교황 우르바누스 4세(재위 1378-1389) 우르바누스 4세가 바티칸의 교황 묘역에 안장된 사후에 조각된 이 이미지는 교황과 성인을 같은 반열에 놓고 교황이 성 베드로 자신으로부터 직접 열쇠를 받았음을 강조한다. 복음서에서 예수로부터 천국의 열쇠를 받았다고 기록된 베드로("내가 천국 열쇠를 네게 주리니 네가 땅에서 무엇이든지 매면 하늘에서도 매일 것이요 네가 땅에서 무엇이든지 풀면 하늘에서도 풀리리라… 마태 16장 19절)는 로마교회를 세운 사도로 알려졌고 그래서 후일 로마 주교가 수위권을 주장하는 이론적 근거가 되었다. 베드로가 살았던 때에는 교황 제도가 없었지만 이런 이유로 그는 초대 교황으로 떠받들어졌다.

자격이 되는 나이(대개 30세)까지 기다리는 경우도 있었다. 사도를 계승한 주교들은 그 명칭(라틴어 episcopus, 영어 bishop)이 가리키듯이 감독하고 감찰하는 교회의 눈과 같은 존재였다. 주교는 교구 내의 모든 성직자와 종교적 범죄에 대해서는 말할 것도 없고 평신도들 사이의 결혼, 장례, 유언, 서약에 의한 계약 등에 관한 모든 소송에 대해 재판권을 행사할 수 있었다. 왕권의 성장과 함께 이러한 교회의 재판권은 종종 성속 권력 사이에 빚어진 갈등과 분쟁의 불씨가 되곤 했다.

주교좌 교회에는 교구의 치리를 보좌하고 일종의 평의회 역할을 하는 참사회(chapter)가 있었다. 기독교 교회 초기에 교회에는 주교와 함께 생활하고 예배하며 교구 운영에 조력하는 사제단이 있었다. 이미 5세기 초에 작성된 성 아우구스티누스의 규칙이 이들의 공동생활에 대해 규정했다. 그러나 9-11세기 동안 세속화의 물결에 휩쓸려 공동생활을 포기하고 공동의 수입원 또한 참사회원 개개인의 성직록으로 분할하는 경향이 나타났다. 12세기에 새로운 개혁 수도회들의 영향으로 많은 참사회가 성 아우구스티누스 계율을 채택했으며, 특히 주교좌 성당 밖에서 공동생활을 하며 성무(聖務)에 전념하는 참사회 교회(Collegiate church)가 늘어났다.

본래 주교들의 도시에서 시작된 기독교 공동체는 꾸준히 주변 농촌 지역으로 확산되었고 농촌의 복음화에 따라 농촌 교회들이 세워지기 시작했다. 하지만 교회령이건 세속 영주령이건 농촌 마을들이 소교구(parish)로 조직된 것은 샤를마뉴 시대에 와서의 일이었다. 그리고 도시에도 이런 소교구가 조직된 것은 몇 세기 뒤 도시가 팽창하면서부터였다. 여하튼 그레고리우스의 개혁 이후 소교구는 로마교회의 세포조직이자 모든 신도의 신앙 생활이 이루어지는 터전이 되었다. 목자의 사명을 띤 사제들은 그에게 맡겨진 양떼의 영혼을 위해 기도하고 설교하며, 7성사 가운데 주교의 권한인 서품과 견진을 제외하고 세례, 결혼, 임종 그리고 성체와 고해 성사를 집전했다. 이들은 주로 관할 교구의 주교가 배정하거나 혹은 속인 후원자가 제공한 수입원과 십일조 및 각종 예식의 사례 수입 등으로 생계를 잇고 교회를 운영하며 때론 구호 활동을 벌였다. 마을 주민들에게 교회당은 신앙생활만이 아니라 사교 생활의 중심이기도 했다. 마을 주민들은 주일마다 교회당 앞마당에서 서로 만나 안부와 소식을 주고받고 축제를 함께 즐겼으며, 주위의 공동묘지에서 망자들을 애도하고 또 그들 자신이 그곳에 묻혔다.

한편, 설교하고 성사를 베풀며 세상 속에서 사역하는 이 재속(在俗)성직자들의 계서제와 별도로 일찍이 제도권 교회 밖에서 한층 더 경건하고 금욕적인 삶을 추구한 새로운 유형의 영적 엘리트들이 있었다. '수도사들의 아버지'로 이름난 성 안토니우스에서 '기둥 위의 고행자' 성 시메온에 이르기까지 3세기에서 5세기에 걸쳐, 이른바 '사막의 교부들'로 알려진 고행의 영웅들이 속속 등장했다. 특히 기독교가 로마 제국의 국교로 공인된 이후 관료화되고 통속화된 교회를 등지고 오지로 들어가 금욕과 고행의 삶을 실천하는 은수자들이 늘어났고, 대중 사이에 명망을 누리던 이 사부들 주위로 제자들이 모여들면서 수도자들의 공동생활이 시작되었다. 4세기에 북부 나일 강변에서 수도공동체를 이끌던 성 파코미우스가 처음으로 이런 공동체를 위한 규칙을 작성했고, 그와 더불어 동방 수도원운동의 창시자로 알려진 카이사리아 주교 성 바실리우스가 그 뒤를 이었다. 이후 일정한 '규칙'을 따르며 공동체 생활을 하는 수도성직자는 세상 속에서 평신도의 영혼을 보살피는 재속성직자와 더불어 교회 제도의 다른 한 축으로 확고히 자리를 잡게 되었다.

서유럽에서 수도원제도가 확산되고 확립하는 데 결정적으로 기여한 것은 6세기 초 성 베네딕투스의 『규칙』이었다. 동방에서 나온 기존의 규칙들과 교부의 저술 등을 균형과 중용의 정신으로 종합한 이 『규칙』은 서방 수도원 전통의 효시가 되었으니, 세상으로부터의 분리, 정주(定住) 및 공동생활, 가난·정결·순명의 서원(誓願), 그리고 하루 일곱 번의 공동 예배와 기도, 육체노동과 정신노동(독서와 필사)으로 짜인 일상이 바로 그 전통을 이루는 요소들이었다. 로마식 전례가 가톨릭교회의 표준으로 확립된 카롤링 제국 아래서 또한 제국 전역의 수도원들은 성 베네딕투스의 계율을 채택하도록 법제화되었다.

성 베네딕투스 계율의 정신은 10-12세기 수도원 개혁운동을 주도한 클뤼니(Cluny) 수도회와 시토(Citeaux) 수도회로 계승되었다. 910년경에 설립된 클뤼니 수도원은 봉건화의 물결 속에서 대영주들이 수도원의 재산과 수도원장직을 자신들의 사유물처럼 취급하는 경향에 맞서 세속 권력으로부터의 독립을 추구했다. 이를 위해 주교를 포함한 모든 외부 권력의 간섭에서 벗어나 오로지 교황에 직속하고 계율에 따라 자율적으로 수도원장을 선출했으며, 이 개혁의 취지에 동참하는 수많은 수도원들과 연대해 클뤼니 수도원장을 수장으로 하는 하나의 교단, 즉 수도회를 조직했다. 그러나 하나의 '수도원제국'을 이룩한 클뤼니 수도회의 부와 권력에 대한 회의는 11세기 후반에 더욱더 철저한 세상과의 단절, 금욕과 은둔을 추구하는 새로운 형태의 수도원운동을 낳았다. 그 중 '흰옷의 수도사들'로 알려진 시토 수도회는 클뤼니의 화려함을 비난하며 건축과 의식, 복장 등 모든 면에서 단순 소박함을 강조하고, 장원제에 근거한 지대 수입이 아니라 오로지 수도사들의 노동에 의한 자급자족을 추구했다. 하지만 시토 수도회 또한 눈부신 성공의 역설을 피하지 못해 애초의 개혁 정신이 부와 권력 속에 퇴색하고 말았다.

이렇게 전통적인 수도원 정신이 퇴조하는 가운데 도시 사회의 발달과 도시 대중의 성숙한 영적 욕구에 부응하는 새로운 유형의 수도사들이 13세기에 등장해 선풍적인 인기를 끌었다. 이들은 말하자면 수도성직자들의 '관조하는 삶(vita contemplativa)'과 재속성직자들의 '활동적인 삶(vita activa)'을 결합시켜, 수도사이되 청정한 수도원 경내에 칩거하는 것이 아니라 예수와 그 제자들처럼 대중에게 설교하고 탁발하며 세상을 떠돌았다. 에스파냐의 도미니쿠스 신부가 설립한 '성 도미니쿠스회' 또는 '설교자 형제회(Order of Preachers)'와 이탈리아 아시시 출신의 프란체스코(Francesco d'Assisi)가 설립한 '성 프란체스코회' 또는 '작은 형제회(Order of Friars Minor)'와 같은 탁발수도회는 무엇보다도 세속의 대중을 설득하

노동하는 수도사들.
〈욥기〉에 관한 시토 수도원의 해설 필사본에 적힌 한 머리글자의 장식 그림(12세기). 수도사들이 벌목 작업과 추수하는 모습을 묘사하고 있다. 1100년 무렵에 설립된 시토 수도회는 클레르보 수도원장 성 베르나르의 지도 아래서 크게 번성해 1153년 그가 임종할 당시 330여 수도원을 거느렸고 한 세기 뒤에는 소속된 수도원 수가 그 두 배가 넘었다. 시토 수도회는 장엄한 전례와 공동예배를 중시한 클뤼니 수도회에 비해 개인 기도와 명상, 육체노동에 더 많은 비중을 두었다. 수도원은 곳간과 포도주 저장고, 방앗간과 대장간 등이 두루 갖춘 하나의 '농장'이었다. 수도사들만으로 넓은 땅을 일구고 경작할 수 없었기에 농사일을 떠맡은 속인 형제들을 받아들였다.

고 계도하고 구제하는 사도적 미덕을 실천하고자 했다.

이렇게 재속성직자 및 수도성직자 신분을 주축으로 한 중세 교회는 모든 기독교인들에게 가장 중요한 영적인 봉사를 제공했다. 그들은 세례를 주고 설교하고 미사를 집전했으며, 신자들의 속죄를 위해 또는 축복을 위해 기도하고, 죄를 사해주고 망자의 명복을 빌어주었다. 하지만 어느 시대에나 한결같은 이런 본연의 종교적 기능 말고도 중세의 성직자들은 문화, 경제, 사회와 정치 등 여러 방면에서 다양한 기능들을 수행했다. 먼저, 이들은 중세의 기록 문자, 특히 성경의 문자였던 라틴어를 읽고 쓸 수 있는 거의 유일한 지식인들이었다. 지식인이라는 뜻의 '리테라티(litterati)'라는 라틴어는 중세에 성직자를 가리키는 단어였다. 성직자들이 문자와 지식을 독점했기에 오랫동안 수도원과 교회는 학문 기관이자 교육 기관의 역할을 했다.

중세 교회는 또한 거대 영지를 경영하는 경제 주체이기도 했다. 전체 농경지 면적의 3분의 1가량이 종교 기관에 속해 있었던 것으로 추정되며, 따라서 하나의 조직으로서 교회 자체가 중세 최대의 영주였다. 청빈의 이상을 실천하고자 했던 여러 수도회들이 성공의 결과 애초의 이상과 멀어질 수밖에 없었던 것은 바로 그 개혁 수도회들조차도 영주제의 틀을 벗어나지 못했기 때문이다. 한편, 수도원들은 많은 경우 넓은 영지를 직접 경영해 농업 기술의 개량과 합리화에 이바지했으며, 특히 황무지로 들어간 시토회 수도원들은 개간사업에

이탈리아의 레카나티에서 설교하는 성 도미니쿠스. 3세기 전 도미니쿠스가 이 도시를 방문해 설교한 것을 기념하기 위해 제작한 제단화의 일부로 이 그림에서 도미니쿠스는 자신의 이름을 딴 교회 앞 광장의 연단에서 도시의 청중들에게 설교를 하고 있다. 13세기에 교회는 도미니쿠스회와 프란체스코회 같은 새로운 탁발수도회를 대중 교화의 수단으로 활용했다. 이 두 수도회는 사제들의 영역이었던 설교 활동을 펼쳤으며, 토지를 기증받는 대신 대중의 보시에 의존하는 방식으로 가난을 실천하고자 했다. 초창기에 이들은 프랑스 남부와 이탈리아 중부에 만연한 카타리파 등의 이단과 맞서 싸우는 데 진력했다.

혼인 성사.
오랫동안 양가의 합의에 따른 사적 계약일 뿐이었던 결혼은 12세기 중엽에 페트루스 롬바르두스가 편찬한 『전거집』에서 성사 가운데 하나로 언급되었다. 결혼이 성사가 됨으로써 교회는 두 남녀의 결합을 증거하고 그에 관한 일들을 심판하는 역할을 맡게 되었다. 결혼의 성립 또는 해소, 부부 사이의 의무와 성 관계 등 사생활의 많은 문제들이 교회의 통제를 받게 된 것이다.

서 두각을 나타냈다. 집안의 재산을 일부 물려받은 귀족 태생의 성직자들은 말할 것도 없고 대부분의 성직자들은 교회와 수도원의 부에 기대어 일반 대중에 비해 상대적으로 안락한 삶을 누릴 수 있었다. '빈민과 과부, 고아들'에 대한 교회의 구휼 및 자선 활동 역시 그러한 부에 기반을 둔 것이었다.

중세 교회의 가장 두드러진 기능은 개인과 사회에 대한 통제에 있었다. 성직자들은 죄와 벌에 관한 갖가지 예화(例話)와 종규, 교리 등을 앞세워 개인의 도덕을 규율하고, 1215년 제4차 라테라노 공의회에서 모든 신자에게 의무로 부과된 고해 성사를 통해 개인의 양심을 감찰했으며, 결혼 성사를 통해 부부의 성생활까지 규제하고 간섭할 수 있었다. 또한 도덕적 권위와 사법권을 통해 이단은 물론 사회적 일탈 행위 및 집단을 규정하고 배제시켰으며, 노동과 공정가격, 이자 등에 관한 일련의 규범을 제시하여 사회의 경제 윤리를 지도했다. 특정한 사회집단에 대한 통제의 가장 뚜렷한 예는 서기 1000년을 전후한 시기에 혼란의 주범인 기사들의 무분별한 폭력을 규제하기 위해 벌인 캠페인, 즉 '신의 평화'와 '신의 휴전' 운동일 것이다. 전자는 성직자를 비롯해 무장하지 않은 민간인을 상대로 한 기사들의 폭력 행사를 금지하는 것이었고, 후자는 사순절과 주일 등 교회가 지정한 성스러운 기간에 일체의 전투 행위를 금지하는 것이었다.

11세기 말부터 교회의 선전으로 시작된 십자군 원정은 기사들의 폭력을 기독교 세계 밖의 이교도를 향하게 함으로써 폭력배나 다름없던 기사들을 이른바 '그리스도의 전사(milites Christi)'로 탈바꿈시키려는 것이었다. 기사서임식에 성직자가 입회해 기사에게 수여할 검과 깃발을 축복하는 관행 또한 전사의 무력에 종교적 사명을 불어넣으려는 교회의 염원을 담고 있었다. 즉위하는 국왕의 축성식에도 비슷한 염원이 담겨 있었다. 교회는 국왕을 도유(塗油)하여 그에게 신성한 카리스마를 불어넣음으로써 그를 가톨릭 신앙의 수호자요 교회와 성직자들의 보호자로, 그리고 평화와 질서와 정의의 사도로 세우고자 했다. 신성한 왕권이란 자칫 교회 권력에 위협이 될 소지가 있었지만 여하튼 그 이데올로기는 성직자들을 통해 생산되고 유포되었다. 3신분의 이데올로기도 마찬가지였다. 인간의 원죄로 말미암아 태초부터 사회가 '기도하는 자', '싸우는 자', '일하는 자', 이렇게 세 위계로 나뉘어져 있다는 담론은 사회적 불평등을 신의 뜻으로 내세워 고착화하고, 노동하는 계급에 대한 착취의 현실을 호도하며, 성직자의 도덕적 권위와 영도적 지위를 정당화하는 것이었다.

이렇듯 교회가 개인의 내면에서부터 사회와 정치에 이르기까지 거의 모든 영역에 관여하고자 했던 종교적 행동주의는 중세 교회의 가장 두드러진 특징이었다. 교회가 종교의 틀을 넘어 세속사에 적극적으로 개입하고 실제로 상당한 지배력을 행사할 수 있었던 것은 주교나 수도원장 같은 고위성직자들을 비롯해 교회 조직 자체가 봉건 질서의 일부였기 때문이기도 하지만 무엇보다도 신앙이 당시 사람들의 삶과 의식을 지배할 수 있었던 비옥한 심성적 토양이 존재했기 때문이기도 하다. 그러나 세속사에 대한 교회의 이 같은 개입은 본연의 영적 기능을 침식하는 다양한 부작용을 낳았고, 그에 따라 교회의 권력에 대한 회의와 도전이 점점 더 고개를 쳐들었다. 교회가 고착시키고 정당화하고자 했던 봉건 질서 또한 장기적으로 변형을 겪게 되었다. 그것은 한편으로는 도시를 본거지로 한 부르주아라는 새로운 사회 세력의 성장에 의해서, 그리고 다른 한편으로는 사회의 위계질서를 통제하고 보증하는 국왕 주권의 성장에 의해서 서서히 침식되고 변형될 것이었다.

8

중세 유럽의
문화와
타 문명과의 교류

성백용·남종국

1 중세 유럽의 문화

4세기 이후 수세기에 걸친 게르만족의 이주와 침입으로 고대 로마 문화는 크게 파괴되었고, 특히 문학은 물론 기록 문화 전반에 걸쳐 그 수준이 크게 후퇴했다. 흔히 중세를 가리켜 '암흑 시대'라고 하는 것은 지나친 단견임에 틀림없지만 적어도 중세 초의 기록 문화에 국한한다면 일리가 있는 표현이다. 그렇다 해도 로마 문화가 완전히 파괴되어 말 그대로 야만 상태로 떨어진 것은 아니었다. 로마인이나 로마화된 갈리아 원주민들(갈로-로마인들)에 비하면 극소수에 불과했던 게르만족은 이탈리아를 지배한 동고트족의 수장 테오도리쿠스 대왕의 예에서 잘 나타나듯이 로마인의 문화를 존중하고 자신들의 문화와 융합하고자 했다. 예컨대 법전을 갖고 있지 않았던 프랑크족은 이미 클로비스 시대에 자기 종족의 관습을 라틴어로 성문화했다. 무엇보다도 중요한 것은 이교도였거나 아니면 로마인들이 보기에 이단이었던 여러 게르만 종족들이 프랑크족을 필두로 로마인들이 믿는 것과 같은 기독교 신앙으로 개종했고, 기독교라는 이 공통의 신앙을 통해서 로마 문화와 융합할 수 있었다는 사실이다. 기독교는 말하자면 서로 다른 종족과 문화를 이어주는 교량이자 접착제 역할을 했던 것이다.

중세 초기의 혼란 속에서도 여하튼 문명의 등불은 결코 꺼지지 않고 명맥을 이어갔다. 그리고 1000년을 고비로 중세 사회가 서서히 안정을 되찾으면서 새로운 활력을 얻게 되었고 마침내 12-13세기에 와서 활짝 꽃을 피우게 되었다. 그렇게 꽃을 피운 중세 유럽의 문화는 이질적인 문화적 전통과 요소들이 어우러져 새로운 특색을 갖게 된 기독교 중심의 문화였다. 태어나면서부터 죽을 때까지 중세인들의 일상과 의식을 지배한 기독교는 거의 1000년에 걸쳐 학문과 예술 등 여러 면에서 중세 문화를 지배했다.

기독교와 그 진리를 대변하는 교회는 무엇보다도 지식과 학문에서 절대적인 권위를 가지고 있었으며, 신앙과 신학이 이성과 철학보다 우위에 있었다. 기독교 세계의 지적 헤게모니가 대학으로 넘어가기까지 오랫동안 수도원은 학문과 교육의 중심지였다. 특히 '카롤링 르네상스' 이후 수도원의 필사실과 도서실은 고전 문헌을 보전하고 연구해 학문 발전의 기틀을 마련했다. 도시의 발달과 교회의 개혁이 활기를 띠면서 12세기에 이르러 주교좌 교회의 권위와 영향력이 커지고, 이와 더불어 문화적 주도권이 수도원에서 대성당의 부속학교로 서서히 이동하기 시작했다. 이른바 '12세기 르네상스'는 주로 이러한 수도원과 대성당에 부속된 학교, 즉 스콜라(schola)와 스콜라 학자(scholastic) 들을 중심으로 일어났다.

이 르네상스의 핵심은 중세에 '그 철학자(the Philosopher)'로 통한 아리스토텔레스의 철학이 부활한 것이었다. 아리스토텔레스를 비롯한 그리스 철학자들의 저술은 일찍이 중동의 무슬림 학자들에 의해 아랍어로 번역되었다. 이것이 무슬림 지배하의 에스파냐에서 유대인 학자들에 의해 다시 라틴어로 번역되어 서유럽에 소개되었고, 이 과정에서 아비센나(Avicenna, 이븐 시나), 아베로에스(Averroes, 이븐 루쉬드) 같은 무슬림 철학자와 마이모니데스(Maimonides) 같은 유대인 학자의 저술이 아울러 소개되어 유럽에 새로운 지적 활기를 불어넣었다. 이를 계기로 해서 탄생한 것이 바로 스콜라 철학(scholasticism)이었다. 성경이나 교부의 권위에 기대어 믿어온 사람들에게 이성적 추론에 따른 진리의 추구를 논한 아리스토텔레스의 철학은 하나의 도전이 아닐 수 없었다. 스콜라 철학자들은 이성에 근거해 기독교 신앙의 진리를 입증하고자 했다. 요컨대 신앙과 이성을 조화시키는 것이 그들의 당면 과제였다.

이러한 스콜라 철학의 지향을 잘 보여주는 것이 이른바 '보편논쟁'이다. 우리 정신 안의 보편개념에 상응하는 것이 정신 밖에 실재하는가, 이를테면 개별적 교회들을 떠나서 보편적 교회라는 것이 실제로 존재하는가 하는 질문을 놓고, 보편개념이 실재한다고 주장하는 실재론(實在論, realism)과 그러한 개념은 사람이 이름을 붙인 것에 불과하다는 유명론(唯名論, nominalism)이 극단적으로 맞섰다. 이 두 극단론에 대해 아벨라르는 보편개념은 실재하되 그것을 내포하고 있는 개체들을 떠나서 별개로 존재하는 것은 아니라는 절충적인 견해를 내놓았다. 이러한 대립된 견해들은 13세기에 『신학대전』을 저술한 아퀴나스에 의해 종합되었다. 온건한 실재론자인 아퀴나스는 아리스토텔레스의 철학에 의거해서 가톨릭 교리의 체계를 완성했다. "은총은 자연을 파괴하는 것이 아니라 완전하게 만든다"라는 그의 유명한 말은 신비한 초자연적 진리가 합리적인 자연의 진리와 모순되는 것이 아니라 오히려 그것을 보완해주는 것임을 의미했다.

그러나 아퀴나스가 이룩한 이러한 종합은 중세 말에 프란체스코회 수도사인 둔스스코투스나 오컴과 같은 유명론자들로부터의 신랄한 비판과 도전에 직면하게 되었다. 이들은 신의 존재와 같은 신학상의 진리 또는 기독교의 초자연적 신비를 신의 계시가 아닌 인간의 이성으로 증명하기란 불가능하다는 입장을 취함으로써 스콜라 철학의 토대를 뒤흔들었다. '오컴의 면도칼'이라는 표현이 대변하듯이 신앙과 이성, 신학과 철학의 영역을 엄격히 구별하는 이러한 사상은 인간의 이성으로 인식할 수 있는 대상을 자연 세계에 한정했으며, 이는 베이컨의 사상과 마찬가지로 실험과 수학적 방법에 기대어 자연에 대한 합리적 인식을 추구한 근대 과학 정신과 통하는 면이 있었다. 또한 인간의 이성으로 인식할 수 없는 신의 자유와 권능을 강조한 것은 16세기의 프로테스탄티즘과도 통하는 면이 있었다.

윌리엄 오컴

스콜라 철학은 처음에는 수도원이나 대성당에 부속된 학교에서 자라났으나 그것이 크게 발전한 것은 대학에서였다. 12세기에 이르면 대성당 주위에는 성직자를 양성하기 위한 학교들이 들어서 있었으며, 이러한 학교들 가운데 몇몇이 이 시기에 지식인들 사이에 널리 퍼진 새로운 지적 활기 속에서 최초의 대학으로 발전했다. 라틴어로 대학을 일컫는 '우니베르시타스(universitas)'는 원래 '전체'라는 뜻이지만 길드를 가리키는 말이기도 했다. 대학은 말하자면 지식인들의 길드로, 이러한 길드가 처음 조직된 곳은 이탈리아의 볼로냐와 프랑스의 파리였다. 볼로냐 대학은 로마법학자 이르네리우스(Irnerius)의 명성을 따라 모여든 학생들이 조직한 길드였으며, 1200년에 존엄왕 필리프 2세가 부여한 특허장에서 처음 언급되는 파리 대학은 노트르담의 성당학교와 아벨라르 같은 저명한 신학자의 명성에 끌려 모여든 교사들의 길드였다.

볼로냐 대학에서는 길드를 대표하는 학생장이 사실상 대학총장으로서 학위수여에 관한 업무를 제외하고 교사 초빙이나 수업과 재정 등 대학 운영 전반에 걸쳐 주도권을 가졌으며, 파리 대학에서는 그러한 주도권이 교사 조합의 수중에 있었다. 중세 말에 가서는 대학 운영이 결국 교사들을 중심으로 이루어졌지만, 초창기에 학생이든 교사든 조합을 결성한 이유는 각지에서 모여든 학자들이 시민권이 없는 이방인의 처지에서 자신들의 안전과 권익을 보호하기 위해서였다. 볼로냐와 파리에 이어 잉글랜드의 옥스퍼드와 케임브리지에도 대학이 등장했으며, 이후 13-15세기 동안 유럽 각지에 많은 대학들이 설립되었다. 초창기의 자생적인 대학들과 달리 후기에는 군주와 제후, 교황을 비롯한 고위 성직자 등 성속의 권력자와 도시 당국의 후원에 의해 세워진 대학들이 많았다.

어느 경우든 대학들은 교회와 세속 권력의 간섭과 통제에서 벗어나 자율적으로 대학을 운영할 수 있는 광범위한 권리를 얻어나갔다. 대학인들은 성직자에 준하는 사법상의 면제권을 누렸으며 대학 총장이 대학 구성원과 관련자들에 대한 사법권을 행사했다. 상인 및 수공업자 길드에 도제, 직인, 장인과 같은 위계서열이 있는 것과 마찬가지로 지식인들의 길드인 대학에서도 단계적인 진급 및 자격 취득 과정이 있었다. 일단 대학에 입학한

상아탑의 교육 과정.
1500년경 독일에서 제작된 판화. '문법'을 상징하는 여인이 한 소년에게 철자가 적힌 판을 건네면서 지식 탑의 문을 열쇠로 열고 있다. 탑 안에는 대학 학위를 얻기까지의 다양한 학문 분야를 대표하는 인물들이 있다. 아래층 방들에서는 도나투스와 프리스키아누스가 모든 학생들이 필수적으로 배워야 하는 문법을 가르치고 있다. 그 위로 아리스토텔레스(논리), 키케로(수사학), 보에티우스(산술), 피타고라스(음악), 유클리드(기하), 프톨레마이오스(천문)가 있다. 그 다음 세네카(도덕철학), 자연철학 또는 과학을 나타내는 한 학자가 있고, 꼭대기에는 신학과 형이상학을 상징하는 페트루스 롬바르두스가 있다. 이 꼭대기까지 오르면 중세 대학의 전 과정을 이수한 것이다.

학생은 주로 문법과 논리학을 배우고 소정의 과정을 이수하면 문학사가 되었다. 학사는 교사의 도제로서 새로운 신입생을 지도하면서 몇 년 동안 수련 과정을 마치면 완전한 교사자격을 갖춘 문학석사가 되었다. 석사는 더 이상 수업을 하지 않고 자유 교양교과의 교사가 될 수도 있고, 아니면 상급 학부에 진학해 더욱더 긴 수업 과정에 들어갈 수도 있었다. 이런 상급 학부에는 신학, 법학(교회법과 로마법), 의학 전공 과정이 있었으며, 해당 과정을 이수하면 박사가 되었다. 예컨대 '모든 학문의 여왕'으로 통했던 신학 박사가 되려면 사실상 14년 이상의 수련을 거치고 35세 이상이 되어야 했다. 그래서 젊은 학생들이 어려운 신학을 기피하고 돈벌이가 되는 법학과 의학으로 몰리는 세태를 개탄하는 목소리가 신학자들 사이에서 간간이 나오기도 했다.

　부유한 집안의 학생들은 숙소를 마련하고 심지어 하인까지 두고서 학교에 다녔지만, 대부분의 학생들은 형편이 매우 옹색했고 여럿이서 집을 세내어 함께 사는 학생들도 있었다. 이런 가난한 학생들을 위해 독지가들이 기숙사를 설립하고 이곳에서 교사들이 학생들의 생활과 학업을 지도하면서 칼리지(College)가 탄생하게 되었다. 파리의 소르본, 옥스퍼드의 머튼 칼리지, 케임브리지의 피터하우스(Peterhouse) 등은 13세기 후반에 세워진 최초의 칼리지들이었다. 변변한 건물이나 강의실이 없었던 상황에서 종종 도서실까지 갖춘 칼리지들은 수업하고 연구하기에 아주 좋은 시설이었다. 이런 칼리지들이 점점 더 늘어나고 독자적인 교수진과 운영권을 가지게 되면서 중세 말에는 대학 교육의 상당 부분을 이런 칼리지들이 담당하게 되었다.

　대학은 13세기에 탄생한 이후 급속히 늘어나 1450년 무렵에 이르면 거의 50개에 달했다. 그러나 중세 말에 대학은 지식 기관으로서 초창기처럼 활력을 띠지 못했다. 대학 자체가 하나의 기득권 집단이 되었을 뿐만 아니라 학문을 연구하는 학자들보다는 국가나 교회의 충복들을 더 많이 배출하게 되었고 이와 함께 정치권력과 점점 더 긴밀히 뒤얽히게 되었다. 스콜라 철학 또한 활력을 잃어버렸으며, 군주의 궁정이 새로운 지식 문화의 중심지로 떠올랐다. 사제직은 물론이고 지적·공적 영역에서 소외되었던 여성들은 새로운 교육기관으로 등장한 대학에도 역시 발을 들이지 못했다. 더욱이 대학의 학위제도가 장차 특정한 직업의 자격 조건과 결부되면서 여성들은 의사, 법률가, 교수 같은 전문직에서 제도적으로 배제되기 마련이었다.

그럼에도 불구하고 중세 대학은 역사적 의의가 자못 심대한 중세의 문화적 성취였다. 중세 대학은 로마 제국의 멸망 이후 문명의 등불을 근근이 보존해오던 수도원과 성당 학교에 뒤이어 지식 생산과 전수의 중심지로 자리 잡았고, 이로부터 시작된 대학의 지적 헤게모니는 오늘날까지 이어지고 있다. 학문의 중심이 종교기관에서 세속적인 대학으로 이동함으로써 오랫동안 성직자들이 독점하던 지적 활동의 저변이 훨씬 더 넓어진 것 또한 문화사적으로 의의가 대단히 큰일이었다. 또한 대학과 더불어 지적 노동의 대가로 살아가는 새로운 유형의 지식인 계층이 등장했을 뿐 아니라 수많은 사람들에게 대학이 새로운 신분상승의 통로로 구실하게 되었다는 점 또한 그 의의가 적지 않은 일이었다.

대학과 아울러 우리 눈으로 볼 수 있는 중세 문화의 가장 두드러진 성과는 미술 분야, 특히 교회와 수도원 등의 종교적 건축이다. 프랑스의 문호 빅토르 위고의 표현처럼 중세인들은 그들의 사상을 돌에 기록했다. 교회 건축은 아마도 중세에 최대의 자금과 인력이 동원되고 대중의 관심을 가장 많이 끈 사업이었을 것이다. 그것은 또한 중세가 신앙의 시대였음을 보여주는 상징인 동시에 중세 도시의 경제적 번영과 활력을 보여주는 증표이기도 하다.

샤를 6세의 왕비 바이에른의 이자보에게 자신의 책을 바치는 크리스틴 드 피장.
크리스틴 드 피장은 베네치아의 의사이자 점성가로 프랑스 국왕 샤를 5세의 궁정에서 봉사했던 아버지에게서 수준 높은 교육을 받았다. 15세에 결혼했으나 10년 만에 남편을 여의게 된 그녀는 문필 활동으로 여러 궁정의 후원을 받아 세 자녀를 키웠다. 다양한 장르의 작품들을 통해 여성에 대한 사회적 차별에 항의하고 여성의 교육과 역할을 강조하여 그녀는 중세의 페미니스트 작가로 평가받고 있다. 실제로 중세의 여성은 일반적으로 공적 영역에서 배제되었고 교육에서도 차별을 받았다. 극소수의 여성들만이 가정이나 수녀원에서 교육을 받을 수 있었다.

로마 제국의 멸망 이후 수세기 동안 서유럽의 건축은 이렇다 할 만

위 이탈리아 로마에 있는 바실리카 양식의 산타 마리아 마조레 대성당.

아래 이탈리아 베네치아에 있는 비잔틴 양식의 산마르코 대성당.

한 변화가 없었다. 로마 제국 말기에 평평한 나무 천정에 직사각형 형태로 지어진 바실리카 양식이 여전히 이탈리아 등지에서 지배적이었고, 라벤나나 베네치아처럼 동로마 제국과 가까운 지역들에는 일찍이 비잔틴 양식이 도입되었다. 교회 규모 또한 그리 크지 않았다. 샤를마뉴가 아헨에 지은 아담한 8각형 돔 구조의 성당이 1000년경까지 서유럽에서 새로 지어진 교회 가운데 가장 큰 것이었다. 그런데 이 시기를 전후해 바이킹의 침입으로 불타버린 많은 교회를 재건하는 등 대규모 건축 사업이 시작되었을 때 아치형 또는 궁륭형 천장을 얹은 로마네스크 양식이 본격적으로 도입되었다. 이 육중한 돌 천정의 무게를 지탱하기 위해 벽은 두꺼워졌고 창문도 아주 좁고 적게 낼 수밖에 없었다. 그래서 로마네스크 양식으로 지어진 교회의 외관은 말 그대로 '하느님의 요새'처럼 견고해 보였고, 하느님의 전당에 걸맞지 않게 내부로 들어가면 다소 어두운 것이 흠이었다.

이런 단점을 극복한 것이 12세기 중엽에 프랑스 북부에서 나타난 고딕(Gothic) 양식이었다. 그것은 뾰족한 아치와 대각선상의 두 기둥을 늑골로 연결해 천정의 하중을 줄이고 건물 외벽에 마치 배의 노처럼 뻗어 나온 부벽(flying butress)으로 벽의 하중을 지탱하는 등 혁신적인 건축 요소들을 도입했다. 이렇게 새로 고안된 건축기법으로 건물의 하중을 분산시킴으로써 벽과 기둥을 좀 더 얇고 높게 세울 수 있었을 뿐 아니라 창문을 훨씬 더 넓고 많이 내어 실내에 환한 빛을 끌어들일 수 있었다. 웅장한 실내에 성서나 성인의 이야기를 수놓은 사방의 색유리창(stained glass)—이른바 '무식하고 가난한 이들의 성서'—을 통해 들어오는 색색의 빛깔은 실내를 장식한 수많은 경건한 조각상들과 함께 화려하면서도 신비로운 분위기를 자아냈다. 역시 화려하게 장식된 정면 현관 위로 우뚝 솟은 첨탑들은 마치 도시의 자존심과 아울

로마네스크 양식의 이탈리아 피사 대성당

좌 13세기 초 렝스 대성당의 건축. 당시 건축가 빌라르 드온쿠르가 그린 설계도면. 본당 외벽에 덧댄 부벽은 궁륭 천정의 무게와 압력을 감당하여 벽을 훨씬 더 크고 높이 세울 수 있게 해주었다. 렝스 대성당의 경우 궁륭 천정의 높이는 약 35미터에 달했다. 부벽을 건물 본채 밖으로 과감하게 노출시킴으로써 외관이 더 화려하고 입체적으로 보일 뿐만 아니라 아치형의 창문 열을 통해 더 많은 빛을 실내로 끌어들일 수 있었다.

가운데 샤르트르 대성당의 내부. 12세기 말에서 13세기 중엽 사이에 지어진 샤르트르의 노트르담 성당은 건물 길이가 130미터에 높이 100미터가 넘는 첨탑, 2,000여 개의 조각상, 직경 10미터가 넘는 거대한 장미창과 수많은 스테인드글라스를 지닌 최고의 고딕 성당 가운데 하나이다. 두 개의 뾰족한 아치와 교차하는 늑골로 각 4면으로 나뉜 높은 궁륭 천정이 우아하면서도 웅장한 느낌을 준다. 게다가 이 성당은 성모 마리아의 내의 등 여러 성유물을 간직하여 오래전부터 인기 있는 순례지로 이름나 있다.

우 캠브리지 킹스 칼리지 예배당. 1446년에서 1515년 사이에 단조로운 구조로 지어진 킹스 칼리지는 영국 수직 건축양식의 대표적인 예이다. 벽면의 대부분을 차지하는 색유리창이 실내를 빛으로 가득 채우며, 후기 고딕 양식에서 등장하는 부채꼴 궁륭은 두드러진 장식 효과로 눈길을 끈다.

러 천국을 향한 신자들의 염원을 담은 듯했다. 도시의 부와 신앙심을 상징하는 고딕 성당들은 야만스러운 게르만족 스타일이라는 경멸의 뜻으로 갖다 붙인 '고딕'이라는 명칭이 무색하게, 중세가 암흑 시대이기는커녕 찬연한 빛과 아름다움을 추구한 시대였음을 여실히 보여준다.

중세는 분명 기독교 신앙이 살아 있던 시대였지만 그렇다고 해서 그것이 중세 유럽인들의 생활과 문화를 전면적으로 그리고 획일적으로 지배한 것은 아니었다. 세속적인 습속과 문화 또한 중세 유럽인들의 삶에서 줄곧 중요한 일부로 존속했으며, 심지어 신앙의 영역에서조차 성직자·지식인들의 엄격한 교리와 일반 대중의 이교적인 습속 사이에는 아주 큰 차이가 있었다. 문맹이었던 농민들은 일상생활에서 신성모독적인 언행을 일삼았고 축제 때는 폭음폭식에 고성방가하며 난잡하고 난폭한 놀이와 노름 따위를 즐겼다. 도시와 상업이 발달함에 따라 도시 주민들 사이에서도 현세적인 태도와 문화가 자라나기 시작했다. 중세 후기에 도시의 향락과 사치를 비난하며 회개를 외치는 설교자들의 목소리가 날로 높아진 것도 우연이 아니었다. 거꾸로 속인 대중의 정서를 반영한 민담이나 우화 등의 풍자문학에서 '신부(神父)의 여자'나 '바람둥이 수도사'는 단골로 등장하는 인물이었다. 이렇듯 중세인들의 생활과 문화는 종교적인 측면과 세속적인 측면이 기묘하게 어우러져 있었다.

이 같은 양면성을 아주 잘 보여주는 중세 문학은 두 가지 언어, 즉 성직자 및 지식인의 언어인 라틴어와 사람들이 일상적으로 쓰는 속어(俗語, vernacular)로 씌어졌다. 라틴어는 교회와 신학의 언어였고, 학교에서 가르치고 배우는 언어였다. 라틴어를 자유자재로 구사할 수 있었던 성직자와 지식인들에게 그것은 죽은 언어가 아니었으며, 이 공통의 언어 덕분에 그들은 언어의 장벽을 뛰어넘어 국제적으로 소통할 수 있었던 유일한 계층이었다. 많은 연대기와 역사서, 전기와 성인전 등이 라틴어로 지어졌다. 고전 시대의 시로 착각할 만큼 훌륭한 시도 간혹 있기는 했지만 대부분의 작품들은 문학적인 수준에서 그에 미치지 못했다. '골리앗 시인들(Golliards)'이라고 불린 방랑 지식인들이 12-13세기에 라틴어로 쓴 서정시들은 특이하게도 교황을 비롯한 성직자들의 타락상을 풍자하고 사랑과 술을 찬양하는 반항적인 정서를 노골적으로 표현했다.

속어문학은 12세기부터 점점 더 많이 생산되고 필사본이나 구전으로 더 널리 유포되었다. 가장 두드러진 장르는 전사 영웅들의 무공을 그린 무훈시(chanson de geste)와 로망(roman) 등의 기사 문학이었다. 이것의 기원에 대해서는 이론이 분분하지만, 음유시인들의 주된 청중이 작품의 등장인물들과 같은 봉건계급의 남성들이었다는 데에는 이견이 없다. 『베오울프(Beowulf)』나 『니벨룽겐의 노래(Nibelungenleid)』, 바이킹의 모험을 그린 사가(saga)들처럼 이교도 시대의 영웅을 배경으로 한 작품들도 있지만, 대부분의 작품들은 기독교화된

『캔터베리 이야기』의 등장인물들이 그려진 벽화. 미국 국회의사당 도서관

기사도 및 봉건적 규범을 대표하는 인물들을 다뤘다. 그중 가장 유명한 예로 샤를마뉴의 에스파냐 원정을 배경으로 한 『롤랑의 노래(Chanson de Roland)』와 에스파냐 재정복운동 시대의 영웅 엘시드의 행적을 그린 『엘시드의 노래(Cantar de Mio Cid)』 같은 서사시, 아서 왕과 원탁의 기사들로부터 훗날 성배(Holy Grail)를 찾아 떠나는 기사들의 모험담을 그린 일련의 로망들이 인기를 끌었다.

이런 이야기들을 제후의 궁정에 기거하는 기사들에게 퍼뜨린 이들은 그 궁정 주인의 후원을 받는 음유시인들로 프랑스 남부의 트루바두르(trouvadour)와 북부의 트루베레(trouvère), 독일의 민네징거(minnesinger)들이었다. 최초의 음유시인들은 11세기 말 프랑스 남부에서 쓰는 오크(oc)어로 연애시를 짓고 읊은 서정시인들이었다. 이 새로운 문학 장르는 그 자신이 시인이기도 했던 아키텐 공작 기욤 9세의 후원 아래 인기를 얻고, 그 손녀로 아키텐 공작령의 상속녀인 알리에노르(Aliénor, 또는 엘러너 Eleanor)가 프랑스 왕 루이 7세의 왕비가 되면서 프랑스 북부로 전해졌다. 이들은 흠모하는 귀부인의 마음을 얻기 위해 자신의 용감함과 고결함, 열렬한 애정과 헌신을 증명함으로써 마침내 그녀와의 낭만적 사랑에 이르는 젊은 기사들의 로맨스, 이른바 '궁정식 사랑'을 유행시켰다. 대표적인 예로 알리에노르의 딸 마리가 그 여주인이었던 샹파뉴 백작의 궁정에서 활동한 르샤플랭은 12세기 말에 궁정식 사랑의 안내서인 『사랑에 관하여(De Amore)』를 저술했고, 같은 시기에 활동한 드트루아는 트리스탄과 이졸데의 전설이나 아서왕과 그 기사들의 이야기에 궁정식 사랑을 결합시켜 큰 성공을 거두었다.

끝으로, 중세 문학의 기념비적 작품으로 14세기 초에 나온 단테의 『신곡(Divina Commedia)』과 같은 세기 말에 나온 초서의 『캔터베리 이야기(The Canterbury Tales)』를 꼽을 수 있다. 먼저 단테의 『신곡』은 고전 문화, 당대의 신학과 철학, 역사와 과학 등에 대한 해박한 지식과 통찰력, 풍부한 상상력과 표현력으로 그가 지옥과 연옥, 천국을 여행하는 과정에서 만난 수많은 인간 군상들에 생명력을 불어넣는다. 이 대서사시는 흔히 토마스 아퀴나스가 『신학대전』에서 이룬 종합을 문학으로 성취했다고 평가되듯이, 선과 악, 죄와 벌, 인간의 본성과 구원의 가능성 등에 대한 그 시대의 가치관과 비전을 웅대하면서도 생생하게 표현하고 있다. 한편, 초서의 『캔터베리 이야기』는 순교자 성 토머스 베케트의 무덤을 찾아 캔터베리로 향하는 14세기 말 영국의 순례자 무리를 통해서 요지경 같은 이승 세계의 '인간 희극'을 펼친다. 당시 사회의 축소판처럼 여러 신분과 직업을 대표하는 다양한 화자들이 번갈아가며 이야기보따리를 풀어놓는다. 낭만적인 연애담과 추잡한 음담패설, 경건한 신부의 설교와 성직자들의 꼴불견에 대한 풍자, 요조숙녀의 이야기와 여성의 잠자리 주도권을 설파하는 이야기 등 서로 아귀가 맞지 않은 이야기들, 그리고 그 화자들의 개성에 대한 생동감 넘치는 묘사는 새로운 시대로 넘어가는 한 사회의 풍경을 프레스코화처럼 보여준다.

2 지중해 교류의 확대

 십자군 전쟁만큼 중세 지중해 교류를 촉진시킨 사건도 없을 것이다. 십자군은 원래 이슬람에 대한 종교 전쟁으로 시작되었지만 지중해 교류를 활성화시키는 예상 밖의 결과를 가져왔다. 서유럽 기독교 세계, 비잔티움 제국과 이슬람 세계는 그 이전보다 훨씬 빈번하게 교류하게 되었다. 더 많은 사람과 상품이 오갔으며, 지식, 기술, 정보 교류도 늘어났다.

 십자군은 최종적으로 실패로 끝났다. 십자군 왕국은 무너졌고 예루살렘은 다시 이슬람 수중에 들어갔다. 그러나 2세기 동안의 십자군 전쟁은 유럽 사회를 크게 변화시켰다. 초기 십자군을 주도하면서 권력을 신장한 교회는 십자군의 실패로 권위를 잃었다. 또한 가장 많은 희생을 치렀던 기사 계층이 몰락해 봉건제 해체가 촉진되었다. 한편 서유럽은 선진 지역이었던 이슬람과 비잔티움 제국과 접촉하면서 문화적 자극을 받았고, 동방과의 교역이 활발해지면서 도시와 상공업 발달은 더욱 가속화되었다.

교역의 증대

서유럽은 10세기 들어서서 농업 발전과 인구 증가에 힘입어 다시 본격적인 지중해 진출을 모색했다. 이를 선도한 세력은 베네치아, 아말피, 제노바, 피사와 같은 이탈리아 항구도시였다. 베네치아는 10세기 후반 곡물, 포도주와 목재를 콘스탄티노폴리스로 수출하고 그곳에서 비단을 구입해 서유럽 시장에 팔았으며, 1082년에는 노르만족의 침략을 받은 비잔티움 황제 알렉시우스 1세에게 군사적 원조를 제공한 대가로 제국 전역에서의 자유로운 상업 활동과 관세 면제를 보장받기까지 했다. 아말피 상인들은 카이로와 교역하고 있었다. 제노바와 피사는 11세기 중엽 티레니아해에서 이슬람 세력을 몰아냄으로써 서지중해 해상 수송에 발판을 마련했다.

　십자군 전쟁은 이들 이탈리아 해양 도시들이 한 단계 더 도약할 수 있는 발판을 마련해주었다. 제노바와 피사는 1차 십자군이 시리아와 팔레스타인 해안지방을 정복하는 데 도움을 주었고 그에 대한 보답으로 시리아와 팔레스타인에 세워진 네 개의 라틴 왕국에서 여러 종류의 특혜를 얻을 수 있었다. 이후 해양 도시국가의 상인들은 선박을 이용해 라틴 왕국에 필요한 물자와 병력을 정기적으로 공급함으로써 막대한 상업적 이윤을 챙길 수 있었다. 4차 십자군은 베네치아가 동지중해의 해상 제국으로 성장할 수 있는 기회를 제공했다. 베네치아는 1204년 이루어진 논공행상에서 비잔티움 영토의 8분의 3과 신생 라틴 제국 전역에서 상업 활동의 자유를 획득했다.

　초기에 이탈리아 상인들이 동지중해로부터 들여온 상품은 주로 향신료, 비단, 제례 도구, 예술품 등의 사치품이나 산업 제품들이었다. 반면 동지중해로 수출한 상품은 올리브유, 꿀, 산호, 사프란, 목재, 금속과 같은 1차 생산물들이었다. 서유럽이 동방으로부터 가장 얻고자 했던 것은 아시아로부터 수입되는 후추, 생강, 계피와 같은 향신료였고, 실제로 향신료는 지중해 무역에서 상당한 비중을 차지하고 있었다. 그런 연유로 지중해사 연구 초기에는 지중해 무역을 향신료와 같은 고가의 상품이 주종을 이루는 사치품 무역으로, 향신료 무역을 지중해 무역의 원동력으로 간주했다. 하지만 1970년대 이후 다양한 무역 상품에 관한 연구가 진행되면서 지중해 무역이 사치품 무역이라는 인식은 어느 정도 사라졌다. 또한 중세 후반으로 갈수록 교역 상품의 구성과 패턴에도 변화가 나타났다.

　향신료 못지않게 다양한 대중 소비 상품들 또한 지중해를 통해 활발하게 거래되었다. 일반적으로 곡물은 무겁고 가격이 저렴하기 때문에 원거리 수송이 힘들었을 것이라고 생각하기 쉽지만 베네치아와 제노바는 주변 농촌지역뿐만 아니라 시칠리아, 남부 이탈리아 그리고 흑해로부터 정기적으로 곡물을 수송해 들여왔다. 지중해 곳곳에서 생산된 포도주, 소금, 올리브와 같은 식품들도 지중해를 통해 일상적으로 거래되고 있었다. 비싸기는 했지만 설탕 또한 주요 교역 상품 중 하나였다. 설탕은 이집트, 시리아, 키프로스, 시칠리아, 에게해의 여러 섬 등에서 생산되고 있었다. 베네치아는 키프로스에서 생산된 설탕을 수송하기 위해 정기 갤리선단까지 운영했다.

서유럽, 이슬람 세계와 비잔티움 세계를 경제적으로 더욱 긴밀하게 묶어준 교역품은 직물 산업에 필요한 원료와 완제품인 직물이었다. 아시아에서 수입되거나 동지중해에서 생산된 원면, 명반, 인디고를 포함한 다양한 염료 등이 지중해를 통해 유럽으로 수입되었고 유럽은 이를 가공했다. 십자군 시절 북부 이탈리아 도시들은 시리아, 이집트, 북아프리카, 이베리아반도, 시칠리아, 남부 이탈리아, 그리스 본토와 에게해의 여러 섬들, 소아시아 등지에서 생산된 원면을 수입해 면직물을 제작했고 이를 유럽 전역에 판매했다. 지중해 교역이 활성화되자 서유럽 모직물 산업도 발전했다. 서유럽은 동방과의 무역에서 거의 항상 적자 상태에 있었는데 12세기에는 주로 수단의 금으로 이를 메울 수 있었다. 그렇지만 중세 말로 갈수록 귀금속이 부족해짐에 따라 유럽 상인들은 되도록이면 유럽의 대표 상품인 모직물로 동방산 물품을 구입하려고 노력했다. 그 결과 유럽산 모직물의 동방 수출은 중세 말 획기적으로 증가했다. 그런 점에서 모직물이 없었다면 유럽은 지중해 무역을 계속할 수도 없었을 것이다. 모직물 산업이 발전함에 따라 착색재인 명반의 수요도 폭발적으로 증가했다. 명반은 12세기에는 주로 이집트에서 생산되었으나 13세기 들어 소아시아의 명반 광산이 개발되면서 이 지역이 가장 중요한 공급지로 떠올랐다. 제노바 상인들은 명반을 동지중해에서 대서양으로 수송하기 위해 당시로서는 상상하기 힘든 엄청난 규모의 초대형 범선을 제작했다. 명반을 실어 날랐던 제노바 대형 범선은 1,000톤을 넘는 경우도 많았다(콜럼버스의 범선은 150톤 정도밖에는 되지 않았다).

지식과 기술의 전파

지중해 교역이 활성화되면서 지식과 기술 교류도 증대했다. 여기서 특히 주목해야 할 점은 지식과 기술의 전파는 일방적인 성격을 띤다는 점이다. 즉 선진 지식과 기술은 거의 항상 동에서 서로 흘러 들어왔다. 사실 1000년경 다시 지중해 세계로 진출할 무렵 서유럽은 비잔티움 제국과 이슬람 세계와 비교해 여러 면에서 후진 지역이었다. 중세 초 서유럽에서는 성경 연구가 지적 활동을 지배하면서 그리스와 로마의 고전 문화에 관한 연구와 지식은 쇠락했다. 반면 이슬람의 지배를 받던 오리엔트, 북아프리카와 이베리아반도는 고전기 그리스 문화의 많은 요소들을 상속받았다. 더 나아가 고전기 문학 작품들이 아랍어로 번역되었고, 주석서들이 쏟아져 나왔다.

이런 고전 문화에 대한 지식과 정보가 유럽으로 흘러들어 가는 출구 역할을 했던 곳은 비잔티움 제국의 수도 콘스탄티노폴리스, 오리엔트에 세워진 라틴 왕국들, 그리고 이슬람의 지배를 받던 이베리아반도였다. 특히 이베리아반도는 이슬람의 선진 문화가 유럽으로 전파되는 제일의 통로 역할을 했다. 이베리아반도 북쪽의 기독교 왕국들이 남하하여 이슬람 지배에 있던 영토를 점령하게 되면서 이슬람 학문이 기독교 세계로 빠르게 퍼져나갔다. 특히 1085년 알폰소 6세가 이슬람으로부터 빼앗은 톨레도는 이후 그리스어나 아랍어로 된 텍스트들을 라틴어로 번역하는 제일의 작업장이 되었다. 카스티야 왕 알폰소 10세의 후원을 받은 학자들은 천문학에서 체스에 이르기까지 다양한 주제를 다룬 아랍어 저작들을 번역했다.

이런 번역 덕분에 아리스토텔레스의 모든 작품들이 서방 기독교 세계에 소개될 수 있었다. 서로마 제국이 멸망한 이후 서방 기독교 세계에 남은 아리스토텔레스의 저작은 6세기 철학자 보에티우스가 번역한 초보적인 논리학 논문 몇 편이 고작이었다. 아리스토텔레스의 모든 작품들이 번역 소개되면서 서방 기독교 세계에 지적 혁신을 야기했다. 13세기 스콜라 철학을 대표하는 아퀴나스는 『신학대전』에서 아리스토텔레스의 철학 이성과 기독교 신앙을 조화시키려고 노력했다.

선진 의술 또한 이슬람 세계로부터 들어왔다. 고대 히포크라테스와 갈레누스의 의학 체계는 중세 이슬람 세계를 대표하는 과학자이자 의사였던 이븐 시나에 의해 더욱 정교해졌고 이후 유럽 기독교 세계에 수용되었다. 이 과정에서 이베리아반도의 유대인들이 중요한 역할을 했다. 11세기 말과 12세기 초 이베리아반도를 새로 장악한 북아프리카의 이슬람 왕조들은 그라나다의 유대인들을 축출했고 이렇게 쫓겨난 유대인들은 이베리아반도 북부의 기독교 왕국,

남부 프랑스, 이탈리아 등지로 이주했다. 이렇게 이주한 유대인 의사들은 기독교 세계에 이슬람의 선진 의술을 전달했다.

중국에서 발명되어 이슬람 세계를 통해 11세기 유럽에 도입된 제지술은 유럽의 역사를 바꾸었다. 중세 말 종이를 대량으로 생산할 수 없었다면 르네상스와 종교개혁은 늦어지거나 일어나지 않았을 수도 있다. 마찬가지로 중국에서 발명되어 이슬람 세계를 거쳐 지중해에 도입된 나침반이 없었다면 서유럽은 대항해 시대를 열지 못했을 수도 있다. 이 외에도 서유럽은 비잔티움과 이슬람 세계의 천문학, 지리학, 수학, 건축 분야의 선진 지식을 흡수해 모방했고 때로는 이를 뛰어넘는 성과를 거두기도 했다.

1438년 피렌체에서 열린 공의회는 피렌체 르네상스를 한 단계 끌어올리는 역할을 했다. 이 공의회는 교황 에우게니우스 4세가 비잔티움 제국으로 팽창하는 오스만의 위협에 공동 대처하고 동서 교회의 통합을 모색하기 위해 비잔티움 황제와 그 사절단을 이탈리아로 초청한 것이었다. 황제와 그리스 정교의 성직자로 구성된 고문단과 비잔티움을 대표하는 학자 등 700여 명이 피렌체에 모여 협상을 벌였다. 사절단 중 특히 플라톤 전문가인 게오르게 게미투스 플레톤의 플라톤 강연은 피렌체 지식인들에게 큰 감명을 주었고, 이 강연을 계기로 메디치 가문은 피렌체에 플라톤 아카데미아를 설립해 고전 그리스 문화에 대한 연구를 증진시켰다. 1453년 콘스탄티노폴리스가 오스만튀르크 수중에 들어가자 다수의 그리스 지식인들이 서방 기독교 세계로 피신하면서 이탈리아 르네상스 문화 발전을 한층 고양시켰다.

3 아시아와의 만남

몽골의 서방 진출과 동서의 만남

아시아 초원으로부터 온 유목민족들은 유럽의 역사를 몇 차례 바꾸어놓았다. 4세기 아시아의 훈족이 동유럽으로 진출해오자 게르만족들은 대규모로 서유럽으로 이동했다. 게르만족의 대이동으로 쇠약해진 서로마 제국이 게르만 용병대장 오도아케르에 의해 무너지면서 서양 중세가 시작되었다. 14세기 말과 15세기 초 티무르의 서방 원정은 지중해에 새로운 강자로 부상하고 있었던 오스만튀르크에 치명적인 타격을 입혔다. 티무르의 공격으로부터 큰 피해를 입지 않았다면 오스만튀르크는 반세기 전에 비잔티움 제국을 정복했을 것이다. 13세기 중엽 몽골의 서방 진출 또한 유럽의 역사에 심대한 영향을 미쳤다.

라시드 알 딘 하마다니의 『집사』에 실린 몽골군이 적을 추격하는 장면

몽골의 서방 원정은 유럽에 가공할 공포와 엄청난 충격을 가져다주었다. 루시의 『노브고로트 연대기』에 따르면 그들은 정체를 알 수 없는 지옥의 사자(Tartar)였고, 영국인 매튜 패리스는 자신의 연대기에서 용맹하기로 이름 높았던 발트해의 해적들도 몽골 군대의 공격이 두려워 모항에 머물러 그 해 청어 값이 폭락했다고 기록했다. 몽골 군대의 기동성과 전투력 못지않게 유럽인들의 공포를 증폭시킨 것은 그들의 정체를 알 수 없었다는 사실이다. 서유럽은 그들이 어떤 인종이며, 어떤 언어를 쓰는지, 어떤 신앙을 가지고 있는지에 관해서 아는 것이 별로 없었다.

하지만 몽골에 대한 단편적인 이야기들은 유럽인들에게 약간의 기대감을 불러일으켰다. 당시 몽골은 기독교 세계의 적인 아바스 왕조를 물리쳤고, 기독교 신자에 대해 관용적이었다. 서유럽은 몽골과 동맹을 맺는다면 양쪽에서 이슬람을 협공할 수 있을 것이라 생각했다. 이리하여 교황청과 유럽의 군주들은 몽골 진영에 사절단을 파견했다. 1245년 교황 인노켄티우스 4세는 플라노 디 카르피니를 구육 칸에게 파견했다. 카르피니가 출발한 직후 교황은 리옹 공의회를 소집해 몽골에 관한 구체적인 정책을 논의했다. 주요 논의 사항은 우선 몽골 군대가 서진하는 것을 막고 가능하다면 몽골과 이슬람을 협공하자는 군사적 협력을 협상하고, 더 나아가서는 몽골을 기독교로 개종시키는 것이었다. 교황의 명을 받고 떠난 카르피니는 몽골의 구육 칸을 개종시키는 데 실패하고 오히려 충성을 맹세하라는 구육 칸이 교황에게 보내는 서신을 가지고 돌아왔다. 1249년 프랑스 왕 루이 9세가 몽골의 수도 카라코룸으로 파견한 앙드레 드 롱지모도 매년 공물을 바치라는 칸의 서신만 갖고 돌아왔다. 그러나 몽골 궁정의 일부 인사들이 네스토리우스 교리를 수용했다는 롱지모의 보고에 고무된 루이 9세는 1253년 또 다른 사절 루브룩을 보냈다. 루브룩이 가지고 온 몽케 칸의 답장도 몽골의 지배를 인정하고 복종하라는 명령서였다.

기대했던 동맹이나 개종에는 실패했지만 사절단 파견은 계속되었다. 1289년 복음을 대 칸에게 전달하라는 교황청의 명을 받은 조반니 다 몬테 코르비노는 인도와 말라카 해협을 통해 베이징으로 갔다. 1294년 베이징에 도착한 그는 대 칸의 가까운 친척을 개종시키는 데 성공했고 그곳에 교회도 세웠다.

페르시아만에 있는 호르무즈에 코끼리와 낙타를 싣고 도착한 마르코 폴로

1307년 교황청은 사절단을 파견해 이런 성과를 치하하고 그를 베이징의 수좌 주교로 임명했다. 1316년 유럽을 떠난 오도리코는 서인도와 동남아시아를 경유해 1322년 베이징에 도착했다. 1330년 칸의 서신을 가지고 이탈리아로 귀환했다. 1321년 프랑스 출신 도미니쿠스 수도회 수사 요르단 세브락은 말라바 해안에 기독교 교회를 설립하라는 명을 받고 출발했다. 1329년 교황 요하네스 22세는 그를 위해 실론에 주교구를 설립했다. 몽골 평화 시기 아시아를 다녀온 유럽인 중에 마지막으로 기록을 남긴 사람은 1339년 프란체스코 수사 마리뇰리였다. 그는 교황 베네딕투스 12세의 명을 받고 자신을 포함해 네 명의 프란체스코 수도회 수도사들로 구성된 사절단을 이끌고 베이징으로 떠났다가 더 많은 사절을 보내달라는 칸의 편지를 가지고 1353년 아비뇽으로 귀환했다. 마리뇰리 이후에도 교황청은 1426년까지 베이징 주교를 임명했지만 현지로 임무 수행을 떠난 주교는 없었다.

1368년 원 제국은 주원장이 이끄는 군대에 의해 멸망했다. 몽골 제국의 와해로 유럽과 아시아 세계의 직접적인 접촉은 중단되었다. 하지만 몽골의 평화는 동서 교류의 새로운 장을 열었다. 상상과 환상의 세계이자 미지의 땅이었던 동양에 대한 유럽인들의 지식과 정보는 획기적으로 증대했다. 1375년 제작된 카탈루냐 지도는 아시아의 지리적 표상이 크게 변화했음을 명확하게 보여준다. 또한 이 시기에 아시아를 여행한 선교사나 상인들이 남긴 보고서, 서한,

여행기 등에서 자주 언급된 '동방의 부'라는 매력은 유럽인들을 사로잡았고 향후 아시아로 가는 새로운 루트를 찾아 나서도록 만들었다. 결국 동서 문명이 소통하고 교류했던 몽골의 평화 시기는 유럽의 대항해 시대를 여는 기반을 닦은 시기였다는 점에서 큰 의미를 갖는다.

동서 교역

몽골의 서방 진출은 유럽과 이슬람 세계에 큰 충격을 안겨주었지만 유럽과 아시아 세계의 직접적인 만남을 가능케 했다. 칭기즈칸의 뒤를 이어 2대 군주가 된 우구데이가 신설한 역참 제도는 동서 문명의 접촉을 원활하게 만드는 인프라 역할을 했다. 교황청과 서유럽 군주들의 사절단도 이 역참을 이용해 신속하게 여행할 수 있었다.

 몽골 제국이 안전을 보장해주는 교통로는 정치외교적 접촉뿐만 아니라 상업 교류도 가능케 했다. 아부 루고드는 몽골의 대제국 건설로 1250년과 1350년 사이 유럽으로부터 중국에 이르는 광범위한 상업 네트워크, 즉 13세기 세계 체제가 형성되었으며 그 덕분에 국제 교역이 더욱 활성화되었다고 이야기한다. 그러나 유럽 사람들이 몽골 제국이 열어준 육로를 통해 아시아를 다녀온 것은 분명하지만 유럽 상인들이 아시아에서 얼마만큼의 상업 활동을 했는지는 분명하지 않다. 교황청이나 군주의 명을 받고 동방을 다녀왔던 성직자들은 자신의 임무를 보고하는 형식의 글을 남겼던 반면 상인들은 거의 기록을 남기지 않았기 때문이다. 아시아에 대한 기록을 남긴 상인은 베네치아 출신의 마르코 폴로와 피렌체 상인 페골로티가 거의 유일하다. 하지만 다행스럽게도 성직자들의 보고서와 여행기에는 단편적이긴 하지만 유럽 상인들에 대한 언급이 나와 있다.

 몽골의 서방 진출은 흑해를 통해 아시아로 가는 일명 북방 노선을 활성화시켰다. 이전까지 동방의 상품은 대략 세 개의 루트로 유럽에 수입되고 있었다. 중앙아시아의 광대한 초원지대를 가로지르는 북방 노선, 지중해와 인도양을 바그다드, 바스라, 페르시아만을 통해 연결하는 중간 노선, 알렉산드리아-카이로-홍해 지역을 아라비아해와 연결하는 남방 노선이 있었다. 흑해는 동방으로 가는 전초기지 역할을 하게 되었으며, 특히 제노바 상관이 설치된 크림 반도의 남단에 위치한 카파와 타나 그리고 흑해 남부, 즉 소아시아반도 북쪽에 위치한 트레비존드가 중국과 인도로 가는 출발지 역할을 하면서 상업적으로 더욱 번창하게 되었다. 피렌체 바르디 상사의 주재원이었던 페골로티가 쓴 상업 안내서에 따르면 14세기 초반 흑해의 타나에서 원의 수도 베이징까지 가는 여정은 매우 안전하며 타나에서 베이징까지는 259일에서 284일 정도가 소요되었다. 당시 이 노선이 아시아로 가는 가장 쉽고 안전한 길이었다. 반면 해로를 통해 베이징으로 가는 길은 위험했으며 훨씬 더 많은 시간(2년)이 걸렸다.

흑해를 통해 아시아로 가는 교역로가 활성화되면서 흑해에 상관이나 상업 식민지를 확보하고 있었던 제노바 상인들이 아시와의 교역에서 주도적인 역할을 했다. 중국에 관한 이야기의 진위를 알아보려면 제노바 상인들에게 물어보라는 보카치오의 조언은 이러한 사실을 잘 보여준다. 제노바 상인들은 원의 수도 이외에도 광저우, 항저우, 취안저우 등지에서 교역했다. 당시 취안저우는 중국 제일의 항구도시였고, 프란체스코 수도회는 이곳에 푼두크를 설립했다. 푼두크는 원래 아랍어로 대상들이 머무는 숙소를 의미하는데 중세 이슬람 국가에서는 외국 상인들에게 할애된 숙소와 창고가 딸린 일종의 거류지를 지칭하는 용어로 사용되었다. 프란체스코 수도사들의 보고서에 따르면 이곳에서 꽤 많은 제노바 상인들이 활동하고 있었다. 제노바 상인을 포함한 유럽 상인들이 원 제국에서 구입했던 핵심 상품은 원견이었다. 키타이의 원견은 페르시아산보다 품질이 떨어졌지만 가격이 저렴해 유럽 시장에서 인기가 높았다. 제노바 상인들은 키타이 비단을 샹파뉴 정기시에 내다 팔았다.

유럽 상인들은 원 제국뿐만 아니라 인도 시장에도 진출했다. 선교사들의 보고서와 여행기에 따르면 다수의 유럽 상인들이 인도 서해안 항구도시에서 상업 활동을 하고 있었으며 때로는 인도양을 통해 북동아프리카와도 교역했다. 1338년 여섯 명의 베네치아 상인들은 델리로 사업 여행을 떠났다. 이들은 그곳에서 진주를 구입했고, 구입한 진주 중 일부를 프랑스 시장까지 가져와 판매했다.

몽골 제국에 의해 열렸던 동서 교통로는 몽골 제국의 와해로 닫혔다. 1343년 타나에서 발생한 정치적 불안은 아시아로의 여행을 어렵게 만들었고, 1348년 흑해에서 퍼져나간 흑사병은 흑해를 통한 아시아와의 교역을 사실상 불가능하게 만들었다.

아시아에 대한 환상

중세 유럽인들에게 아시아(당시의 표현으로는 인디아)는 환상의 세계이자 신기한 것들로 가득한 동경의 대상이었다. 특히 지상낙원과 사제 요한 왕국이 아시아 어느 곳에 존재한다는 믿음은 중세 유럽인들로 하여금 아시아로 가는 길을 찾아 나서게 만들었다. 물론 이런 환상 못지않게 유럽인들의 탐험 욕구를 자극한 것은 향신료였다.

중세 유럽인들은 지상낙원(천국)이 지구상에 실제로 존재하며, 그곳이 아시아 동쪽 끝 어디쯤이라고 생각했다. 이러한 믿음은 중세 유럽 지도에 잘 반영되어 있다. 기독교적 세계관을 잘 반영한 이 지도에는 지상낙원으로부터 인간 세상으로 흘러나오는 네 개의 강이 그려져 있다. 중세 유럽인들은 향신료가 이 강을 따라 인간 세상으로 흘러 내려온다고 믿었기 때문에 아시아 향신료에 신성한 가치를 부여했다.

또한 유럽인들은 지상낙원 가까이에 행복하고 신기한 것들로 가득한 축복의 땅이 존재하며, 위험을 무릅쓸 용기가 있는 자는 그곳을 찾아갈 수 있으며 그곳에서 엄청난 부를 얻을 수 있다고 믿었다. 4세기의 한 기록에 따르면 지상낙원 근처에 사는 사람들은 낙원으로부터 흘러나오는 무한한 즐거움들을 향유할 수 있으며, 인간이 일상적으로 먹는 음식을 먹지 않고 매일 하늘에서 떨어지는 빵과 야생 벌꿀, 후추로 만든 음료를 마신다.

사제 요한 왕국에 관한 전설이 구체화된 시기는 12세기 무렵이었다. 주교 프라이징(Otto von Freisingen)은 자신의 연대기에 사제 요한에 관한 항간의 소문을 기록했다. 요한 왕국의 존재에 대한 믿음을 더욱 확고하게 만든 것은 1165년 비잔티움 황제 마누엘 콤네누스, 신성 로마 제국 황제 프리드리히 1세, 교황 알렉산더 3세에게 전달된 편지였다. 편지에 따르면 사제 요한은 부, 덕과

1573년에 오르텔리우스 아브라함이 만든 사제 요한 왕국의 지도(1603년판). 현재 아프리카 에티오피아 지역이 사제 요한 왕국이라고 여겨졌다.

권력에서 세상의 모든 왕들을 능가하며 72명의 왕들이 요한에게 공물을 바친다. 특히 유럽인들의 관심을 끌었던 것은 요한 왕이 독실한 기독교 신자이며 가난한 기독교 신자들을 보호한다는 사실이었다. 그래서 유럽인들은 이렇게 막강한 사제 요한 왕국과 동맹을 맺을 수 있다면 유럽과 아시아 사이에 있는 이슬람 지역을 정복할 수 있을 것이라 생각했다.

몽골의 평화 시기 유럽인들은 지상낙원과 사제 요한의 왕국의 존재를 눈으로 직접 확인할 수 있는 기회를 얻었다. 그러나 1250-1350년 사이 아시아를 직접 여행하고 온 성직자들과 상인들이 남긴 여행기는 이러한 유럽인들의 지리적 관념과 환상을 부분적으로 변화시켰을 뿐 아시아에 대한 유럽인의 환상적 사고 자체를 완전히 사라지게 하지는 못했다. 중세 말까지도 다수의 유럽인들은 사제 요한 왕국의 존재를 믿어 의심치 않았다. 실제로 15세기 말 포르투갈 왕 주앙 2세가 사제 요한 왕국을 찾기 위해 서아시아로 사절을 파견할 정도로 요한 왕국에 대한 믿음은 견고했다.

9

중세 사회의 위기와 변화

박용진

1 장원제의 붕괴

위기의 징후

14세기에 들어서 유럽은 위기에 봉착했다. 기근이 빈발했고, 흑사병으로 수많은 사람들이 죽는가 하면, 백년전쟁과 같은 대규모의 전쟁이 벌어져서 전투가 끊이지 않았다. 이런 상황이 되면 사람들은 의지할 곳을 찾게 되는데, 안식처라고 할 수 있는 교회마저도 갈등과 내분에 휩싸여 있었다. 유럽은 마치 '세상의 종말'에 다가가는 것처럼 보였다. 로마 제국이 멸망한 후 암흑 시대가 찾아왔던 것과 마찬가지로 문명이 파괴되고 인간의 생활은 피폐해질 것처럼 보였다. 그러나 놀랍게도 유럽인들은 이러한 위기를 극복하고, 오히려 그것을 기회로 변화시켰다. 농업의 위기는 농업 방식과 조직의 변화, 즉 영주제의 쇠퇴를 가져왔다. 또한 기사 중심의 중세적 전투방식이 비효율적이라는 점이 드러남으로써 영토 내의 군사적·경제적 재원을 효율적으로 관리하고 운영할 수 있는 중앙집권 체제가 등장하게 되었다. 그리하여 아주 느리지만 근대를 향해 나아가기 시작했다.

위기의 첫 번째 징후는 인구 감소였다. 유럽의 인구는 900년경 최저점에 이른 이후, 사회가 안정되어 감에 따라 점차 증가해서 1300년경에는 포화 상태에 이르게 되었다. 농업 사회에서 인구가 증가한다는 것은 부양해야 할 인구가 늘어난다는 것을 의미하지만, 동시에 노동력이 증가한다는 것을 말하기도 한다. 더 많은 사람들이 먹고 살기 위해서는 더 많은 농경지에서 경작이 이루어져야 한다. 따라서 증가한 인구는 새로운 땅을 개간해야 한다. 옛말에 "제 먹을 것은 가지고 태어난다"라는 말은 노동력을 가진 사람이 열심히 일하면, 즉 개간을 한다면 먹고 살 수 있다는 의미였던 것이다. 그러나 이처럼 새로 개간되는 토지는 기존의 토지보다 척박했으므로, 생산성이 낮았다. 게다가 이러한 개간은 방목지부터 이루어졌으므로 가축의 숫자가 줄어들어 생산성의 하락은 급격히 이루어지게 되었다. 따라서 인구가 늘어날 때, 경작지는 확대되지만, 오히려 생산성이 떨어진다. 그렇다고 해서 인구가 곧바로 감소하지는 않지만, 생산성 하락의 경향이 지속되면 인구는 감소하는 방향으로 진행한다. 즉 한 사람이 1년 동안 열심히 농사를 짓는다고 하더라도 자신이 먹을 만큼의 식량을 생산하지 못할 정도가 되면, 사람들은 영양이 부족하게 되어 질병에 취약해지거나 가임능력이 저하되고, 결국 인구가 줄어들게 된다. 말하자면 '뿌린 대로 거두면' 인구는 감소하게 되는 것이다. 인구의 감소는 노동력의 부족을 가져오고, 노동력이 부족해지면 사람들은 경작지를 포기하게 된다. 약간의 경작지를 포기했다고 해서 곧바로 생산성이 증가하는 것이 아니므로, 인구의 감소는 지속적으로 진행된다. 그러나 이러한 감소 역시 무한정 진행되지는 않는다. 노동력이 줄어들게 되어 경작지가 축소되면 방목지가 늘어나서 가축의 숫자도 늘어난다. 그뿐만 아니라 인구 감소에 따른 경작지의 축소는 척박한 토지에서부터 이루어지므로 점차 비옥한 토지만 경작하게 되어, 이에 따른 생산성의 향상도 이루어지게 된다. 결국 인구가 매우 적은 상태가 되면 비옥한 토지를 많은 가축을 이용해 경작하게 되므로 생산성이 극도로 높아지고, 이에 따라 영양 상태의 호전으로 인구 감소가 멈추고 반대로 증가하는 운동을 시작하게 된다. 이것이 중세 농업의 장기적 변동, 이른바 '거대한 숨쉬기 운동'이다.

특히 인구가 증가하는 팽창국면(A국면)에서는 인구가 증가함에 따라 곡물 수요가 증가하고 곡가가 상승하는 반면 비농산물 가격과 임금은 상대적으로 하락해 경작비용이 감소한다. 영주로서는 직영지 운영비용이 감소하며, 경작지의 확대로 인하여 총생산량이 증가하기 때문에 농민들로부터 거두어들이는 총징수량은 증가하는 경향을 띤다. 한마디로 영주의 수입은 늘어난다. 그러나 인구가 감소하는 수축국면(B국면)이 되면 상황은 반대가 된다. 인구가 감소함에 따라 곡물수요가 줄어들고 곡가가 하락하는 반면 비농산물과 임금은 상대적으로 상승한다. 당연하게도 경작지의 축소로 인하여 영주의 총징수량은 줄어들게 된다. 한마디로 영주 수입의 위기가 나타나는 것이다.

흑사병의 타격

유럽의 인구는 14세기에 포화 상태에 이르러 이른바 수축국면으로 들어서고 있었다. 이러한 수축이란 인구 감소에 따른 자연적인 현상이므로 그 영향이 서서히 나타날 수도 있었다. 그러나 1348-1351년까지 유럽을 휩쓴 흑사병은 이러한 수축의 영향이 훨씬 더 뚜렷하고 강하게 나타나도록 만들었다.

흑사병이 시작된 곳은 중앙아시아였을 것으로 추정하고 있다. 여기서 시작된 흑사병은 급속도로 확산되어 중동지방을 거쳐 이곳과 무역을 하고 있던 이탈리아 상선을 통해서 유럽에 전해졌다. 당시의 기록에 따르면 몽골 군대가 카파 공격에 실패하자 철수하는 과정에서 투석기로 흑사병에 걸린 시신을 성 안으로 던져 넣었다고 한다. 그러나 이러한 기록은 유럽 사람들의 악의에 찬 험담일 가능성이 높다. 어쨌든 흑사병은 1346-1348년 사이에 이미 중동 지방에 타격을 입혔고, 1348년 봄에는 유럽의 베네치아에까지 상륙했다. 그 이후 급속도로 번져나가서 1349년에는 서유럽 전역이 흑사병의 피해를 입었고, 1351년까지는 러시아에 이르는 전 유럽 지역이 타격을 입었다. 흑사병이 이처럼 급속도로 확산된 것은 그 병의 원인을 몰랐기 때문이었다. 대개 사람들은 이 무서운 질병을 하느님의 심판으로 생각해서 교회에 찾아가 자비를 빌었고, 이것이 병의 전파속도를 더 빠르게 했다. 일부 사람들은 유대인이 우물에 독약을 풀었다고 생각해 유대인을 처형하기도 했고, 악마의 소행이라고도 했다.

흑사병에 대해서는 여러 가지 서로 다른 주장이 있다. 인구의 절반 이상이 사망했다는 주장이 있는가 하면 그다지 많이 죽지는 않았다는 주장도 있다. 많은 연구자들은 이러한 극단적인 주장이 일부 사례에 그치고 있음을 지적한다. 예를 들어 도시는 인구가 밀집해 있었으므로 사망률이 높았던 반면 농촌은 사망률이 낮았을 것으로 추정된다. 또한 도시의 경우 흑사병이 창궐하면 도시민들이 농촌으로 피신을 갔는데, 이들이 모두 원래의 도시로 돌아오지는 않았으므로 도시의 사망률은 과장되어 있을 수 있다. 그러나 학자들은 대체적으로 유럽 인구의 3분의 1 정도가 사망했다는 데 동의하고 있다. 뿐만 아니라 14세기에 창궐한 이 질병이 흑사병이 아니라는 주장도 있다. 그 이후에 등장한 흑사병은 이처럼 사망률이 높지 않았다는 점이 그 근거이다. 즉 14세기

흑사병 이후의
세계관

의 이 질병은 흑사병이 아니라 우리가 알 수 없는 질병이며, 흑사병이라고 하더라도 현재 우리가 알고 있는 종류의 흑사병은 아니라는 주장이다. 중세인들이 증상만을 보고 질병을 판단했다는 점을 고려하면, 흑사병과 유사한 질병을 흑사병으로 뭉뚱그려 불렀을 가능성도 없지 않다.

여러 가지 논란에도 불구하고 명백한 것은 흑사병이 인구를 급격하게 감소시켰으며, 나아가 중세인들에게 엄청난 공포감을 불러일으켰다는 점이다. 원인도 모르는 채 사람들이 죽어나가는 것을 목격한다면 누구라도 공포감을 느낄 것이다. 이러한 공포심은 중세인들에게 어두운 세계관을 가져다주었으며 여러 가지 사회문제들을 더 첨예하게 만들었다. 흑사병 이후 회화의 소재로 종종 이용된 것이 '죽음의 무도'였다는 사실로부터 중세인들의 공포심과 어두운 미래관을 엿볼 수 있다.

농촌의 위기

1300년경에 유럽은 이미 인구가 감소하는 국면(B국면)에 접어들어 있었는데, 흑사병으로 이러한 추세가 훨씬 급격해졌다. 인구 감소는 노동력의 감소 및 경작지의 감소를 가져왔고 이로 인하여 영주 수입의 위기가 찾아왔다. 게다가 영주는 더 많은 노동력을 확보하기 위해 토지를 대신 경작하는 농노에게 더 좋은 조건을 제시할 수밖에 없었으므로 영주의 권한이 약화되었다. 봉건제에서 영주의 권한은 농민에게 토지를 임대한 데에서 생기는 경제적 권리와 국가의 공권력을 가진 데에서 생기는 경제외적 권리로 나누어볼 수 있다. 중세 초 상업이 단절되어 자급자족적 농촌경제가 들어서게 되자, 영주도 자신의 식량을 생산할 경작지를 운영해야 했다. 이러한 경작지, 즉 영주직영지를 위해 영주는 노동력을 필요로 했다. 경작지가 많고 노동력이 적은 상황에서 노동력을 확보하는 손쉬운 방법은 강제력을 동원하는 것이었다. 그리하여 영주는 경작지를 임대해주는 대신에 그 임대료로서 직영지에서의 노동, 즉 노동지대를 받았는데, 여기에 강제력을 동원했다. 더욱이 인구가 적고 토지가 많은 상황에서 농노들이 도망가지 못하도록 붙잡아두어야 했으므로 경제외적 권리는 더욱 필요했다. 그러나 사회가 안정되어 인구가 증가하고 상업이 부활하면, 영주로서는 더 이상 직영지를 운영할 필요를 느끼지 못했을 것이다. 대체로 12-13세기에는 이러한 상황이 되었다.

그러나 인구가 증가하는 국면(A국면)에서는 곡가가 상승하므로 영주는 직영지를 포기하고 시장에서 곡물을 구입하기보다는 직영지를 유지하면서 곡물을 시장에 내다파는 것이 더 유리하다고 판단했다. 한편 인구의 증가는 노동자 임금의 하락을 가져오므로 강제 노동, 즉 부역보다는 임금노동자를 고용하는 것이 유리하므로, 영주는 직영지를 임금노동자에 의존해 경작한다. 농노들은 그때까지 부역, 즉 노동지대로 자신들의 경작지에 대한 임대료를 지급했으나, 부역을 하지 않게 되면 현물로 지급하든가 화폐로 임대료를 지급해야 한다. 상승국면(A국면)에 있는 영주로서는 곡가의 상승이 예상되므로 화폐보다는 현물로 받는 것이 유리했다. 따라서 영주는 현물지대를 선택했다.

1300년 이후, 즉 하강국면(B국면)이 되자, 영주직영지를 임금노동자를 사용해서 운영하기 어려워졌다. 이런 상황에서 선택은 강제 노동으로 회귀하든가, 직영지를 포기하든가 둘 중 하나이다. 강제 노동으로 회귀하려고 시도하면 농노들이 도시로 도망가거나, 저항하기 일쑤였다. 따라서 영주들은 직영지를 임대하게 되었다. 직영지를 포기함으로써 강제 노동의 필요성이 없어진다는 것은 경제외적 권리의 필요성도 없어짐을 말한다. 그러나 필요가 없다고 해서 영주들이 권리를 포기하지는 않았다. 다만 수입이 줄었으므로 이를 보충하기 위해 영주들은 여러 가지 권리를 팔아넘기기 시작했다. 농민보유지에서 받는 임대료의 경우에도, 곡가가 하락하는 경향이 있으므로, 현물로 받는 것 보다는 화폐로 받는 것이 이득이었다. 이에 따라 화폐지대로 변했다. 그리하여 이제 영주는 농민에 대해 경제적 권리인 임대료만 받게 되었고, 과거처럼 농민을 신체적으로 구속할 수 있는 권리는 갖지 않게 되었다. 이로써 영주는 소작농들로부터 임대료를 받는 단순한 지주로 변신했다.

도시의 위기

위기는 농촌의 장원에만 국한되지 않았다. 농업 생산의 감소로 농촌의 경제적 잉여가 도시로 유입되지 않게 되었고, 인구가 줄어 도시의 수요 역시 줄어듦으로써 상품은 과잉생산된 상태가 되었다. 생산과잉은 생산자들 사이의 경쟁을 낳았고, 이는 다시 가격을 낮추는 결과를 가져왔다. 또한 인구 감소는 주택 수요 감소로 이어져 임대료가 하락했으며 어떤 주택들은 버려지기도 했다. 1370년 프랑스의 릴에서는 토지 3분의 1이 황무지나 폐허로 변했으며, 1420-1440

1381년 잉글랜드를 휩쓴 대규모 민란인 '와트 타일러의 난'. 농민들을 고무시키는 존 볼을 그린 15세기 그림

년 사이 파리의 노트르담 다리 위의 주택 3채 중 1채는 폐가가 되었다.

이러한 위기 속에서도 상층시민들은 다양한 방법으로 자신들의 이익을 지켰다. 12세기와 13세기의 경제적 발전으로 부를 축적하고 도시의 자치정부를 장악한 도시의 상층시민들은 14세기에 들어서 폐쇄적인 집단으로 변모해갔다. 조합에 대한 통제권을 가지고 있던 도시의 자치정부는 조합의 규칙을 엄격하게 적용하기 시작했으며, 장인이 되는 시험에 까다로운 규정들을 삽입함으로써 직인이 상승할 수 있는 길을 막았다. 도시 자치정부의 행정관직은 상층시민들에 의해 독점되었으며 이들은 혼인관계를 통해 강하게 결속했다. 이들의 목표는 귀족이 되는 것이었다. 이들은 이미 그 이전 시기에도 농촌의 영지를 구입함으로써 영주로서의 생활을 하고 있었을 뿐만 아니라 경우에 따라서는 국왕으로부터 귀족 작위를 받기도 했다. 14세기에 들어서 귀족이 될 수 있는 다른 길이 열렸는데, 그것은 관직으로 진출하는 것이었다. 국왕의 권력이 확대되면서 많은 관료가 필요하게 되었는데, 이러한 관직으로 진출함으로써 귀족이 될 수 있었다. 또한 이들은 인구 감소에 따라 농촌의 토지를 싸게 구입할 수 있었고, 거꾸로 농촌의 영주나 부유한 농민들 역시 도시의 버려진 주택을 저렴하게 구입해서 재산을 늘렸다. 어떤 이들에게는 위기가 곧 기회였던 것이다.

이와는 달리 중간층 시민들과 그 아래 계층은 더 궁핍해졌다. 인구가 줄어들면 임금이 상승해야 함에도 불구하고, 실제 도시 노동자의 임금은 1351년 프랑스의 노동자 조례와 같은 각종 조치에 의해 억제되었다. 견습공으로 출발해 장인이 되는 것은 더 어려워졌다. 이미 13세기부터 견습공은 견습기간을 마치더라도 곧바로 장인이 될 수 없었으므로 급료를 받고 생활하는 직인이 되었는데, 14세기에 이르러서는 더욱 늘어나게 되었다. 더욱이 장인이 될 수 있는 길이 거의 막혀 있었으므로 직인은 실질적으로 노동자와 같은 처지였다. 게다가 농촌을 탈출한 많은 농민들이 도시로 유입됨으로써, 임금은 더 하락하게 되었다. 이처럼 내몰리게 된 직인들이나 노동자들이 반란을 일으키는 경우도 있었다. 1328년 플랑드르 지방의 도시 반란이나 이탈리아 피렌체의 치옴피의 반란이 그것이다. 이러한 반란들은 대부분 뚜렷한 조직이나 강령이 없었기 때문에 곧바로 진압되었다. 어떤 이들에게는 위기가 곧 불행을 의미하는 것이었다.

2 주종제도의 몰락

백년전쟁 개요

봉건제를 이루고 있는 두 축은 영주제와 주종제이다. 앞서 설명한 농촌의 변화가 영주제의 몰락에 관한 것이었다면, 주종제의 몰락은 왕권 강화와 중앙집권화로 설명될 수 있다. 주종제의 가장 큰 특징 중 하나는 공권력의 해체와 지방분권화라고 할 수 있기 때문이다. 이러한 중앙집권화를 가장 잘 보여주는 사건이 백년전쟁이다. 백년전쟁이란 1337년부터 1453년까지 무려 116년 동안 잉글랜드와 프랑스가 벌인 전쟁을 말한다. 물론 이 기간 내내 전투가 벌어졌던 것은 아니었고, 각자 국내 상황에 따라 휴전과 개전을 반복했다. 백년이라는 긴 기간 동안 벌어진 전쟁이었으므로 전쟁 이전과 전쟁 이후의 사회는 크게 달라졌다. 백년전쟁은 봉건적 토지 보유가 원인이라는 점, 초기 전투가 기사를 중심으로 이루어졌다는 점에서 초기에는 봉건적 전쟁의 성격을 가지고 있었다. 그러나 그 전쟁이 끝났을 때 해당 국가인 잉글랜드와 프랑스는 중세 봉건국가로부터 벗어나 중앙집권적 국가로 발전했고, 각각 서로 다른 민족의식을 갖게 되었다.

언뜻 보기에 전쟁의 일차적 원인은 프랑스의 왕위계승 문제에 있는 것처럼 보인다. 1328년 샤를 4세가 아들을 낳지 못하고 사망함으로써 프랑스의 카페 왕조의 직계는 대가 끊겼다. 이리하여 왕위는 가장 가까운 남자 상속자에게 돌아가게 되었는데, 왕위계승권자는 필리프 4세의 조카인 발루아 백작 필리프와 필리프 4세의 외손자인 잉글랜드 국왕 에드워드 3세였다. 에드워드 3세는 여성이 왕위에 오르는 것이 불가능하다고 하더라도 그 여성의 아들은 왕위에 오를 수 있다는 주장을 폈다. 그러나 프랑스에 있던 발루아 백작 필리프가 멀리 떨어져 있던 에드워드보다 유리했다. 그리하여 1328년 발루아 백작 필

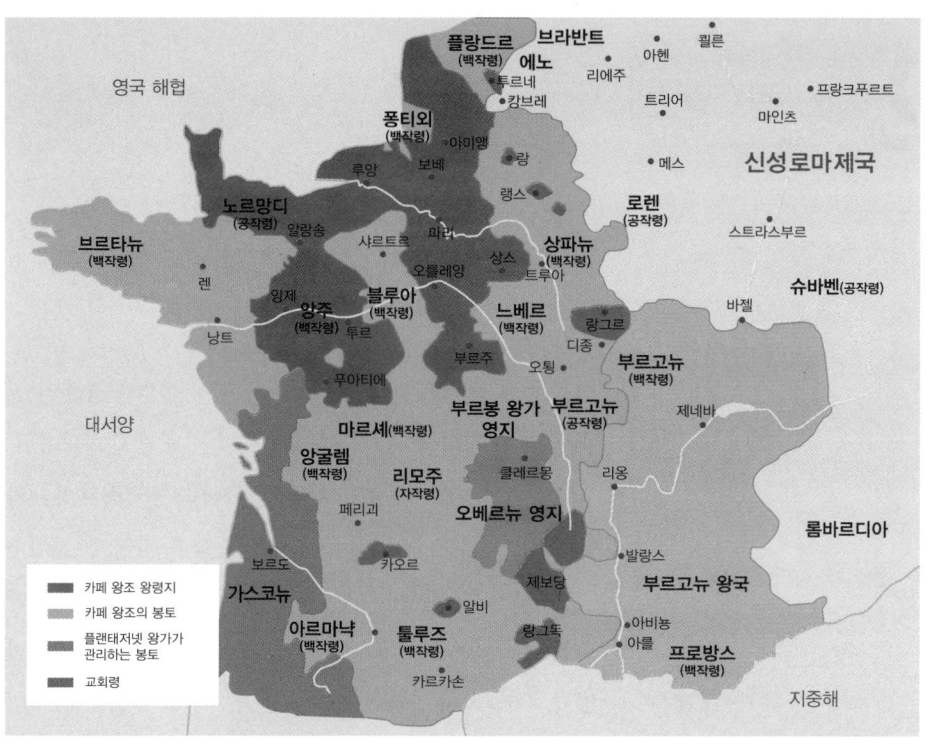

프랑스 내 잉글랜드
왕의 영토

리프는 재빨리 파리에 진입해 왕위를 계승했다.

그러나 그것이 바로 전쟁으로 연결되지는 않았다. 멀리 있는 에드워드로서는 어쩔 수 없는 일이었기 때문이다. 상황이 악화된 것은 14세기 초 플랑드르 지방의 여러 도시에서 수공업자들의 반란이 발생한 것을 빌미로 프랑스 국왕이 플랑드르 지방에 대한 간섭을 강화하려 했기 때문이었다. 플랑드르 지방은 모직물 산업이 발달한 지역으로 모직물의 원료가 되는 양모를 잉글랜드에서 수입하고 있었으므로, 잉글랜드와 이해관계를 공유하고 있었다. 잉글랜드 국왕으로서는 프랑스 국왕이 플랑드르 지방에 대해 지배력을 강화하는 것을 묵과할 수 없었기 때문에 두 국왕의 관계는 더욱 악화되었던 것이다.

비록 왕위계승을 둘러싼 분쟁이나 플랑드르 지방에 대한 지배권 문제가 있었으나 이것이 백년전쟁의 가장 중요한 원인은 아니었다. 더 큰 문제는 중세의 봉건적 토지 보유에서 비롯되었다. 잉글랜드 국왕은 오래전부터 프랑스 왕의 봉신이었다. 1066년 잉글랜드의 노르만 왕조를 세운 정복왕 윌리엄은 원래 프랑스의 노르망디 공작이었으므로, 잉글랜드 국왕이 된 이후에도 노르망디 공작령을 계속해서 보유했다. 또한 플랜태저넷 왕조의 헨리 2세 역시 앙주 백작의 후손으로서 프랑스에 영지를 가지고 있었고 그의 아내 알리에노르 또한 아키텐을 보유하고 있었으므로, 그 이후의 잉글랜드 국왕들은 프랑스의 아키텐을 봉토로서 보유했다. 이렇듯 잉글랜드 국왕은 혼인과 상속, 봉토의 교환을 통해 프랑스 내에서 봉토를 확대해 나갔으며, 14세기에 접어들 무렵에는 프랑스 남부 가스코뉴 일대에 많은 영지를 보유하게 되었다.

봉건제에서 이러한 영지 보유는 일반적인 것으로 이는 잉글랜드 국왕이 프랑스 국왕의 신하임을 의미하지만, 그렇다고 잉글랜드가 프랑스의 신하 왕국이라는 의미는 아니었다. 봉건제 아래서 봉토를 주고받는 것은 개인적인 일이기 때문에, 잉글랜드 왕이 가스코뉴 공작령을 보유하는 것은 잉글랜드 왕으로서 보유하는 것이 아니라, 한 명의 기사로서 보유하는 것이다. 이 당시 잉글랜드 왕은 단지 브리튼 섬의 일부를 지배하는 왕이 아니라, 대륙에 있는 노르망디 그리고 가스코뉴에 이르는 광대한 영토의 보유자였다. 그리하여 잉글랜드 왕이나 그의 신하들은 자신들의 통치 영역이 브리튼 섬에서 시작해 대륙의 피레네산맥까지 뻗어 있는 광대한 '제국'이라고 생각했을 것이다.

한편 프랑스 국왕들은 12세기 말 이래 줄기차게 왕령지를 확대했는데, 이 과정에서 제후들과의 충돌을 피할 수는 없었다. 따라서 잉글랜드 국왕이 프랑스 내부에 봉토를 보유하고 있는 한 프랑스 국왕과 잉글랜드 국왕의 충돌은 예정된 일이나 다름없었다. 1328년 발루아 왕조의 필리프가 필리프 6세로 왕위에 올랐을 때에도 마찬가지로 프랑스 국왕은 잉글랜드 국왕에게 봉신으로서 충성의 맹세를 할 것을 요구했고, 이에 대해 잉글랜드 국왕 에드워드는 문서상의 서약만을 했다. 여기에 대해 프랑스 국왕은 군사적 봉사를 포함하는 충성맹세가 아니라는 이유로 1337년 가스코뉴 공작령을 몰수하기에 이르렀고, 에드워드는 이에 반발해 군대를 파견함으로써 전쟁이 시작되었다. 이러한 점에서 볼 때 한 국가의 왕이라고 하더라도 다른 국가의 영토 내에 토지를 보유할 수 있는 봉건적 토지 보유 방식 때문에 전쟁이 발생한 것이라고 할 수 있다. 한마디로 전쟁은 중세적인 요소로부터 시작되었던 것이다.

중세적 전투방식의 한계

전쟁 전의 상황을 본다면 프랑스가 더 유리한 상황이었다. 1340년경 프랑스의 인구는 2,100만 명이었고 잉글랜드의 인구는 겨우 450만 명에 불과했다. 그러나 전쟁비용조달 능력에서는 거의 비슷했고, 군대 체제는 잉글랜드가 조금 더 효과적인 조직을 가지고 있었다. 프랑스는 중무장 기사를 주력으로 하는 기사군 체제였고, 잉글랜드군은 보병을 중심으로 한 용병 체제였다. 전술에 있어서도 잉글랜드가 더 효율적인 전술을 사용했다. 프랑스의 경우 기사 군대가 무리를 이루어 차례대로 공격하는 12세기나 13세기의 방식을 그대로 답습하고 있었던 반면, 잉글랜드군은 기사 군대 사이에 궁사를 배치해 이들을 보호함으로써 상대 기사 군대의 돌진을 저지하는 전술을 사용했다.

전쟁은 1337년 잉글랜드군이 프랑스 남서부 가스코뉴의 항구도시인 보르도에 상륙함으로써 시작되었다. 그러나 전쟁 초기에는 잉글랜드군의 약탈 행위가 지속되었을 뿐, 10년이 지나도록 이렇다 할 큰 전투는 벌어지지 않았다. 전쟁 초기에 가장 큰 전투가 벌어진 것은 1346년 크레시에서였다. 1346년 여름 흑세자가 이끄는 잉글랜드군은 노르망디에 상륙해 약탈을 자행한 후 북쪽으로 거슬러 올라가 칼레를 통해 귀환하려고 했다. 그러나 필리프 6세는 기사 소집령을 내려 군대를 소집한 후 이들을 추격했다. 매우 빠른 속도로 행진한

크레시 전투

프랑스 군대는 마침내 피카르디 지방의 크레시에서 이들과 조우하게 되었다. 일개 약탈꾼에 불과한 잉글랜드군은 도망을 갔으나, 아무리 해도 안전하게 잉글랜드로 건너가기는 불가능했다. 그리하여 잉글랜드군은 언덕 위에 진을 쳤다. 말에서 내린 기사와 창병이 밀집대형을 이루었고 이들의 양쪽으로 장궁부대를 배치했다. 오후 늦게 크레시에 도착한 프랑스 군대는 적을 보고 주저해서는 안 된다는 기사도 정신에 투철하여, 지체 없이 언덕을 향해 달려갔다. 더구나 몇 명씩 무리를 이루어 차례대로 올라갔으므로 잉글랜드군의 장궁 앞에서 희생되었다. 이 전투에서 기사를 중심으로 이루어진 프랑스 군대는 수적 우세에도 불구하고 완전히 패배하고 말았다. 잉글랜드군이 언덕에 있고 프랑스의 기사 군대가 소규모로 무리를 지어 올라가는 이러한 전투 양상은 15세기 초까지 지속되었다.

  1348년 흑사병이 유럽을 강타함에 따라 전쟁은 잠시 소강 상태가 되었다. 그러나 1355년 잉글랜드군은 다시 프랑스 남부 칼레에 상륙해 가스코뉴로부터 북부로 이동하면서 약탈과 방화를 시작했다. 프랑스의 국왕 장(Jean)은 군대를 소집해 흑세자를 쫓아갔다. 드디어 두 군대는 프랑스 중부 푸아티에에서 전투를 벌이게 되었다. 그러나 푸아티에 전투는 10년 전 벌였던 전투의 재판이었다. 크레시 전투와 한 가지 다른 점이 있다면 크레시에서는 말을 타고 진격을 했던 프랑스의 기사들이 이번에는 말에서 내려서 돌진을 했다는 점이다. 크레시에서 말에서 내려서 싸워 이긴 잉글랜드 기사들을 기억하고 있었던 프랑스로서는 말에서 내려서 전투를 하는 것이 유리하다고 판단했던 것이다. 프랑스의 중무장 기사들은 적진을 향해 돌진했으나 잉글랜드군의 궁사들이 쏜 화살을 피할 수 없었다. 게다가 전투가 벌어진 것은 8월 말이었으니, 무거운 갑옷을 입고 있던 프랑스 기사들은 화살을 피해서 언덕에 올라가더라도 제대로 싸울 수 없을 정도로 지쳐 있었다. 프랑스의 많은 기사들은 전투다운 전투를 해보지도 못하고 포로가 되거나 사망했고, 국왕 장마저도 포로가 되었다. 결국 1360년 브레티니 조약으로 프랑스는 상당한 영토에 대한 권리를 잉글랜드에게 인정해주었다.

  14세기 후반 프랑스의 왕들은 전면전을 피하고 일종의 게릴라전을 펼침으로써 영토를 조금씩 회복했다. 그러나 잉글랜드는 왕과 제후들의 대립과 반

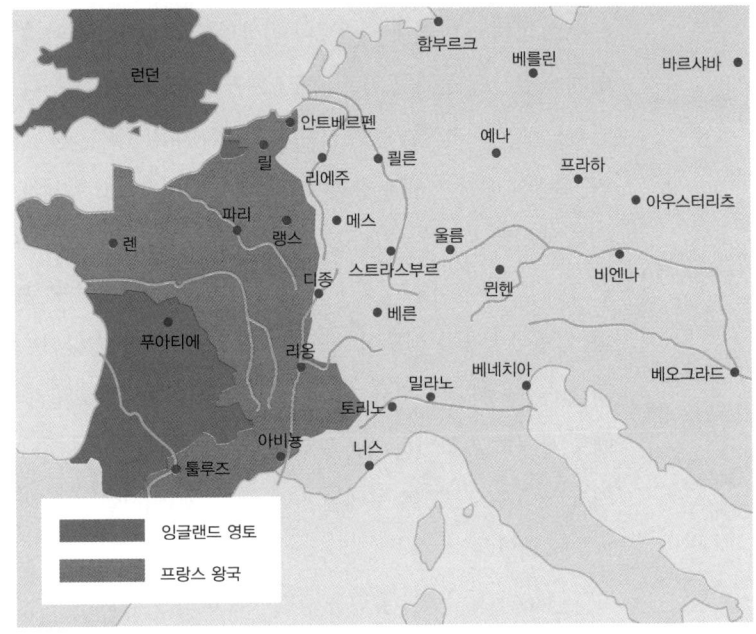

브레티니 조약
(1360년)

란으로 혼란한 상황이었으므로 프랑스에 신경을 쓸 겨를이 없었다. 그리하여 전쟁은 소규모의 전투만 벌어지는 일종의 소강 상태에 빠졌다. 그러나 15세기로 넘어가자 상황이 바뀌었다. 잉글랜드에서는 리처드 2세가 폐위되고 왕위는 헨리 4세에게 양위되었다. 그 이후 등장한 헨리 5세는 호전적인 인물이어서 다시 노르망디로 침입했다. 한편 프랑스에서는 샤를 6세가 1390년대에 정신병에 걸림으로써 정상적인 통치가 어려워졌고, 이에 따라 삼촌들이 대리 통치하는 시대가 되었다. 한마디로 잉글랜드에게는 유리하고 프랑스에게는 불리한 상황이 전개되었던 것이다.

1415년 잉글랜드 국왕 헨리 5세가 노르망디에 상륙함으로써 전쟁이 재개되었다. 그러나 곧바로 잉글랜드군이 전염병에 걸림으로써 본국으로 귀환하고자 했다. 프랑스군은 여전히 소집령에 따라 집결했으므로 시간이 걸리기는 했지만 잉글랜드군이 빠르게 이동하지 않았으므로 아쟁쿠르에서 잉글랜드군을 만날 수 있었다. 아쟁쿠르에서의 전투 역시 앞서 언급한 크레시와 푸아티에 전투의 재판이었다. 잉글랜드군은 궁사들을 양쪽에 배치하고 가운데 기사와 창병을 세웠다. 프랑스 군대는 여전히 기사도에 입각해 전투를 벌였다. 프랑스의 석궁사들은 기사부대 뒤에 위치했으므로 전혀 활을 쏠 수 없었다. 게다가 비까지 내려 들판은 진흙으로 바뀌어 있었다. 중무장 기사들은 진흙탕을 가로질러 잉글랜드군을 향해 달려갔지만 일부는 잉글랜드군의 화살에, 일부는 너무나 무거운 갑옷의 무게에 지쳐서 쓰러졌다. 겨우 잉글랜드군의 진영에 도달한 기사들은 지쳐서 싸울 기력조차 없었다. 크레시, 푸아티에, 아쟁쿠르 전투에 이르기까지 중무장 기사를 중심으로 하는 프랑스의 전술은 번번이 패배만을 가져왔다. 이는 중세의 봉건제에 입각한 군대로는 전쟁에서 승리할 수 없음을 보여주고 있다.

아쟁쿠르 전투에서 프랑스가 패배함으로써 부르고뉴 공작이 실권을 장악했고, 1420년 트루아 조약을 맺었다. 이 조약에서 프랑스 왕비였던 이자보는 세자 샤를이 사생아라는 진술을 강요받았고, 이에 따라 세자 샤를이 프랑스 왕위계승권을 박탈당했다. 또한 헨리 5세는 프랑스 국왕인 샤를 6세의 딸 카트린과 결혼하며, 샤를 6세와 헨리 5세가 사망하면 헨리와 카트린 사이에 낳은 아이가 프랑스와 잉글랜드의 왕위를 계승하도록 되어 있었다. 얼마 지나지 않아 트루아 조약이 현실화되었다. 샤를 6세와 헨리 5세가 차례로 사망함으로써 헨리 5세의 아들이 헨리 6세로 프랑스와 잉글랜드의 공동왕으로 등장했다. 그러나 그는 나이가 어렸으므로 베드포드 공과 글로스터 공이 섭정으로서 각각 잉글랜드와 프랑스를 대리 통치하게 되었다.

잔 다르크

트루아 조약에도 불구하고 샤를 6세의 아들인 세자 샤를은 프랑스 기사들의 지지를 받고 있었다. 그러나 소심하기 이를 데 없는 왕세자 샤를은 스스로도 자신의 출생에 대해 의심하고 있었다. 그러나 이때 프랑스 동쪽 샹파뉴 지방의 동레미라는 곳으로부터 한 '처녀(Pucelle)'가 나타났다. 그녀는 천사가 나타나서 그 당시 시농(Chinon) 성에 포위당해 있던 세자를 구해 랭스까지 데리고 가서 대관식을 치르라는 계시를 받았다고 했다. 처음에는 누구도 그녀의 말을 믿지 않았으나, 달리 방법이 없었던 프랑스의 기사들은 거의 포기하는 심정으로 소수의 군대를 딸려 보냈다. 그러나 놀랍게도 그녀는 시농의 포위를 뚫고 세자를 구해왔다. 시골처녀가, 그것도 군사훈련이라고는 받아보지 못한 처녀가 무거운 갑옷으로 무장을 한 채 말을 타고 적진으로 들어가 불가능해 보였던 일을 해낸 것이다. 프랑스인들은 기적이 아니고서야 가능하지 않은 일이라고 생각했으며 잔 다르크가 계시를 받았다고 믿게 되었다. 이리하여 신이 자신들의 편이라고 믿게 된 프랑스 군대는 불과 몇 주일 만에 오를레앙을 비롯한 루아르강변의 성들을 탈환했고, 마침내 세자 샤를을 모시고 랭스에 이르렀다. 이리하여 1429년 7월 세자 샤를은 샤를 7세로 즉위했다. 잔 다르크는 여기서 멈추지 않고 파리까지 진격했으나 실패했고 이후 콩피에뉴에서 포로가 되었다.

샤를 7세는 포로가 된 잔을 구하려는 어떠한 노력도 하지 않았고, 잉글랜드의 압력 아래 열린 재판에서 잔은 마녀로 판결을 받고 화형에 처해졌다. 몇 년 뒤 샤를 7세는 교회법정을 열어 1429년의 판결을 번복하도록 했으나, 이는 그녀의 애국적인 행위에 감사해서가 아니라 잔 다르크를 마녀인 상태로 놔두게 되면 국왕 자신이 마녀 덕분에 왕위에 오른 셈이 되기 때문이었다.

잔 다르크가 죽은 뒤 전쟁은 지지부진했고 1435년 아라스 조약으로 샤를 7세와 부르고뉴 공작은 화해했다. 이로써 샤를 7세는 잉글랜드와의 전쟁에 전력을 기울일 수 있게 되었다. 그리하여 1450년 노르망디의 포르미니에서의 전투를 마지막으로 잉글랜드군은 거의 물러갔다. 포르미니의 전투에서 잉글랜드

좌 샤를 7세의 대관식에서 잔 다르크

우 마녀재판에서 화형에 처해지는 잔 다르크

군은 과거와 마찬가지로 들판에 진을 쳤고 프랑스 군대는 과거와는 달리 새로운 전술을 사용했다. 그것은 먼 거리에서 대포로 적을 공격하는 것이었다. 그 타격 또한 정확해 잉글랜드군은 궤멸당했다. 프랑스는 노르망디를 점령한 이후 보르도에서도 승리를 거두었고, 1453년에는 오직 칼레만이 잉글랜드군의 수중에 남게 되었다. 결국 잔 다르크가 결정적으로 전세를 역전시킨 셈이었다.

　잔 다르크가 가져다준 것은 몇 차례의 승리만이 아니었다. 잔 다르크는 전리품을 위해서 싸우는 기사나 용병들과는 달리 프랑스와 국왕을 위해서 싸웠다. 즉 공공의 선을 위해서 싸운 것이다. 이러한 '공(公)'의 개념은 로마 제국 이후 거의 찾아볼 수 없던 것이었다. 중세 봉건사회가 '사적' 관계에 근거했음을 감안하면, 이러한 공공성의 등장은 중세의 봉건적 관계가 근대적 관계로 변화하고 있음을 보여준다.

3 교회의 위기

기독교는 중세 내내 영향력을 지속적으로 확장했지만 14세기의 위기를 피해 갈 수는 없었다. 그렇지만 세속의 위기와는 다르게 교회의 위기는 교회 내부의 문제에 따른 것이었다. 교회는 그 세력이 점점 커짐에 따라 하나의 정치조직처럼 변해갔고 이에 수반한 부패 또한 심해졌다. 14세기 초에 등장한 교황 클레멘스 5세는 프랑스인으로서 프랑스 국왕 필리프 4세의 지원으로 교황에 올랐고, 이에 대한 보답으로 교황청을 프랑스에 인접한 아비뇽으로 옮겼다. 이와 더불어 새로 임명된 추기경을 대부분 프랑스인으로 임명했다. 이리하여 교황은 프랑스 국왕의 시녀가 되었다. 1377년 교황 그레고리우스 11세가 교황청을 다시 로마로 옮겼으나, 이듬해 사망했다. 이어 열린 교황 선거는 로마 시민들의 위협 속에서 치러졌다. 그 결과 이탈리아인이었던 우르바누스 6세가 선출되었다. 이렇게 되자 추기경단은 그 해 가을 다시 모여서 지난번 선거가 위협 속에 치러졌으므로 무효이며 우르바누스 6세는 교황직을 내놓아야 한다고 했다. 그리고 새로운 교황을 선출했는데, 이번에는 프랑스인이었던 클레멘스 7세가 선출되었고, 그는 다시 교황청을 아비뇽으로 옮겼다. 그러나 로마의 교황 우르바누스 6세는 퇴임하지 않았고, 이리하여 교황이 두 명인 '교회의 대분열'이 시작되었다. 1409년에는 피사에서 대분열을 끝내기 위한 공의회가 열렸고 로마와 아비뇽의 교황을 폐위시키고 새로운 교황을 선출했다. 그러나 두 명의 교황은 물러나지 않았고, 이리하여 교회는 세 명이 되었다. 중세 내내 교황은 태양과 같은 존재였으니, 중세인들이 보기에 하늘에 태양이 세 개나 떠있는 셈이었다. 교황의 권위가 실추되었음은 물론이요, 기존 기독교에 대해서는 불신이 팽배하게 되었다.

기존 교회가 제 역할을 하지 못했으므로 기존 교회를 배제하고 개인적인 경건성을 추구하거나 이단이 나타난 것은 당연한 일이었다. 흑사병 이후 염세적인 세계관이 널리 퍼짐으로써 채찍질을 하는 고행자들의 행렬이 유럽 도처에 줄을 이었다. 네덜란드와 북부 독일 지방에서는 신도가 하느님과의 직접적인 교류를 할 수 있으며 개인의 영적 체험을 강조하는 신비주의 운동이 널리 퍼졌다. 이러한 종교적 개인주의는 후일 종교개혁에 영향을 준다. 그렇지만 이보다 더 영향력이 있었던 사람은 위클리프와 후스였다. 위클리프는 교회의 타락을 공격했고 후스 역시 교회의 형식주의를 비판했다. 더욱이 이들을 따르는 신도가 많아지면서 점차 교회의 착취와 부유화에 반대하는 일종의 사회운동의 성격을 갖게 되자, 로마가톨릭교회는 후스를 이단으로 몰아 처형했다. 그럼에도 불구하고 이단은 지속되었고 교회의 부패 또한 척결되지 못했다. 종교개혁은 로마가톨릭교회가 자기 개혁 능력을 상실한 결과였다.

4 근대의 태동

영토의 통일성

흔히 절대왕정국가란 통일된 영토를 바탕으로 전 영토에 걸쳐 균등하게 권력을 행사하며, 다양한 형태의 도전을 받았을 때 이를 굴복시킬 수 있는 국가를 말한다. 이러한 왕의 권력 행사를 돕는 것이 관료제와 상비군이며, 이 두 요소를 떠받치고 있는 것이 조세제도이다. 이러한 기준에 따라 본다면 잉글랜드와 프랑스는 백년전쟁을 거치면서 절대왕정국가가 되었다고 할 수 있다.

백년전쟁의 주된 원인이기도 했던 잉글랜드 왕의 프랑스 내 봉토 보유는 중세 봉건제에서는 일반적이다. 따라서 잉글랜드와 프랑스 사이의 영토의 경계 또한 모호할 수밖에 없었다. 이러한 모호한 경계선이 백년전쟁을 거치면서 점차 사라지고 두 나라의 경계선이 분명해졌다. 전쟁이 끝났을 때 잉글랜드 국왕이 보유하고 있던 프랑스 내 영토는 칼레뿐이었다.

국경이 확실해짐으로써 잉글랜드와 프랑스는 해협을 사이에 둔 서로 다른 국가로 발전하게 되었고 민족의식이라고 할 만한 것이 싹트기 시작했다. 프랑스에서 이러한 의식이 싹튼 것은 잔 다르크의 등장에 의해서였다. 사실 중세의 전투는 기사들의 오락거리이거나 전리품 획득을 위한 것이었다. 그러나 잔 다르크는 오로지 국왕과 프랑스를 위해 싸웠고, 이러한 생각이 확산되어 잉글랜드군과 벌이는 모든 전투는 국왕을 위해 싸우는 것이 되었다. 이와 유사하게 민중들에게 중세의 전투와 점령은 새로운 영주를 받아들이는 것 이외에 다른 큰 의미는 없는 것이었다. 그런데 백년전쟁기 프랑스 민중에게 잉글랜드인들은 약탈자이자 거만을 떠는 이방인으로 비쳤고, 이런 사람을 새로운 영주로 받아들이기는 힘들었다. 그러므로 잉글랜드인에 대한 저항은 주로 약탈에 대한 반발에서 비롯되었다고 할 수 있다. 그렇기는 하지만 이러한 반발은 일종의 민족의식을 동반할 수밖에 없었고, 이러한 경향은 잔 다르크 이후 뚜렷해졌다. 잉글랜드 역시 백년전쟁으로 대륙과 무관한 섬나라로서의 의식을 갖게 되었다. 잉글랜드는 백년전쟁 초기까지 잉글랜드에서 프랑스 남부에 이르는 넓은 영토를 가지고 있었고, 아마도 이 모든 영토를 단일한 국가로 통합하려는 야심을 가지고 있었을 것이다. 그러므로 잉글랜드 왕들은 대륙에 깊은 관심을 가지고 있었다. 그러나 백년전쟁으로 대륙의 모든 영토를 상실함으로써 '섬나라 잉글랜드'로서 대륙과는 다른 길을 가게 되었다.

상비군의 창설

중세의 종말을 가장 뚜렷이 보여준 부분이 바로 전술의 측면이라고 할 수 있다. 즉 기사도로 무장한 기사 군대의 비효율성과 그에 따른 기사 군대의 몰락이 그것이다. 크레시 전투와 푸아티에 전투, 아쟁쿠르 전투에 이르기까지 프랑스 군대는 기사 중심으로 구성되어 있었다. 국왕이 전투를 하기 위해서는 봉신들에게 군사적 봉사를 요구하는 소집령을 내려야 했는데, 군대가 완전히 소집되기까지는 꽤 시간이 걸렸다. 시간이 지체되는 것을 제외하더라도, 기사 군대를 중심으로 한 전술은 궁사와 보병을 중심으로 한 잉글랜드군의 전술에 번번이 패배한 거의 쓸모없는 전술이었다. 특히 잉글랜드군의 화살은 기사들의 갑옷을 뚫거나, 뚫지 못한다고 하더라도 기사가 타고 있는 말을 죽일 수는 있었다. 이에 반해 프랑스의 기사들은 무거운 갑옷을 지탱하는 데에 지나치게 많은 체력을 소모해야 했고, 화살이 강하면 강할수록 갑옷의 두께는 점점 더 두꺼워져 기사들의 움직임을 둔하게 만들었다. 요컨대 중세의 기사도에 입각한 기사 군대는 더 이상 효율적인 전투 집단이 아니었고, 그 자리를 장궁을 갖춘 보병 중심의 용병대에 넘겨주어야 했다. 더욱이 15세기 초에 들어온 대포는 결정적으로 기사들을 무용지물로 만들었다.

이리하여 기사들보다는 용병이 중요한 역할을 차지하게 되었다. 그런데 백년전쟁 말기에 일자리를 잃은 용병들은 종종 도적떼로 변하곤 했다. 이러한 골치 아픈 문제에 직면한 프랑스 국왕 샤를 7세는 1445년 칙령을 통해 12개 부대의 상비군인 '칙령군'을 창설했다. 국왕으로부터 급료를 받게 된 칙령군

1429년에 잔 다르크가 잉글랜드군을 이긴 곳으로 유명한 오를레앙 전투

부대는 각각 랑스(lance) 100개로 이루어져 있었고, 랑스 하나는 기병, 검사, 궁사, 시종 등 6명으로 구성되었다. 각 칙령군은 하나의 지역을 담당하여 치안을 유지하거나 잉글랜드군 점령지를 탈환하는 역할을 했다. 이러한 상비군의 탄생이야말로 신속히 이용할 수 있는 무력을 국왕만이 갖게 되었음을 의미하는 것이었다.

조세제도의 확립

14세기 이전까지 프랑스에서는 신민 전체에 항상 일정하게 부과되는 세금이란 존재하지 않았다. 국왕은 자신의 영지에서 나오는 수입으로 살아가야 했다. 전쟁이 시작되자 국왕은 왕국을 방어하려는 자신의 노력에 모든 신민이 기여할 것을 요구했다. 신민의 기여, 즉 세금은 전쟁과 같은 '명백한 필요'가 있을 때에만 가능한 것이어서, 처음 세금이 징수되었을 때에는 그 기간을 1년으로 한정했다. 그러나 1년 후에도 전쟁이 끝나지 않았으므로 세금이 다시 징수되었고, 그 이후로도 여러 차례 1년 단위로 징수되었다. 이러한 1년 단위 징수가 해를 거듭하게 되자 기간이 5년으로 바뀌었고, 마침내 1360년에는 징세기간이나 신민의 동의를 규정하지 않게 되었다.

백년전쟁은 과세의 확립과 더불어 관료제의 확립에도 도움을 주었다. 세금은 세 신분의 대표회의라고 할 수 있는 삼부회에서 결정되었는데, 삼부회는 과세를 인정해주는 대신 세금의 징수를 국왕관료에게 맡기지 않고 삼부회에서 선출한 사람들에게 맡겼다. 그리하여 조세가 항구화의 길로 접어들었던 14세기 말부터 징세원은 일종의 관료가 되었고 실제로 국왕에 의해 임명되곤 했다. 이리하여 백년전쟁이 끝난 이후 프랑스와 잉글랜드는 강력한 절대왕정국가, 나아가 국민국가로의 첫걸음을 내디뎠다.

비잔티움 제국의 멸망

한 시대가 끝남을 알리는 또 다른 중요한 사건이 있었다. 서유럽에서 백년전쟁이 끝난 1453년 동유럽에서는 콘스탄티노폴리스 함락으로 비잔티움 제국이 마침내 멸망한 것이다. 이로써 유서 깊은 로마 제국이 마침내 그 수명을 다하게 되었다. 리비우스의 로마사를 근거로 한다면 로마의 건국이 기원전 753년이니, 2,200년이 넘는 동안 존재했던 국가가 마지막 숨을 거둔 것이다.

그러나 사실 비잔티움 제국은 이미 오래전부터 기울고 있었다. 1204년 4차 십자군에 의해 콘스탄티노폴리스가 함락당함으로써 비잔티움 제국은 해체되다시피 했다. 십자군은 콘스탄티노폴리스와 그리스 일대를 정복하고 라틴 제국이라고 칭했으며 플랑드르 백작 보두앵이 황제가 되었다. 그러나 서유럽의 봉건제만을 알고 있던 십자군 황제의 직접 통치권은 콘스탄티노폴리스를 중심으로 소아시아반도의 해안지대와 아드리아노폴리스에 이르는 지역에 불과했다. 나머지 지역 중 절반은 봉토로 하사되었으며, 절반은 베네치아의 지배에 들어갔다. 한편 수도에서 쫓겨난 비잔티움 제후들도 십자군의 손길이 미치지 않는 곳에 나라들을 세웠다. 그중에서 비잔티움 황제의 딸을 아내로 맞이한 테오도로스 라스카리스는 황제를 자처하며 니카이아 제국을 세웠다.

비록 1261년 미카일 8세가 콘스탄티노폴리스를 다시 점령함으로써 서유럽에서 온 라틴 세력은 없어졌으나, 제국이 과거의 영광을 되찾기란 어려워 보였다. 여러 다른 세력들이 비잔티움 제국을 압박하고 있었기 때문이다. 아드리아 해안은 베네치아의 수중으로 넘어간 지 오래되었고, 그리스는 서유럽인들의 지배하에 있었다. 그리스 남부 지역은 콘스탄티노폴리스의 권력에 적대적이었고, 발칸반도 북쪽은 불가리아인들과 세르비아인들의 두 슬라브 국가들이 차지하고 있었다. 제국 내부에서도 여러 세력들이 제위계승권을 둘러싼 권력다툼을 벌였다.

 14세기 중반이 되었을 때 제국은 이미 느슨한 연합체에 불과하게 된 반면, 소아시아반도에서는 오스만튀르크라는 국가가 강력하게 등장하고 있었다. 오스만튀르크는 14세기 후반에 이르러 발칸반도로 진출해 불가리아를 비롯한 여러 발칸 국가들을 신하국으로 두게 되었다. 15세기가 되었을 때, 비잔티움 제국은 콘스탄티노폴리스와 그 일대만이 남게 되었고, 소아시아에서 발칸반도 북부에 이르는 지역은 오스만튀르크의 영토가 되었다. 오스만튀르크의 메흐메드 2세는 1453년 콘스탄티노폴리스를 공격했다. 육지에서는 강력한 포병의 도움을 받고, 바다에서는 육지를 통해 배를 골든혼(Golden Horn: 콘스탄티노폴리스 시내로 뻗어 있는 좁은 만(灣))으로 이동시켜서 그곳에서 콘스탄티노폴리스를 공격했다. 5월 29일 총공세를 펼친 메흐메드 2세는 마침내 성벽을 무너뜨렸다. 그러나 약탈을 3일로 제한하고 그리스 정교의 교회에 대한 자치권을 허용해주는 등 관용 정책을 폈다. 콘스탄티노폴리스가 정복당함으로써 제2의 로마도 사라지게 되었다. 그러나 모스크바의 통일군주 이반 3세는 비잔티움 제국의 마지막 황제의 조카딸과 결혼하고 비잔티움 황실의 문장인 쌍두 독수리 문장을 넘겨받고 비잔티움의 관습을 도입했다. 이리하여 모스크바는 '제3의 로마'가 되었다.

10

대항해 시대와 세계 체제

김원중

1500년경 세계에서 가장 큰 10대 도시는 거의 모두 동양에 있었고 그중 중국이 단연 압도적이었다. 그러나 1900년이 되자 상황은 완전히 역전되어 10대 도시는 거의 모두 서양에 있게 되었으며 런던은 아시아 최대 도시인 도쿄보다 네 배나 컸다.

서양 문명의 급성장은 근대 500년 동안 지구에서 나타난 가장 중요한 역사적 현상 가운데 하나였는데, 역사가들은 그 주요 원인 중 하나로 15-16세기 유럽인들이 주도한 대항해(혹은 '지리상의 발견')를 꼽는다. 만약 대항해가 없었다면 서유럽은 유라시아 대륙 서쪽에 위치한 보잘것없고 후진적인 지역으로 남아 있었을 것이다. 이 대항해 시대에 유럽인들은 세계의 바다를 장악하고 세계 곳곳에 식민지를 만들었다. 그리고 이를 발판 삼아 근대 유럽의 초석을 구축하고, 19세기에는 본격적으로 세계 지배에 나섰다. 그러므로 유럽의 해상 팽창은 실로 세계사에서 새로운 시대의 시작을 의미하는 것이었으며, 애덤 스미스와 카를 마르크스 등이 바스코 다 가마와 콜럼버스의 항해를 "인류 역사상 가장 거대하고 중요한 사건"이라고 말한 것은 바로 그런 관점의 표명이었다.

이처럼 중요한 의미를 갖는 유럽인들의 발견, 탐험, 팽창을 추동한 동기는 무엇이고, 그것은 어떻게 진행되었으며, 후대 역사에 어떤 영향을 미쳤는가? 그리고 그것은 인류 역사에서 어떤 의미를 갖는가? 대항해 사업을 주도한 이베리아인들(포르투갈인과 에스파냐인)의 활동을 중심으로 이에 대해 살펴보자.

1 대항해의 동기

1400년경의 유럽은 탐험이나 팽창을 주도할 만한 상황이 아니었다. 13세기 십자군 운동은 실패로 끝나고 기독교 세력의 확산은 중단된 상태였으며, 오히려 동쪽 이슬람 세력(오스만튀르크)의 위협에 전전긍긍하는 처지였다. 14세기의 흑사병은 유럽 경제를 엉망으로 만들고 유럽 인구의 약 3분의 1 이상을 앗아갔다. 당시 세계의 무게 중심은 중국과 인도가 버티고 있는 아시아에 있었으므로, 1400년 무렵 세계 여러 지역 가운데 대항해를 주도할 유력한 후보를 꼽는다면 그것은 단연 중국을 비롯한 아시아 국가들이었다. 아랍인들은 오래전부터 유라시아 교역의 중심 무대인 인도양을 누비고 있었고, 중국인들은 15세기 초 정화의 원정이 말해주듯이 세계 최강의 해상 세력으로 군림할 수 있는 충분한 잠재력을 보유하고 있었다. 그렇지만 아시아인들은 각자가 처한 상황 때문에 잠재력을 꽃피우지 못하고, 결국 거의 모든 점에서 뒤처져 있던 유럽에 주도권을 넘겨주게 되었다.

유럽인들은 왜, 무엇을 찾아서 위험한 대양 항해에 나서게 되었을까? 그 이유는 다양하고 복잡하지만 가장 중요한 동기는 부를 쌓고, 그 부를 이용해 다른 사람들을 지배하기 위해서였다. 포르투갈의 항해자 바르톨로뮤 디아스는 자신이 항해하는 이유를 "하느님과 전하께 봉사하고, (……) 모든 인간이 갈망하는 것처럼 부자가 되기 위해서"라고 했고, 에스파냐의 정복자 프란시스코 피사로는 자신이 신세계에 온 이유를 "그들의 금을 탈취하기 위해서"라고 말했다. 항해자들과 정복자들 대부분은 언젠가는 '엘도라도'를 발견해 부자가 되어 고국으로 돌아가 가문을 일으키고, 존경도 받으면서 떵떵거리며 사는 꿈을 품고 있었고, 이 꿈을 이루기 위해 기꺼이 위험과 수고를 감수하려고 했던 것이다.

유럽인들에게 부를 가져다줄 것으로 여겨졌던 상품은 처음에는 무엇보다도 주로 동남아시아와 인도에서 생산되는 후추를 비롯한 향신료였다. 중세 유럽에서 향신료에 대한 수요는 매우 컸고 값도 비쌌다. 원산지에서 싼 값으로 매매되는 향신료가 유럽에서 비싸게 팔린 이유는 물론 비싼 운송료 때문이었다. 아시아의 향신료가 유럽인들의 식탁에 오르게 될 때까지 여러 단계를 거치면서 붙게 되는 중간 마진과 열악하고 위험한 육로(사막과 높은 산맥) 교통 사정을 고려할 때 유럽에서 비싸게 팔리는 것은 어쩌면 당연했다. 중세에 생산지 가격과 유럽 소비자 가격의 차이가 심할 때는 수백배가 넘었다고 하니 누구든 육로보다 훨씬 안전하고 저렴한 뱃길을 통해 원산지에 가서 대량으로 구입해 들여올 수만 있다면 큰돈을 벌 수 있음을 중세인들도 잘 알고 있었다. 초창기 이베리아반도의 항해자들이 추구한 가장 중요한 목적은 바로 이 아시아 항로를 개척하는 것이었다.

유럽의 대륙 간 장거리 무역의 또 다른 주요 품목은 금이었다. 중세 말 유럽에서는 금 품귀 현상이 나타나고 있었다. 유럽에서 금의 상대적 가치는 중국에 비해 두 배나 높았으며, 이는 금을 구하기 위한 항해와 탐험을 부추기는 강력한 요인이 되었다. 중세 말에 상당량의 금이 아프리카에서 유럽으로 유입되고 있었는데, 사하라 사막 남쪽 '검은 아프리카'에서 생산된 금이 사막을 횡단해 아프리카 서북쪽 끝에 위치한 항구도시들을 거쳐 유럽으로 들어왔다. 그런데 15세기 초부터 금이 생산되는 지점에 대한 정보가 유럽인들에게 흘러들어갔고, 그것은 유럽인들의 욕심을 자극했으며, 포르투갈인들의 초창기 항해의 목적은 무엇보다도 이 금 생산지를 직접 찾아가 아프리카-유럽 간 금 무역에서 한몫을 차지하는 것이었다.

물론 부의 축적과 지배자가 되려는 열망이 탐험과 항해를 부추긴 유일한 요인은 아니었다. 기독교를 모르는 사람들에게 그리스도의 복음을 전하려는 종교적 열정, 동방에 대한 유럽인의 호기심, 오스만튀르크의 등장으로 지중해 동부 지역을 통해 아시아로 가는 것이 위험해진 국제적 상황, 그리고 중세 말 위기로부터 힘을 회복하고 정치적 중앙집권화를 이루어나가고 있던 유럽 국가들의 정치적 상황 등도 함께 고려되어야 할 요인들이다.

그렇다면 원거리 항해에서 경제력에 있어서나 항해 지식 혹은 선박제조 기술에 있어서나 유럽인들보다 훨씬 좋은 조건을 가지고 있었던 아시아인들이 왜 대항해 사업을 주도하지 못했을까? 아시아, 특히 그중에서도 중국은 유럽 국가들보다 월등하게 유리한 조건을 가지고 있었는데, 그것을 보여주는 좋은 예가 1405년과 1433년 사이 정화가 이끈 대규모 원정이다. 이 원정은 동남아시아 해역과 인도양을 거쳐 아프리카 동부 해안까지 일곱 차례에 걸쳐 연인원 2만 7,000명이 참가하고, 모두 18만 5,000킬로미터의 거리를 항해한 역사상 초유의 사건이었다. 함대는 대형 함선 60여 척과 소형 선박 100척 정도로 구성되었으며, 특히 정화의 거대한 기함 '보선(寶船)'은 오늘날의 축구장보다 더 큰 규모를 자랑했다고 한다. 이 원정으로 중국은 유라시아 대륙과 인도, 아프리카를 연결하는 해상로를 개척하고 인도양을 비롯한 세계 해상 무역을 주도하는 듯했지만 그렇게 되지는 않았다. 이 원정 직후 중국은 웬일인지 갑자기 모든 해상 활동으로부터 철수하고 오히려 철저한 해금(海禁) 정책으로 돌아섰다.

왜 중국이 바다를 포기하기로 결정했을까? 직접적인 원인은 국내의 정치적 분쟁 때문이었던 것으로 보인다. 당시 중국 궁정에서는 해상 원정을 지속해야 한다는 파벌과 북방을 위협하는 몽골에 맞서기 위해 국력을 내륙에 집중해야 한다는 파벌이 대립했으며, 여기에서 결국 북방 정책을 주장하는 파벌이 승리를 거두었고, 바로 그 시점부터 중국은 바다를 포기한 것이었다. 그러나 좀 더 근본적인 원인은 중국인들을 장거리 여행에 지속적으로 나서도록 추동할 만한 지적 호기심이나 물질적 유인(誘因)이 없었기 때문이다. 즉 당시 중국은 수준 높은 기술과 문화를 자랑했지만 유럽인들이 가지고 있던 상업적·종교적 동기를 가지고 있지 않았고, 부자가 되고 다른 사람을 정복하고 지배하려는 의지가 합쳐져 생겨나는 독특한 역동성도 갖고 있지 않았던 것으로 보인다.

이유야 어찌됐든 정화의 원정을 잇는 후속 원정은 나타나지 않았고, 그로 인해 중국인들은 자신들만의 세계에 스스로를 가두어버렸으며, 이런 바다로부터의 철수는 중국인뿐만 아니라 아시아인들이 세계 역사의 주도권을 유럽인들에게 넘겨주는 결정적인 선택이 되고 말았다.

탐험과 '발견'을 선도한 나라는 유럽에서도 소국에 속했던 이베리아반도의 포르투갈이었다. 15세기 초 포르투갈은 인구가 채 100만 명이 안 되는 작고 가난한 나라였다. 하지만 포르투갈은 대서양 쪽으로 돌출된 이베리아반도 서쪽에 위치한 데다가, 대서양의 바람과 해류는 포르투갈의 항구들을(이 점에서는 에스파냐 남쪽의 항구들도 마찬가지였다) 아프리카 서해안이나 대서양의 제도(諸島)로 진출하는 데 이상적인 지점으로 만들었다. 또한 포르투갈은 베네치아나 제노바 등 이탈리아 도시국가들만은 못하지만 나름 오랜 항해 전통과 뛰어난 조선기술을 가지고 있었으며, 1380년대에 집권한 아비스 가문의 지배자들이 상인계층에 대해 지원을 아끼지 않았다는 점에서도 다른 나라들이 누리지 못한 유리한 조건을 가지고 있었다. 뒤이어 등장하는 에스파냐(카스티야 왕국)는 포르투갈보다 강국이었지만 전통적으로 지중해 쪽에 관심을 두고 있었지 대서양에는 별 관심이 없었다. 그러나 15세기 말 에스파냐의 대표적인 두 왕국 카스티야와 아라곤이 통합되어 내분에서 벗어나게 됨으로써 에스파냐는 해외 팽창 정책을 추진할 수 있는 힘을 갖게 되었으며, 1492년 이사벨 여왕이 콜럼버스의 대서양 원정을 지원하기로 결심함으로써 에스파냐는 대항해 사업에 본격적으로 뛰어들게 되었다.

포르투갈과
에스파냐의 항해 경로

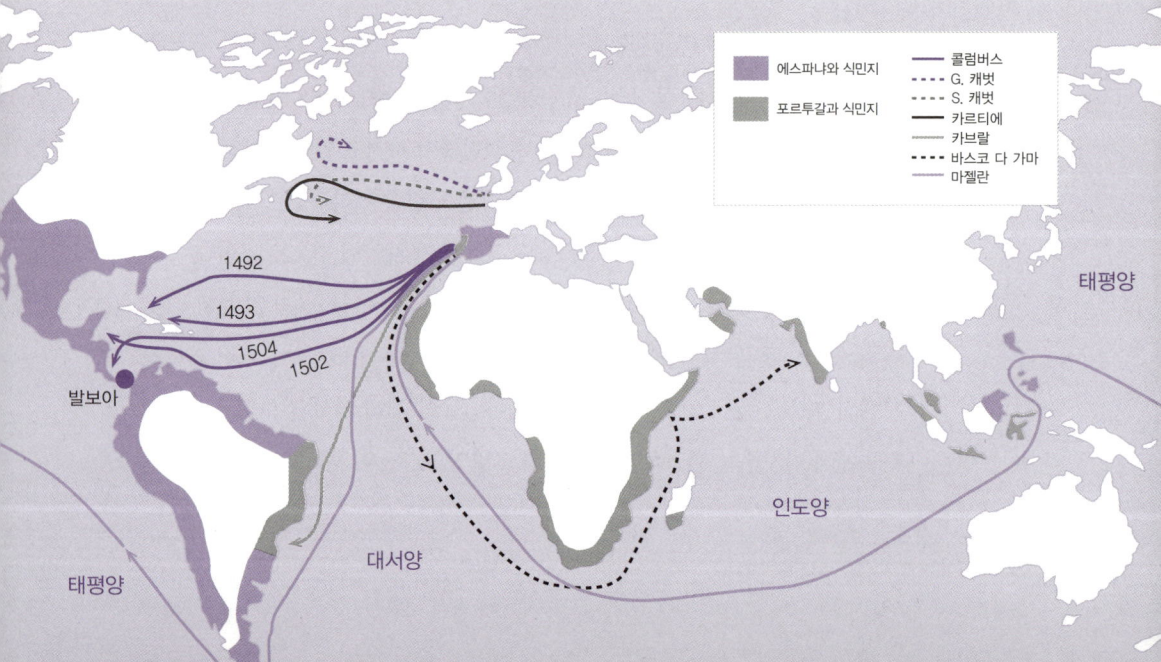

15세기 포르투갈과 에스파냐에는 유럽의 어느 나라보다도 십자군의 전통과 종교적 열정이 강하게 남아 있었다. 이베리아반도에서는 중세 내내 반도의 상당 부분을 지배하고 있던 무슬림 세력을 상대로 잃어버린 국토를 회복하려는 재정복 운동(Reconquista)이 전개되었으며, 포르투갈과 에스파냐는 이 재정복 전쟁에, 그리고 그것이 만들어낸 강력한 종교적 신념과 십자군적 분위기에 영향을 받지 않을 수 없었다. 남다른 신앙심을 가지고 있었던 에스파냐의 이사벨 여왕은 1492년 무슬림들의 최후의 보루인 그라나다를 함락시키고, 곧 이어 에스파냐에서 유대인을 추방하고 무슬림들을 강제로 개종시켰는데 그 단호함은 에스파냐의 경제와 문화 등에 지대한 기여를 해온 이교적 영향력을 근절하려는 그녀의 의지가 얼마나 강했는지를 잘 보여준다. 또한 좁은 해협을 사이에 두고 기독교 에스파냐와 무슬림 북아프리카가 마주보고 있었고, 오스만 튀르크의 영향력이 지중해에서 점점 증대되는 상황에서 이사벨 여왕이 대(對)이슬람 투쟁을 계속하는 한 방법으로, 그리고 콜럼버스를 통해 이교도들의 땅에 기독교를 전하는 한 수단으로 해외 팽창을 생각하게 된 것은 결코 놀라운 일이 아니다.

그에 비해 유럽의 좀 더 신중하고 실용적인 국가들, 특히 이탈리아 같은 나라들은 새로운 대양 항로 개척을 무모하고 실속 없는 사업으로 생각했다. 이는 종교가 왜 이베리아반도 국가들의 해외 팽창에서 중요한 요인인지를 설명하는 데 도움을 준다.

2 항해 기술의 발전

유럽의 대항해 사업은 물론 항해 지식과 기술이 그만큼 발전했기에 가능했다. 고대 이래로 유럽인들은 해안선을 따라 육지를 바라보면서 항해하거나, 지중해처럼 자주 다녀서 익숙한 항로를 따라 항해하는 것이 고작이었다. 그러나 대항해 시대의 항해는 수십 일 혹은 몇 달 동안 육지를 보지 못하고 가야 하는 대양 항해였고 미지의 바다를 찾아가는 여정이었다. 다시 말해 그것은 지금까지의 연안 항해와는 차원이 달랐으며 그만큼 어렵고 높은 기술과 지식이 필요했다.

이와 관련해, '대항해 시대'의 항해 지식과 기술은 대체로 과거와의 갑작스러운 단절이 아닌 중세와의 연속성을 보여준다. 그러니까 항해 지식이나 조선 기술의 측면에서 이 시기 유럽에서 갑자기 획기적인 발전이 나타난 것은 아니고 전부터 내려오고 있던 지식과 기술을 계승하고 있다는 것이다. 먼저 중세에 여러 가지 항해상의 주요 기술과 기구들이 아시아에서 유럽으로 전해졌다. 중국인들에 의해 처음 발견된 나침반의 원리는 인도와 아랍 항해자들을 거쳐 남유럽으로 전해졌고, 태양과 별의 위치와 고도를 통해 배가 위치하고 있는 지점을 알아내는 도구인 천체관측의(astrolabe)도 아랍인들로부터 유입되었다. 유럽인들이 대양 항해용 범선의 중요한 특징인 큰 삼각형 돛을 사용하게 된 것도 아랍인들에게서 배운 것이었다. 그러나 유럽인들은 이처럼 동양으로부터 전수받은 지식과 기술을 그대로 사용한 것이 아니라 효과적으로 개선해서 사용했다. 예를 들어 중국의 나침반은 유럽인들에 의해 정확성이 많이 개선되었고 아랍인들의 큰 삼각형 돛도 유럽의 사각형 돛과 함께 사용되어 배가 더 빠르고, 더 기동성 있게 이동할 수 있게 되었다.

선박 제조 기술 측면에서는 유럽 내 전통이 두드러지는데, 1400년경까지도 북유럽과 남유럽의 배들은 서로 뚜렷이 구분되고 다른 정체성을 유지하고 있었다. 남유럽, 즉 지중해의 대표적인 배는 갤리선이었는데, 날렵하고 폭이 좁은 선체를 가지고 있고, 열을 지어 젓는 노들로 추진되는 이 갤리선은 적어도 단거리에서는 상당히 빠른 속력을 낼 수 있었고, 곡물 같은 부피와 무게가 많이 나가는 화물보다는 비단이나 향신료 같이 가볍고 값이 비싼 화물 수송에 더 적절했다. 이에 비해 발트해와 북해를 주 무대로 활동하는 북유럽의 대표적인 배인 코그선(cogs)은 큰 사각형 돛을 장착하고 매우 견고했으며 건조비가 비교적 적게 들고 많은 화물을 운반할 수 있다는 장점을 가지고 있었다. 또한 지붕 위에 기와를 얹듯이 판재를 겹쳐서 잇는 방법인 겹쳐잇기 방법을 사용하여 방수 효과를 높인 점, 중앙타(에탕보 키)를 설치해 배 안에서 조종이 가능하다는 장점을 가지고 있었다.

그런데 남유럽과 북유럽 간의 무역이 증가함에 따라 포르투갈 해안과 에스파냐 남부 지역을 중심으로 남쪽 선박과 북쪽 선박의 장점을 합쳐 놓은 새로운 배들이 나타났으며, 이 새로운 배들 가운데 가장 유명한 것이 카라벨선이다. 카라벨선은 포르투갈인들에 의해 이베리아반도 주변 해역에서 국지적인 무역에 사용하기 위해 처음 개발된 것으로 보이는데, 조종성이 뛰어나고, 흘수(吃水: 배가 물에 잠기는 깊이)가 커서 배의 안정성이 확보되며, 또 많은 선원을 태울 수 있으면서 무엇보다도 장시간 바다에 머물 수 있었고, 적절한 바람만 받으면 매우 빠른 속력을 낼 수도 있었다. 그 때문에 이 배는 해안 가까운 지역을 탐사하고, 강을 따라 거슬러 올라가는 데 이상적이었다. 대항해를 주도한 선박이 바로 이 카라벨선이었으며, 콜럼버스가 1492년 첫 번째 항해에 사용한 배 세 척 중 두 척이 바로 포르투갈형 카라벨선이었다.

총포류의 발전, 특히 선박에 장착한 대포의 개발은 유럽인 항해자들이

카라벨선

인도양에서 아시아인들을 상대할 때 결정적인 역할을 했다. 아랍인들의 갤리선은 유럽인들의 범선처럼 먼 거리에서 발사해서 적선을 침몰시킬 수 있는 대포를 갖고 있지 않았다. 해전에서 아랍인은 주로 자기 배를 상대편 배에 부딪쳐 그 배의 일부를 파괴하거나 혹은 노를 못 쓰게 해서 기동력을 제거한 다음 상대편 배로 올라가 적을 제압하는 옛날 방식에 의존하고 있었다. 이런 구식의 방법으로는 유럽인들이 보유한 대포를 장착한 범선을 당해낼 수가 없었다. 요컨대, 유럽-포르투갈인들이 비유럽 세계로 들어가 그곳의 바다를 장악할 수 있었던 가장 중요한 힘은 해군력에서의 우위였다.

포르투갈인들과 에스파냐인들이 서유럽의 해외 팽창에서 선구적이고 주도적인 역할을 수행한 것은 사실이지만 엄격히 말해 대항해 사업은 범유럽적 현상이었으며, 여러 유럽 국가들의 노력과 기여가 합쳐져서 이루어진 것이었다. 이탈리아인과 이탈리아 자본의 역할은 그중에서도 중요했다. 이탈리아는 콜럼버스 외에도, 영국 왕을 위해 봉사한 지오반니 카보토(영국식 이름은 존 캐벗), 신대륙에 '아메리카'라는 이름을 갖게 만든 아메리고 베스푸치 등 유능한 항해자들을 대항해 사업에 제공했을 뿐 아니라 항해 기술과 정보 제공자로 혹은 항해에 필요한 자본 제공자로서도 중요한 역할을 수행했다.

3 포르투갈의 아시아 해상 제국

이베리아인들이 본격적으로 아시아와 아메리카 탐험에 나서기 전에 그들의 발길을 붙잡은 것은 동 대서양의 제도(諸島)들인 카나리아 제도, 마데이라 제도, 아조레스 제도, 카보베르데 제도였다. 이 제도들은 이베리아인들에게 장차 대서양 횡단을 위한 디딤돌을 제공했을 뿐 아니라 후에 신세계에서 시행할 정책을 시험해보는 시험장이 되었다. 1425년 포르투갈의 식민지가 된 마데이라 제도에서는 적합한 토양과 기후, 제노바인들의 기술적·재정적 도움, 아프리카에서 들여온 노예 노동력을 토대로 설탕 생산이 자리 잡았으며, 포르투갈인들은 설탕과 아프리카 노예 노동력의 결합이라는 이 성공 공식을 브라질을 식민화할 때 그대로 적용했다. 15세기 초에 카스티야(에스파냐의 중심이 된 왕국)에 의해 정복된 카나리아 제도 역시 후에 에스파냐인들이 아메리카에 이식하게 될 제도(制度)들을 시험해보는 실험장이 되었다. 왕은 원정대장들과 개별적으로 계약을 체결하고, 그에게 특정 지역에 대한 탐험 혹은 정복의 권리를 허용했으며, 그 사업이 성공하면 그에게 상당한 지배권과 특전을 부여했는데, 이는 후에 콜럼버스, 프란시스코 피사로를 비롯한 주요 원정대장들과 맺은 계약과 내용과 형식이 같았다.

포르투갈의 탐험과 정복의 시대를 열어젖힌 인물은 '항해 왕자'

엔히크 서거 500주년을 기념해 세운 '발견의 탑.' 제일 앞에 범선을 들고 있는 사람이 엔히크이다. 십자가와 십자가가 새겨진 깃발을 들고 있는 사람들이 보이는데 항해를 나갈 때에는 지질학자, 천문학자뿐만 아니라 선교사들도 함께했다.

10장 대항해 시대와 세계 체제 | 김원중

엔히크(Infante Dom Henrique)였다. 엔히크가 '항해 왕자'라는 별명을 갖게 된 것은 그가 지리와 항해술 연구를 위한 학교를 세우고, 아프리카 서해안을 따라 내려가는 원정대를 정기적으로 파견하는 등 탐험과 항해를 적극적으로 지원했기 때문이다. 그러나 1460년 엔히크 왕자가 사망할 때까지만 해도 포르투갈 항해자들의 주요 목적은 아프리카 탐험과 아프리카 자원의 개발이었지 아시아로 가는 새 항로 개척은 아니었다. 아시아 항로 개척은 그 후의 일이었다. 포르투갈의 항해 사업은 항해 왕자가 죽고 나서 한동안 주춤하다가 1470년 아퐁수 5세의 즉위와 함께 더욱 역동적으로 추진되어 1487년 바르톨로뮤 디아스가 아프리카 남단 희망봉에 이르렀다. 디아스는 희망봉에 도달했을 뿐 아니라 아마도 그곳을 돌아 아시아로 가는 최선의 방법, 그러니까 그냥 해안선을 따라 곧장 내려가는 것이 아니라 먼 바다로 나가 아프리카 남단을 둥글게 회항하여 인도양으로 가는 방법을 발견한 것으로 보인다.

1497년 드디어 바스코 다 가마가 이끄는 함대가 희망봉을 돌아 동아프리카 해안을 따라 올라가 말린디(지금의 케냐)에서 인도양을 횡단해 인도 서해안의 캘리컷에 상륙했다. 이로써 바다를 통해 유럽과 아시아를 잇는 가교가 마침내 항구적으로 개설되었으며, 이제까지 육로를 통해 간접적인 방식으로 소규모로 교류해오던 유럽과 아시아가 이제 해로를 통해 직접 대규모로 교류할 수 있게 되었다. 이는 유럽인의 일상과 경제 생활에 큰 변화를 가져왔을 뿐만 아니라 세계사의 흐름을 극적으로 바꾸어놓는 세계사적인 의미를 가진 항해가 되었다.

당시 인도양은 중세 이래 수백 년 동안 세계에서 가장 중요한 해상 교역의 중심 무대였으며 엄청난 부의 근원지였다. 유럽인들이 중히 여기는 후추와 각종 향신료도 이런 아시아 상업 네트워크의 중개를 통해서 인도양을 횡단하고 페르시아만이나 홍해 루트를 지나 레반트 지역에 전해진 다음 이탈리아 상인들에 의해서 유럽에 들어온 것이었다. 다 가마의 항해가 있고 나서 50년이 채 지나지 않아 포르투갈인들은 이 인도양 무역을 주도하게 되었다. 이 점에서 아퐁수 데 알부케르케는 포르투갈의 아시아 해상 제국의 설계자라 할 만했다. 그의 재임 기간 동안(1509-1515) 포르투갈의 해상 제국 건설은 역동적으로 추

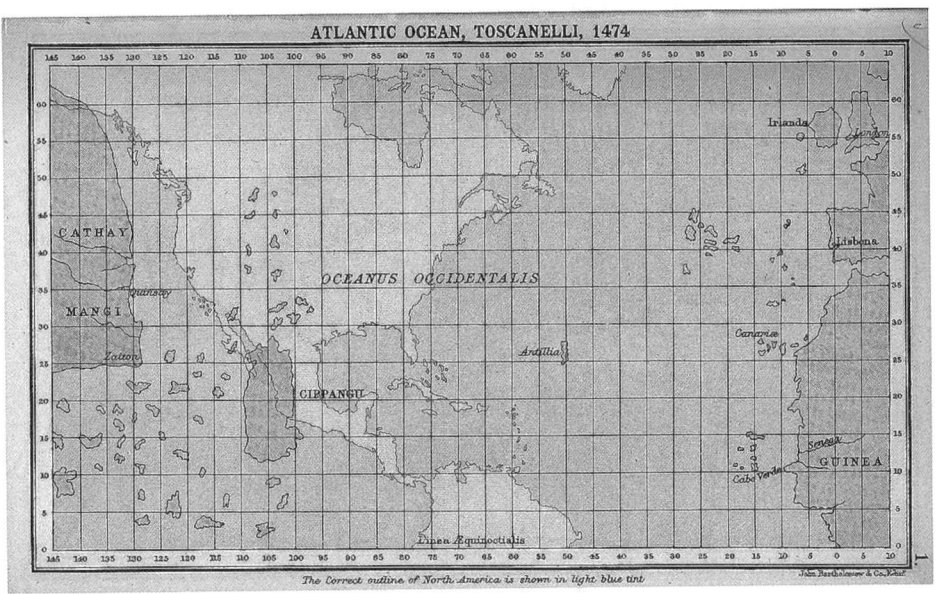

토스카넬리의 대서양 지도. 토스카넬리는 이탈리아의 지리학자로 대서양의 서쪽으로 항해하면 인도로 가는 항로를 단축시킬 수 있다고 확신했다. 이 지도는 콜럼버스가 아메리카 대륙을 발견하는 중요한 계기가 되었다.

진되었다. 그는 아시아의 내륙이 아니라 해안의 전진기지들을 통해 아시아의 바다를 지배하는 방법을 택했고, 그에 따라 인도 서해안의 고아, 말레이 해협의 말라카, 페르시아만의 호르무즈, 캘리컷을 비롯해 아랍 상인들의 무역 거점이었던 남아시아의 주요 항구들을 무력으로 탈취하고, 이들을 기반으로 아시아의 바다에서 포르투갈 '해상 제국'의 토대를 구축했다.

포르투갈의 아시아 해상 제국 건설을 가능케 한 결정적인 요인은 해군력에서의 우위였다. 1500년경까지 인도양 무역에서 주목할 만한 특징은 대체로 무력에 의존하지 않고 무역이 이루어졌다는 사실이다. 인도양의 모든 항구도시들은 성벽을 쌓지 않았고 요새를 건설하지도 않았다. 그런 인도양에서 포르투갈인들은 해군력으로 "이 지역의 가장 큰 특징이었던 평화로운 항해 시대"를 한순간에 파괴해버렸다. 그리고 그 해군력은 포르투갈인들에게 아시아의 바다에서 막강한 영향력을 행사할 수 있게 해주었다.

그러나 포르투갈이 16세기 동안 인도양에서 큰 영향력을 행사하기는 했지만 결코 인도양 무역을 완전히 장악하거나 독점하지는 못했다. 1540년경 아시아에 거주하는 포르투갈인은 많아야 7,000명 정도였고, 선박도 수십 척 수준이었다. 이것을 가지고 아시아와 유럽 간 교역을 독점하고 지배한다는 것은 처음부터 어불성설이었다. 포르투갈의 관심은 수지맞는 해상 무역 제국을 건설하고 이를 안정적으로 유지하는 그 이상도 이하도 아니었다. 요컨대 포르투갈인들이 16세기에 건설한 '아시아 해상 제국'은 유라시아 대륙 가장자리에 세워진 일련의 요새와 교역 거점으로 이루어진 '상업 거점 제국'이었을 뿐이다.

1570년경이면 포르투갈의 힘은 인도양과 동남아시아 일대를 넘어 일본, 중국 등 동아시아 지역까지 세력이 미쳤다. 그러나 유럽적 수준에서 볼 때도 가난한 나라인 포르투갈이 그처럼 넓은 지역에 분산된 점령지를 유지하고, 그것들을 이익이 남는 형태로 운영하고, 적의 공격으로부터 그것들을 지켜내기란 지극히 어려웠기 때문에 포르투갈 해상 제국이 몰락하는 것은 시간 문제였다. 1500년대 중반에 이미 아시아인들의 반격이 시작되었지만 포르투갈의 우위를 결정적으로 무너뜨리고 새 지배자로 등장한 사람들은 아시아인이 아니라 같은 유럽인, 그중에서도 네덜란드인들과 영국인들이었다. 아시아의 바다에서 17세기가 네덜란드의 시대였다면 18세기는 영국의 시대였다.

일본에 도착한 포르투갈 범선과 포르투갈인.
1600년에 일본에서 그려진 그림

4 에스파냐의 아메리카 제국

포르투갈이 아시아 쪽으로 방향을 잡았다면 에스파냐는 아메리카 쪽으로 눈을 돌렸고, 그 계기는 콜럼버스의 항해였다. 설득력이 없어보였던 콜럼버스의 계획을 에스파냐의 이사벨 여왕이 지원하기로 결심한 이유는 아직도 분명치 않지만 아마도 후발주자이면서 포르투갈과는 라이벌 관계였던 에스파냐가 그의 모험을 지원함으로써 잃을 것은 별로 없는 대신 혹시 운이 따라주어 성공만 한다면 텅 빈 국고를 가득 채워줄지 모른다고 생각했기 때문으로 보인다. 또 국내에서 오랜 대(對) 무슬림 투쟁이 승리로 끝나가고 있던 흥분된 분위기 속에서, 즉 민족적으로나 종교적으로 분위기가 매우 고양된 상황에서 무리한 계획도 어쩌면 기적처럼 성공할 수도 있다고 생각했을지도 모르겠다.

1492-1493년에 이루어진 콜럼버스의 항해는 대항해 시대에 이루어진 수많은 항해 중에서도 가장 극적이고 중요한 사건이었다. 그러나 사실 그의 항해는 착각과 우연의 산물이었다. 그는 서쪽 항로를 통해 아시아까지 가는 거리를 실제보다 터무니없이 짧게 계산한 것이다. 콜럼버스는 숙고 끝에 아시아까지의 거리를 5,680킬로미터로 추정했다. 그러나 실제 거리는 그보다 세 배가 넘는 18,826킬로미터였다. 만일 콜럼버스가 지구 둘레가 실제로 얼마나 되는지 알았더라면 그는 결코 출항을 시도하지 않았을 것이다. 왜냐하면 그 정도의 거리는 당시의 항해 지식이나 선박 제조 기술로는 도저히 도달할 수 없는 거리였기 때문이다. 그는 또 유럽과 아시아 사이에 아무런 장애물도 없다고 생각했다. 그 중간에 거대한 대륙이 가로놓여 있고, 들어보지도 못한 거대한 대양(태평양)이 있다는 놀라운 사실이 밝혀진 것은 한참 후의 일이었다.

그렇다면 콜럼버스는 많은 사람들이 생각하는 것처럼 합리적이고 근대적인 인물이었는가? 1942년 작가 사무엘 엘리엇 모리슨은 한 자서전에서 콜럼버스에 대해 "자신의 생각을 주저 없이 행동으로 옮기는 태도, 활기찬 호기심, 자연 현상의 정확한 관찰, 유쾌한 모험심, 그리고 부와 명성에 대한 열망 등에서 매우 근대적인 인물"이라고 평가했다(Samual Eliot Morison, *Admiral of the Ocean Sea: A Life of Christopher Columbus*, pp. 178-179). 그러나 그와 같은 주장은 최근 들어 설득력을 잃고 있다. 사실 콜럼버스는 철저하게 중세적인 인물이었다. 그의 기본적인 동기와 신념, 세계관은 그가 살았던 중세 말 문화에 의해 성형되었고, 부와 명성에 대한 열망도 위대한 업적을 이루려는 기사도적 개념을 바탕으로 하고 있었으며, 출세에 대한 열망 역시 당대의 전통적인 사회적 계서에서 고귀한 신분을 획득하는 데 초점이 맞추어져 있었다. 심지어 그는 자신을 성지 예루살렘을 무슬림의 지배에서 해방시켜야 한다는 소명을 부여받은 존재로 자리매김했고, 자신의 대서양 항해를 그 성스러운 목적을 이루기 위한 수단으로 보기도 했다. 요컨대 그는 자신의 항해를 통해 당대 유럽인들의 고립과 편협한 관점을 깨부수는 데 성공한 새롭고 합리적인 세계관을 가진 선구자가 아니라 세상 종말과 예수 그리스도의 재림이 임박했다는 믿음에 충실한, 철저히 중세적인 인물이었다.

  콜럼버스의 아메리카 '발견'으로 포르투갈과 에스파냐의 관계는 상당히 복잡해졌고, 이 두 나라의 라이벌 관계는 두 국가의 영향력의 범위를 나누는 경계선을 획정하려는 교황의 칙령과 조약에 의해 더욱 날카로워졌다. 콜럼버스의 아메리카 '발견'과 에스파냐의 소유권 선언에 대해 포르투갈이 이의를 제기하자 에스파냐 측이 교황 알렉산더 6세(그는 에스파냐인이었다)에게 중재를 요청했다. 이에 교황은 1493년 교령(敎令)을 내려 콜럼버스에 의해 발견되었거나 앞으로 발견될 모든 지역은 카스티야 땅이라고 판결하고, 아조레스 제도와 카보베르데 제도의 서쪽 100레구아(1레구아는 대략 5,500미터)에 해당되는 지점에 남북으로 가상의 직선을 긋고, 이 선의 서쪽은 에스파냐의 영역에 속한다고 선언했다. 이에 대해 포르투갈은 이 분할선이 남대서양과, 아프리카를 돌아 곧 개척될 항로에서 포르투갈이 갖게 될 이권을 위협하는 것이었기 때문에 강력히 반발했다. 결국 양국은 1494년 토르데시야스 조약을 체결해 카보베르데 제도에서 서쪽으로 370레구아 지점에 남북으로 상상의 선을 긋고, 그 선

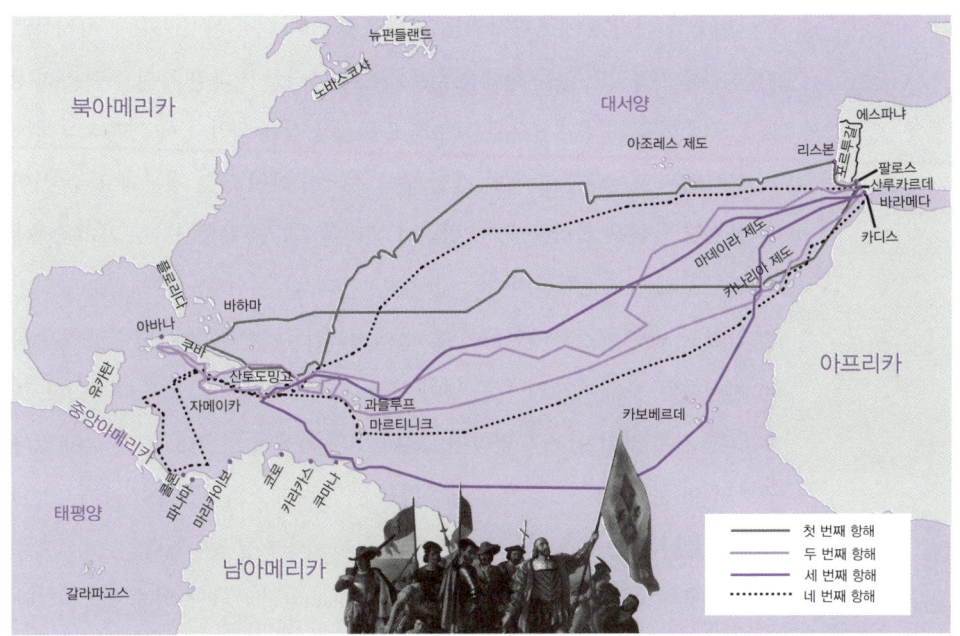

콜럼버스의 항로. 20세기 중반까지도 콜럼버스가 이룬 업적의 가치와 위대함에 대해 의문을 품는 유럽인은 거의 없었다. 즉 그는 편견에 가득 차고 잘 알지도 못하면서 떠드는 수많은 적들이 쳐놓은 온갖 장애물들을 극복하고 자신에게 주어진 신성한 과업을 완수한 위대한 영웅으로 간주되었다. 그러나 제2차 세계대전이 가져온 엄청난 정치적·경제적 변화와, 전쟁이 촉발한 반식민지 혁명들이 일어나고 난 후 '발견'과 그것이 가져다준 영향에 대한 새로운 관점들이 나타났다. 보통 '추방된 자들의 관점'으로 알려진 이 견해에 따르면 '발견'과 그 속편인 정복은 아메리카 원주민들에게는 이루 말할 수 없는 재앙이었다. 유럽인들이 가지고 온 역병, 가혹한 착취, 그로 인한 사회조직의 붕괴와 삶에 대한 의욕 상실 등은 인류 역사상 가장 파괴적인 인구 재난을 가져왔다는 것이다(1492년부터 1575년까지 아메리카 원주민의 90–95퍼센트가 감소한 것으로 추정된다).

의 서쪽은 에스파냐령으로, 동쪽은 포르투갈령으로 분할했다. 사실 이 선은 지나치게 서쪽에 그어진 것이었고, 후에 포르투갈이 브라질에 대한 소유권을 주장하는 빌미를 제공하게 된다.

콜럼버스의 첫 번째 항해가 있고 나서 에스파냐인들은 에스파뇰라 섬을 시작으로 인근의 섬들을 차례로 식민지화하는 동시에 아시아로 갈 수 있는 항로를 찾아 돌아다녔다. 그 와중에 정복자 바스코 누녜스 데 발보아가 태평양의 존재를 확인했고, 마젤란-엘카노 일행은 최초로 세계 일주를 성공시켰다. 마젤란 일행의 영웅적인 항해로 남아메리카를 돌아 동양으로 가는 뱃길이 있다는 사실은 물론 입증되었으나 동시에 그 길이 너무나 멀고 위험해서 정규적인 교역로가 될 수 없다는 것도 함께 입증되었다.

비슷한 시기에 에스파냐인들은 새로 발견한 대륙(아메리카)을 아시아로 가는 길을 가로막고 있는 장애물로 보기보다는 장차 커다란 부와 권력을 가져다줄 귀중한 잠재적 재산으로 간주하고 관심을 갖게 되었다. 에스파냐의 아메리카 사업은 포르투갈과 달리 해상 무역 제국이 아닌 영토 정복과 정주, 식민화 쪽으로 방향을 잡았는데, 이 방식이 채택된 이유는 무엇보다도 카리브해에는 인도양에서 포르투갈인들이 발견했던 것과 같은 수지맞는 대규모 교역망이 없었고, 또한 에스파냐인들이 볼 때 아메리카 원주민들을 무력으로 복속시켜 자신들의 뜻에 따르게 하는 것이 그리 어려워 보이지 않았기 때문이다. 또한 얼마 가지 않아 이곳 주민들이 그리스도의 복음을 한 번도 접한 적이 없다는 사실이 분명해졌고, 그들을 개종하는 사업은 에스파냐인들이 아메리카에 계속 머물러 있는 것을 정당화하는 명분을 제공하게 될 것이었다.

아메리카에서의 영토 팽창은 '정복자(conquistador)'들에 의해 주도되었다. 1520년 이후 약 30년 동안은 '직업적 정복자'들의 시대였다고 할 수 있는데, 대부분의 정복 사업에서 국왕이나 국가는 형식상의 주체에 불과했고, 실제 정복은 사적인 민간인 집단들에 의해 그들 자신들의 비용으로 수행되었다. 국왕은 다만 그 사업을 허가하고, 그 허가에 대해 조건을 제시할 권리를 가지고 있을 뿐이었다.

아메리카 본토에서 활약한 정복자 가운데 가장 중요한 인물은 역시 가장 강력한 아메리카 원주민 왕국이었던 아스테카 제국과 잉카 제국을 정복한 에르난 코르테스와 프란시스코 피사로였다. 코르테스는 1519년 말 16필과 총포 몇 자루, 약 600명으로 이루어진 원정대를 이끌고 멕시카족이 지배하는 아스테카 제국을 정복했다. 당시 이 제국은 황제 몬테수마(목테수마) 치하에서 무려 500여 개의 부족과 2,500만 명에 달하는 엄청난 인구를 지배하면서 전성기를 구가하고 있었으며, 제국의 수

멕시코에 도착해 원주민과 인사하는 코르테스

도 테노치티틀란은 대략 25-50만 명의 인구가 거주하는 세계적인 대도시였다. 약 10년 후 피사로는 코르테스 원정대보다 더 적은 인원인 180명과 말 27필을 가지고 무려 1,600만 명의 인구를 통치하고 있던 페루의 잉카 제국을 정복했다. 두 정복자는 이 정복을 통해 막대한 양의 귀금속을 전리품으로 획득했다.

그처럼 소수의 유럽인이 거대한 제국들을 단기간에 정복한 것은 역사상 전무후무한 일이었다. 정복 과정에서 유럽인들의 우월한 군사적 기술과 도구가 매우 중요한 역할을 했음은 틀림없다. 그러나 그보다 훨씬 더 중요한 요인은 원주민 자신들의 정치적 분열과 이를 교묘하게 이용한 정복자들의 전술이었다. 아스테카와 잉카의 지배자들은 자신들의 지배 영역을 확대하는 과정에서 제국 내에 불만을 품은 다수의 적대 세력을 만들어놓고 있었는데 이들은 기꺼이 백인 침입자들의 동맹이 되어주었다. 원주민들의 저항은 또한 유럽인들이 가져온 전염병(천연두)과 원주민 지배층의 우유부단한 태도 때문에 더욱 약화되었다.

코르테스와 피사로는 정복한 제국으로부터 엄청난 양의 귀금속을 탈취했고, 그들의 놀라운 성취는 다른 예비 정복자들로 하여금 그와 비슷한 노다지를 찾아 아메리카 전역으로 널리 돌아다니게 만들었다. 그 과정에서 정복자들은 엄청난 폭력을 저질렀고, 그로 인해 원주민들의 문명은 거의 완전히 파괴되었다.

에스파냐 정복자들은 사실상 노예제와 다를 바 없는 엔코미엔다(encomienda), 레파르티미엔토(repartimiento), 미타(mita) 제도 등을 통해 원주민들을 지배하고 착취했다. 예를 들어 엔코미엔다는 이론적으로는 인디오들을 보호하고, 그들을 교육시켜 문명 세계와 기독교 사회로 인도할 책임을 떠맡는 대신 그에 대한 보답으로 인디오들로부터 부역이나 공납을 제공받는 것으로 되어 있었으나 시간이 지나면서 이 제도는 노골적인 노예제와 거의 구분할 수 없게 되었다.

파괴적인 정복자들의 시대가 그리 오래가지는 않았다. 그들의 시대가 시작된 지 40년 후인 1560년경 탐험과 정복의 초기 단계는 사실상 끝났다. 16세기 중반 이후 에스파냐인들의 아메리카 지배는 농업(플랜테이션), 목축, 귀금속

벽화 화가로 유명한 멕시코의 디에고 리베라가 멕시코가 에스파냐에게 정복당한 16세기부터 이 벽화를 그린 당시까지의 멕시코의 역사를 표현해냈다. 디에고 리베라, 〈멕시코의 역사: 에스파냐 정복부터 1930년까지〉, 멕시코 대통령궁 소장.

을 위한 광산채굴 등의 형태로 점차 정착되었다. 그리고 부왕령과 아우디엔시아(audiencias, 고등법원)를 중심으로 국왕에 의해 지배되는 행정 체제도 정비되었다. 그러나 16-17세기에 에스파냐인들이 라틴아메리카 대륙을 완전히 지배했다고 말할 수는 없다. 포르투갈의 아시아 해상 제국보다는 원주민과 영토 지배가 더 강화되기는 했지만 실제로 그들의 통치가 확립된 곳은 중부 멕시코에서 칠레에 이르는 지역과 카리브해의 몇몇 섬들, 그리고 몇몇 고립 지역에 불과했다.

16세기 중에 에스파냐와 아메리카 간의 교역은 급증했다. 쇼뉘 부부의 연구에 의하면 1520년대에 연평균 대서양 횡단 선박 수와 화물의 용적량이 각각

100척, 9,000토넬라다(toneladas, 1토넬라다는 $1.42m^3$)였던 것이 16세기 말에는 150-200척에 3-4만 토넬라다로 늘어났다. 아메리카의 주요 수출 상품으로는 가축과 수지, 설탕, 코치닐, 목재, 은 등이 있었는데, 가장 중요한 의미를 가진 것은 귀금속, 그중에서도 은이었다. 1540년대에 에스파냐인들은 지금의 볼리비아의 포토시, 멕시코의 사카테카스에서 엄청난 매장량을 가진 은광을 찾아냈으며, 그 후 수백 년 동안 페루와 멕시코 등은 세계 최대의 은 공급원으로 남게 된다.

16세기 후반에는 아메리카와 아시아 간의 교역도 크게 늘어났다. 1570년대에 멕시코 상인들은 막대한 이익이 발생하는 아카풀코와 마닐라를 오가는

무역을 개척했다. 1년에 한 차례 떠나는 마닐라 갤리언선 항해는 중국에서 매우 수요가 컸던 멕시코 은을 가지고 가 비단, 도자기, 향신료 등을 싣고 돌아왔다. 한 외국인 관찰자는 이 무역을 지배한 멕시코 상인들이 매년 투자액의 두 배 이상을 벌어들인다고 추정했다. 에스파냐의 관리들은 이 무역이 귀금속을 고갈시키고, 페루에 다량의 중국산 비단을 풀어놓아 에스파냐산 직물에 대한 수요를 감소시켰기 때문에 못마땅하게 생각했지만 비단의 수요가 너무나 크고 공급은 항상 부족했기 때문에 상당량의 비단이 짐꾼들에 의해 멕시코를 거쳐 베라크루스로, 거기서 다시 에스파냐로 운송되었다.

16-17세기에 라틴아메리카의 은 채굴량은 적으면 연 5-6만 킬로그램, 많을 때(1580년대)는 연 28만 킬로그램에 달했다. 1500년부터 1650년 사이에 에스파냐는 아메리카로부터 금 약 2만 킬로그램과 은 약 1,600만 킬로그램을 유럽으로 들여왔다. 이 엄청난 양의 귀금속은 유럽과 아시아 간의 교역을 더욱 활성화하는 매개체가 되었다. "세계가 긴밀하게 연결되고 그 과정에서 새로운 경제적·정치적 구조가 짜여질 때 이것을 원활하게 만들어주는 것이 귀금속과 화폐"였는데 이 역할을 아메리카의 은이 충실히 수행해준 것이다. 요컨대 아메리카 귀금속의 홍수는 근대적 세계 경제 출현의 기반을 마련해주었으며, 한 역사가의 말처럼 그것은 "세계를 돌면서 세계를 돌아가게 만들었다."(안드레 군더 프랑크, 『리오리엔트』, 233-278쪽)

아메리카에서 에스파냐의 지배가 시작되고 나서 처음 한두 세기 동안 나타난 가장 충격적인 현상 가운데 하나는 인디오 인구의 급속한 감소였다. 1519년 2,500만 명 이상이 살고 있던 멕시코 인구는 불과 50년 만에 270만 명으로 급감했고, 정복 이전에 900만 명에 달하던 페루 인구는 1620년 무렵에는 60만 명으로 줄었다. 카리브해의 원주민들은 17세기 중엽에 거의 절멸되다시피 했다. 인디오 인구가 급감한 이유는 원주민에 대한 에스파냐인들의 학살과 학대가 주요 원인 가운데 하나이기는 했지만 그보다도 더 중요한 요인은 면역력이 없는 원주민들 사이에 들불처럼 확산된 천연두나 홍역 같은 '구대륙의 전염병'이었다. 아메리카 원주민들은 전염병이라는 것을 아예 모르고 살았으며, 당연히 면역력도 없었다. 그래서 한 번 병이 돌면 사망자가 걷잡을 수 없이 늘어났던 것이다.

　인디오 인구의 이런 급속한 감소는 결국 플랜테이션과 광산에서 일할 새로운 노동력의 필요성과 함께 1,000만에서 1,500만 명에 이르는 아프리카인들이 대서양 건너편으로 끌려오는 근대사의 최대 비극 가운데 하나를 만들어냈다.

　아메리카 정복은 또한 옥수수, 감자, 토마토 등을 비롯해 수많은 신세계의 작물들이 유라시아 대륙 전역으로 확산되어 세계인의 식단을 풍성하게 만들어주고 인구 증가를 가져다준 요인이 되기도 했다.

　한편, 아메리카 대륙에서 영국과 프랑스의 탐험은 에스파냐와 포르투갈의 탐험보다 시기적으로 한참 늦고, 또 그 두 나라의 그것처럼 즉각적이고 극적인 결과를 만들어내지는 못했다. 1497년 런던에 거주하고 있던 이탈리아 상인 존 캐벗은 북아메리카의 뉴펀들랜드와 뉴잉글랜드를 탐험했으나 향신료나 금을 발견하지 못했기 때문에 영국 왕 헨리 7세는 곧 관심을 접었다. 16세기 중반 프랑스인 자크 카르티에가 캐나다의 세인트로렌스 지역을 여러 차례 탐험했으나 최초의 프랑스인 정주지가 퀘벡에 들어선 것은 1608년이 되어서였다. 그러나 1600년 이후로는 네덜란드, 영국, 프랑스 등도 아메리카 정복과 정주 사업에 활발하게 참여하게 된다.

5 '대항해'의 의미와 세계 체제

유럽인들의 '대항해'가 세계 역사에 가져다준 가장 중요한 현상 가운데 하나는 인류 경제 혹은 인류 역사의 세계화일 것이다. "15세기의 시점에서 세계의 각 대륙은 여전히 고립된 채 발전하고 있었다. 아시아와 유럽, 유럽과 아프리카 간에는 어느 정도 교역이 이루어지고 있었고, 일부 여행자들이 이웃 문명권 깊숙이 들어가 그곳 사정을 알리는 일이 간헐적으로는 일어나고 있었으나, 각 문명권 간의 대규모 소통은 아직 불가능했다. 그러나 대항해 시대와 함께 세계는 이전과는 비교할 수 없을 정도로 긴밀한 소통을 시작하게 되었다." 포메란츠는 이 인류 문명의 세계화를 다음과 같이 기술한다.

"중국인들은 영국과 네덜란드인들에게 비단을 팔고, 그 대금을 에스파냐의 페소화로 결제했다. 이 페소화는 지금의 멕시코와 볼리비아에서 아프리카 출신 노예들이 주조한 것이었고, 그 원료로 쓰인 은은 에스파냐인들이 동원한 남아메리카 원주민들의 강제 노역을 통해 채굴된 것이었다. ...... 은은 예멘의 모카에서 커피를 구입한 무슬림들 그리고 나중에는 기독교도들을 통해 중국으로 흘러들어 갔으며, 반면 커피는 메카 순례자들에 의해 모로코와 이집트를 넘어 페르시아, 인도, 자바, 오스만튀르크에까지 퍼졌다. 프랑스 루이 14세는 이 무슬림들의 음료를 아프리카 대서양 연안의 섬 상투메의 노예 플랜테이션에서 생산된 (나중에는 브라질에서 생산된) 설탕으로 단맛을 낸 뒤 중국 도자기에 담아 귀족들에게 소개했다. 커피를 마신 뒤에는 미국의 버지니아에서 재배한 담배가 제공되었다. ......" (케네스 포메란츠·스티븐 토픽, 『설탕, 커피, 그리고 폭력』, 15-16쪽).

1400년부터 1600년 사이에 대항해 사업을 통해 자본주의의 발전과 근대화와 세계화를 주도한 것이 유럽 국가들이었고, 이를 통해 유럽은 가난한 한

사탕수수 농장에서 일하는 노예들. 그림 오른쪽에 유럽인 감독관이 지켜보고 있다. 테오도르 브레이, 석판화, 19세기, 네덜란드 열대박물관 소장

지역 세력에서 세계적 세력으로 도약할 수 있었다는 것이 지금까지의 일반적인 평가이다. "거대한 새로운 시장의 출현과 그것의 끊임없는 확대는 유럽의 상인과 제조업자에게 전례 없는 기회와 자극을 제공했고, 유럽 경제를 비약적으로 발전시키게 되었으며 새로운 부와 자본이 축적되고 새로운 근대적 기업 형태가 나타나고 금융업은 보다 합리적인 체제를 갖추게 되었고, 그리하여 동적이고 세계적인 규모의 자본주의 체제가 본격적으로 발전하게 되고, 시민 계급이 무럭무럭 자라나게 되었다"는 것이다.

대항해가 유럽인들에게는 비약적인 발전의 계기를 제공했음은 의심의 여지가 없다. 그로 인해 비유럽인들이 막심한 피해를 입게 된 것도 사실이다. 그렇다면 유럽은 언제부터 세계 경제를 지배하게 되었는가? 이에 대해서는 의견이 나뉜다. 한쪽에서는 "서양이 지난 500년 동안(그러니까 1500년경부터) 세계의 나머지 국가들을 대상으로 진정한 의미의 패권을 꾸준히 누려" 왔다고 주장한다. 그러나 다른 한쪽에서는 "비록 유럽인들에 의해 새로운 상황이 신세계와 아시아에서 전개되고 있었지만 1500년부터 1800년까지는 아시아가 세계 인구와 경제 활동과 세계 무역에서 절대적인 비중을 차지"했으며, 서양의 지배는 그보다 한참 후의 일이라고 말한다.

이 문제에 대해서는 지금까지 많은 주장들이 오가고 있고, 명확한 대답을 내놓기 위해서는 더욱 많은 연구가 진행되어야 할 것으로 보이기는 하지만 최근의 연구 성과들은 후자로 기우는 듯한 모습이다. 대항해가 시작될 무렵 부와 군사력, 과학 기술은 모두 중국과 이슬람권 등 아시아 세계가 우위에 있었고, 그 상태가 300년가량 유지되다가 18세기 후반 혹은 19세기 초에 역전되어 유럽과 미국 쪽으로 판세가 급속히 기울었다는 것이다. 만약 이 주장을 받아들인다면 유럽이 1500년 이후 비유럽의 부를 엄청난 규모로 약탈했음에도 불구하고 18세기 말에 이를 때까지 유럽은 아시아를 따라잡지 못하고 있었으며, 아시아가 부와 권력의 면에서 아주 늦게까지 세계 중심의 지위를 유지하고 있었다는 이야기가 된다. (주경철, 『대항해 시대 해상 팽창과 근대 세계의 형성』, 5-44쪽)

'발견의 시대'는 또한 유럽인과 비유럽인 간의 장기간에 걸친 만남의 기회를 제공했다는 점에서 중요한 의미를 갖는다. 이 두 집단의 만남이 외견상 일방적인 것처럼 보이고, 또 실제로도 그런 경우가 많다. 유럽인이 비유럽인을 공격하고 착취하는 것으로, 원주민들을 학살하고, 납치하고, 노예화하고, 잔혹하게 정복하는 것으로 보이는 것이 사실이다. 그러나 사실 이 시기는 유럽인과 비유럽인이 서로가 서로를 발견하는 시대였다. 유럽인들이 다른 대륙에 가 자신들이 마주치는 것이 무엇인지 이해하기 위해 노력했던 것처럼 다른 대륙의 주민들도 이상하게 생긴 배와 총과 말을 가지고, 그리고 이해하기 어려운 종교와 기이한 매너와 관습을 가지고 찾아온 백인들의 도착이 무엇을 의미하는지 이해하기 위해 노력했다. 어떤 경우든 그 과정과 결과는 일방적인 것이 아니라 상호적인 것이었으며, 그것은 좋든 나쁘든 양자 모두에게 영향을 미쳤다. 물론 이 만남을 주도한 것이 유럽인들이었고, 궁극적으로는 비유럽에 대한 유럽의 지배와 착취가 관철되기는 했지만 말이다.

11

르네상스와 종교개혁

황대현

1 르네상스란 무엇인가

르네상스의 개념과 해석

'르네상스(Renaissance)'는 프랑스어로 '재생', '갱생', '부활'이라는 의미로 보통 14-16세기에 고대 그리스·로마의 문화가 서구인들에게 다시 각광을 받으면서 새로운 문예부흥운동으로 발전해나간 것을 일컫는 말이다. 동시에 르네상스는 넓은 의미에서는 서양사에서 중세에서 근대로 넘어가는 이행기라는 시대 개념으로도 사용되고 있다. 이렇게 시대 개념으로 르네상스를 이해할 경우에는 종교개혁이나 신항로의 개척(대항해 시대)과 같은 현상들 역시 르네상스 시대에 포함되기도 한다. 르네상스를 바라보는 역사가들의 견해는 상당히 다양하지만 단순화해 말하자면, 르네상스의 근대적 성격을 강조하는 입장과 르네상스와 중세의 연속성을 강조하는 견해로 나뉜다고 할 수 있다.

전자의 견해를 대변하는 인물로는 19세기 스위스의 역사가 부르크하르트를 들 수 있다. 부르크하르트는 이탈리아 르네상스 문화를 연구하면서 이탈리아의 도시국가들에서 중세와는 근본적으로 다른 새로운 문화, 즉 개인주의적이고 세속주의적인 성격이 강한 근대 문화가 꽃을 피우게 되었다고 주장했다. 르네상스 시대의 사람들은 신 중심의 내세적 세계관에서 벗어나 인간 중심의 현세적 세계관을 가지게 되었고 인간과 자연을 있는 그대로 관찰하기 시작했다는 것이다. 부르크하르트는 르네상스의 이런 새로운 정신을 '인간과 세계의 발견'이라는 말로 표현했다. 부르크하르트가 보기에 르네상스는 근대 사회에 입각한 근대 문화이자 근대의 출발점이었다.

부르크하르트의 견해는 20세기에 들어와서 많은 중세사가들의 도전에 직면했다. 중세를 '암흑 시대'로 보는 것에 단호히 반대했던 중세사가들은 중세 시기에도 카롤링 르네상스나 12세기 르네상스처럼 고전고대 문화의 부활이 있었다든지, 르네상스 시대에도 대부분의 유럽인들이 여전히 전통적인 신앙관을 지녔음을 지적하면서 중세와 르네상스가 서로 대립되는 현상이 아니라는 점을 강조했다. 또한 부르크하르트가 주로 이탈리아에 주목했던 것에 비해 중세사가들은 알프스 이북의 북서유럽 지역에도 관심을 기울이면서 중세와 르네상스 사이에 명확한 경계선을 그을 수 없다고 주장했다. 심지어 부르크하르트 식의 르네상스관에 반발한 일부 역사가들은 르네상스라는 개념 자체를 폐기해야 한다고 주장하기까지 했다.

르네상스와 중세 사이의 연속성을 지나치게 강조할 경우 14-16세기에 유럽에서 일어난 사회적·문화적 변화상을 제대로 포착하지 못하게 될 우려가 있다. 그렇다고 해서 오늘날 역사학자들이 부르크하르트의 고전적 르네상스관을 그대로 수용하는 것은 아니다. 특히 부르크하르트는 근대 개인주의의 출현을 르네상스의 핵심적인 특징으로 여겼지만 근래 역사가들은 르네상스 사회를 지배한 집단주의적 정체성을 강조하는 경향을 보인다. 더 나아가서 부르크하르트가 제시한 르네상스의 모습은 19세기의 세속적이고 자유주의적인 유럽 지식인들이 만들어낸 역사적 신화라는 근본적인 비판까지 제기되고 있는 실정이다. 이렇듯 르네상스를 둘러싼 다양한 해석은 중세에서 근대로 넘어가는 이행기가 상당히 복합적이고 역동적인 시대였음을 시사한다.

인문주의

르네상스의 개념에서도 엿볼 수 있듯이 고대 그리스·로마 문화의 부활은 르네상스의 중요한 특징이다. 그런 점에서 그리스·로마 시대의 고전을 연구하고 가르치는 인문주의(人文主義)는 르네상스의 시대정신을 가장 잘 대변한다고 할 수 있다. 여기서 오해를 피하기 위해 잠시 인문주의라는 단어에 대해 살펴보도록 하자. 인문주의는 휴머니즘(humanism)을 번역한 말인데 이 단어는 흔히 인본주의나 인간 중심주의로 번역되곤 한다. 하지만 르네상스 휴머니즘은 신과 종교 대신에 인간의 가치와 존엄성을 우선시하고 강조하는 현대 휴머니즘, 즉 인본주의와는 차이가 있다. 즉 그것은 하나의 철학 체계나 신조라기보다는 고전연구에 입각한 교육·문화 운동이었다. 실제로 휴머니즘의 어원이 되는 라틴어 '후마니타스(humanitas)'는 르네상스 시기에 '인간의 품위에 가장 잘 어울리는 교양학문'을 가리키는 말이었고 좀 더 구체적으로는 문법, 수사학, 시, 역사, 도덕철학과 같은 인문학 과목을 의미했다. 이런 이유로 이 글에서는 르네상스 시대의 휴머니즘을 인본주의가 아니라 인문주의로 부르도록 하겠다.

르네상스 시대에 키케로 같은 고대 작가들의 작품을 수집하고 연구했던 인문주의자들이 공통적으로 추구했던 목표는 원전(原典)으로의 복귀였다. 14세기 이탈리아의 시인인 페트라르카를 비롯한 주요 인문주의자들은 고대 작가들의 작품과 관련된 기존의 모든 주석서를 거부하고 원전으로 되돌아가서 작가들의 견해를 원전 자체의 문맥 속에서 읽어내야 한다고 주장했다. 그런데 인문주의자들이 원전을 강조한 것은 결코 단순히 머나먼 과거에 대한 맹목적인 집착을 의미하지는 않았다. 왜냐하면 인문주의자들은 고대의 원전을 연구함으로써 중세 스콜라 철학을 비롯한 기존의 전통적 가치들을 비판할 수 있는 역량을 키웠기 때문이다. 특히 고전 자체를 연구할수록 인문주의자들은 고대 작가들의 세계와 그들이 '중세'로 규정한 세계의 차이를 깨닫게 되었고, 그 결과 주어진 특정 대상을 역사적 맥락에서 파악하는 비판적 역사의식을 형성할 수 있었다. 15세기 이탈리아의 인문주의자 로렌초 발라가 역사적, 문헌학적 지식을 동원해 교황의 세속적 지배권의 근거가 된 '콘스탄티누스 대제의 기진장(寄進狀)'이 중세 교회에서 주장한 것처럼 4세기가 아니라 8세기에 와서야 만들어진 위조문서임을 밝혀낸 것은 결코 우연의 산물이 아니었다. 사실, 고전고대의 부활 그 자체보다는 고전 작품을 새로운 역사적 시각에서 바라보기 시작한 것이 르네상스 인문주의 특성을 좀 더 잘 드러낸다고 할 수 있다. 즉 중세의 학자들은 고전을 인용할 때 고전고대 문명과 자신의 시대 사이의 시간적 간극을 명확히 인식하지 못했던 반면, 인문주의자들은 원전을 중시하면서도 그것이 만들어진 시대를 일정한 거리를 두고 역사적 맥락 속에서 파악했던 것이다.

인문주의는 엘리트적인 속성이 강했다. 인문

이탈리아의 시인 프란체스코 페트라르카

주의와 르네상스 시대의 주요 예술품을 수용했던 집단은 소수의 교양 엘리트 계층이었고 인문주의자들 역시 대개 부유한 가문 출신이거나 궁정과 상층시민 계층의 후원에 의존하는 경우가 많았다. 15세기에 이탈리아에서부터 시작된 인문주의적 교육 과정은 공화정이든 전제군주정이든 정치권력에 참여하는 엘리트를 육성하기에 적합했기 때문에, 르네상스 시대를 뛰어넘어 20세기에 이르기까지 서양의 교육제도에서 중요한 흐름으로 남게 되었다. 인문주의에서 중시하는 원전을 읽기 위해서 라틴어는 필수였기 때문에 라틴어를 구사할 수 없는 하층 민중은 인문주의 교양을 갖춘 특권층에 진입하기 힘들었고 이런 점에서 르네상스 사회는 일종의 '의도된 엘리트 사회'였다고 할 수 있다.

흔히 르네상스 시대는 사람들 사이에서 세속적이고 현세적인 가치가 지배적이었던 시대로 잘 알려져 있다. 물론 르네상스인들이 물질적 재산이나 권력, 명예, 쾌락과 같은 세속적 가치들을 강하게 추구했고 피코 델라 미란돌라 같은 인문주의자들이 자유의지를 지닌 인간을 예찬하면서 인간성에 대해 상당히 낙관적인 견해를 표명했던 것은 사실이다. 교회의 전통적 가르침에서 벗어난 주장을 한 몇몇 인문주의자들은 교회에 의해 이단 혐의를 받기도 했다. 그러나 인문주의자들은 대체로 기독교 자체에 대해 근본적으로 회의적인 태도를 취하지는 않았기 때문에 인문주의를 반기독교적, 반종교적 운동으로 오해

중세교회는 콘스탄티누스 대제가 교황 실베스테르 1세에게 서로마 제국에 대한 통치권을 양도했다고 주장했다. '콘스탄티누스의 기증'을 묘사한 13세기 프레스코화

해서는 안 된다. 페트라르카가 순례나 어떤 실제적인 필요 때문이 아니라 단순히 자연경관을 즐기기 위해 남부 프랑스의 방투산에 올랐다는 이야기는 흔히 부르크하르트가 말한 '세계의 발견'을 입증하는 사례로 자주 인용되기는 하지만, 정작 정상에 오른 페트라르카는 성 아우구스티누스의 『고백록』을 꺼내들고서 이런 즐거움 때문에 인생의 영적인 목적에서 벗어나서는 안 된다는 점을 되새겼다는 일화는 시사해주는 바가 많다. 사실 인문주의자들은 이상적인 인간상을 설정하기 위해 이교적인 고전고대 문화와 기독교적인 전통을 접목시키고자 노력했다. 르네상스 인문주의가 결코 기독교의 대립명제가 아니었다는 점은 뒤에 설명할 북서유럽의 '기독교 인문주의(Christian humanism)'에서도 잘 드러난다.

2 르네상스의 다양성

이탈리아의 르네상스

이탈리아는 서유럽의 다른 나라들보다 일찍 봉건제가 무너지고 상업과 도시가 발달한 지역이었다. 지중해 무역을 중심으로 한 상업의 발달로 부유한 시민계층이 출현했는데 이 상층시민 계층은 도시의 세속적 생활에 부합하는 새로운 문화와 교육체계를 필요로 했다. 이로 인해 이탈리아에서는 이례적으로 일찍 속인(俗人) 교육이 발달했고 다른 유럽 국가들이 여전히 성직자들에게 크게 의존했던 것과는 달리 법률가, 공증인, 서기와 같은 전문적인 세속 직업인들이 대거 등장했다. 이런 변화는 이탈리아의 도시민들에게 자치적인 도시공동체에 기초했던 고대 로마의 문화 전반에 대한 새로운 관심을 불러일으키는 계기로 작용했다.

11-12세기의 코뮌운동을 주도했던 부유한 상층시민들은 봉건귀족들과 함께 도시문벌 계층(patriciate)을 형성했고 이탈리아에 도시국가 체제를 출범시키는 데 결정적인 역할을 수행했다. 르네상스 시대의 이탈리아는 밀라노 공국, 피렌체 공화국, 베네치아 공화국 같은 수십 개의 도시국가들이 자리 잡고 있는 북부, 교황령이 위치한 중부, 그리고 나폴리 왕국이 지배하는 남부로 나뉘어 있었다. 처음에 도시국가들은 공화정의 정치 형태를 갖추기도 했지만 사회적·경제적 위기가 심화되면서 정치권력이 집중됨에 따라 한 가문에 의한 전제적인 지배 체제가 점차 우위를 점하게 되었다. 대표적인 사례가 금융업을 통해 축적한 부를 바탕으로 피렌체를 지배하게 된 메디치(Medici) 가문이었다. 1378-1382년 피렌체의 가난한 양모 노동자들인 치옴피(Ciompi)의 반란이 실패로 끝난 뒤 벌어진 과두 지배층 사이의 권력투쟁에서 최종적으로 승리한 메디치 가문은 이후 몇 차례 정치적 격변 속에서 시에서 추방당하기도 했지만

끈질기게 권력을 유지하면서 피렌체의 공화주의적 전통을 서서히 고사시켜 나갔다.

난립하고 있는 군소 도시국가를 다스리던 이탈리아의 통치자 '시뇨레(signore)'들은 서로간의 치열한 경쟁에서 우위를 점하기 위해 정치적 책략과 권모술수에 의존하는 경우가 많았다. 이러한 이탈리아의 혼란한 정치 상황을 반영하여 『군주론』(1513)을 저술한 르네상스 최고의 정치이론가 마키아벨리는 강력한 지도자의 통치력을 옹호하면서 정치를 종교와 도덕의 영역으로부터 분리했다. 흔히 오해되고 있는 것처럼 마키아벨리가 모든 정치적 도덕률을 폐기하고자 한 것은 아니었지만, 그는 이후 근대국가의 이데올로기로 자리 잡게 될 국가이성(국가는 그 자체로 존재 이유를 지니며 국가권력이 법, 도덕, 종교보다 우위에 있어야 한다는 이념)이나 공화주의와 같은 중요한 정치이념을 후세에 물려주었다. 이탈리아의 통치자들은 자신의 권력을 대내외에 과시하기 위해 단순히 예전처럼 군사력에만 의존하지 않았다. 그들은 명성과 위신을 획득하기 위한 방편으로 인문주의와 예술을 경쟁적으로 지원하고 육성했다. 카스틸리오네가 『궁정인』(1528)에서 교양을 갖추는 것이 용맹만큼이나 귀족을 특별한 존재로 돋보이게 만들어준다고 주장했던 것은 바로 이러한 시대적 조류를 적절하게 잘 표현한 것이다. 일례로 14세기 말부터 피렌체에서는 비잔티움 제국의 학자들이 건너와 그리스 고전을 가르치기 시작하면서 고대 그리스 문화와 철학에 대한 관심이 크게 일게 되었는데, 특히 플라톤 연구에 집중했던 인문주의자들의 모임인 플라톤 학회를 적극 후원했던 인물이 메디치 가문의 수장 코시모 데 메디치였다. 메디치 가문의 후원은 미술 분야에서도 빛을 발했다. 코시모의 손자 로렌초 데 메디치는 15세기 후반 피렌체를 지배하면서 보티첼리와 미켈란젤로 같은 당대의 거장들을 후원했을 뿐만 아니라 서양에서 최초로 미술 아카데미를 설립하기도 했다.

『군주론』의 저자 마키아벨리

사실 미술만큼 이탈리아 르네상스 문화의 정수를 잘 보여주는 분야도 없을 것이다. 이탈리아인들은 인문주의와 예술의 발전을 참다운 문예부흥의 두 가지 사례로 생각했다. 실제로 인문주의자들과 예술가들은 서로 영향을 주고받았으며 예술을 처음으로 지적·도덕적 교양의 한 요소로 간주했던 장본인들도 다름 아닌 인문주의자들이었다. 특히 그 자신이 건축가로도 활약했던 인문주의자 알베르티는 성공적인 예술가가 되기 위해서는 기하학이나 문학과 같은 지적 소양이 필요함을 강조함으로써 예술을 학문과 대등한 지위로까지 끌어올린 것으로 평가받는다. 비록 미술작품의 주제로는 종교가 여전히 압도적인 비중을 차지했지만, 르네상스 시기에 처음으로 원근법이나 명암법과 같은 새로운 기법이 도입되었고, 특히 〈비너스의 탄생〉이나 〈다비드 상〉처럼 공공연히 인간의 육체미를 표현하는 것이 하나의 경향으로 자리 잡았다. 중세의 예술가들은 길드의 제약에 묶여 있는 장인 내지는 육체노동자의 지위에 머물러 있었고 르네상스 초기만 하더라도 대부분의 미술가들은 후원자나 고객으로부터 돈을 받아 생활하는 것이 관례였다. 하지만 시간이 흐르면서 일부 재능 있는 예술가, 특히 3대 거장으로 일컬어지는 미켈란젤로, 다빈치, 라파엘로 등은 자의식이 강하고 독자적인 창작 활동을 해나가는 자유로운 교양인의 지위를 누릴 수 있게 되었다. 이렇듯 예술가들의 독립성이 강화된 것은 이탈리아 도시의 부유한 시민 계층이나 곳곳에 산재한 궁정을 중심으로 예술작품에 대한 수요가 폭발적으로 증가했기 때문인데, 르네상스 후기로 접어들면서 피렌체를 대신해서 교황청이 있는 로마가 새로운 예술중심지로 부상하게 되었다. 미켈란젤로가 설계한 거대한 돔으로 유명한 바티칸의 성 베드로 성당은 르네상스 건축양식의 걸작으로서 이후 서양의 공공건축물의 기본 형태를 제시했다.

북서유럽의 르네상스

중세적이고 봉건적인 전통이 더 강하게 살아남아 있었던 북서유럽 지역에서도 이탈리아의 영향을 받아 르네상스 문화가 싹트기 시작했다. 북서유럽의 인문주의에서 지도적 역할을 수행했던 학자들은 대개 이탈리아에 가서 공부한 경우가 많았고 이탈리아 인문주의자들이 편집한 고전 문헌이나 저작들은 활

본래 구약성경은 히브리어로 쓴 것이었지만 기원전 300년경에 그리스어로 번역되었고(이른바 '70인 역 성경') 신약성경은 서기 1세기경에 그리스어로 편찬되었다. 이후 5세기 초에 히에로니무스가 교회의 명을 받아 라틴어 성경번역본을 내놓았는데 이것이 불가타 성경이다. 불가타 성경은 중세 이래로 서방 교회의 표준 성경으로 자리 잡았다. 〈서재에 있는 성 히에로니무스〉, 도메니코 기를란다요, 피렌체 오니산티 성당 소장

판인쇄술이 발전한 덕분에 손쉽게 알프스 이북 지역으로 전파될 수 있었다. 또한 15세기 말에 프랑스의 발루아 왕조와 에스파냐, 신성 로마 제국을 통치했던 합스부르크 가문이 이탈리아로 세력을 확장하기 위해 일으킨 이탈리아 전쟁은 이 전쟁에 참여했던 수많은 귀족들이 르네상스 문화를 접할 수 있는 계기가 되었다.

이처럼 북서유럽 르네상스의 뿌리가 이탈리아에 있긴 했지만 북서유럽의 인문주의를 이탈리아 인문주의의 단순한 복사판으로 이해해서는 안 된다. 왜냐하면 북서유럽 각국의 상황이 이탈리아와는 사뭇 달랐고 따라서 북서유럽의 인문주의자들도 고전적 인문주의를 각자의 필요에 따라 선택적으로 수용했기 때문이다. 무엇보다도 북서유럽의 인문주의자들은 "원전으로 돌아가자 (ad fontes)"라는 인문주의자들의 슬로건을 고대 그리스나 로마 작가들의 이교적 고전 작품이 아니라 성경 연구에 적용했다. 다시 말해서 이미 이탈리아에서 발전해 있던 고전 연구의 역사적, 문헌학적 비판 방식을 당시 통용되던 라틴어 성경인 불가타(Vulgata) 성경에 적용하면서 그리스어와 히브리어 학습에 기초한 성경원전 연구로 관심을 돌렸던 것이다. 더 나아가서 북서유럽의 인문주의자들은 순수했던 초기 기독교 정신으로의 복귀를 촉구함으로써 당대 종교와 사회를 비판하는 모습까지 보여주었다. 북서유럽에서 출현한 이런 독특한 성격의 인문주의를 역사가들은 '기독교 인문주의' 또는 '성경적 인문주의(Biblical humanism)'라고 한다.

기독교 인문주의를 대표하는 학자로는 네덜란드 출신의 에라스뮈스를 들 수 있다. 그는 『우신예찬(愚神禮讚)』(1511)과 같은 탁월한 풍자서를 통해 돈과 권력만을 추구하는 부패한 교회와 성직자를 통렬하게 비판했고 1516년에는 라틴어 번역과 주석을 갖춘 그리스어 판 신약성경을 출간했다. 에라스뮈스는 교회의 폐해를 혹독하게 비판하기는 했지만 로마가톨릭교회를 대체할 새로운 신학적 대안을 제시하지는 않았고

기독교 윤리에 대한 교육과 설득을 통해 기독교 공동체가 평화적으로 개혁될 수 있다고 믿었다는 점에서 이상주의자의 면모를 보였다. 한편, 영국의 대법관을 역임하기도 했던 모어는 당대의 정치적·사회적 병폐들을 뚜렷이 인식하고 있었다는 점에서 독보적인 인문주의자였다고 할 수 있다. 모어는 『유토피아』(1516)에서 빈부 격차의 심화를 비롯한 영국 사회의 여러 문제점을 지적하고 나서 모든 사람이 평등하고 생산물을 공동으로 나누어 가지는 이상향을 묘사함으로써 공상적 사회주의의 이념을 제시한 것으로 평가받고 있다.

르네상스 시대 각국의 속어 문학작품들은 중세의 토착적 전통을 상당 부분 그대로 간직하고 있었지만 중세적 특징을 고전고대로부터 유래한 주제, 형식과 결합시켰다는 점에서 인문주의의 영향을 받았다고 볼 수 있다. 예컨대 라블레의 소설 『가르강튀아와 팡타그뤼엘』(1532-1564)에서 나타나는 고대의 모범에 대한 존경과 스콜라적 학문에 대한 경멸은 인문주의의 영향을 보여준다. 마찬가지로 셰익스피어의 『햄릿』과 같은 여러 희곡작품들에서 고전고대의 역사와 신화 및 언어적 기법이 자유자재로 구사된 점은 인문주의가 영국문학의 핵심부분 중 하나가 되었다는 점을 명확히 보여준다.

3 종교개혁과 서유럽 기독교 세계의 분열

16세기 초에 일어난 종교개혁(Reformation)은 서방 라틴 교회가 구교(가톨릭)와 신교(프로테스탄티즘)로 분열되는 결정적인 계기가 되었다. 종교개혁의 어원이 된 라틴어 'reformatio'는 본래 교회나 세속 당국의 개혁 일반을 지칭하는 용어로 쓰였지만, 30년 전쟁(1618-1648)을 종결지은 베스트팔렌 조약과 18세기를 거치면서부터는 1517년 루터의 '95개조 반박문'에서 촉발되어 결과적으로 서방 교회의 분열로 이어진 광범위한 움직임을 지칭하는 표현으로 굳어지게 되었다. 이미 18세기부터 종교개혁은 단순히 종교사적인 사건이라는 좁은 의미를 벗어나서 하나의 독자적인 시대 개념으로 등장하기 시작했고 19세기 지식인들은 정치적인 지향성에 상관없이 서양의 역사발전에서 중요한 혁명적 사건으로 종교개혁을 꼽곤 했다. 하지만 20세기 후반에 들어와서 역사학계에서는 종교개혁이 정치적·사회적 관점에서 과거와 급속한 단절을 가져온 것이 아니었다고 주장하면서 종교개혁의 근대적 성격을 부정하거나, 개신교 종교개혁과 가톨릭 종교개혁(혹은 반종교개혁) 사이의 차별성보다는 기능적 유사성을 부각시킴으로써 종교개혁의 역사적 의의를 축소하고자 하는 경향이 나타났다. 그러나 이러한 다양한 시각차에도 불구하고 서유럽 기독교 세계의 영구적인 분열을 가져온 사건을 의미하는 종교개혁을 완전히 대체할 만한 역사적 개념은 아직까지는 없다.

16세기 초에 종교개혁이 일어나게 된 배경으로는 우선 14-15세기 서방 교회가 로마와 아비뇽 교황청으로 양분되었던 '교회의 대분열'이나 르네상스 교회의 세속적 가치추구와 부패가 야기한 교황권의 정신적 권위 실추를 들 수 있다. 또한 네덜란드와 북서 독일을 중심으로 조직된 평신도 신앙단체로서 구성원들이 세속재산을 포기하고 종교적으로 헌신하는 공동체 생활을 영위해나갔던 '공동생활 형제회'와 기독교 인문주의 같은 개혁적 흐름도 종교개혁에 적지 않은 영향을 미쳤다. 특히 15세기 중엽 구텐베르크에 의해 개발된 활판인쇄술은 종교개혁가들의 새로운 교리가 신속하고 광범위하게 확산되면서 개혁에 호의적인 여론을 불러일으키는 데 크게 이바지했기 때문에 종교개혁의 성공과 인쇄술의 개발은 밀접하게 관련되어 있었다. 실제로 종교개혁은 서양사에서 선전선동에 인쇄술을 적극 활용했던 최초의 사례이자 라틴어가 아닌 모국어에 기초해 광범위한 대중적 여론(혹은 공론장)을 창출해냈던 사건이었다.

독일의 종교개혁

종교개혁이 여러 유럽 국가들 중에서 독일에서 최초로 일어난 데에는 여러 가지 이유가 있다. 당시 '신성 로마 제국'으로 불리던 독일은 황제에 의해 중앙집권적으로 통치되는 것이 아니라 다수의 세속, 종교 제후들이 분할 지배하고 있는 지방분권적인 국가였다. 특히 황제를 선출할 권한이 있는 막강한 일곱 명의 '선제후' 중에서 세 명이 종교 제후(마인츠, 쾰른, 트리어 대주교)라는 사실에서 드러나듯이 독일은 종교 제후들의 권한이 다른 나라보다 상대적으로 더 강력했다. 이렇듯 여러 제후국들로 분열되어 있고 무엇보다도 종교 제후들이 세속 정치에 깊숙이 관여했던 독일은 국왕이 꽤 강력한 권력을 행사했던 잉글랜드나 프랑스와는 상당히 다른 구조를 갖고 있었다.

로마 교황청의 입장에서 볼 때에는 언제나 국가적 이해관계를 최우선시하고 있어 상대하기가 쉽지 않았던 영국, 프랑스와는 달리 독일은 다루기 쉬운 만만한 나라였다. 마치 경매장에서 최고로 높은 가격을 제시한 사람에게 물건을 팔아넘기듯이 교황청은 비록 신학교육을 제대로 받은 적이 없다 하더라도 가장 많은 돈을 가져다 바치는 사람에게 거리낌 없이 독일 교회의 고위 직책을 넘겨주었다. 또 이렇게 해서 고위성직자가 된 사람은 자신이 첫 해에 벌어들인 수입을 당시 관례에 따라 모두 교황청에 바쳤다. 고위성직자들은 자신의 이런 경제적 손실을 조금이라도 보상받기 위해서 밑에 있는 하급성직자들에게 계속 압력을 넣었고 결국에 가서는 일반 신자들이 그 모든 경제적 부담을 짊어질 수밖에 없었다. 독일인들은 해마다 엄청난 돈이 외국인 로마 교황청으로 흘러들어 가는 것을 불편한 마음으로 지켜보고 있었다.

바로 이런 상황에서 메디치 가문 출신의 교황 레오 10세가 성 베드로 성당 건립자금을 마련하기 위해 발급한 면벌부(indulgence)가 마인츠 대주교 알브레히트에 의해 독일에서 대대적으로 판매된 것이 종교개혁을 촉발시킨 직접적인 도화선이 되었다. 원래 면벌부는 죄를 지은 신자가 고해 성사를 통해 죄를 용서받은 후에도 남아 있는 벌(이른바 잠벌)을 교황이나 주교가 교회공동체를 대신해서 면제해줄 수 있다는 생각에서 비롯된 것이었다. 중세 교회는 종교개혁이 일어나기 훨씬 이전부터 이런 권한을 주장하고 있었기 때문에 면벌부 자체가 그렇게 새로운 것은 아니었다. 그런데 중세 말기에 이르면, 죽은 후 연옥(煉獄)에 가게 되는 영혼들이 생전에 지은 죄의 대가로 받아야 하는 고통스러운 형벌도 교황이 면벌부를 통해서 줄여주거나 완전히 면제해줄 수 있다는 생각이 나타나게 되었다. 본래 면벌부는 죄를 지은 사람이 교회에 돈을 주고 사는 것이 아니라 면벌부를 받은 사람들이 감사의 표시로 교회에 돈을 기부하는 것이 관례였다. 그런데 면벌부 판매를 현장에서 진두지휘할 인물로 마인츠 대주교가 선택한 도미니크회 수도회 수사 테첼은 영적인 능력보다는 사업수완이 뛰어난 인물이었다. 테첼의 목표는 최대한 많은 사람들에게 면벌부를 판매하는 것이었다. 이 목표를 달성하기 위해 그는 여러 지방을 돌아다니며 사람들에게 설교하면서 원래 가톨릭교회가 주장했던 것보다 면벌부가 훨씬 더 많은 것을 가져다줄 것처럼 선전했다. 즉 면벌부를 사기만 하면 과거의 죄는 물론이고 미래에 지을 죄의 대가로 받아야 할 벌까지도 용서받을 수 있고 구매대금이 돈궤에 들어가자마자 면벌부를 산 사람의 죽은 가족, 친척들까지도 연옥의 고통에서 해방되어 천국으로 간다고 선전했던 것이다.

1517년 작센 지역에 위치한 비텐베르크 대학의 신학 교수였던 루터가 면벌부 판매를 비판하기 위해 쓴 95개조 반박문은 본래 라틴어로 되어 있었지만 곧 독일어로 번역되었고 수천 부씩 인쇄되어 큰 반향을 불러일으켰다. 루터는 처음에는 가톨릭교회에서 떨어져나갈 생각은 없었다. 하지만 가톨릭 신학자들과 논쟁을 벌이면서 급진화된 루터는 단순히 면벌부 판매를 비판하는 수준에서 벗어나 수많은 글을 발표해 가톨릭교회의 핵심교리들을 공격하는 한편 교황의 권위 자체를 맹렬하게 비난했다. 얼마 지나지 않아 루터는 교황에 의해 이단자로 몰리게 되었고 1521년 보름스 제국의회에서 황제 카를 5세가 내린 칙령으로 유죄판결을 받고 국법이 보장하는 모든 법적 보호마저 박탈당함으로써 생명의 위협을 느끼게 되었다. 하지만 루터는 작센 선제후의 배려로 독일 중부에 위치한 바르트부르크 성에서 안전하게 숨어 지내면서 에라스뮈스의 그리스어-라틴어 대역 신약성경을 독일어로 번역해 출간했다. 비록 루터 이전에도 독일어 성경이 존재하기는 했지만 1522년에 출판된 루터의 독일어 신약성경은 1534년에 완성된 구약성경과 함께 이후 독일 개신교인들의 신앙생활뿐만 아니라 그 유려한 문장으로 인해 독일어 문어체의 발전에도 지속적으로 큰 영향을 미쳤다.

루터의 종교개혁은 종교적인 차원을 넘어 정치·사회 측면에서 급진적인 변혁운동으로까지 발전해나갔다. 특히 모든 평신도들은 기본적으로 성직자와 동등하다는 '만인사제주의'와 '기독교인의 자유'에 대한 루터의 가르침, 즉 기독교인은 모든 것의 주인이고 누구에게도 얽매여 있지 않다는 주장은 종교 제

면벌부와 테첼의
면벌부 판매를
풍자한 목판화

후 및 세속 봉건 영주들의 억압 속에 시달리고 있던 독일 농민들에게는 일종의 사회혁명의 메시지로 받아들여졌다. 1524-1525년에 독일 중부와 남부 지역을 휩쓴 농민들의 반란은 '농민전쟁'이라는 이름에 걸맞게 대규모 민중봉기로 발전했고 이 와중에서 뮌처 같은 급진 종교개혁가들은 농민군을 지도하면서 농민들의 봉기가 정당한 이유를 성경 구절에서 찾아 신학적으로 이를 정당화했다. 하지만 전열을 가다듬은 봉건 영주들은 반란 농민군들을 도처에서 격파하기 시작했고 기존 질서가 위협받는 상황에 경악한 루터 역시 농민들의 반란을 단호하게 진압할 것을 촉구했다. 결과적으로 농민전쟁은 농민들의 참담한 패배로 끝났고 이제 종교개혁의 주도권은 승리를 거둔 봉건 제후들이 장악하게 되었다.

루터파의 권리를 심각하게 침해하는 1529년 제국의회의 결정에 반대하는 항의서(Protestation)를 제출하여 프로테스탄트(Protestant, 항의자)라는 호칭으로 불리게 된 루터파 제후들은 1531년 슈말칼덴 동맹을 결성해 카를 5세를 주축으로 한 가톨릭 진영에 맞서 전쟁을 벌이기도 했지만, 결국 양 진영은 1555년 아우크스부르크에서 열린 협정에서 타협을 보지 않을 수 없었다(아우크스부르크 화의). 즉 '지역을 통치하는 자가 종교를 결정한다(cuius regio, eius religio)'는 원칙에 따라 독일의 제후들은 가톨릭이나 루터파 중에서 하나를 선택할 수 있는 권리를 획득하게 되었다. 하지만 이 규정은 모든 개인에게 신앙의 자유를 부여하거나 종교적 관용을 허용한 것이 아니라 도리어 특정 종교를 신민들에게 강제할 수 있는 권한을 제후들에게 부여함으로써 통치자들의 권력 강화에 기여했다. 또한 이 타협안은 칼뱅주의를 인정하지 않음으로써 개신교의 모든 교파를 법적으로 인정한 것도 아니었으며 이후 17세기에 30년 전쟁이 발발한 것처럼 독일의 종교 분쟁이 이로써 완전히 해결된 것도 아니었다.

칼뱅의 종교개혁과 잉글랜드 국교회의 성립

독일의 종교개혁이 대체로 비텐베르크와 같은 도시를 중심으로 확산되었던 것처럼 스위스의 종교개혁에서도 도시가 핵심적인 역할을 수행했다. 취리히에서는 츠빙글리가 루터와는 독자적으로 종교개혁을 추진했고 제네바에서는 프랑스 출신의 칼뱅이 종교개혁을 단행했다. 츠빙글리는 종교개혁을 수행하면서 성찬식이나 성상파괴 등의 문제에서 루터보다 훨씬 더 급진적으로 중세 교회의 전통과 단절하는 모습을 보였지만 스위스 내의 종교적 주도권을 놓고 가톨릭 진영과 전쟁을 벌이다 전사했다. 그의 영향력은 주로 북부 스위스와 남부 독일 지역에 국한되었다.

이에 반해 칼뱅은 개신교 역사에서 가장 큰 국제적인 영향력을 발휘했던 종교개혁가였다. 프랑스 당국이 종교개혁을 옹호하는 사람들을 대대적으로 탄압하자 신변의 위협을 느껴 스위스로 망명한 칼뱅은 자신의 신학사상을 집대성해 『기독교 강요(綱要)』(1536)를 출간했다. 루터의 신학사상이 행위가 아닌 믿음에 의한 구원에서 출발하고 있다면, 칼뱅은 무엇보다도 신을 아는 지식을 중시했고 신은 태초부터 구원받을 사람과 멸망당할 사람을 예정해놓았다는 예정설을 강조했다. 진정한 기독교 신자들은 신이 자신을 태초부터 선택했다는 확신을 갖기 때문에 어떤 고통과 시련이 닥친다 하더라도 이에 굴하지 않고 신의 영광을 드러내고 신의 뜻을 이루기 위해 노력한다는 것이다. 1541년 제네바에 완전히 정착하는 데 성공한 칼뱅은 시 관리들과 긴밀하게 협조해 시

종교개혁 이후 유럽의 종교적 분열상

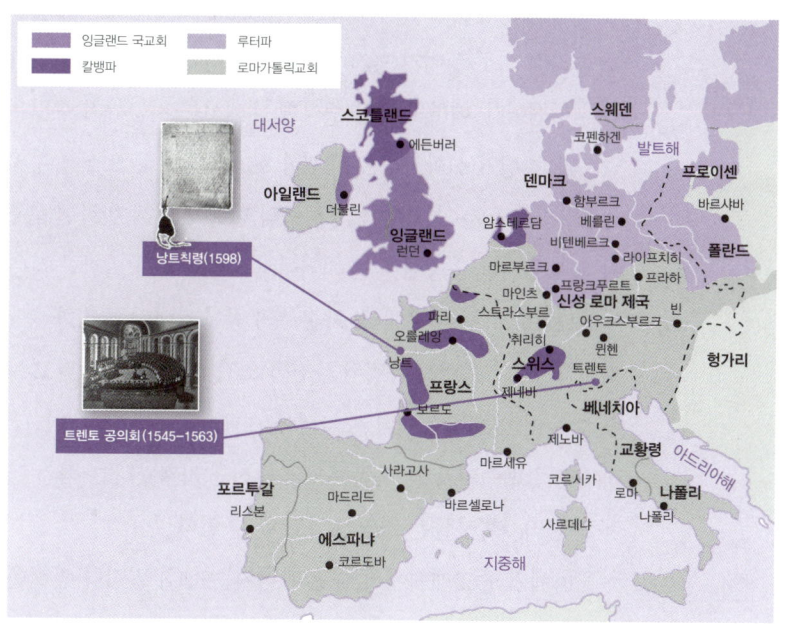

민들의 일상생활을 철저하게 신앙적으로 규제하는 신정정치 체제를 구축했다. 무도회와 도박이 금지되었고 선술집은 모두 문을 닫아야 했으며 심지어는 극장조차도 폐쇄되었다. 칼뱅의 엄격한 조처에 저항하는 사람들도 있었지만 별 성과는 없었고 도리어 제네바는 유토피아적인 기독교 사회를 꿈꾸는 유럽 각처의 개신교 이민자들이 모여드는 중심지가 되었다. 특히 1559년에 설립된 신학교인 제네바 아카데미에서 공부했던 사람들은 후에 칼뱅의 교리를 서유럽 곳곳에 널리 전파하는 데 기여했다. 루터교가 북부 독일과 스칸디나비아반도의 국가들에 확산되었다면 칼뱅주의는 스위스, 네덜란드, 스코틀랜드, 잉글랜드 등지에 전파되었다. 스코틀랜드의 장로교와 잉글랜드(나중에는 미국)의 청교도주의, 네덜란드의 개혁 교회, '위그노(Huguenot)'로 불렸던 프랑스의 개신교도들 모두 칼뱅의 신학사상에 직접적으로 영향을 받았다.

독일의 사회학자 베버는 16-17세기 서구 자본주의의 발전을 가능하게 했던 심리적 요인을 개신교, 특히 칼뱅주의에서 찾고자 했다. 베버의 논리에 따르면 예정설을 신봉했던 칼뱅주의자와 청교도들은 사치와 향락을 배격하면서 성실하게 직업노동에 종사하는 것과 그로 인한 부의 축적을 자신들이 신에 의해 선택받았음을 증명하는 징표로 이해했다는 것이다. 결국 이런 독특한 종교적 심성에서 유래한 금욕주의적 직업윤리 의식이 결과적으로 이윤추구 활동을 윤리적 의무로 여기는 자본주의 정신의 출현으로 이어졌다는 것이 베버명제의 핵심이다. 베버의 이런 주장에 대해서는 지금까지 수많은 비판이 제기되었는데, 칼뱅의 신학사상에 내재한 반자본주의적 요소를 무시했다든지, 프로테스탄티즘의 윤리 자체가 자본주의 발전에 의해 변화된 측면을 간과했다든지, 칼뱅주의를 수용한 모든 지역에서 자본주의가 발전한 것은 아니라는 사실에서도 드러나듯이 근대 초 자본주의 발전은 어떤 특정한 종교적 심성에서 유래했다기보다는 당시 유럽의 물질적 조건에서 비롯되었다고 보는 것이 옳다는 주장 등이 바로 그것이다. 오늘날에도 베버명제에 대해서는 찬반양론이 분분하지만 칼뱅주의가 곧 자본주의의 발전을 가져왔다는 식의 단순한 논리를 수용하는 역사학자들은 거의 없다고 할 수 있다.

16세기 종교개혁에서 종교와 정치는 상호 밀접한 관련을 맺고 있었는데 이를 가장 전형적으로 보여주는 것이 잉글랜드의 사례이다. 잉글랜드의 종교 개혁에서는 종교적인 교리문제나 특정 종교개혁가가 핵심적인 역할을 했던 것이 아니라 국왕 헨리 8세의 이혼문제가 결정적인 요인이었다. 헨리 8세는 아들을 낳지 못하는 에스파냐 왕실 출신의 왕비 캐서린과 이혼하고 궁녀 앤 불린과 결혼하려 했지만 에스파냐 왕실과 가까웠던 교황이 이를 허락해주지 않자 잉글랜드 교회를 로마로부터 분리시키는 조처를 취했다. 즉 1534년 제정된 '수장법(Act of Supremacy)'을 통해서 국왕은 가톨릭교회에서 독립한 잉글랜드 국교회(성공회)의 수장임이 공식적으로 천명되었다. 이후 헨리 8세는 수도원을 해산하고 수도원의 막대한 토지재산을 몰수해 왕실수입을 늘림으로써 왕권강화에 기여했다. 헨리 8세의 뒤를 이은 에드워드 6세와 엘리자베스 1세 때에 잉글랜드 국교회는 교리의 측면에서는 개신교적인 요소를 상당 부분 수용했지만 주교제도를 계속 유지함으로써 교회 조직이나 예배 형식에서는 가톨릭적 요소가 여전히 많이 남아 있었다. 잉글랜드 국교회의 이런 타협적인 성격은 좀 더 철저한 개혁을 추구했던 청교도들의 불만을 자아냈고 이후 청교도들은 17세기 중엽 영국에서 내전(청교도 혁명)이 일어났을 때 역사의 전면에 나서게 되었다.

가톨릭 종교개혁

루터로부터 시작된 종교개혁으로 인해 가톨릭교회는 지금까지 경험해본 적이 없는 엄청난 위기에 직면하게 되었다. 이제 가톨릭교회는 개신교의 도전에 맞서 교리를 확고하게 재정립하고 스스로를 개혁하지 않고서는 살아남을 수 없다는 절박감을 갖게 되었다. 역사학자들은 16세기 가톨릭교회의 대대적인 갱신 운동을 가리켜 '가톨릭 종교개혁' 혹은 '반(反)종교개혁(Counter-Reformation)'이라 부른다.

가톨릭 종교개혁의 핵심을 이루는 가장 중요한 사건은 이탈리아 북부에 위치한 트렌토에서 1545-1563년에 개최된 공의회였다. 트렌토 공의회를 통해 가톨릭교회는 개신교 측의 주장을 반박하고 가톨릭의 기본교리를 재확인하는 동시에 교회 내부의 폐단을 시정하려고 했다. 트렌토 공의회에서 결정된 주요사항은 다음과 같다. 먼저 교황이 가톨릭교회의 수장으로서 지니는 최고의 권위인 수위권이 재확립되었고, 구원에는 믿음뿐만 아니라 선행도 수반되어야 한다는 입장을 채택했으며, 연옥의 존재와 성인공경의 가치를 재확인했고, 7성사(聖事)와 불가타 성경의 효력을 인정했다. 또한 교회의 폐단으로 지적되어온 성직매매와 성직겸직을 금지했으며 성직자의 독신제도를 강화하고 성직자의 자질 향상을 위해 체계적인 교육을 실시할 것 등을 결의했다. 마지막으로 금서목록을 공표하는 등 가톨릭 교리에 위반되는 사상이 확산되는 것을 물리력을 동원해서라도 차단하기 위한 조처들이 취해졌다. 비록 트렌토 공의회는 분열된 서유럽 기독교 세계를 다시 통일하지는 못했지만, 20세기에 이르기까지 가톨릭교회에서 유효했던 종교적·실천적 핵심 사항들을 결정했다는 점에서 역사적으로 중요한 의미가 있는 사건이었다.

가톨릭교회에서 신의 은총의 표지로 간주되는 의식으로 세례, 견진, 성체, 고해, 성품, 혼인, 병자 성사가 있다. 이와 달리 종교개혁가들은 세례와 성찬식만을 유효한 성례(聖禮)로 인정했다.
〈일곱 가지 성사〉, 로히어르 판 데르 베이던, 안트베르펜 왕립미술관 소장

가톨릭 종교개혁에서는 새로 설립된 수도회 조직들도 중요한 역할을 수행했는데 그 대표적인 사례가 로욜라가 교황의 인가를 받아 창설한 예수회(Society of Jesus)이다. 예수회는 청빈과 순결 외에도 상급자에 대한 복종과 교황에 대한 절대적인 순종을 존재 이유로 삼음으로써 교황직속의 가장 충실한 집단이 되었다. 예수회는 장기적이고 철저한 훈련을 통해 수많은 설교가와 교리문답 교사들을 배출해냈고 소속 신부들이 귀족과 통치자의 고해신부로 활약하면서 이들에게 정신적인 영향력을 행사하기도 했다. 무엇보다도 예수회가 역점을 두었던 것은 교육과 선교 사업이었다. 예수회는 유럽 곳곳에 신학교와 고등교육기관을 세워 학식 있고 능력 있는 성직자들을 배출해냈으며 한때 개신교로 개종했던 유럽의 여러 지역을 재가톨릭화하는 데에도 앞장섰다. 예수회의 활동은 비단 유럽 내부에만 국한되지 않았다. 16세기에 들어와

로마의 예수회 성당과 로욜라(가운데 인물)

서 유럽의 무역로가 전 세계로 확대되고 유럽인들이 아시아와 아메리카 지역으로 대거 진출하면서 예수회 소속 선교사들도 교세를 확장하기 위해 일찌감치 해외 지역에 눈을 돌리게 되었다. 일례로 예수회 신부 마테오 리치는 16세기 말, 17세기 초에 중국 명(明)나라에 머물면서 천주교 외에도 지리학이나 기하학과 같은 서양의 학문을 전수함으로써 동양과 서양의 문명 교류사에 큰 발자취를 남겼다.

가톨릭 종교개혁의 결과, 개신교의 등장으로 한때 수세에 몰렸던 가톨릭 교회는 다시 자신감을 회복할 수 있었다. 16세기 중엽에는 유럽의 거의 절반이 개신교 진영에 속했지만 100년 후에는 단지 5분의 1만이 개신교 신앙을 계속 고수하게 된 데에는 폭력적인 종교전쟁의 영향도 있었지만 무엇보다도 가톨릭 종교개혁이 거둔 성과가 주효했다고 평가할 수 있다.

종교개혁과 가톨릭 종교개혁을 거치면서 서유럽 기독교 세계와 서방 라틴 교회는 종교적인 통일성을 영원히 상실하고 말았다. 중세에 보편 교회의 수장 역할을 자임했던 교황권의 위세는 결정적으로 타격을 입었고 이후 유럽인들은 위그노 전쟁(1562-1598)이나 30년 전쟁과 같은 피비린내 나는 종교전쟁의 참화에 휩쓸려 들어갔다. 오랜 종교전쟁에 지친 각국의 군주들은 혼란을 종식시키기 위해 적극적으로 통치권을 강화했고 가족, 교육제도, 빈민구호와 같이 전통적으로 교회가 담당했던 영역을 세속 당국이 적극적으로 관장하게 됨에 따라 결국 국가의 역할이 크게 늘어나면서 종교개혁은 장기적으로 근대 국가의 출현에도 이바지하게 되었다.

4 르네상스와 종교개혁의 관계

흔히 르네상스의 인간 중심적이고 세속적인 특징을 강조하는 학자들은 르네상스와 종교개혁을 서로 대립적인 현상으로 파악한다. 이런 평가의 이면에는 르네상스의 시대정신인 인문주의를 곧 인본주의적인 철학사조로 생각하는 경향이 자리 잡고 있음을 부정할 수 없다. 다시 말해서 인간의 개성과 자율성을 중시하는 인문주의 정신은 신 중심의 초자연적 세계관에 기초한 종교개혁과는 본질적으로 다르다는 것이다.

하지만 인문주의는 하나의 단일한 철학 체계나 신조라기보다는 고전연구에 입각한 교육·문화 운동의 속성을 지녔다는 점과 다양한 인문주의자들이 공통적으로 추구했던 지향점이 원전으로의 복귀였다는 사실을 기억할 필요가 있다. 무엇보다도 인문주의를 반기독교적 운동으로 오해해서는 안 된다. 성경원전 연구를 수행하면서 초기 기독교 정신으로의 복귀를 촉구했던 기독교 인문주의자들은 비록 그들이 서유럽 기독교 세계의 분열을 원한 것은 아니었다 하더라도 종교개혁의 길을 예비한 장본인들이었다. "에라스뮈스가 낳은 알을 루터가 부화시켰다"라는 말은 이런 실상을 잘 표현하고 있다. 실제로 루터가 독일어 신약성경을 번역할 때 사용한 원본이 불가타 성경이 아니라 에라스뮈스가 편찬한 그리스어-라틴어 대역 성경이었다는 사실은 시사해주는 바가 많다. 즉 인문주의 학문은 종교개혁가들이 개혁을 추진하는 데 요긴하게 사용했던 중요한 도구였던 것이다. 인문주의자들과 종교개혁가들은 중세의 스콜라적 전통을 거부하면서 그들이 이상적이라고 생각했던 과거로의 복귀를 모색했다는 점에서 공통점을 지니고 있었다.

물론 인문주의자들과 종교개혁가들이 서로 다른 의제를 추구했던 것은 사실이었다. 이탈리아 인문주의자들이 일차적으로 세속적인 사안에 관심이 많았음은 말할 나위도 없거니와 도덕적 갱신과 기독교 윤리를 강조했던 기독교 인문주의자들조차도 기독교 교리 자체에는 별반 관심을 기울이지 않았던 데 비해, 종교개혁가들에게 중요한 것은 윤리와 도덕이 아니라 올바른 신학노선의 정립이었다. 루터가 가톨릭교회와 결별했던 것은 당시 교회가 부패하고 세속화되었기 때문이 아니라 가톨릭교회가 잘못된 교리(행위에 의한 구원)에 기반하고 있다고 굳게 믿었기 때문이었다. 그렇기 때문에 인문주의자들이 종교 문제에서 대체로 온건하고 관용적 태도를 견지했던 데 반해 종교개혁가들은 비타협적이고 독단적인 모습을 보여주는 경우가 많았던 것이다.

    이상의 사실을 종합적으로 고려해볼 때 종교개혁을 단순히 르네상스에 대한 대립명제로 일방적으로 설정해버리는 것은 문제가 있다. 르네상스 인문주의가 없었더라면 종교개혁은 우리가 알고 있는 것과는 상당히 다른 길을 밟아나갔을 것이며 또한 종교개혁이 르네상스를 완전히 대체해버린 것도 아니었다. 르네상스의 인문주의 정신은 종교개혁으로 인해 서유럽 기독교 세계가 분열된 이후에도 신·구교 양 지역의 학교와 대학들에서 중요한 교육이념으로 살아남았고 각국의 속어 문학작품들에도 적지 않은 영향을 미쳤다. 그런 점에서 종교개혁은 철저히 르네상스라는 시대환경이 낳은 역사적 산물로 평가할 수 있다.

12

근대 초 유럽의 재정·군사 국가의 형성

임승휘

1 재정·군사 국가의 등장

중세 말까지 유럽의 거의 모든 지역에 확립되었던 봉건제적 지배구조는 기사들 간의 복종과 충성이라는 사적인 유대관계를 중심으로 구성되었다. 여기에서 국왕은 동등한 자격을 지닌 봉건 제후들 중의 일인자로 간주되었고, 경쟁적이며 자율적인 다른 권력 보유자들과 공존해야 했다. 봉건 제후들은 개인적인 종사들과 추종자들을 거느렸을 뿐 자신의 의지를 실행해줄 만한 전문 인력을 갖지 못했고, 군사력에 대한 어떤 독점적인 명령권도 행사하지 못했다. 한마디로 유럽 봉건제하에서 정치적 권위는 파편화되었고, 정치적 지배란 일정한 영토에 대한 배타적 지배라기보다는 사회적 유대관계망과 그에 결부된 일련의 권리들의 집합에 가까웠다.

14세기, 페스트와 백년전쟁 등 유럽을 휩쓴 일련의 위기와 함께 봉건적 지배구조가 서서히 쇠퇴하면서 새로운 형태의 국가 체제가 태동했다. 그리고 종교개혁 운동이 유럽을 뒤흔든 16세기에 접어들면서 새로운 국가 체제는 이제 재정·군사 국가라는 독특한 형태를 분명히 보여주기 시작했다. 효율적인 징세와 전문적인 군사력을 유지하기 위해 강력한 중앙집권적 행정 기구가 되고자 한 재정·군사 국가의 형성은 1450년부터 1750년까지 오스만튀르크와 합스부르크 제국을 포함해 유럽 국가의 대부분을 특징짓는 요소였다. 중무장한 봉건 기병으로부터 화약무기로 무장한 직업 보병으로의 이행은 재정·군사 국가의 출현을 주도했다. 지배자들은 국가권력을 중앙집권화하고 대규모의 군대를 유지하기 위해 높은 세금을 부과했고, 귀족과 도시 그리고 다른 지방 제도들의 파편화된 세력을 억제시켰다. 이제까지 유럽에 남아있던 도시국가, 도시연합, 소규모 제후국들과 같은 자율적인 정치적 단위들은 이러한 군사적 도전에 맞서 살아남을 수 없었고, 1450년부터 1550년 사이에 진행된 일련의 선별 과정, 즉 군사적 경쟁을 통해 향후 유럽의 정치를 좌우지할 영토적으로 통일된 재정·군사 왕국들이 출현했다.

화약 무기로 무장한 대규모 용병군의 등장과 기독교 교파 간의 갈등이 결합하면서 유럽은 한 세기 반에 걸친 전쟁의 화마에 휩싸였다. 재정·군사 국가를 지탱하기 위한 재정적 필요는 지배자와 지배계급들의 사회적, 정치적 관계의 재조정을 요구했다. 종교개혁과 종교전쟁은 이러한 변화의 속도를 늦췄지만, 종교적 열기가 가라앉으면서 두 가지 유형의 국가가 등장했다. 프랑스·프로이센과 같은 강압적이며 중앙집권적인 재정·군사 국가, 그리고 네덜란드·영국과 같은 자본집중적인 재정·군사 국가이다.

국가들 간의 치열한 경쟁 속에서 모든 권력을 중앙정부에 집중시키기 위해 국가가 사회에 가하는 압력은 계속 증가했다. 하지만 국가에 대한 봉건귀족과 도시의 상인 계층 등 사회집단의 저항 역시 만만치 않았다. 이 시기 유럽 근대 국가의 역사는 다른 국가와의 관계에서 자신의 지위를 지키려 끊임없이 투쟁하는 국가의 역사인 동시에 국내적으로는 권력 독점을 꾀하는 국가와 이에 저항하는 사회집단 간의 갈등의 역사이기도 했다.

유럽 국가들의 군사적 경쟁

15세기 후반까지 서유럽 기독교 세계는 프랑스와 영국을 비롯한 한자 동맹의 교역 도시들, 튜턴 기사단, 덴마크, 스웨덴, 노르웨이, 폴란드 리투아니아, 보헤미아, 헝가리 등의 소규모 왕국들, 독일의 제후국들과 도시들, 부르고뉴 공국, 스위스의 산악 공화국, 그리고 이탈리아의 도시국가들과 같은 수많은 독립적이며 자율적인 정치적 단위들로 짜깁기된 복잡한 지역에 불과했다. 이 복잡한 정치적 지형 속에서 대부분의 정치적 단위들은 서로 치열하게 경쟁하면서 화약무기로 무장한 용병 군대의 새로운 가능성을 시험하거나 살아남기 위해 안간힘을 썼다. 유럽의 국가들의 군사 경쟁 속에서 장기간에 걸친 일련의 군사혁명이 진행되었다. 이러한 군사혁명은 고도의 전쟁 수행능력을 갖춘 재정·군사 국가를 출현시켰고, 군사 경쟁에서 뒤처진 국가들은 도태되었다.

16세기 전반기에 이러한 지정학적 경쟁은 군사적인 승자와 패자를 분명히 갈라놓았다. 부르고뉴 공국은 1477년 프랑스와의 전쟁에 패배하면서 독립 왕국을 건설하려는 꿈을 접어야 했다. 한편 승리한 프랑스의 영토적 야심은 이탈리아 도시국가로 향했다. 그러나 1499-1501년 밀라노와 나폴리를 정복하면서 시작된 프랑스의 영토 확장은 에스파냐에 의해 좌절되었다. 1500년대 중반에 이르러 이탈리아에서 에스파냐에 대한 독립을 유지한 것은 베네치아가 유일했다. 이 시기 지정학적 경쟁의 최대 승리자는 합스부르크가의 에스파냐 국왕 카를 5세였다. 합스부르크의 재정 지원을 받던 교황으로부터 신성 로마 제국의 황제관을 수여받은 카를 5세는 에스파냐와 독일, 오스트리아, 네덜란드를 포함한 거대한 제국을 장악하게 되었다.

유럽의 다른 지역에서도 유사한 경쟁과 선별 과정이 진행되었다. 영국은 1588년 대륙의 마지막 거점이던 칼레를 상실했다. 대륙과의 군사적 접촉에서 자유로웠으며 그래서 상비군의 필요성이 크지 않았던 영국은 재정·군사 국가로의 발전에서 상대적으로 뒤처지는 모습을 보여주었다. 한편 새로운 활력을 띠기 시작한 폴란드 리투아니아 왕국은 발트해 연안의 한자 동맹 도시들에 대한 통제권을 장악하고 1525년에는 프로이센 공작령이 된 튜턴 기사단의 영지를 통합했다. 그러나 1618년 브란덴부르크와 통합된 프로이센은 폴란드로부터 독립해서 재정·군사 왕국의 기틀을 마련했다. 발트해 건너편에서는 스웨덴이 1526년 덴마크의 스톡홀름을 침공하고 재정·군사 왕국의 야심을 선포했다. 동쪽 변방에서는 러시아의 지배자 이반 4세가 1547년 황제 차르를 칭하면서 일련의 정복에 착수했다.

17세기는 유럽 역사상 가장 전쟁이 많았던 시기였다. 이 시기를 통틀어 유럽 대륙 전체에서 전쟁이 일어나지 않은 평화 시기는 고작 4년에 불과했다. 1598년 프랑스와 에스파냐 두 왕국 사이에 체결된 베르뱅(Vervins) 조약과 1604년 에스파냐와 영국의 평화조약, 네덜란드의 12년 휴전 조약(1609-1621)에 따른 짧은 평화는 유럽 전체에서 볼 때 지극히 예외적인 상황이었다. 장기간에 걸쳐 지속된 군사적 경쟁은 군사혁명에 기여했다. 이 과정에서 유럽의 헤게모니 쟁탈을 위해 다투던 유럽의 국가들은 고도의 전쟁 수행능력을 갖춘 국가로 탈바꿈했다.

군사혁명과 정치적 발전

16세기에 등장하기 시작한 재정·군사 국가는 군사적 혁신을 주도했다. 일부 왕국은 자신들의 용병대를 상비군으로 변화시키고 대포 공격에 견딜 수 있는 정교하고 고비용을 요구하는 별 모양의 이탈리아식 성채를 건설했다. 17세기 중엽에는 스웨덴에서 3열로 정렬한 소총수들이 번갈아 발포하는 화승총 부대의 전열보병제가 도입되었다. 이는 강도 높은 군사훈련을 요구했다. 17세기 말 프랑스는 병사들의 복장을 통일하고 총검이 장착된 화승총을 도입했다. 1750년경에 이르러 대부분 유럽 국가들의 군대는 균일화되었다. 또한 전쟁에서 이기는 것이 지배자들의 1차 관심사였으므로 군대 규모는 기하급수적으로 증가했다. 백년전쟁이 끝날 무렵 1만 5,000명에 불과하던 프랑스 군대는 17세기 말에는 30만 명에 육박했으며, 18세기 초에는 65만 명까지 늘었다.

이탈리아 베네치아 근교 팔마노바 성채 마을 지도. 중세에 화약무기를 사용하기 시작하면서 성채의 구조에도 변화가 생겼다. 기존의 돌로 쌓은 높다란 성벽은 대포 공격을 당하면 붕괴될 위험이 컸다. 그래서 대포 공격에도 견딜 수 있도록 설계된 별 모양의 성채가 등장했다.

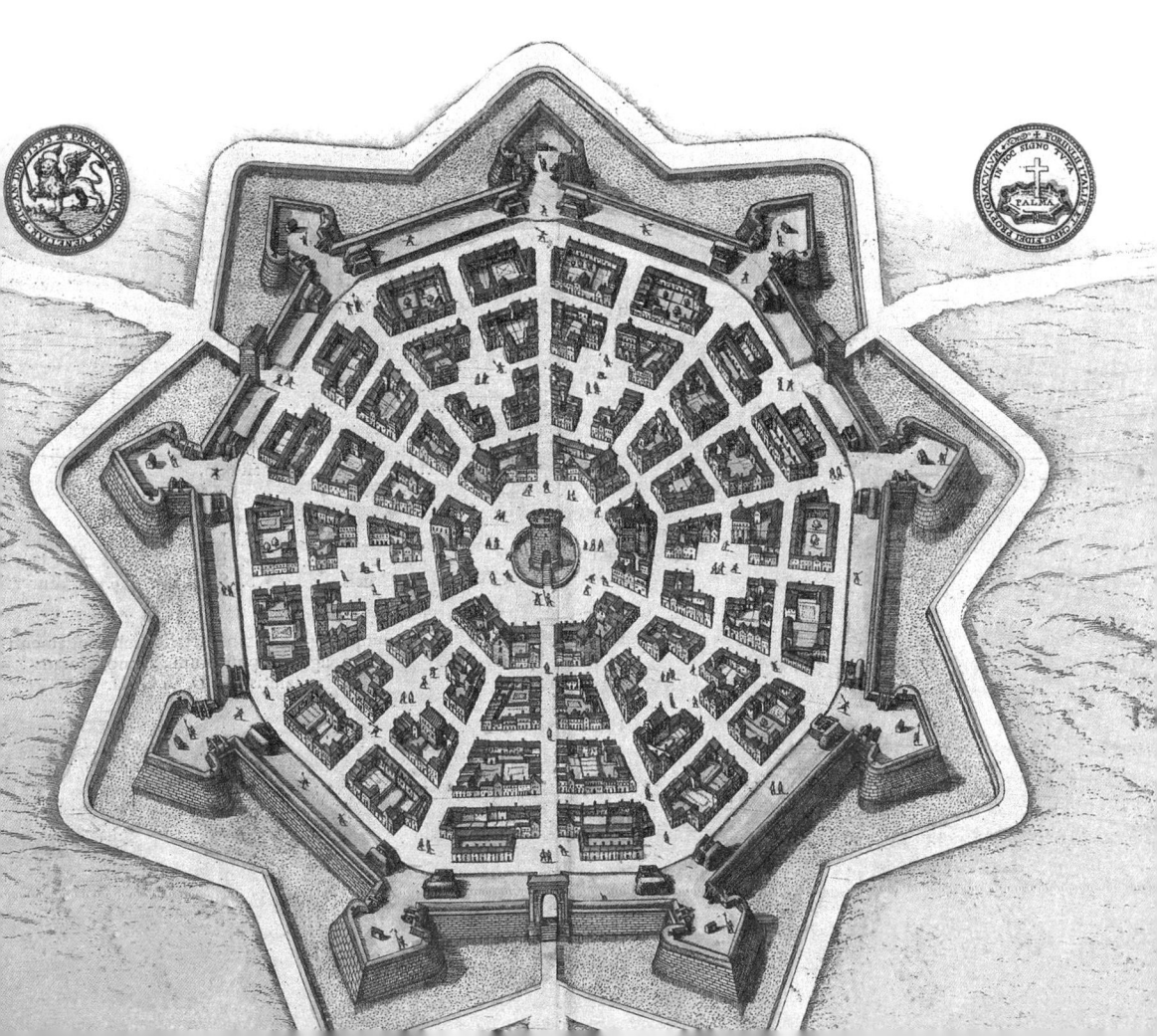

한 나라에서 개발된 전술과 군대는 전쟁을 통해 빠르게 다른 나라로 전해졌다. 중무장 기병의 중요성이 사라지면서 귀족은 왕에게 점점 더 의존하게 되었다. 유럽의 지배자들은 조세 수입을 통해 엄청난 양의 군사비를 확보하고자 했다. 당연히 공공 지출 중 군사비가 차지하는 비중도 커져서 루이 14세 시대 프랑스는 75퍼센트, 표트르 대제의 러시아는 85퍼센트, 내전기였던 크롬웰 시대의 영국은 90퍼센트에 달했다. 군대 문제는 국가의 가장 중요한 사안이 되었고, 돈이 많아야 승리하는 것이 당연한 일이 되었다. 마키아벨리가 지적했듯이 화폐는 힘의 근원이었다.

효율적인 자원 추출, 즉 재정 확보를 위한 노력은 장원에 토대를 둔 봉건국가로부터 조세에 토대를 둔 재정·군사 국가로의 이행을 야기했다. 이 과정에서 국가는 폭력수단과 과세권을 독점하게 되었다. 그러나 이 시기 유럽의 지배자들이 자의적으로 세금을 징수할 수 있었던 것은 아니었다. 군사력의 유지·확대를 위해 그들은 조세를 강화할 수밖에 없었지만, 국왕에 의한 과세는 공식적이든 비공식적이든 지배계급과 도시·농민의 동의를 필요로 했다. 16세기 중반 대부분의 유럽 국가에서 조세를 통한 자원추출은 한계점에 도달했고, 이후 두 세기 동안 지배자들은 추가적인 재정을 확보하기 위해 재정가에게 돈을 빌리거나 관직을 매매했다. 이 점에서 네덜란드와 영국은 예외적이었는데, 특히 상대적으로 많은 도시 인구를 보유한 네덜란드의 납세자들은 상공업에 대한 증세에 동의했다. 또한 네덜란드 정부는 해외무역회사에 특허장을 수여하고 수수료를 챙김으로써 부수적인 재정 수입을 확보할 수 있었다. 그러나 대부분의 유럽 국가들의 재정 상황은 심각하게 악화되었고, 이는 아메리카 혁명이나 프랑스 혁명과 같은 주요 사건의 원인으로 작용했다.

30년 전쟁 시기의 보병

천문학적 비용을 요구한 군사혁명과 치명적인 지정학적 경쟁구도는 효율적인 징세와 전문적인 군사력을 유지하기 위한 강력한 중앙집권적 행정 기구이자 자원추출 기구인 재정·군사 국가를 출현시켰다. 강력하고 정교한 중앙집권적 관료제가 발전하면서 전통적인 엘리트 집단과는 구별되는 전문 관료와 군사전문가가 양산되었다. 이러한 과정을 통해 영토와 인구에 대한 지배력이 강화되어 유럽의 국가는 효율적인 '전쟁 기구'로 발전했다. 그러나 이는 과거의 엘리트를 배제시키거나 배타적으로 종속시키는 과정이 아니라 오히려 중앙권력과 전통적 지배계급 사이에 새로운 협력관계를 형성시켰다. 귀족들은 새로운 변화에 저항하기는커녕 왕국의 행정과 군대에서 수익성 높고 존경받는 자리를 차지하기 위해 적극적으로 변화에 추종했다. 그 결과 재정·군사 국가는 놀랍도록 복잡하며, 국민적인 동시에 지역적이며, 공적인 동시에 사적인 이해관계가 혼합된 정치체로 발전했다.

2 유럽 각국의 발전

제네바로부터 시작된 칼뱅파의 성장은 16세기 후반 프랑스 내전과 네덜란드의 독립전쟁으로 이어졌다. 잉글랜드에서는 국교회의 미흡한 개혁이 발단이 되어 17세기 초반에 내전이 일어났다. 독일에서 구교와 신교파 간의 투쟁은 참혹한 30년 전쟁을 불러일으켰다. 합스부르크가는 프랑스와 스웨덴의 개입으로 이 전쟁에서 패배했다. 종교적 차원에서 서유럽의 기독교도들은 명목상의 관용을 인정해야 했다. 정치적으로는 재정·군사 국가가 절대주의와 파편화된 행정관행의 결합을 특징으로 하는 정치기구로 발전했다.

유럽의 재정·군사 국가들은 구조적인 공통점에도 불구하고 문화적 차이와 지역별로 다른 경제구조, 제도적 전통, 또는 군사적 경쟁에 노출된 타이밍에 따라 상이한 발전 양상을 보였다. 지정학적 경쟁에 먼저 반응한 에스파냐와 프랑스와 같은 선발 국가들은 군사력의 확장을 위해 국내 자원을 강압적인 방식으로 추출하는 경향을 보였다. 반면 후발 재정·군사 국가들의 경우 전반적으로 국가 경제에 심각한 피해를 주지 않으면서 상대적으로 효율적인 방식으로 자원을 추출하는 데 성공한 것으로 보인다.

그러나 유럽 국가들의 상이한 대응 방식과 발전상은 단순히 국제적인 경쟁에 대응하기 시작한 타이밍의 문제만은 아니다. 이들의 서로 다른 대응 방식은 각국의 내부적인 원인, 즉 경제적 특징과 소유관계의 성격에 기인하는 것이기도 하다. 예를 들어 프랑스와 같은 이른바 '절대주의' 국가는 자본주의의 발달이 더딘 탓에 정치적으로 강압적인 수단을 통해 국내 자원을 추출하고 국외 약탈을 감행할 수밖에 없었다. 프랑스의 '절대주의' 국가는 영주의 지대착취 체제에서 국왕에 의한 조세추출 체제로 이행했고, 징세의 중앙통제를 강화하려 했다. 또한 봉건귀족의 주종관계를 후원제에 입각한 귀족들의 유대관계로 발전시켰지만, 사회적으로는 기존의 착취관계를 탈피하지 못한 채 오히려 이를 유지하고 공존시켰다. 이에 대한 지배계급의 재투자는 자신의 재생산을 위한 정상적인 전략이었다. 18세기 대륙의 국가들이 과도하게 군사화되고 호전적인 특징을 갖게 된 데에는 이러한 사회 내적인 요인이 작용했다.

반면 17세기의 영국처럼 자생적인 자본주의가 일찍부터 발전한 나라는 군사적 경쟁에 대응하는 방식에서 프랑스와 달랐다. 자본주의적 소유관계의 확립으로 인해 영국은 채무이행불능이나 파산의 위협을 겪지 않으면서도 전쟁을 효과적으로 재정 지원할 수 있었다. 자가지속적인 자본주의 경제를 토대로 군사적 경쟁에 대응한 영국은 우월한 해군력과 효율적인 조세 대응성을 바탕으로 대륙의 경쟁자들에 비해 경제적으로나 군사적으로 비교 우위를 점할 수 있었다.

네덜란드의 독립

16세기에 네덜란드에 파견된 에스파냐의 총독들은 완고하게 가톨릭교를 고집했다. 1556년 카를 5세가 물러나고 그의 아들 펠리페 2세가 에스파냐와 네덜란드의 국왕이 되었을 무렵, 네덜란드는 프랑스어를 사용하는 남부의 왈롱 지방, 네덜란드어를 사용하는 북쪽의 플랑드르와 홀란드를 포함하고 있었다. 선왕과 마찬가지로 펠리페는 완고한 반종교개혁 지지자였다. 그는 예수회와 종교재판소를 앞세워 칼뱅파들을 무자비하게 탄압했고, 주교구를 세분화해서 귀족이 아닌 성직자들을 주교로 발탁했다. 귀족들은 자신들의 권력 상실에, 부르주아지는 펠리페 2세가 요구하는 조세 부담에 불만을 품었다. 칼뱅주의의 성장은 종교적인 갈등을 악화시켰다. 1565년 네덜란드의 귀족들과 신교도들은 이러한 탄압에 맞서 봉기를 일으켰다. 이로써 가톨릭 에스파냐의 지배에서 벗어나기 위한 네덜란드 독립전쟁(1565-1620)이 시작되었다. 펠리페 2세는 알바 공을 총독에 임명하고 군대를 파견해 네덜란드인들의 저항을 탄압하고 수천 명의 반란 세력을 처형했다.

그러나 반란의 잔여 세력은 투쟁을 계속했다. 펠리페 2세의 새로운 특사로 파견된 알레산드로 파르네세는 남부의 가톨릭 10개 주(현재의 벨기에)에 정치적 자유를 부여함으로써 이들을 회유했다. 그러나 1579년 네덜란드를 구성하고 있는 북부 일곱 개 주가 위트레흐트 동맹을 결성하고 '네덜란드 공화국 연방'을 선포했다. 에스파냐는 공화국을 인정하지 않고 싸움을 지속했으나 재정적인 난관에 봉착하면서 평화협정(1609-1621)을 체결했다. 이 협정은 30년 전쟁이 발발하면서 깨어졌고, 네덜란드는 다시 전쟁에 휘말리게 되었으나, 1648년 베스트팔렌 조약의 체결과 함께 에스파냐는 마침내 네덜란드의 독립을 승인하게 되었다.

네덜란드 공화국을 이끈 것은 네덜란드의 주도적인 귀족 가문들 중 하나인 오라녜-나사우 가문의 총독(stadhouder)이었다. 총독과 함께 통치를 담당한 대의제 기구는 신분제회의였다. 네덜란드 칼뱅파 개혁 교회는 특권화된 종교단체였다. 네덜란드에서 약 100만 명의 주민 가운데 약 20퍼센트가 칼뱅파였다. 그러나 상당한 규모의 가톨릭과 재세례파나 메노파 등 다른 개신교 종파들이 있었다. 네덜란드는 또한 유대인들의 피신처이기도 했다. 이들은 1492-1498년에 에스파냐와 포르투갈로부터 추방된 이후 네덜란드에 터전을 마련했다. 네덜란드는 점차 각자의 교리적 차이를 받아들임으로써 종교적 관용의 모델이 되었다.

스웨덴의 국왕 구스타브 아돌프 2세는 어떻게 작은 나라가 협력을 통해 강력해질 수 있는지에 대한 예로 종종 네덜란드 공화국을 언급했다. 네덜란드는 강력한 합스부르크가에 맞서 처음에는 불리한 위치에 있었으나 협력을 통해 놀랍도록 강력한 국가가 되었다는 것이다. 이러한 해석은 19-20세기 역사가들이나 사회학자들의 분석과는 대조적이다. 이들은 네덜란드에 대해 분권화되어 혼돈스러운 정치체와 느린 정책 결정과정을 특징으로 하는 '약한 국가'라는 평가를 일반화시켰다.

그러나 최근의 연구는 네덜란드 공화국과 네덜란드 사회가 진보적인 전술 전략의 사용과 효율적인 군사행정에서 대단히 선구적이었음을 보여준다. 네덜란드 재정·군사 국가는 유럽의 다른 나라들에 비해 전쟁을 위한 고도의 국내 자원추출 기구를 수립했으며 이로써 고도의 효율성을 이뤄냈다는 것이다. 인구의 규모 면에서 17세기 유럽의 어떤 국가도 전쟁 동원능력에서 네덜란드를 능가하지 못했다. 이 작은 공화국은 실제로 유럽에서 근대적인 군사 경쟁과 군사력에서 가장 집중된 지역이었다.

급속도로 국가가 형성되는 과정에서 국내의 다양한 이해관계를 통합하는 정치적 능력은 중간 규모 국가가 유럽의 강대국들, 에스파냐와 프랑스에 맞서 대적하는 것을 가능하게 했다. 인구와 경제 규모를 고려했을 때 네덜란드가 군사적으로 성공할 수 있었던 것은 자원의 양이 아니라 그것의 사용 방식, 즉 전쟁을 지원하는 정치·행정 시스템이 우월했기 때문이라고 할 수 있다.

네덜란드는 절망적으로 분열된 채 상충하는 이해관계 집단 간의 갈등이 첨예한 곳이라기보다는 오히려 사회적·정치적 갈등과 모순을 상대적으로 덜 경험한 나라였다. 이 시기의 다른 유럽 국가들과 달리 네덜란드는 내전이나 조세 폭동, 지방의 반란을 심각하게 경험하지 않았다. 특히 높은 세율에 비해 조세 폭동은 놀랍도록 저조했다. 폭동이나 대중적 저항이 전혀 없었던 것은 아니지만 폭력의 정도는 매우 낮았고, 주민 대부분은 자원 소모적인 전쟁을 끝내기보다는 오히려 전쟁을 하라고 요구했다. 오라녜 가문의 총독에 대한 대중의 지지는 확고한 군사 지도자로서 그들의 위상 때문이었다. 당시의 군주들이 통상 먼저 전쟁을 시작하고 절망적으로 자금 확보에 매달렸던 것과 달리 네덜란드의 정치 시스템은 대단히 합리적으로 결정된 예산에 따라 전쟁을 위한 충분한 재정적 자원을 확보한 상태에서 전쟁을 시작했고, 이로써 상시적으로 육군력과 해군력을 이용할 수 있는 구조를 확보할 수 있었다.

공화국의 수립과 경제 엘리트의 군사력 통제는 17세기 네덜란드가 이뤄낸 놀라운 경제적 성공의 전제 조건이었다. 오랜 전쟁에도 불구하고 네덜란드가 경제적으로 발전할 수 있었던 것은 해상 교역로의 접근과 해상 교역에서 수익을 창출하는 자들의 이해관계를 보장해주는 국가의 보호 때문이었다. 적어도 엘리트들에게 세금은 경제적 부담이라기보다는 오히려 유용한 투자처로 여겨졌다.

그 결과 17세기 네덜란드 공화국은 스웨덴과 더불어 중간 규모의 인구를 가진 재정·군사 국가 중 하나가 되었다. 네덜란드라는 국가는 엘리트 집단과 지배자 사이의 협상의 결과라기보다는 엘리트 집단들 간의 협상의 결과로 형성되었다. 네덜란드의 권력 엘리트들은 상비군과 조세 행정에 능동적으로 참여하며 이를 통제했고, 그러면서 그 행정 구조는 지배 군주의 존재와 대규모 사적 용병대의 필요성을 제거했다. 그런 점에서 네덜란드의 국가기구는 위로부터 건설되었다기보다는 아래로부터 건설되었다. 혁신과 기업 활동에 우호적인 조건을 갖추었으며 계약에 의한 관계를 존중했던 네덜란드 사회는 복잡한 조직을 수립하는 최적의 환경을 제공했다. 이에 대한 가장 명백한 징후는 봉기 초기부터 공화국과 지방이 믿을 만한 채무자로 간주되었다는 점이다. 이로써 네덜란드는 낮은 이자율로 대규모 융자를 이끌어낼 수 있었다. 이는 근본적으로 전쟁 비용을 낮추는 요인이 되었다. 납세자들은 국가의 행위에 대해 높은 신뢰도를 보여주었다.

프랑스 종교전쟁

16세기 중반 이후 프랑스의 신교도 세력은 크게 성장해서 전체 인구의 약 10퍼센트를 차지하게 되었다. 몇 차례의 화해와 타협 시도에도 불구하고 신교도와 구교도의 관계는 결코 원만하지 않았고, 양측은 공개적으로 적대감을 표출하면서 충돌했다. 1562년 기즈(Guise) 가문의 대공과 휘하 군사들이 프랑스 북동부에 있는 소도시 바시에서 신교도 집회에 난입해 74명을 학살했다. 이 학살극은 이후 1598년까지 한 세대 넘게 지속된 잔인한 프랑스 종교전쟁의 신호탄이 되었다.

    1589년 신교도인 나바라의 앙리 3세가 프랑스의 앙리 4세가 되면서 전쟁은 전환점을 맞이했다. 그러나 앙리 4세가 명실상부한 프랑스의 왕으로 수도 파리에 입성하기 위해서는 이후 9년이라는 시간과 가톨릭으로의 개종이 필요했다. "파리는 미사 한 번의 가치는 있다"라는 말을 남긴 것으로 알려진 앙리 4세의 개종과 더불어 종교적 광분의 열기는 식어갔고, 1598년 낭트 칙령으로 개신교도들의 종교적 자유가 선포되었다. 칙령의 결과는 하나의 국가와 두 개의 종교라는 당시로서는 지극히 비정상적인 상황을 야기했지만, 내전으로 피폐해진 왕국을 재건하기 위한 선택의 여지는 많지 않았다. 낭트 칙령과 동시에 앙리 4세는 대외적으로 종교전쟁 기간 프랑스 내정에 깊이 간섭했던 에스파냐의 펠리페 2세와 베르뱅 조약을 체결함으로써 대외적인 평화를 안착시켰다. 그는 파리 시를 재건하는 한편, 신교도 출신인 쉴리(Sully)를 등용해 행정과 재정 개혁을 진행했다. 앙리 4세의 치세로부터 루이 14세에 이르는 1715년까지 이어진 프랑스의 '위대한 세기(le Grand Siècle)'는 이렇게 첫걸음을 내딛었다. 앙리 4세의 뒤를 이은 루이 13세와 그를 보위한 리슐리외 추기경은 가톨릭 국가이면서도 30년 전쟁 동안 합스부르크 왕가에 맞서 신교도 세력을 지원하는 등 중앙집권적 왕권 강화를 위한 '현실 정치'를 구현했다. 특히 리슐리외는 국가이성의 원리를 왕국의 통치이념으로 확립하면서, 전문적인 능력을 갖춘 관료층을 기반으로 프랑스 전역에 걸쳐 효율적인 행정 기구를 건설하고자 했다. 동시에 낭트 칙령에 의해 '국가 내부의 국가'를 구성하고 있던 위그노 세력을 서서히 무력화시켰으며, 대귀족의 음모를 가차 없이 처단하고 언제든지 반란의 근거지가 될 수 있는 성채들에 대한 체계적인 파괴를 시도했다. 귀족의 오래된 특권이자 자율성과 독립성의 상징인 결투 관행도 금지시켰다(1626).

루이 13세의 뒤를 이어 왕위에 오른 루이 14세의 치세에 프랑스는 유럽에서 가장 강력한 정치력을 발휘했다. 치세 초 '프롱드의 난'(1648-1652)을 통해 귀족들의 저항으로 인한 왕권의 위기를 경험한 루이 14세는 파리 인근의 베르사유에 1만 여 명을 수용할 수 있는 거대하고 화려한 궁정을 건설하고, 귀족 세력을 통제하기 위해 노력했다. 국왕의 관심을 끌고자 하는 자는 누구라도 궁정을 찾아 국왕을 기다리며, 궁정식 생활을 위해 값비싼 생활을 유지해야 했다. 베르사유 궁은 오락과 축제 그리고 음모의 상설 무대가 되었다. 베르사유에서 태양왕 루이 14세는 자신의 절대적이며 신성한 권리를 내세우며 통치했다.

그러나 실제로 루

리슐리외 추기경

이 14세와 그의 후계자들이 추구한 '절대주의'는 중앙집권적인 요소와 지방분권적 세력들이 혼재하는 교묘한 혼합체였다. 1648년 이후 자율적인 대귀족들의 사적인 군대는 자취를 감추었고, 대신 중앙집중화된 재정·군사 왕국의 상비군 제도가 정착되었다. 조세 분야에서도 국왕은 더 이상 신분제회의의 동의를 구하지 않았다. 프랑스의 신분제회의는 1614년부터 프랑스 혁명이 발발한 1789년까지 단 한 차례도 소집되지 않았다.

영구적인 전쟁 국가의 도래는 농민에 대한 과도한 착취를 강화했다. 1610년 징세관들은 타유세로 1,700만 리브르를 징수했다. 1644년 세금은 4,400만 리브르에 달했다. 1630년 이후 10년간 총 세액은 네 배가량 증가했다. 관직 판매와 징세 다음으로 국왕이 선호한 것은 대부였다. 그러나 국왕이 그다지 신뢰하지 못할 채무자였기에 이자율은 소용돌이쳤고, 국왕은 절망적인 방법을 찾게 되었다. 루이 14세 말년 프랑스의 재정 상황은 무리한 대외전쟁으로 악화되었다. 루이 14세의 후계자들은 천문학적인 빚에 시달려야 했다. 1714년부터 1720년까지 전쟁 수행과 관료제 유지를 위해 지방에 지점을 두는 중앙은행을

베르사유 궁전과 태양왕 루이 14세 엠블럼. 원래는 루이 13세가 별장으로 지은 것을 루이 14세가 1661-1690년에 증축했다. 그 웅장한 규모와 화려함으로 루이 14세 절대 왕정의 상징이 되었다.

설립하고 근대적인 신용제도를 도입하려는 시도가 있었지만, 이마저 실패로 끝나고 말았다.

유럽 절대주의의 표본으로 여겨지는 루이 14세 시대의 정부는 낡은 징세 관행에서 벗어나지 못했다. 국왕은 배타적으로 귀족들을 지배하기는커녕 그들에게 더 많은 특권과 이익을 보장해주었다. 징세 과정에서 중개 역할을 한 재정가들은 엄청난 이익을 가로챘지만, 루이 14세는 중앙과 지방을 연결하는 이 먹이사슬 구조를 개혁할 의지도 능력도 없었다. 이러한 구조는 결과적으로 국가의 부를 갉아먹는 기생 계층만 살찌웠고, 그 피해는 고스란히 농민에게 전가되었다. 결국 각 지방이 왕에게 충성을 맹세하고 과도한 조세 요구에 순응한 것은 왕이 복잡한 사회적 조직망을 통해 각 지방의 특권과 이익을 보장해주었기 때문이었다. 프랑스 절대주의가 보여준 국왕에 대한 귀족들의 복종은 일방적인 것이 아니라 상호 이익을 전제로 한 타협의 결과였다.

관직매매 관행 역시 근대적인 성격의 관료제 발전을 저해하는 요인으로 작용했다. 공적 권력의 사적 점유를 의미하는 이 관행으로 말미암아 국가권력은 사적인 개인에게 분배되고 세습되었다. 국왕은 국가권력을 사적 개인에게 양도함으로써 국가에 대한 통제권을 부패한 관직 보유자들과 나눌 수밖에 없었고, 이는 프랑스의 '절대주의'가 결코 완성될 수 없었던 내재적인 원인으로 작용했다. 루이 14세 시기 4만 6,000개의 관직이 파리와 지방에서 판매되었다. 전통적인 대검귀족으로부터 부유한 농민이나 상인에 이르기까지 자금을 보유하고 있거나 융자받을 수 있는 자는 누구나 관직을 사고자 했다. 국왕이 봉건제를 희석시키면서 중앙집중화한 권력은 이렇듯 관직매입자들에게 양도되었다.

관직매매로 말미암아 국왕은 정치적으로 여러 지방 세력과 집단들과 경쟁해야 했다. 예를 들어, 고등법원은 공식적으로 국왕이 지배하는 기구였지만 고등법원의 판사들은 자신의 관직을 합법적으로 소유한 사적 개인들이었다. 사법관직의 세습은 사법 체제를 복잡한 후원망에 종속시켰고, 후원제는 왕의 통제를 벗어나 고유한 재생산논리를 발전시켰다. 게다가 이러한 관직매매 제도는 사법이나 행정 분야에만 국한되지 않았다. 절대군주의 가장 직접적인 지배수단인 군대에도 관직매매는 구체제의 상당 기간 동안 뚜렷한 관행으로 자리 잡았고, 연대는 통째로 매매가 가능한 상품이 되어버렸다.

절대 군주는 스스로를 최고의 법이라고 선전했지만, 현실적으로 그는 결코 유일한 법이 아니었다. 대도시들은 왕의 입법권에 대항해 그들의 자유를 규정한 특허권을 보유하고 있었고, 기존의 이해관계를 유지해주는 구조로 인해 국왕의 법은 관습법과 봉건법, 신법과 공존해야 했다. 16세기 말 근대주권론의 창시자로 일컬어지는 장 보댕이 주장했던 법적 주권의 단일성은 결코 실현되지 못했다.

절대적인 권력을 선포했지만 실제로 국왕은 특권신분 없이는 통치할 수 없었다. 지방을 다스리기 위해 국왕은 이들의 지원을 필요로 했으며, 스스로를 세습적인 유대관계망에 위치시킬 수밖에 없었다. 왕정의 지방으로의 침투는 기존의 계서제 구조를 폐기하지 않았고, 오히려 그 위에 국왕의 관리들을 기존의 정치질서에 연결시킨 후원제가 덧씌워졌다. 특권신분 역시 자신들의 특권과 존속을 위해 왕의 군사적 보호와 관직으로부터 나오는 이윤에 의존해야 했다. 그런 점에서 왕과 특권신분 사이의 관계는 제로섬 게임도, 동의와 협력에 입각한 정치권력의 우호적인 분할도 아니었다. 오히려 강화된 왕정과 전통적인 귀족, 법복 귀족, 도시와 지방 그리고 교회 사이에 공생하는 모자이크 같은 권력관계의 지평이 열린 것이다. 다시 말해 프랑스의 '절대'군주하에서 특권계급은 봉건제하에서와는 달리 국왕에 직접적으로 의존하고 있었지만, 반대로 국왕의 권력은 다양한 방식으로 양도되었다.

영주의 지대착취 체제에서 왕정의 조세추출 체제로의 이행은 분명 중요한 발전이었다. 농민에 대한 영주의 직접적 착취는 이제 국왕에 의한 인격적 지배에 의해 대체되었다. 게다가 프랑스의 절대주의 국가는 세습적인 왕정국가로서, 이는 영주들 사이의 계약에 의한 것이 아니라 명령권을 주권으로 전유시킨 제도였다. 그리하여 왕정의 정통성은 더 이상 봉건 영주제에 토대를 둔 것이 아니라 신성한 존재로부터 유래한 것으로 여겨졌다. 그러나 프랑스 왕정이 주장한 이러한 신성함은 결코 근대적인 국가의 자율성을 보장해주지 못했다. 부르봉 왕가의 프랑스가 보여준 내부적으로 복잡한 정치적 구조는 공적 권력과 사적 이해관계의 경계를 불분명하게 만듦으로써, 국가기구의 근대화를 제약했다.

30년 전쟁과 베스트팔렌 조약

17세기 초 잉글랜드에서 종교적 긴장이 고조되던 시기에, 독일에서는 30년 전쟁이 발발했다. 독일에서는 루터파 교회가 국가 종교로 발돋움하면서 여러 제후국에서 큰 위세를 떨쳤다. 가톨릭교를 고수한 국가들에서도 루터파는 종교 행사의 자유를 누렸다. 그러나 모든 지배자들이 이러한 상태에 만족한 것은 아니었다. 그중 한 명이 신성 로마 제국의 황제이자 예수회의 교육을 받은 페르디난트 2세였다. 그는 특히 보헤미아에서 신교도들이 누리는 종교적 자유에 강한 적개심을 드러냈다. 신성 로마 제국의 황제로 선출되기 이전 보헤미아의 왕으로 선출된 페르디난트는 재가톨릭화된 보헤미아 왕국 도시들의 행정관직에서 신교도 귀족들을 축출하기 시작했다. 이에 맞서 신교파 지도자들은 1618년 합스부르크가에서 파견된 사절 두 명을 프라하 성의 창문 밖으로 인정사정없이 던져버리고는 (프라하의 인간투척사건) 팔츠의 칼뱅파 제후를 자신들의 새로운 왕으로 옹립했다. 보헤미아에서 벌어진 이 사건으로 독일 내 종교 집단들 간의 적대감이 공개적으로 표출되었다.

1619년 페르디난트와 가톨릭 군주들은 보헤미아의 반란을 진압하고 신교도 귀족들의 재산을 몰수했다. 그리고 공식적으로 보헤미아 왕국의 가톨릭교를 선포했다. 10만 명이 넘는 황제군이 프라하와 팔츠로부터 제후를 추격했고 독일 북부까지 진격해서 이 지역을 가톨릭으로 개종시켰다. 루터파를 지원하기 위해 개입한 덴마크의 왕이 패배하면서 독일 신교도들의 운명은 풍전등화의 위기에 놓인 것처럼 보였다.

1630년 루터교도인 스웨덴의 구스타브 아돌프가 개입을 결정했다. 그의 주요 목표는 이미 30년 전쟁 이전부터 염원하던 발트해 연안에 스웨덴 재정·군사 국가를 완성하는 것이었다. 독일의 루터파를 지원함으로써 그는 이 지역의 패권을 공고히 하고 확장하고자 했다. 프랑스의 루이 13세는 스웨덴에 대한 재정 지원을 승인했다. 페르디난트가 승리할 경우 프랑스가 합스부르크의 에스파냐와 벨기에 북부 지역, 오스트리아, 독일, 이탈리아에 의해 포위될 형국이었기 때문이다. 프랑스에게 구스타브 아돌프가 신교도라는 사실은 합스부르크와의 적대감에 비하면 전혀 중요하지 않았다. 스웨덴과 프랑스의 이러한 정치적 동맹으로, 독일의 교파 간 전쟁은 유럽의 패권 전쟁으로 비화했다.

처음에 스웨덴 군대는 전세를 신교파에 유리하게 역전시켰다. 구스타브 아돌프는 바이에른 지역까지 남진했지만 최종 승리 직전 전사하면서 스웨덴은 북부 독일로 철수했다. 프랑스가 참전하면서 페르디난트 2세는 독일의 신교도 군주들과 타협을 결심했다. 1635년의 평화협정에서 양측은 전쟁 전의 영토를 회복하기로 동의했다.

합스부르크의 지배를 분쇄하기로 작정한 프랑스가 참전했다. 이후 13년 동안 프랑스군은 알자스 지방을 점령함으로써 이탈리아에서 네덜란드로 이어지는 합스부르크의 보급로를 차단하고자 했다. 스웨덴군은 프랑스의 성공을 발판삼아 다시 독일로 진격했다. 마침내 오스트리아-독일의 합스부르크군은 양측에서 압력을 받은 끝에 1648년 10월 베스트팔렌 조약에 조인했다. 이 조약으로 독일에서 칼뱅파가 공인되었고, 합스부르크가는 프랑스에 알자스를,

30년 전쟁.
1618-1648년 독일을 무대로 신교파와 구교파 간에 벌어진 종교전쟁

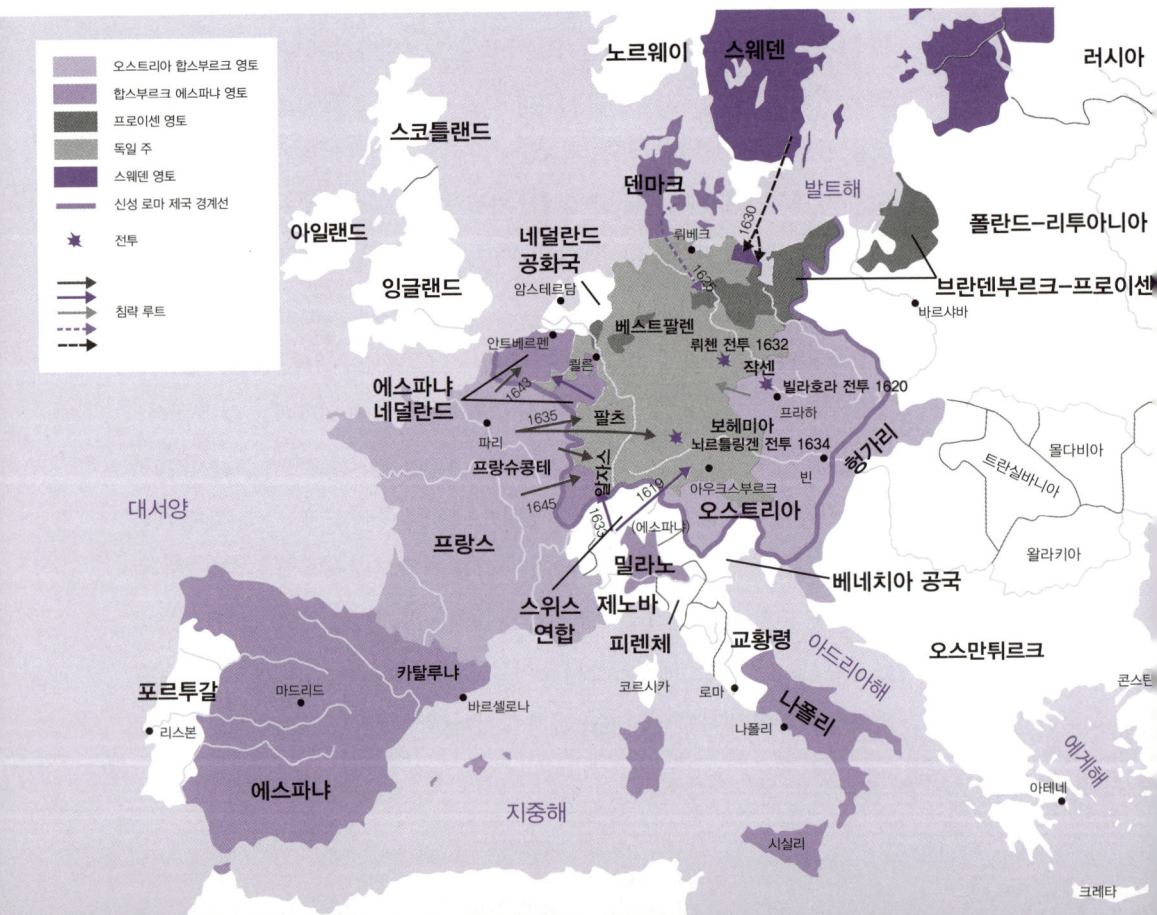

스웨덴에는 발트해 남부 연안을 양도했다. 합스부르크 에스파냐는 1659년까지 프랑스와 전쟁을 계속했지만, 결국 프랑스의 우세한 군사력에 굴복하고, 플랑드르 일부와 북동부 에스파냐를 상실했다. 프랑스는 이제 명실상부한 유럽의 패권국으로 부상했다.

잉글랜드 내전

16세기 헨리 8세의 주도로 시작된 잉글랜드의 종교개혁은 국교회 체제를 수립했다. 그러나 국교회와 별개로 칼뱅파 역시 꾸준히 성장해 16세기 말 그 숫자는 약 600만의 전체 인구 중 10퍼센트에 달했다. 잉글랜드 국왕을 국교회의 수장으로 인정하기를 거부한 가톨릭은 약 3퍼센트에 불과했다. 칼뱅파의 비율은 프랑스와 비슷했지만, 부분적으로나마 개혁적이었던 잉글랜드 국교회는 칼뱅파를 통제할 수 있었다. 게다가 칼뱅파는 온건파와 급진파를 비롯해 여러 분파로 나뉘어 있었고, 서로를 견제했다. 급진파 중에는 국교회의 성직자 계서제의 폐지와 독립적인 교회질서를 주장한 청교도파가 있었다. 엘리자베스 1세 이후 가톨릭 계승자들이 왕위에 오르면서 개혁의 속도가 더뎌진 17세기에 이르러 청교도의 주장은 힘을 얻기 시작했다.

사회적으로 잉글랜드는 지주 계층의 힘이 상대적으로 강한 데다 처음부터 해외시장을 개척해나간 양모 산업이 14세기부터 발전함으로써 '상업적 농업'이 일찌감치 발전했다. 이 과정에서 봉건적 지주층의 상업적 지주층으로의 전화 내지 봉건적 지주층의 부르주아지화가 잉글랜드 혁명 이전에 이미 크게 진척되었는데, 이들은 이후 강력한 경제력 기반을 지니고 등장하기 시작한 상공업계층의 지지를 받으면서 혁명을 주도했다.

잉글랜드 혁명은 절대주의를 추구한 왕권과 의회의 대립으로 시작되었다. 엘리자베스 1세를 마지막으로 튜더 왕조가 단절되자 스코틀랜드의 왕인 제임스 6세가 제임스 1세로 잉글랜드 왕위를 계승하고 스튜어트 왕조가 시작되었다. 제임스 1세와 그의 뒤를 이은 찰스 1세는 잉글랜드의 정치적 상황에 무지한 데다 왕권신수설을 신봉하며 의회와의 대립을 자초했다. 국왕은 의회의 승인 없이 과세했고, 의원들 다수는 의회를 무시하는 이러한 처사에 분개했다.

왜냐하면 의회는 잉글랜드의 헌정 질서상 왕국의 공동 주권자로 간주되었기 때문이다. 하원의 과반수는 종교개혁 급진파인 청교도파였고, 국왕의 종교적 탄압 정책은 그들의 분노를 배가했다. 의회는 1628년 '권리청원'을 제출하면서 "의회의 승인 없이 과세 없다"라는 원칙을 주장했는데, 이에 찰스 1세는 의회를 해산하고 의회 없는 통치를 강행했다. 동시에 그는 완고한 국교회주의자인 로드 경을 추기경에 임명하고 잉글랜드 국교회를 강요하다가 스코틀랜드와의 전쟁에 직면했다. 그러나 모든 재정 자원이 고갈되자 찰스 1세는 새로이 전비를 마련하기 위해 의회에 도움을 청할 수밖에 없었다. 그러나 11년 만에 소집된 의회는 먼저 왕권을 제한하는 대대적인 개혁을 추진했다.

이 시기까지만 해도 누구도 내란이나 혁명을 예상하지는 못했다. 그러나 아일랜드에서 잉글랜드의 통치에 반대하는 대규모 반란이 일어나자, 이를 진압하기 위해 군대를 보내야 했는데 군통수권 문제를 계기로 국왕과 의회는 다시 한번 대립하게 되었다. 의회는 국왕에게 대간주(1641)를 제시하면서 찰스 1세와 대립했고, 결국 1642년 여름 내전이 발발하고 혁명이 시작되었다. 내전 초기 군사적으로 우세한 왕당파에 고전했던 의회파는 군사지도자인 크롬웰이 등장하면서 전세를 역전시켰고, 1645년 크롬웰의 '신형군'은 네스비 전투에

찰스 1세의 처형

서 결정적인 승리를 거두었다. 그러나 승리한 의회파는 장로제를 주장하는 장로파와 각교파의 자유를 주장하는 독립파로 분열했고, 독립파 내에서는 급진적인 사병들의 '수평파'가 등장했다. 이러한 내분을 틈타 왕은 다시 스코틀랜드로 피신했으나 크롬웰에 패하여 포로가 되었다. 의회내 다수파는 왕을 처벌하는 데 미온적이었지만, 크롬웰은 프라이드 대령을 시켜 장로파 의원을 숙청하고 1649년 1월 찰스 1세를 처형했다.

국왕의 처형으로 잉글랜드는 공화국이 되었다. 급진파 의원만이 남은 잔부의회가 있었지만, 실권은 크롬웰의 군대가 장악했다. 1642-1651년의 내전은 프랑스의 내전에 비해 전반적으로 덜 참혹했다고 여겨지지만 대규모 약탈과 농촌의 파괴로 인한 전쟁의 간접적인 영향은 마찬가지였다. 국왕에 맞서 의회 다수를 구성한 청교도파에 의해 징집된 2만 2,000명의 직업군인인 신형군은 농촌 마을의 뿌리 깊은 이교도 전통의 계절 축제와 가장행렬, 오락, 댄스, 음주 등을 강제로 일소하면서 주민들의 봉기를 야기했다. 주민들에게 칼뱅파의 도덕을 강제하는 선교사들과 더불어 공화주의적인 신정정치가 출현했다. 크롬웰은 1653년 잔부의회를 해산하고 통치헌장을 제정해 호국경에 취임했고, 이로써 사실상 군대에 의한 독재정치가 시작되었다.

이 신정정치의 지배자인 올리버 크롬웰은 젠트리 출신의 청교도로서 신형군의 지휘관이었다. 의회를 해산한 후, 크롬웰은 자기 입맛에 맞춰 새로운 의회를 구성했지만, 대부분 의회의 동의절차 없이 통치했다. 스코틀랜드와 아일랜드가 내전 당시 청교도에 맞서 싸웠기 때문에 크롬웰은 스코틀랜드 장로파와 아일랜드 가톨릭을 난폭하게 진압했다. 또한 해전에서 네덜란드와 에스파냐를 차례로 격파해 대서양에서 잉글랜드의 해군력을 크게 향상시켰다. 그러나 의회 내 젠트리는 항구적인 재정·군사 국가의 존재를 점점 더 두려워했고, 의회는 크롬웰에 대한 자금 조달을 거부하기 시작했다. 1658년 크롬웰이 사망한 후, 그의 아들 리처드가 호국경에 취임했으나 국민의 불만으로 이 체제는 더 이상 유지되지 못하고, 몽크 장군에 의해 찰스 1세의 아들 찰스 2세가 왕위에 올라 왕정복고가 이루어졌다. 스튜어트 왕가와 잉글랜드 국교회가 복귀하는 데에는 3년이 채 걸리지 않았다.

처음에는 신중한 모습을 보였던 찰스 2세는 1670년부터 전제적인 통치를 시도했다. 이 시기 의회 내에는 토리파와 휘그파가 형성되었다. 1685년 찰스 2세를 계승한 제임스 2세는 가톨릭을 옹호하고 자의적인 정치를 실시했다. 그는 재정·군사적인 중앙집권화를 추구하면서 가톨릭교 우대 정책을 추진했다. 이전처럼 국왕은 의회 소집을 최소화하고 의회의 동의 없이 재정을 확충하려 했다. 3만 명의 상비군은 주로 런던 인근에 주둔하면서 전쟁보다는 의회를 협박하는 용도로 사용되었다. 이에 의회가 반발해 1688년 네덜란드 총독인 나사우 오라녜의 윌리엄의 군대를 끌어들이자, 제임스는 프랑스로 도주했고, 의회는 윌리엄과 그의 아내 메리를 공동 국왕으로 추대했다. 피 한 방울 흘리지 않고 완수된 명예혁명과 더불어 의회는 1689년 '권리장전'을 제정하고 잉글랜드의 입헌군주제를 확립했다.

청교도혁명과 명예혁명, 두 차례의 혁명을 겪은 잉글랜드는 17세기 말에 이르러 강력한 재정·군사 국가로 부상했다. 강력한 해군을 유지하고 군사비에 아낌없이 지출한다는 점에서 잉글랜드 정부와 개인 투자자들의 이해관계는 맞아 떨어졌고, 이 비용을 부담하기 위해 잉글랜드 은행이 설립되었다. 이

1653년 4월 크롬웰은 군대를 투입해 의회를 해산했다.
〈크롬웰의 장기 의회 해산〉, 벤저민 웨스트, 1789.

는 근대적 신용 체제의 발전을 야기했다. 잉글랜드의 국가채무는 늘어갔고, 조세 부담 또한 가파르게 증가했으며, 재정·군사 활동을 담당할 관료 집단 역시 놀라운 성장세를 보였다. 프랑스 혁명 이전 잉글랜드는 유럽에서 가장 세율이 높은 나라였다. 1680년부터 1789년까지 군대와 전쟁과 관련된 부채에 매년 75-85퍼센트의 국가 예산이 지출되었지만 잉글랜드는 결코 파산의 위기를 맞이한 적이 없었다. 동질적인 농촌자본가 계급이 국가권력을 장악한 후, 잉글랜드의 재정능력은 자본주의 사회에서 지배계급이라고 할 수 있는 자들이 자기과세를 용인함으로써 보장되었다. 그 결과 조세를 통한 효율적인 재정 동원능력을 갖추었지만, 사회적으로 잉글랜드의 조세는 '절대주의' 프랑스와는 달리 정치적 축적의 논리에서 벗어날 수 있었다. 즉 농업자본주의가 만든 사회적 소유 체제는 경제적 잉여의 분배를 둘러싸고 벌어진 지배계급의 정치적 투쟁을 사적인 형태의 경제적 착취로 대체시켰다.

스튜어트 왕가를 몰아내고 의회는 1694년 잉글랜드 은행을 설립하면서 재정·군사 국가의 기틀을 강화했다. 메리와 윌리엄이 후사 없이 사망하자 왕위는 1701년 하노버 왕조로 넘어갔다. 새로운 국왕과 함께 잉글랜드와 스코틀랜드는 1707년 통합되어 영국(United Kingdom)이 출범했다. 영국은 국가 경제에 심각한 피해를 주지 않으면서 국가 자원을 효율적으로 추출할 수 있게 되었다. 전략적인 계획과 잘 훈련된 전문 관료들의 사용은 자금의 흐름을 원활하게 했고 파괴적인 지출을 축소시켰다. 또한 숙달되고 효율적인 행정은 효과적인 전쟁 수행을 지원했고, 자본주의의 성장과 연관된 근대적 은행업과 신용제도의 도래는 재정·군사 국가의 효율과 전쟁 수행능력을 극대화시켰다. 의회는 프랑스보다 더 높은 세금을 거두어들였고, 은행을 통해 채무상환비율을 낮게 유지할 수 있었다. 네덜란드와 영국과 같은 재정·군사 국가들이 강력했던 이유는 정부와 경제 엘리트들 간의 높은 수준의 협력 체제 때문인데, 엘리트들은 전쟁과 제국을 전망하면서 거기에서 잠재적인 부의 원천을 발견하고, 높은 세금을 자신의 사업을 위한 간접투자로 간주하며 이를 기꺼이 부담하고자 했다.

13

근대 초
유럽의
사회와 문화

박윤덕

1 경제적 배경

인구 증가

1558년 신성 로마 제국 황제 카를 5세가 세상을 떠날 무렵, 유럽의 인구가 1억 명을 넘어선 것으로 추정된다. 흑사병 때문에 인구 파국을 맞았던 유럽은 15세기 중엽부터 다시 인구가 증가하기 시작해 1500년경에 이르면 흑사병 이전 수준을 회복했다. 그 이후에 주기적으로 큰 폭의 증감을 거듭하면서도 1800년까지 유럽의 인구는 연평균 0.27퍼센트의 증가율을 보이며 조금씩이지만 꾸준히 증가해서, 1500년에 8,300만 명에서 1600년에 1억 600만 명, 1700년에 1억 2,000만 명, 1800년에는 약 1억 8,500만 명으로 늘어났다.

 이 시기에는 인구가 두 배 이상 증가했을 뿐만 아니라, 그 지리적 분포에도 변화가 나타났다. 스코틀랜드에서 포르투갈까지 대서양에 면한 서유럽 국가들(현재의 영국, 네덜란드, 벨기에, 프랑스, 에스파냐, 포르투갈)에 유럽 인구의 3분의 1이 모여 살았고, 또 다른 3분의 1이 스칸디나비아에서 알프스를 넘어 이탈리아반도로 이어지는 유럽 중부(현재의 노르웨이, 스웨덴, 덴마크, 독일, 스위스, 오스트리아, 체코, 이탈리아)에 거주했다. 인구 비중 면에서, 16세기 말까지는 중부 유럽(36.8퍼센트)이 서유럽(35.4퍼센트)을 근소한 차이로 앞섰지만, 17세기에 상황이 역전되어 1700년에는 서유럽(37.5퍼센트)이 중부 유럽(32.4퍼센트)을 5퍼센트 이상 앞질렀고, 이후 1800년까지 그 격차가 더 벌어졌다. 폴란드로부터 러시아 대평원을 아우르는 북동부 유럽(현재의 폴란드, 핀란드, 발트 3국, 벨로루시, 러시아의 유럽 지역)과 오스만튀르크의 지배 아래 있던 남동부 유럽(현재의 그리스, 알바니아, 불가리아, 헝가리, 루마니아, 크로아티아, 세르비아, 보스니아-헤르체고비나)에 나머지 3분의 1의 인구가 흩어져 살았다. 유럽 북동부는 1500년경부터 꾸준히 인구가 증가해서 1700년에 유럽 전체 인구의 22퍼센트, 1820년에는 26퍼센트를 차지하게 될 정도로 인구 비중이 늘었다. 발칸반도 및 남동부 유럽은 18세기에 인구가 두 배 이상 늘었지만, 유럽 전체 인구에서 차지하는 비중은 18세기 말까지 10퍼센트를 넘지 못했다.

　이러한 인구 추이는 근대 초 유럽의 정치·군사적 역학 관계의 변화뿐만 아니라 사회적·경제적 변화를 반영한다. 무엇보다도 파괴적인 양상을 보인 종교전쟁의 피해가 중부 유럽에 집중된 반면, 신항로 개척과 대서양 무역의 혜택이 서유럽 국가들의 경제 성장을 촉진했다는 점이다. 또한 러시아와 프로이센이 부국강병책의 결과로 18세기에 열강의 반열에 올라 영국, 프랑스, 오스트리아와 어깨를 나란히 할 수 있었다는 사실과도 잘 부합한다. 이 시기에 러시아는 전통적인 인구 대국이었던 프랑스를 제치고 유럽 최대의 인구 대국으로 부상한다. 남동부 유럽은 1453년 오스만튀르크의 콘스탄티노폴리스 함락과 뒤이은 침략으로 인해 유럽 내에서의 인구 비중이 16-17세기 동안 오히려 감소하다가 18세기에 들어서야 인구 증가율을 높일 수 있었다.

　근대 초 유럽의 인구 성장은 중세 말 봉건사회가 직면했던 총체적 위기를 극복하기 위한 노력의 결과였으며, 인구 분포의 변화는 위기 극복 과정에서 나타난 정치·경제·사회·문화적 혁신, 즉 르네상스, 신항로 개척, 종교개혁, 근대 국가의 발전이 지역에 따라 다른 양상을 보인 데서 비롯되었다. 이제 식량과 상품을 생산하는 방식, 소득을 분배하고 사회를 조직하는 방식, 국가를 운영하고 전쟁을 하는 방식, 세계를 바라보고 이해하는 방식까지도 달라졌다.

물가 상승

유럽은 중세 말 장기간의 경기침체와 쇠퇴의 국면을 지나 근대 초에 경제적 팽창과 상승의 시기를 맞이했다. 이른바 "장기의 16세기"에 유럽은 신항로 개척의 결과로 세계경제 체제에 통합되었고, 상업망의 확대, 농업과 공업의 생산 증가로 전례 없는 대규모의 자본을 축적할 수 있게 되었다. 이를 토대로 다른 문명권에 대해 기술적 우위를 확보한 유럽은 세계로 팽창할 준비를 하며 초기 자본주의 단계로 진입했다.

　중세 말의 엄청난 인구 손실 때문에 생산요소인 노동, 토지, 자본 사이의 전통적인 균형이 깨졌다. 노동력을 구하기가 어려워짐에 따라 임금 인상 압박이 심해진 반면, 토지와 자본은 상대적으로 풍부해져서 지대와 이자가 내려갔다. 이러한 상황에서 비싼 생산요소인 노동력을 상대적으로 싼 생산요소인 토지와 자본으로 대체하려는 경향이 강화되었는데, 곡물 경작지를 목초지로 전환하는 것이 그 예이다. 넓은 목초지(토지)에 양들(자본)을 방목하는 소수의 양치기들(노동력)이 높은 임금을 받는 많은 수의 경작자들(노동력)이 곡물(자본)을 재배하는 농경지(토지)보다 더 많은 수익을 가져다줄 수 있었기 때문이다. 또한 노동자들이 보다 생산적으로 일할 수 있도록 새로운 기술과 도구를 개발하는 데 더 많은 자본이 투자되었다. 그 결과 노동절약형 장비와 기술이 실용화되었는데, 예를 들면 수많은 필경사들을 대체할 수 있는 구텐베르크의 활판인쇄술, 대규모 병력을 무력화시킬 수 있는 화약과 총포, 삼각돛을 사용하는 범선과 규격화된 조선술 등이 대표적이다.

인구 감소의 결과 임금은 올라간 반면 곡물을 비롯한 기본 생필품 가격이 떨어졌기 때문에, 유럽인들은 육류, 유제품, 음료를 더 많이 먹을 수 있게 되었고 도시에서 생산된 공산품을 더 많이 구입할 수 있었다. 이와 같이 차츰 생활수준이 향상되면서 소비가 늘어나고 수요가 많아지자 상업이 다시 활성화될 수 있었다. 그 결과 적어도 몇몇 상품에 대해서는 광범위한 시장이 형성되었다. 유럽 여러 지역에서 밀 가격의 차이가 시간이 지남에 따라 평준화되었고 어디에서나 밀 가격이 같은 방향으로 변동하는 경향이 나타났는데, 이는 통합된 단일 곡물 시장의 출현을 보여주는 것이다. 폴란드와 우크라이나의 농민들은 플랑드르, 네덜란드, 서부 독일, 그리고 흉년에는 잉글랜드와 에스파냐의 소비자들에게 곡물을 공급하게 되었다. 1520년대부터 헝가리는 오스트리아, 남부 독일, 북부 이탈리아에 정기적으로 육류를 공급했다.

16세기 유럽은 "가격혁명"이라 불리는 전반적인 인플레이션을 겪었다. 100년 동안 물가가 명목가치로 여섯 배, 실질가치로 세 배 이상 올랐는데, 현대의 기준으로 보면 대단치 않지만 안정에 익숙한 사회에서는 이 정도의 물가 상승도 큰 충격이었다. 이견이 존재하지만, 이 시기 물가상승의 주요 원인으로는 우선 통화량의 증가를 들 수 있다. 중세의 봉건경제는 언제나 화폐 주조에

페루 포토시 은광

필요한 귀금속이 부족해 어려움을 겪었는데, 전문가들의 평가에 따르면, 16세기 동안에는 화폐로 주조된 은(銀)의 양이 3-3.5배 증가했다. 수갱을 파고, 금을 추출하고, 은을 제련하는 새로운 기술 덕분에 15세  기 말부터 독일의 광산에서 은 생산량이 증가해 1530년대에 절정에 이르렀다. 1550년대부터는 페루의 포토시 광산에서 나오는 아메리카 은이 대량으로 에스파냐에 반입되었고, 에스파냐가 정치·군사적으로 개입한 유럽의 여러 지역으로 흘러들어 갔다.

먹여 살려야 할 인구의 증가 또한 물가 상승의 중요한 원인이 되었다. 물가 수준은 통화량뿐만 아니라 화폐의 유통 속도에도 직접적으로 연동되는데, 수요의 증가와 그에 따른 상업망의 확대로 말미암아 다량의 은화가 훨씬 더 빠른 속도로 유통됨으로써 인플레이션이 촉발되었던 것이다. 게다가 만성적인 재정적자에 시달리던 각국의 군주들은 주기적으로 파산을 선언하거나 화폐 개주를 통해 통화가치를 떨어뜨림으로써 물가 상승을 부추겼다. 1568년 프랑스의 정치이론가 보댕은 물가 상승을 통화량 증가 탓으로 돌렸지만, 물가고를 겪는 사람들은 재정가들의 탐욕을 비난했다. 물가 상승은 채권자, 지대, 임금, 연금 등 고정수입으로 사는 자들에게 불리했고, 채무자와 사업가들에게 유리했다. 특히 가격은 임금보다 더 빨리, 더 많이 오르는 경향이 있기 때문에, 물가 상승은 고용주들에게 상당한 이익을 가져다주었다. 영국의 경제학자 케인즈에 따르면, 16세기의 가격혁명과 이윤 인플레이션(profit inflation)이 자본의 원시적 축적과 자본주의의 탄생에 결정적 역할을 했다. 물론 가격혁명 하나만으로 자본 축적을 다 설명할 수는 없지만, 물가 상승이 경제를 자극했고 사업가들에게 더 많은 기회를 주었음은 분명해 보인다.

2 사회상의 변화

도시와 상공업의 성장

인구가 감소했던 중세 말에는 농산품 가격은 하락한 반면 공산품은 상대적으로 높은 가격을 유지하고 있었는데, 이러한 협상가격차(농산품 가격과 공산품 가격의 차이)는 소득을 농촌에서 도시로 이전했다. 이와 같이 중세 말의 가격변동은 농민보다 도시 수공업자에게, 지주보다 상인에게 유리했고, 그 때문에 도시가 새로운 사회적 중요성을 갖게 되었다. 이러한 변화는 토지 귀족의 주도권을 침식하고 대상인 및 은행가들의 영향력을 증대시켰다.

헐리(David Herlihy)에 따르면, 1300~1550년 사이에 인구가 감소했음에도 불구하고 인구 1만 명 이상의 도시가 125개에서 154개로 증가했다. 그러나 1500년에 인구 1만 명 이상의 도시 인구는 아직도 전체 인구의 5.6퍼센트에 불과했고, 1550년에 6.3퍼센트, 1600년에 7.6퍼센트, 1650년에는 전체 인구의 8.3퍼센트로 매우 더디게 증가했을 뿐이다. 전체적으로 도시의 성장과 도시 인구의 증가 속도는 매우 느렸지만, 근대 초에 몇 가지 주목할 만한 양상이 나타났다.

첫째, 서유럽 일부 지역에서 16세기 중반부터 도시가 빠르게 성장했다는 점이다. 발트해 무역의 거점으로 성장한 네덜란드의 도시들이 금융시장으로 발전하면서 제일 먼저 두각을 나타냈다. 1510년 포르투갈이 상거래의 거점을 브뤼주에서 안트베르펜으로 옮김으로써 안트베르펜은 인도에서 수입되는 향신료를 거래하는 중심 시장이 되었고, 곧이어 북유럽의 주도적인 금융시장으로 성장했다. 16세기 중반의 전성기에 안트베르펜의 인구는 약 9만 명이었다. 네덜란드 독립전쟁의 와중에 '에스파냐의 분노'로 안트베르펜이 파괴되자, 북유럽 최대의 항구인 암스테르담이 그 자리를 이어받았다. 암스테르담은 1550년 인구 3만 명에서 1600년 6만 5,000명, 1650년에 17만 5,000명으로 인구가 증가했고, 네덜란드는 황금기를 구가했다. 잉글랜드가 네덜란드로부터 패권을 넘겨받자 런던이 암스테르담의 지위를 넘겨받았다. 1650년 인구 40만 명을 거느린 런던은 프랑스의 수도 파리(인구 44만 명) 다음으로 큰 도시였다.

둘째, 중세 때에는 결코 볼 수 없었던 대도시들의 등장이다. 중세 때 최대 도시는 1328년에 인구 22만 명을 기록한 파리였는데, 이를 훨씬 능가하는 대도시들이 나타났다. 우선 파리, 로마, 마드리드, 나폴리, 빈, 모스크바 등 각국의 수도들이 행정과 자본의 중심지로서 대도시의 반열에 올랐다. 통치 체제의 정점에서 권력과 재원을 배분해야 하는 수도는 영토가 확대되고 국가 통합이 강화됨에 따라 더 많은 인력이 필요했고, 이는 결국 중앙집중화된 새로운 국가 권력의 힘, 즉 궁정과 정부를 위해서 사회의 자원을 동원할 수 있는 국가의 역량이 커졌음을 입증하는 것이다. 두 번째 유형의 대도시는 베네치아, 세비야, 리스본, 안트베르펜, 암스테르담, 런던, 브레멘, 함부르크와 같은 무역항들이었는데, 이는 신항로 개척에도 불구하고 중세 이래 번성했던 지중해 무역과 발트해 무역이 한동안 그 명성을 유지했다 사실을 보여준다. 베네치아는 16세기에도 여전히 오리엔트 지역과의 교역을 지배했고 향신료와 동방의 상품을 유럽에 공급했다. 발트해에서는 한자 동맹 도시들이 네덜란드와의 경쟁에 직면해서 고전했지만, 발트해의 교역량은 오히려 더 늘어났다.

〈에스파냐의 분노〉. 1576년 11월 4일 에스파냐군에 고용된 용병들이 봉급을 받지 못하자 반란을 일으켰다. 그들은 네덜란드 경제와 금융의 중심이었던 안트베르펜을 약탈하고 방화하며 수천 명의 시민을 학살했다. 암스테르담 박물관 소장

셋째, 정치적 또는 경제적 기능에 의해서 연결된 도시들의 위계가 나타났다는 점이다. 대부분의 유럽 도시들이 이미 고대나 중세에 형성되었지만, 정치권력이 분립했던 중세에는 도시들이 서로 경쟁하면서 독자적으로 여러 가지 기능을 수행했다. 그러나 근대 초에는 중앙집중화된 국가권력이 수도와 지방 도시들 사이에 권위와 기능을 명확하게 배분했을 뿐만 아니라, 더 광범위하고 더 집중된 교역망에 기초한 세계경제 체제가 도시들 사이에 경쟁보다는 분업과 협력을 요구했기 때문에 계서화된 도시들의 관계망이 나타난 것이다.

인구 증가와 도시의 성장이라는 측면에서 서유럽이 중요해졌다는 사실은 부분적으로 신항로 개척에 의한 교역로 재설정의 결과를 반영한다. 그러나 새로운 교역로들은 전통적인 중세의 교역로를 대체하기보다는 그 위에 건설되었다. 1498년 포르투갈이 인도 직항로를 연 이후 베네치아, 제노바 등 이탈리아의 항구도시들과 북독일의 한자 동맹 도시들이 대서양 연안 항구도시들과의 경쟁에 직면하게 되었지만, 그 도시의 상인들은 상업과 금융의 지배자로서 적어도 16세기 말까지는 유럽 경제에 중요한 역할을 수행했다.

중세 이래 상업도시로 성장해온 유럽의 도시들은 근대 초에 지역 또는 국가 경제의 중심으로서 그 역할이 한층 더 확대되었다. 이제 도시는 이른바 '선대제'로 알려진 새로운 생산조직에서 원료를 농촌에 배분하고, 농촌 수공업자들의 작업을 조율하고, 핵심적 공정을 직접 담당할 뿐만 아니라, 완제품 판매를 책임지는 '원산업화'의 중심이 되었다.

중세 이래 농촌 주민들은 도시 길드의 반대에도 불구하고 농한기나 자유 시간에 양모 추출이나 직조 등과 같은 수공업 활동에 적극 참여했다. 농민들은 대개 도시 수공업자들보다 낮은 보수를 받았지만, 이를 통해서 얻은 부수입 덕분에 도시 노동자들보다 더 어린 나이에 결혼하고 더 많은 가족을 부양할 수 있었고 흉년에도 버틸 수 있었다. 16세기의 경제적 팽창기에 농촌 수공업은 '선대제'를 통해서 더 널리 확산되고 조직되었는데, 선대제 운영의 핵심은 대개 도시에 거주하는 대상인이었다. 통상로가 길어짐에 따라 소규모 수공업자는 원재료 공급지 및 완제품 시장으로부터 점점 더 멀어졌다. 그에 따라 그는 시장 상황이나 소비자의 기호에 대한 정보도, 필요한 원재료를 구입할 자

한자 동맹은 12세기 중엽 북해와 발트해 연안에 있는 함부르크, 뤼베크 등의 독일의 여러 도시들이 상업상의 목적으로 결성한 동맹이다. 최고 전성기 때는 한자 동맹에 가입한 도시가 100곳에 이르렀다. 그러나 신항로 개척 이후 서서히 쇠퇴하다가 17세기 말에 사실상 해체되었다.

본도 부족했다. 반대로 기업가의 역할은 교역망이 확대되고 그 안에서 유통되는 상품의 양이 많아짐에 따라 점점 더 중요해졌고, 다른 작업자들은 그 권위 아래 예속되었다. 이와 같이 기업가의 주도 아래 농촌 지역이 도시 중심의 지역 경제로 통합되어 갔다.

근대 초 유럽의 수공업은 중세 이래 지속된 직물 생산의 전통을 이어받았지만, 두 가지 주목할 만한 변화가 나타났다. 하나는 경제적 팽창으로 야기된 사치 풍조 속에 비단 생산이 급증했다는 점이다. 루카, 볼로냐, 베네치아, 세비야 등 남유럽의 전통적인 비단 생산지에서뿐만 아니라 새로이 프랑스의 리옹에서 비단 생산이 크게 증가했다. 리옹은 중요한 정기시 도시로 북유럽과 남유럽의 상품들이 교환되는 시장이었는데, 남유럽에서 온 실을 구입하고 북유럽으로 완제품을 판매하기 좋은 위치에 자리했기 때문이었다. 다른 하나는 소모직(worsteds) 산업의 성장이다. 중세 이래 북유럽은 모직물 생산에 집중했는데, 근대 초에는 모직보다 가볍고 생산비도 저렴한 소모직 생산에 주력했다. 모직과 달리 소모직은 긴 양모로 만든 실로 직조했고 축융하지 않아도 되었기 때문에 "새로운 직물(new draperies)"로 불렸고, 중세 말 이래 플랑드르의 주력 산업으로 부상했다. 16세기에 인구 증가 및 시장의 변화, 그리고 종교개혁의 여파로 말미암은 신교도 기술자들의 이주 때문에 잉글랜드가 새로운 생산 중심지로 떠올랐다.

농촌의 변화

도시와 상업의 성장에도 불구하고, 근대 초에 대다수의 유럽인들은 여전히 농업에 종사했고 농촌에 살았다. 지역에 따라 정도의 차이는 있지만, 일부 대도시를 제외하면 도시는 매우 작았고 광활한 농촌에 섬처럼 박혀 있었다. 더구나 가장 중요한 경제 활동은 농업이었기 때문에 흉작은 단순히 식량위기가 아니라 전반적인 경제위기를 불러왔다. 흉작으로 말미암은 식량 부족은 곧바로 가처분 소득의 감소로 이어졌고, 이는 구매력 감소, 수요 감소, 일자리 감소, 그리고 다시 소득 감소의 악순환 속에 경제적 파국을 불러왔다. 따라서 농업은 혁신을 위한 모험보다는 안정적 생산에 초점이 맞추어질 수밖에 없었다.

근대 초 유럽 농촌의 모습은 중세 이래 거의 변하지 않았고 농사 방법도 그대로였다. 밀과 호밀 위주로 곡물을 주로 경작했고, 보리나 귀리, 채소류를 부수적으로 재배했다. 밀과 호밀 농사는 지력 고갈이 매우 심했기 때문에 주기적으로 휴경을 할 수밖에 없었다. 지력 유지를 위해서 거름을 생산하는 가축의 수를 늘리는 경우 식량 생산을 위한 경작지를 줄여야 했기 때문이다. 수확고는 아직도 1:4-1:6 정도로 중세 이래 거의 향상되지 않았다. 동물성 단백질과 지방의 보충원으로 우유와 유제품이 굉장히 중요했는데, 육류 소비가 매우 적었기 때문이다. 소는 축력과 거름의 원천으로 먹을 수 없었고, 양도 양모 생산을 위해서 살려두어야 했다. 말은 귀족의 동물이었기 때문에 유일하게 식용 가능한 가축은 돼지뿐이었는데, 돼지는 사람이 먹는 곡물을 먹는다는 결정적인 단점이 있었다. 따라서 공유지와 공동방목권이 농업 경제와 농촌 생활에서 매우 중요했다. 이와 같이 근대 초 유럽의 농업과 농촌은 중세의 봉건적 상태를 거의 벗어나지 못했다. 프랑스에서만 60만 명의 아사자가 생겼던 1709년의 대기근이 이를 입증하는 듯하다.

그러나 근대 초 유럽의 농촌에 아직은 미약하지만 중요한 변화의 바람이 불기 시작했다. 16세기의 인구 증가와 도시화로 원활한 식량공급이 요구되었고 밀 가격이 안정적으로 상승했기 때문에 농업은 다시 수지맞는 사업이 되었다. 밀 가격의 상승으로 중세 말에 크게 벌어졌던 협상가격차는 다시 좁혀졌고, 화폐는 식량을 구입하기 위해서 농촌으로 흘러갔다. 이 시기 상승하는 밀 가격의 사회적 반향은 유럽의 여러 지역에서 다르게 나타났는데, 이러한 차이가 근·현대 유럽의 정치적 지형도를 결정하는 중요한 요소가 되었다.

동부 독일, 폴란드, 리투아니아 등 북동부 유럽에는 구츠헤어샤프트(Gutsherrschaft)라고 불린 새로운 형태의 대토지 경작이 나타났다. 이 농장은 영주직영지와 농민보유지로 나뉘고, 농민들은 법적으로 토지에 묶인 농노였다. 운영 방식에서 중세 초의 고전적 장원과 유사했던 이러한 형태의 농장은 기본적으로 시장 생산을 한다는 점에서 중세의 장원과 달랐다. 이와 같이 동유럽의 농민들을 토지에 묶어두고 그들에게 무거운 부역을 부과한 것이 바로 '재판농노제'였다. 그런데 서유럽에서 봉건제가 해체되던 시기에 동유럽에서 재판농노제가 등장하게 된 이유는 무엇인가?

중세 말 인구가 감소하던 시기에 귀족과 부유한 농민들은 버려진 토지를 헐값에 사들여 쉽게 대토지를 형성할 수 있었다. 그러나 인구 감소로 그 광대한 토지를 경작할 노동력을 찾기가 쉽지 않았다. 이미 언급했듯이, 15세기 후반 인구가 다시 증가하기 시작했고, 물가 특히 밀 가격이 안정적으로 상승했는데, 물가 상승은 고정 수입에 의존해 살아가던 지주들을 위협했다. 지주들은 수입을 증대하기 위해 토지에서 더 많은 수확을 얻고자 했지만 언제나 노동력 부족이 문제였다. 지주들 사이에 노동력 확보 경쟁이 심했기 때문에 농민들은 더 나은 조건을 찾아서 이 농장 저 농장을 옮겨 다녔는데, 지주들은 임금노동자를 고용할 자본이 거의 없었고, 전반적으로 농촌적인 북동부 유럽에서는 자본을 마련할 데도 없었다. 하지만 지주들은 의지할 것이 하나 있었는데, 바로 자신들이 장악하고 있던 허약한 정부였다. 1497년 폴란드의 지주들은 관세 없이 곡물을 수출할 수 있는 권리를 쟁취했고, 이후 추가 입법을 통해서 농민을 토지에 긴박하고 영주직영지에서의 작업, 즉 부역을 강제할 수 있었다. 재판농노제는 점차 동유럽 전체로 확산되어 막강한 권한을 보유했던 러시아의 차르도 1649년 법적으로 귀족 지주들의 요구를 받아들였다.

이와는 대조적으로 서유럽에서는 그룬트헤어샤프트(Grundherrschaft)라고 불린 대토지 보유 형태가 일반적이었는데, 이는 지주가 토지를 임대하고 임차인으로부터 지대를 수취하는 방식이다. 토지를 임차한 경작자들은 임금노동자를 고용해서 토지를 경작했다. 서유럽에서도 마찬가지로 밀 가격이 크게 상승했지만, 수입 증대 압박에 시달린 서유럽의 지주들은 동유럽의 지주들보다 선택지가 많았다. 그들은 전문 직업, 상업 또는 보수나 연금이 따르는 관직에서 해결책을 찾았다. 서유럽의 군주들은 지방의 실력자들이 지역 공동체를 지배하는 것을 바라지 않았기 때문에, 귀족 지주들의 침탈에 맞서 농민들을 보호했다. 또한 서유럽 지주들은 농장 경영에 필요한 자본을 구할 수도 있었는데, 바로 도시 상공업자들의 자본이었다. 그들은 노동자들을 고용하거나 지대 인상을 기대하면서 농장을 개선하는 데 이 돈을 사용할 수 있었다. 이와 같이 유럽 곡물 시장의 등장이 동유럽에서 농노제를 부활시킨 주요한 요인이었고, 서유럽에서의 자본 이용 가능성과 동유럽에서 자본의 희소성이 동서 유럽의 토지제도가 16세기에 극적으로 갈라지는 주요한 이유였다.

서유럽에서 가장 일반적인 농업 생산단위는 여전히 소토지였다. 그러나 소토지가 보유되고 경작되는 조건들은 지역에 따라 상당히 달랐다. 중세 농민들은 그들의 인신과 토지에 부과되는 다양한 부담을 짊어지고 있었는데, 심지어 혼인세와 사망세도 지불해야 했고 교회에 십일조도 내야 했다. 이러한 부담들은 당사자들 사이에 협상되지 않았고 지불의 대가로 영주가 아무것도 제공하지 않았다는 점에서 '자본주의적' 지대와 구별되는 '봉건적' 부과조로 불린다. 봉건적 부과조는 관습에 의해 고정되어 있었기 때문에 물가 상승의 시기에 그 부담이 경감되었다. 중세 말 인구 감소 때문에 농민의 유동성이 커지면서 농민에 대한 인신적 부과조는 빠르게 소멸되었고, 토지에 부과되는 부과조들은 몇몇 지역에서는 꽤 늦게까지 존속했지만 인상될 수 없었다. 따라서 봉건적 토지 보유 관계를 자본주의적 임대차 관계로 전환하는 것이 지주들에게 이익이 되었는데 이를 위해서는 자본이 필요했다.

잉글랜드에서는 장기 임대차계약으로 토지를 보유한 농민(leaseholder)이 점차 봉건적 부과조에 종속된 등본보유농(copyholder)이나 차지농(tenant)을 대체했는데, 이들이 자유로운 농민층(yeomanry)을 형성했다. 요먼의 등장은 중세 농노제의 마지막 흔적이 소멸했음을 의미한다. 네덜란드에서는 도시 상공업자들이 도시 주변의 옥토를 사들였고 이를 고액의 지대를 받고 장기 임대했다. 도시의 자본이 농업에 투입됨으로써 네덜란드 농업은 유럽에서 가장 선진적인 농업이 되었고 다른 지역 지주들에게 본보기가 되었다. 잉글랜드, 네덜란드와 함께 신교를 채택한 북부 독일의 국가들, 스칸디나비아 국가들에서는 종교개혁 과정에서 가톨릭교회의 재산을 전부 또는 일부 몰수하고 매각했기 때문에 많은 토지가 시장에 나왔는데, 이러한 '토지의 세속화'는 도시 자본이 농촌으로 주입되고 자본주의적 토지 보유 관계가 확산되는 데 결정적으로 기여했다. 중부 이남의 프랑스와 이탈리아에서는 도시 자본의 농업 투자가 분익소작제의 확산을 촉진했다. 도시에 거주하는 지주가 토지를 구입해 집을 짓고 농장을 만들어 이를 농민에게 임대했는데, 지주는 경작에 필요한 장비와 거름, 종자를 제공하는 대신 수확의 절반을 지대로 받았다. 이러한 형태의 분익소작이 도시 주변에 확산되기 시작한 것은 중세 말이었지만, 도시 자본의 농업 투자와 함께 16세기에 크게 확산되었다. 새로운 형태의 토지 임대차 관계가 확산되었지만, 유럽의 벽지와 가난한 지역에서는 낡은 형태의 봉건적 토지 보유, 심지어 봉건적인 인신 부과조까지도 존속했다. 이와 같이 근대 초 유럽의 농촌은 토지를 보유하고 경작하는 신·구 방식들이 복잡하게 뒤섞여 있는 모자이크와 같았다.

밀 가격이 높다고 해서 어디에서나 곡물 경작이 가장 수익성이 좋은 토지 활용 방식은 아니었다. 인구 증가는 식량뿐만 아니라 의복의 수요도 증가시켰기 때문에 양모 가격도 계속 상승했는데, 동유럽에서 싼 가격에 곡물을 수입할 수 있게 되면서 경작지가 목초지로 전환되는 경향이 강화되었다. 잉글랜드에서 이러한 움직임을 인클로저라 불렀다. 중세 이래 유럽의 농민들은 공동 경작과 공동 방목을 위해서 울타리 없이 지조로 이루어진 경작지를 보유해 왔는데, 인클로저는 경작지에 울타리를 쳐서 배타적 소유권을 확보하거나 주민들에게 공유지를 분배하는 것을 의미했다. 가난한 농민들은 대개 농사를 지어 살아갈 수 있을 만큼 충분히 땅을 분배받지 못했기 때문에 부유한 농민에게 그들의 몫을 팔고 날품팔이가 되거나 마을을 떠나는 것 이외에 선택의 여지가 거의 없었다. 16세기 잉글랜드에서 인클로저는 거의 언제나 경작지나 공유지를 울타리 친 목초지로 전환하는 것이었기 때문에, 마을이 파괴되고 주민들이 쫓겨나 부랑자와 도시 빈민이 늘어났다. 토머스 모어의 표현을 빌면, "양들이 사람을 잡아먹고 있었다." 인클로저는 일상생활의 리듬을 바꾸어놓는 자본의 힘을 보여주었고, 앞으로 다가올 상황의 전조였다.

에스파냐에서도 양과 사람이 파괴적인 경쟁 상태에 있었다. 에스파냐에서 목양은 메스타로 알려진 길드의 통제 아래 있었는데, 그 길드는 몇몇 유력

잉글랜드 요크셔 지방에 남아 있는 인클로저 토지. 돌담으로 울타리를 쳐서 사유지로 확실하게 구분해두었다.

자들에 의해서 지배되었다. 메스타는 봄과 겨울에 '가축의 통로(canadas)'라고 불린 길들을 따라 목초지를 옮겨 다니는 이목을 실행했다. 에스파냐 정부는 수출되는 양모에 부과되는 관세 수입을 증대하고자 메스타에 많은 특권을 부여했고, 카나다스 주변의 경작자들에게 경작지에 울타리를 치지 못하도록 금지했다. 또한 정부가 밀 가격 안정을 위해서 가격 상한을 설정했기 때문에 곡물 경작 농가는 이중의 피해를 감수해야 했다. 결국 메스타와 그 폐해 때문에 농촌이 황폐해졌고 인구도 감소했다. 이것이 17세기 에스파냐 쇠퇴의 중요한 요인이었다.

17세기에는 시장에 곡물을 공급하는 대농장과 양모 생산을 위한 목장들은 번성했지만, 전반적으로 농업 생산성이 감퇴했다. 왜냐하면 16세기의 인구 증가로 인해 농경지가 세분되고 한계지까지 경작하게 된 데다가 공유지가 해체되어 경작지로 전환됨에 따라 거름의 생산량이 감소했기 때문이다. 게다가 전쟁은 끊임없이 벌어졌고, 국가는 전쟁 비용 조달을 위해서 더 많은 조세를 수탈했으며, 기상 조건까지 악화되었기 때문에 이른바 '17세기 위기론'을 이야기할 정도로 농업 생산이 감소했다. 이러한 위기 속에도 농업의 자본주의화는 계속되었고 농민층의 사회적 분화도 서서히 그러나 확실하게 진행되었다.

사회조직의 변화

중앙집권 국가들이 영토를 통합하면서 정치적 분리가 점점 더 뚜렷해졌을지라도, 외교 및 학술 용어로 라틴어를 사용하고 로마법의 토대 위에 사법체계를 만든 유럽 국가들은 프랑크 왕국 이래 형성되어 온 유럽의 정체성을 완성해가고 있었다. 그 핵심은 종교적 분열에도 불구하고 변함없이 신의 주권과 법을 받아들인 기독교 사회였다는 사실이다. 그 가르침에 따르면, 사회는 계서적이고 각 신분은 신에게서 받은 고유의 역할과 의무가 있다. 이에 따라 사회집단들은 각자의 역할을 수행하기 위해서 집단적 권리를 보장받았는데, 그 점에서 근대 초 유럽 사회는 여전히 봉건적이었다. 그러나 절대왕정의 등장과 함께 신분 질서, 즉 인간 집단들 사이의 사회적 관계도 조금씩 변하기 시작했다. 국가가 폭력과 조세를 독점하게 되면서 국가와 사회의 관계가 달라졌을 뿐만 아니라, 경제 성장의 성과와 혜택이 불균등하게 배분됨에 따라 각 신분의 위상과 구성에도 변화가 나타났기 때문이다.

스위스의 몇몇 지방을 제외한 유럽의 모든 국가들이 어떤 형태로든 귀족 신분을 인정했고 법으로 그들의 특권을 보호했다. 귀족 집단의 규모와 그 사회적 위상은 나라마다 조금씩 달랐지만, 귀족의 가장 중요한 특징은 토지 소유였다. 프랑스에서는 남작, 자작, 백작, 후작, 공작의 작위를 보유한 가문들과 왕족이 귀족 신분을 구성하고 각종 특권과 영예를 누렸다. 잉글랜드에서 상원의원이 될 수 있는 작위 귀족은 200명이 채 되지 않았고, 하원의원은 대지주인 젠트리 중에서 선출되었다. 젠트리는 작위는 없었지만 기사 신분이고, 가문의 문장(紋章)이 있으며 무엇보다도 토지를 보유하고 있었기 때문에 귀족이나 다름없었다. 더구나 작위 귀족도 젠트리처럼 세금을 내야 했기 때문에 젠트리를 귀족으로 대우하는 것이 전혀 어색하지 않았다. 국왕에게 세금을 바쳐야 했던 작위 귀족과 젠트리는 의회에 모여 함께 과세동의권을 주장했다. 러시아, 폴란드, 헝가리 등 북동부 유럽의 귀족은 서유럽의 귀족들보다 그 수가 훨씬 더 많았는데, 그들 중 상당수는 말만 귀족이었지 한 뼘의 토지도 없는 가난뱅이였다.

근대 초 유럽에서 군주와 귀족의 관계는 군주가 정치적이고 법적인 강제력을 독점하는 대신 귀족의 사회경제적 특권을 강화시켜주는 방향으로 나아갔다. 귀족은 칼을 찰 권리, 문장을 사용할 권리, 교회에서의 상석권, 특별법정에서 재판받을 권리 등 평민과 구별될 수 있는 명예에 관한 특권을 누렸을 뿐만 아니라 지주로서 농민에 대한 권리도 행사했다. 프랑스, 서부 독일, 이탈리아와 에스파냐에서는 토지를 소유하지 않고도 영주로서 봉건적 부과조를 수취할 수 있었고, 영주 법정을 통해 농민에 대한 사법권도 행사했다. 근대 초의 귀족들은 왕권에 복속되면서 정치권력을 상실했지만, 왕위계승, 식민지 다툼, 종교 문제 등으로 끊임없이 계속되었던 전쟁을 통해서 전사 귀족으로서의 지위를 어느 정도 회복했다. 유럽의 군주들은 대부분 프로이센의 프리드리히 2세처럼, "국왕 정부와 군대에 복무하기에 가장 적합한 사람은 귀족"이라고 믿었다. 그 덕분에 부르주아 출신 관료의 증가에도 불구하고, 근대 초 유럽의 귀족들은 정부, 군대, 교회의 요직을 차지한 지배 엘리트로서 사회적 우위를 유지했다. 페리 앤더슨이 절대왕정을 재편된 봉건적 지배 기구로 간주했던 것은 바로 이런 맥락에서였다.

애초에 "귀족답게 산다는 것"이 귀족은 노동하거나 장사해서는 안 된다는 것을 의미했지만, 사회적 지위가 점점 더 경제적 조건에 좌우되게 되면서 그 말은 귀족의 지위를 가늠하는 새로운 기준이 되었다. 특권과 불평등에 기초한 근대 초의 '구체제' 사회에서 귀족은 귀족이라는 이유만으로 평민보다 잘 살 수 있는 가능성이 훨씬 더 컸지만, 권력의 중심에서 멀어진 지방귀족이나 여러 대에 걸쳐 가산(家産)을 분할 상속한 가문은 가난해질 수밖에 없었던 반면, 부를 축적한 부르주아는 관직과 영지를 매입해서 귀족 반열에 오를 수 있었다. 이와 같이 근대 초 유럽의 신분은 배타적인 카스트는 아니었지만, 쇠락하는 귀족들이 그들의 특권에 집착하게 되면서 사회적 갈등이 점점 더 심해질 수밖에 없었다.

근대 초 대도시로 급성장한 몇몇 도시를 제외하면 유럽의 도시들은 대부분 매우 작고 정체되어 있었다. 1700년에도 인구 4만 명 이상의 도시는 48개에 불과했는데, 이보다 작은 소도시들도 지방 행정과 경제의 중심으로서 주변 농촌 지역에 상당한 영향력을 행사할 수 있었다. 전쟁, 전염병 또는 화재로 말미암아 폐허가 되는 경우도 없지 않았지만, 자치의 전통을 유지한 도시는 상대적으로 안전했고 안정적이었기 때문에 재산을 모으고 유지하는 데도 유리했다. 도시에는 시장이 서는 광장을 중심으로 시청, 법원, 교회, 학교가 들어서 있었고, 그 안에서 행정가, 성직자, 법률가, 상인과 수공업자들이 출세의 기회를 노리고 있었다. 도시의 성벽은 마치 서로 다른 두 세계의 경계선과 같이 도시와 농촌을 갈라놓았다.

    토지는 인구 증가와 물가 상승의 시기에 안전한 투자처였을 뿐만 아니라 귀족처럼 보이기 위해서 꼭 필요한 재산이었기 때문에 성공한 부르주아들은 누구나 토지를 사들였다. 특히 봉건적 부과조와 자본주의적 지대가 혼란스럽게 뒤섞여 있던 프랑스에서는 영지 매입이 금전적 수입과 동시에 사회적 지위를 가져다주었기 때문에 몰락한 귀족 가문과 부르주아 사이의 토지 거래가 증가했다. 루앙이나 디종과 같은 지방도시 주변의 영지들은 이렇게 도시 부르주아들의 차지가 되었다.

    토지와 함께 관직은 귀족 반열에 오를 수 있는 신분상승의 사다리였기 때문에 부르주아들의 주요 관심 품목이었다. 왕정은 중앙집권과 영토통합으로 점점 더 많은 관료가 필요했는데 어차피 충원해야 할 관직을 부르주아에게 돈을 받고 팔아 막대한 수입을 올렸다. 관직을 매입한 부르주아는 관직을 수행하면서 받을 수 있는 보수와 사회적 지위뿐만 아니라, 귀족 작위를 획득하는 경우 면세특권을 비롯해 여러 가지 혜택을 누릴 수 있고, 필요한 경우 되팔 수도 있었기 때문에 기꺼이 비싼 값을 치렀다. 관직매매는 자본주의가 어느 정도 발달하고 국가기구 확대의 필요성이 절실했던 프랑스에서 성행했다. 1620-1624년 사이에 프랑스 국왕의 수입 중 38퍼센트가 관직매매에서 나왔을 정도였다. 그 결과 1515년에 4,000개에 불과하던 프랑스 왕국의 관직이 1700년경에는 4만 5,000개로 11배 이상 증가했다. 공적 권위의 사적 소유 방식인 관직매매는 관료제의 취지와 근본적으로 상반된 것으로 관직의 상속이 법적으로 인정되면서 프랑스는 절대왕정의 봉건화라는 엄청난 대가를 치러야 했다.

3 문화적 측면들

과학혁명

중세 말의 총체적 위기를 극복하는 과정에서 유럽이 겪은 많은 변화들은 유럽인의 세계관과 인식체계에 근본적인 의문을 던졌다. 이른바 '지리상의 발견'으로 전통적인 천문·지리 지식은 무용지물이 되었고, 종교개혁으로 획일적인 종교관과 함께 교회의 영적·정치적 통제력이 붕괴되었다. 잉글랜드의 시인 던(John Donne)이 이미 1611년에 "새로운 철학이 모든 것을 회의하게 한다"라고 일갈했듯이, 이러한 상황에서 모든 것을 원점에서 다시 생각하는 새로운 철학적 사고와 과학적 방법론이 요구되었다. 더구나 끊임없는 패권 다툼 속에서 각국 정부는 왕조와 국가의 안위를 지키기 위해서 군사력을 강화하고자 했고, 이를 위해 아카데미를 설립하는 등 학술 진흥과 기술 개발에 관심을 기울이기 시작했다. 때맞추어 망원경이나 현미경 등 실험과 관찰에 필요한 도구와 장비들이 개발되어 과학적 관찰에 기여했고, 구텐베르크의 활판인쇄술은 지식의 확산을 촉진했다. 사실, 사회 전반의 위기 속에 문제 해결능력을 상실한 학문 자체도 위기를 겪었는데, 과학이 그 자체의 위기를 해결함으로써 사회 전반의 위기를 해결하는 데 일조했고, 그 결과 과학의 위상이 크게 높아졌다.

과학혁명을 선도한 것은 천문학이었다. 코페르니쿠스는 1543년 출간된 『천구의 회전에 관하여』에서 '행성의 정지 및 역진' 현상과 같이 기존의 프톨레마이오스 천문학에서 설명되지 않는 문제들을 해결하기 위해서 태양중심설을 가설로 제기했다. 그러나 그의 가설로도 항성 시차의 문제, 즉 지구가 태양 주위를 돈다면 항성들의 상대적 위치가 변해야 하는데 이런 변화가 관찰되지 않는다는 점 등이 설명되지 않았기 때문에 더 많은 관찰과 연구가 필요했다. 케플러는 1609년에 출간된 『새로운 천문학』에서 화성 관측 결과를 토대로 행성들은 태양을 초점으로 하는 타원궤도를 돈다고 주장하고 이를 수식화했다. '실험과학의 아버지'로 불리게 될 갈릴레이는 망원경을 이용해 천체의 움직임을 관찰하면서 지동설의 정당성을 확인했다. 그는 달 표면에 드리우는 그림자의 변화와 목성 주변 별들의 위치 변화를 관찰해 행성도 다른 천체 운동의 중심이 될 수 있음을 밝혔다. 또한 금성이 궤도 운동 과정에서 모양이 변한다는 점을 근거로 코페르니쿠스의 결론이 옳다고 주장했을 뿐만 아니라, 과학과 자연에 관한 인간의 탐구가 전통 신학보다 우선한다고 강조함으로써 정면으로 교회에 도전했다. 비록 목숨이 달렸기에 종교재판에서 자신의 신념을 꺾었지만, 재판이 끝나고 "그래도 지구는 돈다"라는 유명한 말을 남겼다.

우주로 향했던 과학자들의 시선은 또 다른 우주인 인체에도 파고들었다. 이미 르네상스 시대의 예술가들은 정확하고 생동감 있게 인체를 표현하기 위해서 해부학을 연구하고 참조했다. 베살리우스는 전통적인 갈레노스의 해부학이 인간이 아니라 돼지나 개의 해부를 토대로 한 것임을 확인하고, 직접 인체를 해부해 인간의 골격, 근육, 혈관, 신경, 내장들을 관찰하고 인쇄술의 도움으로 상세한 도표와 그림이 첨부된 해부학 교과서를 집필했다. 잉글랜드의 하비는 맥박이 뛸 때마다 심장이 동맥으로 피를 보낸다는 사실을 확인하고, 심장이 그렇게 많은 양의 피를 어떻게 만들어낼까 의문을 갖게 되었다. 갈레노스의 해부학에서는 혈액이 간에서 생성되어 정맥을 통해 신체 각 기관으로 흘러가서 영양분으로 사용되거나 살과 다른 물질로 바뀐다고 주장했는데, 이 견해는 심장 주변의 정맥이 가

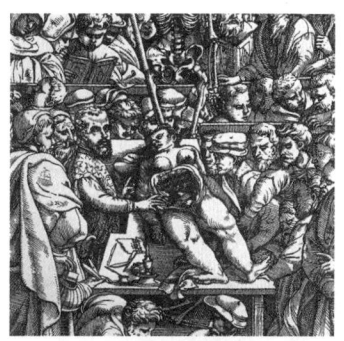

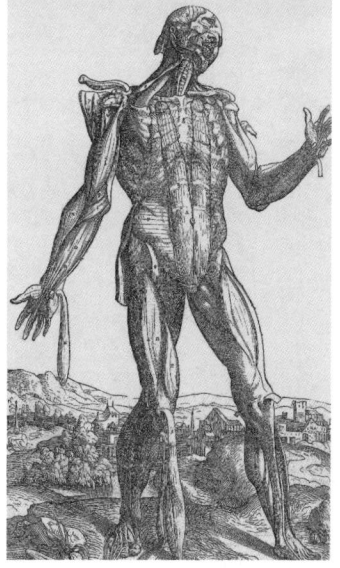

위 베살리우스의 해부학 강의 장면을 묘사한 그림

아래 안드레스 베살리우스의 해부학 책 『인체의 구조에 대하여』(1543)에 실린 일러스트

장 크고 두껍다는 단순한 사실과도 모순되었다. 따라서 하비는 혈액은 심장을 통해서 인체를 순환한다고 결론짓고, 동물의 혈관을 사용한 확증 실험을 통해서 피가 한 방향으로 흐른다는 것을 보여줌으로써 혈액의 순환을 입증했다.

과학적 사고와 관찰의 결과들이 사회적으로 인정받고 수용되는 데에는 수학의 역할이 결정적이었다. 데카르트가 언급했듯이, 수학은 "수량과 관측에 관해서 알려진 모든 것을 설명하고, 어떤 특정 분야와의 적합성을 상관하지 않고 일반적으로 고려하는 보편과학"이었다. 수학을 통해서 과학자들은 추상적 사고와 합리적 확실성 사이의 간극을 메울 수 있었다. 그 덕분에 케플러는 유심 2차 곡선에 대한 연구로부터 천체 운동 법칙을 도출해낼 수 있었다. 그러나 데카르트의 해석기하학과 뉴턴의 미적분학은 단순히 우주와 세계의 신비한 움직임에 대한 수학적 설명이 아니라 그에 대한 새로운 철학적 사고의 틀을 제시한 것이었기 때문에 "혁명적"이었다. 그들은 우주와 자연이 겉보기에 혼란스럽고 불규칙해 보여도 그 안에는 합리적이고 법칙적인 질서가 존재한다는 기계론적 우주관을 제시했다. 인간의 이성은 그 법칙적 질서를 파악할 수

데카르트의 『성찰』을 읽고 감명을 받은 스웨덴의 여왕인 크리스티나가 데카르트를 스웨덴으로 초청해 철학과 종교에 대해 논쟁하는 장면. 데카르트와 크리스티나는 그림에서 오른쪽 테이블에 앉아 있다. 〈크리스티나 여왕과 데카르트의 논쟁〉, 루이 뒤미닐, 1884, 프랑스 국립베르사유 박물관 소장

있고, 그럼으로써 거기에 생산적인 조작을 가할 수 있다는 인식을 가지게 되었다. 이는 진보에 대한 확신을 낳았다.

마녀사냥

근대 초에 과학혁명으로 신앙에 대한 이성의 승리가 확인된 듯 보였지만, 그 시대는 마녀사냥이 성행하던 광기의 시대이기도 했다. 마녀사냥은 중세에도 간간이 나타났지만 근대 초에 두드러진 현상이었다. 15세기 말부터 18세기까지 대략 10만 명 정도가 마녀로 처형되었는데, 특히 1590년대부터 1660년대까지 가장 극심했다. 그 이유는 우선, 잦은 전염병과 기근, 전쟁의 위협으로 공포가 확산되면, 악마의 저주 때문이라고 생각되었던 그 고통의 근원을 색출하고자 했기 때문이다. 또한 종교개혁으로 분열된 기독교 사회에서 신교든 구교든 자신의 지배 지역에서 신앙의 통일성을 확보하기 위해서 이단 색출을 강화했는데, 그 과정에서 공식적인 기독교가 민중 문화 속으로 깊이 침투해 들어가면서 중세 교회도 건드리지 못했던 민중 신앙과 충돌한 것처럼 보인다.

마녀로 지목되어 희생된 자들은 대부분 가난한 소작농의 부인, 특히 50-70대의 성질 사나운 과부 할머니들이었다. 예외적으로 "상층에 대한 하층의 복수"로 간주될 수 있는 중상층 계급의 여성이 희생되는 경우도 있었지만, 사회적으로 신분이 낮은 여성의 비중이 압도적으로 높았다. 이는 근대 초 가부장제가 강화되면서 남성 지배층이 사회적으로 소외된 여성들을 공격한 것으로 이해할 수 있다. 사실, 여성의 초혼 연령이 높아진 데에서 드러나듯이, 근대 초에 여성의 지위에 약간의 변화가 나타났다. 중세의 소녀들은 매우 어린 나이에 거의 사춘기를 지나자마자 결혼했다. 이 어린 소녀들은 20대 중후반의 청년을 신랑으로 맞이했다. 그러나 16세기 말의 교구일지에 따르면, 신랑과 신부는 거의 같은 나이로 모두 20대 중반의 성인이었다. 이러한 변화가 나타난 것은 아마도 원산업화로 여성 노동력의 가치가 상승했기 때문일 것이다. 가장은 딸들의 경제적 가치를 인정하고 되도록 오랫동안 딸들이 봉사하기를 원했을 것이다. 유럽의 결혼은 거의 모두 시집살이, 즉 신부가 신랑의 가정에 편입되는 것이었기 때문에, 신부 가족 입장에서는 혼인을 늦추는 것이 유일한 해결

독일 작센안할트 주에 있는 데렌부르크에서 1555년에 발행한 마녀화형에 대한 인쇄물

책이었다. 그러나 여성은 거의 언제나 경제적으로 아버지든 배우자든 남성에게 예속되었다.

　이러한 상황에 마을 한구석 외딴 집에서 혼자 사는 과부들은 여러 가지로 마을 주민들을 불편하게 하는 문제적 인간으로 간주될 수 있었다. 그들은 자선의 대상으로 마을공동체에 부담을 주기도 했고, 삶의 경험 속에서 체득한 민간요법으로 신부님의 권위에 도전하기도 했다. 때로는 마을의 터줏대감으로 젊은 세대의 주민들과 갈등을 빚기도 했을 것이다. 따라서 전염병이 확산되면서 사회적 불안이 심화될 때, 그런 문제적 인간을 제거함으로써 구성원의 평안을 되찾는 것이 공동체 전체에 유익하다고 생각했을지도 모른다. 국가와 교회의 입장에서는 균질한 영혼들이 기존의 권위에 복종하게 만듦으로써 사회 통제를 강화할 수 있었을 것이다. 마녀로 지목된 희생자가 마녀임을 입증할 합리적 방법이 없었기 때문에, 자백을 받아내기 위해 가해지는 극심한 고문과 그로 인한 공포는 이를 지켜보는 주민들에게 지배권력이 만들어 놓은 규범을 준수하고 그 권위에 복종하는 것만이 살 길이라고 생각하게 만들었다.

　마녀사냥은 우리에게 많은 문제를 제기한다. 근대 초 유럽의 개혁된 교회와 국가는 누구를 위해 존재했는가? 마녀희생자뿐만 아니라 유대인과 같은 사회적 소수자들의 공동체는 이제 국가라는 공동체 밖에서 어떻게 생존해야 했는가? 국가와 교회의 지배 아래서 민중의 저변 문화는 어떻게 살아남았는가?

14

시민혁명과
신체제의
수립

양희영

1 대서양 세계의 혁명

18세기 후반에 대서양 양안 지역은 '혁명의 시대'로 진입했다. 혁명의 물결은 1760년대 중엽 스위스의 제네바 공화국과 영국의 북아메리카 식민지에서 시작되어 네덜란드(1781), 벨기에(1787), 프랑스(1789)로 확산되었고, 1791년에는 카리브해의 프랑스 식민지 생도맹그에서 노예반란이 일어났다(아이티 혁명). 물론 이들 혁명은 단일한 원인에 의해 발생한 것이 아니었고 연속된 인과관계로 이어진 것도 아니었다. 혁명의 원인은 전제적 통치에 대한 거부, 시대착오적 봉건제와 신분제에 대한 불만, 정치적 권리에 대한 시민의 요구, 경제 위기, 계몽사상의 확산, 전쟁이 초래한 사회적 위기 등 나라에 따라 다양하고도 복합적이었고, 혁명의 전개 양상과 결과 역시 달랐다.

네덜란드에서는 국가수반인 총독 빌럼 5세와 그를 지지하는 특권 집단 오라녜파의 권력 강화에 반대하는 자유주의적 시민과 귀족 일부가 개혁을 요구했다. 이들은 1786-1787년 보통선거에 가까운 민주적인 선거를 통해 시의회를 구성했고 도시들은 저마다 헌법과 권리선언을 채택했다. 오스트리아의 지배 아래 있던 벨기에에서는 계몽전제군주 요제프 2세가 오스트리아의 예에 따라 행정구역과 사법제도를 개편하고 종교적 관용, 동업조합 폐지, 곡물거래 자유화를 도입하자 이해관계가 다른 다양한 집단이 이에 저항했다. 전통적 제도의 유지를 원하는 세력과 더 많은 정치적 자유를 원하는 이들이 결집해 1789년 오스트리아군을 쫓아냈다. 주민이 지위와 권리가 다른 네 범주로 나뉘어 있던 제네바에서도 1766-1768년의 소요에 이어 1782년 혁명이 일어났다. 하위 범주의 시민들은 권력을 독점하고 어떤 변화도 거부해 부정파(否定派, négatifs)라고 불린 도시 문벌계층에 맞서 시의회에 참여할 권리를 요구했다. 그러나 세 나라 모두 저항 집단 사이에 분열이 시작되고 지배층이 불러들인 외국 군대가 혁명파를 분쇄한 후 구체제가 회복됨으로써 혁명은 끝이 났다. 반면 북아메리카 식민지와 생도맹그는 각각 영국과 프랑스로부터 독립해 새로운 나라를 세웠고, 프랑스에서는 공화국이 수립되었다가 급진적 민중혁명과 그에 대한 반동기를 거쳐 나폴레옹의 독재가 시작되었다. 특히 대규모 반란을 통해 자유를 쟁취한 생도맹그의 해방노예들은 노예제를 재건하기 위해 침입한 프랑스군을 물리치고 1804년 최초의 해방노예 주권국가 아이티를 건설했다.

아이티 혁명을 제외한 이들 혁명에는 여러 공통점이 있었다. 국왕 정부와 특권층의 자의적 통치에 저항하는 시민들은 미국 독립 혁명의 예에 따라 '애국파'라 불렸고 통신위원회나 클럽 같은 자발적 결사체를 조직해 혁명 이념을 전파하고 집단행동을 주도했다. 이들은 자연권, 자유, 평등을 토대로 한 권리선언을 작성했고 인간의 권리와 국민주권을 원리로 하는 성문헌법을 채택했다. 또한 혁명 과정에서 혁명을 지휘하고 반대파를 체포하는 보안위원회가 조직되었고, 모자를 쓴 자유의 여신이나 자유의 나무, 선서 같은 혁명의 상징들이 등장했다. 유럽 국가들의 권리선언과 헌법은 미국 독립 혁명의 영향을 보여주는가 하면 자국의 혁명이 실패하여 프랑스로 망명한 혁명가들은 프랑스에서 혁명이 발발하고 그 혁명이 다시 유럽 전역에 확산되는 데 기여했다.

2 미국 독립 혁명

북아메리카 식민지의 독립

북아메리카 식민지의 독립혁명은 '7년 전쟁(1756-1763)' 이후 세계 제일의 식민 제국이 된 영국 정부의 정책에 대한 저항에서 시작되었다. 7년 전쟁은 영국과 프랑스가 북아메리카 식민지의 지배권을 두고 대결한 전쟁이자, 프랑스, 오스트리아, 독일의 여러 나라, 러시아, 스웨덴이 동맹을 맺고 프로이센과 영국에 맞서 싸운 전 유럽적 전쟁이었다. 이 전쟁이 끝난 후 영국은 캐나다의 프랑스 식민지 대부분, 앨러게니산맥과 미시시피강 사이의 전 지역, 도미니카와 그레나다 등 서인도의 여러 섬들, 그리고 인도에 대한 독점적 권리를 차지함으로써 세계 제일의 식민 제국이 되었다.

계속된 전쟁과 그에 따른 재정적 부담은 유럽 국가들 내에서 일련의 위기를 초래했고, 정치·행정·조세 개혁의 필요성을 제기했다. 특히 영토가 크게 늘어난 영국 정부는 느슨한 식민지 체제를 견고한 제국으로 재편하여 식민지에 대한 통치력을 강화하고자 했고 식민지에 세금을 부과하여 제국의 군사비와 행정비용을 충당하고자 했다. 그에 따라 영국 의회는 1765년 신문, 팸플릿, 달력 등 식민지에서 발행되는 모든 문서에 인지를 붙이게 했는데(인지세법), 이는 영국 의회가 직접 식민지 내부 거래에 세금을 부과한 전례 없는 조처였다. 식민지인들은 이에 항의해 봉기와 영국 상품 불매운동을 조직했고, 그 해 10월 인지세법 회의(Stamp Act Congress)를 소집해 "식민지인의 대표를 포함하지 않는 영국 의회는 식민지에 과세할 수 없다(No taxation without representation)"라고 선포했다.

식민지인들은 오직 식민지 의회만이 식민지 과세권을 갖는다고 믿었는데 이 믿음은 그들이 그동안 누려온 실질적인 자치와 정치적 권리에 근거한 것이었다. 식민지에서는 국왕을 대리하는 지사(governor)가 행정권을 보유했지만, 예산을 세우고 과세하고 관리 임명을 승인하는 등 실질적인 통치권은 각 식민지 의회가 행사했다. 게다가 18세기 영국에서는 성인 남성의 약 15퍼센트가 투표권을 가진 반면 식민지에서는 최소 50퍼센트, 지역에 따라 75-90퍼센트가 투표권을 가졌으므로 식민지 의회는 본국 의회보다 훨씬 더 민주적으로 구성되었다. 인지세법에 대한 식민지인들의 저항은 바로 이런 식민지 정치의 경험을 토대로 한 것이었다.

영국 의회는 저항에 직면하여 인지세법을 철회했지만 곧 본국 의회가 제국 전체, 즉 대표를 갖지 못하는 개개의 식민지 모두를 '사실상 대표(virtual representation)'하며 따라서 과세를 포함해 식민지에 적용할 법을 제정할 수 있다고 선언했다. 이어 영국 의회는 식민지에 수입되는 유리, 납, 종이, 도료, 차(茶)에 관세를 부과했고(1767년 타운센드법) 이에 대한 저항은 식민지 주민 다섯 명이 영국 병사들과의 충돌로 사망한 '보스턴 학살'(1770), 식민지인들의 비밀결사인 '자유의 아들(Sons of Liberty)'이 보스턴 항구에 정박 중이던 상선에 올라타 동인도 회사의 차를 모두 바다에 던져버린 '보스턴 차 사건'(1773)으로 이어졌다.

이에 영국은 '강제법(Coercive Acts)' 또는 '참을 수 없는 법(Intolerable Acts)'으로 알려진 일련의 법을 부과하여 식민지의 저항을 주도한 매사추세츠를 응징하고 본국의 힘을 재확인하고자 했다. 이 법은 특히 매사추세츠 식민지 하원

보스턴 차 사건 장면을 묘사한 우표. 1973년 미국 우정청에서 발행

이 선출했던 상원을 국왕이 임명하게 하고 선거로 선출되었던 여러 관직을 지사가 임명하게 하고 읍민회의를 소집할 때 반드시 지사의 승인을 얻게 한 것으로 매사추세츠 주민들이 지난 한 세기 반 동안 누려온 자치권을 부정하는 것이었다. 이에 매사추세츠 주민들은 민병대를 조직해 관리들을 쫓아내고 법원과 행정기관을 폐쇄했다(1774). 매사추세츠에서는 군사적 충돌이 있기 전부터 혁명의 기운이 감돌고 있었으며 다른 식민지인들은 매사추세츠의 저항에 공감했다.

1774년 9월 조지아를 제외한 12개 식민지 대표 56명은 필라델피아에서 열린 대륙회의(Continental Congress)에 모여 1763년 이후 제정된 강압적인 법을 철회해 달라고 국왕에게 탄원했지만 답을 얻지 못했다. 이듬해 4월 보스턴 서쪽 렉싱턴과 콩코드 인근에서 영국군과 식민지 민병대 사이에 첫 무력충돌이 발생한 후 제2차 대륙회의가 소집되었고(5월 10일), 국왕 조지 3세가 원정군 3만 명을 파견하면서 전쟁이 시작되었다. 대륙회의는 전쟁을 주도할 식민지의 실질적인 중앙정부가 되었지만 처음에는 전쟁의 목표가 영국과의 결별인지 타협인지 확실하지 않았다. 그러나 점차 영국과 결별하자는 의견이 우세해졌고 대륙회의는 1776년 7월 4일 「독립선언서」를 채택했다.

1776년 7월 4일, 대륙회의는 독립선언서를 채택했다. 존 트럼벌이 그린 이 그림에서 존 애덤스, 벤저민 프랭클린, 로저 셔먼, 로버트 리빙스턴, 토머스 제퍼슨이 자신들이 기초한 독립선언서를 제출하고 있다.

새로운 나라의 건설

독립선언서는 모든 사람은 평등하게 태어났으며 생명, 자유, 행복의 추구는 조물주가 주신 양도할 수 없는 권리라고 주장했다. 정부는 이 권리를 보존하기 위해 조직되었으며 이런 목적을 해치는 정부를 바꾸거나 폐지해 새로운 정부를 수립하는 것은 민중의 권리였다. 바로 그런 이유에서 식민지는 영국의 지배에서 벗어나 자유롭고 독립된 나라가 되어야 했다. 독립선언서보다 먼저 채택된 '버지니아 권리장전(Virginia Bill of Rights)' 역시 생명과 자유, 재산의 획득과 소유, 행복과 안전의 추구는 인간의 타고난 권리이며 모든 권력은 민중에게서 나오고 정부는 민중의 권리를 보호하기 위해 설립되었다고 선포함으로써 이후 독립선언서뿐 아니라 다른 주들의 헌법과 권리선언의 모델이 되었다.

독립전쟁이 시작되었을 때 어느 편이 승리할지는 예측하기 어려웠다. 영국군은 강력하고 잘 조직되어 있었지만 대서양을 건너 낯선 땅에서 싸워야 했다. 반면 식민지인들은 익숙한 자기 땅에서 싸운다는 이점이 있었지만 식민지 사이에 통일성이 부족해 강력한 군대와 효율적인 명령체계를 갖추기 어려웠다. 1777년 10월에 벌어진 새러토가 전투는 중요한 전환점이 되었다. 이 전투에서 존 버고인이 이끄는 영국군은 큰 희생을 치르고 참패했다. 이 전투 후 프랑스는 식민지의 독립을 정식으로 인정하고 군사 원조 확대를 약속했다. 1779년 4월에는 에스파냐가, 1780년 12월에는 네덜란드가 프랑스와 동맹을 맺고 영국

1783년 파리조약 당시 미국 대표단의 모습. 미국 대표단의 왼쪽에 있던 영국 대표단의 거부로 이 그림은 완성되지 못했다.

에 맞서 참전했다. 영국은 1781년 10월 17일 요크타운에서 콘월리스의 부대가 패배함으로써 심각한 타격을 입었고, 2년간의 협상 끝에 1783년 9월 파리조약으로 전쟁은 종결되었다.

독립전쟁 중 식민지 백인 인구의 약 20퍼센트는 영국에 충성했다(충성파). 그리고 1783년까지 전체 인구 약 295만 명 중 약 8만 명의 충성파가 미국을 떠나 영국, 서인도제도, 캐나다로 이주했다.

전쟁은 흑인 노예들에게도 중대한 영향을 미쳤다. 노예들은 자유를 얻기 위해 전쟁에 참여했지만 애국파보다는 영국군에 더 많이 가담했다. 버지니아 지사 던모어 경은 전쟁 초기에 영국 군대에 입대하는 흑인 병사에게 자유와 토지를 주겠다고 약속했다. 또 전쟁의 혼란을 틈타 수많은 노예가 도망쳤다. 사우스캐롤라이나에서는 노예 인구의 3분의 1에 해당하는 2만 5,000명이 달아났다. 그런가 하면 영국뿐 아니라 식민지인들 사이에서도 같은 인간을 노예로 묶어두면서 자신들의 자유를 위해 싸우는 것은 위선이라는 비판이 나타났다. 노예무역과 노예제에 대한 반대가 많은 지역으로 확산되었다. 1776년 4월 대륙회의는 노예무역을 금지하는 결의안을 채택했고, 펜실베이니아, 로드아일랜드, 코네티컷 등 몇몇 주에서 노예무역이 금지되었다. 북부의 주들은 전쟁 기간 동안과 전쟁이 끝난 직후 헌법이나 법원 판결을 통해 노예제를 위법으로 선언했다. 그러나 남부 애국파는 흑인이 열등한 존재라고 믿거나 노예 해방이 남부의 경제를 뿌리째 뒤흔드는 것이라 여겨 여전히 노예제를 지지했다. 그들은 노예에게 자유를 주려는 시도에 맞서 단결했고 남부에서 노예제는 더욱 공고해졌다.

아메리카 원주민 역시 전쟁에 휘말렸다. 이로쿼이 연맹 여섯 개 부족 중 네 개 부족(세네카족, 카유가족, 오논다가족, 모호크족)을 포함해 여러 원주민 부족이 영국 편에 가담했다. 영국은 7년 전쟁이 종결된 직후부터 원주민과의 충돌로 인해 방어비가 증가할 것을 우려해 식민지인들이 애팔래치아산맥 서쪽으로 진출하는 것을 막아왔지만 백인 정착자들은 이를 무시하고 끊임없이 서부의 토지를 점유했다. 애국파 지도자들은 이미 전쟁 전부터 서부로 진출할 구상을 하고 있었다. 1779년 대륙회의는 이로쿼이 네 개 부족의 지역을 빼앗기 위해 존 설리번 장군이 지휘하는 4,500명 규모의 원정군을 파견했다. 이들은

40개에 이르는 원주민 마을을 파괴하고 수많은 원주민을 살상했다. 1783년 파리 조약에서 영국은 원주민의 권리를 무시하고 애팔래치아산맥과 미시시피강 사이의 방대한 지역을 미합중국의 소유로 인정했다. 미국은 토지를 구획하고 분배하는 작업에 착수했지만 원주민의 저항은 계속되었다.

식민지인들은 독립전쟁을 수행하면서 동시에 각 주 내에 공화제 정부를 창설하는 한편 중앙정부를 수립하는 작업에도 착수했다. 식민지인들은 지도력 있는 중앙정부의 필요성을 인정하면서도 중앙정부가 개인의 자유와 권리를 억압하지 않을까 우려했다. 주 정부가 식민지 주민의 의지를 더 잘 반영할 수 있으리라 생각되었고, 그에 따라 1777년 제정되어 1781년 공포된 연합헌장은 주 정부에 많은 자율권을 부여했다. 미합중국은 주권을 가진 주들의 동맹에 불과했다. 사실상의 중앙정부인 연합회의(Confederation Congress)는 외교와 국방에 대한 권한을 행사했지만 군 징집과 과세에 대해서는 주 정부에 요청해야 했고 주 정부는 이를 거부할 수 있었다.

전쟁이 끝난 후 확고한 대표성과 권력을 갖지 못한 연합회의에 대한 불만이 높아졌고, 특히 1786-1787년 과중한 채무와 세금에 절망한 농민들이 퇴역군인 셰이스의 지휘 아래 대규모 반란을 일으키자 강력한 중앙정부가 필요하다는 요구가 높아졌다. 그에 따라 필라델피아에 제헌의회가 소집되어 1787년 9월 새 헌법을 채택했다. 새 헌법은 중요한 권한을 갖는 강력한 연방정부를 창출했다. 연방정부는 전쟁을 선포하고 군대를 조직하고 조약을 체결하고 화폐를 발행하고 외국과의 통상과 주 사이의 통상을 규제할 수 있었다. 새 헌법은 연방정부와 주 정부의 권력을 분할하고 연방정부 안에서도 권력 분립을 확고히 했다. 상원과 하원, 대통령, 연방 법원은 상호 견제하고 경쟁하게 되었다. 하원의원만이 국민에 의해 직접 선출되고 상원의원은 주 의회에서 주별로 두 명씩 선출되어 하원을 견제하게 되었다. 대통령은 주에서 선출된 선거인단이 연방 수도에 모여 선출하게 함으로써 다수 국민과 의회 모두 선출 과정을 마음대로 통제할 수 없게 했다. 새 헌법은 독립혁명의 성과를 제도화하면서 동시에 정교한 대표의 체계, 즉 대의 민주주의를 통해 다수 대중의 힘을 제한하려는 것이었다.

3 프랑스 혁명

구체제의 위기와 혁명의 시작

프랑스에서는 1789년 5월 국왕 루이 16세가 재정위기를 해결하기 위해 삼부회를 소집하면서 혁명이 시작되었다. 프랑스의 재정 상태는 7년 전쟁과 미국 독립전쟁에 참전하면서 크게 악화되었지만, 재정위기의 근본 원인은 특권층의 면세혜택이었다. 여전히 신분 사회였던 프랑스에서 특권층인 제1신분 성직자와 제2신분 귀족은 세금을 거의 내지 않았고 과세 부담은 평민인 제3신분, 특히 농민에게 집중되었다. 게다가 농민은 과거 봉건제 아래에서와는 달리 농노의 신분에서는 벗어났으나 여전히 현금(상스)이나 현물(샹파르)의 형태로 수확량의 20분의 1에서 5분의 1을 영주에게 부과조(賦課租)로 바쳤다.

면세의 혜택을 누리는 귀족이나 세금과 부과조에 시달리는 농민 모두에게 혁명 전의 10여 년은 특히 견디기 힘든 시기였다. 18세기는 전반적인 경제 성장기였지만 1773년부터 이어진 흉작으로 상업과 수공업은 큰 타격을 받았다. 특히 1785년의 가뭄과 1788-1789년 겨울의 혹한은 심각한 식량 부족을 초래했고 이로 인해 걸인과 유랑민이 급증했다. 수입이 격감한 영주는 토지대장을 수정해 잊힌 부과조와 권리를 되살리는 한편 농촌 공동체의 공유지를 분할하여 일부를 소유했다. 게다가 귀족은 1781년 국왕으로부터 칙령을 얻어내 4대째 귀족혈통인 사람만이 장교가 될 수 있게 하고 대신직과 고등법원 판사직, 고위 성직을 독점하고 평민들을 배제하려 애썼다. 나아가 특권층에 과세하려 하는 국왕 정부를 '전제정'이라고 비난하고 스스로 국민의 대표이자 기본법의 수호자로 자처하면서 절대왕정 이전에 누렸던 권력을 회복하고자 했다.

1789년 초 시에예스 신부가 발표한 소책자 『제3신분

제3신분이 제1신분인 성직자와 제2신분인 귀족을 등에 업고 있다. 프랑스 국립도서관 소장

이란 무엇인가』는 이런 특권층에게서 이반한 민심을 대변했다. 그에 따르면 제3신분은 사회를 유지하기 위한 모든 노동, 군사·법률·종교·행정의 공적 기능 대부분을 담당하는, 사회의 '전부'였다. 반면 특권층은 힘들고 고된 일은 하지 않으면서 높은 수입과 명예가 뒤따르는 지위를 독점하고 있었다. 따라서 제3신분은 "족쇄에 매여 억압당하는 전부"인 반면 특권층은 "전체 국민 안의 독립적인 다른 국민", "제국 안의 제국"이었다. 특권 신분이 폐지되면 제3신분은 "자유롭고 번영하는 전부"가 될 것이었다.

이처럼 1789년에 제3신분은 신분제의 속박에서 벗어난 해방된 국민의 동의어가 되었다. 그러나 제3신분은 결코 단일한 집단이 아니었다. 제3신분은 사법과 재무 관직 보유자로부터 금융업자, 대상인, 제조업자, 징세 청부인 등의 상층 부르주아지, 법률가, 의사, 교수, 문필가, 수공업 장인과 소상점주 등의 중간 부르주아지, 토지 소유 정도에 따른 다양한 범주의 농민, 직인과 도제, 점원, 노동자, 막일꾼, 하인에 이르기까지 재산 소유, 이해관계, 생활 방식이 매우 다른 수많은 이질적인 집단을 포함했다. 삼부회에서 제3신분을 대표한 것은 부르주아지였지만 일단 혁명이 시작되고 나면 제3신분의 다양한 집단이 정치 무대의 주역으로 등장할 것이었다.

제3신분 대표들이 자신들의 회의를 '국민의회'로 선언하자 정부는 제3신분 회의장을 폐쇄했다. 그러자 제3신분 대표들은 인근의 테니스코트로 회의 장소를 옮겨 "헌법이 제정되어 확고한 토대 위에 설 때까지 결코 해산하지 않을 것"이라고 선언했다. 〈테니스코트의 선서〉, 자크루이 다비드

신분별 대표회의인 삼부회는 1614년에 마지막으로 소집된 후 무려 170여 년 만에 열리는 것이었다. 특권층에 대한 과세를 골자로 한 국왕 정부의 개혁안은 특권층의 격렬한 반발에 부딪혔고, 루이 16세는 그들의 요구에 밀려 삼부회를 소집할 수밖에 없었다. 그러나 삼부회가 소집되자 정치 활동의 주도권은 곧 특권층에서 제3신분으로 넘어갔다. 제3신분 대표들은 1614년까지의 관례를 깨고 세 신분의 통합회의와 머릿수 표결을 요구했고, 삼부회의 제3신분 회의인 '평민부'를 '국민의회'로 선언했으며(1789년 6월 17일) '테니스코트의 선서'(6월 20일)를 통해 헌법제정 의지를 천명했다. 결국 국왕은 국민의회를 인정했고, 특권층이 국민의회에 합류하면서 삼부회는 명실 공히 '제헌국민의회'가 되었다.

그러나 프랑스 혁명에는 삼부회의 소집 외에 또 다른 출발점이 존재했는데, 그것은 바로 바스티유 함락이었다. 루이 16세는 7월 초 무력으로 국민의회를 해산하기 위해 병사 2만 명을 파리와 베르사유 인근으로 불러들임으로써 국왕과 특권층의 음모에 대한 공포를 불러일으켰다. 7월 14일 파리 민중은 제헌의회를 구하기 위해 봉기하여 국왕 전제의 상징인 바스티유를 습격해 점령했다. 국왕은 17일 파리를 방문해 혁명의 상징인 삼색 모장을 받아들임으로써 민중의 행동을 용인했다. 삼부회 소집과 바스티유 함락은 한편으로는 국민의 대표체인 의회의 활동, 다른 한편으로는 의회 밖 민중운동의 압력이라는 10년에 걸친 혁명의 양면을 예고하는 것이었다.

제헌의회의 개혁

명실상부한 국민의 대표체가 된 제헌의회는 본격적인 개혁에 착수했다. 먼저 제헌의회는 여름 내내 프랑스 전역에서 일어난 농민 봉기에 대한 대응으로 8월 4일 밤 봉건제 폐지를 선언했다. 그러나 제헌의회는 재정적 특권과 지방적 특권 외에 부역, 농노의 상속세, 기타 인신적 예속 등 이미 거의 사라진 것들을 법으로 폐지하면서, 농민들이 봉건제로 지칭한 것의 핵심, 즉 영주에게 납부하던 부과조는 폐지하지 않았다. 제헌의회는 부과조를 영주의 정당한 재산으로 간주했고 그에 따라 농민이 그것을 더 이상 납부하지 않으려면 부과조의 20-25

배에 달하는 값을 영주에게 일시불로 치르게 했다. 많은 농민이 이에 반발해 부과조 납부를 거부했지만 부과조는 1793년에 가서야 국민공회에 의해 폐지되었다.

이어 제헌의회는 '인간과 시민의 권리선언(이하 인권선언)'을 발표해 앞으로 제정할 헌법의 정신과 새로운 체제의 토대를 제시했다. 인권선언은 모든 인간이 태어나면서부터 자유롭고 평등하다고 선포했다. 특히 인권선언은 자유, 소유권, 안전 그리고 압제에 대한 저항을 자연권으로 규정했는데, 정부나 국가의 목적은 바로 이 자연권을 보존하는 것이었다(2조). 자연권으로서의 자유란 무엇보다 신체의 자유이다. 누구든 법이 정한 경우에만, 그리고 법이 정한 형식에 의해서만 고소, 체포, 구금되며(7조), 유죄로 선고될 때까지는 무죄로 추정되고 반드시 체포해야 하는 경우라 해도 불필요한 모든 가혹 행위는 엄중히 금지된다(9조). 모든 사람은 종교를 포함한 사상과 의견의 자유가 있으며 그 의견을 자유롭게 말하고, 쓰고, 출판할 수 있다(10조, 11조).

또한 모든 시민은 법 앞에서 평등하므로 오직 능력, 덕성, 재능에 따라 아무런 차별 없이 공직에 취임할 수 있으며(6조) 능력에 따라 평등하게 공동의 세금을 분담해야 한다(13조). 이 조항들에서 권리와 의무의 주체는 '시민'이다. 시민은 스스로 또는 대표를 통해 입법에 참여할 권리가 있고(6조) 세금의 필요성을 검토하고 액수, 근거, 기간을 정할 권리가 있으며(14조) 공직자에게 행정에 대한 보고를 요구할 권리도 있다(15조).

인권선언은 인간이 평등하다고 선언하지만 그것은 '권리의 평등'이다(1조). 권리가 평등하다고 해서 모두가 그 권리를 향유할 수 있는 것은 아니다. 권리를 향유할 수 있기 위해서는 특정한 자격이 필요하며 시민은 그 자격을 갖춘 사람이다. 인권선언은 그 자격이 무엇인지 명시하지 않지만 제헌의회가 뒤이어 발표한 선거법은 그것이 소유권임을 말해준다. 즉 제헌의회는 시민을 납세액에 따라 수동시민과 능동시민으로 나눠 능동시민에게만 선거권을 부여했으며 능동시민의 선거권과 피선거권 역시 납세액에 따라 차등을 두었다. 그러므로 공직에 취임하고, 입법에 참여하고, 세금 납부에 동의할 시민의 자격은 경제적 여유와 그것이 가능하게 하는 교육인 셈이다. 그런 점에서 인권선언이 소유권을 자연권이자 신성불가침의 권리라고 규정하는(17조) 이유를 이해할 수 있다. 이처럼 제헌의회는 소유권을 강조함으로써 이제 신분과 혈통이 아니라 재산이 노동과 재능의 산물로서 개인의 능력과 사회적 역할을 평가하는 중요한 기준이 되었음을 선포하고자 했다. 반면 권리 향유의 전제 조건이라 할 생존권, 노동권, 교육권은 언급되지 않았으며 약 40만 명에 이르던 식민지 노예 해방 문제 역시 언급되지 않았다. 인권선언은 인간의 보편적 권리를 선언했지만, 당대에 그것이 갖는 의미는 명백히 '계급적'이었다. 인권선언은 주권이 '국민'에게 있다고 선포했지만(3조) 실상 그 국민은 재산 자격에 의해 선거권을 행사하는 능동시민에 다름 아니었다. 이런 이유에서 역사가들은 프랑스 혁명을 재산을 소유한 시민의 혁명, 즉 부르주아 혁명으로 지칭했다.

한편 제헌의회는 혼란스러운 지방행정구역을 개편하여 프랑스를 83개의 도(道, département)로 구획하고, 도를 군, 면, 코뮌으로 나누었다. 도, 군, 코뮌은 선거로 선출되는 의회와 행정부를 보유했고 그에 따라 지방분권 체제가 구체제의 중앙집권을 대체했다. 또한 제헌의회는 국가의 재정문제를 해결하기 위해 수도원을 폐지하고 교회재산을 국유화했다. 제헌의회는 교회재산을 담보로 채권인 아씨냐를 발행하는 한편, '성직자 민사기본법'을 제정해 성직자를 일반 공무원과 마찬가지로 선거로 선출하고 봉급을 지급하게 했다. 경제 분야에서는 동업조합을 폐지하고 생산과 판매의 자유를 인정했으며(1791년 3월, 알라르드법) 노동조합의 설립과 파업을 금지했다(1791년 6월, 르샤플리에법). 이 법들은 19세기까지 존속하여 프랑스에서 동맹 파업권은 1864년에, 노동조합 결성권은 1884년에야 인정받았다. 제헌의회는 단원제와 입헌군주정을 골자로 한 1791년 헌법을 제정해 선포한 후 해산했다.

민중운동과 혁명의 급진화

제헌의회는 선거권을 제한하는 외에도 상설 구민(區民) 회합이나 수동시민의 의회 청원권을 금지하는 등 민중의 정치 활동을 제약했다. 그러나 민중은 선거자격에 상관없이 정치클럽과 구민회의에서 함께 신문을 읽고 정치적 주제에 대해 토론하고 선거권과 청원권을 요구하고 시위에 나서는 등 다양한 방식으로 정치 활동에 참여했다. 특히 1791년 6월 국왕 일가의 탈주사건과 1792년 4월 오스트리아와 프로이센에 대한 선전포고는 민중운동을 급진화함으로써 혁명의 진로에 영향을 미쳤다. 국왕 일가가 오스트리아로 달아나려다 국경 근처 바렌(Varennes)에서 발각되어 파리로 끌려온 뒤 파리 민중은 국왕의 퇴위를 요구하는 시위와 청원 운동을 벌였다. 전쟁이 시작된 후 연이은 패전으로 국왕과 반혁명 세력에 대한 민중의 불신과 분노는 격화되었고, 1792년 8월 10일의 봉기로 결국 왕정은 붕괴했다. 1793년 5월 31일과 6월 2일의 봉기로 국민공회의 온건파인 지롱드파를 숙청하고 산악파의 독재를 가능하게 한 것도 민중이었다.

프랑스 혁명기 민중은 흔히 '상퀼로트'라 불렸다. 상퀼로트란 귀족과 상층 부르주아지가 입는 퀼로트 바지가 아니라 통바지를 입고 육체 노동하는 이들을 지칭하는 말이었다. 이들은 작업장을 소유한 수공업자와 소상점주를 중심으로 그 아래서 일하는 직인, 도제, 점원, 사무실 급사, 임노동자, 일용 인부에 이르기까지 매우 다양했다. 상퀼로트는 토지를 소유한 농민이나 작업장과 도구를 소유한 수공업자처럼 제 손으로 일하는 사람이 생산수단을 소유하는 '독립적인 소생산자 사회'를 이상으로 여겼다. 이들은 영주권과 길드제가 자유로운 생산의 장애물이라 생각해 반대하면서도 생산과 교역의 완전한 자유는 재산과 생산수단의 집중을 가져온다고 여겨 반대했다. 그에 따라 이들은 공정 가격제와 통제 경제, 누진세, 개인의 재산 규모와 상속권에 대한 법적 제한을 요구했다. 이들의 이상은 자본주의 발달에 역행한다는 점에서 대세를 거스르는 것이었지만 자본주의의 폐해를 예견하고 시정하고자 하는 진보적인 성격 역시 가지고 있었다.

정치적인 측면에서 상퀼로트는 민중이 직접 주권을 행사해야 한다고 믿고, 구민회의 활동을 토대로 민주주의를 실천했다. 그들은 선출된 대표에 대한 심사와 통제, 신임을 잃은 의원의 소환과 위임 철회, 행정부와 관리에 대한 감시를 주장했다. 이러한 활동은 주권이 국민에게 있다고 주장하면서도 실제로는 국민의 대표인 의회만이 주권을 행사할 수 있다고 보았던 제헌의회 의원들의 견해와 충돌하는 것이었다. 상퀼로트는 민중의 주권을 수호하기 위한 최후의 수단으로 무장권과 반란권을 주장했고 1793년 5월 31일과 6월 2일의 봉기를 그러한 권리를 들어 정당화했다.

민중의 봉기로 권좌에 오른 산악파는 '1793년 헌법(혁명력 1년 헌법)'과 그 서문인 새로운 인권선언을 통해 민중이 요구한 여러 권리를 인정했다. 1793년 인권선언은 "권리의 향유"를 보장하는 것, 즉 사회 구성원이 평등하게 권리를 누리게 하는 것이 정부 설립의 목적이라고 선언했다. 이 권리의 향유를 위해 인권선언은 인간이 사회 구성원으로서 누려야 하는 사회적 권리를 강조했다. "공공의 구제"는 사회의 신성한 책무로서 사회는 가난한 이들에게 생존수단을 보장해주어야 하고 일할 수 있는 이에게는 일자리를 주어야 하며(21조) 모든 시민이 교육받을 수 있게 해야 한다(22조). 나아가 1793년 인권선언은 주권이 "민중"에게 있다고 명시하고 민중은 헌법을 재검토하고 개정할 권리가 있으며(28조) 정부의 압제에 맞서 봉기하는 것이 민중의 권리이자 의무라고 강조했다(35조). 소유권은 여전히 자연권에 속했지만, 더 이상 신성하지 않았고 '신성한 권리'의 자리는 봉기가 차지했다.

1793년 가을 산악파는 상퀼로트의 요구를 받아들여 '생필품에 대한 최고가격제'와 통제경제를 채택했다. 로베스피에르와 산악파는 생존권이 권리 중 으뜸의 권리이며 민중의 생계를 위해 소유권에 제한을 가할 수 있다고 주장했다. 또한 산악파는 의무교육과 국민 구호제를 도입했다. 상퀼로트의 이상과 산악파 정책을 상징하는 '빵과 1793년의 헌법'은 19세기 중엽까지 노동자들과 사회주의 운동의 슬로건이 되었다.

혁명이 가장 급진화한 시기에 국민공회는 노예제를 폐지했다. 1788년 파리에서 '흑인의 벗 협회'가 조직되어 노예무역과 노예제 폐지를 주장했으나 제헌의회는 이를 수용하지 않았다. 그러나 1791년 여름 서인도 제도의 식민지 생도맹그에서 대규모 노예반란이 일어났고, 식민지 질서를 회복하기 위해 파견된 시민위임관 생토낙스와 폴브렐은 영국과 에스파냐에 식민지를 빼앗길까 우려해 1793년 여름 생도맹그 전역에 노예제 폐지를 선언했다. 그리고 이듬해 2월 국민공회는 이 조치를 승인하면서 전 식민지의 노예에게 자유와 시민권을 부여했다.

혁명 공화파 여성
시민협회, 프랑스
국립도서관 소장

한편 여성은 계층과 상관없이 선거권을 얻지 못했지만 혁명 초기부터 시위와 봉기를 조직하고 여성 클럽을 창설하고 청원서를 작성하여 의회에 제출하는 등 적극적으로 혁명에 참여했다. 특히 1793년에 창설된 '혁명 공화파 여성시민협회'는 매점자 처벌, 반혁명 혐의자 체포, 혁명재판소와 혁명군대 창설을 요구하고, 5월 31일과 6월 2일 봉기에 참여해 산악파의 집권에 기여했다. 그러나 1793년 10월 국민공회는 여성의 회합과 청원권을 금지함으로써 여성을 공적인 영역과 정치 활동에서 배제했다.

내전과 공포정치

산악파 독재기, 특히 1793년 가을에서 1794년 여름은 혁명기 이래 '공포정치' 시기로 불려왔다. 공포정치는 1792년 봄 개전 이래 연이은 패배와 내전에 뒤이은 것이었다. 프랑스는 1793년 2월 영국, 네덜란드, 에스파냐에 선전포고했지만 봄과 여름에 패전을 거듭했다. 국내에서는 그 해 3월 방데 지방에서 징집령에 반발한 농민반란이 시작되었고, 여름에는 리옹, 보르도, 마르세유, 툴롱 등의 도시가 지롱드파 몰락에 분노하여 반란을 일으켰다(연방주의 반란).

1793년 9월 5일, 프랑스 남부의 항구도시 툴롱이 왕당파와 영국군에게 함락되었다는 소식이 전해진 후 상퀼로트는 국민공회에 침입하여 반혁명 혐의자 체포, 혁명 재판소 재조직, 혁명군대 창설을 포함하는 공포정치를 요구했다. 국민공회는 이를 수용하여 '반혁명 혐의자 체포법'을 채택했다. 이 법이 정한 반혁명 혐의자란 "행동, 말, 대인관계, 글에 의해 전제정이나 연방주의의 옹호자이자 자유의 적임이 드러난 모든 사람"이었다. 이는 왕당파와 지롱드파 지지자를 겨냥한 것으로서 이 법에 따라 지방에서는 혁명위원회와 국민공회 파견의원들이 주민을 감독하고 반혁명 혐의자를 체포했다. 특히 반란 지역은 진압 과정에서 매우 가혹하게 탄압되었다. 방데 반란의 중심지 중 하나인 낭트에서는 1793년 12월부터 이듬해 1월까지 2,000-3,000명의 반란군과 동조자들을 루아르강에 빠뜨리는 익사형이 자행되었다. 연방주의 반란의 중심지 리옹에서는 파견의원들이 반란 가담자 약 2,000명을 단두대와 총살, 심지어 포격으로 처형했다.

공포정치는 경제적 측면도 포함했다. 1793년 5월 곡물과 밀가루에 대한 공정가격제를 시행했던 국민공회는 이를 확대해 고기, 포도주, 술, 설탕, 연료의 최고가격을 1790년 가격보다 3분의 1 인상된 가격으로 책정했다. 동시에 노동자의 임금은 1790년에 비해 2분의 1 인상된 수준으로 고정되었다. 파리 각 구(區)의 혁명위원회들이 매점 혐의자의 집을 수색했고, 혁명군대는 도시 근교의 농촌을 순회하며 농민에게서 곡식을 징발했다.

이러한 정책에 힘입어 1793년 말 반란은 진압되었고, 프랑스군은 프로이센, 오스트리아, 에스파냐군을 국경에서 격퇴했다. 그러나 국내에서 정쟁과 폭력은 계속되었다. 공포정치의 지속 여부를 두고 산악파가 분열하여 로베스피에르, 생쥐스트, 쿠통을 중심으로 한 12인의 공안위원회는 1794년 봄 급진적

영국의 화가 조지 크룩섕크의 풍자화. 공포정치를 상징하는 단두대 위에 상퀼로트의 모자가 걸려 있다. 모자에 붙은 삼색모장의 리본에는 "신도 없고, 종교도 없고, 왕도 없고, 헌법도 없다!"라고 쓰여 있다. 모자 아래에는 피가 흐르는 도끼가 꽂혀 있고 단두대의 칼날 아래 피 묻은 지구가 불타고 있다.

인 에베르파와 온건파인 당통파를 차례로 체포하여 처형했다. 게다가 목월 22일 법(6월 10일)으로 사법절차는 극도로 단순해지고 혁명재판소의 권한은 더욱 확대되었다. 이 법이 통과된 후 로베스피에르가 몰락한 열월 9일(1794년 7월 27일)까지 1,376명이 처형되었는데, 이는 혁명재판소가 설립된 1793년 3월부터 1794년 6월 10일까지의 처형자수(1,251명)를 넘어서는 것이었다.

공포정치는 전통적으로 혁명기 프랑스가 처한 예외적인 '상황' 탓으로 설명되었다. 전쟁, 반혁명, 내전에 직면한 혁명가들은 정치적, 군사적 승리를 위한 방편으로 공포정치를 시행할 수밖에 없었다는 것이다. 그러나 '상황'을 강조하는 역사가들은 동시에 산악파가 경제와 시장에 대한 통제, 공적 도덕의 진보, 상호부조, 사회적 평등을 토대로 새로운 사회를 건설하려는 야심을 품었고, 이 야심을 실현할 수단으로 공포정치를 수용했다고 주장한다. 즉 공포정치가 상황의 산물을 넘어선 적극적 정책의 측면을 포함하며 제헌의회 시기 부르주아

1792년 7월, 오스트리아-프로이센 군대의 사령관 브라운슈바이크 공작은 프랑스 왕가가 조금이라도 모욕당한다면 파리를 군사적으로 응징하여 완전히 파괴할 것이라고 위협했다. 이 선언은 8월 1일 파리에 전해져 파리 민중의 분노를 불러일으킴으로써 8월 10일 봉기의 주요 원인이 되었다. 〈튈르리 궁 습격〉, 장 뒤플레시베르토, 1793

〈1794년 7월 27일(열월 9일) 로베스피에르의 실각〉, 막스 아다모, 베를린 구 국립미술관 소장. 1792년 9월 20일 개원한 국민공회는 공화국 탄생일인 1792년 9월 22일을 원년으로 하는 공화국 연호(年號)와 혁명력을 채택했다. 혁명력은 한 달을 30일로, 한 주를 10일로 하고 연말에 남은 5~6일은 상퀼로트의 날(상퀼로티드, sans-culottides)로 하여 공휴일로 정했다. 각 달에는 새로운 이름을 붙였는데, 순서대로 다음과 같다. 포도월(방데미에르), 무월(안개의 달, 브뤼메르), 상월(서리의 달, 프리메르), 설월(눈의 달, 니보즈), 우월(비의 달, 플뤼비오즈), 풍월(바람의 달, 방토즈), 종월(씨앗의 달, 제르미날), 화월(꽃의 달, 플로레알), 목월(목장의 달, 프레리알), 맥월(수확의 달, 메시도르), 열월(열의 달, 테르미도르), 숙월(열매의 달, 프뤽티도르).

혁명의 성과 못지않은 또는 그것의 한계를 넘어서는 역사적 의의를 담고 있음을 인정하는 것이다.

반면 공포정치의 폭력과 혁명의 정치 문화를 강조하는 역사가들은 전쟁과 반혁명은 공포정치의 원인이 아니라 구실에 불과하다고 주장한다. 그들에 따르면 혁명기 폭력의 원인은 1789년의 정치 문화 속에 이미 내재해 있던 '주권' 개념과 '인간재생'의 이념이다. 인권선언이 선포한 국민주권은 구체제의 국왕주권을 대신한 것으로서 왕권과 마찬가지로 나뉠 수 없고 절대적인 것이 되었다. 이런 국민주권 개념은 국민 내부의 반대나 갈등을 용인할 수 없었고, 따라서 특수의지나 당파적 이익을 죄악시하고 끊임없이 배제하고자 했다. 또한 '인간재생' 이념에 따르면 국민주권에 대한 반대와 저항은 과거 역사에 의해 타락한 사악한 의지에 의한 것이었고 따라서 덕 있는 시민은 반혁명 세력의 이 사악한 의지와 투쟁해야 했다. 공포정치 시기 의회와 민중운동 내에서 숙청이 반복되고 반대파를 특권층으로 지목하여 폭력적으로 제거한 것은 국민주권과 인간재생 이념의 이런 속성에 의한 것이었다. 이러한 견해는 공포정치를 혁명의 폭력과 동일시하고 그것이 인권선언으로 대표되는 1789년의 정치 문화 속에 내재해 있었다고 주장함으로써 혁명 자체의 의의를 부정하는 것으로 귀결된다.

또 다른 역사가들은 제헌의회가 제기한 자유와 평등, 법치주의의 가치를 강조하면서 제헌의회의 성취를 공포정치와 분리한다. 그들에 따르면 1789년부터 시작된 망명, 국왕과 특권층의 반혁명이나 외국과의 공모는 허구가 아니며 브라운슈바이크 선언이 상징하는 침입과 위협이 민중을 급진화한 것 역시 사실이다. 또한 공포정치의 사상이 1789년의 정치 문화 안에 포함되어 있었다 할지라도 방데와 리옹의 폭력, 생사를 건 권력투쟁이 전쟁과 내전의 부산물임을 부인할 수는 없다. 즉 공포정치의 가능성과 그것의 실현을 혼동해서는 안 된다는 것이다. 이러한 견해는 공포정치를 낳은 상황을 강조하되, 혁명의 긍정적 의의를 제헌의회 시기로 한정하고 위의 첫 번째 견해가 제시하는 공포정치의 적극적 의의, 즉 민중적, 사회적 진보성을 인정하지 않는 것이다.

혁명의 보수화와 종결

공포정치는 민중의 요구로 시작되었지만 역설적으로 산악파와 민중의 결속, 그리고 민중운동 자체를 약화시켰다. 반혁명 혐의자 체포법을 시행하고 반란을 진압하고 공정가격제를 시행하는 과정에서 산악파의 권력은 강화되고 강력한 중앙집권화가 나타났다. 민중운동 투사들은 입대하거나 봉급을 받는 관리가 되어 자율성을 잃었고, 회합들은 규제를 당했다. 1794년 봄 산악파의 분열과 당파의 숙청은 결정적으로 산악파에 대한 민중의 불신을 초래했다.

1794년 7월 27일, 과도한 폭력행위로 소환된 파견의원들, 살아 남은 관용파와 에베르파 등 다양한 정파가 쿠데타를 일으켜 로베스피에르가 실각했을 때(열월 9일의 쿠데타) 상퀼로트는 이전처럼 봉기할 수 없었다. 쿠데타 후 공정가격제와 통제경제가 철폐되면서 식료품 가격이 급등하고 식량위기가 닥친 반면 군납과 투기로 부를 쌓은 이들의 사치와 사교계의 활력이 되살아났다. 1795년 봄 기근이 악화되자 파리 민중은 '빵과 1793년 헌법'을 요구하며 봉기했으나 무력하게 진압되었다(종월과 목월의 봉기).

무월 18–19일 나폴레옹의 쿠데타로 혁명은 끝났다. 〈500인회의장의 보나파르트 장군〉, 프랑수아 부쇼, 1840

1795년 10월, '혁명력 3년 헌법'을 토대로 총재정부가 출범했다. 혁명력 3년 헌법은 혁명력 1년 헌법에 명시된 사회적 권리와 저항권에 대해 침묵한 반면, "모든 사회질서는 소유권의 유지에 달려 있다"라고 선언하고 소유권을 토대로 한 경제적 자유를 최대한도로 인정했다. 의회는 원로원과 500인회의로 나뉘고 행정권은 5명의 총재에게 부여되었으며 납세액에 따른 제한선거제가 다시 도입되었다.

총재정부는 좌우로부터 끊임없는 공격에 시달렸다. 총재정부 출범 직전인 10월 5일(포도월 13일) 왕당파가 폭동을 일으켰고, 1796년 5월에는 바뵈프가 주도한 '평등주의자의 음모'가 발각되었다. 바뵈프는 무장봉기로 정부를 전복하고 소수 독재를 통해 공산주의 체제를 실현하고자 했으나 체포되어 처형당했다. 1797년 선거에서 왕당파가 대거 진출하자 총재정부는 군대를 불러들여 선거를 무효화하고 왕당파를 쫓아냈다(1797년 9월 4일, 숙월 18일의 쿠데타). 1798년에는 다수의 자코뱅파가 의회에 진출하자 총재정부는 양원에 압력을 가해 그들을 제명하게 하고 총재정부가 지명한 인물들로 그 자리를 채웠다.

전쟁이 정복전쟁으로 변모하면서 군대는 무시할 수 없는 정치세력이 되었다. 국민공회 시기에는 공안위원회가 전쟁의 지휘 체계를 조직했고, 군 지휘권은 민간 권력에 엄격하게 종속되었다. 그러나 열월의 쿠데타 이후 군수품 제조와 조달업은 개인 사업으로 전환되었고, 정부의 재정적 무능력과 조달상인들의 착복 등으로 군대의 물질적 조건은 악화되었다. 장군들은 정부와 의회의 통제에서 벗어나 자신들의 야심을 제멋대로 채울 수 있게 되었다. 군대가 직업군인화하면서 병사들의 혁명적 열정은 약화되었고 국민에 대한 헌신은 장군에 대한 충성심과 모험심, 약탈의 정신으로 바뀌었다.

이런 상황을 대표하는 인물이 바로 나폴레옹 보나파르트였다. 보나파르트는 1796년 3월, 27세의 나이에 이탈리아 원정군 총사령관에 임명되어 연전연승 끝에 1797년 10월 오스트리아와 캄포포르미오 조약을 맺을 때까지 수차례 총재정부의 훈령을 무시하는 한편, 자신의 수훈을 선전하는 군 회람지를 프랑스 전역에 유포해 프랑스를 구할 젊은 영웅의 이미지를 스스로 창조해냈다. 1799년 제2차 대불동맹이 형성된 후 프랑스가 연이어 패배하고 국내에서는 자코뱅파가 다시 선거에서 승리하자 온건파는 총재 시에예스를 중심으로 쿠데타를 모의했다. 이집트를 탈출해 파리에 도착한 보나파르트가 음모에 가담했고, 11월 9-10일(무월 18-19일) 그의 군대가 의회를 겁박하는 가운데 임시 통령에 오름으로써 10년에 걸친 혁명은 막을 내렸다.

프랑스 혁명과 유럽

프랑스 혁명의 영향은 유럽 전역과 대서양 너머 아메리카 대륙에까지 파급되었다. 혁명 초기 유럽의 지식인과 작가들은 프랑스 혁명이 18세기에 진행된 지적 변화의 귀결이자 계몽된 인류의 희망이라고 찬사를 보냈다. 특히 인권선언은 멀리 러시아와 헝가리에서도 번역되었고, 그것이 담고 있는 해방의 이상은 기존의 혁명운동들과 융합되었다. 1787년 프로이센 군대에게 진압된 네덜란드 애국파, 1789-1790년 오스트리아의 지배에 맞서 싸운 벨기에의 민주파, 스위스 급진파, 영국과 아일랜드의 민주적 개혁 지지자들 모두 새로운 프랑스에서 이데올로기적 영감과 때로는 동맹세력을 얻었다. 특히 자국의 혁명 실패 후 프랑스에 망명해 있던 이들은 프랑스 혁명의 수사학, 이데올로기, 상징을 채택했으며 혁명전쟁 동안 프랑스군에 협력한 핵심 세력이 되었다. 엘리트와 중간계급 집단이 개혁운동을 주도하던 나라들에서 프랑스 혁명의 소식은 대중운동의 출현을 고무하고 급진파에게 정치뿐 아니라 사회적 변화를 포함한 새로운 가능성을 숙고하게 했다.

  영국에서는 시인 워즈워스, 과학자 프리스틀리, 정치가 폭스 등이 프랑스 혁명을 칭송했다. 특히 미국 작가 페인의 『인간의 권리』는 1793년까지 영국에서 20만 부가 팔렸는데, 페인은 이 책에서 프랑스 혁명과 1791년 헌법을 옹호하는 한편 영국의 불합리한 선거제도를 비난하고 더 나아가 군주제와 특권층을 공격했다. 또한 프랑스 혁명의 영향으로 급진파 단체의 수가 증가했고, 특히 1792년 창설된 런던통신협회는 수공업자와 노동자들을 위한 최초의 정치클럽으로서 프랑스 자코뱅클럽을 본 따 다른 개혁협회들과 통신을 조직하고 남성 보통선거권, 의원의 매년 선거를 주장했다. 아일랜드에서는 페인과 프랑스 혁명에 열광한 급진파가 가톨릭을 포함한 모든 아일랜드인의 투표권 획득을 목표로 통합아일랜드인협회(Society of United Irishmen)를 창설했다. 이탈리아에서도 베네치아, 나폴리, 제노바의 급진파가 프랑스 혁명의 영향을 받아 민주적 선거권을 주장하고 비밀리에 정치 클럽들을 창설했다. 반면 독일의 지식인들은 프랑스 혁명에 대해 더 유보적이었는데, 그것은 독일 계몽주의의 특성과 헤르더 사상의 영향에 따른 것이었다. 독일의 지식인들은 프랑스가 혁명을 통해 얻고자 하는 것을 독일은 계몽군주들 아래서 이미 누리고 있거나 곧 누리게 될 것이라고 믿었다. 헤르더는 계몽사상의 합리주의에 반대해 개별 민족 집단의 문화와 역사를 토대로 한 '민족정신(Volksgeist)'을 강조하고 외부의 영향으로부터 그것을 보호해야 한다고 주장했다.

혁명이 제기하는 이데올로기적 도전에도 불구하고 혁명 초기에 유럽 각국 정부는 혁명이 프랑스를 약화시키리라 기대하고 중립적인 태도를 유지했다. 혁명의 첫 2년간 프랑스는 혁명을 국경 너머로 수출하려는 의지를 드러내지 않았다. 북아메리카 북서부 누트카(Nootka)해협을 둘러싼 분쟁으로 영국과 전쟁 위기에 처한 제헌의회는 1790년 5월 22일 정복전쟁, 영토분할, 비밀외교를 거부하고 "어떤 경우에도 국민들의 자유에 맞서 군사력을 사용하지 않을 것"이라고 선언했다. 또한 1790년 6월 교황령 아비뇽과 브네생 백작령이 주민투표를 거쳐 프랑스에 병합을 요청했을 때 제헌의회는 두 차례 병합안을 부결시킨 끝에 임기 종료 직전인 1791년 9월에야 국민주권과 민족자결 원칙을 들어 병합을 승인했다. 그러나 상황은 곧 변화했다. 1792년 4월 지롱드파와 궁정의 정치적 계산에 따라 프랑스가 유럽과의 전쟁을 시작했을 때, 지롱드파 의원 브리소는 이 전쟁을 "보편적 자유를 위한 십자군"으로 지칭했다. 국민공회는 1792년 11월 19일 자유를 회복하기 원하는 모든 국민들에게 우애와 원조를 제공할 것이라고 선포했고, 그해 12월 15일자 법령으로 점령지에서 구체제를 폐지하면서 지역 주민에게 해방비용을 부과했다.

　1792년 9-10월 프랑스군에 정복된 니스, 사부아, 라인란트, 벨기에의 주민들은 주민투표나 의회의 결의를 거쳐 프랑스에 병합을 요청했다. 프랑스는 이들 지역을 병합하여 도(道)로 개편하고 프랑스식 법률과 행정 체제를 도입했다. 국민공회는 라인강과 피레네산맥이라는 자연국경이 프랑스의 안전을 확보할 수 있다고 주장하며 이러한 병합을 정당화했다. 1795년 이후 이 자연국경 너머의 점령지에는 '자매공화국'인 바타비아 공화국(네덜란드), 치스파다니아 공화국, 치살피나 공화국, 리구리아 공화국, 로마 공화국, 나폴리 공화국(이상 이탈리아), 헬베티아 공화국(스위스)이 세워졌다. 점령지의 애국파 또는 자코뱅은 정복자 프랑스에 협력함으로써 자신들이 계획한 개혁을 실현하고자 했다. 그러나 그들의 권한은 프랑스의 전략적·군사적 필요에 의해 제한되었고 프랑스의 명령으로 또는 프랑스를 본 따 시행한 징병, 징집, 세속화는 점령지 주민의 비난과 반발을 야기했다. 병합된 지역과 자매공화국에서는 주민 다수가 정치적 시민권을 획득해 처음으로 선거를 포함한 정치 활동에 참여했고, 영주권, 봉건 부과조, 십일조, 영주 재판소, 통행세, 국내 관세장벽, 길드가 폐지되고 교육이 세속화되었다. 그러나 이런 개혁은 보수적인 주민들 사이에서 인기를 얻지 못했고, 종교와 사회경제적 관습 및 구체제의 보호 시스템에 대한 공격으로 여겨져 민중적 저항의 초점이 되었다.

　프랑스의 군사적 침략이 도처에서 저항을 야기했지만, 보수주의자들에게 있어 프랑스 혁명의 진정한 위험은 구체제의 문화적·도덕적 토대를 침식하는 이데올로기적 도전이었다. 이 도전에 대한 대응으로 영국의 에드먼드 버크는 구체제에 대한 최초의 지적 옹호 중 하나인 『프랑스 혁명에 대한 성찰』을 발표해 국제적 반향을 불러일으켰다. 1790년 10월 출간된 이 책에서 버크는 수세기에 걸쳐 확립된 과거의 유산을 폐기하고 추상적 원리를 토대로 합리적 사회를 건설하려는 혁명의 시도는 인간의 본성과 자연에 반하는 행위라고 비판했다. 버크의 책은 몇 주 만에 프랑스어와 독일어로 번역되어 유럽 여러 나라에서 상당한 반향을 불러일으켰으며 이후 한 세기 반 동안 혁명에 반대하는 모든 저작의 토대 역할을 했다. 이데올로기적 방어와 함께 사상에 대한 검열 및 급진파에 대한 감시와 탄압도 진행되었다. 영국에서는 1794년 4월 런던통신협회 지도부가 반역혐의로 체포되었고 50인 이상의 회합이 제한되었으며 국왕과 내각에 대한 비판은 반역으로 규정되었다. 1799년에는 런던통신협회와 통합아일랜드인협회가 불법화되었다.

  전쟁이 계속되면서 유럽 여러 나라에서 민중적 보수주의의 물결이 등장하고 프랑스군 점령지에서 강력한 반란이 이어졌다. 영국 정부가 프랑스뿐 아니라 국내 급진파와 싸우기 위해 소집한 의용군은 1803년에 이르러 38만에 이르렀는데, 이들은 기존 체제에 대한 충성과 보수적 민족주의를 표현했다. 농민이 여전히 교회와 사제에게 순종했던 이탈리아에서 성직자들은 프랑스와의 전쟁에 그들을 동원하면서 "종교의 불경한 적" 프랑스에 대한 저항을 가톨릭 수호와 결합시켰다. 특히 1796년 나폴레옹 보나파르트의 침공과 지배는 이탈리아 북부와 중부에서 수차례의 강력한 농민반란을 야기했고 거의 같은 시기에 독일 라인강 우안의 프랑스 점령지에서도 대규모 농민반란이 일어나 프랑스의 퇴각을 불러왔다. 이들 지역에서 혁명전쟁으로 인한 정복과 착취의 경험은 19세기 초 나폴레옹 전쟁기로 이어졌고 반(反)나폴레옹 해방전쟁은 독일과 이탈리아에서 민족적 정체성의 성장을 자극하고 민족주의의 발전으로 이어졌다.

15

산업혁명과
자본주의

김대륜

1 산업혁명의 의미

개념

산업혁명은 흔히 18세기 후반부터 거의 한 세기 동안 영국에서 일어난 사회경제적 변화를 통칭하는 개념으로 사용된다. 좁은 의미로 쓸 때, 산업혁명은 증기기관 같은 기술혁신과 기계와 임금노동에 바탕을 둔 공장제의 도입을 일컫는다. 더 넓은 의미로 산업혁명은 농업 사회에서 산업사회로의 이행을 의미하기도 한다. 인구의 절대다수가 농촌에 거주하며 토지로부터 거의 모든 생필품을 획득하는 농업 사회가 토지와 인구의 비율에 따라 인구와 경제가 성장과 후퇴를 반복했던 반면, 산업혁명으로 등장한 산업사회는 석탄, 석유, 전기에서 얻는 거의 무한한 동력을 활용해 상품을 끊임없이 대량으로 생산하기 시작했다. 그 결과, 빠르고 지속적인 경제성장과 인구 증가가 일어났다.

그러나 최근에 산업혁명을 과거와의 급격한 단절로 이해하는 게 곤란하다는 생각이 힘을 얻고 있다. 사실, 영국은 흔히 산업혁명이 시작된 때로 보는 18세기 중반 이전에 이미 중요한 사회경제적 변화를 겪었기 때문이다. 농업 생산량과 생산성은 17세기부터 새로운 윤작체계, 작물, 농업기술이 도입되면서 향상되었다. 토지 소유관계에서도 농민의 복잡한 관습적인 권리 대신 지주의 배타적인 재산권을 전제하는 자본주의적 계약관계가 확산되었다. 그 결과, 농업의 지역적 특화와 상업화가 빠르게 진행되었다. 상공업의 변화 역시 인상적이었다. 국내 교역이 활성화되었고, 농촌 지역에서 공업 생산이 빠르게 늘어났다. 강력한 보호무역 체제, 식민지 팽창, 해군의 육성에 힘입어 해외무역은 다른 어떤 부문보다도 빠르게 성장했다. 식민지나 비유럽 세계로부터 유입된 설탕, 담배, 차 등의 상품은 영국인의 삶을 윤택하게 했고, 비유럽 시장의 공산품 수요는 모직물 위주였던 영국의 공업이 다변화하는 데 기여했다. 또 명예혁명 이후 잉글랜드 은행의 설립, 국채 발행, 소비세와 관세 중심의 조세 구조 확립 같은 일련의 조치들 덕분에 금융시장이 발전해 자본의 공급 또한 원활해졌다. 이 같은 변화가 누적된 결과, 산업혁명이 시작되기 이전에 영국은 이미 네덜란드에 버금가는 부유한 나라가 되었다.

 이런 사실에 비추어 어떤 역사가들은 산업혁명은 혁명이 아니라 장기적인 경제성장의 한 국면일 뿐이라고 주장한다. 그러나 산업혁명이란 일종의 '신화'에 불과하다는 주장은 산업혁명으로 일어난 변화가 그 후에도 지속되었다는 사실을 간과한 것이다. 산업혁명 이전의 역사를 돌이켜보면, 농업 생산성 향상, 상공업 발전, 도시화 같은 변화들은 중세 이탈리아의 도시국가들, 17세기 네덜란드, 유럽 바깥의 인도, 중국, 일본에서도 확인할 수 있다. 그런데 과거에 이런 변화를 경험한 나라에서 인구 증가와 경제성장이 어느 수준을 넘어서지 못하고 역전되었던 반면, 산업혁명 이후 영국이나 19세기 후발 산업국들에서는 기술 발전, 생산성 향상, 도시화가 계속 진행되어 인구 증가와 경제성장이 계속되었다. 즉 영국 산업혁명에서 시작된 변화는 돌이킬 수 없는 것이었고, 구체적인 경로는 다르지만 유럽 대륙의 국가들과 미국의 미래를 예고하는 것이었다. 이런 의미에서 영국의 산업혁명은 서양과 세계의 역사에서 중요한 분수령이었다.

경제성장

산업혁명을 근대적인 경제성장의 출발점으로 볼 때 먼저 관심을 기울여야 할 주제는 산업혁명 시대 영국의 경제성장이다. 경제성장을 측정하는 일은 경제학의 모형과 통계학적인 분석 도구를 활용해야 하므로 매우 복잡하고 기술적이다. 그렇지만 경제성장의 추이는 비교적 잘 알려져 있다. 한동안 산업혁명 시대에 영국의 공업 생산과 국내총생산이 빠르게 늘었다는 견해가 우세했지만 최근의 연구들은 산업혁명기에도 영국의 경제성장이 매우 더뎠음을 보여준다 (표 1). 인구성장을 감안한 1인당 생산의 성장률은 변화의 점진적인 양상을 더 잘 보여준다. 딘과 콜은 1인당 생산의 연평균성장률이 1700-1760년 0.45퍼센트, 1760-1780년 -0.04퍼센트, 1780-1801년 1.08퍼센트, 1801-1831년 1.61퍼센트를 기록했다고 추정했으나, 최근 추계는 이 수치들을 각각 0.31, 0.01, 0.37, 0.50퍼센트로 조정한다. 산업혁명 시대에도 1인당 생산의 증가 속도는 크게 달라지지 않았던 것이다.

 1인당 생산이 빠르게 늘어나지 않았다는 사실은 생산성 역시 점진적으로 향상되었을 것이라는 점을 짐작케 한다. 생산을 늘리는 방법은 크게 두 가지다. 한 가지는 생산에 투입되는 노동이나 자본 같은 요소투입량을 늘리는 것이고, 다른 하나는 새로운 기술, 원료, 기계를 이용해 같은 요소투입량에서 더 많은 산출을 얻는 것이다. 요소투입량의 증가분만큼 산출도 증가한다면 경제성장의 속도는 (수확체감의 법칙에 따라) 점점 더 느려질 것이므로 지속적인 경제성장이 일어나려면 생산성이 향상되어야만 한다. 생산성 지표로 흔히 사용되는 총요소생산성(total factor productivity)은 간단히 말하면 산출 증가분에서 요소투입량 증가분의 기여를 제외한 나머지를 의미한다. 총요소생산성의 변화를 보면, 전체 공업의 총요소생산성은 1760-1801년에 연평균 0.2퍼센트, 1801-1831년에 연평균 0.3퍼센트 상승했다. 기술을 포함해서 계량화하기 어려운 산출 증가 요인들을 표현한 것이다. 이 수치를 개별 공업 부문이 기여한 몫으로 분해하면, 산업혁명을 주도했던 면직공업의 몫이 절반 이상을 차지했고, 제철과 기타 직물업 부문의 몫이 나머지를 차지했다. 즉 새로운 동력원, 기계, 공장제가 도입된 부문의 생산성은 빠르게 향상된 반면 나머지 공업 부문의 생산성 향상은 거의 없었던 것이다.

	공업 생산		국내총생산	
	딘-콜 (Deane-Cole)*	크래프트-할리 (Crafts-Harley)	딘-콜 (Deane-Cole)	크래프트-할리 (Crafts-Harley)
1700-1760	0.98	0.7	0.66	0.31
1760-1780	0.49	1.29	0.65	0.64
1780-1800	3.43	1.96	2.06	1.38
1801-1831**	3.97	2.78	3.06	1.90

표 1. 공업 생산 성장률 및 국내총생산 성장률
 출처: P. Deane and W. A. Cole, British Economic Growth, 1688-1959(London, 1967); N. F. R. Crafts and C. K. Harley, "Output Growth and the British Industrial Revolution", Economic History Review 45(1992).
 * 딘과 콜의 수치는 산업과 상업을 모두 포함한 것이다.
 ** 1801년 이전의 수치는 잉글랜드와 웨일스, 1801-1831년의 수치는 영국을 대상으로 한 것이다.

이런 사실에 비춰보면, 산업혁명 시대 영국의 공업을 '근대'와 '전통' 공업 두 부문으로 나눠볼 수 있고, 이 시대에 경제성장이 왜 더디게 일어났는지 설명할 수 있다. 산업혁명 초기에 '근대' 공업 부문이 전체 경제에서 차지하는 비중은 '전통' 공업 부문에 비해 작았으므로 경제 전체의 성장은 더딜 수밖에 없었던 것이다. 그렇다면 산업혁명은 몇몇 공업 분야에서 진행된 기술변화와 그에 따른 생산성 향상에 국한된 사건으로 봐야 할까? 성장률이나 생산성 같은 계량적인 지표에 관심을 기울이는 연구자들도 반드시 그렇지는 않았다고 답한다. 산업혁명을 급격한 경제성장과 동일한 것으로 보는 낡은 시각을 버리고 경제구조의 근본적인 변화로 이해한다면, 산업혁명은 여전히 중요한 사건이었다는 것이다.

2 산업혁명의 전개

인구와 경제구조

산업혁명 시대 영국 경제의 구조적 변화는 인구 변화에서 잘 나타난다. 영국의 인구는 18세기 초·중반에 완만하게 늘다가, 그 후 빠르게 증가했다. 잉글랜드의 인구는 1700년 약 500만 명에서 1730년대 550만 명, 1801년 860만 명, 1851년에는 1,600만 명으로 증가했고, 스코틀랜드의 인구는 1750년대 126만 명에서 1851년 290만 명으로 늘었다. 18세기 중반부터 나타난 급격한 인구 증가의 원인과 과정을 정확하게 설명하기는 어렵지만, 질병·기근에 대한 통제, 환경 개선에 따른 사망률 하락보다는 출생률 증가가 더 중요한 원인이라는 점은 확실해 보인다. 출생률이 상승하는 데 가장 크게 기여한 요인은 여성의 초혼 연령이 26세에서 23세로 낮아진 것이었고, 다음으로 미혼율이 15퍼센트에서 7.5퍼센트로 감소한 것을 꼽을 수 있다.

혼인 행태의 변화에 기여한 사회경제적 요인은 여러 가지이다. 우선 농촌 사회의 변화가 영향을 주었다. 18세기 영국의 농촌에서는 인클로저와 토지 시장의 발달로 토지 집중 현상이 심화되었고, 토지소유자-차지농-농업노동자의 구조를 바탕으로 한 시장지향적인 농업 생산이 확산되었다. 그 결과, 공유지에 대한 권리를 포함한 각종 관습적인 권리를 누리고 있던 농민은 임금노동자와 비슷한 처지가 되었다. 과거에 농민은 자신의 보유지에서 가족을 부양할 수 있을 때까지 혼인을 미뤘지만, 토지를 획득할 전망을 발견하지 못한 농민은 더 이상 혼인을 미루지 않았다. 더구나 잉글랜드의 몇몇 농업 지역과 도시 근교의 농촌에 선대제가 확산되면서 농업노동에 종사하는 농민은 추가 수입을 얻을 수 있었고, 몇 번의 이주를 거쳐 도시에서 새로운 일자리를 찾을 수도 있었기 때문이다.

농업 생산성의 향상은 도시 인구의 성장을 뒷받침했다. 농업 생산성이 향상됨으로써 농업인구의 상대적인 비중이 줄어들더라도 도시와 농촌 지역의 비농업인구를 부양할 수 있었기 때문이다(실제로 영국은 18세기 중반까지 농산품 수출국이었다). 인구 5,000명 이상이 거주하는 곳을 도시로 정의할 때, 이미 1700년에 잉글랜드 인구의 17퍼센트가 도시에 거주하고 있었는데, 이 비율은 1750년에는 21퍼센트, 1800년에는 28퍼센트, 1850년에는 50퍼센트로 상승했다. 같은 기간 프랑스와 네덜란드의 도시 인구 비율의 변화는 다음과 같다. 프랑스 도시 인구는 1700년 11퍼센트, 1750년 10퍼센트, 1800년 11퍼센트, 1850년에는 19퍼센트로 크게 달라지지 않았고, 네덜란드 도시 인구는 각각 39, 35, 33, 39퍼센트였다.

더 흥미로운 변화는 런던과 지방도시 인구의 상대적인 비중에서 보인다. 1700-1800년 사이에 전체 도시 인구에서 런던이 차지하는 비중은 70퍼센트에서 40퍼센트로 떨어졌던 반면 지방도시 인구의 비중은 그만큼 늘었다. 가령, 산업혁명을 주도했던 잉글랜드 북부의 맨체스터, 리버풀, 버밍엄, 리즈, 셰필드의 인구는 18세기 초에 1만 명에도 미치지 못했으나, 세기말에는 모두 5만 명 이상으로 성장했다. 반면 공업이 발전하지 못한 엑시터와 같은 전통적인 지방도시의 인구는 정체되거나 오히려 줄었다. 지방도시의 발전이 더디게 일어난 유럽 대륙과 달리 영국에서는 지방도시가 배후 지역의 생산·분배의 거점이 되었고, 이렇게 형성된 지역 경제가 운하, 유료도로, 하천, 연안 바다를 통해 런던과 연결되면서 시장의 규모가 커지고 통합이 진전되었다.

농업의 상업화, 농촌 가내공업의 발전, 도시화의 진전은 영국의 경제 구조에서 비농업 부문의 비중이 커졌음을 의미한다. 물론 비농업 부문의 성장은 산업혁명 이전부터 시작되어 1700년에 이르면 이미 잉글랜드 인구의 절반만이 농업에 종사했다. 농업인구의 비중은 산업혁명을 거치면서 더욱 하락해 1801년에는 36퍼센트, 1851년에는 20퍼센트로 감소한다. 흥미롭게도 공업 부문에 종사하는 인구의 비중에는 큰 변화가 없었다. 랭커셔나 요크셔의 웨스트 라이딩 지역 같은 공업 중심 지역은 이미 1750년에 공업에 종사하는 인구가 인구의 절반을 넘었고, 그 비중은 1815년까지 거의 변화가 없었다. 잉글랜드 전체로 보면, 1750년에 잉글랜드 성인남성 노동의 40퍼센트 정도가 공업에 종사했는데 1815년에 그 비율은 47퍼센트로 늘었을 뿐이다.

기술, 에너지, 생산조직

산업혁명 시대에 도시 인구와 농촌의 비농업인구가 빠르게 늘면서도 공업 부문에 종사하는 인구의 비중에 큰 변화가 없었다는 사실은 이 시기의 경제성장과 생산성 향상이 점진적이었다는 사실과 잘 맞아떨어진다. 경제 활동의 중심이 농업에서 상공업으로 이동하는 구조적인 변화는 분명히 진행 중이었지만 공업 부문 내의 변화는 제한적이었던 것이다. 그러나 더 중요한 사실은 공업 부문 내에서도 생산성 향상이 빠르게 일어난 몇몇 분야가 있었고, 이 '근대' 공업 부문이 성장하면서 전체 영국 경제의 성장이 19세기 초 이후 더욱 빠르고 지속적으로 일어났다는 점이다. 따라서 산업혁명의 의미를 이해하기 위해서는 '근대' 공업 부문의 변화, 특히 기술, 에너지, 생산조직에서의 변화를 이해해야만 한다.

산업혁명 시대에 가장 눈부신 성장을 기록한 것은 면직공업이다. 면직공업은 18세기 말에 매년 거의 13퍼센트씩 성장했고, 그 결과 영국의 공업 생산에서 차지하는 비중은 1770년 2.6퍼센트에서 1831년에는 22.4퍼센트로 늘었다. 면직공업은 인도산 면제품을 대체하려는 노력으로부터 시작되었다. 17세기 말 동인도회사를 통해 수입된 인도산 면제품에 대한 수요가 급증하자 모직물 제조업자를 비롯한 영국의 직물업 이익 집단은 인도산 제품의 수입과 소비를 금지하는 의회 입법을 요구했다. 제조업자들의 정치적인 압력으로 인도산 면제품은 대부분 수입이 금지되었으나, 이는 오히려 면사와 리넨을 혼합한 퍼스티언(fustian) 같은 대체 상품의 개발을 부추겼다. 18세기 중반에 이르면 리넨 원사를 공급했던 아일랜드와 스코틀랜드에서 리넨 제조업이 발전하기 시작하자 랭커셔 등지의 잉글랜드 제조업자들은 면제품 생산에 관심을 기울이기 시작했다. 바로 이때부터 잉글랜드의 면직공업에서 기술혁신을 향한 움직임이 본격적으로 시작되었다.

면직공업의 기술혁신은 방적 공정에서 시작되었다. 하그리브스가 개발한 제니 방적기(1764-1767)는 숙련공이 여러 개의 방추를 동시에 조작할 수 있게 했다. 아크라이트의 수력 방적기(1768)는 면사를 꼬는 롤러를 여러 개 장착해 수력으로 가동했다. 크롬프튼의 뮬 방적기(1779)는 제니 방적기와 아크라이트 방적기를 결합한 것으로, 기계 면사가 시장에서 경쟁력을 확보하는 데 크게 기여했다. 방적 공정에 기계와 동력을 도입한 것은 생산성을 크게 향상시켰다. 가령 100파운드의 원면을 가공하는 데 소요되는 시간을 기준으로 보면, 인도의 수공업자가 약 5만 시간을 필요로 했던 데 비해 크롬프톤의 뮬 방적기는 2,000시간, 18세기 말 동력 뮬 방적기는 300시간이 걸렸다. 직조 분야의 기술 변화는 뒤늦게 일어났다. 1785년 역직기가 발명되었으나 고급 면직물 생산에는 적합하지 않았고, 가동 시간 내내 면밀하게 감독해야 하는 문제가 있었다. 그 결과 1820년대 초까지도 직조 분야는 여전히 수공업 생산이 주류였다.

면직공업의 기술혁신은 이 네 가지 발명품에 국한된 것이 아니었다. 사실, 면직 부문뿐만 아니라 직물업 전 분야에서 기술혁신에 대한 관심이 크게 높아졌다. 1700-1850년 기간에 직물업과 관련해 출원된 특허가 무려 2,330건에 달했다는 사실은 이 점을 단적으로 보여준다. 물론 특허의 숫자가 기술혁신을 향한 노력을 모두 보여주지는 못한다. 특허를 받으려면 잉글랜드의 경우 대략 100파운드를 지불해야 하는 등 상당한 비용을 치러야 했던 반면 특허권에 대한 보호는 미흡했고, 특허를 독점의 일종으로 생각해 특허출원을 거부했던 발명가들도 많았기 때문이다. 그래도 특허 숫자가 크게 늘었다는 사실은 이 시대에 기술혁신에 대한 관심과 열정이 높았음을 충분히 보여준다. 기술에 대한 관심이 높아진 덕택에 면직공업에서 소면, 염색, 날염 등 준비 공정과 마무리 공정에서 기계화가 진행될 수 있었다.

산업혁명 시대에 가장 눈부신 성장을 기록한 것은 면직공업이었다. 1760-1770년대에 방적기를 이용하기 시작하면서 생산성이 크게 향상되었다.

기계는 동력을 필요로 한다. 그러므로 산업혁명 시대의 가장 유명한 발명품은 당연히 증기기관이었다. 증기기관은 석탄광산에서 먼저 도입되었다. 석탄 생산이 증가함에 따라 탄광의 깊이가 깊어졌고, 따라서 지하수를 퍼내는 일이 중요해졌다.

뉴커먼의 증기기관(1712)은 바로 이 작업을 위해 고안된 것이었는데, 설치비가 비싸고 열효율이 좋지 못하며 회전운동에 적용할 수 없었다. 이런 문제를 해결한 것이 제임스 와트의 증기기관(1769, 1782)이었다. 와트의 증기기관은 증기를 별도의 공간에서 응축하고 증기력으로 직접 피스톤을 움직이는 방식을 채택해 뉴커먼 증기기관의 고질적인 문제였던 열효율 문제를 해결하고 연료소비는 절반에서 3분의 1까지 줄였다. 이어 와트는 피스톤의 왕복운동을 회전운동으로 바꾸는 장치를 개발해 기계에 증기기관을 사용할 수 있는 길을 열었다. 그러나 와트의 증기기관 역시 높은 특허 사용료와 연료비 때문에 널리 활용되지 않았다. 수차는 설치비가 비싼 대신 유지비가 거의 들지 않았으므로 증기기관의 대안이 되었고, 풍력이나 축력 역시 여전히 널리 사용되었다.

증기기관의 발전은 철공업의 발전에 크게 기여했다. 제철공업의 발전에 기여한 기술 변화는 18세기에 등장한 다비의 코크스 선철 제조법과 1780년대에 개발된 교반법과 압연법이었다. 전통적으로 철광석을 용해하는 데 사용되던 목탄을 석탄의 부산물 코크스로 대체한 것은 연료비를 크게 줄여주었으나, 선철을 다시 연철로 가공하는 데는 여전히 숯이 필요했다. 이 문제를 해결한 것이 교반법과 압연법이었다. 교반법은 숯 대신 코크스를 사용해 선철을 녹인 다음, 이를 휘저어 불순물을 제거하는 공법이고, 압연법은 녹인 철을 롤러 사이로 통과시켜 불순물을 짜내는 공법이었다. 와트의 증기기관은 용광로에 뜨거운 바람을 불어넣는 동력원으로 사용되었고, 압연 공정에서 롤러를 가동하는 동력원으로 수력을 대체하게 되었다. 오랫동안 스웨덴과 러시아에서 철을 수입해오던 일을 보호무역 조치로 규제했던 것과 함께 기술 향상이 영국의 제철공업이 18세기 후반에 빠르게 성장하는 데 기여했다. 18세기 전반만 하더라도 스웨덴이나 프랑스의 3분의 1 규모였던 영국의 제철공업은 1850년대 말에 이르면 세계 철 생산의 절반을 차지하며 프랑스의 6배, 스웨덴의 25배 규모로 성장했다.

면직공업의 기계화, 증기기관의 도입, 제철공업 분야의 기술혁신은 모두 석탄이 공급하는 에너지에 의존했다. 그 점에서 영국의 풍부한 석탄자원은 산업혁명의 가장 중요한 기여 요인이었다고도 볼 수 있다. 영국에서 석탄은 이미

16세기부터 가정 연료로 사용되었고, 17세기 말에는 유리나 도자기 공업 등에 도입되었다. 그 후 석탄에 대한 수요는 더 빠르게 늘어, 1750년대 이후 석탄 생산은 매년 2퍼센트씩 증가했다. 1700년에서 1750년 사이에 연간 석탄 생산량은 300만 톤에서 500백만 톤으로 200만 톤 증가하는 데 그쳤으나, 1830년에 이르면 연간 석탄 생산량이 무려 3,000만 톤에 이르게 되었다. 석탄 1톤이 공급하는 에너지는 숲 1에이커(약 4,046평방미터)에서 얻는 땔감을 태워 얻는 에너지와 같으므로, 석탄 생산이 빠르게 증가했던 것은 그만큼 토지를 자유롭게 사용할 수 있다는 것을 의미했다.

과거에 생산 활동에 필요한 에너지는 거의 전적으로 토지에 의존했다. 토지는 사람과 가축이 동력을 생산하는 데 필요한 식량을 제공하고, 공업 생산에 필요한 원료를 공급했다. 따라서 농업을 비롯한 생산 활동은 토지가 제공하는 제한된 자원을 두고 경쟁해야 했다. 인구가 증가하면 제한된 자원 중 더 큰 몫이 농업에 할당되어야만 했다. 그렇지 않다면 개간 등을 통해 경작지의 면적을 늘리거나 그것도 부족하면 식민지 확보를 통해 영토를 확대하는 수밖에 없기 때문이다. 농업에 할당되는 몫이 많으면 농업 이외의 생산 활동은 자연히 위축되었다. 그렇기 때문에 인구와 토지의 비율에 따라 생산 활동은 팽창과 수축을 반복했다. 석탄은 이 반복되는 순환에서 벗어나는 길을 열어주었다. 에너지 공급은 더 이상 토지에 의존하지 않았고, 석탄이 제공하는 거

영국 웨일즈
지방의 한 탄광촌

의 무한한 에너지는 공업 생산에 활력을 불어넣었다. 어떤 역사가는 이 같은 변화를 에너지를 살아 있는 것으로부터 얻는 '유기경제(organic economy)'로부터 석탄, 석유, 가스처럼 무기물로부터 에너지를 얻는 '무기광물경제(inorganic mineral economy)'로의 이행이라고 명명하면서, 영국 산업혁명은 이 같은 이행 덕택에 가능했다고 주장한다.

실제로 석탄 생산이 폭발적으로 늘어나고, 석탄을 연료로 사용하는 증기기관과 기계의 사용이 늘어나는 만큼 경제성장의 속도 역시 빨라졌다. 하지만 기술변화가 새로운 동력원을 활용한 '근대' 공업 부문에 국한된 것은 결코 아니었다. 생산량과 생산성 같은 계량적인 거시 지표에서는 잘 드러나지 않지만, 이른바 '전통' 공업에서도 생산도구의 개량 및 발명, 분업의 확대를 포함한 새로운 생산 공정의 도입, 제품 디자인의 변화, 신제품 출시 같은 기술변화가 광범위하게 일어나고 있었다. 또한 '근대' 공업의 발전과 '전통' 공업의 변화는 긴밀하게 연관되어 있었다. 제철공업의 발전은 정밀기계공업이나 철물제조업의 발전을 동반했는데, 이 두 부문은 여전히 전통적인 수공업 생산방식을 유지하면서도 품질이 더 우수한 신제품을 끊임없이 출시해 국내외 시장에서 명성을 얻었다. 마찬가지로 면직공업 내에서도 방적과 직조 분야는 기술변화의 속도가 달라 1820년대까지 직조 분야의 수공업 생산은 오히려 확대되었다.

기계가 점진적으로 도입되고 수공업 생산방식이 여전히 활력을 유지할 수 있었던 까닭은 여러 가지였다. 새로운 동력기계는 의류 제조업의 경우가 보여주듯이 모든 공업 분야에 적용할 수 있는 것이 아니었다. 더욱이 직조 공정에 도입된 초기의 역직기가 면사의 끊김 현상이 빈번하게 일어나는 문제점을 드러냈던 것처럼 초기의 기계는 개선의 여지가 많았다. 기계에 대한 노동자의 저항 역시 중요한 요인이었다. 웨스트라이딩의 모직물 직조공들처럼 기계 도입을 환영하는 경우도 있었지만, 1812년 요크셔 서부에서 일어난 기계파괴운동처럼 기계 도입을 수년간 지연시키기도 했다. 또한, 기계를 도입하려면 투자자본의 확보부터 회수까지 상당한 위험을 감수해야만 했다. 기계에 투자한 자본을 회수하고 이윤을 얻기 위해서는 기계를 지속적으로 가동해야만 하는데, 이는 시장 상황에 따라 공급을 탄력적으로 조절하는 것을 어렵게 했다. 면직공

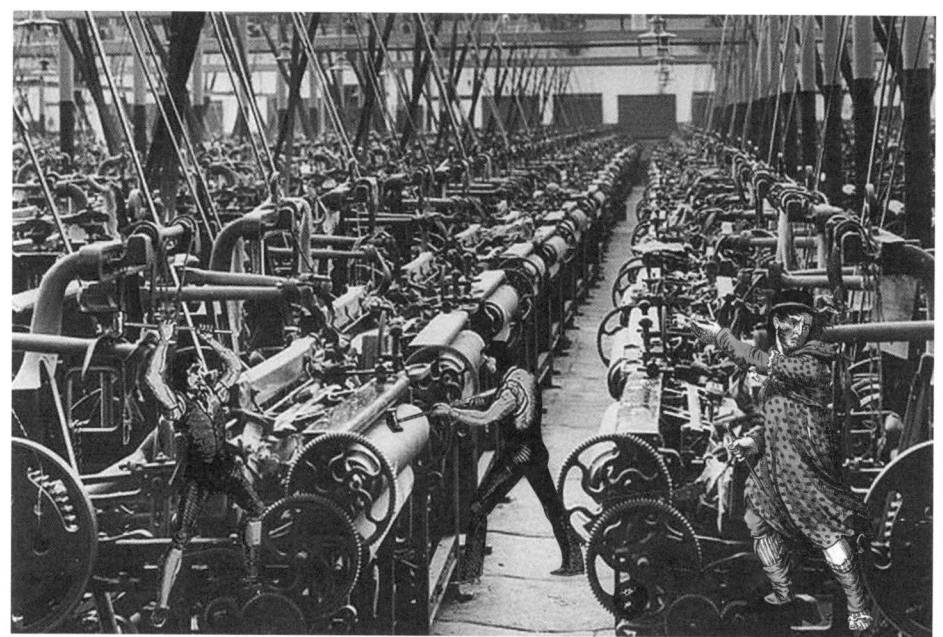

기계파괴운동은 19세기 영국의 수공업자들이 자신들의 일자리를 빼앗은 섬유기계를 파괴하는 폭동을 일으킨 사건을 말한다. 기계를 도입한 대공장의 출현으로 생활에 위협을 느낀 수공업자와 가내 수공업 노동자가 중심이 되어 공장이나 기계에 대한 집단적 파괴 행위를 벌였다. 주동자 네드 러드의 이름에서 유래해서 '러다이트 운동'이라고도 한다. 러드가 노동자들을 이끌고 기계를 부수러 가고 있다.

업 부문에서 도산이 빈번하게 발생한 것은 바로 이런 문제 때문이었다. 여기에 산업혁명 시대의 지속적인 인구 증가와 농업 부문에서 이탈한 대규모 노동력 공급 역시 기계의 도입을 지연시키는 요인으로 작용했다.

이런 까닭에 동력 기계를 이용한 중앙집중적 생산조직, 즉 공장의 도입 역시 점진적으로 진행되었다. 한때 공장은 산업혁명을 규정하는 가장 중요한 변화로 간주되었다. 가내 수공업에서 분업에 바탕을 둔 협업, 즉 매뉴팩처로의 이행이 산업혁명의 전 단계라면 산업혁명은 매뉴팩처에서 공장제로의 이행을 의미했다. 기업가의 관점에서 공장은 이전의 생산방식에 비해서 분명히 생산 효율을 높이는 장점을 갖고 있었다. 노동자의 노동 과정을 더 치밀하게 감독해 횡령을 비롯한 각종 관행을 없애고, 작업 속도와 시간을 기업가의 이익에 따라 조절할 수도 있었다. 생산 공정을 하나의 작업장에 집중함으로써 분산된 여러 작업장 사이를 연결하는 데 지불해야 할 거래비용을 줄일 수도 있었다. 그러나 공장은 모든 공업 부문에 적용할 수 있는 것이 아니었다. 고정자본 투자비용, 공장을 가동하는 데 필요한 운전 자본, 노동자의 저항과 높은 이직률, 새로운 작업 규율을 강제하기 위한 세밀한 감독과 훈련의 필요성 등 공장제 도입에는 여러 장애물이 있었고, 이런 어려움을 극복하기 위해서는 기업가의 역량뿐만 아니라 생산비용 절감의 가능성과 대량으로 생산된 제품을 판매할 수 있는 시장이 필요했던 것이다. 그러므로 산업혁명 시대에는 수공업 생산조직과 공장제가 공존하는 가운데 기술 변화의 속도, 동력 기계의 도입 가능성, 노동 및 상품시장의 상황에 따라 생산조직이 선택되었다.

3 산업혁명의 원동력

산업혁명 시대 영국에서 새로운 기술, 생산조직, 상품에 대한 관심이 확산된 까닭은 여러 가지였다. 기술진보에 기여하는 한 가지 중요한 요인은 지식의 축적과 확산이다. 이 점에서 산업혁명은 17세기 과학혁명과 18세기 계몽사상으로부터 영향을 받았다. 과학혁명은 경험적 관찰과 실험을 통해 자연현상의 발생 원리를 설명하고 이를 재현해 인간의 삶을 개선하는 것을 목표로 삼았다. 인습과 편견으로부터 해방된 인간의 이성을 강조하는 계몽사상 역시 삶의 개선을 지향했다. 이런 믿음과 여기서 비롯된 새로운 지식과 정보는 기존의 인적 네트워크뿐만 아니라 18세기 런던과 지방도시에 무수히 등장한 커피하우스, 클럽, 협회, 도서관 등 새로운 문화공간을 통해 유포되었다. 1694년 출판물 발행을 규제하는 허가법이 사실상 폐지되면서 신문, 잡지, 팸플릿 등의 발행이 비교적 자유로워진 것 역시 지식과 정보의 확산에 기여했다. 이런 문화적인 변화 덕택에 지주나 금융가 같은 엘리트로부터 숙련공에 이르기까지 광범위한 계층이 과학기술에 관심을 기울이게 되었다.

 물론 이런 지적 조류와 문화적 습속은 전 유럽적인 현상이었다. 흔히 프랑스인들은 관찰이나 실험보다는 연역적인 추론에 입각해 현상 이면의 보편적인 진리를 밝히는 데 관심을 기울였다고 알려져 있지만, 그들 역시 영국인 못지않게 새로운 발명과 기술에 열광했다. 증기기관의 원형은 종교 박해를 피해 영국으로 이주한 프랑스인에 의해 제작되었고, 염소 표백법, 소다 제조법, 가스등, 리넨 방적기 같은 중요한 기술이나 발명 역시 프랑스 등지에서 먼저 나왔다. 다른 나라에 비해 영국에서 더 뚜렷하게 나타난 현상은 새로운 발명과 기술에 대한 관심만이 아니라 발명과 기술을 상품화하는 데 수많은 사람들이 참여했다는 것이다. 특히 숙련공의 역할이 중요했다. 작업장에서 반복된 실험과 시행착오를 거쳐 기술을 개량하고 새로운 상품을 만들어내는 데 매진했던 숙련공들은 제임스 와트가 그랬듯 인쇄매체나 과학자와의 접촉을 통해 필요한 지식을 습득하면서 산업혁명 시대의 기술변화를 이끌었다.

귀족·젠트리로부터 숙련공까지 수많은 영국인들이 발명에 관심을 기울이고 이윤을 추구했던 까닭은 산업혁명 시대 영국인들이 대륙의 유럽인들에 비해 유별나게 '기업가정신'이 투철했기 때문이 아니었다. 더 중요한 이유는 이런 활동을 진작하는 제도와 환경이었다. 이 점에서 특히 중요한 변화는 의회 체제의 확립이었다. 명예혁명으로 영국 정치의 중심이 된 의회는 주로 재산소유자의 이해관계를 대변하면서 국왕의 자의적인 권력행사로부터 국민의 재산권을 보호하는 역할을 담당했다. 18세기 중반부터 빠른 속도로 진행된 의회인클로저처럼 의회는 때때로 재산권을 정의하는 역할을 수행했다. 의회인클로저는 공유지에 대한 권리를 비롯해서 농민의 다양한 관습적인 권리를 재산권의 범위에서 배제하는 대신 지주의 배타적인 재산권을 인정해 대토지 중심의 자본주의적 농업경영이 확산되는 데 기여했던 것이다. 의회를 통한 재산권의 보호는 더 직접적으로 발명과 기술혁신에 기여하기도 했다. 재산권이 확립되었다는 것은 발명의 성과를 개인이 온전하게 누릴 수 있다는 희망을 불러일으켰는데, 그것은 바로 특허제도로 구현되었다. 물론 이미 언급한 것처럼 특허제도는 비용이나 실효성 면에서 문제가 많았지만, 와트나 아크라이트처럼 특허권을 행사해 부를 축적한 사람들의 예는 발명이 부를 낳는다는 희망을 주기에 충분했던 것이다.

의회 체제의 확립은 또 제조업자를 비롯해 다양한 경제 집단이 경제 활동을 규제하는 규칙을 설정하고, 사업의 법적 정당성을 확보할 수 있는 길을 열어주었다. 항해법을 포함한 중상주의적 경제 규제는 여전히 남아 있었지만, 상인과 제조업자는 의회 청원과 입법을 통해 각 집단의 경제 활동을 방해하는 법적 규제를 변경하거나 폐지할 수 있었고, 각 집단의 경제적 이익을 보호하는 법적, 행정적 장치를 마련할 수 있었다. 그 결과, 독점회사나 길드의 영향력은 현저히 감소했다. 또 관세, 보조금, 관세환급 제도를 이용해 외국산 공산품의 수입은 억제하고 원료의 수입은 장려하는 한편 영국산 공산품의 수출을 장려하는 각종 의회법이 제정되었다. 또한 18세기 중반부터 활발하게 진행된 유료 도로, 운하, 항만 정비 사업 역시 지주와 상공업자들의 주도 아래 의회 입법을 통해 진행되었다. '교통혁명'이라 불리는 사회간접시설의 개선 덕택에 국내 시장이 더욱 통합되고, 영국과 해외 시장을 연결하는 네트워크가 개선되었다는 사실을 고려하면 의회 체제의 중요성은 더욱 돋보인다.

영국의 정치 체제는 또한 국제 관계에서 영국의 지위를 향상시킴으로써 산업혁명에 기여했다. 명예혁명 직후부터 산업혁명이 진행 중이던 1815년까지 영국은 종교, 경제, 왕조적인 이해관계를 두고 프랑스를 비롯한 주요 열강들과 유럽 대륙 및 해외 식민지에서 여러 차례 전쟁을 치렀다. 1689-1815년 사이에 전쟁이 벌어진 기간은 대략 60퍼센트에 해당한다. 전쟁을 치를 때마다 전쟁 비용은 가파르게 상승해 전쟁의 승패는 사실상 전쟁 비용을 효과적으로 조달하는 국가의 능력에 달려 있었다고 해도 과언이 아니었다. 이 점에서 영국의 재정 체제는 경쟁국에 비해 좀 더 효율적이었다. 징수가 용이하고 조세저항이 상대적으로 적은 소비세와 관세 위주로 조세구조를 바꾸고, 조세청부 대신 국가가 직접 조세를 징수했다. 행정부를 관장하는 장관들이 대개 상원과 하원의원이었으므로 행정부는 조세의 종류와 액수를 결정하는 의회와 긴밀하게 협조할 수 있었다. 또한 의회가 특정한 조세 수입과 이자 지불을 연계하는 장기·영구 공채를 보증함으로써 잉글랜드 은행을 비롯한 금융기관을 통해 낮은 이자로

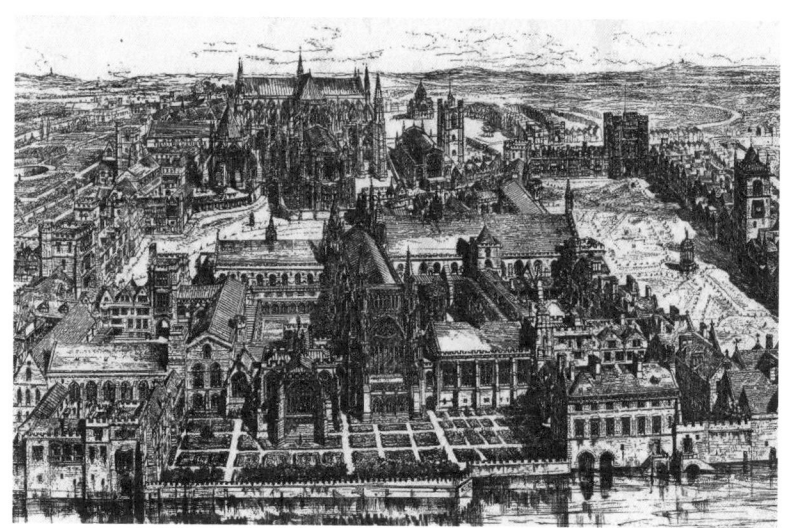

웨스트민스터,
화재가 있기 전의
영국의회

금융시장에서 돈을 빌릴 수 있었다.

산업혁명이 시작된 18세기 말 미국 독립전쟁과 프랑스 혁명·나폴레옹 전쟁 시기에 국가 부채와 조세 수입은 당대인들이 보기에는 거의 상상할 수 없는 수준으로 늘었고, 영국인들은 유럽에서 가장 높은 수준의 조세부담을 감당해야 했다. 일부 역사가들이 주장하듯, 전쟁 수행에 투입된 막대한 재정지출은 생산적인 용도에 활용될 자본을 낭비해 산업혁명을 지연시켰을 수도 있다. 그러나 중요한 점은 영국의 의회와 행정부가 이 시대의 치열한 종교, 이데올로기, 경제적 경쟁 속에서도 제 기능을 발휘하고 있었다는 사실이다. 상대적으로 비효율적인 재정 체제 아래 늘어나는 군비 부담을 감당하지 못하고 무너져 버린 혁명 직전의 프랑스와 달리 영국의 의회와 행정부는 국내의 법과 질서를 유지하고 국외에서는 식민지를 포함한 영국의 전략적, 경제적 이해관계를 보호했던 것이다.

전쟁 수행에 국가의 거의 모든 역량이 동원되었다는 뜻에서 '재정·군사국가(fiscal-military state)'라고 불리기도 하는 18세기 영국 국가의 보호 아래 국내 시장은 더욱 통합되고, 제조업이 진작되었으며, 해외무역도 빠르게 발전했다. 국가가 인도, 북아메리카, 서인도 제도 등지에서 식민 제국의 영토를 확장하고 기존 식민지를 효과적으로 보호한 덕택에 식민지 무역이 특히 빠르게 성장했다. 그 결과 17세기 중반에 무역의 90퍼센트를 차지했던 유럽 시장의 비중은 나폴레옹 전쟁 시기에 이르면 30퍼센트로 줄어든 반면 비유럽시장의 규모는 크게 증가했다. 비유럽시장으로부터 수입된 설탕, 담배, 차와 같은 상품은 영국인의 기호를 바꿔놓고 관련 공업의 성장을 촉진했으며, 유럽 시장에 재수출되어 국제수지를 개선하는 데 기여했다. 더욱 중요한 것은 비유럽시장이 영국산 공산품의 주요 시장으로 성장한 것이었다. 특히 1770년대에 영국 수출무역의 50퍼센트를 차지할 정도로 성장한 북아메리카 시장은 매우 다양한 영국산 공산품을 수입해 영국 공업의 성장에 크게 기여했다.

이 점에 주목해 한때 역사가들은 해외무역이 산업혁명의 원동력이었다고 주장했다. 특히 많은 논란을 일으켰던 것은 대서양 노예무역과 식민지 플랜테이션 농업에서 축적된 자본이 산업혁명 시대에 공업 부문에 투입되었다는 주

영국 런던 코벤트 가든 마켓. 가구 내에서 임금노동의 비중이 높아졌을 뿐만 아니라 새로운 상품을 구매할 돈을 마련하기 위해 더 오랜 시간을 일하게 된 현상을 '근면혁명(industrious revolution)'이라 부르기도 한다. '근면혁명'은 이미 17세기 중반부터 시작되지만, 산업혁명이 시작될 무렵, 즉 18세기 후반부터 더 빠르게 진행되었다.

장이다. 그러나 이런 주장은 공업 부문이 요구하는 고정자본의 규모가 크지 않았고, 필요한 자본은 대개 제조업자 자신의 이윤 재투자 또는 동업이나 지방은행을 통해 조달되었다는 사실에 비추어볼 때 받아들이기 어렵다. 해외무역의 기여는 차라리 영국의 국내 시장을 확대하고 기술변화를 촉진한 것에서 찾을 수 있다. 유럽과 비유럽 지역에서 각종 사치품과 기호품이 도입되면서 전문 상점이나 광고 같은 유통 과정의 변화를 가져왔고, 수입 대체상품의 공급을 자극해 시장의 규모를 키웠다. 시장에 공급되는 상품의 종류와 품질이 다양해지면서 소비자는 과거에는 가구 내에서 직접 생산하거나 지방 생산자로부터 획득했던 상품을 시장에서 구입하게 되었다. 그 결과 이전에 가내 생산에 할애되었던 노동은 시장에서의 구매력을 높이기 위한 임금노동으로 전환되어 노동력 공급을 원활하게 했다. 시장의 규모가 커지면서 제조업자들은 기존 제품의 디자인과 품질을 개선하고 신상품을 대량으로 시장에 공급하기 위해 새로운 기술과 공정을 실험할 수 있었다.

4 산업혁명의 확산

산업혁명은 새로운 기술과 발명을 향한 열정에 활기를 불어넣고, 부의 무한한 축적에 대한 희망을 불러일으켰지만, 산업혁명의 혜택은 결코 모두에게 골고루 돌아가지 않았다. 산업혁명 시대에 영국 노동자의 생활수준이 과연 향상되었는가에 대해서는 여전히 논란이 많지만, 경제적 불평등이 심화되고 노동자의 삶이 크게 나아지지 않았다는 것은 분명해 보인다. 인구가 빠른 속도로 늘어나기 시작한 1740년대부터 18세기 말까지 노동자들의 실질임금은 거의 정체되어 있었고, 그 후에도 눈에 띄게 늘지 않았다. 생활수준이 영양 상태를 결정한다는 전제 아래 신장 자료를 분석한 연구 역시 산업혁명 시대에 노동자의 평균 신장이 거의 변하지 않았거나 오히려 줄었다는 것을 보여준다. 노동자는 또한 시장에 속속 출시되는 새로운 상품을 즐기지도 못했다. 노동자의 노동시간은 길어지고 작업 규율은 강화되었던 반면, 실질임금은 늘지 않았으므로 시장에서의 구매력 역시 크게 늘지 않았던 것이다. 식료품 같은 생필품을 제외한 상품의 판매는 1801년부터 1841년까지 무려 20배 이상 증가했지만, 노동자는 가계 수입의 대부분을 여전히 생필품을 구입하는 데 할애했다. 따라서 공장제와 기계의 확산에 대한 사회적 저항이 폭동에서부터 노동조합의 결성에 이르기까지 다양한 방식으로 빈번하게 일어나고, 노동과 자본의 이해관계가 근본적으로 다르다는 인식이 공장뿐만 아니라 수공업 작업장에서도 나타나기 시작한 것은 결코 우연이 아니었다.

그럼에도 산업혁명 덕택에 영국은 엄청난 재정적 출혈을 강요했던 프랑스혁명·나폴레옹 전쟁을 치르면서도 기존의 정치 체제를 유지하고 유럽에서 패권을 장악할 수 있었다. 산업혁명 시대에 나타나기 시작한 영국의 경제적 우위는 전쟁 이후 더욱 확고해졌다. 면직공업은 1840년대에 매년 200만~300만 톤의 원면을 소비하면서, 유럽뿐만 아니라 아메리카 대륙, 인도와 동남아시아 시장에 면제품을 수출했다. 1850년 무렵 연간 석탄 생산량은 4,900만 톤에 달했으며, 석탄을 동력으로 전환하는 증기기관은 매년 129만 마력의 에너지를 제공했다. 18세기 초 유럽 총 주철 생산량의 8퍼센트를 생산하는 데 그쳤던 영국의 제철공업은 1860년에 이르면 유럽 총 선철 생산량의 60퍼센트를 차지했다. 1인당 공업화 지수로 표현해 1860년 영국의 공업화 수준을 100으로 보면, 프랑스는 31, 독일은 23에 불과했다. 이 수치들을 프랑스, 독일의 경우와 비교하면 다음과 같다. 원면소비량은 프랑스는 61만 톤, 독일은 41만 톤에 그쳤고, 석탄 생산은 각각 440만 톤, 670만 톤에 불과했으며, 증기기관에서 생산되는 동력은 각각 37만 마력, 26만 마력에 그쳤다. 1860-1861년 선철 생산에서 프랑스가 차지하는 비중은 8퍼센트에 그쳤다.

이렇게 공업화 수준에서 격차가 벌어지자 유럽 대륙의 주요 국가들과 미국은 산업화에 관심을 기울이지 않을 수 없었다. 사실, 영국의 공업 발전에 대한 다른 국가들의 관심은 이미 산업혁명이 시작될 무렵부터 시작되었다. 가령, 18세기 후반 프랑스 정부는 영국의 제철 기술을 배우기 위해 과학자를 파견했고, 독일이나 스위스 역시 인력을 파견해 영국 직물업의 현황을 파악하고 기술을 도입하기도 했다. 또한 영국 정부의 강력한 규제 의지에도 영국의 기계류를 수입하거나 숙련공을 영입하려는 노력 역시 진행되었다. 이런 노력 덕택에 18세기 말 프랑스나 실레지아 지역 같은 곳에서는 코크스 선철 제조법을 이용한 공장이 설립되었고, 증기기관 역시 도입되었다.

그러나 영국의 기술을 도입하려는 초기의 움직임은 여러 가지 이유로 큰 성과를 거두지 못했다. 우선 기술도입은 단지 기계류의 수입이나 인력의 유입만으로 가능한 것이 아니었다. 증기기관이나 코크스 선철 제조법처럼 다량의 석탄을 소비하는 기계·공정의 경우 석탄산업의 발전이 뒷받침되어야 했고, 기계를 효율적으로 가동해 생산량을 늘리고 생산성을 향상시키기 위해서는 숙련공과 공장의 규율에 익숙한 미숙련공이 필요했다. 새로운 기술을 도입해 사업을 시작하고 이윤을 얻으려면 또 효율적인 자본시장과 상품시장이 필요했다. 영국에 필적할 만한 과학 지식과 오랜 상공업 전통을 갖추고 있었음에도 이런 면에서 유럽의 주요 국가들은 불리했다. 프로이센과 프랑스의 일부 지역이나 벨기에에는 석탄이 풍부하게 매장되어 있었으나, 석탄을 효율적으로 운송할 수 있는 교통망이 없었다. 전국적인 시장의 발전 역시 정치적인 분열, 통행료 같은 내부의 관세장벽, 길드의 규제 등으로 인해 지체되었다. 더욱이, 대륙 주요 국가의 재정 상황은 18세기의 잦은 전쟁을 거치면서 악화되었던 반면 영국에 비해 자본시장의 발전은 뒤처져 자본공급 역시 원활하지 않았다.

이런 상황에서 일어난 프랑스 혁명과 나폴레옹 전쟁은 유럽 대륙의 산업화를 더욱 지연시켰다. 혁명의 원칙이 확산되면서 길드와 독점이 금지되고 봉건제가 폐지되었으며 재산권과 계약의 자유가 확립되는 등 전국적 시장의 확산과 산업화에 유리한 조건이 조성된 것도 사실이지만, 전쟁에 동원된 막대한 인력, 물리적인 파괴, 교역의 중단 같은 불리한 조건을 일시에 상쇄할 수는 없었다. 반면 자국 영토에서 전쟁을 치르지 않았고, 인력의 동원 규모도 작았으며, 막강한 해군력으로 바다를 장악하고 있던 영국은 전쟁 기간에도 경제성장을 계속할 수 있었다. 나폴레옹 전쟁이 끝난 1815년에는 영국은 세계 공업 생산의 4분의 1, 해외무역의 4분의 1 이상을 차지하는 압도적인 우위를 장악했다.

따라서 전쟁 이후 유럽 대륙의 국가들이나 오랜 정치적인 분열과 1812년 전쟁을 끝내고 산업화에 관심을 보이기 시작한 미국은 영국의 압도적인 산업 및 무역 경쟁력이라는 현실 아래 산업화를 시작해야만 했다. 영국과 경쟁하기 위해서는 영국처럼 새로운 기술, 동력, 생산조직을 도입해야 했으나, 영국의 우위를 추격하는 경로는 각국의 상황에 따라 달라지게 마련이었다. 나폴레옹 전쟁이 끝난 직후 유럽 각국은 프랑스 혁명 이전과 마찬가지로 영국의 기술을 도입하려는 활발한 움직임을 보였다. 예전처럼 기계를 수입하고, 숙련공과 기술자들을 영입했으며, 아예 영국의 사업가들이 공장을 설립하도록 장려했다. 영국과 마찬가지로 석탄이 풍부하고, 직물업과 제철공업 부문에서 오랜 전통을 자랑했던 벨기에의 경우 이런 전략이 특히 효과적이었다. 독립 이전인 1810년대부터 면직공업(겐트), 제철공업(리에주), 모직물 공업(베르비에)이 발전하기 시작했고, 독립 후에는 유럽 대륙에서 가장 앞선 공업국이 될 수 있었다.

독일, 프랑스, 미국의 산업화는 석탄, 철광석과 같은 주요 원료 생산지와 공업 중심지를 연결하고, 자본과 상품의 효율적인 배분을 가능케 하는 국내시장의 발전이 선행되어야 했다. 해외무역에서 영국이 차지하는 압도적인 비중을 고려할 때 이 같은 노력이 없다면 산업화의 가능성이 희박했던 것이다. 이 점에서 가장 중요한 사건은 철도의 부설이었다. 1820년대 후반 영국에서 처음 완공된 철도는 1830년대 중반 이후 유럽과 미국에서도 등장했다. 대륙에서 산업화에 가장 적극적인 모습을 보였던 벨기에는 이미 1835년에 첫 번째 노선을 개통했고, 독일에서도 같은 해에 철도가 개통되었다. 미국은 1840년대에 이르면 영국보다 더 긴 철도망을 보유하게 되었고, 독일이나 프랑스 역시 1870년대에 이르면 영국에 버금가는 철도망을 보유하게 되었다.

신속하고 정확한 운송수단이었던 철도는 자원 배분의 효율을 개선했을 뿐만 아니라 연관 산업과 금융업의 발전을 촉진했다. 이 점은 특히 독일의 경우에 잘 나타난다. 초기에 영국의 기술을 빌려오기는 했지만 독일의 철도망 건설은 거의 독일 기술과 독일 국내에서 생산된 원자재에 의존했고, 따라서 제철업과 기계공업이 빠르게 발전했다. 철도 부설과 연관 중공업의 발전에 필요한 자본을 조달하기 위해서 독일에서는 1840년대부터 투자은행이 설립되기 시작했고, 철도 부설사업이 완결된 1870년대 이후 투자은행을 통해 조달된 자본이 화학, 전기, 제강업을 비롯한 새로운 중화학 공업 부문에 집중적으로 투자되었다. 이렇게 해서 독일의 산업화는 영국이 압도적으로 우위를 차지하고 있던 면직물을 비롯한 소비재 공업 부문이 아니라 중공업 중심으로 진행되었다.

프랑스의 경우도 철도가 국내시장의 통합에 어느 정도 기여했지만, 제철·석탄·기계공업의 발전은 상대적으로 뒤늦게 시작되었다. 19세기 초에 프랑스 중부와 남부, 그리고 1840년대 말부터 북부의 탄광이 개발되었으나 프랑스의 석탄 매장량은 영국, 벨기에, 독일에 비해 부족했고, 따라서 석탄을 대량으로 소비하는 공업 부문의 발전은 지체되었다. 더욱이 농업노동력의 비중이 여전히 압도적으로 높고, 인구 증가율이 유럽에서 가장 낮은 수준이었으므로 도시화도 점진적으로 진행되었다. 그 때문에 프랑스에서는 대량생산을 지향하는 소비재 공업의 발전 역시 지체되었다. 오히려 프랑스의 산업화는 지리적으로 분산된 중소도시나 농촌의 중소 규모의 기업을 중심으로 식품가공, 의류, 가

미국의 대륙횡단
철도 건설 모습

구, 제지, 직물 같은 소비재 공업을 중심으로 진행되었고, 특히 부가가치가 높은 사치품 시장에서 큰 성과를 거둘 수 있었다.

미국의 경우도 또한 달랐다. 미국은 이미 독립 당시에 1인당 소득으로 보면 세계에서 가장 부유한 국가였다. 독립 이후 19세기 전반기에 인구가 빠르게 증가하고 이민이 크게 늘었지만 여전히 토지와 자원에 비해 노동력과 자본이 부족한 상황이었다. 즉 19세기 초반에도 미국의 비교우위는 여전히 농업에 있었는데, 이런 이점을 극대화하고 동시에 공업 발전을 추진하기 위해서는 지리적으로 분산된 시장을 통합하는 교통망 구축이 필요했다. 영국과 마찬가지로 미국에서도 유료도로와 운하 건설에 활발한 투자가 진행되었고, 그 덕택에 뉴잉글랜드 지역을 중심으로 직물업, 제화업을 비롯한 소비재 산업이 시작되었다. 1830년대부터 시작된 철도에 대한 투자는 산업화의 속도를 더욱 빠르게 했다. 물론 제철공업은 영국이나 유럽 대륙 국가에 비해서 상대적으로 느리게 발전했고, 풍부한 삼림 자원 덕택에 석탄을 활용한 새로운 제철법 역시 느리게 도입되었다. 그러나 철도는 소비재공업과 해외무역의 중심지였던 북부의 주요 도시들을 연결하고, 북부와 중부의 농업 지대를 연결해 줌으로써 미국의 국내 시장이 발전하는 데 크게 기여했고, 여기에 영국을 비롯한 유럽 국가의 자본이 남북 전쟁 이후 본격적으로 유입되면서 미국의 산업화는 더욱 빠르게 진행되었다.

　이처럼 유럽 주요 국가들과 미국의 산업화 경로는 영국과 달랐다. 토지나 석탄을 비롯한 부존자원, 인구성장, 노동과 자본시장, 정치제도와 문화의 차이뿐만 아니라 가장 먼저 산업혁명에 성공한 영국의 사례는 이들 후발 산업국가들의 선택이 달라지는 원인이 되었다. 19세기 후반 철강, 전기, 전자, 화학 산업 부문에서 일어난 제2차 산업혁명은 러시아, 일본을 비롯해 산업 국가의 대열에 동참하려는 후발국의 산업화 경로가 또 다시 달라지는 계기가 될 것이었다. 따라서 영국의 산업혁명은 결코 산업자본주의 사회로의 이행에 보편적인 모델을 제공한 것이 아니었다. 또한 산업자본주의 사회로의 이행에 수반된 사회적 결과에 대응하는 방식 또한 각국의 사정에 따라 달랐다. 그럼에도 불구하고, 영국의 산업혁명은 산업화가 지속적인 경제성장의 원동력이라는 점을 보여줌으로써 다른 나라들의 산업화에 대한 의지를 자극했고, 이를 계기로 19세기 말에 이르면 서양과 동양의 경제적 격차가 전례없는 수준으로 벌어지는 이른바 '대분기(Great Divergence)'가 나타났다는 점에서 서양의 역사뿐만 아니라 세계사의 중요한 전환점이었다.

16

19세기 전반기 대서양 양안 세계의 변화

박구병

근대 유럽의 정치경제적 변화는 유럽의 상업적 팽창과 식민지 건설을 통해 틀을 갖추게 된 대서양 세계의 맥락 속에서 검토되어야 한다. 근대 초 이래 대서양은 다양한 부류의 인간에게 서로 다른 의미를 지닌 교류, 경쟁, 충돌의 장소였다. 대서양은 과감하거나 절실한 이들에겐 탈출구이자 모험의 공간이었고 꾸준한 소득의 원천이었다. 반면 강압적인 노예 노동의 굴레에 빠지거나 추방된 불운한 이들에게 대서양 횡단은 고통과 상실이었다.

16세기 초 이래 적극적으로 대외 팽창에 나선 유럽 국가들은 외부 세계와 다양하게 연결되었다. 어떤 제국의 부상, 절정, 위기, 약화 국면은 유럽, 아메리카, 아프리카가 복잡하게 엮인 대서양 세계의 권력 충돌 과정과 연동되었다. 근대 제국의 질서는 대서양을 가로질러 확립된 셈이었다. 예컨대 동인도회사의 활동과 노예무역을 제외한 영국의 세력 확대나 생도맹그(현재의 아이티)에 대한 식민지배 없는 프랑스의 유사한 변화를 상상하기는 어렵다. 그리고 에스파냐의 변화는 '이스파노아메리카(Hispanoamerica)'를 포함하는 합성 제국의 틀 속에서 살펴보아야 한다.

더욱이 1750년대부터 1850년 무렵까지 유럽의 식민 본국들과 아메리카의 식민지들은 대서양을 매개로 더 긴밀히 연계되었고 국제적인 쟁탈전에 깊숙이 얽혀들었다. 1760년대 중반부터 19세기 초까지 영국과 마찬가지로 에스파냐는 아메리카 식민지에 대한 방임에서 벗어나 통제의 수위를 높였다. 하지만 카를로스 3세 시기(1759-1788)의 회복에도 불구하고 에스파냐는 나폴레옹 보나파르트의 제국 팽창 야욕에 밀려 약세를 면치 못했다. 그런 유럽의 정치적 변화가 아메리카 식민지의 독립투쟁을 촉발했을 뿐 아니라 유럽 밖의 사건들도 유럽 내 변화를 자극하게 되었다.

이 장에서는 물리적 거리에도 불구하고 제국의 일부를 이룬 대서양 양안 세계가 19세기 전반기에 어떤 변화를 겪었는지 그 과정에 주목하고자 한다. 에스파냐에서는 자유주의자들이 절대주의 체제의 지지 세력뿐 아니라 프랑스 군대에 맞서 저항하는 동안 1812년 자유주의 헌법과 입헌군주정 체제가 등장했고 그 틈에 아메리카 식민지는 본격적인 독립투쟁에 돌입했다. 아메리카 식민지의 독립은 에스파냐는 물론 빈 회의를 통해 재정비된 유럽의 보수주의 세력에게 큰 충격을 주었다. 게다가 노예무역과 노예제의 몰락은 대서양 세계의 교역 경쟁에 뚜렷한 변화를 가져왔다.

19세기 초 보수주의와 자유주의 사이의 갈등과 대립은 1830년과 1848-1849년 유럽의 여러 지역을 휩쓴 혁명으로 절정에 이르렀고 특히 서유럽에서 자유주의 세력의 봉기는 사실상 구체제에 종지부를 찍었다. 또 근대 유럽의 파생물인 신생 공화국 미국은 19세기 전반기에 멀리 떨어진 식민 본국의 재침략을 막아내고 서남부로 영토를 넓혔으며 1860년대 북부와 남부 사이에 치열한 내전을 겪으면서 연방 확대와 노예제를 둘러싼 지역 간 정치적 타협과 대립을 일단락하고 국민국가로서 통합의 계기를 마련했다.

1 나폴레옹의 몰락과 빈 체제

빈 체제와 보수주의: '구체제' 복원 시도

나폴레옹 체제의 몰락을 공표한 1814년 9월 빈 회의와 1815년 9월 신성 동맹의 결성은 새로운 세기의 출발점이었다. 오스트리아의 외무장관 메테르니히를 비롯한 신성 동맹의 지도자들은 현상유지와 '정통주의'의 논리에 따라 프랑스 혁명 이전의 질서를 회복하고자 했다. 여러 국가에서 왕정이 복원되고 보수주의자들이 재기하면서 정치적 혁명을 통해 태동하던 유럽의 신체제는 크게 흔들리게 되었다. 패전국 프랑스는 다른 모든 유럽 국가들의 내정에 개입할 권리를 확보한 신성 동맹에게 릴, 메츠, 스트라스부르 등 주요 도시들을 포함한 일부 영토와 수십만 명의 주민들을 넘겨주고 배상금을 지불했으며 몇 년 동안 신성 동맹의 군사적 감시 아래 놓이게 되었다.

신성 동맹의 보수주의자들은 계몽사상과 프랑스 혁명의 흐름을 차단하고 체제의 안정을 꾀했다. 1790년대 버크의 『프랑스 혁명에 관한 성찰』에서 잘 드

좌 빈 회의. 프랑스 혁명과 나폴레옹 전쟁에 대한 사후 수습을 위해서 유럽 각국의 대표들이 모인 국제회의. 그림의 왼쪽에서 여섯 번째에 있는 의자에서 막 일어난 듯 서 있는 사람이 회의를 주도한 오스트리아 외무장관 메테르니히다.

우 신성 동맹. 1815년에 러시아 황제 알렉산드르 1세, 오스트리아 황제 프란츠 요제프 1세, 프로이센 왕 프리드리히 빌헬름 3세가 체결한 동맹. '기독교 정신에 입각해 국제정치 질서를 확립해야 한다'는 것이 이 동맹의 골자로, 오스만튀르크 술탄과 로마 교황, 그리고 영국 왕 이외의 모든 유럽의 군주가 이 동맹에 참가했다.

러났듯 보수주의자들은 전통과 역사를 이성과 자유보다 우선시하고 과거로부터 정책의 기조를 구하려 했다. 또한 그들은 지속적 개혁이라는 명분 아래 변화 자체를 우상화하는 경향을 혐오하고 새로운 것을 통해 기분 전환과 자극을 추구하는 대중의 욕구에 대해 반발했다. 버크와 보날드는 무모하게 현재를 변화시키려는 '혁명의 정신'을 경계하고 자연법 이론의 개인주의나 공리주의에 반대하면서 제도권 종교를 국가와 사회의 초석으로 여겼다. 보날드는 『권력론』에서 절대주권을 가진 신이 고유의 권위를 지니는 가족, 교회, 정부에 권한을 균등하게 위임했다고 주장했다. 그에 따르면, 프랑스의 혁명 정부는 가족과 교회의 전통을 무분별하게 침범하고 모든 권한을 독점했다.

이런 분위기 속에서 정치적 억압이 미흡한 개혁의 뒤를 이었다. 그리하여 1819-1820년에 권위주의적 억압은 유럽의 전반적인 추세로 자리 잡았고 영국에서조차 '피털루(Peterloo) 학살'이 발생했다. 얼마간의 개혁과 공식적인 억압의 결합은 장기적으로 보수주의자들이 바라는 정치적 안정을 보증하는 최상의 실행 방식으로 여겨졌다. 메테르니히는 프로이센과 러시아의 지도자들과 더불어 1820년 11월 실레지아의 트로파우(Troppau) 회의에서 에스파냐의 자유주의 봉기와 나폴리의 반란에 개입할 것을 결정했다. 결의안에 따르면, 어떤 국가가 위협에 처할 때 동맹국들은 "평화적으로든 무력이든 약속을 어긴 국가를 위대한 동맹의 품으로 돌려주고자 결속"해야 했다.

피털루 학살. 1819년 영국에서 일어난 민중운동을 탄압한 사건. 영국 맨체스터의 세인트 피터 광장에 약 6만 명의 민중이 모여 의회개혁과 선거권 확대를 요구했다. 헨리 헌트의 연설 도중 기병대가 습격해 많은 사상자가 발생했다. 몇 해 전 워털루에서의 영국군 승리에 빗대 민간인에 대한 야만적 공격을 야유하는 뜻에서 '피털루 학살'이라는 이름이 붙었다. 리처드 칼릴, 맨체스터 도서관 소장

그리스 독립투쟁: 빈 체제에 대한 도전과 로맨티시즘의 부상

18세기 초 이래 이슬람 제국 오스만튀르크가 지속적인 하락세를 겪는 동안 술탄의 지배를 받던 발칸반도의 그리스도교도는 오스만튀르크를 대체할 자유로운 국민국가의 건설을 염원했다. 이런 열망은 세르비아(1803-1815)와 그리스(1821-1830)의 독립투쟁을 자극했다. 양국은 독립투쟁을 통해 서유럽 세계에 다가서고자 했지만 오스만튀르크가 약화되면서 19세기 전반기에 발칸반도에 대한 서유럽의 개입이 더욱 노골화되었다.

그리스 독립투쟁은 신성 동맹 체제의 균열을 초래했다. 러시아는 지중해 진출에 유리할 것이라는 판단 아래 정교회 국가인 그리스의 독립운동을 지원했다. 그에 따라 러시아의 동향을 주시하던 영국이 즉각 반응했고 바이런, 셸리, 들라크루아 등 서유럽 지식인들도 직간접적으로 이 독립투쟁에 참여했다. 이들은 '우리 모두 그리스인'이라고 주장하면서 고대 그리스인의 자유를 위한 투쟁을 유럽인이 공유하는 핵심적 정체로 부각시켰다. 결국 그리스는 메테르니히의 반대를 넘어 1829년 3월 오스만튀르크의 지배에서 벗어나는 데 성공했다.

또한 그리스 독립투쟁은 로맨티시즘의 부상을 위한 무대가 되었다. 로맨티시즘은 개인의 상상력과 감정, 독창적 표현을 중시하는 사조이자 문화적 성향

으로서 다양하고 상충되는 요소들이 섞여 한마디로 규정하기 힘든 면모를 지녔다. 그럼에도 로맨티시즘은 대체로 인간의 이성을 신뢰하는 합리주의나 계몽주의의 대칭적 보완물로 인식되었다. 로맨티시즘은 프랑스 혁명 이후 자유와 평등의 이념을 퍼뜨리고 변화의 기운을 전파하려는 현실과 그에 따라 불거진 혼란에 대해 비관적인 태도를 견지하면서 목가적인 과거, 예컨대 고대 그리스와 로마를 이상화하는 비현실적 도피 성향을 드러냈다는 점에서 보수주의의 동료처럼 보였다. 이런 분위기 속에서 고대 그리스와 로마의 유적지를 답사하는 영국 귀족 청년들의 그랜드 투어는 지속적인 인기를 누렸다. 더욱이 로맨티시즘은 유럽 공통의 기원으로서 그리스와 로마의 문화 전통을 강조함으로써 각 지역에서 민족 공동체의 과거에 대한 관심을 높이고 독일 지역을 중심으로 역사학의 발전에 기여했으며 민족주의적 열망을 고조하는 데 일조했다.

2. 라틴아메리카의 독립투쟁과 유럽의 자유주의 혁명

나폴레옹의 이베리아반도 침략과 에스파냐의 자유주의 운동

에스파냐는 나폴레옹 보나파르트의 정복 전쟁에 밀려 크게 위축되었다. 1808년 5월 프랑스 군대가 에스파냐에 침입해 페르난도 7세를 축출하고 나폴레옹의 형 조지프를 꼭두각시 통치자로 내세웠을 때, 프랑스의 점령에서 벗어난 지역의 지도자들은 협의회(junta)를 구성하고 군주가 없을 경우 각 지역에 주권이 귀속된다고 천명했다. 나폴레옹에 맞서 싸운 애국파는 '자유로운 자'로 일컬어졌고 에스파냐 역사상 최초의 헌법을 기초했다. 이들은 1812년 3월 남부 카디스(Cádiz)에서 에스파냐와 아메리카에 있는 모든 에스파냐인을 대표해 왕권 제한뿐 아니라 종교재판소, 영주재판권, 귀족의 특권, 장자상속제, 원주민 공납, 강제노역 등의 폐지를 명시한 자유주의적 헌법을 공포했다.

1814년 페르난도 7세가 왕좌에 복귀한 뒤 에스파냐에서는 보수주의와 자유주의, 달리 말해 절대왕정의 옹호 세력과 인민주권의 지지자 사이에 격렬한 대립이 벌어졌다. 당시 이베리아반도의 정치적 부침과 자유주의 개혁은 정통성의 위기를 감지한 아메리카 식민지의 독립운동 세력과 동조하고 공진(共振)했다. 대서양 양안 사이에 자유주의의 확산과 상호 교류가 이뤄진 셈이었다. 하지만 자유주의 헌법의 부활과 뒤늦은 경제 개혁 조치를 통해 '아메리카의 반역자'들이 무기를 버리게 될 것이라고 기대한 에스파냐 자유주의자들의 희망은 곧 사라졌다. 본격적으로 전개된 아메리카 식민지의 독립투쟁은 에스파냐에게 엄청난 재앙을 선사했다.

1820년대 말에 이르러 에스파냐의 아메리카 식민지 가운데 쿠바와 푸에르토리코만 제국 체제 속에 남게 되었다. 남은 식민지는 제국의 향연을 다소 연장시켰지만, 국내 정치 제도의 구조적 제약과 개혁의 실패는 경제적 손실을 넘어 제국의 종말을 예고했다. 에스파냐의 위상은 크게 약해졌고 그 틈을 노린 영국의 아메리카 침투가 활발해졌다. 영국의 영향력이 확대되고 미국의 역할도 차츰 커졌다. 라틴아메리카의 여러 국가가 독립을 선포한 뒤 미국의 먼로 대통령은 1823년 새로운 외교정책을 발표해 비식민화와 불간섭을 역설했다. 이는 어떤 유럽 국가가 아메리카를 식민화의 대상으로 삼을 수 없다는 웅장한 반식민주의 선언이었지만, 실제 효력을 보장하기 힘든 일방적 외침이었다.

라틴아메리카의 보수적 독립투쟁

1808년 5월 나폴레옹의 마드리드 점령과 페르난도 7세의 폐위는 에스파냐령 아메리카의 독립투쟁을 촉진한 도화선이 되었다. 식민 본국의 정치적 혼란을 자치정부 수립의 호기로 파악한 아메리카의 독립투사들은 우선 폐위된 페르난도 7세의 이름으로 자치정부가 통치할 것이라고 공포했다. 하지만 곧 여러 지역에서 정치적 분리를 위한 독립투쟁이 펼쳐졌다. 민족주의의 기원과 전파에 관한 연구로 유명한 베네딕트 앤더슨에 따르면, 미국의 독립투쟁과 마찬가지로 에스파냐령 아메리카의 독립투쟁은 대체로 페닌술라르(peninsular, 이베리아 반도 출신의 백인)의 지배에 맞선 '크리오요(criollo, 아메리카 태생의 백인) 민족주의'의 표출이었다.

대서양 세계를 뒤흔든 라틴아메리카 독립투쟁의 서광은 1780-1783년 페루에서 벌어진 투팍 아마루의 저항에서 비롯되었지만 이 원주민 투쟁은 크리오요의 지원을 이끌어내지 못했다. 이어 1791년부터 사탕수수 재배의 중심지인 프랑스의 식민지 생도맹그에서 전개된 '흑인 혁명'은 라틴아메리카 역사상 최초의 독립을 성취했다. 생도맹그의 흑인 지도자 투생 루베르튀르가 프랑스 혁명의 와중에 독립투쟁을 이끌었을 때, 다른 지역의 크리오요들은 이를 과격한 노예반란으로 간주했다. 노예 15만 명과 프랑스인 7만 명에 이르는 희생자를 양산한 격돌 끝에 1804년 1월 생도맹그의 독립이 선포되었고 옛 원주민 부족의 이름인 아이티가 독립국의 이름으로 채택되었다. 하지만 미국을 제외하고 아메리카에서 가장 먼저 독립을 이룬 아이티의 존재는 아메리카에서 철저히 무시되었다. 프랑스가 1820년대에, 영국이 1830년대에 아이티의 독립을 승인한 뒤 미국은 1860년대 초에 뒤따랐고 라틴아메리카 국가로서는 브라질이 1865년에 처음으로 그 대열에 합류했을 따름이다.

생도맹그의 '흑인 혁명'이나 프랑스 혁명의 급진화가 크리오요 독립투사들에게 두려움의 대상으로 비쳤다면, 미국 혁명은 주도 세력의 적절한 통제가 돋보이는 온건한 독립투쟁의 모범으로 받아들여졌다. 누에바에스파냐(멕시코)의 사례가 보여주듯이 초창기에는 원주민들의 참여가 두드러졌으나 곧 아래로부터의 봉기가 좌절된 뒤 식민 당국의 반(反)혁명이 얼마간 지속되다가 보수적인 크리오요들의 주도로 독립을 이룬 경우가 많았다.

누에바그라나다(현재의 베네수엘라와 콜롬비아)에서 격렬한 투쟁을 지휘한 볼리바르를 비롯해 각 지역의 크리오요 엘리트층은 식민통치에 반대하는 투쟁이 과격한 사회적 소요로 폭발할 가능성에 대해 우려하면서 원주민과 파르도(pardo, 유색인)의 적극적인 가담을 견제했다. 그들은 자유주의적 대의의 실현으로서 독립을 바라지 않았고 파르도가 페닌술라르의 권력을 차지하지 못

생도맹그 전투
프랑스군을 지원하기 위해 온 폴란드군과 아이티 혁명군이 벌인 생도맹그 전투. 1789년 생도맹그는 당시 전 세계 설탕의 40퍼센트를 생산하며 프랑스가 가진 가장 값진 식민지가 되었다. 〈야자수 언덕의 전투〉, 야누아리 수호돌스키, 1845

하게 하려는 선제적 예방 차원에서 독립투쟁을 통제하려 했다. 아메리카의 독립투사들이 처음부터 원주민과 파르도를 주권자로서 인민의 범주에 포함한다고 공언했음에도 불구하고 약 400만 명의 크리오요가 에스파냐인보다 10배쯤 많고 크리오요보다는 원주민과 유색인이 훨씬 더 많은 아메리카의 현실에서 인종적 차이에 따른 자유와 평등의 한계와 크리오요가 주도한 독립투쟁의 보수적 속성은 분명해 보였다.

독립투쟁 기간 동안 아메리카 곳곳의 경제적 기반은 파괴되었다. 광산과 대농장은 독립투쟁 전의 3분의 1 수준에 지나지 않았다. 특히 에스파냐의 통치역량과 인적·물적 자원이 집중된 누에바에스파냐에서는 10년 동안 인구 약 600만 명의 10퍼센트에 이르는 인명 피해와 심각한 재정난이 발생했다. 또한 유럽이 전쟁의 혼란에서 벗어난 뒤에 독립하게 된 라틴아메리카 국가들은 미국이 앞서 누릴 수 있었던 것과 유사한 경제적 기회를 잡지 못했다.

독립 이후 크리오요가 페닌술라르를 대신해 새로운 지배층으로 자리 잡았지만, 대다수 독립국의 정세는 불안정했다. 크리오요 엘리트층이 이끈 라틴아메리카의 탈식민화는 국가의 독립이라기보다 여전히 뛰어난 개인과 집단의 독립으로 여겨졌다. 볼리바르가 남아메리카 여러 국가의 독립을 이룬 뒤 미국과 유사한 연방 체제를 염두에 두고 추진한 남아메리카의 대통합 구상은 지역적 분열이 가속되면서 실현되지 못했다. 식민 권력의 해체는 정치적 진공 상태와 각 지역에 근거지를 둔 카우디요(caudillo, 군벌)의 전성시대를 열었다. 예컨대 멕시코의 경우 1821년 독립 이래 1860년대까지 카우디요들의 각축전이 잇달아 50여 명의 대통령이 난립하는 등 극도의 혼란기를 겪었다.

1830년 7월 혁명에서 1848년 혁명까지

19세기 전반기에 유럽의 자유주의 세력은 프랑스 혁명가들이 인권선언에서 천명한 권리, 즉 신체의 자유와 안전, 언론·출판·결사·사상·종교의 자유, 법 앞의 평등, 입헌주의 등을 사회의 규준으로 확립하고자 분투했다. 이런 활동 덕분에 자유주의는 전통적 토지 귀족과 도시노동자 사이에 위치한 온건파, 예컨대 독일 지역의 경우 교양시민(Bildungsbürger)들의 지지 속에 뿌리 내리기 시작했다. 자유주의자들은 국가와 정부의 권력이 절대적이 아니라 제한적이라는 점을 강조하고, 밀의 『자유론』(1859)으로 대변되듯이 주권자인 인민의 동의를 바탕으로 한 정부의 구성, 헌법에 근거한 정부권력의 제한, 정교 분리, 한사(限嗣)상속 폐지, 대의정부 수립 등을 옹호했다.

에스파냐와 에스파냐령 아메리카의 변화로 촉발된 신성 동맹의 와해는 그리스의 독립으로 일단락되었고 그 덕분에 1830년 자유주의자들은 승리를 거둘 수 있었다. 프랑스의 1830년 7월 혁명은 '최초의 자유주의 혁명'으로 입헌왕정(1830-1848)을 탄생시켰고 오스트리아의 영향력이 컸던 폴란드, 벨기에, 이탈리아에서도 자유주의 혁명이 발발했다.

영국에서는 1830년 휘그파가 선거에서 승리한 뒤 1832년 선거법 개정과 아울러 참정권 확대 요구가 거세졌다. 선거법 개정으로 중간계급만 선거권을 획득하자 노동자들은 배신감을 느꼈고 이들의 분노는 차티즘(Chartism)이라는 대대적인 정치투쟁으로 전환되었다. 노동자들은 1838년 '런던노동자협회'가 작성한 인민헌장을 중심으로 결집했다. 영국의 자유주의 운동은 또한 곡가가 일정 수준에 도달할 때까지 외국산 곡물 수입을 규제하면서 지주와 곡물업자들의 이익을 보호하던 곡물법의 폐지와 노예제의 폐지를 요구했다. 1846년 곡물법 폐지는 영국을 비롯한 서유럽에 공업이 더 집중되는 방향으로 자본주의 세계경제의 분업을 강화했을 뿐 아니라 영국 정치의 재편을 뒷받침했다. 영국 정치에서 18세기를 풍미한 토리와 휘그 개념이나 양당 연합 체제는 사라지고 보수당과 자유당의 양당 체제가 확고해졌으며 두 정당은 모두 중도 자유주의의 논리를 수용했다.

1848년 혁명은 유럽 대륙을 휩쓴 격변이었다. 이 혁명은 보수주의에 대한 자유주의의 투쟁으로서 빈 체제에 결정적인 타격을 가했다. 선거권 확대 요구에 대해 "부자가 되라! 그러면 투표할 수 있다"라고 응답한 프랑스의 총리 기조는 몰락했다. 7월 왕정의 상징적 인물인 기조는 야심과 정치적 완고함 탓에 대중의 반감을 불러일으켰고, 특히 급진파에게 부르주아지의 반동과 자유주의의 편협성을 예증한 인물로 받아들여졌다. 다른 한편에서 그는 구체제의 복원에 반대하는 동시에 대중의 정치 참여를 바탕으로 한 급진적인 공화정을 거부하고 그런 위험에 빠지지 않는 길을 닦으려는 19세기 자유주의 통치 문화의 표상이었다. 그는 자유주의가 개인의 권리를 옹호하는 교리를 넘어 통치 문화로 안착되어야 한다고 생각했다.

프랑스의 1848년 2월 혁명은 바리케이드 시가전을 통해 7월 왕정을 무너뜨리고 자유주의적 온건 공화정을 수립했다. 2월 혁명으로 수립된 임시정부는 성인 남성의 보통선거제를 채택하고 정치클럽의 활동과 정치문건 유포에 대한 제한을 철폐했으며 실업자를 위한 국립작업장을 개설하고 식민지의 노예제를 폐지했다. 보통선거제는 납세액에 근거한 선거권의 제한 탓에 수축된 민주주의의 효과를 증진하려는 주문이었다. 이는 자유주의가 민주적 원칙과 결합하는 기회를 제공했다. 같은 해 수공업자들과 공장노동자들의 6월 봉기는 '노동권'과 사회적 권리를 부각시켰으나 군대에게 진압당했다. 그 뒤 보통선거제를 주창한 공화주의자들이 분열했고 이에 대한 환멸 때문에 1848년 12월에 실시된 대통령 선거에서 나폴레옹의 조카 루이 나폴레옹 보나파르트가 승리하는 상황이 발생했다. 루이 나폴레옹 보나파르트는 1851년 12월에 선거와 개인적 권위를 기이하게 결합한 친위쿠데타를 일으켜 짧은 제2공화정(1848-1851)을 마감하고 제2제정(1852-1870)을 선포했다. 역사의 수레바퀴는 거꾸로 돌아가는 듯 보였다.

프랑스의 2월 혁명은 중동유럽으로 확산되어 자유주의적 정부와 민족국가의 구성을 요구하는 운동에 영향을 미쳤다. 독일 지역에서는 메테르니히 실각 소식이 전해진 뒤 1848년 5월 프랑크푸르트 의회가 소집되어 헌법제정과 통일 방안을 논의하고 독일 연방을 승인했지만 중간계급은 수공업자와 하층민들의 요구를 수용하지 않으려 했다. 끝내 보수파의 반격 속에 프랑크푸르트 의회가 해산됨으로써 자유주의적 개혁이 실패하고 프로이센을 중심으로 의회에 적대적이었던 보수적 권위주의자들이 득세했다. 그리하여 독일 지역에서는 이탈리아와 마찬가지로 자유주의 세력이 향후 통일 운동을 주도하지 못했다.

유럽의 대부분을 휩쓴 1848-1849년 혁명은 믿기 어려울 정도로 신속히 패배했고 군주, 교회, 토지귀족 등 전통적인 보수 세력은 온존했다. 오스트리아에서 메테르니히가 밀려났지만 헝가리의 봉기는 실패했다. 중동유럽에서는

〈1849년 유럽의 파노라마〉
월간지 《뒤셀도르프》에 실린 페르디난트 슈뢰더의 풍자만화. 철모를 쓴 군인으로 묘사된 프로이센은 '포티에이터스(Forty-Eighters)'를 밖으로 쓸어내고 있다. 이들은 스위스로 가거나 아메리카로 향하는 배에 올랐다. 1848년 한 해에만 5만 명이 넘는 이 지역 주민들이 미국으로 건너 갔는데 이들을 '포티에이터스'라고 한다.

자유주의적 원칙이 훼손되고 오스트리아와 러시아에서는 의회제보다 위로부터의 관료적 통제가 더 강력하게 작동했다. 1848년 오스트리아와 1861년 러시아의 농노제 폐지나 헝가리의 광범위한 자치권 확립 같은 중동유럽의 중대한 변화는 정부가 주도한 정책의 산물이었다. 따라서 서유럽과 중동유럽의 간극이 더 커졌다. 더욱이 '위대한 헬레니즘의 깃발'을 휘두르면서 자유주의의 확산을 막아낸 그리스 정부의 사례에서 보듯이 1848년 무렵 이 지역의 민족주의는 자유주의를 억제하고 봉쇄하는 데 활용되었다.

3 신생 공화국 미국의 성장과 변화

영토와 인구의 팽창과 노예제를 둘러싼 타협

신생 공화국 미국의 주요 관심사는 연방 확대와 노예제의 존폐 문제였다. 1803년 제퍼슨 대통령은 '루이지애나 매입'을 통해 프랑스로부터 미시시피강에서 로키산맥에 이르는 현재 미국 중부의 광활한 지역을 사들였다. 당시 나폴레옹은 생도맹그의 흑인 봉기를 진압하는 과정에서 재정적 압박을 받고 있었다. '루이지애나 매입'은 미국의 판도가 향후 태평양 연안까지 팽창하는 데 필수적인 발판이 되었다. 확대된 연방의 균열과 파괴를 막기 위해 노예주와 노예금지주 사이에 마련된 최초의 정치적 해법은 미주리 대타협이었다. 미주리 준주(準州, territory)의 성인 남성 인구가 6만 명이 넘어 1819년 연방 가입을 원하고 이를 노예주로 해야 할지 노예금지주로 해야 할지가 치열한 논란거리로 떠올랐을 때, 대개 남부 출신인 백인 정착민들은 미주리가 노예주로 편입되길 원했다. 당시까지 연방에 가입한 스물 두 개 주는 각각 열한 개의 노예주와 노예금지주로 나뉘어 수적 균형 상태를 이루고 있었기 때문에 이를 손상시키지 않을 정치적 묘수가 필요했다. 고육지책으로 1820년 초 북부 매사추세츠를 분리시켜 메인(Maine) 주를 창설하고 노예금지주로 연방에 편입하는 대신 미주리는 1821년 노예주로 연방의 일원이 되었다. 그 뒤 타협안에 의거해 미주리 남쪽 경계(북위 36°30′)의 북부에서 연방 가입을 원하는 준주는 자동적으로 노예금지주, 그 남부의 지역은 노예주가 되어야 했다. 이 타협안은 30년 이상 유지되었다.

그동안 미국은 멕시코와의 전쟁을 통해 서남부 영토를 넓혔고 새로운 영토의 연방 편입은 정치적 공방의 쟁점이 되었다. 1836년 멕시코와의 전쟁 끝에 독립했으나 1845년까지 '외로운 별 공화국(Lone Star Republic)'으로 남아있던 텍사스의 진로는 노예제를 둘러싼 연방 내 균형 유지 문제와 긴밀히 연계되어 있었다. 남부의 지도자 존 칼훈이 텍사스의 연방 병합을 강력히 주장함으로써 동북부 노예금지주들의 반발을 초래하기도 했지만 1845년 하원에서 병합안이 통과되어 텍사스는 미국의 28번째 주로 승인받았다. 곧이어 텍사스의 서남쪽 경계를 둘러싼 공방으로 미국과 멕시코는 두 번째 전면전을 벌였고 1847년 9월 멕시코 시 점령에 성공한 미국이 압승을 거두었다. 그 결과 미국은 서부의 넓은 영토를 획득했고 1849년 금광의 발견으로 주민 수가 급증한 캘리포니아는 1850년 31번째 주로 연방에 단독 가입했다. 한편 19세기 전반기에 기근을 피해 탈주한 아일랜드인, 정치적 격변에서 벗어나려 한 독일인들을 포함한 유럽계 이주민의 쇄도에 힘입어 미국의 인구는 1790년에 390만 명에서 1848년에 2,300만 명, 1860년에는 3,100만 명으로 급증했다.

미주리 대타협은 1854년 네브래스카와 캔자스가 연방 가입을 신청했을 때 끝내 붕괴되었다. 북위 36°30′ 북쪽에 위치한 두 준주는 타협안에 따라 노예금지주로 연방에 가입해야 했지만, 남부 노예주들의 정치적 지지를 노린 야심가 스티븐 더글러스는 주민의 주권(popular sovereignty)에 따라 두 준주의 지위가 결정되어야 한다고 주장하면서 미주리 대타협을 무시하려 했다. 북부인들이 이에 반발하면서 남부와의 무력 충돌 가능성이 커졌다.

'잭슨 민주주의'와 지역적 긴장의 고조

1824년 미국의 대통령 선거는 주민 투표의 최다득표자가 다수 선거인단의 확보에 실패한 첫 사례였다. 독특한 대통령 선출 방식의 패배자는 1815년 1월 영국의 재침략 시도에 맞선 뉴올리언스 전투 이후 국가적 영웅으로 떠오른 앤드류 잭슨이었다. 잭슨은 1824년 선거에서 패배했지만 토머스 제퍼슨을 잇는 반(反)중상주의적 자유방임과 지방분권론의 기수로 부상했다. 제퍼슨과 잭슨 같은 19세기 전반기의 자유주의자들에게 정부의 간섭과 개입은 공채, 관세, 세금, 은행, 장려금 등을 통해 부유층을 돕는 불공평한 수단으로 여겨졌다. 잭슨은 1810년 이후 일부 주에서 유권자의 재산 자격 요건 철폐로 선거권을 얻게 되었으나 경기침체 속에서 채무 부담이 늘어난 이들을 대변하면서 특권에 반대하는 '평민(common man)의 시대'를 표방했다.

1828년 선거에서 승리한 잭슨은 최초의 '서부 출신 대통령'이 되었다. 당시 서부란 오하이오강 서쪽을 의미했다. 잭슨의 재임 기간(1829-1837)에 민선 관리의 수가 늘고 주민들이 대통령 선거인을 직접 선출할 수 있게 되었으며 재산자격 폐지와 엽관제(獵官制) 도입 등을 통해 예전보다 더 많은 이들이 공직에 진출할 수 있었다. 그리하여 평민을 기반으로 한 양당제가 전개되었고 흔히 '버지니아 왕조'로 불렸던 이전 시기와 다른 분위기가 조성되었다. 1835년 『미국의 민주주의』를 출판하게 되는 프랑스의 귀족 청년 토크빌이 미국을 방문해 귀족 중심의 유럽 체제와 다른 미국 체제를 관찰하게 된 것도 1830년대 초였다. 토크빌에 따르면, 미국 정치의 가장 두드러진 특징은 민주주의와 절대적인 인민 주권이었고 분권화와 독립적인 언론 역시 중요한 요소였다.

'잭슨 민주주주의' 시대에는 지방의 거물급 인사들이 부상하는 동시에 정치적 분파와 지역 간 대립 구도, 즉 향후 내전의 발발로 정점에 도달하게 될 분파적·지역적 긴장과 갈등이 분명해졌다. 잭슨이 관세 특혜와 연방 은행의 독점에 반대하는 주권론자(州權論者)를 대변했기 때문에 잭슨 행정부는 연방 정부의 통합적이고 적극적인 정책에서 후퇴하면서 분권적이고 반중상주의적인 태도를 견지했다. 연방 은행이 1832년 특허장의 연장을 신청했을 때, 잭슨은 이를 거부하고 23개의 주 은행 설립으로 맞섰으며 1835년에는 주권론자로 알려진 로저 태니를 대법원장에 임명했다.

타협의 붕괴와 내전 발발

미국에서 자유의 수사와 노예제 존속이라는 현실 사이의 괴리는 심각했다. 1790년 무렵 노예의 수는 70여 만 명이었지만 1820년에 150여 만 명, 1840년에 250만 명에 이르렀다. 1850년 당시 노예의 수는 남부 인구의 30퍼센트를 넘었고 사우스캐롤라이나와 미시시피 주에서는 절반 이상을 차지했다. 19세기 초 대다수 노예 소유주들이 자유를 위한 투쟁이 노예들에게 영감을 주거나 적용되지 않을 것이라며 완강한 태도를 고수하고 있었을 때, 노예무역 종식과 노예제 폐지를 주장하는 운동이 주목받기 시작했고 제퍼슨은 1808년 이후 새로운 노예의 유입을 중단하는 법안에 서명했다.

1854년 캔자스와 네브래스카의 연방 가입을 둘러싸고 미주리 대타협이 붕괴될 무렵, 링컨의 주도로 공화당이 재정비되었다. 링컨이 주도하는 정당으로 탈바꿈한 공화당은 19세기 전반기와 달리 노예제 폐지 협회를 규합하고 관세와 같은 보호주의 정책을 강력히 지지했다. 남부와 북부의 대결 조짐이 고조된 가운데 1857년 대법원장 태니는 흑인 노예 출신으로 노예금지주에 거주했던 드레드 스콧의 권리에 관한 재판에서 흑인 노예가 시민이 아니기 때문에 연방 법원에 자유 획득을 위한 소송을 제기할 권리가 없다고 판결했다.

1861년 링컨의 대통령 취임 직후 남부 일곱 개 주가 연방에서 탈퇴해 '새로운 연합'을 구성하고 이듬해 네 개 주가 탈퇴 행렬에 합류했다. 앞서 토크빌이 예측한 대로 연방이 분열될 위기에 직면한 것이었다. 노예제, 대농장 경영, 자유무역, 지방분권 등을 지지하는 남부와 자유로운 노동, 공업 진흥, 보호무역, 연방주의 등을 견지한 북부의 대결이 이어졌다. 분열 당시 약 400만 명의 노예를 포함해 남부의 인구가 900만 명에 불과한 반면, 중북부의 스물 세 개 주로 이뤄진 연방의 인구는 2,200만 명이 넘었다.

미국 내전 발생 시
노예주와 노예금지주

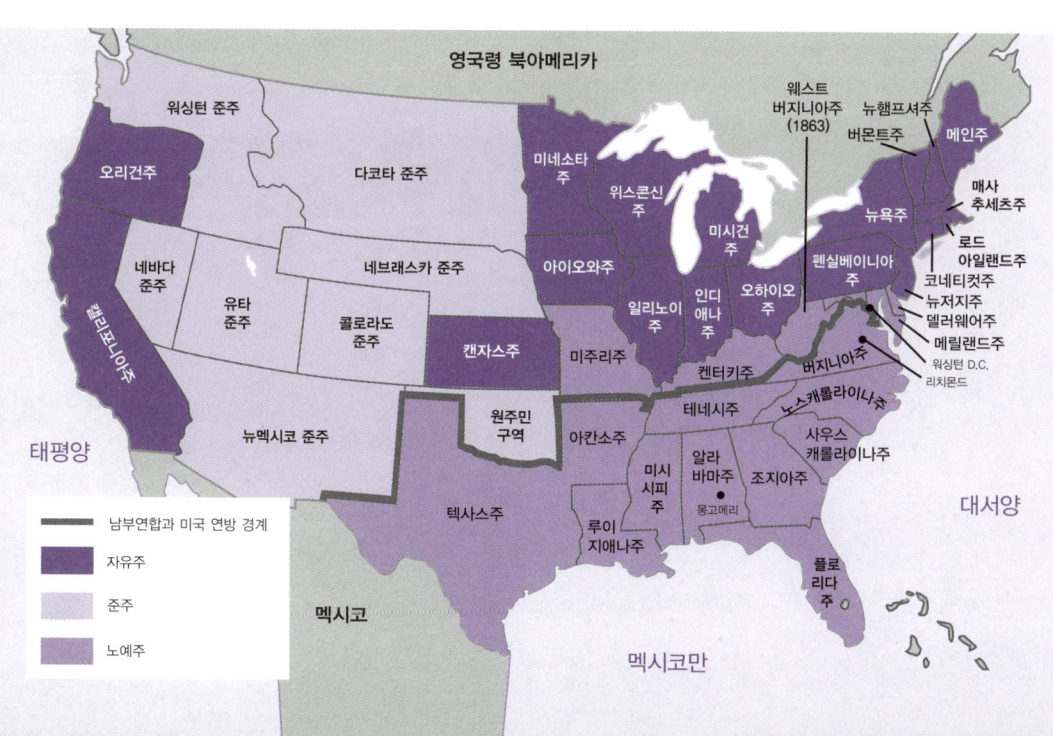

링컨은 노예제 폐지보다 연방 통합을 최우선 과제로 인식했고 노예제를 악덕으로 보는 견해와 흑인들에게 정치적·사회적 평등이 부여되면 안 된다는 감정 등 상반되는 두 가지 관점의 간극을 메우고 조화의 필요성을 선전하는 데 탁월한 역량을 발휘했다. 그는 서북부의 노예폐지론자와 인도주의적 동조자를 의식해 1863년 1월 노예해방령을 공포했지만 서북부 백인들은 대부분 노예제 폐지론자라기보다 흑인 공포증을 지니고 있었다. 1865년에 마무리된 내전은 노예제 폐지를 확정했을 뿐 아니라 독립 이후 해결의 실마리를 찾지 못하고 타협 속에 봉합되어온 지역적 대립과 차이를 어떤 방식으로든 정리하는 계기였다는 점에서 제2의 미국 혁명이자 국가통합의 결정적 관문처럼 보였다. 내전에서 패배한 남부에는 재건 시대(1865-1877) 동안 군정(軍政)이 부과되었다.

4 노예제의 종식과 유럽 협조 체제의 변형

노예무역과 노예제의 폐지

16세기 초 노예무역선의 대서양 횡단 이래 유럽인이 주도한 노예무역은 오랫동안 아프리카에 엄청난 인적·경제적 손실을 초래했다. 아프리카, 아메리카, 유럽을 잇는 삼각 노예무역과 미국 남부, 카리브해 연안, 브라질 등지의 대농장을 중심으로 노예제가 확립되었다. 18세기 말에는 매년 6-7만 명의 아프리카인들이 아메리카의 노동력 부족을 타개하기 위해 강제 이송되었다. 식민 시대 초기부터 19세기 초까지 쿠바, 이스파뇰라(Hispañola, 현재의 아이티와 도미니카 공화국), 브라질 등지에 350만 명이 넘는 아프리카 출신 노예들이 유입되었다고 추정된다. 19세기 전반기까지 대서양 세계의 경제는 대체로 노예무역과 아메리카의 노예제에 근거하고 있었다고 할 만하다.

 1770-1780년대 이래 이런 관행에 대한 반발이 거세게 일었다. 계몽주의의 영향뿐 아니라 클래펌파를 위시한 그리스도교 분파의 활동에 힘입어 영국에서 노예무역과 노예제의 비도덕성과 불법성에 대한 공세나 철폐 운동이 강화되었다. 또한 설탕을 비롯한 열대작물의 과잉공급 탓에 국제가격이 하락하자 대농장들은 생산량을 줄였고 이에 따라 노예 노동의 수익성이 떨어지게 되었다. 영국 내에서 노예제와 노예무역의 폐지를 위한 압력의 이면에는 인도주의적 동기와 더불어 경제적 이해관계가 작용한 것이었다. 이 시기에 철저한 지지자들을 확보하게 된 노예제 폐지 운동은 프랑스 혁명의 국면을 활용했다. 1792년 3월 덴마크의 프레데릭 6세가 발표한 노예무역 철폐 칙령은 1803년 1월에 발효되었다. 노예 봉기의 산물인 아이티의 1801년 헌법은 다른 지역의 노예제를 피해 망명을 요청한 이들을 포함해 모든 주민에게 인종의 구분 없이 자유의 원칙을 적용했다. 이 조치는 프랑스의 자코뱅파에게 영향을 미칠 정도로 보

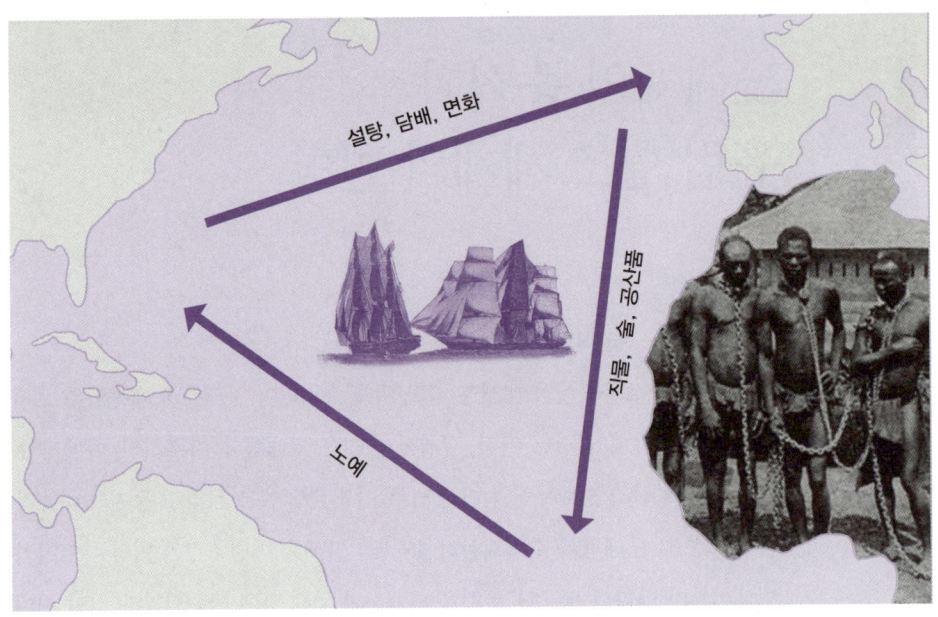

아프리카, 아메리카, 유럽을 잇는 삼각 노예무역

편적 권리를 보장한 것이었다. 프랑스에서는 1794년 혁명의 물결 속에서 노예제가 폐지되었으나 1803년 나폴레옹에 의해 부활되었다가 1848년에 전면 폐지되었다. 당시 프랑스의 식민지에서 해방된 노예의 수는 약 25만 명이었다.

하지만 1790년대 초 프랑스 혁명의 급진적 국면은 영국의 노예제 폐지 운동 세력을 갈라놓았고 반혁명적 동원을 불러일으켜 노예제 폐지 운동을 방해하기까지 했다. 10년 뒤 노예제 폐지 운동은 가장 필요하다기보다 논란을 최소화할 수 있는 방식으로 추진되었고 이렇듯 더 보수적인 정세 속에서 대서양 노예무역을 철폐하는 영국 의회의 1807년 법이 제정되었다. 영국의 노예 소유주들은 19세기 초 자메이카를 비롯한 카리브해 지역의 식민지에서 대규모 사탕수수 농장과 제당공장을 확대하려 했다. 그들은 신문과 팸플릿을 통해 가톨릭 해방령(1829), 선거법 개정(1832), 노예해방령(1833) 등에 강력히 반발하고 정부와 독서 대중의 관심을 카리브해 지역에서 아프리카로 돌리고자 했다.

반면 1833년 영국이 인도를 제외한 모든 식민지에서 노예무역과 노예제를 폐지했을 때, 노예제 폐지 운동에서 가장 영향력 있는 인물로 손꼽힌 벅스톤(T. F. Buxton)은 노예제를 영구적으로 종식시킬 수 있는 유일한 방법이 아프리카에서 그 뿌리를 없애는 것이라고 판단하고 1839년에 '아프리카문명협회'를 창설하기도 했다. 사실 노예제 폐지 운동은 인도주의뿐 아니라 자유로운 노동의 주창자들의 애매한 승리였다. 식민지 노예제의 폐지는 1834년 개정구빈법과 같이 여력 있는 빈민들을 구제 대상에서 벗어나 노동하게 만들고 자유주의적 경쟁 원리에 어긋나는 관행을 제거하려는 법적 조치와 함께 실행되었다.

크림 전쟁: 유럽 협조 체제의 동요

그리스가 독립한 뒤 오스만튀르크는 19세기 중엽까지 쇠락을 거듭했다. 각종 개혁이 더욱 불가피하게 여겨졌지만 오스만튀르크의 지배층은 유럽식 개혁을 추진하기보다 외교적 책략을 통해 유럽의 강대국들을 분열시켜 그 가운데 어느 국가와 우호적인 관계를 유지하길 원했다. 유럽 열강은 오스만튀르크의 영토와 이권을 빼앗으려 하면서도 자칫 세력 균형의 일부로 작용하던 제국 자체가 붕괴해 발칸반도와 동방이 대혼란에 빠지거나 다른 한 국가가 지역의 패권을 거머쥐는 상황을 경계했다. 오스만튀르크의 지배 아래 잘 드러나지 않았던 정교회 국가들의 영토적 야심은 1850년 무렵 충돌하기 시작했다. 이에 따라 앞선 세기에 비해 무력 충돌이 뜸했던 19세기의 유럽 협조 체제는 1853-1856년 크림 전쟁을 치르면서 동요하게 되었다.

팔레스타인의 성지관할 문제로 촉발된 크림 전쟁에서 꾸준히 남진을 모색해온 러시아, 중근동 지역에서 경제적 이해관계를 수호하려는 영국과 프랑스 등이 부딪혔다. 이는 세력 균형의 유지라는 전통적 명분이 작동한 전쟁이자 '최초의 러시아 봉쇄 전쟁'이었다. 그리스 독립투쟁 당시 러시아는 유럽 문명의 고향을 회복한다는 것 외에 '정교회의 보호자'라는 정당화를 시도했지만, 독립 이후 그리스에서 영국에 우호적인 성향의 정부가 수립되는 상황을 지켜보아야 했다. 1854년 러시아가 오스만튀르크에게 전쟁을 선포했을 때, 영국과 프랑스는 이 전쟁에 개입해 크림반도에서 러시아군을 격퇴했다.

러시아의 특사가 콘스탄티노폴리스에 도착해 위기가 시작된 지 8개월 뒤인 1853년 10월에 오스만튀르크가 러시아에 전쟁을 선포했지만 즉시 교전이 발생하진 않았다. 1854년 1월에 영국과 프랑스의 해군이 흑해에 진입했고 3월

에 영국, 프랑스, 오스만튀르크의 동맹이 체결되었을 뿐이다. 본격적인 교전은 1854년 9월 영국과 프랑스의 원정군이 러시아에게 전쟁을 선포하고 크림반도에 상륙해 러시아 흑해 함대의 거점인 세바스토폴을 공략함으로써 개시되었다. 이로써 한 세대 전에 그리스의 독립을 위해 러시아와 제휴하고 오스만튀르크에 맞선 영국과 프랑스는 러시아를 대상으로 전쟁을 치르게 되었다. '그리스도교 유럽의 대동단결'을 내세운 신성 동맹과 빈 체제는 이미 옛 추억이 되었고 애초에 전쟁을 유발한 종교적 쟁점도 자취를 감췄다.

1856년 3월 말 체결된 파리조약에 따라 흑해 지역에서 군항 설치와 군함의 항해가 금지되어 러시아는 큰 타격을 입게 되었다. 흑해의 중립화와 다뉴브 강의 자유 항행, 핀란드 만 아랜드 섬의 비무장화 등은 필요할 경우 영국과 프랑스가 이 섬을 발판으로 러시아를 공격할 수 있게 되었음을 의미했다. 또 파리조약은 오스만튀르크의 영토 보전과 독립 보장을 명시함으로써 전쟁 이전 상태로 되돌리고자 했다.

크림 전쟁은 1년 정도의 실전 기간에 비해 매우 높은 사망률을 기록했다. 무기의 파괴력 증대와 대규모 병력의 충돌이 약 40만 명에 이르는 엄청난 사망가 발생한 주요 원인이었지만, 병사(病死)와 부상 악화 역시 큰 몫을 차지했다. 이런 사정 속에서 영국군 야전병원장 플로렌스 나이팅게일의 간호 활동이 부각되었다. 아울러 이 전쟁을 겪으면서 크림반도, 카프카스, 발칸반도 지역, 오스만튀르크 등은 강력한 민족주의의 열기에 휩싸이게 되었다. 패전국 러시아

〈세바스토폴 전투〉, 프란츠 로우버드, 파노라마

는 1870년 무렵까지 전쟁 피해의 복구에 전념하면서 개혁 조치를 단행했다. 크림 전쟁이 끝나기 전에 니콜라이 1세의 후계자로 즉위해 파리조약을 체결한 알렉산드르 2세는 1861년 농노해방령을 공포하고 지방행정, 사법제도, 군제의 개혁을 추진하고자 했다.

17

19세기 민족주의 시대

고재백

1 장기의 19세기, 민족주의 시대

서양사에서 '장기의 19세기'는 무엇보다 '민족주의 시대'로 규정된다. '장기의 19세기'(1789-1914)는 프랑스 혁명부터 제1차 세계대전까지의 시기로 대전환과 획기적인 발전의 시기를 일컫는 역사적 개념이다(에릭 홉스봄). 역사가들은 이 시기를 '이중 혁명의 시대'나 '자유주의 시대', '부르주아 시대', '세속화 시대'로도 부른다. 그런데 이 시대에 사회 전 영역의 틀과 내용을 결정하고 지배한 것은 근대적 민족주의였다. 더욱이 민족주의는 다른 시대 개념들과 긴밀하게 연결되어 있었다. 즉 장기의 19세기에 발발하여 근대사회에 결정적인 영향을 끼친 두 가지 혁명을 '이중 혁명'이라고 부르는데, 근대 민족주의는 그중에서 프랑스 혁명을 통해 등장했고, 산업혁명을 거치며 변화했다. 초기 민족주의는 자유주의 이념과 결합하며 전개되었고, 민족주의의 주요한 주도 세력은 부르주아 시민계급이었다. 또한 세속화 시대로 묘사되는 이 세기에 그리스도교가 민족화되었고, 민족이 종교화되어 대체 종교의 역할을 했다.

  19세기를 민족주의 시대로 규정할 만한 시대적 양상이 분명하게 드러났다. 동시대인들이 민족주의 현상에 대해 주목하고, 민족이나 민족성, 민족 감정 등에 대해 활발하게 논의했다. 민족 개념이 민족의 구성원들을 통합하는 구심력이자, 외부자를 구별하고 배제하는 폭력으로 작동하기도 했다. 결국 19세기에 민족주의는 민족국가에 속한 거의 모든 계층과 집단의 생각과 행위를 지배하는 포괄적인 '세계상'(막스 베버)이자, '가장 강력한 사회적 신념체계'(노르베르트 엘리아스)였다. 다만, 유럽 내 각 지역과 국가마다 역사적 정황에 따라 민족주의가 등장하고 전개되는 현상들이 다양했던 것도 사실이다.

2 민족과 민족주의 개념

민족(nation)은 여전히 논쟁의 대상이고 현재에도 이에 대한 연구들이 진행되고 있기 때문에 한 가지 합의된 개념으로 규정하기 어렵다. 그동안의 여러 논의를 정리하면 민족은 크게 두 가지 방식으로 설명된다. 한편으로 그것은 객관적 실체로서 혈연과 영토 및 언어와 같은 구성요소를 근거로 형성된 종족적 집단으로 간주된다. 다른 한편으로 그것은 소속감과 소속 의지에 따라 주관적으로 만들어진 공동체로 설명된다. 그 구성원이 그것을 종족적인 객관적 근거 위에 존재하는 집단으로 생각하며, 거기에 기꺼이 소속하고자 하는 주관적 의지의 산물이라는 것이다. 이처럼 주관적 의미에서 민족은 소속감에 기반한 '상상된 공동체'나 경험과 감정을 함께 느끼며 공유한 '감정의 공동체', 인종이나 문화로 개념화된 '가상의 체계'로 해석되기도 한다.

그런데 민족을 개념화하면서 객관적이고 주관적인 요소를 엄밀하게 분리하는 것은 어렵다. 민족에 대한 소속감과 주관적 의지 및 공유된 감정과 상상이 실체적 요소에서 비롯될 수 있기 때문이다. 이 실체가 종족적으로 원초적인 것인지, 오래전에 형성된 것인지, 근대에 발명된 것인지에 대해서도 논란이 있다. 이처럼 민족 개념을 간단명료하게 규정하기는 어렵지만, 19세기 민족 담론에서 민족의 종족적이고 문화적인 요소들이 상징화되고 정치화하면서 민족 정체성의 형성과 민족주의의 전개에 중요하게 작용했다는 점을 간과할 수 없다. 따라서 논쟁적인 민족 개념을 규정하는 것보다, 먼저 민족 개념이 민족 담론에서 어떻게 작동하고, 민족운동에 어떤 영향을 끼쳤는지를 관찰하고 해석할 필요가 있겠다.

민족주의(nationalism)도 민족만큼이나 개념화하기가 어렵기는 마찬가지이다. 기존의 많은 연구와 논의를 잘 종합한 저서들(장문석)에 따르면, 한편으

1870년 유럽의 국제정세와 각 민족국가 상황을 풍자한 지도(베를린, 라인홀트 쉴링크만 출판사). 영국은 고립된 채로 반항적인 아일랜드를 목줄로 묶어서 을러대고 있다. 에스파냐는 포르투갈을 베고 편히 누워 담배를 피우고 있다. 프로이센은 한 손을 네덜란드 위에 올려놓고 한쪽 무릎으로는 오스트리아를 짓누르고 있다. 프랑스는 프로이센에 대해 공격할 자세를 취하고 있다. 이탈리아는 프로이센에게 발을 치워달라고 요청하고, 사르데냐와 코르시카는 사실상 부랑아로서 만사에 대해 웃고 있다. 덴마크는 홀스타인을 상실하고 되찾을 날을 고대하고 있다. 유럽지역 터키는 하품을 하며 잠에서 깨어나고 있고, 아시아지역 터키는 파이프 담배에 취해 있다. 노르웨이와 스웨덴은 표범의 자세로 도약하고 있다. 러시아는 등에 진 광주리를 채우고자 하는 산타클로스의 하인과 같다.

로 민족주의는 민족을 최고의 충성 대상으로 삼고, 민족의 독립과 자유와 통일을 추구하는 근대적인 정치 이데올로기이자 운동으로 정의된다. 그 이전에는 가족이나 지역, 제후나 국왕 내지는 종교가 충성의 대상이었다면, 근대 시대에 민족이 그 자리를 차지했다는 것이다. 다른 한편으로 민족주의는 정치적 측면에 국한되지 않는 넓은 의미의 문화적 정체성이라 규정되기도 한다. 이 정체성은 무엇보다 언어에 근거한 문화를 공유하고 있다는 집단적 자의식을 말한다. 또 다른 최근 논의에 따르면, 민족주의는 일종의 담론으로, 또는 '모종의 사회적 상상계'로 개념화되기도 한다. 상상계란 '공동의 실천과 널리 공유되는 정당성의 감정을 가능케 하는 공동의 이해'를 말한다. 이를 민족과 연결하면 민족주의란 '민족적 상상계'라는 것이다. 여러 논의를 종합하면, 민족주의란 실체로서든 상상의 공동체로서든 민족을 기준으로 삼아서 특정 집단의 과거를 해석하는 틀이고, 그러한 민족 집단이 세운 현재의 질서를 옹호하거나 변혁시키려는 운동에 정당성을 부여하는 규범이며, 민족 집단이 달성하고자 하는 미래의 목표를 향한 기획이라 말할 수 있다.

민족주의는 마치 카멜레온과 같아서 장기의 19세기 동안에 자신이 등장하고 활동한 시기와 지역의 상황에 맞추어 다양한 모습으로 변모했다. 또한 군주정, 공화정, 민주정, 사회주의, 파시즘과 같은 정치 이데올로기나 정치 체제와 결합하여 각각 특징적인 양상을 보였다. 이처럼 다양한 '민족주의들'을 시간적 흐름과 공간적 특성에 따라 몇 가지 유형으로 나누는 것이 가능하다. 이런 유형화는 역사를 단순화하고 도식화하는 한계와 단점을 감수하면서도 복잡한 현상의 설명을 위해 필요해 보인다. 다만 가능한 한 예외적 사례들도 함께 소개하면서 민족주의의 다양성을 부각하고자 한다.

시간적 측면에서 장기의 19세기 동안 서양 민족주의는 세 단계로 변화했다. 첫 번째 단계는 18세기 말과 19세기 초반이며, 이때 프랑스 혁명의 영향으로 근대적 민족주의가 등장했다. 두 번째 단계는 19세기 중반기로서, 민족주의가 자유주의와 결합하여 민족국가 건설 운동을 펼쳤고, 민족국가 수립 이후에는 이를 공고화하는 데 주력했다. 세 번째 단계는 1880년대 이후 20세기 초까지이며, 민족의 내부적 통합과 대외적 팽창을 위한 급진 민족주의가 분출했다.

공간적 측면에서도 민족주의는 각 지역의 역사적 맥락에 따라 다양한 양상을 보였다. 서부 유럽(영국과 프랑스)의 경우 혁명을 통해 신분적 질서를 극복하고, 민족적 정체성을 기반으로 근대적 국민국가를 형성하려는 '국민적 민족주의'가 등장했다. 중남부 유럽(독일, 이탈리아)에서는 하나의 혈통, 언어, 문화를 가진 민족이 여러 나라로 분열된 상황에서 통일된 민족국가를 건설하고자 한 '종족적·문화적 민족주의'가 형성되었다. 동부 유럽에서는 강대국이나 제국의 지배로부터 민족을 독립시켜 민족국가를 수립하려는 '분리 민족주의'가 전개되었다. 이 세 번째 유형에는 합스부르크 제국에서 분리된 헝가리와 체코슬로바키아, 러시아 제국에서 독립한 폴란드와 핀란드 및 발트 3국(에스토니아, 라트비아, 리투아니아), 오스만제국에서 해방된 그리스와 세르비아 및 루마니아와 불가리아가 해당한다.

3 근대 민족주의의 등장과 초기의 민족주의(1789-1815)

프랑스 혁명과 근대 민족주의의 등장

근대 민족주의의 등장은 무엇보다 프랑스 혁명과 직간접적으로 연관되었다. 역사가들은 민족주의의 출현을 16세기 네덜란드 혁명이나 17세기 영국 혁명, 18세기 미국 혁명에서 찾기도 한다. 그런데 무엇보다 프랑스 혁명이 근대 민족주의가 등장하는 데에 결정적인 영향을 끼쳤다. 한편으로 혁명이 근대적 민족 개념을 형성하고 민족국가 건설을 촉진시키는 계기가 되었다. 혁명 시기에 '평등하고 자유로운 시민의 정치적·사회적 공동체'라는 민족 개념이 등장했고, 인민주권 사상과 입헌주의 및 대의제에 기반하여 민족국가를 건설하려는 정치사상이 형성되었다. 다른 한편으로 나폴레옹의 정복 전쟁으로 인한 불안과 위기 속에서 주변 국가들이 민족의식과 민족적 정체성을 자각했다. 오랫동안 정체성의 근거로 여겨지던 가족이나 지역 및 제후나 국왕, 종교가 혁명을 통해 위기를 맞았다. 기존 정체성이 위기에 직면하자 정신적 혼란과 불안이 엄습했고, 이런 정서 속에서 '감정의 공동체'로서 민족이 새로운 정체성으로 부

〈세계의 새 지배자〉. 나폴레옹의 정복 전쟁에 대한 풍자화. 라인강변에서 나폴레옹이 해골들 위에 앉아 있고, 세 제국(러시아, 프로이센, 오스트리아)의 문양의 상징인 세 독수리가 나폴레옹에게 벼락을 내리치고 있다. 그의 오른편에 서 있는 장군들에게 그가 그의 신민들의 눈물로 만들어진 음료수를 대접한다. 땅바닥에 놓인 자루와 통에는 정복지에서 강탈한 물품이 담겨 있다. 나폴레옹의 왼편에서 이탈리아의 희극배우가 무릎을 꿇고 있는 세 명의 장교들에게 공적을 치하하고 있다.

상했다. 그리고 민족주의는 민족을 최고의 가치로 삼아서 개인과 집단을 결집했다.

대개 초기 민족주의를 부흥민족주의로 규정한다. 당시 민족운동은 문화적 동질성에 기반한 민족의 위대했던 과거를 소환했고, 민족주의는 이 과거를 암울한 현실과 대비하면서 위대한 민족의 부흥을 꿈꿨기 때문이다. 이탈리아의 민족운동을 리소르지멘토라고 부른다. 부흥이나 재생이라는 뜻의 이 용어가 초기 민족주의의 문화적·종족적 성격을 잘 드러냈다. 오스트리아의 지배 아래에 있던 이탈리아는 고대 로마 제국의 붕괴 이후 오랫동안 통일 국가를 수립하지 못했다. 그런데도 언어를 기반으로 문화적 정체성을 강하게 유지하고 있었다. 독일도 마찬가지 상황이었다. 중세 이후 오랜 기간 여러 정치 체제로 분열되어 있었지만, 독일인들은 무엇보다 언어적 동질성을 강조했다. 이런 상황에서 두 민족은 프랑스 혁명 정신의 영향을 받았고, 문화적 정체성을 근간으로 삼은 민족국가의 건설과 문화민족의 부흥을 추구했다.

초기 민족주의를 주도한 것은 소수 지식인 엘리트층이었다. 귀족이 민족을 대변한 동부 유럽과 달리, 유럽의 다른 지역에서는 문필가들이 민족주의를 주도했다. 이들이 민족의 풍토, 언어와 예술, 풍속, 역사와 신화를 연구하고 민족의식을 확산시켰다. 이러한 민족주의 담당자들은 소위 '인쇄 공동체'의 성격이 강했다. 인쇄매체를 활용하여 이들이 모국어의 표준화를 이루었고, 말과 글로 민족의 공통된 사고를 만들었으며, 이것을 인쇄물을 통해 여러 경로로 전파했다. 이러한 과정을 통해 다양한 사회집단을 민족으로 결집한 상상된 공동체가 형성되었다.

민족주의의 역사는 무엇보다도 부르주아 시민계급과 긴밀하게 연결되었다. 서유럽과 중남부 유럽의 경우 이런 경향이 강했다. 경제시민층과 교양시민층을 포괄한 넓은 의미의 부르주아 시민계급은 정치적이고 경제적인 자유를 추구하면서 이 자유를 민족적 단위에서 실현하고자 했다. 이 계급은 정치적으로 입헌국가, 의회주의, 법치국가 및 개인 권리의 강화를 요구했고, 경제적으로 상공업의 자유를 열망했다. 그리고 이러한 목표들이 민족국가에서 관철될 수 있으리라 기대했다. 그래서 시민계급이 전통적 신분사회를 해체하고 시민사회를 토대로 한 민족국가를 건설하려는 민족운동을 주도하게 되었다. 이런 점에서 초기 민족주의는 해방적 기능을 지닌 좌파적 이념이자 운동으로 평가받는다.

이와 달리 동유럽의 경우 귀족이 민족주의의 주도 세력이었다. 러시아와 오스트리아 제국의 지배하에 있던 폴란드와 보헤미아 및 모라비아와 헝가리에서 귀족 출신의 지식인들이 민족운동을 이끌었다. 이들이 계몽사상과 프랑스 혁명의 영향을 받아 민족의식을 자각했고, 언어적이고 문화적인 민족적 정체성을 형성하려고 노력했으며, 제국의 지배에서 민족을 해방하려는 운동을 전개했다. 그러나 이들은 오랜 전통에 토대한 신분적 질서를 공고히 유지하려고 노력했다. 그런 점에서 이러한 귀족 민족주의는 서유럽과 중남부 유럽의 민족주의가 지향한 정치적 자유와 사회적 해방과 거리가 멀었다. 오히려 신분적 배타주의가 동유럽 국가들의 민족적 통합에 장애가 되었다.

지역과 나라의 종교 지형에 따라서 그리스도교 종파와 민족주의의 관계 그리고 성직자와 민족운동의 관계가 사뭇 달랐다. 당시 유럽에서는 하나의 종교인 그리스도교 안에 세 개의 종파인 가톨릭과 개신교, 동방정교가 공존했고, 이들 사이에 갈등이 컸다. 특히 구교와 신교 간의 종파 갈등이 극심했다. 개신교적 민족국가를 건설한 독일의 경우 개신교 목사가 반가톨릭적 성향이 강한 민족주의의 중심 세력이었다. 가톨릭이 다수를 차지한 프랑스와 이탈리아의 경우 보통 가톨릭 성직자들은 민족운동에 대해 적대적이었다. 당시에 가톨릭은 교황 중심의 보편주의를 지향했고, 민족주의자들은 반교황적이고 반가톨릭적인 성향을 지녔다. 이와 달리 스페인이나 아일랜드와 같은 서유럽 일부 국가와 대부분의 동유럽 국가에서는 가톨릭 전통과 민족 전통이 긴밀하게 연계되어 있었다. 그래서 가톨릭 성직자들이 민족운동에서 중요한 역할을 담당했다. 동유럽의 독특한 사례로 보헤미아 지역의 경우 개신교 종파에 속하는 후스파가 가톨릭적인 오스트리아 제국에 맞서서 민족운동에 앞장섰다.

농민층은 유럽 대부분 지역에서 민족주의의 주체가 되지 못했다. "민족주의자가 농민을 프랑스인으로 만들었다"라는 말이 있듯이 민족주의 지식인들이 농민들의 민족의식을 각성시켰고, 민족 공동체 구성원으로 수렴하려고 노력했다. 그러나 농민은 대체로 지역의 집단 공동체에 충성했다. 프랑스의 경우 19세기 말에 들어서야 농민이 민족 정체성을 자각했고, 폴란드의 경우 농민은 귀족 중심의 민족운동에 무관심했으며 때로는 적대적이기도 했다.

여성의 경우 민족과 근대 민족주의의 역사에서 직간접적인 역할을 수행했지만, 이런 사실은 오랫동안 주목받지 못했다. 근대 민족주의가 등장하던 시기에 정치는 남성만의 영역으로, 민족과 국가는 남성적인 것으로 간주되었다. 여성참정권 요구는 거부되었고 이를 주창하는 여성들은 탄압받았다. 그런데 여성은 민족과 민족국가의 다양한 영역에 참여했고, 인종적이고 문화적으로 민족 공동체의 존속에 중요하게 기여했다. 우선, 프랑스 혁명과 그 이후의 정치운동과 경제활동 영역에 여성들이 직간접적으로 참여했다. 그뿐만 아니라 출산을 통해 생물학적으로 민족을 재생산하고 존속시켰다. 더욱이 민족의 정체성 형성에 가장 중요한 근거인 언어와 문화를 여성이 후속 세대에게 전달함으로써 문화적으로 민족을 재생산하고 지속시켰다. 이런 여성들의 역할이 민족주의가 지속적으로 작동하는 데에 기여했다. 그럼에도 불구하고 이러한 여성의 역사에 대해 대부분의 역사가들이 간과하고 침묵했다.

역사와 신화를 통한 민족 만들기

19세기 전반 민족운동이 가열되던 시기에 근대 역사학이 등장했다는 사실은 주목할 만하다. 이 시기에 민족과 역사가 연동되었고, 역사학은 민족에 정당성을 부여하는 학문으로 발전했다. 그런 점에서 현재가 과거를 문화적으로 구성하고, 그렇게 구성된 문화적 기억이 다시 현재를 구성한다(얀 아스만, 알레이다 아스만)는 주장은 설득력이 크다. 이 논의에 따르면 '통치와 기억의 동맹'을 통해 '역사의 숭배'와 '민족의 숭배'가 짝을 이루었다고 한다. 민족이 역사적 기억 위에서 문화적으로 구성되었고, 민족주의는 역사적 기억을 반복적으로 재인식하면서 보존했으며, 이 기억이 현재의 민족적 정체성과 민족국가의 정당성을 보증했다는 것이다.

그러므로 19세기는 가히 민족의 역사와 신화의 황금기였다. 첫째, 역사학은 민족의 기원 신화를 탐구했고, 기원사를 서술하는 데에 주목했다. 이 기원

1875년 토이토부르크 숲에 건립된 헤르만 기념비(1909)

신화가 민족의 본질적 특징을 규정했고, 민족적 소속감의 근거가 되었으며, 민족 정체성을 형성했다. 독일의 경우 16세기 이후부터 19세기 초까지도 고대 로마 시대의 케루스키족 지도자였던 아르미니우스가 독일 민족의 영웅 헤르만이라는 이름으로 추앙되었다. 서기 9년에 그는 바루스 장군이 이끄는 2만의 로마군을 '토이토부르크 숲 전투'(혹은 바루스 전투)에서 격퇴했다. 로마의 역사가 타키투스는 그를 게르만의 영웅으로 높이 평가했고, 19세기 역사가들은 그를 반로마적이고 자의식이 강한 독일 민족의 원형으로 신화화했다. 이탈리아의 경우에는 트로이의 전쟁 영웅 아이네이아스를 고대 로마 건국의 시조로서 주목했다. 프랑스인들은 트로이의 왕족 프랑퀴스의 지도 아래 갈리아의 해안가에 도착한 트로이의 피난민들이 이후 메로빙 왕조, 카롤링 왕조, 카펫 왕조로 이어졌다는 계보를 강조했다. 이처럼 트로이와의 역사적 연속성이 자기 민족 정체성과 자민족 우월의식의 기반이 되었다.

둘째, '공간의 신화'가 영토적 통일체로서 민족의 형성과 민족운동의 강화에 기여했다. '상상된 공간', '머릿속의 국경'으로도 표현되는 공간의 신화가 나라마다 부상했다. 프랑스인들은 오랜 경쟁국인 독일에 맞서 라인강을 두 나라 사이의 '자연적인 경계'라며 강조했다. 독일의 경우 라인강을 예찬하는 '라인 낭만주의'에 이어서 정치화된 '라인 민족주의'가 19세기에 풍미했다. 이것들이 독일 민족의 문화적 정체성 형성과 민족운동에 동력을 제공했다. 폴란드의 경우 한편으로는 이슬람에 대항하는 그리스도교 세계를 위해, 다른 한편으로는 동방정교회와 구분되는 슬라브 문화권을 위해 자기 민족이 '방어벽' 역할을 했다는 공간 신화가 민족주의의 근간이 되었다.

셋째, 여러 나라에서 독립전쟁의 역사가 민족의식의 고양에 효과적으로 활용되었다. 네덜란드에 맞선 벨기에의 전쟁, 합스부르크에 대항한 스위스의 전쟁, 덴마크와 오스트리아 및 프랑스를 상대로 승리했던 독일의 전쟁, 오스트리아에 맞선 이탈리아의 전쟁, 러시아에 대항한 폴란드의 전쟁, 터키로부터 그리스의 독립전쟁, 오스트리아와 러시아를 각각 상대로 한 헝가리의 전쟁이 대표적이다. 이들 전쟁의 역사가 민족적 기억에 확고하게 자리 잡으며 민족 통합의 토대가 되었다. 예를 들어 1813년 10월 18일 프로이센 연합군이 러시아에서 패퇴하는 나폴레옹 군대와의 전투에서 승리를 거두었다. 장기의 19세기 내내 독일 민족주의자들은 이 라이프치히 전투를 '자유전쟁'이나 '해방전쟁'으로 해석하고 기념했다.

민족의 역사와 신화는 다양한 직업군에 의해, 다양한 매체와 방식을 통해 확산되었다. 민족과 관련한 통속문학과 학교 교과서, 그림과 시각예술, 통속적 공예품, 우편 엽서, 축제와 축제극, 역사적 행진 그리고 곳곳에 세워진 민족적 기념비와 기념식, 기념일 등이 여기에 해당했다. 그런 점에서 역사가와 더불어 작가와 교사, 미술가와 음악가, 조각가와 공예품 제작자들도 민족 신화를 창작하여 집단 기억 속에 공고히 하는 데 크게 기여했다.

4 중기의 민족주의(1815-1870년대)와 민족국가의 수립

19세기 중반기 민족국가의 수립

유럽에서는 프랑스 혁명과 나폴레옹의 시대가 지나고 1815년에 복고왕정 시대가 시작되었다. 오랜 혁명과 전쟁이 종식되자 각국 대표들이 오스트리아 빈에 모여 유럽의 질서 회복과 재편성을 논의했다. 이 시기 국제 외교정책의 중심은 빈이었고, 빈 회의를 통해 형성된 새 질서를 '빈 체제'라고 부른다. 이 회의를 주도한 오스트리아 정치가의 이름을 따서 '메테르니히 체제'라고도 부른다. 빈 체제는 프랑스 혁명 이전의 체제를 정통으로 보는 '신성한 정통성의 원칙'에 따라 각국의 영토와 지배권을 혁명 이전 상태로 복원한다는 복고적인 협력 체제였다. 이러한 새로운 국제 질서를 유지하기 위해 오스트리아, 프로이센, 러시아 세 나라가 가톨릭과 개신교, 정교회를 아우르는 그리스도교 형제애를 바탕으로 신성 동맹을 체결했다. 이러한 보수적인 국제 정세 속에서 서부와 중남부 유럽의 여러 나라에서 나폴레옹에 의해 폐지된 군주정이 회복되었고, 동부 유럽의 많은 나라에서는 귀족들이 지속적으로 권력을 장악하게 되었다.

    이 시기에 자유주의와 민족주의가 빈 체제와 신성 동맹에 대응하고 자유주의적인 민족국가를 건설하기 위해 긴밀하게 결합했다. 유럽 곳곳에서 이 시기에 자유주의적 민족주의 운동이 전개되었다. 자유주의자들은 복고 정치에 맞서 자유주의적 개혁을 추구했고, 민족주의자들은 빈 체제와 신성 동맹이라는 외세의 영향에서 벗어나 통일된 민족국가를 건설하고자 했다. 이 민족국가는 입헌정치와 대의제 등의 자유주의적 제도에 기반하고, 민족 구성원의 자유와 평등을 보장하는 나라여야 했다. 1817년 독일에서 빈 체제에 저항하며 자유와 통일을 주창한 민족주의 성향의 학생운동이 등장했다. 1821년 나폴리와 피에몬테에서, 1823년 스페인에서도 자유주의자들이 봉기했다. 그러나 이들

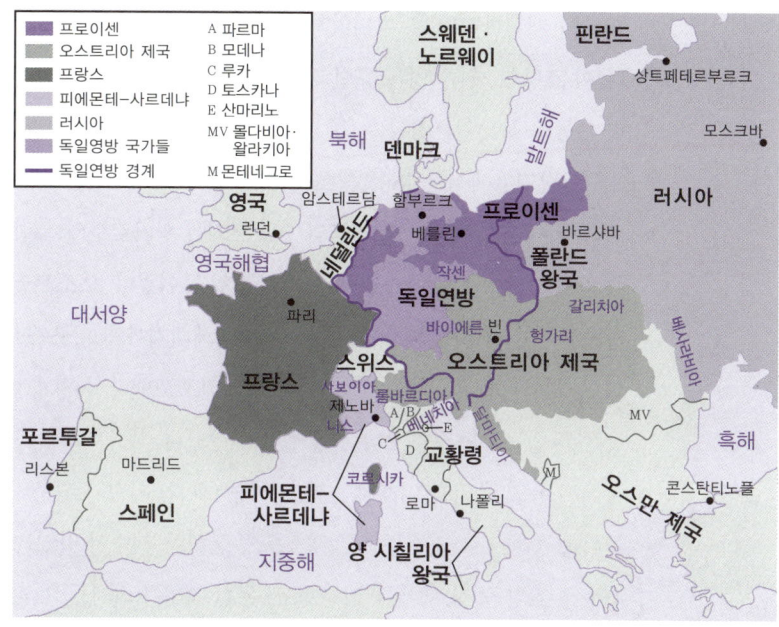

빈 회의 이후의 유럽

자유주의적인 민족주의 운동은 빈 체제와 신성 동맹 체제에 의해 실패했다.

다만, 그리스의 독립전쟁은 해방된 민족국가의 건설에 성공했다. 15세기 이후 오스만 제국의 지배를 받고 있던 그리스는 몇 차례의 독립전쟁에서 패배했다. 1821년에 프랑스 혁명의 영향을 받아 그리스 독립전쟁이 다시 시작되었다. 그리스 문제를 두고 오스트리아와 러시아가 대립했고, 여기에 영국이 개입하며 국제적 대결 국면이 펼쳐졌다. 고대 그리스 문화를 애호한 유럽 지식인들이 그리스의 독립을 옹호했고, 일부는 참전하기도 했다. 오랜 협상 끝에 영국, 프랑스, 러시아가 오스만 제국에 공동으로 대응함으로써 마침내 1829년에 독립된 민족국가 그리스가 탄생했다.

그리스 민족주의의 성공은 유럽의 자유주의자들과 민족주의자들을 다시 고무했다. 프랑스에서는 1830년 7월에 자유주의 세력이 봉기하여 복고왕정을 붕괴시키고 자유주의적인 입헌 왕정을 수립했다. 7월 혁명의 영향으로 벨기에, 폴란드, 이탈리아에서도 혁명이 발발했지만, 곧 진압되었다. 이후 1848년 2월에 파리에서 학생들이 반정부 시위를 시작했고, 이어서 노동자 거주 지역에서 바리케이드 시가전이 발발했다. 자유주의자들과 온건 공화주의자들이 처음부터 계획한 혁명은 아니었지만, 결국 왕정이 붕괴하고 공화정이 수립되었다. 이 프랑스 2월 혁명은 유럽 전역에서 정치적 자유, 민족의 해방과 통일을 위한 운동을 불러일으켰다.

이탈리아에서는 1848년 초에 자유주의와 민족주의 운동이 연이어 발발했다. 외세인 합스부르크 제국의 오스트리아 왕가로부터 독립하고, 분열된 민족을 통일하여 민족국가를 건설하려는 운동이었다. 오스트리아의 지배에 저항하는 봉기가 확산하자 3월에 밀라노와 베네치아에서 오스트리아군이 철수했고, 피에몬테 왕국은 오스트리아에 선전포고했다. 이렇게 이탈리아의 독립 운동은 성공하는 듯했으나 결국 실패로 끝났다. 자유주의와 민족주의 세력 내부에서 통일 방안과 미래상을 두고 의견이 나누어졌기 때문이었다. 주세페 마치니를 중심으로 민주공화국 체제를 주장하는 세력이 있었는가 하면, 가톨릭 세력은 교황 중심 체제를 지향했고, 온건 자유주의자들은 피에몬테 왕국 중심의 통일을 추구했다. 그러는 사이 오스트리아가 반격하여 1849년 3월에 피에몬테를 제압했고, 이어서 베네치아를 점령하는 등 북부 이탈리아에 대한 지

함바흐 축제와 자유주의적 민족주의 운동. 함바흐 축제(Hambacher Fest)는 1832년 5월 27일부터 6월 1일까지 바이에른 왕국의 팔츠 지역 함바흐 성에서 개최되었다. 프랑스의 1830년 7월 혁명의 영향을 받아 독일 여러 지역에서 축제 형식으로 자유주의와 민족주의 운동이 펼쳐졌는데, 함바흐 축제도 그중의 하나였다. 축제는 비정치적 형식을 띠었으나, 축제 참가자들은 자유, 민족 통일, 민족 주권 등을 요구했다. 축제는 다수의 수공업자와 소상인들을 비롯해 다양한 사회계층의 구성원들이 참가한 대중적인 운동이었다.

배권을 회복했다.

이탈리아의 민족국가 건설은 1850년대와 1860년대에 소수 엘리트가 위로부터 주도하고, 한 왕국이 팽창하는 방식으로 이루어졌다. 당시 통일을 주도한 이는 피에몬테 왕국의 수상 카보우르였다. 그는 반도의 북부 지역에서 오스트리아를 축출하고 왕국의 영토를 확장하는 방향으로 정책을 폈다. 프랑스와 연합군을 결성한 피에몬테가 오스트리아에 맞선 제2차 독립전쟁(1858)에서 승리했다. 이어서 1859년에 북부의 여러 국가를 합병함으로써 민족 통일의 초석을 놓았다. 1860년 봄 남부에서 공화주의자 가리발디가 '적색셔츠' 의용군을 이끌고 시칠리아를 정복했다. 이 기회를 이용해 카보우르는 나폴리-시칠리아 왕국 대부분 지역을 피에몬테에 합병하고, 로마의 교황령 대부분을 장악했다. 1861년 3월 의회제와 입헌 정부를 갖춘 이탈리아 왕국이 선포되었다. 그러나 민족의 통일은 아직 미완성이었고, 그 후 10년이 지나서야 달성되었다. 이탈리아 왕국은 프로이센-오스트리아 전쟁(1866)에서 프로이센을 지지한 데 따른 보상으로 베네치아를 합병했고, 프로이센-프랑스 전쟁(1870)에서 교황권을 옹호하는 프랑스가 패배하자 로마를 점령했다. 1871년 이탈리아 의회가 〈보장법〉을 제정하여 교황의 종교적 권위는 보장하되 영향력을 바티칸으로 제한했다. 이로써 실질적인 통일 국가가 완성되었다. 그런데 이탈리아의 통일 과정은 대중적 지지 기반을 갖지 못했고, 통일 이후에도 지역적이고 계층적이며 정치적이고 이념적인 분열상이 민족국가의 발전을 가로막았다.

이탈리아의 통일에 기여한 가리발디와 카보우르의 활동에 대한 풍자화(1861). 이 그림은 통일이란 모양을 갖추기 시작하는 것이라는 의미를 전달한다. 피혁공 가리발디는 도구를 이용하여 가죽 재료를 손질하고, 제화공 카보우르는 이탈리아반도를 상징하는 장화 모양의 모형에 맞추어 가죽 부츠를 만든다.

독일에서도 프랑스의 7월 혁명의 영향을 받아 자유주의자들과 민족주의자들이 혁명 대열에 동참했으나, 성공을 거두지 못했다. 7월 혁명의 영향을 받아 자유주의자들은 헌법, 의회 정부, 사상의 자유, 경찰 탄압의 종식을 요구했고, 민족주의자들은 민족의 통일을 외쳤다. 당시 독일의 경우 문화적으로는 언어와 문화를 공유한 민족의식은 있었으나, 정치적으로는 빈회의에 따라 39개의 영방국가들이 느슨하게 결합된 독일연방이 성립되었다. 이에 민족주의는 문화를 토대로 삼아 민족과 국가를 일치시킨 민족국가의 수립을 주장했다. 그런데 프로이센과 오스트리아가 주도권을 두고 갈등했고, 민족주의 세력이 합의된 통일 방안을 마련하는 것도 어려웠다. 독일인이 인구의 다수를 차지한 오스트리아를 포함하여 모든 독일 민족을 포괄하는 민족국가를 건설하자는 대독일 방안, 다민족 왕국인 오스트리아를 배제하고 프로이센이 중심이 되어 민족 통일을 달성하고자 한 소독일 방안, 프로이센과 오스트리아를 아우른 연방제 방안이 민족 담론에서 경쟁했다.

1848년 3월에 발발한 독일 혁명도 결국 실패로 끝났다. 자유주의자들이 수공업자들을 비롯한 급진 세력과 제휴하여 혁명을 주도했고, 농민들도 봉기했다. 이에 제후들은 일부 자유주의적 요구사항을 수용했고, 농민의 영주제적 의무 중의 일부를 폐지했다. 프로이센에서는 민족회의가 구성되었고 자유주의적 내각이 수립되었다. 1848년 5월에 헌법 제정과 통일을 논의하기 위한 전 독일의 민족회의가 프랑크푸르트에서 소집되었다. 여기서 대표자들이 대독일과 소독일 방안을 두고 대결했으나, 결국 프로이센 국왕이 대표하는 입헌주의적 소독일주의를 결의했다. 민족회의가 프로이센 국왕에게 독일 황제의 관을 제안했는데, 국왕이 이를 거절했다. 민족회의가 계속되는 동안 제후들이 정부를 수습하고 군대를 동원해 혁명을 분쇄하고 민족회의를 해산했다. 1848년 10월

1848년 독일
프랑크푸르트
민족회의

1871년 프랑스의 베르사유 궁전에서 독일제국이 선포되었다.

프로이센 군대가 베를린에 진주했고, 자유주의적인 재상이 물러났다. 이어서 프로이센 군대는 다른 연방 제후들을 지원하여 혁명 세력을 진압했다. 1849년 여름 슈투트가르트에 모인 잔류 민족회의가 프로이센 군대의 위협 아래 자진 해산함으로써 3월 혁명은 실패로 종식되었다.

1848년 혁명의 실패 이후 프로이센이 주도한 '미완성의 민족국가'가 탄생했다. 독일이 당면한 문제는 "언론이나 다수결"이 아니라 "철과 피에 의해서만" 해결될 수 있다고 천명했던 프로이센의 수상 비스마르크가 두 차례의 전쟁(1866년 오스트리아와, 1870년 프랑스와 전쟁)을 통해 소독일적 통일을 성취했다. 그런데 1871년에 탄생한 독일제국은 독일 민족 전체를 통합하지 못한 미완성이었다. 독일제국은 독일 민족이 다수를 차지했던 오스트리아를 배제했고, 아래로부터의 대중적 지지 기반 없이 지배 엘리트가 '위로부터' 주도하여 세운 연방제 국가였다. 더욱이 제국 신민들이 정치적으로 민족 공동체를 형성하지 못했다. 이런 상황에서 독일제국에 내적 민족화는 시급한 과제였다.

동부 유럽에서도 1848년 '혁명의 해'에 자유주의와 민족주의 운동이 확산되었으나, 민족국가 건설의 길은 요원했다. 합스부르크 제국의 지배하에 있던 동부 유럽의 여러 지역에서 자유주의자들이 의회와 헌법을 위해 투쟁했다. 이들 중 다수는 또한 민족주의자들로서 민족의 독립을 위해 봉기했다. 1848년 6월 체코인이 봉기했으나 제국 군대에 의해 진압되었다. 제국에 가장 큰 위협은 마자르인의 민족주의였다. 1,200만 명의 헝가리 인구 중 500만 명이 마자르인이었는데, 이들이 헝가리의 특권 지주층을 이루었다. 나머지는 남슬라브인과 루마니아인 등 소수민족이었다. 코슈트의 지도 아래 마자르인이 헝가리의 독립과 자치, 자유주의적 개혁을 주장했다. 그러나 지도부는 자유주의적 정책보다 민족주의를 우선시했다. 그들은 여타 소수민족들이 거주하는 지역도 헝가리 왕국에 편입시키고자 했고, 그 때문에 소수민족들과 갈등하게 되었다. 제국 정부는 이러한 민족적 불화를 이용하여 소수민족들을 상대로 반헝가리 감정을 부추겼다. 1849년 8월, 헝가리 혁명이 성공하는 경우 자칫 폴란드 혁명이 발발할 것을 우려한 러시아가 오스트리아를 지원함으로써 혁명은 결국 좌절되었다. 이처럼 동유럽에서 민족주의 운동과 민족국가의 건설 과정은 지난했다.

민족국가의 내적 민족화

19세기 중반기에 민족국가는 모든 국가 구성원의 민족화에 주력했다. 이러한 과정은 수직적이고 수평적으로 진행되었다. 한편으로 수직적 차원에서 정부는 국가 구성원들에게 근대적 의무를 부과했고, 점차 공민권과 선거권을 확대했다. 이러한 정책은 민족국가를 공고히 하려는 목적에서 비롯되었고, 그런 결과로 이어졌다. 첫째, 국가는 남성 구성원들에게 병역 의무를 요구하고 민족 구성원의 자격을 허용했다. 이로써 통치자가 아니라 민족과 국민이 싸우는 민족전쟁 혹은 국민전쟁 개념이 탄생했다. 둘째, 공민권(국적) 제도를 통해 개인의 민족 자격을 확증했다. 이 과정에서 민족 구성원의 시민적 권리뿐만 아니라 경제적 권리와 사회적 권리들도 보장되었다. 셋째, 선거권도 내적 민족화를 진척시켰다. 나라마다 시기와 양상은 달랐지만, 19세기 후반기와 20세기 초에 많은 국가에서 투표권자가 점진적으로 확대되면서 선거권의 민주화가 진전되었다. 그런데도 여성은 20세기 초까지 투표권에서 배제되었고, 여성 참정권은 제1차 세계대전 이후에야 확립되었다.

다른 한편으로 민족국가의 내적 민족화는 수평적 방식으로도 이루어졌다. 19세기 중반에 대중매체의 발전과 '교통혁명' 그리고 여타의 사회 기반 시설의 발전이 민족국가의 수평적 통합을 가능하게 했다. 첫째, 19세기 중반 이후에 대중매체로서 신문과 잡지가 폭발적으로 증가했다. 그리고 '독서의 민주화'라 일컬어질 정도로 기존의 독자층과 더불어 여성과 하층민 및 청소년을 포괄하여 독서인구가 급증했다. 우편체계가 확립되면서 인쇄매체가 전국적으로 신속하게 배포되었고, 이를 통해 민족과 민족국가에 관한 소식이 빠르게 널리 확산될 수 있었다. 둘째, 교통혁명을 불러온 기차와 효율적인 대규모 도로망이 건설되었다. 교통혁명이 인구 유동을 촉진함으로써 대규모 인원이 참여한 민족적 집회나 축제가 가능해졌다. 이런 과정이 민족운동을 위한 대중 동원을 가능하게 했다.

이러한 수평적 민족화 과정은 완전한 민족 자격이 허용되지 않은 여성들에게도 마찬가지로 영향을 끼쳤다. 서부 유럽과 중남부 유럽의 경우 대체로 민족주의는 남성뿐만 아니라 여성들도 정치화했고, 여성들이 초기 자유주의적인 민족운동에 참여했다. 19세기 중반기 이후에 여성운동이 본격화하고 민족주의와 어느 정도 결합했다. 보수적이고 애국적인 여성 협회들이 결성되어 활동했다. 대규모 민족적인 집회와 축제에 남성들뿐만 아니라 여성들도 동원되었다. 외세의 지배를 받고 있어서 민족국가의 독립과 건설이 상대적으로 늦어졌던 지역의 경우에는 남성 중심의 민족운동이 여성들의 지지와 후원을 적극적으로 필요로 했다. 이들 국가에서는 민족주의와 여성운동이 긴밀하게 결합되었다. 핀란드, 노르웨이, 아이슬란드와 같은 북유럽 국가들과 동유럽 체코에서 이런 현상이 두드러졌다.

역사와 신화를 통한 민족의 공고화

이전 시기에 이어서 19세기 중반기에도 역사와 신화는 국가 구성원의 민족화와 민족의 공고화에 유용하게 활용되었다. 이런 현상은 당시 독일에서 두드러졌다. 19세기 중반기에 이어서 20세기 초까지 독일에서 각 지방과 소도시에 이르기까지 대규모 민족 기념물을 포함하여 전사자 추념비, 빌헬름 황제와 비스마르크의 기념비, 정신적 영웅들(시인, 작가, 학자, 철학자, 예술인, 종교인 등)의 기념상 등이 수없이 세워졌다. 그리고 각종 기념식과 축제가 개최되었다. 사회 전반의 상업화 흐름에 따라 다양한 문화상품과 기념품이 활발하게 제작되어 판매되었다.

19세기 독일에서 번성한 민족기념비 건립 운동이 역사와 신화를 현재와 연결시킴으로써 민족의 공고화에 크게 기여했다. 대표적인 사례 중 하나가 헤르만 신화의 부흥이었다. 1838년에 헤르만 기념비 건립 사업이 시작되어 1841년에 토이토부르크 숲에 기념비의 초석이 놓였고, 마침내 1896년에 완공되었다. 이러한 기념사업이 진행되는 과정에서 민족의 영웅 헤르만을 당대의 재상 비스마르크와 황제 빌헬름 1세와 연결시켜 이들을 민족적인 영웅으로 칭송하는 흐름이 형성되었다. 역사와 현재가 연결된 또 다른 사례는 신성로마제국의 황제 프리드리히 1세 바르바로사 신화였다. 그의 붉은 수염이 황제 빌헬름 1세의 흰 수염과 유비되었다. 1874년에 바르바로사의 유골이 발굴되어 키프호이저에 안치되었고, 1896년에 거대한 기념비가 세워졌다. 그의 황제 즉위일에 맞추어 6월 18일에 성대한 제막식이 거행되었다. 기억 만들기의 기술 중 하나로서 이 일자는 이후 반복적으로 재해석되었다. 1675년 6월 18일에 프로이센이 스웨덴과의 전투에서 승리했고, 1815년 그 날에 워털루 전투가 개전했으며, 1817년 그 일자에 독일 군대가 베를린에 입성했다. 빌헬름 1세가 독일제국을 수립하고 독일 황제를 선포한 일정도 이런 맥락에서 비록 월은 다르지만 일자를 맞추어 1871년 1월 18일로 결정되었다. 이처럼 역사와 현재를 연결하고 과거를 반복적으로 기억하는 작업은 민족적 역사성과 공동체성을 공고히 했을 뿐만 아니라, 과거를 통해 현재를 정당화했다.

키프호이저 기념비. 위에는 빌헬름1세 황제, 아래에는 바르바로사 황제의 기념상이 설치되어 있다.

역사와 신화를 기억하고 기념하며 현재와 연결 짓는 노력은 다른 나라에서도 마찬가지였다. 이탈리아의 경우, 북부가 사실상 남부를 군사적으로 점령했던 때인 부흥민족주의 시기뿐만 아니라 그 이후에도 로마 신화가 주목받았다. 남부 이탈리아 부대를 로마로 이끌었던 가리발디는 1862년에 스스로 "로마 아니면 죽음"이라는 구호를 앞세웠다. 당시 민족운동의 지도자들은 고대 로마 황제와 중세 교황의 뒤를 이어서 유럽의 정신적 구심점을 재현해야 할 '제3의 로마'를 상상했다. 19세기 말까지 수도 로마를 민족적으로 상징화하는 작업이 다양한 방식으로 진행되었다. 그리스의 경우에는 고대 그리스-페르시아 전쟁의 역사가 이런 내적 민족화의 역할을 수행했다. 스페인의 경우 이슬람과의 전투에서 첫 승리를 거둔 코바동가 전투(718-722)가 부각되었다. 이 승리를 통해 '재정복운동'이 시작되었고, 스페인 왕정과 아스투리아스 왕국이 탄생했다는 점이 강조되었다.

종교와 민족주의

유럽의 19세기는 오래전부터 '세속화 시대'로 규정되었지만, 최근의 연구에 따르면 당시는 여전히 종교의 시대였다. 당시에 교회의 기능과 역할이 위축되고 일부 주민층에서 교회 이탈 현상이 있었다는 점에서 부분적으로 세속화되었다고 말할 수 있다. 그러나 대부분의 유럽인들이 지속적으로 종교와 교회에 대해 충실성을 보였다. 교회 출석률이나 세례와 성만찬 참석률이 여전히 높았다는 사실이 이 점을 입증한다. 종교는 그리스도교 종파를 중심으로 정치에서 일상생활까지 사회의 전 영역에서 지배적인 영향을 끼치고 있었다. 또한 민족주의와 종교의 관계를 보아도 19세기를 여전히 종교의 시대라고 볼 수 있다.

19세기의 민족주의를 종교적인 측면에서 접근해 보면, 기성 종교가 민족화하고 민족이 종교화하는 경향을 확인할 수 있다. 첫째, 당시 그리스도교는 '민족적인 것'을 대변했고, 민족주의와 긴밀하게 연계되었다. 개신교 민족주의나 가톨릭 민족주의라고 하는 종파적 민족주의가 형성되었고, 각 종파의 성직자들이 민족운동에서 주요 역할을 담당했다. 종파 갈등이 국내뿐만 아니라 국제 정세를 결정지었고, 종파적 신앙이 개인의 생활 전반에 결정적인 영향을 끼

〈베를린과 로마 사이〉(1875). 독일의 풍자 잡지에 실린 이 그림은 독일의 문화 투쟁에서 재상 비스마르크와 교황 비오 9세의 대립을 체스 대결로 풍자한다. 삽화에 다음 글이 담겨 있다. "(교황) 방금 놓은 수는 물론 나에게 곤혹스러운 것이지만, 시합에 진 것은 아니라오. 아직 나에게 매우 좋은 묘수가 있다오! (비스마르크) 그것도 역시 마지막 수가 될 것입니다. 어차피 몇 수 안에 교황 성하가 외통수가 되실 것입니다. 적어도 독일에서는." 승리를 자신하는 비스마르크의 모습 아래에 가톨릭교회에 대한 여러 법적, 행정적 조치를 상징하는 체스 말들이 있다. (예를 들어 예수회 금지, 성직 임명에 대한 제국 당국의 허가제, 소위 빵 광주리법에 의한 가톨릭교회 지원금 철회, 수도원과 수도단 해산, 가톨릭교회를 향한 여러 법률들.) 고심에 찬 교황의 모습 아래에는 독일제국의 탄압에 맞선 교황청과 교회의 대응 노력들을 상징하는 체스 말들이 서 있다. (예를 들어 제1차 바티칸 공의회와 그곳에서 선포된 교황무오류성 교리, 문화 투쟁 관련 법률들을 단죄하는 교황교서.)

쳤다는 의미에서 19세기를 '제2의 종파의 시대'로 규정할 만했다. 일부 역사가들이 종교개혁 이후의 16-17세기를 '종파의 시대'로 개념화하는데, 이와 유사한 현상이 19세기에 유럽적 현상으로 재현되었던 것이다.

19세기 종파의 시대와 관련하여 독일의 사례가 대표적이다. 당시에 종파 대립은 사회 전 영역에서 표출되었다. 대립과 갈등이 첨예했던 정치 영역을 보면, 독일 통일의 주역인 비스마르크는 프로이센 중심의 개신교 국가를 건설한 후 통일 독일의 개신교화를 공고히 하고자 했다. 반면에 가톨릭 세력은 교황권 지상주의의 기치 아래 정치적으로 중앙당을 중심으로 결집했다. 이 결과 두 정치 세력 사이에 치열한 문화 투쟁이 전개되었다. 비스마르크는 가톨릭교회와 성직자들의 전통적인 공적 권리와 역할을 제한하거나 폐지하는 등의 각종 행정적·법률적 조치들을 강행했고, 가톨릭 성직자들이 이러한 탄압에 완강하게 저항했다. 자유주의와 사회주의에 공동으로 대응하기 위해 두 종파가 일시적으로 화해하고 연대하기도 했지만, 민족주의적인 개신교 세력이 가톨릭과 지속적으로 결합하기는 어려웠다.

둘째, 민족주의가 정치 종교화되었고, 대체 종교의 역할을 했다. "사람들이 더 이상 신을 믿지 않는다. 민족주의가 새로운 종교이다. 인민들은 더 이상 교회에 가지 않는다. 그들은 민족적인 협회에 간다." 제1차 세계대전 발발 즈음 어느 관찰자의 기록이다. 물론 이 내용을 유럽이나 독일의 전반적 상황으로 일반화할 수는 없지만, 그 안에 일정한 시대적 현상이 담겨 있다. 당시에 민족주의는 독자적인 예배와 같은 제의, 성경에 버금가는 경전, 그리고 정치적인 순교자와 성인을 갖춘 종교와 같았다. 더욱이 민족주의에 종교적 언어가 다수 차용되었다. 특히 민족 전통이 종교와 밀접하게 결부된 지역일수록 민족주의는 종교적 소명과 유사한 사명감을 과시했다. 자기 민족은 '선민'이고, 기독교적인 세계 구원과 유사한 메시아니즘을 품고 있는 '신성한 민족'이라는 것이다.

다만 이런 시대적 물결에도 불구하고 종교가 민족주의와 결합하는 양상은 각 국가의 정치적·사회적 맥락에 따라 사뭇 달랐다. 장기적으로 외세에 의해 억압받던 나라에서 민족주의는 해방운동이고 반외세운동이었다. 그런데 피지배 민족과 지배 민족 사이에 종파가 다른 경우 민족운동은 종파 투쟁과 다름없었다. 예를 들어서 가톨릭 폴란드인은 개신교 프로이센과 동방정교의 러시아에 저항했다. 가톨릭 아일랜드인은 개신교 영국에 맞서 투쟁했다. 발트 국가의 경우 도시 주민과 상류층은 주로 독일인과 개신교인이었고, 농촌 주민은 가톨릭신자가 대다수를 차지한 상황에서 민족적 가톨릭주의가 동원되었고, 종파 간의 갈등은 격화했다.

중기 민족주의의 성격 변화

19세기 중반기에 많은 유럽 국가에서 민족주의는 '우리'를 결집하고 '타자'를 배제하는 양상으로 전개되었다. 그런 점에서 민족주의는 이전의 자유주의적 성격을 벗어났다. 오히려 비자유주의적이거나 반자유주의적으로 변모했다. 신생 민족국가뿐만 아니라 기존의 민족국가에서도 그런 흐름은 마찬가지였다. 민족을 내적으로 공고화하는 과정에서 민족주의는 대외적으로 국가 간 경쟁과 대결을 강화했고, 국내적으로 민족 구성원 이외의 집단을 차별하고 배제하는 행태를 보였다. 이전의 자유주의적 민족주의는 개인의 권리와 자유 및 자결권을 우선시했고, 세계시민주의적 성격을 가졌으며, 민족의 구성원을 점진적으로 확대하는 방향으로 진전했다. 그런데 19세기 중반기에 민족주의는 개인보다 민족국가를 우위에 두었고, 자유주의적 가치와 정책에서 벗어나거나 이에 도전하는 방향으로 전환되었다.

민족주의와 민족국가의 주요 담당자는 이제 진보적 자유주의자들이 아니라 보수주의자들이었다. 이들은 새로운 국가에 대한 민족의 충성심을 확보하고 민족을 공고화하기 위해 국가 구성원의 일부를 배제하는 정책을 폈다. 대표적인 사례로 두 나라를 주목할 만하다. 이탈리아의 경우 통일을 주도한 북부 지역 중심으로 구성된 정부와 그 지지 세력인 민족주의자들은 남부 주민들과 대결했다. 프로이센 중심의 독일제국 정부와 그 지지 기반인 보수적 개신교 민족주의자들은 가톨릭교도와 사회주의자들 및 사회민주당 계열의 노동운동과 유대인을 공격했다. 보수적 민족주의자들은 이들을 민족과 민족국가를 위협하는 내부의 적으로 규정했다. 그들에게 가톨릭은 민족 정체성과 민족의 경계를 위협하는 초민족적인 세력이었다. 또한 사회주의자와 사회민주당은 국제주의적 마르크스주의와 직간접적으로 연계되어 있고 혁명적 수사를 사용하는 위협적 대상이었다. 유대인은 고리대금업자라는 오래된 고정관념과 배타적이고 광신적이라는 부정적 이미지가 그들을 지배하고 있었다.

5 후기의 통합민족주의 (1880년대-1914)

세기 전환기의 민족주의

19세기 후반기에 유럽은 사회 전반에 걸쳐 역동적인 변화를 겪었고, 이에 대응하여 민족주의는 민족의 내적 단결과 통합을 급선무로 삼았다. 변화의 양상들을 보자면, 유럽 안에서 밖으로, 밖에서 안으로 이주의 물결이 요동쳤다. 제2차 산업혁명으로 인해 철강, 화학, 자동차, 전기 등 새로운 분야를 중심으로 산업이 비약적으로 발달했다. 하지만 산업화는 과잉 생산을 불러왔고, 장기적인 이윤율의 정체와 하락이 초래되었으며 그 결과로 '대불황'이 발생했다. 1870년대부터 1890년대까지 유럽을 강타한 대불황 시기에 나라마다 국내경제가 대규모로 침체하고 독점자본이 형성되었다. 산업 국가들은 자유무역 정책 대신에 보호무역주의를 택했고, 제국주의적 팽창에 열을 올렸다. 산업화에 따라 농촌에서 도시로 인구이동이 가속화했고, 노동자의 수적 증가가 두드러졌다. 사회주의 사상이 한층 확산되었고, 노동자의 조직화와 노동운동이 강화되었으며, 노동자 정치조직이 기존 정치 질서 속에 자리 잡았다. 결과적으로 계급적 갈등과 대립이 첨예화했고, 보수적 민족주의 정당은 사회주의적 정당과 대결했다. 여성운동이 활발하게 전개되면서 여성들의 민족화도 한층 진척되었다. 대중매체의 발달과 '교통혁명'을 통해 각종 지식과 정보 및 다양한 사상과 이념 그리고 조직과 운동이 이전보다 더 빠르게 확산되었을 뿐만 아니라 그 영향력도 한층 강화되었다.

세기말의 이러한 시대적 정황 속에서 배타적이고 인종주의적이며 제국주의적인 성격이 강한 통합민족주의가 등장하여 위에서 아래로, 아래로부터 위로 작동했다. 이 시기 민족주의는 근대적 인종주의와 대중화된 다윈주의와 결합했다. 사회적 다윈주의는 가장 강한 민족이 민족들 간의 투쟁에서 생존하고, 결국 지배자가 된다고 역설했다. 그 결과 민족운동은 타민족과 국내의 소수자들을 혐오의 대상으로 보았고, 인종주의와 제국주의를 정당화했다. 다양한 분야의 지식인들이 언론, 대학 강단, 초중등학교 교실, 교회의 설교단, 문화 예술 작품들을 통해 이러한 민족주의의 사고와 인식을 사회 전반으로 확산시켰다. 민족주의는 국내에서 보호 장벽을 높이는 한편 대외적으로는 공격적인 무역정책과 식민정책을 추진했다. 마침내 강대국들이 식민지 대외 팽창에 주력하고 경쟁하는 제국주의 시대가 개막했다.

대중민족주의 시대

19세기 말에 '대중의 민족화'(조지 모세)를 바탕으로 삼아 민족주의가 대중 운동으로 전개되었다. 이러한 대중민족주의의 등장 배경에는 대중을 포괄한 교육 제도의 발전, 국민이 국가나 공공단체의 업무에 참여할 권리인 공민권의 제도적 정착 및 선거권의 확대, 대중적 결사체 조직의 발전이 있었다. 민족적 담론이 농민과 노동자를 포함한 모든 계층의 민족 구성원에게 전파될 수 있었던 것도 이런 조건 덕분이었다. 물론 이 과정이 유럽 전반에서 동시에 같은 속도로 진행된 것은 아니었다. 동유럽에서 민족운동이 여전히 특정 소수 사회집단의 영역이었다면, 서유럽과 중남부 유럽 대부분 국가에서 민족주의는 광범한 사회층을 포괄했다. 대표적인 사례로 '독일재향군인회'를 주목할 만하다. 제대 군인들로 구성된 이 협회는 1873년에 기존의 여러 지역 조직과 회원들의 통합 기관으로 출범했다. 1910년에 이르러 지부를 통해 각 지역에 뿌리를 내렸고, 1만 6,500여 개 지부와 150만여 명의 회원을 거느린 당대 최대의 대중 조직이었다. 이 대중민족주의 단체의 주요 회원은 하위 중간층과 하층민들이었다. 회원 중 80퍼센트 이상이 농민과 산업노동자, 수공업자, 소상인이었고, 나머지 18퍼센트만 공무원과 사무직 종사자였다.

보수적 민족주의자들이 대중적 지지 기반으로 삼고자 주목한 대상은 소시민계급과 농민층이었다. 소시민계급은 전통적인 소상인과 수공업자를 포함하고, 산업화 이후 새로 등장하여 점증하고 있던 화이트칼라층을 포함했다. 이들이 특히 민족주의에 열광했다. 오래전부터 중산층 의식을 가졌던 이들은 공장제 산업화에 의해 자신들의 전통적 상공업이 몰락하리라는 위기의식에 사로잡혔다. 더욱이 프롤레타리아 노동자계급의 성장과 조직화 및 계급투쟁의 격화가 이들의 위기감을 고조시켰다. 그런 상황에서 대불황이 이들에게 직격탄을 가했다. 이에 따라서 19세기 전반기에 자유주의적 민족운동을 지지했던 소시민계급은 19세기 말에 보수적이고 배타적인 민족주의의 지지 세력이 되었다. 이들은 한편으로 민족주의로부터 소속감과 안정감을 얻었고, 다른 한편으로 민족주의가 대외 팽창정책을 통해 국내의 갈등과 불안을 해소해주리라 기대했다.

세기 전환기에 농민층은 서부 유럽과 중남부 유럽의 많은 국가에서 민족운동에 적극 가담했다. 이들은 선거권을 확보하면서 점차 정치화되었고, 정치적 의사를 표현하게 되면서 민족의 주체가 되었다. 농민은 자유주의와 사회주의를 전통적 가치에 대한 위협으로 간주한 반면에 민족주의로부터 보호와 안전을 기대했다. 스페인의 경우 농민층의 민족화와 관련하여 매우 다른 사례를 보여준다. 19세기 말과 20세기 초에 스페인의 주요 지역인 갈리시아, 바스크, 카탈루냐, 안달루시아에 각각의 지방 민족주의가 자리 잡고 있었다. 그래서 스페인 농민은 전 민족적 정체성 대신에 지방적 민족의식을 가졌다.

정치적으로 조직된 노동계급도 민족주의의 지지 기반이었다. 특히 독일의 경우 상대적으로 일찍 등장한 노동운동 세력은 대부분 민족주의적이었다. 19세기 중반에 독일은 민족문제, 정치문제, 사회문제를 동시에 해결해야 했다. 민족문제로서 민족 통일, 정치문제로서 민주주의의 확립, 사회문제로서 노동자계급 해방 중에서 어느 것에 우선순위를 둘 것인가? 통일 방안으로서 대독일주의와 소독일주의 중에 무엇을 지지할 것인가? 노동운동 세력도 이 과제에 직면하여 노선에 따라 분열했다. 이러한 과정을 거치며 세기 전환기에 노동자들은 대부분 민족주의에 경도되었다. 노동자 조직의 일부는 사회주의적 국제주의를 추종했지만, 대부분의 노동자들은 민족의 위기에 직면하여 민족의 편에 섰다. 노동자 정당으로 출발하여 대중 정당을 지향하게 된 사회민주당 의원들은 전쟁 발발의 위기 앞에서 정부의 전쟁 예산안을 지지했다. 게다가 현장의 노동자들은 자원입대하여 민족에 대한 충성심을 입증했다.

동유럽 국가의 사례에서도 보듯이 노동자들이 자신의 계급적 이념과 민족적 신념을 동시에 견지한다는 것은 어려운 문제였다. 오스트리아-헝가리의 경우 전국 단위로 조직된 사회민주당 안에 민족 간의 갈등이 내재되어 있었다. 무엇보다 독일인과 체코인 사이의 갈등이 당의 단결을 위협했다. 이런 상황에서 당시 사회민주당 지도자들은 노동자들의 민족성을 인정하고, 각 소수민족의 권리를 보장하는 다민족 국가를 추구했다. 폴란드의 경우에도 노동계급이 민족문제와 노동자가 당면한 사회문제의 이중 과제에 직면했다. 19세기 말에 조직화한 노동운동 세력은 이 두 과제 중 어느 것을 먼저 해결할 것인지를 두고 분열했다. 또한 노동자 조직 내부에서 사회주의의 영향을 받은 국제주의 노선과 민족주의에 경도된 사회애국주의 노선이 대결했다. 그런데 노동자계급 중심으로 사회문제 해결을 강조한 노선과 계급을 초월한 민족문제 해결이라는 선택의 기로에서 노동운동은 전자 쪽으로 기울었다.

조직민족주의의 전개

19세기 말, 대중 동원의 필요성이 커지면서 민족주의는 다양한 집단을 각종 방식으로 조직화했다. 이런 조직민족주의가 여러 영역에서 통합민족주의에 기여했다. 19세기 말에 군인, 전사자 추모자, 납세자, 선거인과 같은 여러 부류의 집단들이 대중조직으로 결집되었다. 이에 따라 다양한 규모의 결사체나 협회 혹은 정치조직과 나란히 전국 단위의 대중조직이 등장했다. 이러한 민족주의 조직들은 대규모의 회원 수와 강한 활동력 덕분에 정부와 무관하게 독립적으로 활동할 수 있었고, 민족정책과 관련하여 정부에 압력을 행사했다. 이들은 대중행진, 기관지, 전당대회, 대중 선전선동 등의 새로운 대중 동원 방식들을 적절하고 유효하게 활용하여 정치적 주도권을 확보하기도 했다. 이러한 대중조직들 중에 일부는 압력단체를 넘어 정당이 되기도 했다.

세기 전환기에 유럽의 주요 국가들에서 이런 조직민족주의가 활발하게 전개되었다. 프랑스의 경우, '애국자연맹'(1882)이 대중적인 민족운동 단체로 크게 성장했다. 이 연맹 조직은 처음에 좌파의 지지를 받았지만, 1890년대에는 쿠데타를 시도하는 등 점차 반공화주의적 단체로 변했다. 샤를 모라스와 그의 동지들이 설립한 '악시옹 프랑세즈'(1899)는 1914년까지 급진 우파 민족주의에서 가장 영향력이 큰 대중조직이었다. 이 조직은 왕정의 회복을 주장했는데, 문서 판매 등의 선동을 전개하고 거리에서 좌파와 전투를 불사하는 등 급진적으로 활동했다. '악시옹 프랑세즈'는 유럽 다른 국가에서 민족주의 대중 단체의 모델이 되었다. 포르투갈에서 직접적으로 이를 모방한 단체가 조직되었고, 스페인과 그리스에서는 이 단체를 지지하는 사람들이 점차 늘어났다. 이탈리아에서는 '이탈리아 민족협회'(1910)가 조직되어 이후 정당으로 발전했다.

독일에서도 민족주의적인 선동 단체들이 큰 세력을 형성하며 통합민족주의 운동을 전개했다. 이들 단체의 전체 회원 수는 한때 남성 성인과 청년들 중심으로 500만 명 이상이었는데, 당시 노동조합과 비교하면 두 배의 규모였다. 대표적으로 '전 독일 연맹'(1891)이 독일의 급진민족주의의 대변자 역할을 했고, 이후 나치 시대까지 존속했다. 연맹은 조직의 목적으로 '독일 민족적 정신의 활성화, 모든 독일 민족의 인종적이고 문화적인 소속감의 각성과 육성, 전 세계에서 독일의 이익정책 추진, 독일의 식민운동의 속행'을 공언했다. 여기서 당시의 통합민족주의가 지닌 인종적이고 팽창적이며 제국주의적인 성격을 확인할 수 있다.

"우리의 미래는 바다에 있다"라는 문구가 해군의 중요성을 강조한다. 당시 해군과 함대의 중요성을 선전하게 되면서 아동용 해군 복장이 유행했다. 아이의 해군 복장이 이를 잘 보여준다.

세기말 이후 독일 민족주의는 군국주의적 성격을 분명히 드러냈다. 당시 영국은 세계 최강의 해군을 보유하고 있었는데, 독일제국 황제는 영국의 왕립해군에 필적할 해군력 강화를 추진했다. 당시 독일의 군비정책과 군사정책도 해군을 중심으로 이루어졌다. 독일제국은 1889년에 중앙정부에 제국해군부를 설치했고, 1898년 〈함대법〉을 제정하며 전함을 증강하고자 했다. 이에 위협을 느낀 영국이 해군력을 더욱 강화하면서 양국 간에 전함 건조 경쟁이 벌어졌다. 이런 배경에서 '독일함대협회'(1898)가 대규모 함대 건조를 선전하며 대중운동을 전개했다. 이를 뒤이어 '독일방위협회'(1912)가 무장 방위를 주장하며 급성장했다. 이 협회는 1913년 제국의회에서 결의된 방위비에 반대하는 자들을 '제국의 적'이자 '민족의 적'으로 규정했다. 이런 흐름 속에서 당시 최대 규모를 자랑한 '독일재향군인회'가 급진민족주의와 군국주의를 전파하는 데에 크게 기여했다.

영국의 경우, 국내적으로 첨예한 민족적 대결이 발생한 나라들과 달리 상대적으로 민족문제와 관련하여 내부적으로 잘 통합되어 있었다. 영국은 1876년에 빅토리아 여왕이 인도의 황제가 됨으로써 제국으로 변모했다. 그리고 황제를 구심점으로 민족주의적 단체들과 언론이 결집되었다. 영국인들은 거대한 세계제국으로서 자국에 대해 자부심을 가졌고, 세계를 문명화하고 그리스도교화해야 한다는 사명감을 가졌다. 키플링은 이러한 정서를 '백인의 짐'으로 표현했다. 빅토리아 시대에 영국인들은 이러한 제국주의를 지지하면서, 전방위에 걸쳐 결집되어 있었다.

동유럽에서도 세기 전환 이후에 급진민족주의 조직들이 등장했다. 세르비아 민족주의 세력이 19세기 초 이후 이탈리아의 민족주의와 비밀조직과 연계되어 있었다. 1893년에 보스니아의 세르비아인들이 '청년보스니아'를 조직했다. 1911년 5월에 비밀조직 '단결이냐 죽음이냐'(일명 '검은 손')가 결성되었다. 그 기관지가 《피에몬테》라는 점에서 알 수 있듯이 이 조직은 이데올로기와 강령에서 이탈리아 민족주의를 모방했다. 그러면서 피에몬테가 이탈리아를 통일했듯이 세르비아인들이 모든 세르비아인과 남부 슬라브인들을 통일해야 한다고 주장했다. 당대 다른 나라의 대중적인 민족주의 단체들과 달리 '검은 손'은 테러리스트적인 비밀 조직이었다. '청년 보스니아'와 함께 '검은 손'이 1914년 6월 보스니아의 수도 사라예보에서 오스트리아-헝가리 제국의 황태자 페르디난트 대공 부부를 암살했다. 이 사건이 제1차 세계대전의 도화선이 되었다.

세기 전환기의 민족주의는 범민족주의(pan-nationalism)로도 표출되었다. 범민족주의는 현존하는 국경을 초월하여 여러 나라로 흩어져 있는 민족의 연대와 통합을 추구하는 운동이었다. 이러한 민족주의적 통합운동은 이전의 통일운동과 달리 민족을 더 이상 국가적 범위에서 사고하지 않고, 국가 우위에 위치시켰다. 가장 대표적인 것이 범게르만주의와 범슬라브주의였다. 이 두 범민족주의의 충돌이 제1차 세계대전의 배경으로 작용했다.

18

산업사회의
등장과
노동운동

신명훈

19세기 유럽은 이전에 겪어보지 못한 심대한 경제적·정치적·사회적·문화적 변화에 직면하게 된다. 이 거대한 변화의 가장 중요한 동인은 바로 산업화였다. 18세기 후반 영국에서 시작해 19세기와 20세기에 걸쳐 유럽과 아메리카, 아시아까지 이어진 산업화의 물결은 인간 사회의 성격을 근본적으로 바꾸어놓았다. 그 변화를 한마디로 요약하자면 농업 사회에서 산업사회로의 변화라고 할 수 있다. 산업화는 무엇보다 경제적 변화였다. 새로운 동력의 사용과 생산기술의 발전, 기계의 사용은 그 이전과는 비교할 수 없을 정도로 인간 사회의 생산력을 향상시켰다. 동시에 산업화는 경제뿐만 아니라 정치와 사회, 문화 부문에서도 전대미문의 변화를 가져왔다. 하지만 산업화가 전 유럽에 걸쳐 한꺼번에 모든 것을 균등하게 바꾸어놓은 것은 아니었다. 산업발전은 국가에 따라, 그리고 한 국가 내에서도 지역과 업종에 따라 상이하게 진행되었으며, 그 결과 산업과 농업, 근대적인 생산과 전통적인 생산, 대규모 기업과 소규모 기업이 혼재하는 상황, 요컨대 불균등성이 산업화의 특징이었다.

국가와 지역과 업종에 따라 불균등하게 진행된 산업화는 노동계급의 형성에도 상이한 영향을 미쳤다. 전(前)산업사회의 핵심적인 사회세력이었던 자영농민과 독립적인 수공업자들은 점차 그 중심적 지위를 상실했으며, 자신의 노동력 외에는 아무것도 소유하지 못한 임노동자들이 그 자리를 차지하게 되었다. 산업사회의 핵심적인 계급은 더 이상 귀족과 농민과 수공업자가 아니라, 자본가와 산업노동자였다. 사회관계가 근본적으로 변화한 것이다. 이러한 산업사회를 특징짓는 중심 키워드는 계급이었다. 산업화는 공간적으로도 전혀 다른 세계를 만들어냈다. 시커먼 연기를 내뿜는 공장 지역과 우중충한 노동자 주거지역, 비교적 단정한 시민계급 주거지역 등으로 구획되는 근대적 산업도시가 등장했다. 도시의 삶은 산업화 이전 농촌의 삶과는 전혀 달랐다. 인간관계와 생계를 이어가는 방식, 여가를 비롯한 다양한 문화의 영역 등에 있어서 도시의 삶은 이전의 농업 사회의 그것과 확연한 차이를 보였다.

산업사회는 이전에는 알지 못했던 새로운 사회적 문제들을 불러일으켰다. 기계화된 공장제 생산방식이 확산되면서 노동자들은 노동에 대한 통제권과 자율성을 상실했다. 이것은 본질적인 변화였다. 자영농민이든 자영수공업자든 산업사회 이전의 노동은 기본적으로 노동을 수행하는 노동자의 자율적 통제 하에 있었지만, 이제 노동자는 하나의 상품으로서 노동을 파는 임노동자로 전락했다. 초기 산업화 시기의 가장 큰 문제 중 하나는 장시간의 노동이었다. 하루 12-14시간에 이르는 장시간의 노동은 노동자의 건강과 재생산을 심각하게 위협했다. 겨우 하루하루를 연명할 정도의 낮은 임금도 커다란 문제였다. 환기가 되지 않고 비좁고 어두운 작업환경 또한 문제였다. 다양한 직업병과 빈번한 산업재해는 열악한 작업환경의 직접적 결과였다. 또한 산업도시의 생활환경은 위생적으로나 문화적으로 여러 가지 문제를 안고 있었다. 상수도 시설과 하수처리 시설이 갖춰지지 않은 노동자 거주지역의 열악한 위생 상태는 주기적으로 창궐하는 전염병의 온상이었고 그 주된 희생자는 바로 그곳에 살고 있는 노동자와 그 가족들이었다. 전통적인 농촌공동체에서 떨어져 나와 대도시에서 익명의 개인으로 고립되어 살아가는 노동자들의 정신세계와 문화세계의 피폐화 또한 산업사회의 커다란 문제였다.

산업화가 야기한 직접적인 사회문제를 해결하고 자본주의의 병폐를 극복하기 위한 노력은 다양한 사회주의 사상의 발전을 가져왔다. 산업화 초반기의 초기(유토피아) 사회주의와 19세기 중반 이후 영향을 미치기 시작한 마르크스주의는 자본주의의 문제점과 모순을 분석하면서 나름의 해법을 제시했고, 이러한 사회주의 사상은 현실에서의 노동운동의 발전에 중요한 영향을 미쳤다. 유토피아 사회주의자로도 불리는 영국의 오언, 프랑스의 생시몽, 푸리에 등의 초기 사회주의자들은 세부적인 차이에도 불구하고 공통적 특성을 보인다. 이들은 자본주의 사회의 문제의 본질을 이기주의와 개인주의, 경쟁에 있다고 보았으며 그에 대한 해법으로 사회적 협력을 제시했다. 유토피아 사회주의자들은 연합과 상호부조와 협동이라는 이상, 부르주아 사회에 대한 합리적이고 인본주의적 비판, 인간 사회의 문제를 합리적으로 해결할 수 있다는 실제적 확신 등을 후대의 노동운동에 물려주었다.

그러나 유럽의 노동운동에 보다 더 지속적이고 강력한 영향을 미친 것은 마르크스와 엥겔스의 이른바 '과학적 사회주의'였다. 마르크스와 엥겔스는 자본주의가 작동하는 원리에 대한 천착을 통해 자본주의에 대한 근본적 비판을

방적 공장에서 일하는 어린 노동자들

수행하면서, 노동계급에 의한 사회주의혁명이라는 이상을 제시했다. 이들은 인간의 선의나 종교적 열정에 기반한 부분적이고 분산된 노력으로 자본주의 체제의 문제를 해결할 수는 없다고 생각하는 점에서 유토피아 사회주의와 결을 달리했다. 마르크스주의는 객관적인 역사발전의 법칙에 의해 자본주의가 필연적으로 붕괴하고 계급 없는 사회주의로 발전할 것이라는 낙관적 전망을 유럽의 노동계급에 제시했다. 마르크스주의는 1860년대의 제1인터내셔널을 통해 유럽 각국의 초기 노동운동과 연계를 맺으면서 현실의 사회주의운동에 일정한 영향력을 행사했다. 1889년 제2인터내셔널의 창설과 더불어 유럽의 주요 사회주의정당에 대한 마르크스주의의 영향력은 결정적으로 확대되었으며, 큰 틀에서 보아 1890년대 이후 유럽의 노동운동은 마르크스주의의 궤도 위에서 발전했다고 할 수 있다.

숙련 수공업노동자를 중심으로 전(前)산업 시대의 전통에 기대어 사회문제를 해결하고자 했던 초기 사회주의운동의 시도들은 1848년 혁명의 실패와 그에 뒤이은 반동적인 정치 상황 속에서 점차 힘을 잃어갔다. 하지만 1860년대를 기점으로 의회 영역에 초점을 맞추면서 전국적으로 조직된 노동자 정당을 건설한다는 새로운 이상이 사회주의운동을 이끌었다. 이러한 맥락에서 유럽 각국에서 사회주의정당이 건설되기 시작했는데, 1860년대 독일에서 사회민주당의 두 지류가 형성되기 시작한 이래 1900년대 초반까지 거의 모든 국가에 사회주의정당들이 출현했다. 입헌적 의회주의가 정착한 정도와 제반 정치적·경제적·사회적 환경에 따라 사회주의정당의 영향력과 가능성은 상이했지만, 제

1차 세계대전이 발발한 1914년까지 유럽 각국의 사회주의정당은 지속적으로 의회 내 의석수를 늘리면서 각국의 정치 체제 내에서 중요한 하나의 축으로서 확고히 뿌리를 내렸다.

사회주의정당의 건설과 함께 노동조합 운동도 발전해나갔다. 노동조합 운동의 시작은 노동자 스스로 자신들이 처한 저임금과 장시간 노동 및 사회적 안전망의 부재를 극복하기 위해 설립한 상호부조금고나 직인조합, 협동조합 등의 자조조직에서 찾을 수 있다. 중세 이래 도시 수공업자들의 전통을 이어받아 주로 숙련공을 중심으로 이루어진 이러한 조직화는 산업화 초기 노동자들이 산업사회의 문제를 해결하기 위해 벌인 다양한 연대의 노력 중에 가장 두드러진 것이었다. 노동자들 사이의 이러한 연대와 조직화는 대체로 1860년대를 기점으로 노동조합 운동으로 발전하게 된다. 산업화 초기의 상호부조 운동은 이제 지역과 업종을 넘어 전국적인 차원의 노동조합을 결성하고 이를 통해 산업사회에서 자신들의 이해를 조직적으로 대변하고자 하는 시도로 넘어가게 되었다.

1905년 11월 5일 폴란드 바르샤바에서 있었던 "내셔널 마치(National march)"

각국별 노동조합 운동의 발전 양상은 산업화의 비율과 시기와 형태에 따라 달랐지만, 정치적인 노동운동으로서의 사회주의정당과의 긴밀한 관계 속에서 성장했다는 것, 초기의 숙련 노동자 중심에서 점차 반숙련 및 미숙련 노동자를 조직하는 방향으로 발전했다는 것, 지역별·업종별 노동조합으로부터 산업별 노동조합으로 발전하면서 전국적 연합체로 조직화되었다는 일반적인 특징을 보여준다. 1890년대 중반 이후 서유럽과 북유럽에서는 의회에 일정한 영향력을 확보한 사회주의정당과 대중조직으로 성장한 노동조합 운동이 확고한 축으로 자리를 잡으면서 의회와 공공영역에 뿌리를 내리게 되었고, 1905년 경에는 폴란드와 러시아 등의 동유럽 국가들이 그 뒤를 이었다.

1 산업사회와 노동계급의 형성

오늘날 우리가 여전히 살고 있는 산업사회는 18세기 말 영국에서 시작해 19세기를 지나면서 유럽 대륙과 아메리카에서 진행된 산업화 과정의 산물이다. 산업화에 대한 전통적인 설명은 산업화가 가장 먼저 일어난 영국을 표준으로 삼아 이루어졌다. 이에 따르면 산업 자본주의가 발전하기 위해서 먼저 아무런 생산수단이나 생산 조건에 대한 통제권을 갖지 못하고 오직 노동할 수 있는 능력만을 가진 '자유로운' 노동계급의 출현이 전제되어야 한다. 이러한 과정은 '원시축적'이라는 과정을 거쳐 16세기에서 19세기 사이 영국의 농촌에서 일어났다. 토지에서 쫓겨난 농민들은 농장경영자 밑에서 임노동자로 일하거나 도시를 전전하며 일자리를 찾는 신세로 전락했다. 소규모 수공업은 대상인이 통제하는 매뉴팩처에 의해 대체되었다. 이러한 농촌의 변화는 자본주의 산업화를 촉진했다.

매뉴팩처가 새로운 소유관계를 통해 자본가에게 생산수단에 대한 통제권을 부여했다면, 이후 이루어진 기계화는 기술적 요구에 대한 노동자의 종속성을 강화함으로써 자본가의 노동 과정에 대한 통제권을 완성했다. 수공기술에 기초한 노동분업이 기계에 기초한 분업으로 대체됨으로써 자본의 발전에서 혁명적인 단계가 나타나게 되고, 생산성은 크게 높아지게 되었다. 기계화된 공장으로의 집중은 더욱 가속화되고 농촌에서 추방된 노동자들이 산업도시의 공장으로 흡수됨으로써 자본주의적 산업화의 과정이 본궤도에 오르게 되었다. 산업화 과정을 통해 사회는 소수의 자본가와 끊임없이 확대되는 노동계급으로 양분되고, 살아 남은 소농민과 수공업자, 소상인 같은 중간 집단들은 계속 프롤레타리아화되면서, 노동계급의 동질화가 점차 확대된 것으로 파악된다. 그리고 이러한 변화는 정치적인 영역에서 노동운동의 기반을 창출하고 노동자의 집단적 이해를 둘러싼 계급의식의 성장을 가져온다는 것이다.

영국을 모델로 삼은 이러한 산업화 과정과 노동계급의 형성에 대한 이론은 그간의 연구를 통해 상당 부분 수정되었다. 우선 산업화 과정은 단일한 노선을 따라가는 한 차례의 대폭발이 아니라, 다양한 양상을 보여주는 누적적인 과정이라는 것이다. 영국에서조차 기계화보다는 손기술이, 산업도시의 대량생산보다는 농촌의 소규모 노동집약적 생산이 표준이었다는 것이다. 산업노동자는 다양한 경로를 통해 충원되었으며, 원시축적과 토지로부터의 농민의 구축은 그런 여러 수단 가운데 하나일 뿐이었다. 노동자가 임노동관계로 진입하는 방식은 상업화된 영농, 가내공업, 도시수공업, 도시 하부구조의 서비스경제, 임시화된 직종 등의 경로를 통해 다양한 방식으로 이루어졌던 것이다.

결론적으로 산업화에 이르는 경로는 다양했으며, 따라서 자본가와 노동자 사이의 계급관계도 다양한 방식으로 형성될 수 있었다. 또한 산업자본주의를 단순하게 공장 및 기계화와 동일시해서는 안 되며, 전통적인 수공노동과 소규모 작업장, 가내공업 등이 지속되었을 뿐만 아니라 확대되기도 했다는 점을 주목해야 한다. 요컨대 노동계급이라는 용어가 지칭하는 구체적 대상은 단일한 실체라기보다는 지역과 시기에 따라 다양하게 형성되어가는 구성물이었다고 할 수 있다. 산업화 과정이 다양하고 불균등했다는 점이 중요한 이유는 그것이 노동계급이 형성되는 방식에 영향을 미쳤으며, 그에 따라 다시 노동운동의 주도 세력, 노동운동의 지향성, 노동자 문화의 내용 등이 달라질 수 있었기 때문이다.

영국, 독일, 프랑스, 벨기에 등지에서 초기 노동운동이 형성될 때 그 중심이 되었던 노동자층을 살펴보면 앞에 언급한 내용의 의미가 드러난다. 초기 노동운동을 주도한 핵심세력은 산업화에 의해 새로 생겨난 미숙련 산업노동자들이 아니라, 자기 직종에 대해 강한 자부심과 일체감을 갖는 중소 규모 작업장의 숙련 노동자들이었다. 이들은 장인으로서 숙련기술과 더불어 규율과 자율성을 갖추고 미숙련 노동자에 대해 일정한 구별의식을 가지고 있었다. 이들은 산업화의 진전과 더불어 점차 시장에 대한 통제권을 상실하고 경기변동의 영향에 아무런 보호막 없이 취약하게 노출되면서 기계 및 새로운 노동기법의 도입 등으로 타격을 입고 점차 '장인'으로부터 '노동자'로 바뀌어가게 되었다. 1830년대와 1840년대에 급진적인 선동 구호를 외치며 1848년 혁명에 주도적으로 참여하고 초기 사회주의의 전선을 형성한 것은 바로 프롤레타리아로 전락하는 데 맞서 자신들의 독립성을 수호하려던 이들 숙련 수공업기술자들이었다. 이들이 자본주의에 대한 대안으로 염두에 두었던 것은 일종의 생산자협동조합이었다. 이것은 그들의 조합적 전통에서 변용된 직종조합 또는 공제조합을 기반으로, 장래에 직종 간 연맹으로까지 발전되어야 할 사회주의적 기획의 토대가 될 것이었다.

　숙련 노동자들이 주도한 초기 노동운동은 직종별 연합에 기반해 그들의 사회경제적 상태를 개선하는 데 초점을 맞추었다. 이들과는 다른 사회적 배경을 가진 노동자들, 즉 반숙련·미숙련 노동자, 이민노동자, 떠돌이 계절노동자 등과는 영국의 차티스트운동에서처럼 공동행동을 펼치는 경우도 있었지만, 대부분의 경우에는 긴장관계 속에서 조화를 이루지 못하는 경우가 많았다. 또한 이들 숙련 노동자들이 주도한 초기 노동운동은 지극히 남성 중심적이었고, 노동시장에서 상당한 비중을 차지하고 있던 여성들의 지위와 권리는 무시되었다. 여성들은 차티스트 운동에 적극적으로 참여했지만, 그들의 사회경제적 불

1900년 영국 맨필즈 신발공장에서 일하는 여성 노동자들

만과 시민적 자유에 대한 요구, 법률을 둘러싼 투쟁, 투표권에 대한 요구의 목소리는 남성 중심의 노동운동의 성채 밖으로 표출되지 못했다.

이러한 젠더의 문제는 노동운동 내에서 오랫동안 금기시되었는데, 그것은 가부장적 가족이데올로기에 의해 강화되고 지속되었다. 여성노동은 19세기 동안 지속적으로 그 중요성을 더해가면서 1914년이 되면 영국, 독일, 프랑스, 이탈리아 등지에서 전체 고용의 3분의 1을 차지했다. 하지만 노동운동은 이들을 조직화하거나 이들의 이익을 대변하기 위한 적극적 노력을 기울이는 데 소홀했다. 19세기 노동운동은 노동계급의 이상을 작업장의 연대와 직종 간 협력만이 아니라 여성을 가정에만 위치시키는 극명하게 젠더화된 통념에 바탕을 두고 있었으며, '고귀한' 남성성에 여성성을 종속시키는 한계를 가지고 있었다고 할 수 있다. 요컨대 노동계급 속에는 숙련 노동자와 반숙련·미숙련 노동자를 가르는 선뿐만 아니라 남성과 여성을 가르는 분할선이 존재했던 것이다.

이와 같이 노동계급은 산업화와 도시화로 인해 생겨난 공통적인 사회구조에 기반을 두고 있기는 하지만, 하나의 통일체로 고정하기 쉽지 않은, 여러 차이를 내포한 사회적 형성물이었다. 계급정체성의 형성에 있어 일부 노동계급, 즉 숙련 노동자의 경험은 소중하게 다뤄진 반면, 다른 경험들은 삭제되거나 무시되는 측면이 있었다. 1860년대 형성되기 시작한 사회주의정당과 노동조합 운동은 노동운동 초기 숙련 노동자들이 가지고 있던 노동세계와 가족에 대한 이러한 인식을 전통으로 물려받았으며 그것은 제1차 세계대전과 그 이후의 발전에 의해 심각한 내부로부터의 도전에 직면할 때까지 오랫동안 지속되었다.

도시와 그 도시에 세워진 공장이 산업화의 모든 것은 아니라 하더라도, 도시화가 산업화의 가장 중요한 특징 중 하나라는 점은 분명하다. 19세기 내내 유럽은 일자리를 찾아 도시로 향하는 노동자들의 거대한 이주의 물결 속에 있었고, 새로이 생겨난 산업도시들은 빠른 속도로 주민의 숫자와 도시의 경계를 넓혀갔다. 하지만 산업화와 도시화의 관계는 일률적이지는 않았으며 도시발전의 양상에 따라 노동계급의 구성과 조직화, 노동자 문화의 모습이 다르게 나타났다. 예를 들어 원산업적 특징이 오랜 지역에서 근대적 산업화가 점진적으로 진행된 도시와 소규모 촌락에서 단기간에 급속하게 산업화가 이루어져 거대 산업도시가 된 곳의 차이는 매우 컸다. 전자의 경우 숙련 장인의 전통에 기반한 노동계급의 조직과 문화가 연속성을 가지고 성립되었다면, 후자의 경우는 뿌리 뽑힌 삶에 기인하는 규율과 노동운동 전통의 부재로 조직화는 더뎠고 노동자 문화는 황폐한 상태를 면치 못했다. 어느 경우든 열악한 주거환경 속에서 다른 유형의 노동자들과 매일 얼굴을 맞대고 하루하루 힘겨운 삶을 영위한다는 점은 마찬가지였다.

이들 노동자들은 다양한 형태의 가족을 이루고, 출신 지역과 고향이 서로 달랐으며 서로 다른 언어나 사투리를 썼고 종교와 취향이 달랐다. 요컨대 같은 도시 안의 노동자라고 해도 서로 다른 문화적 정체성을 가지고 있었던 것이다. 도시화 초기의 이러한 모습은 도시화가 진척되면서 다양한 요소들, 예컨대 보건과 주거문제에 관한 국가의 개입, 노동자정당의 조직화 노력 등과 상호작용하면서 점차 전형적인 도시 내의 노동자 문화와 노동정치의 모습을 만들어냈다. 다른 사회 계급과 분리된 주거공간의 고착과 노동계급 내에서의 혼인의 증가는 노동계급만의 공동체 문화를 만들어내는 주요한 요소였다. 노동자 거주지의 술집과 거리에서 이루어지는 사교 및 여가 활동, 우애협회, 다양한 노동자클럽, 협동조합, 상호부조조합 등의 노동자들의 집단적 조직들이 확산되면서 공통된 정체성의 하부구조가 점차 구축되었다. 도시의 노동자들은 그들이 사는 곳의 물리적 환경, 생활 방식과 여가 활동, 노동조합에 가입하고 노동자정당을 지지하는 일정한 경향 등을 통해 점차 그들만의 일정한 정체성을 갖

19세기 초 노동자들의 주거환경

게 되었던 것이다.

　노동계급의 형성은 산업화의 단순한 결과가 아니었다. 그것은 노동과 정치, 생활 세계의 상호작용을 거치며 점차로 만들어지는 하나의 과정이었다. 앞에서 살펴본 것처럼 노동계급은 임노동에 종사하고 있다는 점을 제외하면 사회적 또는 직업적 출신배경, 숙련도, 소득과 생활수준, 주거 환경 등에서 다양하고 이질적인 요소들로 구성되어 있었다. 하지만 이러한 노동계급 내부의 다양성에도 불구하고 19세기를 지나며 하나의 계급으로서의 노동계급의 형성은 상당히 진척되었다. 노동계급의 형성 과정은 노동과 일상의 생활 속에서 임노동자로서 공유하는 특유한 경험에 기반을 둔 것이었다. 즉 실업과 경기변동에의 종속, 불충분한 소득과 물질적 궁핍, 불안정하고 위기에 취약한 가정경제, 협소한 주거공간과 비위생적 주거환경, 상대적으로 빈번한 질병의 발생과 높은 사망률, 그리고 그들만의 다양한 사교와 여가 활동과 상호부조의 경험 등이 그것이다.

2 사회주의 사상의 형성과 발전

초기(유토피아) 사회주의

산업화는 수많은 임노동자들의 빈곤, 경기변동에 따른 주기적인 실업, 열악한 주거환경과 그에 따른 위생과 질병문제 등의 도시문제, 아동과 여성노동 문제, 각종 산업재해와 직업병 등의 폭넓은 사회문제를 야기했다. 이러한 사회문제에 직면해 노동자들과 양식 있는 지식인들은 이러한 문제의 근원이라고 여겨졌던 산업자본주의를 비판하며 그 해법을 찾고자 하는 여러 시도를 했다. 그중에서 프랑스 혁명에서 1848년 혁명에 이르는 산업화 초기 시기 산업화에서 앞섰던 영국과 프랑스에서 자본주의의 모순을 극복하려 했던 사회주의적 이론과 운동을 초기 사회주의 또는 유토피아 사회주의라 부른다. 마르크스 이전에 사회주의 사상의 주요 흐름을 이끈 초기 사회주의에서 세 명의 사상가가 특히 많은 영향을 미쳤는데, 영국의 오언, 프랑스의 생시몽, 푸리에가 그들이다.

오언은 수공업자의 아들로 태어나 이미 20대에 스코틀랜드 뉴래너크에 직물공장을 운영하는 사업가가 되었다. 그는 당대의 다른 기업가들과 달리 당시로서는 혁신적인 방식으로 공장을 운영했다. 노동시간을 단축하고 생산이 정체된 시기에도 임금을 지급하며, 노동조건과 주거상태, 생활 여건을 개선하는 한편 기업복지를 폭넓게 실시하고 노동자와 자녀들을 위한 교육프로그램을 운영하며 주민자치까지 포함하는 광범한 사회개혁 프로그램을 실행했다. 이러한 그의 실험은 인간이란 기본적으로 좋은 환경이 주어지면 자신의 능력을 향상시킬 수 있다는 전제하에, 경쟁과 갈등 대신 협동과 조화를 통해 산업자본주의의 문제를 극복하고 다수의 행복을 이룰 수 있다는 믿음에 근거한 것이었다. 뉴래너크의 공장은 사업적으로도 매우 성공적이었는데, 그는 노동자에 대한 복지와 교육 및 짧은 노동시간을 통해서도 회사를 성공적으로 운영할 수 있다는 것을 현실에서 입증해 보였다. 그는 또한 이상적인 공동체에 대한 자신의 신념을 실현하기 위해 미국으로 건너가 뉴 하모니라는 협동촌락을 건설하기도 했다. 미국에서의 공동체 실험이 실패로 끝나고 영국으로 돌아온 그는 영국 노동운동에 깊이 관여했다. 그는 노동조합과 협동조합을 결합하려는 구상을 가지고 노동자들을 조직해 1834년 전국노동조합대연합(GNCTU)을 결성했다. 그의 시도는 1834년 파업투쟁의 실패로 막을 내렸지만, 노동운동이 사회주의를 지향하는 데 큰 역할을 함으로써 이후 영국 노동운동의 발전에 지대한 영향을 미쳤다.

고등교육을 받은 프랑스 귀족 집안의 자제인 생시몽은 미국 독립전쟁과 프랑스 혁명에 참여한 이력을 가지고 있었다. 그는 프랑스 혁명을 단순한 정치적 변혁이 아닌, 노동하는 사람들과 특권계급 사이의 갈등을 축으로 하는 사회변혁이라고 파악했다. 그는 이러한 대립을 해소하고 사회를 발전시킬 수 있는 힘이 산업에 있다고 보았다. 생산을 담당하는 모든 사람들, 즉 산업가, 과학자, 기술자, 전문직 종사자, 노동자가 새로운 사회를 건설하는 합리적이고 진보적인 역할을 담당할 것이라고 주장했다. 전통적인 신분들인 국왕과 귀족과 사제들은 이 새로운 사회에서 사라지게 되고, 산업가들이 중심이 되어 구 사회의 특권과 경쟁과 나태를 신분적 위계가 아닌 기능적 위계와 상호주의와 생산성으로 대체하게 될 것이라는 것이 그의 생각이었다. 그에 따르면 새로운 사회질서는 과학과 생산의 결합, 중앙계획경제, 성과원리 등에 기반해야 하며, 그를 통해 사회의 필요를 예측하고 그것을 충족시킬 수 있다고 보았다. 생시몽은 역사를 일련의 단계를 거치며 발전하는 것으로 파악했는데, 개별단계는 특정한 사회 계급의 조합과 신앙을 그 특징으로 한다. 토지소유 귀족과 유일신 신앙을 그 특징으로 하는 봉건사회는 과학과 이성과 노동의 분업을 그 주요 특징으로 하는 산업사회에 길을 내어주

뉴래너크 방적공장의 생산품에 붙이는 라벨. 뉴래너크는 2001년 유네스코 세계문화유산에 등재되었다.

게 되고, 그 사회에서 가장 지식이 많고 생산적인 세력이 경제의 조정을 책임지는 것은 합리적일 뿐만 아니라 결과적으로 모든 사람에게 이익이 될 것이라는 것이다.

또 다른 프랑스의 사회주의 사상가였던 푸리에는 역사의 전 과정을 원시, 야만, 미개, 문명의 4단계로 파악하고, 문명의 단계와 당대의 부르주아 사회를 동일시했다. 문명사회는 인류의 가장 발전한 사회로서 물질적 풍요로움이 보장되지만, 물질적 풍요는 필연적으로 빈곤을 수반한다고 주장하면서 당시의 사회를 비판했다. 또한 근대사회는 이기심과 속임수 같은 여러 악을 배양하는데, 그 이유는 결혼, 남성 중심적 가족, 경쟁적 시장이 사람들을 반복적 노동 또는 시장에서의 특정한 역할에만 제한함으로써 다양성에 대한 필요를 좌절시키기 때문이라고 보았다. 이에 대한 해결책을 그는 밑으로부터 자발적으로 조직되는 생산과 소비의 소규모 공동사회, 즉 팔랑스테르(Phalanstère)에서 찾았다. 팔랑스테르는 1,600명 정도로 구성되며, '매력적 노동'의 원칙에 따라 누구나 자발적으로 자신의 능력과 관심에 따라 일하고, 원할 경우 직업을 바꿀 수 있으며, 거기서 생산되는 이윤은 노동과 자본, 재능에 따라 일정 비율로 배분된다. 그는 사유재산을 부정하지 않았지만, 모든 공동체 구성원은 소유권의 일부를 공유할 수 있으며 따라서 불평등은 제한될 수 있다고 보았다. 그는 당대의 부르주아 사회를 통렬히 비판하면서 여성의 지위에도 큰 관심을 보였는데, 자본주의 사회에서 여성이 차지하는 열악한 지위는 여성이 남성과 동등하게 생산 과정과 사회 활동에 참여함으로써 극복되어야 한다고 주장했다. 그는 사회의 진보와 발전의 수준은 여성해방의 척도로 가늠할 수 있다고 볼 정도로 당시로서는 선구적인 입장을 가지고 있었다.

초기 사회주의는 19세기 전반 산업화의 사회적 폐해에 대한 나름의 처방을 제시하고자 한 시도였다. 초기 사회주의 사상가들은 산업자본주의의 등장으로 가장 고통받는 계급이 프롤레타리아임을 인식하고 사회와 개인의 적대적 모순, 노동자의 빈곤화, 도시와 농촌의 격차 등의 자본주의가 가진 모순들을 비판했다. 이들은 또한 부르주아 사회를 비판함으로써 노동자에 대한 계몽과 교육의 중요성을 설파했다. 이들은 노동자들이 적절한 교육을 받고 계몽되

팔랑스테르 전경

면 새로운 사회를 개척할 수 있는 능력을 갖출 수 있게 된다고 보았다. 초기 사회주의자들의 사유는 구체적인 내용에서는 다양한 모습을 보이지만, 새로이 등장한 산업사회의 모순과 폐단을 극복하려는 시도였다는 점에서 공통된 특징을 지닌다. 산업화를 통해 생산력이 고도로 발전했음에도 불구하고 노동계급은 오히려 더 비참한 생활을 한다는 점, 자본주의 체제가 생산과잉과 실업, 경제위기를 주기적으로 만들어내는 비효율성을 보인다는 점, 산업사회가 노동자들을 비인간화하며 불행과 소외를 초래한다는 점에 주목하면서 그에 대한 해답을 개인주의가 아닌 공동체, 즉 협동에서 찾으려 했던 것이다. 이들이 현실에서 공동체 실험에 실패하고 한계를 드러냈음은 분명하다. 이들은 계급적으로 구조화된 불평등의 구조적 기원과 자본주의의 정치경제학에 주목하지 못했다. 하지만, 그렇다고 해서 초기 사회주의가 후대의 마르크스주의가 비판하는 것처럼 '공상적(utopian)' 사회주의로서 마치 아무런 현실적 의미가 없는 것처럼 치부될 일은 아니다. 왜냐하면 이들의 한계는 아직 본격적인 산업노동자계급이 형성되기 이전의 당대의 현실을 반영하는 것에 부분적으로 기인하기 때문이기도 하거니와, 연합과 상호부조, 협동의 이상, 부르주아 사회에 대한 합리적이고 인본주의적인 비판, 인간 사회의 문제를 이성적인 방식으로 해결할 수 있다는 확신 등의 유산을 후대에 남겼고, 그것은 이후 사회주의운동과 노동운동에 결코 가벼이 볼 수 없는 사회주의적 상상력의 원천을 제공했기 때문이다.

마르크스주의

19세기 후반과 20세기 초 유럽의 사회주의운동에 가장 강력한 영향을 미친 것은 마르크스주의였다. 마르크스주의란 칼 마르크스(1818-1883)와 그의 평생의 동지이자 후원자였던 프리드리히 엥겔스(1820-1895)가 구축한 철학, 경제학, 정치학의 일관된 이론체계를 일컫는다. 마르크스주의의 이론체계는 유럽의 지성사적 흐름 속에서 성립된 것이다. 즉 독일의 철학, 프랑스의 사회주의 사상, 영국의 경제학 전통이 마르크스주의의 발전에 주요한 영향을 미쳤다.

마르크스는 칸트, 헤겔, 포이에르바하 등 독일철학의 전통과 성과를 종합해 변증법적 유물론과 역사적 유물론의 체계를 세웠다. 자연과 사회, 이론과 실천을 아우르는 유물론적 세계관은 마르크스주의 이론과 방법론의 토대를 이룬다. 마르크스주의를 구성하는 또 하나의 요소인 정치경제학은 아담 스미스와 데이비드 리카도 등의 노동가치이론을 토대로 영국 고전경제학의 성과를 계승한 것으로서, 자본주의의 경제적 운동법칙 분석에 유물론적 역사관을 적용해 형성된 것이다. 이에 따르면 자본주의는 적대적 계급사회의 최후의 형태이며, 그 안에 내재한 법칙성에 따라 필연적으로 사회주의로 전환될 것이었다. 여기서 오직 노동자계급만이 그들의 객관적이고 역사적인 존재조건으로 인해 계급투쟁을 수행하고 사회주의혁명을 통해 프롤레타리아 독재를 수립함으로써 이러한 역사적 필연성을 실현할 수 있는 존재로 규정된다. 마르크스주의를 구성하는 또 하나의 요소는 '과학적 사회주의'로서 이전 시기 유토피아 사회주의의 성과를 종합하고 계승한 것이었다. 과학적 사회주의는 노동자계급이 지닌 역사적 사명을 실천하는 데 필요한 법칙, 즉 사회주의 혁명을 준비하고 실행하며 사회주의를 건설하기 위한 노동계급 투쟁의 전략과 전술을 그 대상으로 삼은 것이었다. 과학적 사회주의는 마르크스주의 철학과 경제학에 그 이론적 바탕을 두고 이에 근거해 국제노동운동의 실천적 경험들을 수용하고자 한 시도였다.

마르크스와 엥겔스는 『독일이데올로기』(1845), 『공산당선언』(1848), 『정치경제학비

엥겔스와 마르크스

판』(1859), 『자본론』(1867) 등의 일련의 저작들을 통해 마르크스주의의 기본방법론과 전제들을 정립하고 자본주의사회에 대한 비판과 대안을 모색하는 하나의 학문적·사상적 체계를 발전시켜나갔다. 마르크스는 인간의 사회적 삶에 주목하면서, 사적소유에 기반한 자본주의의 분업적인 생산양식 메커니즘 속에서 자신의 소유가 아니라 시장판매의 대상이 되는 상품 생산에 참여하는 노동자들의 소외된 상황을 보았다. 이러한 소외는 노동자에게만 국한된 것이 아니라 경쟁과 물신숭배, 곧 상품에의 예속을 통해 사회에 보편적으로 확산된다. 그의 견해에 따르면 소외는 사유재산제도에서 직접적으로 기인하며, 경제영역에서 생기는 소외는 사회적 관계의 다양한 물질적 영역과 궁극적으로는 정신 영역에서 생기는 다른 형태의 소외를 낳는 근간이 된다.

마르크스는 악폐와 모순을 초래하는 바로 그 자본주의 자체로부터 문제해결의 가능성을 탐구했다. 물질적 생산력은 사회발전의 원동력을 이루는데, 그 발전은 생산양식과 생산관계를 필연적으로 변화시킨다. 이리하여 기존의 생산양식 내지 생산관계에 기반하고 있던 구래의 지배계급과 새로운 기반에 입각한 새로운 계급 사이에 계급투쟁이 초래된다. 이런 관점에서 인류의 전 역사는 계급투쟁의 역사라고 보았다. 그중의 한 단계인 자본주의 역시 그 자체에 내재해 있는 모순으로 말미암아 결국은 몰락하고 계급 없는 사회주의 사회가 도래한다는 것이다.

그는 자본주의의 내적 모순과 몰락의 필연성을 다음과 같이 설명했다. 자본가는 더 많은 이윤을 위해 더 낮은 비용과 더 짧은 노동시간으로 더 많은 생산을 하고자 한다. 그리하여 그는 기계를 도입해 노동강도를 높임으로써 필요한 노동력의 규모를 감소시킨다. 기계에 대한 투자증대는 곧 노동에 대한 투자를 감소시키고, 이는 인간의 노동으로부터만 산출되는 잉여가치와 이윤율을 감소시키는 결과를 가져온다. 이에 따라 실업이 증대하고 개별기업들의 도산이 이어지면서 자본주의사회는 총체적 위기에 빠지게 된다. 공황은 주기적으로 자본주의사회를 엄습하여 파산과 실업의 규모를 증대시킨다. 이로 인해 부르주아와 프롤레타리아 사이의 양극화가 심해지고 계급투쟁은 심화된다. 결국 보편적 계급인 프롤레타리아는 혁명을 통해 자본주의사회를 궁극적으로 붕괴시키고 합리적으로 계획된 생산에 의해 만인의 자유와 평등이 보장되는 공산주의 사회가 도래한다는 것이다.

마르크스는 사회주의의 도래가 자동적으로 이루어진다고 보지는 않았다. 그는 사회의 발전을 가져오는 것은 혁명이라고 생각했다. 그는 부르주아혁명과 프롤레타리아 혁명이 모두 피지배계급에 의한 사회혁명이라고 보았다. 즉 부르주아혁명에서는 구 특권계급인 봉건귀족에 대해서 부르주아지가, 프롤레타리아 혁명에서는 부르주아에 대해서 무산자 프롤레타리아가 기존의 권력관계를 깨고 정치권력을 장악하며, 사회구조를 혁신시킨다고 보았다. 이러한 혁명을 위해 자본주의사회에서 독자적인 생산기반을 가질 수 없는 프롤레타리아는 계급의식으로 무장하고 계급정당을 조직함으로써 정치투쟁을 전개해야 하며, 마침내 사회주의혁명을 통해 국가권력을 장악하고 사회경제적 변혁을 가져올 수 있다는 것이다.

마르크스주의의 독창성은 이론과 실천을 결합한 세계관을 제시했다는 점에 있었다. 마르크스와 엥겔스는 그들의 이론을 책상 앞에서만이 아니라 현실의 운동에 대한 적극적 참여를 통해 지속적으로 발전시켰다. 이들은 1848-1849년 유럽의 혁명 물결에 적극적으로 가담했으며 이후에는 국제노동자협회(제1인터내셔널)와 제2인터내셔널을 조직하고 이끌면서 유럽 각국의 노동운동의 형성과 발전에 중요한 역할을 수행했다.

하지만 마르크스주의가 처음부터 유럽 노동운동에 결정적 영향력을 행사한 것은 아니었다. 1848년 혁명을 전후한 시기의 마르크스 저작들은 당시에 거의 알려져 있지 않았을 뿐만 아니라 구하기도 쉽지 않았다. 마르크스의 이론적 명성은 1860년대의 경제학 저작, 즉 정치경제학비판과 자본론을 통해 얻어진 것이었다. 마르크스주의가 현실의 노동운동에 영향력을 행사하기 시작한 것은 1860년대 이후의 일이었다. 1860년대 유럽 대륙 전반에 걸쳐 일어난 자유주의적 개혁의 바람은 새로운 노동계급정치의 가능성을 열어주었고, 마르크스는 정치적 계급운동의 필요성을 역설하면서 1864년 제1인터내셔널의 창설을 주도했다. 마르크스는 제1인터내셔널 내에 존재하던 프루동주의자들과 바쿠닌의 무정부주의, 블랑키주의의 유산을 청산하고, 노동계급의 완전한 해방이라는 광범한 목표를 위한 노동계급의 조직중심으로서 전국적이고 중앙집중화된 노동조합과 노동자정당의 필요성이라는 원칙을 확립했다.

제1인터내셔널은 조직의 관점에서는 그 영향력이 제한적이었다. 하지만 당시 제1인터내셔널에서 마르크스가 남긴 주요한 정치적 가이드라인, 즉 1866년 제네바대회 대표단에 제출한, 노동입법과 노동조합 개혁 정책에 관한 프로그램이나 1868년 브뤼셀대회에서 채택된 공적소유에 관한 결의안, 1871년 런던대회에서 채택된, 노동계급을 정치적 당으로 조직할 것을 촉구한 "노동계급의 정치적 행동에 관한 결의안" 등은 이후 각국 사회주의정당들의 길잡이 역할을 하면서 첫 세대 사회민주주의 정당운동에 깊은 영향을 미쳤다.

마르크스주의는 노동계급이 당면하고 있던 문제를 체계적으로 파악하고 그 대안을 모색할 수 있는 강력한 이념적·지적 무기를 제공했고, 이에 힘입어 19세기 후반 20세기 초반 사회주의운동은 인상적인 발전을 이룩할 수 있었다. 마르크스와 엥겔스가 자본주의 비판을 시작한 1850년대에 마르크스주의적 사회주의 운동은 고립된 소수에 지나지 않았던 반면, 엥겔스가 세상을 떠난 1895년 무렵에는 유럽의 거의 모든 주요 지역에 마르크스주의를 따르는 사회주의 조직이 세워져 있었다. 1900년대 초에 이르면 마르크스주의를 표방하는 사회주의정당들이 노동자들의 지지를 더 받으면서 의회 내에서 강력한 세력으로 부상하게 되는데, 이것은 마르크스주의가 19세기 후반에서 20세기 초에 사회주의 운동에 미친 영향력을 단적으로 보여주는 것이다.

3 노동조합 운동의 발전

노동조합 운동의 발전 양상은 유럽 내 지역과 국가에 따라 상당히 달랐다. 그 이유는 각국에서 진행된 산업화의 방식과 정도, 사회주의정당의 존재와 역할, 그리고 국가의 노동운동에 대한 대응이 달랐기 때문이다. 1914년 이전 유럽의 산업화는 크게 보아 세 가지 정도의 유형이 존재했다. 하나는 이미 18세기 말 19세기 초 선구적 산업화를 경험한 영국과 벨기에, 네덜란드 지역이고, 19세기 중반 중부 유럽의 독일과 북부 유럽의 스칸디나비아 국가들이 그 뒤를 이으며 급격한 산업화를 이루었다. 19세기 후반이 되면 프랑스, 이탈리아, 합스부르크 제국, 에스파냐, 러시아 등에서도 산업화가 상당히 진전되었다. 이러한 상이한 산업화의 유형은 노동조합의 발전에도 상이한 양상을 만들어냈다.

대부분의 나라에서 초기 노동운동을 주도한 것은 산업화에 의해 생겨난 대규모 공장의 노동자들이 아니라 소규모 작업장에서 일하는 숙련 노동자들이었다. 이들은 길드가 사라진 공간을 자신들의 각종 우애협회와 교육협회, 직인클럽들로 채우며 초기 노동운동의 근거지를 만들었다. 이들 숙련 노동자들은 전문적 생산 지식과 노동시장을 어느 정도 통제할 수 있는 능력과 오랜 조직의 경험을 가지고 있었기에 초기 노동조합 운동의 선구자가 될 수 있었다. 이들에게는 산업화로 위협받는 자신들의 이익을 지키고 대변하기 위한 여러 조직들, 예컨대 상호부조조합, 노동자교육협회, 생산자협동조합, 소비자협동조합 등을 조직하고 운영한 경험적 자산과 조직적 단결력이 있었던 것이다. 그중에서도 노동조합을 결성하고 발전시킨 전형적인 선구자는 인쇄공들이었고 목수, 석공, 금속공, 주형제조공 등의 숙련 노동자들이 그 뒤를 이어 노동조합 결성에 나섰다. 초창기 노동조합이 결성되고 발전하는 데에는 파업이 중요한 역할을 하는 경우가 많았다. 특히 한 지역의 어느 직종에서 성공적으로 진행된 파업은 그 직종의 전반적인 노동조합조직의 발전을 가져올 뿐만 아니라 주변 지역과 다른 직종에도 파급효과를 미치며 노동조합 결성의 물결을 가져오곤 했다. 숙련 수공업 노동자들이 아닌 반숙련·미숙련 노동자들이 노동조합으로 조직되고 노동운동에서 중요한 위치를 차지하기 시작한 것은 이른바 고도산업화 시기의 일이다. 국가별로 다르지만 대략 1860년대에서 1870년대 이후 전기, 화학, 금속 등의 중공업 분야를 중심으로 고도산업화가 진행되면서 생산기술의 발전, 기계화 및 산업조직의 변화로 인해 숙련 노동자의 비중은 감소하는 반면 반숙련·미숙련 노동자들의 비중은 폭발적으로 증가했다. 이 시기 노동조합 운동은 바로 이들 반숙련·미숙련 노동자들을 조직하면서 대규모로 성장하기 시작했다. 노동조합은 이에 기반해 대중조직으로 성장하면서 경제 분야뿐만 아니라 정치적, 사회적 영역에서도 무시하지 못할 영향력을 확보하게 되었다.

가장 먼저 산업화 과정을 겪고 노동운동도 가장 먼저 시작된 영국에서 노동조합 운동의 발전은 다른 유럽 국가들과는 많이 다른 모습을 보였다. 19세기 중반까지 산업화가 비교적 서서히 진행되면서 기계화되지 않은 소규모 작업장의 숙련 노동자에 대한 의존도가 높았던 영국에서 숙련 노동자 중심의 초기 노동조합 운동은 계속해서 숙련 노동자 중심의 이른바 신형 노동조합으로 발전하면서 안정화되었고, 반숙련 노동자들이나 미숙련 노동자들은 이 노동조합에서 배제되었다. 여기서 배제된 반숙련 또는 미숙련 노동자들은 1880년대 이후 여러 가지 형태의 일반노동조합으로 조직되었다. 일반노동조합은 숙련공 중심의 신형노동조합에서 배제된 다른 숙련 노동자 및 전문성이 없는 여러 산업의 반숙련 노동자와 미숙련 노동자까지 포함하면서 이른바 신조합주의의 발전을 가져왔고, 이를 통해 영국의 노동운동의 무게중심은 결정적으로 반숙련·미숙련 노동자 쪽으로 이동하게 되었다.

영국이 전국적으로 조직된 숙련 수공업 노동자 중심의 조직과 일반노동조합이 혼재한 양상이었다면, 독일의 노동조합 운동은 초기의 숙련수공업자 중심의 조직에서 산업노동자 중심의 조직으로의 연속적 발전 과정을 가장 분명하게 보여주는 사례이다. 영국과 마찬가지로 독일에서도 초창기 노동운동의 조직화를 이끌었던 것은 숙련수공업자들이었다. 인쇄공, 가구제조공, 담배제조공, 마구제조공, 통제조공 등은 전국적인 노동조합을 결성하면서 초창기 노동운동을 이끌었지만, 1878년에서 1890년까지의 사회주의탄압법으로 국가의 억압을 받으면서 조직이 무너지고 지방차원의 조직으로 후퇴했다. 이후의 노동조합 운동을 주도한 것은 광업, 건설업, 운송업, 가공업, 기타 제조업 등으로 여기에 종사하는 노동자들은 대체로 반숙련 또는 미숙련 노동자들로서 숙련수공업자들의 조직 외부에 위치하는 이들이었다. 이들은 전국적인 노동조합을 결성하면서 점차 산업별 노조로 발전했고, 1914년이 되면 일곱 개의 거대한 산업별 노동조합이 전체 조합원의 약 70퍼센트를 차지하게 된다. 1891년 사회주의적 노동조합의 전국적 중앙연합조직으로 출범한 자유노조중앙위원회는 노동정치에 있어 사민당과의 긴밀한 협조관계를 유지했다. 중앙집중화된 산업별 노동조합, 그리고 사회주의정당과 노동조합 사이의 긴밀한 관계가 독일 노동운동의 가장 큰 특징이라고 할 수 있다.

이탈리아와 에스파냐, 프랑스에서는 노동조합 운동이 다른 양상을 띠었다. 이 지역들에서 노동조합 운동은 지방주의적이었고, 연합주의적 성격을 띠었다. 지방적인 차원에서의 노동운동과 정치운동의 중심으로 기능했던 노동회관은 그곳을 중심으로 정규 노동조합으로 조직된 숙련 노동자들과 그렇지

1839년 영국 웨일즈의 뉴포트에서 일어난 차티스트 운동 장면을 묘사한 벽화

못한 나머지 노동자들이 일종의 노동자동맹을 형성하면서 전체 노동운동의 지방주의적 성격을 강화시키는 역할을 했다. 이 지역들에서 중앙집중적으로 조직된 노동조합은 공공 부문과 철도, 광산 등에만 한정되었다. 이 지역들에서 공통적으로 나타나는 무정부주의와 생디칼리즘 운동은 주로 노동회관 같은 이러한 지방조직을 그 토대로 삼았고, 19세기뿐만 아니라 20세기까지도 그 영향이 지속되었다. 프랑스의 노동조합 총연합체인 노동총연맹(1895)이나 이탈리아의 노동총연맹(1906)은 이러한 비정치적이고 반의회주의적인 지방의 노동조합 운동에 거의 영향력을 행사하지 못했을 뿐만 아니라, 프랑스의 노동총연맹은 그 스스로 모든 정치적 제휴를 거부하고 경제투쟁과 노동자의 직접행동을 주장했다. 에스파냐에서는 노동운동의 중앙집중주의와 지방주의가 각각 사회당 계열의 노동총연맹(UGT)과 무정부주의 생디칼리즘 계열의 전국노동총연맹이라는 대립하는 두 개의 조직체로 양분되었다. 이 지역의 이러한 모습은 독일이나 스칸디나비아반도의 국가들, 영국에서의 노동운동의 양상과는 사뭇 달랐다.

  노동조합 운동은 그 특성상 경기순환과 정치적 변수의 영향을 많이 받았다. 1860년대에 시작해서 1873년까지 이어진 전 유럽적인 호황은 당시 각국의 자유주의적 개혁정치와 맞물리면서 첫 번째 노동조합 운동의 팽창기를 가져왔다. 이 시기 서쪽의 에스파냐에서 동쪽의 갈리치아, 오늘날의 폴란드와 우크라이나 지역까지 이어진 일련의 파업물결은 태동기에 있던 여러 직종의 노동조합들이 조직을 견고히 할 수 있는 기회가 되었다. 그 뒤를 이은 1873년에서 1896년까지의 불황기는 반대로 각국의 무역정책을 자유무역에서 보호무역주의로 전환시키면서 특히 중공업과 화학, 전기 분야 등의 신생 산업 분야에서 기업집중과 카르텔 등을 통한 시장조정, 정부의 경제개입 등을 야기했다. 이것은 노동조합을 둘러싼 환경에도 영향을 미쳤다. 노동조합 운동은 산업별로 조직화되고 규모가 커진 기업 측에 대응하기 위해 스스로도 산업별 조직과 중앙집중적인 조직을 지향하지 않을 수 없게 되었다. 그 결과 각국에서는 전국의 노동조합을 대표하는 전국적인 중앙집중적 노동조합연합체 조직이 탄생하게 되었다. 1896년부터 시작된 장기간의 호황은 유럽 각지에서 노동운동의 대팽창을 야기했고 이를 통해 노동조합은 명실상부한 대중적 조직으로 성장했다. 노동조합으로 조직된 노동자수를 살펴보면 영국의 경우 1887년 67만 명에서 1913년 410만 명, 독일의 경우 14만 명에서 392만 명, 프랑스의 경우 14만 명에서 102만 명으로 폭발적인 성장을 기록했다.

무엇보다 이 시기 노동조합 운동에서 특기할 점은 숙련수공업자들이 힘을 발휘하지 못하는 신생 산업 분야를 중심으로 반숙련 및 미숙련 노동자수가 급증했고, 이들이 전체노동조합에서 차지하는 비중도 급격하게 늘어났다는 점이다. 이 시기의 특징 중 다른 하나는 산업자본주의의 성격이 변하고 기업가 및 노동조합의 조직 또한 전국적 양상을 띠면서 국지적 교섭보다는 전국적 교섭의 중요성이 높아졌다는 점이다. 노동운동 진영에서 요구하는 8시간 노동제와 같은 이슈는 기업가 측 전체를 상대로 전국적인 조정을 필요로 하는 것이었다. 정부도 이전에 비해 더 적극적으로 노동쟁의에 관심을 기울이면서 노동쟁의조정법이나 산업중재에 관한 여러 법률들의 입법을 통해 노동문제에 보다 깊이 개입하게 되었고 이를 통해 노사관계의 일정한 틀과 룰이 자리를 잡아가기 시작했다. 서부 유럽의 몇몇 국가들에서 산업별 단체교섭이 시작된 것도 바로 이 시기였다. 전국적으로 조직된 중앙집중적인 노동조합과 대중적인 사회주의정당의 성장, 전국적 단위로 결성된 기업가조직, 그리고 정부의 노동문제에 대한 적극적 개입은 필연적으로 노동문제가 단순히 경제적 문제만이

1905년 페테르부르크의 동궁 광장에서 일어난 노동자 학살 사건. 노동자들의 경제적·정치적 요구를 적은 청원서를 작성하여 동궁을 향해 청원행진을 했다. 그런데 경찰과 군대가 이 평화적 행진에 대해 발포하기 시작해 광장의 눈(雪)을 피로 물들여 '피의 일요일'이라고도 불린다. 사망자 500~600명, 부상자 수천 명을 낸 이 사건은 차르에 대한 소박한 노동자의 신뢰를 단숨에 무너뜨리고 러시아 혁명의 발단이 되었다.

아닌 정치적·사회적 성격을 띠게 만들었고, 노동운동은 이에 상응하여 경제 정책, 노사 정책, 복지 정책 등 전체 사회경제 체제에 대한 포괄적인 문제제기와 대안제시의 영역으로 활동범위를 넓혀갔다. 1904년에서 1907년 사이 러시아 혁명과 서유럽 여러 국가에서 터져 나온 노동자투쟁에서 드러나듯이 '임금'과 '시민권'으로 상징되는 노동과 민주주의의 문제가 노동운동의 중심적인 주제가 된 것이다.

한편 1890년대 이후 노동조합의 대규모 성장과 중앙집중화 경향은 노동조합의 관료주의화 문제를 초래하기도 했다. 이는 노동조합중앙의 관료들과 기층 조합원 사이의 간극이 점점 더 벌어지면서 긴장이 높아짐을 뜻했다. 이러한 긴장은 때로 중앙의 결정과 배치되거나 지도부의 통제를 전혀 받지 않는 자발적인 파업으로 표출되었다. 특히 점점 더 그 숫자가 늘어나는 젊고 전투적인 미숙련 노동자들은 중앙의 지도부가 자신들의 이해를 제대로 대변하지 못할 뿐 아니라 급진적 개혁에 대한 기층의 요구와 상반되는 온건노선과 조직우선주의만을 추구한다는 비판을 제기했다. 이러한 중앙과 지방, 지도부와 기층 조합원 사이의 갈등의 이면에는 오래전부터 지속되어온 숙련 노동자와 미숙련 노동자 사이의 갈등 외에도 개혁과 혁명, 조직의 효율성과 풀뿌리 민주주의, 사회주의 전략을 둘러싼 상이한 전망 등의 문제가 가로놓여 있었다. 지도부와 기층 일반조합원 사이의 갈등은 결국 제1차 세계대전과 전간기 유럽 대부분의 국가에서 생산수단의 사회화, 8시간 노동제의 즉각적인 도입, 공장위원회의 수립 등 급진적 개혁을 요구하는 대규모 전투적 파업과 봉기의 물결로 터져 나오게 된다.

4 사회주의정당의 발전

19세기 초반 산업사회의 제반 문제를 해결하고자 했던 다양한 사회주의적 운동은 1860년대 이후 점차 의회 영역에 초점을 맞추면서 전국적으로 조직된 노동자정당의 건설이라는 방향으로 나아가게 되었다. 사회주의정당의 건설과 발전은 각국이 처한 정치적 환경, 산업화의 정도, 사회주의 운동의 전통 등 다양한 요소에 따라 규정되었다. 노동계급의 독자적인 정당수립은 노동계급 형성 과정의 결과이자 동시에 포괄적인 계급 형성 과정의 일부였다. 사회주의정당의 건설은 기존의 노동자조직과 노동운동의 연장선상에서 이루어진 동시에 노동자들을 결집시키고 독자적인 노동자 문화의 발전을 촉진시키며 노동운동에 일정한 형식을 부과함으로써 노동계급의 정치적·사회적·문화적 정체성의 형성을 촉진시키기도 했던 것이다.

유럽에서 최초로 노동자정당이 수립된 곳은 독일이었다. 비교적 이른 시기인 1863년과 1869년에 각각 형성된 독일의 두 가지 사회주의 경향의 노동자 정당운동은 1875년 고타에서 사회민주당으로 통합했다. 반면 영국이나 러시아의 경우는 뒤늦게 세기전환기에 가서야 사회주의정당이 창설되었다. 사회주의정당의 발전 양상은 크게 세 가지 유형으로 나누어볼 수 있다. 사회주의적 의회주의와 이와 긴밀히 결속된 노동조합 운동을 그 특징으로 하는 독일과 스칸디나비아 지역, 무정부주의적 생디칼리즘이 사회주의정당의 발전을 약화시키고 노동정치를 불안정하게 만든 요소였던 에스파냐, 이탈리아, 프랑스 등의 지중해 연안 지역, 그리고 뒤늦은 산업화와 정치적 억압으로 인해 사회주의정당의 창설이 지체되거나 지하로 내몰린 러시아를 비롯한 동부 유럽과 발칸반도 등의 지역이 그것이다.

산업화에서 가장 앞섰을 뿐만 아니라 노동자의 숫자가 가장 많은 지역 중에 하나인 영국에서 사회주의정당이 가장 뒤늦게 창설되고 발전했다는 사실은 하나의 역설이라고 할 수 있을 것이다. 유럽의 다른 나라들과 달리 영국에서는 노동계급 정치가 자유당으로 대표되는 자유주의의 틀 속에서 이루어졌고, 따라서 독자적인 사회주의 정치는 상당히 지연될 수밖에 없었다. 1900년에 가서야 노동조합회의, 독립노동당, 사회민주연맹, 페이비언협회 등이 연합해 창설한 노동대표위원회가 의회 내에서 노동자의 이해관계를 대표하기 시작했고, 독자적인 노동당의 건설은 우여곡절을 겪은 끝에 1906년에 가서야 이루어졌다.

억압적인 정치 체제 속에서 노동계급이 자유주의와 일찌감치 결별한 독일에서는 사회주의정당 건설이 비교적 일찍 이루어진 반면, 의회정치의 발전 속에서 자유주의적 개혁이 점진적으로 진행되고 노동계급과 자유주의의 연대가 오래도록 지속되었던 영국에서 사회주의정당의 수립이 늦어졌던 것은 사회주의 정치의 성격과 관련하여 여러 가지를 시사한다. 영국의 노동당은 마르크스주의적이지도 않았고 혁명을 표방하지도 않았던 반면, 독일 사민당은 마르크스주의를 충실히 따르면서 사회주의혁명을 표방했던 것이다. 일반적으로 의회주의의 전통이 오래되고 국가가 노동운동에 대해 적대적이지 않으면서 국가가 시민적 자유와 산업문제의 중재를 지지했던 영국이나 스웨덴, 덴마크의 경우에는 사회주의정치가 점진주의나 개혁주의적 성향을 띠었다. 반면 사회주의자들이 의회에 진출하지 못하거나 국가가 노동운동에 대해 억압적이었던 곳, 예를 들어 이베리아반도나 합스부르크 제국의 헝가리 지역, 러시아 등에서는 노동자의 전투성이 강화되고 노동운동이 비타협적 성향을 띠는 특징이 있었다.

거의 모든 국가에서 사회주의정당은 전국적으로 조직된 노동조합연합체와 긴밀한 관계를 맺었다. 노동조합 운동이 정당을 건설한 영국을 제외하면 모든 나라에서 사회주의정당이 전국적인 노동조합연합체의 등장을 촉진하고 견인했다. 사회주의정당과 전국적 노동조합연합체는 대중적 지지를 끌어 모으며 서로 상승작용을 일으켰고, 1890년대부터 1914년에 이르기까지 유럽의 여러 나라에서 괄목할 만한 성장을 기록했다. 독일의 사민당은 1898년 선거에서 27.2퍼센트의 득표율로 최대 득표율을 기록한 정당이 되었고 1912년 선거에서

국가	사회주의정당	전국노동조합연합체
영국	1900년 노동당	1868년 노동조합회의
에스파냐	1879년 에스파냐 사회주의 노동당	1888년 에스파냐 일반노동조합
독일	1875년 독일 사회민주당	1891년 자유노동조합총위원회
헝가리	1880년 헝가리 일반노동당	1891년 노동조합회의
오스트리아	1889년 오스트리아 사회민주당	1893년 노동조합위원회
프랑스	1880년 노동자인터내셔널 프랑스지부	1895년 프랑스노동총연맹
체코	1878년 체코 사회민주당	1897년 노동조합위원회
벨기에	1885년 벨기에 노동당	1898년 벨기에노동자총연맹
덴마크	1876년 덴마크 사회민주연합	1898년 노동조합총연맹
스웨덴	1889년 스웨덴 사회민주당	1898년 노동조합총연맹
노르웨이	1887년 노르웨이 노동당	1899년 노동조합총연맹
불가리아	1891년 불가리아 노동자사회민주당	1904년 일반노동조합
네덜란드	1881년 네덜란드 사회민주연맹	1906년 노동조합연맹
이탈리아	1892년 이탈리아 사회당	1906년 이탈리아 노동총연맹
러시아	1898년 러시아 사회민주노동당	–

1914년 이전 사회주의 정당과 전국노동조합연합체

는 397석 중 110석을 얻어 원내 최대 의석을 장악했다. 핀란드, 스웨덴, 노르웨이, 덴마크 등의 스칸디나비아 국가의 사회주의정당들과 체코, 오스트리아 등의 중부 유럽 사회주의정당들도 1910년대에 이미 전체 유권자의 4분의 1에서 3분의 1에 이르는 지지를 얻으며 국내정치에서 가장 강력하거나 무시할 수 없는 주요한 정치세력으로 떠올랐다.

 이처럼 대중화된 사회주의정당은 각국의 정치지형 속에서 강력한 사회개혁과 복지 정책을 추동하는 세력으로 자리 잡았고, 기존의 자유주의적이거나 보수적 정치세력들 또한 사회주의 혁명의 위험을 막기 위해서라도 일정한 사회개혁을 추진하지 않을 수 없게 만들었다. 19세기 후반 독일을 필두로 20세기 초반 유럽 대부분의 국가에서 도입된 사회보험시스템과 노동자 보호를 중심으로 한 복지 정책을 그 사례로 들 수 있다. 1883년 건강보험, 1884년 산업재해보험, 1889년 노령연금보험이 도입된 독일의 사례는 여타 다른 유럽 국가에도 영향을 미쳐, 오스트리아, 헝가리, 프랑스, 영국 등이 그 뒤를 이었으며 전간기에 이르면 대부분의 유럽 국가들이 사회보험 시스템을 갖추게 되었다. 노동시간의 점진적 단축이나 아동 및 여성노동에 대한 규제, 노동자보호를 위한 공장관련 법률 등 각종 노동입법도 같은 길을 따랐다. 사회주의정당들은 사회 정책을 자신들의 주요한 과제로 삼고 유럽의 복지국가 발전에서 중요한 역할을 함으로써 노동자들의 사회권 확대에 기여했다.

사회주의정당은 제1차 세계대전 이전에 어느 국가에서도 집권정당이 되지는 못했다. 하지만 의회 내 가장 강력한 또는 주요한 야당으로서 입법이나 정부의 주요 정책에 대해 무시하지 못할 영향력을 행사했다. 지방의 자치단체 차원에서는 사회주의정당의 영향력이 훨씬 더 강력한 경우도 있었다. 시장을 배출하거나 시의회 내 다수파로서 시차원의 주택이나 보건, 복지 등의 분야에서 사회주의적 정책을 실시하며 사회주의의 저변을 넓혀간 경우가 바로 그것이다.

5 사회주의 운동의 성과와 한계

산업화와 더불어 시작된 사회주의 운동은 19세기를 거쳐 20세기 초반에 이르기까지 괄목할 만한 성장을 보여주었다. 초기 숙련 노동자를 중심으로 이전의 급진적인 전통에서 미약하게 출발한 사회주의운동은 19세기 후반의 자유주의적 개혁으로 마련된 합법적 공간에서 반숙련, 미숙련 산업노동자계급으로 확대되며 대중적 기반을 강화했다. 1890년대 이후 안정된 경제상황과 사회입법과 노동입법의 진전, 의회주의의 점진적 강화 등은 사회주의정당과 노동조합 운동이 성장할 수 있는 토대를 마련해주었다.

하지만 제1차 세계대전 전 사회주의정당들이 보여준 성장에는 한계가 있었다. 사회주의정당들은 전체 유권자의 3분의 1 이상의 지지를 얻지 못했으며, 대부분 기존 통치질서의 바깥에 위치했다. 그들의 노선은 혁명과 개혁 사이를 오가며 일관된 모습을 보여주지 못하는 경우도 많았다. 사회주의 운동이 전체 노동자의 보편적인 지지를 얻은 것도 아니었다. 노동계급의 지지는 산업, 직종, 지역, 종교, 문화에 따라 유동적이었으며, 사회주의정당들은 노동계급을 두고 영국에서처럼 자유주의자들과 경쟁하거나 독일, 프랑스, 벨기에, 남부 유럽 국가들에서처럼 조직화된 가톨릭과 경쟁했다. 무엇보다 1914년 이전 사회주의 운동은 젠더의 문제에 둔감했다. 여성문제는 계급문제에 종속되는 것으로 여겨졌고 주변화되었다. 또한 특정한 종교를 믿는 이들이나 소수인종, 이민노동자 등 소수자들은 노동운동으로 포괄되지 못하고 그 바깥에 내버려진 채 남아 있었다. 1914년 이전 사회주의정당은 기본적으로 조직화된 남성 노동계급의 정당이었던 것이다. 사회주의정당이 젠더와 사회적 소수자의 문제에 눈을 뜨고 이들을 받아들이며 그 외연을 확대하기 시작한 것은 전간기와 제2차 세계대전 이후의 일이었다.

여러 가지 한계에도 불구하고 사회주의운동은 19세기에서 20세기 초 유럽사에 결코 그 의미를 축소할 수 없는 족적을 남겼다. 그것은 다름 아닌 민주주의의 심화와 확대였다. 민주주의를 개인의 차원에 한정하며 재산에 결부시킨 19세기 협소한 자유주의의 틀을 넘어 사회적 차원으로 확장시키는 데 결정적 역할을 한 것이 바로 사회주의운동이었다. 그것이 표방했던 '사회적 민주주의'는 정치적 시민권을 사회적·경제적·문화적 시민권으로 확대하고, 사회정의를 주요한 가치로 내세우며, 복지국가에 이르는 길을 닦음으로써 민주주의가 가지는 의미를 근본적으로 변화시켰던 것이다.

19

도시화와
근대 문화의
성장

민유기

1 산업도시의 성장과 도시문제의 대두

산업화와 도시화

산업혁명은 경제 발전과 기술 혁신뿐 아니라 삶의 방식에 거대한 변화를 야기했다. 산업화와 그에 동반된 도시화(Urbanization)를 통해 근대도시와 도시 문화를 확산시켰기 때문이다. 도시화란 인구의 도시 집중과 도시의 공간적 팽창뿐 아니라 삶의 방식이 도시적 가치와 특성에 의해 변화해가는 것을 의미한다. 산업혁명 이전에도 도시화는 진행되었다. 서로마 몰락 이후 거의 사라졌던 도시는 서유럽에서 12-13세기에 부활했고, 이후 도시의 성장과 동반했던 부르주아 가치관의 확산은 르네상스와 종교개혁은 물론 절대왕정을 타도한 시민혁명에도 영향을 미쳤다. 산업혁명 이전까지 매우 완만하던 도시화는 산업화가 발생시킨 폭발적 이촌향도 현상으로 인해 19세기에 비약적으로 전개되었다.

19세기의 근대도시는 고대도시, 중세도시는 물론이고 16-18세기 초기 근대에 존재했던 도시들과도 구분되었다. 19세기 근대도시는 정치, 행정, 군사, 종교, 상업 중심지였던 이전 시기의 도시 기능에 대규모 생산과 소비의 중심지라는 기능을 추가했다. 또한 근대도시란 개념에는 산업혁명 초창기에 갑자기 생겨난 산업도시들의 열악한 도시환경을 개선하기 위해 근대성의 상징인 합리성의 이름으로 도시를 계획하고 정비하며 상하수도, 도로, 교통 등 도시 인프라망을 구축한 도시라는 의미가 포함된다.

도시란 기본적으로 인구가 밀집된 정주 형태이다. 유럽의 인구는 러시아를 포함해 1800년 약 1억 8,500만 명에서 1900년 4억 2,000만 명으로 증가했다. 이민자의 나라 미국은 같은 시기 500만 명에서 7,600만 명으로 인구가 증가했다. 경제성장과 함께 19세기에 꾸준히 발전해간 공중보건 덕에 사망률, 특히 영유아 사망률은 크게 감소했고 출생률은 높아졌다.

프랑스 혁명 이후 국민국가의 형성 과정에서 유럽 주요 국가의 수도는 빠르게 성장했다. 런던의 인구는 1800년 86만 명에서 1850년 230만 명, 1900년 650만 명으로, 파리는 같은 기간에 55만 명에서 130만 명, 330만 명으로, 베를린은 17만 명에서 45만 명, 270만 명으로 증가했다. 미국의 도시 팽창은 유럽을 압도했다. 미국 건국 때부터 현재까지 가장 많은 인구를 지닌 뉴욕의 인구는 1800년에 6만 명, 1850년에 52만 명, 1900년에 345만 명이었다. 전통적 도시들 외에 새로 생겨난 산업도시들의 성장이 비약적 도시화의 양상을 잘 보여준다. 잉글랜드 랭커셔주 맨체스터 인구는 1800년 9만 명에서 1900년 54만 명으로, 프랑스 북부 릴의 인구는 같은 시기 5만 명에서 21만 명으로, 독일의 대표적 철강회사인 크루프(Krupp) 사가 설립된 루르 지방의 에센 인구는 같은 시기 4,000명에서 30만 명으로 증가했다. 미국의 대표적 산업도시 시카고는 1833년 인구 200명에서 1850년에 3만 명, 1900년에 170만 명이 되었다.

산업혁명의 발상지 영국은 1851년에 인구의 절반 이상이 도시에 거주하게 되었으나, 다른 유럽 국가들에서는 20세기가 시작될 때에도 여전히 대다수의 인구가 농촌에 거주했다. 하지만 도시화의 물결은 산업화와 마찬가지로 영국에서 시작해 19세기 초기와 중기 벨기에, 프랑스, 독일을 거쳐 19세기 말에 남유럽 및 러시아와 동유럽까지 도달했다. 19세기 여전히 다수가 농촌에 거주하고 있었을지라도 산업화와 도시화의 흐름은 서양인의 삶의 방식을 변화시켜 가고 있었으며 세기말에는 서양의 제국주의적 팽창과 함께 아시아와 아프리카에도 이러한 물결이 도달했다.

도시 병리현상과 사회문제

일자리를 찾아 혹은 도시에서의 삶이 보다 좋을 것이라는 막연한 꿈을 안고 도시로 몰려든 이들은 심각한 주거 난을 겪었다. 영국의 산업도시를 가로지르는 강이나 하천 근처에 세워진 공장 주변에는 노동자들이 몰려들어 거주지가 형성되었는데 대부분 도시 인프라가 구축되지 않은 채였다. 이런 노동자 밀집 거주지는 1820년대에 물기가 있는 수렁이란 '슬럼프(Slump)'에서 유래한 슬럼이란 용어로 지칭되었다. 이 용어는 곧이어 유럽 모든 도시 내부에 존재하던 노동자와 빈민의 열악한 주거구역을 의미하게 되었다. 19세기에 꾸준히 진행된 근대적 도시정비가 도심이나 부유한 구역 위주로 진행되었기에 슬럼은 세기말에도 사라지지 않았다. 런던 템스강 하류의 부두와 주변 지역인 이스트앤드(East end), 파리의 동북쪽 구역인 19구와 20구의 슬럼은 화려하게 변모해가던 런던과 파리를 부유한 구역과 가난한 구역으로, 사회적·문화적으로 구분되는 이중도시로 만들었다.

19세기 중반까지 대부분의 산업도시는 도시 인프라망이 제대로 갖추어지지 않았으며 위생설비와 공공시설도 부족했다. 매연과 오폐수로 인한 환경오염도 심각했다. 또한 자본주의 경제의 주기적 불황은 실업자와 도시빈민을 양산했고, 각종 범죄, 성매매, 크고 작은 집단폭력이 빈번하게 발생했다. 이 같은 도시 병리현상은 종교인, 사회개혁가, 위생주의자, 사회주의자들에 의해 조사 관찰되어 기록되었으며 많은 이들의 공분을 샀다.

프랑스의 위생주의자 의사 빌르메는 1830년에 파리의 구별 사망률을 비교 분석하면서 도시환경의 불평등을 제기했다. 19세기 전반기 산업도시에 대한 뛰어난 관찰기록인 『영국 노동계급의 상태』(1845)에서 엥겔스는 인간이 얼마나 좁은 공간에서 적은 공기로 숨을 쉬며 문명의 혜택을 받지 못한 채 살고 있는지 보려면 맨체스터의 빈민가를 방문해보라고 언급했다. 자유주의적 사

19세기 말 런던 이스트앤드 슬럼의 모습

회개혁가로 영국의 구빈법위원회에서 활동한 채드윅은 1842년에 노동자들의 위생 상태에 대한 공식보고서를 통해 도시 공중보건의 중요성을 환기시켰다.

성매매는 군중 속에서 개인의 익명성이 보장된 도시 생활의 산물이었다. 도시화로 인해 공장과 대도시의 공사현장에 몰려든 남성 노동자들은 공인된 유곽을 자주 드나들었다. 도시의 특정 지역에 성매매 여성을 결집시켜 의사들과 경찰의 감시와 통제를 용이하게 하는 공창(公娼)은 19세기 초에 프랑스에서 제도화되어 유럽 전역에 확산되었다. 19세기 후반에는 공창이 서서히 문을 닫으며 비밀성매매로 전환되었다. 산업화에 수반된 도시화는 범죄의 증가에도 영향을 미쳤다. 프랑스의 형사재판 기록을 보면 19세기 전반기 가장 빈번했던 범죄는 무단 벌목으로 인한 산림법 위반이었으나 후반기에는 강절도 같은 재산권 침해 범죄와 성 관련 범죄가 빈발했다. 이런 흐름은 근대화 과정에서 농촌의 전통적인 공동체 규범과 사적 소유권을 옹호하는 법률 사이의 인식상의 괴리, 산업화에 따른 경제성장기 재산권에 대한 법적 보호, 도시화에 따른 풍속의 변화를 반영한다.

도시화는 전통적 대가족의 해체를 야기했고 개인주의를 확산시켰다. 이에 빅토리아 여왕의 치세(1837-1901)에 영국의 중상층은 가정 내 애정과 친밀감을 중시한 새로운 가족윤리를 강조하며 번잡하고 불편한 도심을 벗어나 교외 주택에 가족의 보금자리를 꾸렸다. 이는 자연스럽게 도시의 공간적 확대로 이어졌고, 도시와 인근 교외의 교류를 증진시켰다. 한편 소규모 핵가족 구성원들간의 감성적이고 친밀한 가정생활을 미덕으로 여긴 영국 중상층의 가치를 반영한 '달콤한 나의 집(Sweet My Home)'에 대한 찬양은 유럽 전역으로 확산되었고 부르주아의 사회적·문화적 영향력 확산과 더불어 19세기 말에는 노동계급에게도 전파되었다.

'위험한 계급'과 전염병에 대한 두려움

영국의 중상층이 도심에서 교외로 거주지를 옮기기 시작한 것은 도시의 성장과 함께 증가하던 노동자들을 두려워했기 때문이다. 1810년대 산업도시들에서 노동자들은 자본주의적 생산도구인 기계를 파괴하는 러다이트(Luddite) 운동을 전개했고, 이후에도 다양한 사회운동과 조직적 노동운동에 참여했다. 노동자의 선거권 획득을 목표로 한 차티즘 운동이 절정에 달했던 1848년 봄 런던에서는 10만여 명의 경찰이 노동자들의 도심시위가 폭동으로 번지지 않도록 도시 곳곳을 통제했다.

프랑스의 부르주아들도 1830-1840년대 도시 노동자들을 '위험한 계급'으로 인식했다. 이는 범죄, 성매매, 집단적 폭력과 소란스러움, 비위생적 도시 환경의 원인을 노동자와 빈민 탓으로 돌리는 것이었다. 영국처럼 교외 주거지 이동이 거의 나타나지 않았던 프랑스에서 도심의 이웃에 살고 있는 노동자들을 위험시하는 부르주아의 공포감은 집단상상 속에서만 존재하는 것이 아니었다. 프랑스 혁명기 상퀼로트의 '거리의 힘'이 정치적·사회적 변화를 추동한 이래 도시폭동은 끊이지 않았다. 1830년 7월 혁명과 1848년 2월 혁명을 성공시킨 바리케이드 투쟁에 적극 가담했던 이들은 파리의 수공업자와 노동자들이었다. 1848년 2월 혁명 직후 실업자 구제를 위해 설치된 국립작업장이 폐쇄되자 일어난 노동자들의 6월 봉기는 마르크스의 눈에는 명백한 계급투쟁으로 보였다. 1870년 프랑스가 프로이센과의 전쟁에서 패하자 파리의 민중은 1871년 봄 72일간 사회주의적 도시자치정부인 파리코뮌(Commune de Paris)을 운영하기도 했다.

19세기 말의 대불황기(1873-1896)에 노동운동과 사회주의 정당 활동으로 조직화된 대규모 도시 노동계급의 존재는 지배층에게 큰 걱정거리였다. 세기 후반부터 '위험한 계급'의 범위는 다른 종교와 언어를 가진 이주자들로 확대되었다. 영국과 미국 동부의 도시들에서는 아일랜드 가톨릭계 이민자들을 잠재적 범죄자와 질병을 퍼트리는 존재로 인식했으며, 독일과 오스트리아-헝가리 제국에서는 슬라브계 이민자들이 비슷한 취급을 받았다. 유대인들은 대부분의 유럽 도시들, 특히 중부와 동부 유럽에서 대중적 증오의 대상이었다.

전염병에 대한 공포는 도시폭동에 대한 두려움과 함께 도시 하층민을 '위험한 계급'으로 인식하게 만든 주요 요인이었다. 19세기 가장 큰 전염병은 콜레라였다. 서유럽에서 최초로 콜레라가 확산되었던 1832년 런던에서 6,000여 명이, 파리에서 1만 8,000여 명이 이 전염병으로 사망했다. 1849년에도 런던에서 1만 5,000여 명이, 파리에서 1만 6,000여 명이 콜레라로 목숨을 잃었다. 계속해 런던에서 1854년에 1만여 명이 콜레라로 사망했을 때 의사인 스노(John Snow)에 의해 콜레라가 수인성 전염병임이 밝혀졌다. 전염병은 신분의 높고 낮음과 재산의 많고 적음을 구분하지 않았으나 열악한 주거환경의 슬럼에서 살아가던 도시 하층민에게 가장 큰 피해를 입혔다.

콜레라는 19세기 말까지 빈번히 발생했다. 하지만 점진적인 도시위생 조건의 개선, 특히 상하수도망이 확충되면서 콜레라로 인한 사망자는 점점 감소했고 20세기에 들어서 서유럽에서 자취를 감췄다. 하지만 19세기 말에 파리에서 매년 1만여 명이 결핵으로 사망하는 등 결핵이 확산되면서 두려움의 대상이 콜레라에서 결핵으로 바뀌었다. 위생 전문가들의 조사 결과 결핵은 햇빛이 거의 들지 않고 습하고 환기가 잘 안 되는 도시 슬럼의 열악한 환경에서 확산되는 것으로 알려졌다. 이에 결핵은 도시 하층민의 질병으로 인식되었다.

프랑스의 파스퇴르는 1860-1870년대 미생물 박테리아의 존재를 발견해 질병의 병균원인설을 주장하며 미생물학 연구를 확산시켰고, 이에 영향을 받

바리케이드 투쟁.
파리 코뮌

은 독일인 코흐는 1882년에 결핵균을 추출했다. 한편 1890년대에 독일의 뢴트겐은 X광선을, 프랑스의 퀴리 부부는 라듐과 방사능을 발견해 의학 발달에 공헌했다. 미생물학의 성과로 제기된 질병의 병균원인설은 고대 히포크라테스 의학사상으로 18세기에 다시 부각되어 19세기 중반까지 유지되었던 질병의 나쁜 공기 전염설(Miasma theory)을 대체했다. 의학의 발전은 도시 인프라망 확충을 통한 도시 위생조건의 개선에 중요한 영향을 미쳤다.

2 근대적 도시정비의 이상과 현실

초기 사회주의자들의 이상도시 구상

초기 사회주의자들은 산업도시의 각종 병폐들을 낳은 산업자본주의를 비판하며 대안적 이상도시를 구상했다. 19세기 초에 처음 등장한 사회주의라는 용어는 상부상조와 도덕경제, 전통적 가치관 등을 해체해가던 자유방임주의와 이기주의를 비판하는 개념이었다. 초기 사회주의자들은 자본주의 체제의 무질서와 모순들을 보편적인 인간성과 도덕에 기초한 계급 간 조화와 화해를 통해서 변화시킬 수 있다고 생각했다. 초기 사회주의자들은 산업도시 노동자들의 비참한 삶을 목격하면서 점진적이고 평화적 방법으로 새로운 사회를 건설할 다양한 방안을 제시했다. 이들은 특히 생산, 분배, 소비, 생활 협동조합 공동체를 만들고 이런 공동체의 확산을 통한 대안적 이상도시를 건설해 궁극적으로 자본주의 사회를 개조하려 했다.

이상적 대안적 공동체 구상을 실험한 최초의 사회주의자는 영국의 오언이었다. 그는 생활환경이 개인이나 특정 집단의 이익이 아니라 모든 인간에 봉사하는 것으로서 재조직되어야 한다고 생각했다. 그가 구상한 공동체는 일정한 면적의 경작 토지를 제공받은 1,000여 명 정도의 구성원이 생활하는 공동주택 단지를 통해 운영된다. 주택은 구성원들의 소통을 돕는 내부의 중앙광장 주위에 배치되고 단지 내에 창고, 병원, 학교, 취사장과 식당을 공용으로 두었다. 오언은 1825년에 미국 인디애나 주 뉴하모니(New Harmony)의 토지를 사들여 그가 구상한 공동체를 건립했으나 몇 년 지나지 않아 경제적 어려움으로 실패했다.

초기 사회주의는 프랑스에서 다양하게 발전했다. 푸리에는 산업화가 물질적 풍요로움이 아니라 다수의 빈곤을 야기했고, 인간의 감성을 메마르게 해

행복 추구를 억제하고, 생산에 직접 참여하지 않으며 독점과 투기를 일삼는 기생적 인간을 양산한다고 생각했다. 따라서 노동이 개개인의 욕구를 충족시키도록 협동조합 공동체를 조직해 인간의 행복 추구를 목적으로 하는 '조화로운 사회'를 만들 것을 강조했다. '조화로운 사회'는 자급자족적 협동조합 공동체 구성원을 위한 팔랑스테르(phalanstère)라는 공동주택 단지 건설을 통해서 시작된다. 하지만 푸리에는 생전에 팔랑스테르를 건설하지 못했고, 그의 제자들이 구상한 여러 공동체 역시 마찬가지였다. 기업가 고댕이 1860년대 프랑스 북서부 소도시에 자신의 공장 노동자를 위해 건설한 협동조합 공동체 주택단지인 파밀리스테르(Familistère)가 유일한 성공 사례였으나, 이와 유사한 협동조합 공동체 주택단지가 확산되지는 못했다.

푸리에의 저서를 인쇄하며 지적 자극을 받은 인쇄공 출신 프루동은 스스로 아무 노력도 하지 않으면서 타인의 노동을 착취하는, 생산수단을 소유한 소수의 기업가들을 비판했다. 그는 소유권 대신 점유권, 즉 인간이 자유롭게 노동하고 생활하는 데 필요한 생산수단과 토지 및 주택을 효과적으로 관리하고 사용할 권리를 옹호했다. 그는 생산수단을 공유하며 개개인의 자유의사에 기초를 둔 협동조합 조직을 만들고, 이들 조직을 지역적으로 연합시켜 지방분권적 연합 사회를 건설하자고 주장했다. 프루동의 이런 생각들은 19세기 중반 이후 프랑스 노동운동에 큰 영향을 미쳐 노동자들의 상호부조주의(Mutualisme)적 협동조합 운동이 활성화되었다. 노동자들의 협동조합을 통한 주거개선 노력도 다양하게 전개되었다.

하지만 협동조합 운동을 강조한 초기 사회주의는 19세기 중엽 생산성과 생산관계의 모순 및 계급투쟁에 의한 역사발전을 내세운 마르크스와 엥겔스에 의해 자본주의 발달이 미성숙한 단계에서 나타난 '유토피아 사회주의'로 폄하되었다. 마르크스에 영향을 받은 19세기 후반의 사회주의자들은 도시문제 해결을 위한 조직적 활동을 전개하지 않았다. 엥겔스는 1872년에 펴낸 『주택 문제』에서 주택난과 높은 임대료, 열악한 주거 환경 등을 산업 자본주의의 결과로 파악하면서 자본주의 생산양식의 폐지와 함께 사회문제인 주택문제도 완전히 해결된다고 주장했다. 마르크스주의자들은 사회혁명의 성공 이후 집산주의 원칙에 따라 토지와 건물을 국유화해 주택문제를 해결한다고 생각했다.

공중보건과 물리적 도시환경의 개선

도시의 빠른 성장 속에서 지배층의 우선적인 관심사는 전염병 창궐을 막기 위한 공중보건 시스템의 마련이었다. 영국에서는 채드윅의 노력으로 1848년에 공중보건법이 제정되었다. 이 법은 도시 및 인구밀집 지역의 위생 상태를 개선하고, 효과적 종합적 관리감독을 위해 해당 도시 및 지역의 수도공급, 하수설비, 배수설비, 시가지의 청소 및 도로포장 등을 단일한 행정 기구가 관장하도록 규정했다. 프랑스에서도 1850년 비위생건물 정화법이 마련되어 행정당국이 도시 위생 상태 개선에 개입하기 시작했다. 19세기 후반 프랑스의 다양한 공중보건 개선 노력들은 1902년 공중보건법 제정으로 종합되었다.

공중보건 개선의 핵심은 상하수도망 정비였다. 1852년에 제정된 런던대도시상수도법은 저수조에서 정화된 안전한 수돗물을 공급하도록 규정했다. 템스강은 19세기 전반기 온갖 오폐수로 인한 오염 때문에 '지옥의 연못'에 비유되었다. 1834년 화재로 소실된 중세의 웨스트민스터 궁을 1840-1850년대 재건축해 빅벤 시계탑과 함께 위용을 드러낸 영국 의사당은 템스강의 악취로 여름철에 창문을 열 수 없을 정도였다. 시급했던 런던의 근대적인 하수도 망 구축은 1850-1860년대에 이루어졌고, 파리의 상하수도망도 같은 시기에 크게 확충되었으며 이후 서양의 여러 도시들에서 근대적 상하수도망이 빠르게 확산되었다.

공원 녹지의 확대도 공중보건 개선에 기여했다. 공원, 즉 공공정원은 왕실이나 수도원 소유 녹지나 정원, 귀족의 대저택에 딸린 정원들 일부가 대중에게 개방되기 시작한 17-18세기부터 존재했다. 하지만 맑은 공기를 제공하고 도시민에게 여가의 공간으로 사용될 공원은 산업혁명 이후 열악해진 도시환경에 대한 하나의 대응책으로 19세기 중반부터 조성되고 정비되었다. 런던에서는 하이드 파크를 비롯해 17세기 이후 점진적으로 개방된 왕립 공원 외에 19세기 중반부터 도심 곳곳에 소형 광장형 공원들이 정비되었다. 파리에서도 새로 시 영역이 확장된 1860년 이후 많은 공원이 조성되었고 도시 경계의 뱅센 숲과 불로뉴 숲이 정비되었다. 뉴욕 맨해튼의 센트럴 파크 역시 같은 시기에 조성되었다.

광장의 정비와 확대 역시 도시의 공기 순환에 기여했다. 사실 광장은 고대 폴리스의 아고라와 로마의 포룸, 중세도시의 광장시장처럼 시민과 도시 생활의 상징이었다. 하지만 17-18세기 절대주의 왕정이 조성한 화려한 건축물로 둘러싸인 광장에 건립된 왕의 동상이 왕국의 영광과 왕의 위엄을 과시했던 것처럼, 19세기에 도시정비 과정에서 새로 조성된 대규모 광장에는 국민국가의 발전과 영광을 선전하는 공공기념물이 설치되었다.

1820년대 내시(John Nash)가 계획한 런던 트래펄가 광장 북쪽에는 1830년대 내셔널 갤러리가 들어섰고 1842년에는 트래펄가 해전(1805) 승리로 나폴레옹의 영국 침략 계획을 좌절시킨 넬슨 제독 기념비가 들어서며 광장이 완성되었다. 1840년대는 영국이 '세계의 공장'으로 발돋움하는 번영의 시기이자 차티즘이 절정에 도달한 시기였다. 넬슨 기념비는 차티즘 운동에 참여한 노동자들에게 제국의 영광을 과시하며 애국심을 호소하는 매개물이었다. 19세기 후반에도 트래펄가 광장에는 제국의 영토팽창에 공헌한 군인 영웅들의 동상이 설

영국 런던의
국회의사당과 빅벤

치되었다.

대혁명기 파리 민중에 의해 점령되고 파괴된 바스티유 감옥 터에 조성된 광장에는 1830년 7월 혁명 기념비가 1840년에 설치되었다. 노동자들의 선거권 요구가 높아지던 시점에서 1789년 이래의 정치적 혼란을 1830년 혁명으로 탄생한 입헌왕정이 안정적으로 마무리했음을 보여주는 것으로, 장소의 기억에 대한 일종의 전유였다. 광장이 권력의 선전장소로만 사용된 것은 아니다. 도시민은 때때로 광장을 공개적 대중적·민주적·사회적 정치 행위의 장소로 활용했다. 세기말 불황기에 활성화된 사회주의 운동과 노동운동 진영은 광장에서 각종 시위를 하며 광장 민주주의의 맥을 이어갔다.

근대도시의 물리적 환경도 점진적으로 개선되었다. 런던과 파리에는 19세기 전반기에 가스 가로등이 설치되었고, 세기말에는 미국에서 에디슨에 의해 발명된 후 빠르게 전파된 백열전구가 불야성의 대도시 야경과 화려한 밤문화를 만들어냈다. 영국에서 1825년에 처음 등장한 증기기차도 빠르게 확산되어 유럽 각국에서 수도와 대도시를 중심으로 하는 철도망이 구축되었다. 런던이나 파리처럼 철도 등장 이전에 이미 대도시였던 곳에서는 도시 동서남북 곳곳

영국 런던 트래펄가 광장

에 기차역이 건설되었고, 동유럽과 남유럽 국가의 도시들에는 대부분 중앙역이 들어섰다. 철도망은 대도시 특히 수도로의 인구 집중을 유발했고, 인구 압박으로 대도시의 교외가 도시 생활권으로 편입되기 시작하면서 대도시 권역 내부의 교통망도 정비되었다. 19세기 초에 처음 등장한 공용마차나 말이 끌던 버스 혹은 전차 노선은 도심과 교외를 연결하는 단거리 철도 노선과 함께 꾸준히 확대되었다. 1880년대부터는 전기 전차가 주요 도시들에서 운영되기 시작했다. 1863년 런던에서 세계 최초로 개통한 지하철은 1896년 부다페스트, 1900년 파리에도 개통되었다.

파리의 오스만화와 근대적 도시정비

1852년 탄생한 프랑스 제2제국의 황제 나폴레옹 3세가 센 지사에 임명한 오스만(G. E. Haussmann)이 1870년 제2제국의 몰락까지 수행한 파리의 대대적인 변모는 근대적 도시정비의 전형이었다. 오스만의 이름을 딴 오스만화는 이후 유럽은 물론 전 세계 곳곳에서 근대적 도시정비의 모델이 되었다. 오스만화로 인한 파리의 물리적 변화는 크게 네 가지이다. 먼저 도시 소통망의 확충이다. 샹젤리제 등 기존 주요 도로를 정비 확장하거나 좁은 길과 도심 빈민가를 철거한 후 대로를 신설해 도시 동서축과 남북축 소통 체계를 완성했다. 신설 도로들로 도심과 외곽, 센 강의 좌우가 원활하게 연결되었고 대중교통 노선도 확대되었다. 둘째, 상하수도망과 공원녹지를 확대했다. 위고의 소설 『레미제라블』에서 장발장이 1830년대 바리케이드 투쟁에서 부상당한 마리우스를 데리고 도망쳤던 하수도는 오스만화 기간에 3.5배, 상수도는 두 배 이상 증가했다. 파리의 동서 경계에 위치한 숲을 정비하고 동서남북 곳곳에 공원을 조성했으며, 주요 간선도로에는 가로수를 심었다. 셋째, 화려하고 웅장한 다양한 용도의 관공서, 극장, 성당, 병원 등 공공건물들이 대거 건설되거나 증축되었고, 중세부터 존재하던 도심 한복판의 재래시장을 정비했다. 넷째, 1860년에 주변 18개 소읍들을 파리 시에 편입시켜 도시 면적을 2.5배 확대시키며 행정구역을 개편했다.

이 같은 파리 도시공간의 변화는 사회적 변화를 동반했다. 오스만화는 투기성 도시계획의 원형이었다. 대로와 공공건물 건설을 위한 토지와 건물의 수용은 부동산 투기를 부추겨 지가가 급격하게 상승했고, 근대적 인프라망을 갖추게 된 도심의 땅 소유주들은 고급 아파트와 상가를 지어 높은 임대료를 챙겼다. 이전에 도심에 거주하던 노동자들은 결국 비싼 임대료를 감당하지 못하고 주변부 구들로 내몰려 도시공간의 사회적 분리가 심화되었다.

근대적 도시정비 과정에서 주변부로 밀려난 도시 하층민의 배제에도 불구하고 대다수의 마음을 사로잡은 건 넓게 트인 대로, 웅장하고 화려한 공공건물과 기념물, 공원과 광장 등 근대적 도시경관이 제공하는 도시미학이었다. 오스트리아 빈에서도 도시정비를 통한 근대적 도시경관이 형성되었다. 1857

좌 상공에서 내려다본 파리 시내. 한가운데 보이는 로터리에 있는 것은 개선문이다.

우 오스만화로 정비된 샹젤리제 거리

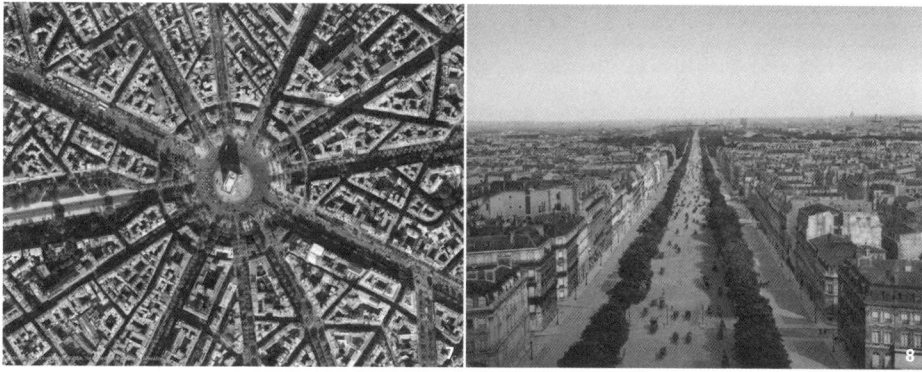

년 황제 요제프 1세에 의해 발의된 '링슈트라세(Ringstraße) 프로젝트'는 빈의 구도심을 원형으로 감싸던 중세 성곽을 해체해 가로수가 심어진 대로로 변모시키며 전통적 도시와 확대되던 외곽지대를 연결하고 성곽 인근 부지를 근대적으로 개발 정비하는 것을 목적으로 했다. 일부 부지를 민간에 매각하여 마련된 재원으로 1870-1880년대 링슈트라세에는 신궁전, 자연사박물관, 예술사박물관, 오페라하우스, 국회의사당, 시청사, 증권거래소, 빈 대학교 등 대규모 공공건축물들이 들어섰다. 링슈트라세에는 황제와 제국의 의지뿐 아니라 자유주의적 시민의식도 반영되었고, 근대적 도시정비에 따른 활력은 세기말 빈에서 문화 예술의 꽃을 활짝 피우게 했다.

오스만화에 의한 파리의 근대적 쇄신은 런던을 자극했다. 런던 웨스트앤드에는 1870-1880년대 로열앨버트홀, 자연사박물관 등 화려하고 웅장한 공공건축물이, 템스강에는 런던의 랜드마크가 될 타워브리지가 건립되었다. 세기말 불황기 대규모 공공건설 사업은 경기회복에 도움을 주는 것이었지만 이보다 더 중시된 것은 제국의 수도 런던의 미화를 통해 영국인의 긍지를 고취시키는 것이었다. 다양한 공공기념물은 역사와 기억을 활용한 '전통 만들기'와 '자긍심의 연출'을 위한 수단이다. 1871년 베르사유 궁에서 제국 선포식을 한 독일의 수도 베를린에도 1870-1880년대 전승기념탑, 제국의사당(Reichstag) 등 웅장한 공공건축물들이 들어섰고, 1890년대에는 독일 대부분의 도시에 독일통일을 이룩한 황제 빌헬름 1세의 동상이 세워졌다. 1873년 다뉴브강 좌우의 부다, 오부다, 페스트가 합쳐져 탄생한 부다페스트에서는 세기말에 템스강변의 영국 의사당을 모델로 삼은 화려한 의사당 건물, 마자르족 정주 천년을 기념하는 기념비가 세워지고 민족영웅광장 등이 조성되면서 헝가리 민족주의 열기를 표출했다.

유럽 도시들의 근대적 도시정비와 기

독일 베를린의
전승기념탑

부다페스트 의사당

넘비적 공공건축물 건립은 세기말에 미국의 도시미화운동을 촉발시켰다. 1860년대 남북전쟁 이후 가속화된 도시화로 미국의 도시들은 세기말에 이르러 각종 도시문제에 시달렸다. 이에 대한 해결책으로 슬럼을 철거하고 좁고 비위생적인 거리들을 정비하면서 청결, 질서, 아름다움을 추구한 도시미화운동이 전개되었다. 그 계기는 1893년 시카고에서 개최된 콜럼버스 400주년 기념 세계박람회였다. 인공호수 주위에 신고전주의 양식의 백색 대리석 건물들로 아름다움과 질서정연함을 보여주며 '백색도시(White city)'라 불린 박람회 행사장은 미국적 도시미화의 표준안을 제시했다. 하지만 여러 도시에서 전개된 도시미화는 재정비 구역의 토지 소유자들에게 막대한 개발 이익을 가져다준 반면, 철거된 구역에 거주하던 이들은 삶의 터전을 빼앗기게 되었다.

3 사회주택의 등장

19세기 도시의 근대적 정비는 도시 생활에 기초적이고 필수적인 각종 인프라망이 확충되는 데 기여했다. 화려하고 깨끗해진 도심이나 부유한 구역의 근대적 도시경관이 보여준 미학은 스펙터클 효과를 통해 정치권력의 통치성을 강화시켜주었다. 도시정비의 직접적인 최대 수혜자는 부동산 소유자들과 토목건설 기업들, 이 분야에 투자한 금융가들이었다. 반면 도시미화를 위해 도심에서 주변부로 내몰려간 노동자와 빈민의 주거문제는 19세기 말에나 정부와 지배층의 관심사로 대두했다. 이 시기에 사회주의 정당이 조직되고 혁명적 노동운동이 활성화되면서 사회혁명에 대한 예방책으로 서민주거 개혁을 위한 공적 개입과 지원이 본격화되었다.

19세기 말 노동자와 빈민의 열악한 주거문제 개선에 대한 공적 개입이 시작되기 전까지 이 문제에 관심을 가진 이들은 온정주의적 고용주들과 박애단체들이었다. 19세기 중반 이후 중소 산업도시들의 일부 고용주들은 가부장적 온정주의(Paternalism)에 입각해 공장 주위에 위생적인 공동주택을 지어 노동자들에게 낮은 임대료로 세를 주거나, 집세 보조금을 지원했다. 자유방임주의 경제관에 입각해 이윤 추적에만 몰두하고 자조(self-help)라는 덕목을 최상의 가치로 생각하던 대다수의 자본가들과 달리, 노동자 주거문제 해결을 지원한 고용주들은 기독교 사회운동, 위생주의 운동, 박애단체 활동 등에 영향을 받은 이들이었다. 물론 고용주 온정주의는 노동력의 안정적 재생산을 돕는 것이었고 고용주의 권위에 대한 자발적 복종을 유도하고 폭력적 노사갈등을 피하게 하여 장기적이고 간접적으로 고용주에게 더 큰 이익을 보장해주는 것이기도 했다.

중상층이 주도한 박애단체들도 대도시 하층민의 주거 조건 개선을 위해 노력했다. 영국의 여성 사회개혁가 힐(Octavia Hill)은 런던에서 후원금으로 낡은 공동주택을 사들여 위생적으로 수리한 후 저렴한 가격으로 노동자 가정에 임대했다. 그녀는 매주 세입자들을 방문해 위생적 주거 환경 유지를 위한 교육을 실시했다. 집세로 인한 수익은 새로운 노동자 가정을 위해 다른 낡은 공동주택을 매입하고 수리하는 데 사용되었다. 영국계 미국인으로 런던에서 은행을 경영한 피바디(George Peabody)는 1862년에 거액을 출자해 런던 노동자에게 저렴하고 위생적인 주택을 제공할 목적의 재단을 만들었다. 세계적 대은행가였던 유대인 로스차일드 가문도 재단을 만들어 1900년대 파리에 저렴하고 위생적인 노동자 공동주택 단지를 건설하는 등 주요 도시들에서 일부 귀족이나 은행가들의 노동자 주거 개선을 위한 후원 활동이 지속되었다.

19세기 말 이전 정부의 노동자 주거 문제에 대한 개입은 공중보건 차원에서 비위생적 건물에 대한 관리 감독에 한정되었다. 1850년대 초 영국과 프랑스에서 보조금 교부 방식으로 노동자들을 위한 공동주택 건설을 촉진하는 법률이 제정되었으나 효과는 미비했다. 주택 건설과 임대차 문제는 시장의 논리에 따르는 것이었고, 19세기 초중반 각국 정부는 18세기 말 스미스가 『국부론』에서 얘기한 대로 최소한의 야경국가에 머무르며 경제와 사회문제에 관한 직접적인 개입을 자제했다. 하지만 세기 말 불황기에 계급투쟁에 따른 사회혁명의 분위기를 잠재우기 위해 국가의 역할이 이전보다 확대되면서 노동계급의 주거 문제 해결을 위한 공적 노력이 활발해졌다. 사회개혁을 위한 다양한 사회입법들 가운데 하나로 영국에서는 1885년에 노동자주택법이, 프랑스에서는 1894년에 저가임대주택법이 제정되어 사회주택 정책이 시작되었고, 관련 정책은 유럽 전역으로 확산되었다.

영국에서 공영주택(Public housing) 혹은 대부분 시유지에 세워졌기에 시영주택(Council house)으로, 프랑스와 독일 및 유럽 전역에서 사회주택(Social housing)으로 지칭되는 서민용 임대주택은 공적 지원을 통해 지어진 저렴하고 위생적인 주택으로 저소득 서민층에 장기 임대하는 주택이다. 사회주택 건설을 하는 일반기업이나 공사에 국유지나 시유지를 저렴하게 제공하고, 세제상의 혜택을 주는 대신 임대료와 수익성에 제한을 둔다. 또한 세입자가 임대료

외에 시공 주체에 의해 정해진 연납입금을 일정 기간 지불하면 소유권을 인정해준다. 사회주택은 19세기 말에 런던과 파리에서 시작되어 20세기에 유럽 전역에 크게 확산되었다.

사회주택 정책은 노동자들에게 주택 소유에 대한 열망을 고취시키기에 혁명적 사회주의 진영은 이 정책을 반기지 않았다. 하지만 개혁적 사회주의 진영, 특히 시정 활동에 적극적이었던 온건 사회주의자들은 사회주택 정책을 지지하며 정책을 더욱 공공적이고 사회주의적인 방향으로 이끌어가도록 노력했다. 온건 사회주의자들은 여러 도시에서 시장직과 시의원직을 차지하여 급진 민주주의 세력과 함께 도시의 수도, 가스, 전기, 대중교통 등을 시영화해 도시 공공서비스를 확대시키려 노력했다.

4 도시 문화의 확산과 예술의 변화

근대적 도시 문화의 성장

산업화에 따른 생산성 증가로 새로운 상품들이 넘쳐나면서 대도시의 상점가는 활기가 넘쳤다. 19세기 초 런던 웨스트앤드에 만들어진 리젠트(Regent) 거리를 따라 늘어선 웅장하고 화려한 건축물 1층에는 고급상점들이 문을 열었다. 파리 도심에는 거리의 양쪽 건물 지붕에 세운 철제 골격 위에 유리천장을 만들어 하늘을 뒤덮으며 거리라는 외부 공공공간을 내부 실내 쇼핑몰로 전환시킨 아케이드가 등장했다. 아케이드는 상품들을 대량으로 집결시켜 그때까지 더럽고 냄새나는 도심의 분산된 상점들에서 물건을 구매하던 중상층에게 편리하고 쾌적한 쇼핑공간을 제공했다. 세기말까지 브뤼셀, 밀라노, 모스크바 등 유럽 대도시들에도 더욱 거대한 규모에 더욱 화려해진 아케이드들이 들어섰다. 파리에서 1852년에 세계 최초의 백화점 봉마르셰가 문을 연 이후 19세기 말까지 유

19세기 영국
런던 리젠트 거리

파리 세계박람회 포스터

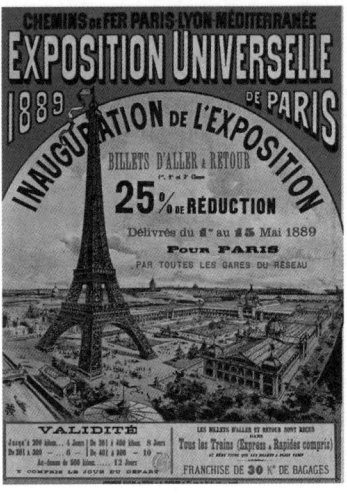

럽과 미국 대도시에 대거 생겨난 백화점은 근대적 소비자본주의의 유혹과 욕망의 장소로 자리를 잡았다.

세계박람회는 새로운 상품을 대규모로 전시함으로써 경제성장과 번영을 과시했다. 최초의 세계박람회는 1851년 런던 하이드 파크 내에 철과 유리로 지어진 수정궁에서 개최되었는데, 6개월 동안 600만 명이 방문하는 대성공을 거두었다. 런던은 1862년 한 차례 더 박람회를 치른 후 더 이상 개최하지 않았고 파리가 주도권을 잡았다. 19세기 후반 파리는 다섯 번의 세계박람회(1855, 1867, 1878, 1889, 1900)를 개최했다. 파리의 박람회를 찾은 이들은 오스만화로 대대적으로 변모한 파리의 근대적 도시경관에 감탄했다. 유럽의 군주들을 포함해 많은 이들을 놀라게 한 것은 프랑스 혁명 100주년에 개최된 1889년 세계박람회 출입구였던 300미터를 넘는 높이의 에펠탑이었다. 1900년 박람회를 계기로 파리 지하철이 개통되는 등 박람회는 개최 도시의 근대적 인프라망 정비에 기여했다. 런던과 파리 외에도 빈(1873), 필라델피아(1876), 멜버른(1880), 바로셀로나(1888), 시카고(1893), 브뤼셀(1897)이 세계박람회를 개최하면서 도시를 근대적으로 정비했다.

박람회는 대중적 여행을 탄생시켰다. 철도의 확대와 함께 19세기 중반 설립된 영국의 토머스 쿡(Thomas Cook) 여행사는 박람회 구경을 위해 런던으로 몰려드는 이들에게 다양한 여행상품을 내놓으며 크게 성장했다. 대도시 특히 수도의 기차역들은 지방 소도시나 농촌에서 온 여행객들에게 소란스러움, 복잡함뿐 아니라 화려함, 거대함, 낯섦 등 복합적 감정을 불러일으키며 근대적 도시문화로 들어서게 하는 첫 관문이었다. 도시 방문자들이 많아지자 자연스럽게 호텔들이 늘어났다. 빈민가나 기차역 주변의 장기 거주용 여인숙이나 싸구려 호텔은 국내외 이주 노동자들의 임시거처였다. 미국에서 처음 등장해 19세기 중반 유럽 대도시들로 확산된 레스토랑, 상점, 회합 공간 등을 갖춘 대형 고급호텔은 지방 출신 상류층과 중상층, 부유한 외국인 관광객에게 각종 편의를 제공했다.

도시 상류층과 중상층은 발레, 오페라, 음악회, 연극 등 공연예술을 즐기거나 미술관, 박물관, 전시회 등을 찾아다니며 도시문화를 만끽했다. 근대도시의 경관에 심취한 거리 산책가들은 오스만화 시기 파리에서 처음 등장했고, 이후 근대적 도시정비가 실시된 여러 대도시들에서도 등장했다. 산책하다 지친 이들을 맞이한 곳은 실내에서 유리창을 통해 대로변과 광장을 바라볼 수 있거나 노천에도 자리가 마련되어 있었던 고급 레스토랑이나 카페였다.

도시 생활이 무미건조해지면 중상층 이상은 온천으로 산과 바다로 여행을 떠났다. 17세기부터 치료목적으로 행해지던 온천도시로의 여행은 철도로 인해 비용이 절감되면서 대중화되었고, 여름철 해수욕도 점차 확산되어 19세기 중반에 런던에서 가까운 남부 잉글랜드 해안이나 파리에서 가까운 노르망디 해안가 소도시에 먼저, 이어서 프랑스 남부 지중해 해안도시에도 휴양용 별장이나 숙박시설들이 들어섰다. 또한 맑은 공기를 찾아서, 혹은 겨울철 스포츠를 즐기기 위해서 알프스를 찾는 이들이 증가하면서 스위스 산골 마을들에도 여행객을 위한 숙박시설과 편의시설들이 생겨났다.

노동자나 도시 생활의 다양한 잡일을 담당했던 일용직을 비롯한 도시 하층민도 그들만의 대중적 도시문화를 즐겼다. 이들은 선술집과 대중가요를 듣고 부를 수 있었던 콘서트홀, 카페, 카바레 등을 자주 출입했다. 이런 대중적 사교 장소에서는 술 한 잔 가격에 넓고 환한 공간, 흥겨움과 볼거리를 얻을 수 있었다. 카페나 선술집은 사회 비판 의식이 싹트는 공간이기도 했다. 노동자들은 술을 마시고 떠들고 노래하고, 신문을 읽고 파업을 모의하거나 고용주와 공장 관리자에 대한 욕설을 나누었고, 아나키스트나 사회주의자들의 선전 활동에 귀를 기울이기도 했다.

파리, 빈 등 유럽 여러 대도시 공원과 광장에서는 폴카, 왈츠 등 사교춤을 추는 대중적 공중무도회가 빈번히 개최되었고, 겨울철에는 천막 서커스 공연이 인기를 얻었다. 19세기 말에는 중상층뿐 아니라 노동자들도 휴일에 공원과 유원지 소풍이나 가까운 교외 나들이를 즐겼으며, 사회개혁가들의 후원으로 노동자의 주말 텃밭 가꾸기 여가 활동도 시작되었다. 스포츠 활동 역시 여가 문화로 빠르게 확산되었다. 상류층은 폴로, 경마, 자동차 경주에 참여하거나 관람하기를 좋아했고, 자전거나 스케이트 타기와 테니스 등은 중상층에게 널리 확산되었다. 도시 하층민을 열광시킨 건 축구와 권투였다. 19세기 말 제국주의 시대 건강한 신체에 대한 관심은 도시에 다양한 스포츠 경기장이 건립되는 데 일조했다.

19세기 근대예술의 변화

19세기 초기 미국이나 유럽 대도시의 기념비적 공공건축은 18세기 후반부터 유행한 신고전주의(Neoclassicism) 양식을 따랐다. 17-18세기 절대왕정이나 가톨릭교회의 바로크 건축의 과장을 벗어나 고대 그리스 미학의 정제된 조화, 질서, 균형을 중시한 신고전주의 건축은 고대 그리스·로마의 영광을 재현하고 시민적 덕성을 계승하기를 희구한 근대 국민국가의 이상을 반영했다. 워싱턴DC의 미연방 의사당, 파리의 개선문, 런던의 영국박물관 등이 신고전주의 건축물들이다.

카미유 피사로, 〈몽마르트대로-아침, 흐린 날씨〉, 1897

18세기 계몽주의의 이성과 합리성에 대한 지나친 강조에 반발하며 개인의 열정과 좌절 등 감성을 중시한 18세기 말 독일의 질풍노도(Sturm und Drang) 문예운동은 19세기 초 로맨티시즘(Romanticism)과 연결되었다. 자연에 대한 존중과 찬양, 민족의 과거와 전설에 대한 향수, 개인의 극적 감정 표출, 세상을 변화시키려는 욕구 등을 담아낸 로맨티시즘은 산업화와 도시화에 대한 반감을 포함했다. 영국의 시인 워즈워스는 자연을 예찬했고, 소설가 스콧은 중세 기사의 모험담을 다루었다. 감성적 서정시인 키츠, 셸리, 바이런, 독일의 하이네 등은 당대의 자유주의 운동에도 참여했다. 사회정의를 위해 헌신했던 프랑스 대문호 위고는 산업화와 도시화의 변화 속에서 힘겹게 살아가던 가난한 이들을 다룬 『레미제라블』 외 여러 작품을 남겼다. 회화에서는 영국의 컨스터블이 자연의 아름다움을 담은 풍경화들을, 터너는 화려한 색채에 의존해 감정의 극적 효과를 높이는 풍경화들을 그렸다. 에스파냐의 고야는 나폴레옹 군대에 저항한 에스파냐 민중봉기를 그렸고, 프랑스의 들라크루아는 1830년 7월 혁명의 바리케이드 투쟁을 묘사한 〈민중을 이끄는 자유의 여신〉을 남겼다.

　　산업화와 도시화로 인한 사회문제에 눈을 돌린 예술가들이 사회 현실을

구스타브 카유보트,
〈파리, 비오는 날〉,
1877

있는 그대로 표현하고자 했던 사실주의(Realism)는 1830년대 등장해 문학에서는 세기말까지 미술에서는 1870년대까지 유행한 예술사조다. 영국의 디킨스, 프랑스의 발자크, 졸라 등은 노동자와 빈민의 삶의 모습이나 사회악에 저항하는 이야기들을 담은 문학작품들을 쏟아냈다. 회화에서는 프랑스의 쿠르베가 노동자나 서민의 일상을 그대로 묘사했고, 밀레는 농부의 삶을 사실적인 풍경화로 담아냈다.

1870년대 등장한 인상주의(Impressionism)는 근대적 도시정비와 도시문화의 성장을 반영한 미술 사조이다. 프랑스에서 살롱(Salon)전 출품을 거부당한 화가들의 독자적 전시회에 출품된 모네의 〈해돋이 인상〉을 보고 평론가가 인상주의라 이름을 붙이며 등장한 이 사조는 근대도시의 번잡함과 끊임없는 움직임, 일상적 도시문화에 대한 순간적 인상들을 표현하고자 했다. 특히 빛과 색채의 효과를 통해 변화하는 시각적 인상을 구현했는데, 19세기 중반 사진이 발명된 이후 화가들이 사물의 본질적이고 지속적인 성질이 아니라 순간적인 인상을 포착해 화폭에 담으려 했기 때문이다. 모네, 마네, 르누아르, 피사로, 카유보트는 대로, 기차역, 다리 등 근대적 도시경관, 중상층의 여가 생활, 도시 서민의 일상을 담은 그림들을 많이 남겼다. 1880-1890년대는 세잔, 고흐, 고갱, 쇠라 등 젊은 예술가들은 인상주의 화가들이 지나치게 순간적인 시각 세계에 사로잡혀 있다고 비판하며, 보다 주관적이고 개인적인 경험에 근거한 미술을 추구하여 후기인상주의(Post Impressionism)라는 사조로 지칭되었다.

20

제국주의의 시대
(1870-1914)

최재인

1 용어: 제국, 제국주의, 식민주의

역사가 홉스봄은 1870년대부터 제1차 세계대전까지를 "제국의 시대"라고 규정했다. 이 시기는 어느 때보다 많은 지배자들이 황제를 자처하던 혹은 황제로 불리던 시기였다. 유럽에서만도 독일, 오스트리아, 러시아, 터키(오스만튀르크)에 황제가 있었고, 영국의 빅토리아 여왕은 인도의 여제를 겸하고 있었다. 그 밖에 중국, 일본, 페르시아, 에티오피아, 모로코, 브라질, 그리고 우리나라에도 황제가 있었다. 1897년 고종은 국호를 조선에서 대한제국으로 바꾸고, 황제로 즉위했다. 크지도 않고 힘도 없는 나라가 제국을 자처했으니 비웃음을 살 만한 일이기도 했다. 그럼에도 굳이 제국이라는 간판을 내건 것은 당시가 "제국의 시대"였기 때문이다. 제국의 간판은 식민지가 아니라 독립국임을 알리는 한 방편이었다. 19세기 말 세계는 크게 제국과 식민지로 분할되어가고 있었다.

사실 '제국'과 '황제'는 고대 로마 이래 서양에서 익숙한 용어이다. '제국(em-pire)'이라는 말은 로마의 군사령관을 일컫는 '임페리움(imperium)'에서 유래했다. '임페리움'은 로마가 정복한 지역의 주민에게 로마의 이름으로 명령을 내리는 지위 명이었다. 그런 의미에서 제국은 문화적·언어적·인종적으로 다른 집단에 대해 자국의 지배력을 확장해나갔던 나라를 말한다. 사전적으로는 "나라들 사이의 서열을 통해 평화를 보장하는 체제"를 의미하며 역사적으로는 로마 제국이 대표적이다. 18세기 영국은 United Kingdom을 구성하는 스코틀랜드, 아일랜드 등의 섬들에 대해 이 용어를 사용했다. 배영수는 로마부터 현대 미국에 이르기까지 제국의 역사를 분석하면서, "제국은 지상(至上)의 권력을 추구하면서 국제관계를 자국을 정점으로 하는 위계질서로 재편하는 국가"라고 정의했다.

이에 비해 '제국주의(imperialism)'라는 말은 19세기 후반에 등장한 일종의 신조어이다. 1870년대까지 영어권에서 '제국주의'는 나폴레옹 3세 치하의 프랑스 제2제정을 경멸적으로 부르는 부정적 의미로 쓰였다. 마르크스는 루이 보나파르트 아래서 발전한 프랑스 민족주의를 '제국주의'라고 표현했다. 영국이 자국의 정책에 대해 '제국주의'라는 용어를 쓰기 시작한 것은 1882년 이집트 점령 정책을 추진하면서였다. 이후 '제국주의'는 해외로의 팽창과 식민지 정복을 통해 국가의 이익을 도모하고 위신을 세우는 정책을 의미했다. 최근에는 꼭 식민지나 영토적 점유 문제가 아니더라도 강대국이 약소국에 대해 권력을 행사해 희생을 강요하고 이득을 취하는 정책이나 행위에 대해 광범하게 제국주의라는 용어가 쓰이고 있다.

19세기 말부터 당대인들은 자기 시대의 주요한 특징의 하나로 '제국주의'를 꼽았다. 영국 언론인 홉슨은 1902년에 출간한 책에서 '제국주의'라는 단어

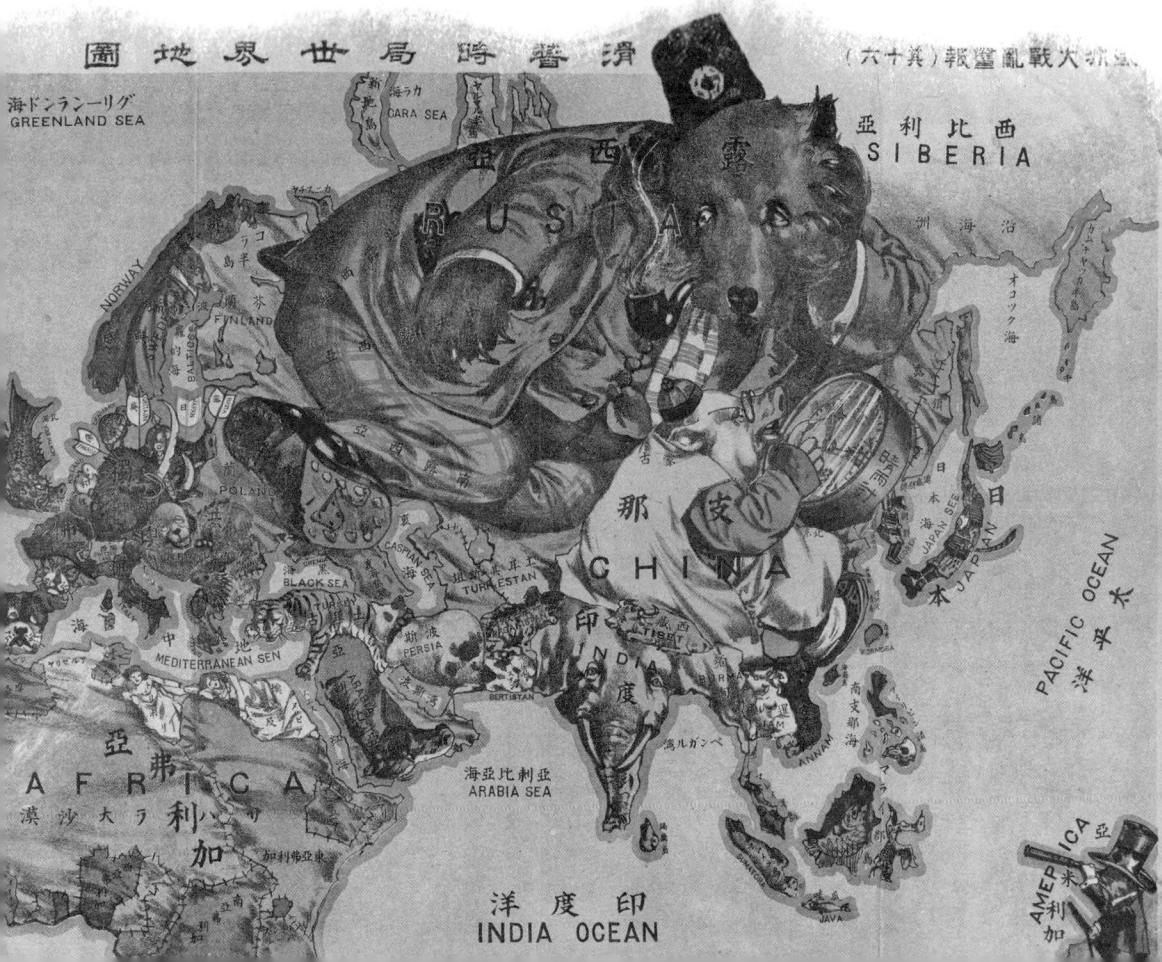

1900년대 초반에 일본에서 만들어진 지도. 국가를 동물로 의인화해 열강들의 세계 분할 상황과 의지를 잘 보여준다.

가 "모든 사람의 입에 오르내리는" 용어가 되었으며, "서구 현대 정치에서 가장 역동적인 움직임을 설명"하는 용어라고 했다. 19세기 중반 이래 지금까지 수많은 지식인이 제국주의에 대한 나름의 정의와 해석을 내놓고 있다. 제국주의에 대한 고려와 고민 없이는 세계에 대한 이해도 힘들기 때문이다.

한편 '식민주의(colonialism, 植民主義)'는 인구가 밀집된 곳의 주민이 인구가 희박한 곳으로 가서 새로운 마을을 일구는 개척지(colony)에서 유래한 용어이다. 따라서 식민주의는 영토 밖의 다른 지역으로 진출해 그곳에 본국의 인구를 비롯해 정치·사회 제도, 나아가 문화까지 이식하는 정책과 활동을 말한다. 그런데 그 과정에서 현지의 원주민 사회와 충돌이 있게 마련이어서, '식민주의'는 '제국주의'와 혼용될 여지가 있다. 엄밀히 규정하면 '제국주의'는 힘의 행사를 통한 지배에 강조점을 두는 용어이고, 식민주의는 사람과 제도, 문화 등 좀 더 광범한 차원의 팽창에 강조점을 두는 용어라고 할 수 있다. 그러나 제국주의와 식민주의는 학계에서도 면밀하게 구분하지 않고 사용하는 경우가 많다. 영어로 식민지(colony)라고 하면, 제국 본토에서 다수의 인구가 이주해 형성된 지역(캐나다, 호주 등)과 큰 인구의 이동 없이 지배 체제를 형성한 곳(인도 등)을 모두 의미한다. 전자의 경우 '정착식민지'라고 부르기도 한다.

2 제국주의와 국민국가

에스파냐, 포르투갈, 네덜란드, 영국, 프랑스 등 유럽 열강은 1492년 콜럼버스의 항해 이래 수백 년 동안 세계의 바다를 누비며 여러 곳에 식민지를 건설해왔다. 그러나 19세기 말에 들어서야 식민 사업의 규모와 속도가 크게 증가했으며, 유럽과 미국에서는 가장 큰 국민적 관심사가 되었다. 1800년에 유럽 열강은 전 세계 육지의 35퍼센트를 지배했는데, 1914년이 되면 84.4퍼센트가 유럽인 또는 유럽계 백인의 지배 아래 놓이게 된다. 19세기 후반부터 20세기 초까지 제국주의 정책과 사업을 주도한 것은 서구의 국민국가들이었다.

1860-70년대 유럽을 비롯한 세계 곳곳에서 통일된 국민국가가 등장했다. 중부 유럽에서는 프로이센을 중심으로 한 독일 제국이 수립되었고(1871), 이탈리아반도에서도 통일된 정부가 들어섰다(1870). 미국에서는 남북전쟁(1861-65)을 거쳐, 일본에서는 군벌들의 경쟁을 거쳐 이전보다 한층 더 강해진 중앙정부가 들어섰다. 인도에서는 세포이의 봉기(1857)를 계기로, 국민국가는 아니지만 영국 식민 정부가 본격적으로 직접 통치를 시작하면서 하나의 통일된 정치권력을 수립했다.

이 시기 국민국가는 치열한 정쟁과 전쟁을 거쳐 탄생했다. 독일 건국의 일등공신 비스마르크는 "중요한 문제는 다수결이나 말이 아니라, 피와 무기로만 결정될 수 있다"라는 유명한 말을 남겼다. 당시 집권층의 상황 인식을 잘 보여주는 말이다. 통일된 국민국가가 수립되는 과정은 중앙정부가 자리한 특정 지역과 집권층을 중심으로 서열이 만들어지는 과정이기도 했다. 이탈리아 통일 과정에서 토스카나어가 이탈리아어의 중심어로 채택되었고, 헝가리에서는 헝가리어인 마자르어가 공식 언어가 되었다. 이에 반대했던 이들은 분열을 조장한다는 죄목으로 처벌받았다. 국민국가가 탄생하면서 일부 지역의 문화적·언어적 정체성이 억압받고 사라지기도 했다.

국민국가는 전신과 철도 등 근대적인 교통과 통신 수단을 이용해 중앙집권적인 정부를 세웠다. 이들 통일 국가의 집권층은 대내적으로는 산업 부양 정책을 펴 부국강병을 도모했고, 대외적으로는 전쟁을 불사하며 식민지 확장을 추구했다. 이처럼 제국주의 시대를 주도한 것은 관료제와 근대적 기술을 통해 국민을 동원할 수 있는 능력을 갖춘 국민국가였다.

영국

이 시대 제국주의의 선두에 선 나라는 영국이었다. "해가 지지 않는 나라"라고 불리던 영국 제국은 1920년 세계 영토의 약 4분의 1과 세계 인구의 5분의 1이 넘는 4억 5,000여 명의 인구를 포괄하고 있었다. 그러나 막상 제국주의 시대는 영국이 지닌 독보적 힘의 우위가 위협받는 시기이기도 했다. 영국 해군력이 최고 전성기에 있던 1860년대에는 2-5위 국가들의 함선을 다 합쳐도 영국을 넘지 못하는 수준이었다. 그러나 1880년대 이후부터 추격당하기 시작했고, 마침내 1889년에는 해군력의 우위를 유지하기 위해, 2위와 3위 국가가 보유한 군함보다 많은 수를 확보해야 한다는, 이른바 "이국표준(two power standard)"을 골자로 하는 해군 법을 제정하기도 했다. 경제적 측면에서 보면 1870년대부터 독일과 미국에게 기술 개발에서 뒤처지기 시작했다.

이런 상황에서 영국은 대영 연방(Greater Britain)이라는 구상으로 미국까지 끌어들여 제국의 확대를 도모했다. 아프리카에서 식민지를 개척한 로즈는 로즈 장학금을 내놓으면서, "대영 제국(British Empire) 안에 있는 그 어느 나라보다 미국이 로즈 장학금을 더 많이 받아야 한다"라는 조건을 두었다. 미국의 엘리트가 옥스퍼드 대학에 와서 공부하게 되면 앵글로색슨 문명인으로서의 유대를 더욱 강화할 수 있게 될 것이라는 생각에서였다. 대영 연방이라고 하는 로즈의 구상은 밀(J. S. Mill)을 비롯한 영국 자유주의자들의 호응을 얻었다.

영국은 어느 열강보다 일찍 탈식민화를 단계적으로 준비했다. 1926년 웨스트민스터 회담을 거치면서, 우선 캐나다, 오스트레일리아, 뉴질랜드, 남아프리카공화국 등 백인이 다수 거주하는 지역에 자치령의 지위를 부여했고, 이들

1892년에 로즈가 케이프타운에서 카이로까지 전신사업 계획을 발표한 후 〈펀치〉에 실린 '위대한 로즈(The Rhodes Colossus)'라는 제목의 만평. 아프리카 대륙을 길게 밟고 선 로즈의 모습은 아프리카 전역에 철도와 전신을 건설해 지배력을 확장하고자 했던 영국 제국주의 정책을 상징적으로 보여준다.

을 영연방(Commonwealth of Nations)으로 조직했다. 1922년에는 이집트, 1923년에는 이라크의 독립을 인정했고, 인도에서도 1919년부터 교육, 보건, 공공사업 등에 관련한 권한을 토착 세력에게 이관했다. 나이지리아 등 아프리카에서도 토착 정치 세력을 양성해 간접 통치하는 방식을 적용했다. 이는 식민지 유지에 드는 경제적 부담은 줄이면서도 영국의 영향력을 유지하려는 실리적 방식이었다. 그렇다고 해서 식민지에서의 독립이 평화롭게 진행되었던 것은 아니다. 인도에서 간디를 중심으로 한 독립운동 세력에 대해 물리적 탄압을 주저하지 않았던 것에서 볼 수 있는 것처럼, 식민지 독립 과정에서 영국은 끝까지 주도권을 놓지 않으려고 했다.

프랑스

영국 다음으로 많은 식민지를 갖고 있던 나라는 프랑스였다. 절정기이던 1920년대 프랑스는 전 세계 영토의 10분의 1을 차지하고 있었다. 1830년 알제리를 침략하면서 본격적으로 시작된 식민 사업은 아프리카에서 튀니지, 모로코, 세네갈 등으로 뻗어나갔다. 아시아에서는 인도차이나 지역을 확보했고, 중국에서는 1849년부터 상하이의 일정 지역을 확보하여 1946년까지 조계지로 삼았다. 제1차 세계대전 이후에는 패전국인 독일로부터 토고와 카메룬을 확보했고, 오스만튀르크로부터 터키 영토 일부에 대한 권리를 받아냈다.

프랑스 제국주의의 특징은 문명화의 소명을 강조한 동화(integration) 정책에 있다. 계몽주의의 모국인 프랑스는 서구의 앞선 문명을 다른 '야만인'에게 전해줘야 한다는 소명을 강조했고, 이는 곧 다른 서구 열강도 공유하는 제국주의의 명분이 되었다. 일례로 프랑스는 이슬람교도가 다수인 알제리에서 이슬람교를 포기하는 식민지인에게 시민권을 부여하는 법을 제정해 정치적·심리적 압박을 가했다.

프랑스 식민지의 독립 과정은 영국과 비교하면 훨씬 더디고 잔혹했다. 1944년 1월 자유프랑스를 이끈 드골 장군은 콩고의 수도 브라자빌에서 "식민지가 식민 제국에서 이탈할 가능성 따위는 인정하지 않으며 자치정부를 수립하는 것도 고려하지 않고 있다"라고 선언했다. 이는 1943년 영국의 식민장관 스탠리가 "영국 제국의 틀 안에서 식민지 국민들을 자치로 인도할 것"이라고 서약한 것과 비교되는 정책이었다. 프랑스 집권층의 이런 태도는 식민지인의 독립운동에 대한 철저한 탄압으로 이어졌다. 1945년 알제리 북부에서 승전국 프랑스군 환영 행사가 알제리 독립을 위한 시위로 바뀌자 이를 탄압했고, 그 과정에서 시위대 약 6,000명이 사망했다. 1947년 마다가스카르에서 일어난 독립 항쟁에 대해서도 강경하게 대응하여 수만 명의 사상자를 냈다.

독일

신생국가 독일은 식민지를 국위의 상징으로 여겼다. 독일은 1880년대에 아프리카와 태평양, 아시아에 식민지를 여럿 확보했다. 1884년 뉴기니의 일부를 획득했고, 1887년 중국의 칭다오 지역을 점령했다. 아프리카 서남부에서는 지금의 나미비아에 있는 나마(Nama)인과 헤레로(Herero)인을 학살하면서 식민지로 삼았고, 아프리카 동부에서는 지금의 탄자니아 지역에 식민지를 세웠다.

식민지 경쟁에서 후발주자이던 독일은 기존 식민지 강국들, 그리고 새로 부상하던 미국 등과 충돌했다. 미국은 자국과 비교적 가까운 카리브해와 태평양에서 독일이 식민지를 확대하는 것에 반대했다. 독일이 식민지에서 했던 가혹 행위는 특히 다른 유럽 국가의 신문에서 대서특필되었다. 영국, 프랑스 등도

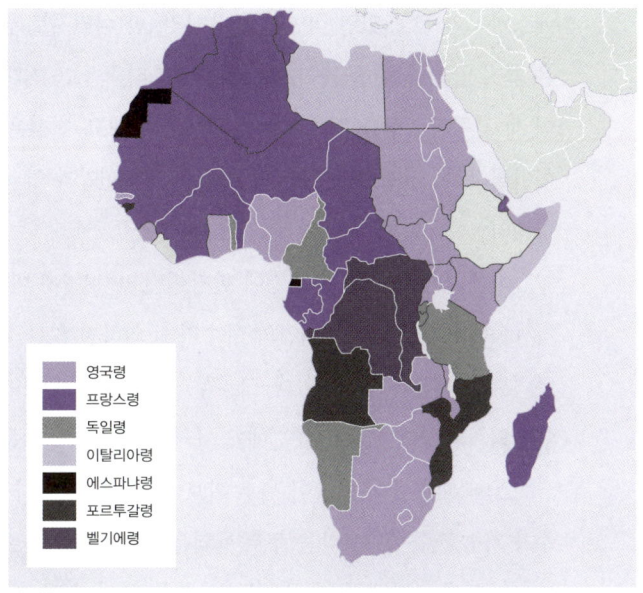

열강의 아프리카 분할(1914)

제국주의 정책을 추진하는 과정에서 잔혹 행위를 저지르기는 했다. 그러나 그들이 식민지 통치에서 비교적 안정기에 접어들었던 시기에 새로 식민지 확보에 적극적으로 나선 독일의 행보가 눈에 거슬렸던 것이다.

비스마르크의 주도로 1884년 베를린에서 유럽 열강의 정치인이 모여 아프리카의 분할을 논의했다. 이 회의에서 벨기에의 국왕 레오폴드 2세는 콩고 지역에 대한 권리를 인정받았다. 베를린 회의를 거치면서 열강 사이에서 아프리카 식민지 경쟁은 더욱 치열해졌다. 이 회의에서 정한 원칙에 따라 먼저 식민 지역을 개척하고 원주민의 동의를 강제로라도 받아내면 그 지역에 대한 소유·통치권을 어느 정도 인정받을 수 있게끔 원칙을 정했다. 10여 년 뒤 아프리카는 라이베리아와 에티오피아를 제외하고 거의 대부분이 유럽 열강의 지배 아래 놓이게 되었다.

미국

미국이 제국주의 정책을 본격적으로 시작한 것은 1898년 아메리카-에스파냐 전쟁을 통해서이다. 이 전쟁에서 승리한 미국은 쿠바, 푸에르토리코, 필리핀 등

에스파냐가 갖고 있던 식민지를 자신의 (반)식민지로 삼았다. 그러나 이 과정은 쉽지 않았다. 예를 들어, 에스파냐로부터 독립을 기대했던 필리핀인은 미국이 새 점령자로 들어오는 것에 강하게 저항했고, 전쟁은 1903년까지 치열하게 이어졌다. 이 전쟁으로 10만 명 이상의 필리핀인과 약 4,200명의 미국인이 사망했다.

아메리카-에스파냐 전쟁이 한창이던 1898년에 미국은 하와이도 병합했다. 하와이 병합은 하와이인의 다수가 동의하지 않는 가운데, 하와이 왕실을 무력으로 전복한 사건이었다. 그로부터 96년이 지난 1993년 클린턴 대통령은 연방의회와 함께 하와이 주민에게 사과를 전하는 결의문을 채택하기도 했다.

20세기에 들어 미국이 새로 확보한 지역은 천연자원이 많거나 대규모 이주가 가능한 곳이기보다는 주로 무역을 용이하게 해줄 수 있는 곳이었다. 푸에르토리코와 쿠바는 라틴아메리카로 가는 현관이 될 수 있고, 필리핀, 괌, 하와이는 중국과 일본 시장으로 진출하는 다리가 될 수 있는 곳이다. 1899년 미국의 국무장관 헤이는 중국에 문호개방 정책을 요구했다. 중국이 특정 나라의 식민지가 되는 것을 막고, 그 대신 어느 나라든 상품과 자본이 자유롭게 접근할 수 있는 권리를 갖도록 하자는 것이었다. 그래서 미국의 제국주의를 '문호개방 제국주의' 혹은 '자유무역 제국주의'라고 부르기도 한다.

영토가 넓어 상대적으로 해외에 관심이 낮았던 미국 사회에서 처음으로 해외 진출에 눈을 돌린 집단은 기업가였다. 농업혁명과 산업혁명을 통해 대량생산 체제를 갖추면서 미국의 농업 및 공업 생산은 더 이상 국내 수요에만 만족할 수 없었다. 1890년 싱어 재봉틀 회사와 록펠러의 스탠다드 정유회사가 적극적으로 해외 마케팅에 나섰다. 이들은 미국 상품을 파는 것이 곧 미국의 우월한 문명을 전파하는 것이라는 신념을 지니고 있었다. 스트롱 목사는 앵글로색슨의 우수한 제도와 가치를 '열등한 민족'에게 전파해야 하는데, 그 방법의 하나는 미국 상품을 소비하게 하는 것이며, 이는 미국 경제에도 도움이 될 것이라고 주장했다.

3 제국주의와 자본주의

16세기부터 식민지는 유럽에 큰 경제적 이득을 가져다주었다. 16세기 에스파냐는 아메리카에서 많은 금과 은을 가져와 부국이 되었고, 포르투갈, 네덜란드, 영국 등도 300년 가까이 세계의 바다를 누비며 상당한 상업자본을 축적할 수 있었다. 그러나 이 시기 유럽 상인의 무역은 아프리카에서 어린이와 젊은이를 데려다 아메리카 대륙에 노예로 팔고, 아메리카에서 재배하여 가공한 설탕을 유럽에 팔고, 아시아에서 구한 향료와 비단과 차를 유럽에 파는 식이었다.

영국과 중국 사이의 무역에서 유럽 상인은 영국의 모직물 외에는 그다지 팔 만한 물건이 없었으나 중국 차와 비단, 도자기는 유럽에서 크게 인기가 있었다. 그러다 보니 당시 국제화폐이던 은화가 중국으로 집중되었고, 유럽은 대중국 무역에서 만성 적자에 시달렸다. 이를 극복하기 위해 영국 상인들이 고안해낸 방식이 아편, 그것도 인도에서 재배한 아편을 중국에 판매하는 것이었다.

그러나 서구가 산업혁명을 통해 대량생산 능력을 갖추면서 비서구 지역들은 공업의 원료 공급과 상품 시장으로, 이전과는 다른 차원에서 큰 중요성을 갖게 되었다. 18세기 말 영국의 면직공업에서 생산력이 크게 증가했고 이에 따라 미국 남부와 인도 등에 대규모 목화 농장이 들어섰다. 노예와 식민지인이 생산한 목화솜을 싸게 구입할 수 있었던 영국인들은 공장에서 대량으로 저렴한 면직물을 생산할 수 있었고, 이를 다시 인도를 비롯한 전 세계에 수출하면서 세계 곳곳에서 전통적인 면직물 산업이 큰 타격을 받았다.

19세기 말 상품은 단순한 물건이 아니라 서구의 기술과 문명을 대표하는 상징이기도 했다. 예를 들어, 비누는 청결하고 위생적인 백인 문명을 상징했다. 19세기 중반까지 서구 사회에서 옷과 이불 빨래는 1년에 한두 차례 마을 개울

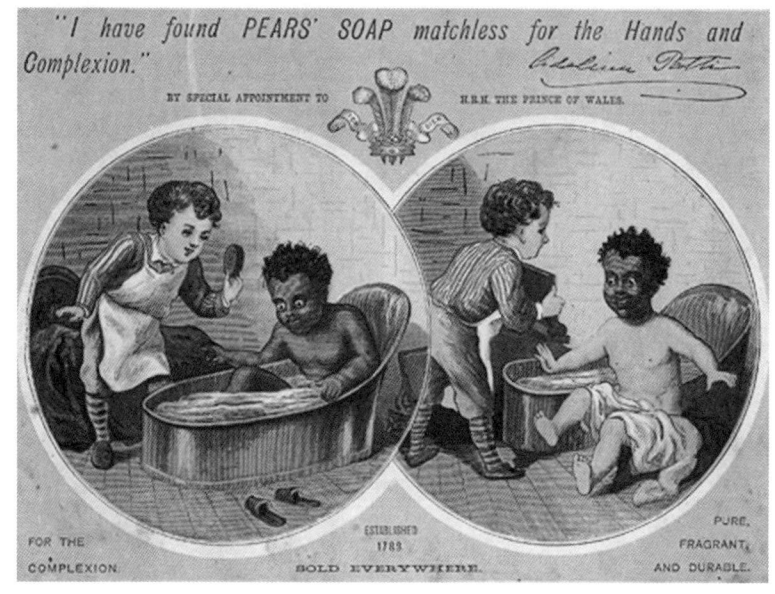

제국주의 시대 비누 광고. 한 백인 아이가 흑인 아이를 목욕 씻기자 몸이 백인처럼 되었다는 내용. 비누 상품은 서구적 생활방식의 상징이었다.

가에 함께 모여 하는 연중행사였으며, 목욕도 이와 비슷했다. 목욕을 자주했던 것으로 유명한 잉글랜드 여왕 엘리자베스 1세는 "굳이 할 필요가 없어도 한 달에 한 번은 목욕을 했다"고 한다. 이런 풍습은 19세기 말까지 거의 변하지 않았다. 비누 소비가 급증하기 시작한 것은 1890년에 와서였다. 그 이전까지 비누는 상류층이나 살 수 있는 사치품이었다. 그러나 비누의 원료인 야자유가 서아프리카, 말레이, 실론, 피지, 뉴기니 등에 있는 식민지 농장에서 넘쳐나게 생산되고, 영국에서 비누 제작 기술이 급격히 발전하면서 많은 이들이 구매할 수 있는 품목이 되었다. 비누는 청결하고 위생적인 서구 중산층 가정을 상징하는 상품으로 홍보되었다. 서구 상품의 구매를 통해 서구 제국주의의 일원이 된 것 같은 환상까지 살 수 있게 된 것이다.

식민지 경쟁은 제2차 산업혁명의 시작과 함께 더욱 치열해졌다. 전기, 화학, 자동차 산업이 발전하면서 고무, 구리, 석유 등에 대한 수요가 높아졌다. 이런 원료 공급지를 확보하고 있느냐에 따라 나라의 경제와 기술 수준이 좌우될 수 있는 상황이었다. 예를 들어, 합성고무가 개발되기까지 천연고무는 자동차와 탱크 생산에 필수품이었다. 천연고무 생산지를 식민지로 확보하지 못했던 독일은 고무 부족으로 탱크 등 무기 생산에 큰 어려움을 겪었다. 독일이 제2차 세계대전 중 가장 먼저 합성고무 개발에 공을 들인 것도 이런 부족함 때문이었다. 기업과 국가가 자원이 풍부한 지역을 놓고 벌이는 경쟁과 전쟁은 세계 최대 산유 지역인 중동에서처럼 지금도 계속되고 있다.

　이렇게 제국주의 정책의 배경에는 경제적 동기가 크게 자리하고 있다. 이에 대한 논의를 본격적으로 제기한 이는 앞서 소개한 영국의 홉슨이다. 홉슨은 제국주의의 문제를 소득과 자원이 제대로 분배되지 못했기 때문이라고 보았다. 런던의 금융업자를 중심으로 사사로운 이익을 추구하는 일군의 무리들이 국가의 자원과 권력을 이용해 해외 사업을 벌이면서 그 이익을 독점하고 있다는 것이다. 따라서 홉슨은 국민 사이에 분배를 좀 더 민주적으로 하여, 국민의 구매력을 높이고 국내시장을 확장하는 것이 바람직한 자본주의 운영이라고 보았다. 홉슨은 제국주의가 자본주의와 연결되어 있다고는 보았지만, 제국주의가 자본주의의 필연적 결과라고 여기지는 않았다. 자본주의는 제국주의와 해외투자가 아니라 국내의 구매력을 향상시키는 방식으로도 추진할 수 있다는 것이다.

　그러나 이후 제국주의에 대한 비판을 주도한 마르크스주의자들은 제국주의가 자본주의의 필연적 결과라고 보았다. 레닌은 제국주의를 자본주의의 최고 단계라고 주장했다. 레닌의 이론은 홉슨의 제국주의 비판, 산업자본과 금융자본의 결합에 주목한 힐퍼딩의 금융자본주의론, 금융자본주의와 제국주의를 결합한 부하린의 이론 등을 종합해 내놓은 주장이었다. 제국주의는 금융독점자본이 주도하는 자본주의 강대국들이 지구상의 모든 영토를 분할하는 상황에 있는 자본주의의 마지막 단계라는 것이다. 레닌은 제1차 세계대전을 자본가 사이의 영토 재분할 전쟁으로 파악했다.

　이에 비해 룩셈부르크(Rosa Luxemburg)는 제국주의가 자본주의의 특정 단계에 등장하는 것이 아니라, 자본주의 초기부터 지속되어온 현상임에 주목했다. 일찍이 마르크스는 아메리카, 아프리카, 아시아 등의 인적·물적 자원에 대한 폭력적 착취를 통해 자본의 본원적 축적이 있었고 이로써 산업자본이 등장할 수 있었다고 서술한 바 있다. 룩셈부르크는 이런 본원적 축적이 마르크스가 본 것처럼 자본주의 초기 단계에만 있었던 것도 아니고, 레닌 등이 주장한 것처럼 자본주의가 독과점을 거쳐 금융자본주의로 성장하면서 나타난 현상도 아니라고 보았다. 본원적 축적, 즉 제국주의적 침탈과 착취는 자본주의 발생부터 계속되어온 것으로, 자본주의 문명은 비자본주의 세계를 계속 병합해 가는 방식을 통해서만 생존할 수 있다고 주장했다.

여기서 한 걸음 더 나아가 1950년대에 바란(Paul Baran)은 주로 제국주의 중심부에만 관심을 두었던 기존의 시각에서 벗어나 식민지와 제3세계에 초점을 둔 분석을 시도했다. 그는 잉여를 빼앗긴 아프리카 등이 스스로의 발전을 도모하지 못했던 것에 주목하면서, 제국주의는 식민지의 발전을 가로막아 종속을 지속한다고 보았다. 특히 제2차 세계대전 이후로는 다국적 기업이 주변의 잉여를 가져다 중심을 부유하게 만들고 있기 때문에, 제3세계 나라들은 탈식민 이후에도 발전을 도모하기 힘들다고 분석했다.

이런 바란의 분석은 1960년대 프랑크(Gunder Frank)의 종속이론과 1970년대 월러스틴의 세계 체제론의 기초가 되었다. 프랑크는 라틴아메리카의 저개발이 16세기부터 지속된 자본주의의 침투 때문이라고 주장했다. 그에 따르면 저개발은 '위성' 경제들의 중심지에서 종속적인 부르주아의 확립을 통해 공고해진다. 월러스틴도 자본주의는 16세기부터 세계 체제였다고 보았다. 자본주의적 세계 체제를 유지하는 기제는 서열이 있는 국제분업이다. 세계 체제는 고임금과 고이윤 부문을 장악한 중심부, 저임금과 저이윤 부문이 집중되어 있는 주변부, 그 중간의 반주변부로 구성된다. 월러스틴은 제국주의의 전개를 자본주의의 전체 역사 속에서, 그리고 세계적 차원에서 바라볼 수 있는 이론적 틀을 제공했다.

자본주의와 제국주의의 문제는 20세기 내내 중요한 논제였으며 21세기에도 여전히 뜨거운 이슈로 남아 있다.

4 기술과 군사력

경제만이 아니라 기술과 군사력도 서구 제국주의의 수단이자 동기가 되었다. 우월한 무기를 가진 이들은 열등한 무기를 가진 이들을 지배할 권리가 있다는 생각이 이 시대의 지배적 사고방식이기도 했다. 기술적·군사적 우월성과 도덕적 우월성은 성격이 서로 다르지만, 이 둘을 같은 것으로 여기던 시대였다. 1890년대 영국의 아프리카 줄루(Zulu)인 정복 등을 기록한 월리스는 1905년 발간한 책에서 이렇게 썼다. "맥심 기관총의 속도와 화력은, 이를 듣도 보도 못한 야만인들에게 도덕적 교훈을 주었을 것이다."

16세기부터 300년 넘게 유럽인이 세계의 바다를 누비기는 했지만, 주로 그 활동 반경은 해안에 국한된 경우가 많았다. 1840년까지 유럽은 남북 아메리카의 4분의 1도 확보하지 못한 상황이었다. 남북 아메리카의 중앙 평원지대는 가우초(gaucho)를 비롯한 아메리카 원주민들의 영토였다. 아프리카도 북단의 알제리와 남단의 희망봉 등 일부를 제외하면 유럽인의 접근은 해안 지역에 머물러 있었다. 아시아도 자바와 인도를 빼고는 서구가 정치적 지배력을 행사하지 못하고 있었다.

이런 상황에 가장 먼저 변화를 가져온 것은 증기선의 등장이었다. 1807년 미국 뉴욕주의 허드슨강에서 선보인 증기선은 1830년대부터 본격적으로 대양을 누비기 시작했고, 1840년대 이후로는 강을 거슬러 올라가 아프리카와 중국 등에서 내륙으로 진출해 들어갔다. 1620년부터 중국 광저우 주변에서 무역을 하던 영국이 1840년대에 가서는 아편을 금지하고 무역항을 제한하는 중국 정부에 맞서 전쟁을 도발했다. 세계의 공장이자 최대 상업 국가 영국은 중국 황실에 아편 무역 허용과 무역항 확대를 요구했다. 이 과정에서 영국은 프랑스와 힘을 합쳐 제2차 아편전쟁(1857-60)을 벌였다. 그들은 양쯔강을 통해 베이징까지 진출해 약탈을 벌였고, 여름 궁전에 불을 질렀다. 이렇게 영국 등은 철선 '네메시스(Nemesis)'를 비롯한 증기선들 덕분에 중국과 200년 넘게 이어져 온 정체 상태를 돌파해 들어갈 수 있었다. 증기선은 큰 화력을 갖춘 대형 무기를 탑재할 수 있을 뿐 아니라, 좁고 유속이 빠른 강물과 운하도 비교적 쉽게 거슬러 올라갈 수 있었다. 서구 세력이 해안에 머무는 것이 아니라 내륙의 베이징까지 직접 공격해 들어가면서 중국 황실은 서구 강대국들과 굴욕적인 불평등조약을 맺지 않을 수 없게 되었다.

증기선은 테이블 모양의 지형 때문에 폭포가 발달한 아프리카에서도 유럽인이 내륙으로 진출하는 데 유용하게 사용되었다. 아프리카 서부의 니제르강 유역에서는 1830년대부터 증기선이 해안에서 강을 거슬러 올라가 오일강과 만나는 니제르 삼각주까지 왕래하기 시작했다. 이 지역은 비누 등의 원료로 큰 각광을 받은 야자유가 풍성한 곳이었다. 증기선 운항 이후로 이곳은 유럽에서 온 혈기왕성한 상인과 기업가로 붐비게 되었다.

사실 아프리카 내륙으로 유럽인이 진출할 수 있게 된 것은 말라리아 예방

증기선

약의 개발 덕분이기도 했다. 일찍이 17세기에 안데스 지역 원주민은 기나수 나무껍질에서 추출한 퀴닌으로 말라리아 열병을 치료하는 지식을 에스파냐인에게 전해주었다. 그러나 그 정보는 오래도록 에스파냐에 한정되어 있다가, 19세기부터 조금씩 아프리카 탐험가에게 전해졌다. 그리고 19세기 중엽 이후 상용화되면서 비로소 유럽인의 아프리카 내륙 진출을 터 주었다.

1860년대부터 유럽에서는 프랑스의 파스퇴르를 시작으로 미생물과 병원균에 대한 연구가 활발해졌다. 전염병을 예방할 수 있는 백신들이 개발되었고, 1893년부터는 콜레라 백신이 사용되었다. 이런 발전에 힘입어 식민지에서 유럽인의 사망률은 크게 감소했다. 가장 크게 감소한 서아프리카를 보면, 1817-38년 시에라리온의 유럽 군인 사망률은 1,000명당 483명이었는데, 1909-13년에는 1,000명당 여섯 명 정도로 감소한다. 인도, 프랑스령 서아프리카, 실론, 남아프리카 등에서도 비슷한 감소세를 보였다.

이런 의료 발전의 혜택은 당시에는 유럽인에게만 돌아가는 것이 보통이었다. 열대 지역에서 백인의 건강이 좋아지고 더 많이 거주하게 되면서 백인 거주지가 위생을 이유로 원주민과 엄격하게 분리되는 경우가 많아졌다. 그러면서도 짐꾼이나 요리사 등으로 원주민을 고용하면서 양측의 접촉은 더욱 빈번해졌다. 이에 따라 원주민 사이에서 백인이 가져온 각종 질병이 퍼지면서 원주민 인구가 급감하는 경우가, 아메리카에서처럼, 아프리카에서도 생겨났다.

제국주의 세력의 식민지 정복은 증기선과 의학의 발달뿐 아니라 무기의 발달을 통해서 더욱 박차를 가할 수 있었다. 스웨덴의 무기 제작자 노벨은 1876년 다이너마이트의 특허를 받았다. 총의 정확도를 높이고 발포 과정에서 생기는 연기를 줄이는 화약 기술도 개발되었다. 신형 무기는 산업혁명을 거치고 근대적 공장을 갖춘 유럽과 미국만이 만들 수 있었다. 화력과 속도가 크게 향상된 기관총과 대포로 무장한 제국 군대는 짧은 시간에 다수를 살상할 수 있게 되었다. 1890년, 프랑스는 오늘날 베냉공화국 자리에 있던 다호메이(Dahomey) 왕국을 상대로 정복 전쟁을 벌였다. 수도 아보미(Abomey) 부근에서 벌어진 전투에서 다호메이군의 사상자는 수천 명에 이르렀다. 이에 비해 프랑스군 사망자는 77명이었다.

서구 세력이 늘 승승장구했던 것은 아니다. 가장 유명한 예외는 에티오피아이다. 아프리카에서 에티오피아가 독립을 유지할 수 있었던 것에는 여러 원인이 있지만, 에티오피아가 상당한 군사력을 갖추고 있었던 점도 큰 몫을 차지한다. 에티오피아를 둘러싼 유럽 강대국의 경쟁을 이용해, 지도자 메네릭은 산탄총, 라이플총, 대포 등 신식 무기와 탄약을 구비했다. 이탈리아, 러시아와 정치적·외교적 거래를 통해 무기를 확보했고, 개별 상인을 통해서도 무기를 구입했다. 덕분에 1896년 이탈리아가 에티오피아를 침공했을 때 이를 성공적으로 격퇴하고, 이후 40여 년 동안 독립을 유지할 수 있었다. 유럽 강대국들은 아프리카를 유럽인이 정복하고 지배하는 것에 대해 인종적 또는 문명적 우월성으로 설명하고는 했다. 그러나 에티오피아의 경우를 보면, 시간과 상황에 따라 힘의 역학 관계가 변하기도 하는 군사력이 식민 지배의 중요한 요소였음을 알 수 있다.

5 제국주의 시대의 이데올로기

　서구의 제국주의 정책은 정치적 야심과 경제적 욕망, 군사력이 조합되어 나온 산물이지만, 공식적이고 대외적인 명분은 식민지에 기독교를 전파하고, 식민지를 문명화한다는 것이었다. 실제로 많은 선교사와 교사, 의사, 관료들이 사명감을 가지고 식민지로 향했다. 시인 키플링은 이를 '백인의 책무(White men's burden)'라고 표현했다.

　제국주의 시대는 어느 때보다 이분법적 구분이 만연하던 시기였다. 서구인들은 식민지인들을 야만인이라고 하면서 스스로를 문명인이라고 자부했다. 당시의 만평이나 삽화에 등장하는 식민지 원주민은 원시인을 연상시키는 옷차림을 하고 있다. 유럽인과 비유럽인을 백인과 유색인, 문명인과 야만인으로 구분하면서 유럽인은 식민지인을 어린아이와 같이 미숙하고 의존적이며 가르쳐야 하는 대상으로 간주했다. 인도 총독을 지낸 커즌(Curzon) 경은 제국주의를 영국의 도덕적·정신적 진보가 낳은 자연스러운 결과라고 믿었다. 그리고 영국 제국주의는 그 아래 있는 모든 식민지인에게도 축복이라고 생각했다. 이처럼 커즌은 제국의 물질적 기초보다 정신적 기초를 강조했는데, 이는 당대에 큰 지지를 받았다.

　제국과 식민지를 구분하는 이런 이분법의 관성은 자국 사회를 보는 관점에도 투영되었다. 기업가를 비롯한 엘리트는 노동자 등 중하층 서민과 여성을 미성숙하고 무지하며 충동적이라고 하면서 자신들만이 성숙하고 이성적이며 합리적인 존재라고 자부했다. 또한 유럽 내에서도 가난한 동유럽계 에스닉 집단이나 국민국가를 이루지 못한 유대인 등을 열등한 집단으로 낙인찍었다.

　이 같은 이분법적 시각에 과학적 용어를 부여해 합리화한 것이 사회적 다원주의였다. 다윈은 젊은 시절 영국 군함 비글호에 동승해 5년 가까이 세계 여러 곳의 동식물을 관찰하고 표본을 수집했다. 이런 경험을 기초로 다윈은 생물들이 일정한 계통을 갖고 있으며, 따라서 하나하나 따로 창조되었기보다는 진화되었을 것이라는 주장을 내놓았다. 진화는 환경에 가장 잘 적응하는 특질을 가진 개체가 후손을 많이 남기는 과정이라고 할 수 있는데, 다윈은 이를 '자연선택'이라고 표현했다. 그러나 영국 철학자 스펜서는 이 다윈의 이론을 인간과 사회에 적용해 '적자생존'의 이론으로 내놓았다. 사회적 강자를 생존 경쟁에서 승리한 이로 묘사함으로써 강자의 약자에 대한 지배를 "자연의 섭리"이자 당연한 것이라고 합리화했다.

이런 제국주의의 이데올로기는 제국 내에서만이 아니라 식민지인에게도 영향을 미쳤다. 제국은 식민지 지배를 위해 식민지인 일부를 자신의 세력으로 확보해야 했다. 여기에서 교육이 중요한 역할을 했다. 서구 교육을 받은 식민지인은 백인 지배자의 가치관을 공유하면서 식민 지배의 한 축을 담당하게 되었다. 프랑스 식민지인 북아프리카 마르티니크 출신의 정신과 의사 파농은 자기 자신을 비롯한 식민지 엘리트 집단을 '매판 계급'이라고 불렀다. 파농은 식민 교육과 문화가 식민지인의 정신 건강에 근본적인 영향을 끼친다고 믿었다. 자신의 문화를 경멸하고 서구를 높이 평가하면서, 백인 사회에서 인정받을 수 있도록 고군분투하면서, 식민지인은 열등감과 우울증에 시달리게 된다는 것이다.

파농이 식민지인의 서구 문화 수용을 백인 되기나 자멸의 문제로 보았던 것에 비해, 바바(Homi Bhabha)는 '흉내(mimicry)'라는 개념을 통해 제국과 식민지인 사이의 복잡한 관계에 대해 더욱 섬세한 분석을 시도한다. 식민지인은 제국을 모방하지만, 결국은 다른 어떤 것을 생산해낸다는 것이다. 이런 제국 흉내 내기는 그래서 제국에 대한 숭배만이 아니라 조롱과 위협을 포함하는 다양한 스펙트럼을 가진 것이 된다. 인도 작가 차터지(Chatterjee)는 제3세계의 민족해방운동은 서구의 자유주의나 마르크스

'백인의 책무'로서 가장 먼저 해야 할 일이 '깨끗함'을 가르치는 것이라는 내용의 비누 광고

키플링이 지은 시의 제목에서 시작된 "백인의 책무"라는 말에는 백인이 다른 문화를 문명화시킬 의무가 있다는 사고방식이 자리하고 있다.

주의의 영향을 받은 것임을 지적한다. 서구의 지배에서 벗어나려는 민족주의 운동 역시, 바바의 표현을 빌리면 제국을 '흉내' 내는 행위의 일종인 셈이다. 결국 이들이 던지는 문제 제기의 하나는 제국과 식민, 서구와 비서구가 분명히 구분될 수 있는 것인가 하는 점이다. 이런 문제 제기는 제국주의 시대를 거치면서 수많은 인구가 제국과 식민, 서구와 비서구 사회를 넘나들었던 역사적 과정을 배경으로 한 것이다.

6   제국주의의 유산

제국주의 시대에는 이데올로기적으로 제국과 식민지 사이에 경계를 높이는 이분법이 만연했지만 사회적·인구적 측면에서 보면 두 세계 사이의 경계를 넘나드는 이주가 크게 증대했던 시기이다.

본격적인 제국주의 시대가 전개되기 전에도 유럽의 노예무역 상인 등이 주도한 대규모의 인구 이동이 있었다. 16세기부터 19세기까지 유럽인이 아메리카 등 다른 대륙으로 판매한 아프리카인이 약 1,500만 명에 달했다. 또한 유럽인도 북미 대륙과 오스트레일리아 등을 비롯해 세계 여러 곳으로 이주해 정착식민지를 건설했다. 일찍이 1652년 네덜란드인은 아프리카 남단에 정착식민지를 세우고, 스스로를 '아프리카너(Afrikaner)'라고 하면서, 아프리카 대륙의 새 주인이라고 자처했다. 영국과 프랑스는 기결수를 식민지로 보내는 정책을 시행하기도 했는데, 특히 오스트레일리아는 처음부터 그런 목적으로 식민화가 진행되었다.

유럽과 미국에서 다른 대륙으로 처음 진출했던 이들은 탐험가와 선교사이다. 프랑스는 17세기부터 지금의 베트남, 라오스, 캄보디아가 있는 인도차이나반도로 선교사를 보내 가톨릭을 전파했다. 그런데 이곳에서 프랑스 기독교인들이 살해당하자 1858년 나폴레옹 3세는 이를 구실로 군대를 파견했다. 지역 주민은 거세게 저항했다. 오랫동안 치열한 전쟁을 치른 끝에 프랑스는 이 지역을 보호령으로 삼을 수 있었다. 이런 과정은 세계 여러 곳에서 되풀이되었다. 영국의 극작가 버나드 쇼는 이를 이렇게 풍자했다. "영국은 자유와 국가 독립의 위대한 예찬자들로서, 전 세계의 반을 점령하고 그것을 식민화라고 불렀다. 맨체스터의 품질 나쁜 상품을 팔기 위해 새 시장이 필요하면 영국인은 선교사를 파견해 원주민에게 평화의 복음을 전파한다. 원주민은 선교사를 죽인다. 영국인은 기독교를 방어하기 위해 무력을 사용해 점령한다. 그리고 시장을 획득한다. 그의 표어는 항상 의무이다." 식민지는 제국의 상인, 관료, 군인 등이 계층 상승을 할 수 있는 큰 기회이기도 했다. 많은 이들이 제국에서 식민지로, 식민지에서 제국으로 넘나들면서 개인으로는 지리적으로나 사회적·심리적으로나 경계에 서게 되는 경우가 많아졌다.

산업화와 제국주의가 남긴 큰 유산 중 하나는 세계적 차원의 네트워크가 여러 면에서 크게 강화되었다는 점이다. 전 세계에 식민지를 개척하고 건설하는 과정은 세계지도를 완성해가는 과정이기도 했다. 이와 함께 병행된 증기선과 철도의 발전으로 세계는 공간적으로 이전 시기보다 훨씬 가까워지고 익숙해졌다. 또한 영국의 그리니치 천문대를 축으로 한 표준시가 19세기 중반에 만들어진 이래 19세기 말까지 미국을 비롯한 서구 여러 나라들이 이를 받아들였고, 20세기에는 거의 전 세계가 이를 기준으로 자신의 경도에 따른 시간을 정해 사용하고 있다.

제국주의 시대를 거치면서 세계적으로 확산된 것은 시공간에 대한 기준과 지식만은 아니었다. 서구의 헤어스타일과 의상, 건축 방식은 전 세계 도시를 중심으로 급속하게 전파되면서 세계인의 의식주 생활을 크게 바꾸어놓았다. 그뿐 아니라 민족주의, 민주주의, 인권 등 정치·사회 제도와 사상도 세계적으로 널리 전파되고 공유되었다.

제국주의 시대가 역사에 남긴 큰 상처는 무력으로 정복(당)하고 지배(당)한 경험이었다. 그 이전의 역사 또한 힘에 의한 지배가 횡행하기는 했지만 식민화를 위한 혹은 식민지 경쟁을 위한 전쟁이 빈번하고 치열하게 전개되던 제국주의 시대는 군사력 행사를 통한 지배가 어느 때보다 노골적이면서 절정에 달했던 시기였다. 이런 무력행사는 문명화의 기치 아래 이루어졌다. 문명화의 가장 중요한 척도가 강한 군사력이 된 셈이다. 일찍이 파농이 간파했던 것처럼, 군사력 그리고 그것을 뒷받침해주는 기술과 경제력에 대한 선망이 제국주의 시대의 정서를 크게 지배하고 있었다.

21

이주의 물결과 이동의 확대

이경일

1 이주와 정주: 관점의 전환과 확장

이제까지의 역사 서술은 대체로 사람들이 한 장소에 붙박이처럼 살아왔다는 점을 은연중에 전제로 한다. 이런 전제는 농업혁명을 경계로 인류사를 이주의 시대와 정주의 시대로 편의적으로 구분해서 이해하려는 시각과 결부되어 있다. 크게 보아, 인류가 수렵과 채집을 중심으로 생계를 꾸리던 선사시대에는 끊임없이 이동 생활을 했던 반면, 농업과 목축을 기반으로 생산 활동을 하면서 한 곳에 정착하기 시작한 것은 주지의 사실이다. 또한 인류가 정착의 단계에 접어들면서 지식과 산물의 축적을 통해 문명을 꽃피웠다는 점에서, 농업혁명이 인류사의 더할 나위 없이 중요한 전환점이라는 것도 당연하게 인정해야 한다.

이렇듯 농업혁명은 정주의 시작을 알린다는 의미에서 그 중요성이 부각될 수 있는데, 많은 이들은 농업혁명 이후를 정주의 완결, 즉 인구 집단의 지리적 고정으로 단순화시켜 이해해왔다. 하지만 실제로는, 정주 경향은 농업혁명 이후에도 수없는 이주의 사례들과 번갈아서 혹은 동시적으로 커져갔다. 애초에 촌락 단위의 씨족 집단에서 출발한 공동체들은 자연 증가와 정착민 증가로 공동생활을 하는 인구 규모가 늘어나면서 두 가지의 필요에 끊임없이 직면했다. 하나는 확대된 공동체에 일정한 정체성을 부여하는 것으로, 이는 정착한 지리적 공간의 정체성과 점점 연관성을 갖게 되었다. 다른 하나는 인구압과 생계의 필요에 따라 새로운 영토를 찾아서 팽창하거나 이동하는 일이 계속되었다. 이렇게 본다면, 이주와 정주는 교류와 전쟁, 평화로 점철된 이제까지의 인류사에서 지속적으로 반복되어온 현상들이다.

결과적으로 살아 남은 집단은 애초의 작은 단위의 장소에서 흔히 말하는 도시, 지방, 국가 단위로 발전하게 되었다. 주류 종족 집단은 확장된 혹은 정복한 지리적 공간의 공통적 정체성을 강조해왔으며, 역사 서술에서도 그런 공통된 지리적 정체성을 강조하는 전통이 뿌리내리게 되었다. 특히나 19세기 이래 국민국가를 기본적인 구분선으로 하는 국가 단위의 정체성이 강화되면서 영국사, 한국사, 중국사 등과 같은 일국사적 서술 경향이 현재까지도 이어지고 있다. 일국사적인 접근은 오늘날의 세계를 이해하고 현재적 정체성의 기원을 재확인한다는 측면에서 많은 가치와 장점들을 지니고 있다.

하지만 동시에 일국사적 서술은 대상이 되는 공간을 미리 구분하는 탓에, 국민국가가 등장하기 이전의 유동성이나 국가보다 작은 단위 내지 초국가적 단위에서 일어나는 현상을 파악하는 데는 어려움을 안고 있다. 국가라는, 정착을 염두에 둔 일정한 공간은 안정성 내지 고정성이라는 관점을 전제하는 탓에, 특히 국가 간 체제가 등장하는 17세기 중반 이전의 혼돈된 유럽을 특징 짓는 유동성과 불안정성을 파악하는 데 한계를 지닌다. 불안정성은 공간적으로 피난, 반란, 전쟁, 강제 이주 등의 인구 이동이라는 현상으로 나타나기 마련이며, 인구 이동이 영향을 미치는 경계는 국경과 무관한 미시적인 지역일 수도, 아니면 국경을 넘어서는 광범위한 영역일 수도 있기 때문이다. 이러한 까닭에 또한 국민의 범주에 들지 못한 노예, 포로 등의 강제적 이동이나 유대인, 집시 등 소수자들의 존재도 오랫동안 외면되었다.

최근 들어 어떤 사건이나 현상을 일국적 단위로는 결코 설명할 수 없게 된 세계화라는 새로운 현실 앞에서 초국적인 접근이 주목받게 되었다. 그와 더불어 교통과 통신의 눈부신 발전에 힘입어 국경을 넘나드는 빈번한 인구 이동이 일상화되면서, 이주가 인류사에서 예외적이 아닌 정상적인 현상일 수 있다는 문제의식도 생겨났다. 그런 점에서 인류사를 '정주=지속/안정'이라는 측면 외에 이제껏 소홀히 해온 '이주=변화/불안정'이라는 시각에서 역사적으로 추적하려는 움직임이 생겨났다. 기존의 역사 서술에 비교해서 이런 관점의 전환은 아직은 초보 단계에 머물고 있지만, 이동하는 인간들에 주목할수록 역사 해석의 폭과 깊이는 훨씬 더 확장될 것이다.

2. 본격적인 산업화 이전의 인구 이동

세계화의 흐름 속에서 이주에 대한 관심이 높아가는 가운데, 이주를 정의하는 방식은 대체로 국가의 지리적 경계를 기준으로 삼고 있다. 다시 말해서 많은 사람들이 이주를 국경을 넘나드는 행위에 한정함으로써, 국가/탈국가라는 이분법적 틀을 받아들이고 있다. 이런 이해 방식은 19세기 이후 산업화와 더불어 대규모 이주가 본격화되었고 당시 이주의 주된 유형이 국경을 넘어선 국제적 이주였다는 점에서 꽤나 타당하다. 하지만 산업화 시기의 초국적 이주에 대한 지나친 강조는 한편으로는 같은 시기의 국내 이주를, 다른 한편으로는 산업화 이전의 이주를 과소평가할 위험성이 있다. 그나마 국내 이주는 도시화와 관련해서 언급될 여지가 있다고 한다면, 산업화 이전의 인구 이동은 오랫동안 전근대/근대라는 또 다른 이분법 속에서 소홀히 다루어졌다.

그런 점에서 이 장에서는 이주 현상이 상존해온 사실임을 확인하고 동시에 이주 거리, 즉 이주 공간의 확대라는 측면에서 유럽사의 전개 과정을 설명하고자 한다. 이주 공간은 시간이 갈수록 지방 내 이주, 지방 간 이주, 국가 간 이주, 대서양 간 이주라는 형태로 확대·발전할 것이었다. 그런데 이런 공간적 확대가 나타난 배경에는 도시 인구가 농촌인구를 압도하는 19세기 말 이전까지 농촌인구의 이동이 늘 중심에 존재했다. 따라서 농촌인구가 어디로 어떻게 이주하는가를 중심으로 20세기 이전의 이주 거리와 유형의 변화를 이해하려는 시각이 시간에 따른 이주 현상의 발전을 풍부하게 설명해줄 것이다. 한편 제1차 세계대전 이후 국가의 역할이 증대되면서부터는 국경을 기준선으로 하는 국가 간 이주가 새로운 중심축을 형성하게 될 것이다.

유럽사에서 이주의 사례를 꼽아보는 것은 어려운 일은 아니다. 오리엔트 문명의 영향을 차치하더라도, 그리스인들은 지중해와 흑해 연안에 이주해 수

많은 식민 도시들을 건설하며 문명을 전파했다. 알렉산드로스 대왕의 원정은 짧은 지속 기간에도 불구하고 이후에 유라시아 대륙 간의 장기적인 자발적/비자발적 이동과 교류를 촉발한 사건이었다. 로마가 제국으로 팽창하는 과정은 로마인들뿐만 아니라 속주민의 활발하고 광범위한 이주를 촉진했다. 제국의 기반 시설인 도로, 도시, 수도교 등의 건설을 비롯해 전쟁, 교역, 기독교 전파 등은 군인과 관리, 상인에서부터 포로와 노예, 선교사에 이르기까지 다양한 범주의 사람들이 이동하는 계기였다. 로마 제국의 몰락 과정과 그 이후에도 이주는 유럽사에 지대한 영향을 끼쳤다. 게르만족의 이동에 뒤이은 슬라브족의 이동, 마자르족과 바이킹의 이동, 이슬람 세력의 팽창 등은 4세기부터 11세기 초까지 인구와 정치 질서라는 측면에서 유럽 대륙을 급격히 변화시킨 일련의 대사건들이었다.

이렇듯 격동의 시기를 거치고 차츰 안정기에 접어든 중세 성기의 유럽에서도 이주의 사례들은 끊이지 않았다. 가령, 11세기 말부터 2세기 동안 진행된 십자군 원정을 들 수 있다. 직접 참여한 군인의 수로 본다면 인구 이동의 규모는 크지 않았지만, 십자군 원정은 부수적으로 비잔티움 제국과 이슬람 세계와의 교류, 그로 인한 봉건 유럽의 변화라는 지속적이고 심대한 영향을 낳았다. 또한 13세기 이후 몽고 제국의 등장은 실크로드를 통한 저 멀리의 동아시아 세계와의 꾸준한 교류를 가능하게 했다. 그런 점에서, 비록 완전히 하나의 교역 가능한 세계는 아니었지만, 유라시아가 13세기경에 이미 느슨한 세계 체제를 구성했다는 주장은 귀 기울일 만하다. 이렇듯 중세 유럽이 외부 세계와 극히 제한적으로 접촉했다는 전통적인 견해는 시간이 갈수록 수정되고 있다.

하지만 이런 성과에도 이주와 관련된 사료의 빈약함 탓에, 근대 이전의 이주에 관한 세부적인 모습을 제시하기는 여전히 여의치 않다. 특히 유럽 내부의 인구 이동에 관해서는, 조각이 부족한 퍼즐 맞추기라는 인상을 주기 쉬우며 전반적으로 인구 이동의 제한적인 모습만을 확인할 수 있을 뿐이다. 일반인들의 끊이지 않는 여행이라고 해봐야 목로주점이나 여인숙에 대한 기록 등에서 궁정이나 부자들의 저택을 오가는 사치품 수공업자, 지방으로 파견되는 관리, 도시를 돌아다니는 행상 등의 흔적을 찾아내는 정도이다. 그나마 직인들의 편력 기록은 특정 집단의 규칙적인 이동이 존재했음을 알려주며 이를 통해 도시 내 길드의 인구 변화를 추측할 수 있게 해준다.

일부 직종에 한정되었던 중세의 이주 유형과는 달리, 16세기 이래 이른바 '근대'는 더욱 활발한 인구 이동을 특징으로 한다. 이런 이주의 활성화는 인구 증가와 장원제의 변화 또는 해체를 그 배경에 두었다. 유럽은 흑사병, 농민반란 등의 피해를 딛고 인구를 회복했다. 또한 주로 서유럽에 국한되기는 했지만, 농민들은 농노제의 굴레를 벗어나 이동의 자유와 토지 보유의 자유를 확대했다. 14세기와 비교해서, 이런 두 가지 변화는 도시의 발전이라는 주목할 만한 현상으로 나타났다. 특히 파리, 런던, 암스테르담과 같은 일부 대도시와 대서양 연안 항구들의 발전이 두드러졌는데, 여기에는 농촌으로부터의 인구 유입이 주된 원인이었다.

도시의 발전, 특히 대서양 연안 도시들의 발전을 이끌어낸 직접적인 계기는 포르투갈과 에스파냐를 필두로 한 해외 팽창이었다. 콜럼버스의 '신대륙' 발견과 이후의 식민지 지배가 가장 주목할 만한데, 군인, 성직자, 관리, 선원, 농부 등을 비롯한 많은 사람들이 이 경로를 통해 이주했다. 최근 한 연구에 따르면, 16세기에만 24만 3,000명이 그리고 17세기 전반에는 19만 5,000명이 에스파냐를 떠나 신대륙으로 향했다. 이들은 대부분 에스파냐인이었지만, 상당수의 외국인도 이 흐름에 동참했다. 북해 연안 지역의 경우, 라틴아메리카 식민지에서 들여온 물자들의 종착지로서 교역 중심지인 안트베르펜, 그리고 네덜란드가 에스파냐로부터 독립한 이후에는 암스테르담이 해외 팽창의 전진기지였

편력을 떠나는 직인들(18세기)

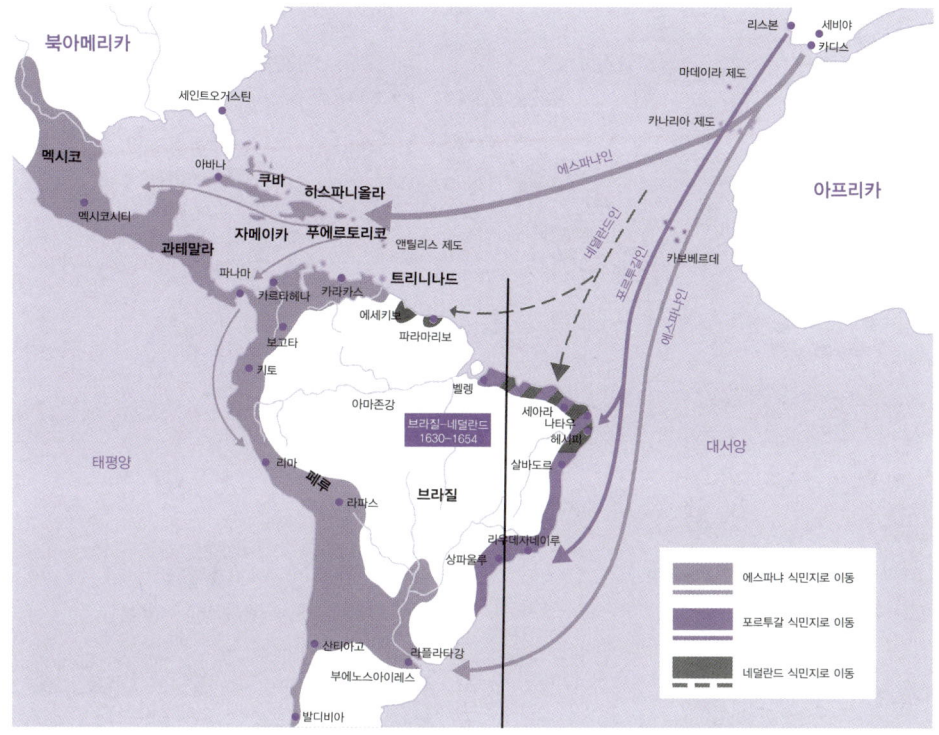

유럽에서 아메리카로 이주(1550-1650)

는데, 식민지 개척에 필요한 일용 노동자들을 광범위한 농촌 배후지에서 온 이주자들로 충원했다. 16세기부터 19세기 초반까지 200만 명에서 300만 명에 이르는 사람들이 에스파냐에서 라틴아메리카와 서인도 제도에 정착했으며, 100만 명에 이르는 사람들이 포르투갈에서 브라질로 건너갔다. 이처럼 새로운 무역 거점 도시들에서 나타난, 이주민을 중심으로 한 인구 증가는 이 시기에 이미 대서양 횡단을 아우르는 국제적 이주 시스템이 등장했음을 의미했다.

한편 이 시기 유럽 내부의 이주로는 예외적이지만 중요하게는 종교적 갈등으로 인한 인구 이동을 들 수 있다. 먼저 에스파냐를 기점으로 시작된 유대인 축출이 거의 한 세기 동안 유럽 전역에 걸쳐 진행되었는데, 쫓겨난 많은 유대인들은 폴란드와 리투아니아 등 동유럽에서 새로운 정착지를 마련했다. 신·구교 사이의 갈등도 많은 이주민을 양산했다. 가령 1630년대 영국에서는 많은 사람들이 신대륙으로 떠났으며, 프랑스에서는 루이 14세의 위그노 탄압으로 14-16

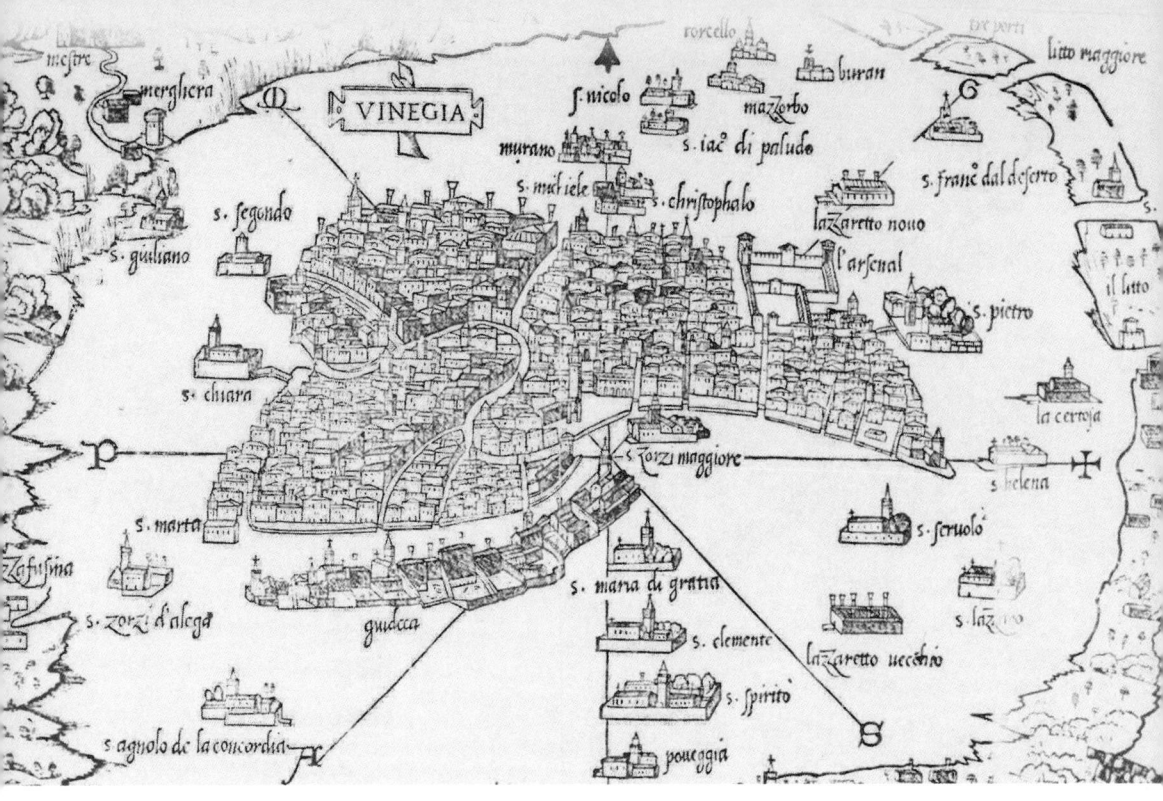

국제적인 교역·이주 도시 베네치아의 16세기 말 지도

만 명의 사람들이 네덜란드를 비롯한 다른 나라로 이주했다. 1600년 이후 종교전쟁 또한 유럽의 문화와 정치 변화뿐 아니라 이주를 촉진하는 요인이었다. 특히 독일인들은 30년 전쟁 동안 고향 땅에서 뿌리 뽑혀 대규모로 떠돌아다니는 처지에 놓였다. 이런 유랑 경험을 계기로 이들은 19세기 후반에 독일 통일이 이루어질 때까지 줄기차게 계절노동자뿐 아니라 신대륙 이주민 등 광범위한 이주민의 원천을 제공했다.

이처럼 신대륙으로의 이주든, 종교적 갈등에 따른 이주든, 새로운 이주민의 주요 공급원은 인구의 대다수가 거주하는 농촌이었다. 줄곧 성장하는 근대 초의 도시는 하인, 도제, 잠시 거쳐 가는 노동자뿐 아니라 부르주아, 상인 등의 새로운 노동력을 필요로 했다. 하지만 도시는, 전쟁과 흑사병 등의 사례에서 알 수 있듯이, 높은 사망률 탓에 이주민의 지속적인 유입 없이는 인력 공급은커녕 기존 인구를 유지하기도 어려웠기 때문에 이주자의 절대다수를 차지하는 농촌 출신이 매우 중요했다. 한편 이 시기의 농촌 내부에서도 인구 이동이 드물었다는 이제까지의 인상과는 달리 실제로는 상당한 지방 내 인구 이동률을 보였다. 빈번한 이주는 주로 남자들에게 해당했는데, 대체로 일시적인 돈벌이를 위해서 마을을 떠나 농장과 가내 하인으로 일하는 경우가 많았다. 반면에 이주 경향이 덜했던 여성의 경우, 같은 교구 내 인근 마을로 시집가 영구 이주하는 사례가 많았다.

이렇게 근대 초에 형성된 원거리 이주와 지방 내 이동이라는 두 흐름은 오랫동안 지속되었으며 시간이 갈수록 빈번하게 교차하면서 일관된 체계를 형성해간다. 가령 부수입을 얻기 위해 계절적 이주나 도시의 일자리를 찾아나서는 흐름이 증가해갔는데, 농업 노동자, 부두 짐꾼뿐 아니라 숯장수, 행상, 벽돌공, 석공 등의 한시적 이주자들이 여기에 해당한다. 그렇게 본다면, 농촌 출신의 도시 인구 충원이라는 구조 또한 변함이 없었고, 많은 도시들에서 도시민의 절반가량이 늘 새로운 유입자로 채워지면서 구성원을 물갈이했다. 이런 이주는 장기적으로 주기적 이주로 확대·발전했으며 일부 지역에서는 관계망에 근거한 이주 패턴이 확산되었다. 실제로 이주 출발지와 도착지를 일련의 선으로 이어보면, 대체로 궁핍한 산악 지방과 인구밀도가 높은 비옥한 평야가 쌍을 이룬다. 루카센의 연구에 따르면, 아일랜드, 피레네산맥, 중유럽 고지대, 알프스산맥, 포강 유역 등을 포함하는 일곱 개의 유럽 내 이주 체계가 근대 초부터 이어졌다.

한편 영국과 유럽 대륙 일부에서는 1660년대부터, 다른 지역에서는 18세기에 들어서 농촌에 기반을 둔 원산업화가 확산되었다. 이 새로운 현상은 모직물 매뉴팩처, 아마포 생산, 면직물 산업 등 주로 직물업을 중심으로 영국의 중부 지방과 런던 주변, 벨기에·프랑스 대서양 연안에서 네덜란드에 이르는 해안 지방, 프랑스 리옹 주변, 이탈리아 북부, 독일 남부 등 곳곳에서 급속히 발달했다. 이런 농촌 공업의 발달은 농촌 내부의 장기 이주를 촉발하는 동시에 결과적으로는 도시로의 이주를 가속화시켰다. 18세기 이래 인구가 급증하면서 토지 보유만으로는 가족을 부양하기 어려워지자, 토지를 소유하지 못한 사람들이 이주하는 비율이 증가했다. 특히 경작지를 목축지로 전환한 인클로저 운동이 확산되었던 영국의 경우, 농지에서 쫓겨난 소농들이 대규모의 무산자 대중을 형성했다. 이 상황에서 농촌 공업은 농촌에 돈벌이 기회를 제공하면서 새로운 계절적 이주를 창출했으며 나중에는 촌락이 노동자를 끌어들여 거의 정주하게끔 만들었다. 이처럼 농촌 공업은 지방 내 이주를 원거리, 장기 이주로 변모시키는 한편으로, 농촌을 산업적 농촌과 농업적 농촌으로 분화시키고 농민들을 임금노동에 의존하게 만듦으로써 결과적으로 농민층의 감소와 프롤레타리아화를 촉진했다.

유럽 내부의 혹은 유럽에서 출발한 이주는 아니지만, 17세기 이후에 유럽과 관련된 주목할 만한 이주로는 노예의 강제 이주를 언급할 필요가 있다. 특히 17세기 후반부터 19세기 중엽까지 신대륙의 플랜테이션과 광산 개발이 활발해지면서, 노예의 강제 이주는 이 시기 가장 대규모의 이주가 되었다. 노예노동에 의한 설탕, 담배, 커피, 면화, 귀금속의 생산은 에스파냐, 포르투갈, 네덜란드뿐 아니라 특히 18세기를 지배한 영국과 프랑스의 경제력을 강화하는 데 결정적인 역할을 했다. 대략 1,500만 명에 이르는 노예들이 주로 서아프리카에서 신대륙으로 강제 이주되었으며 그 밖에도 인도양과 지중해를 건너 이주한 노예들도 상당수였다. 한편 노예제가 종식되는 19세기 후반에는 중국, 인도, 일본으로부터 많은 부자유 계약 노동자들이 유입되어 이전의 플랜테이션과 광산, 철도 노동에서 기존의 노예들을 대체했다.

3 산업화와 도시화 그리고 이주

유럽 사회는 19세기 들어 이전과 비교할 수도 없을 만큼 많은 사람들의 대량 이주를 경험했다. 형태상으로 두 종류의 이주가 단연코 압도적이었는데, 하나는 농촌에서 도시로의, 특히 주요 도시로의 이주이며 다른 하나는 국경을 넘는, 나아가 대양을 건너는 이주이다. 이처럼 이전보다 원거리 이주의 증가가 두드러졌고 특히나 대양을 넘어선 이주가 대세를 이끈 점은 주목할 만하다. 원거리 이주 체계의 만개는 유럽뿐 아니라 북아메리카를 포함한 서구 전체에 확산된 산업화가 낳은 중요한 사회적 결과였다.

이런 대량 이주의 배경에는 두 가지 유인이 깔려 있었다. 우선 그리고 무엇보다 중요한 것은 인구 증가 추세로, '장기의 19세기' 동안 유럽의 인구 증가는 이전과 비교할 수 없을 정도였다. 1800년에 약 1억 8,500만이던 인구가 1850년에는 2억 6,600만 명, 1913년에는 4억 6,800만 명으로 급증했다. 55퍼센트의 증가율을 기록한 프랑스를 제외하고는 대부분의 나라들에서 인구가 두세 배 넘게 늘어났다. 여기에는 식량 생산의 증대뿐 아니라 사망률, 특히 결혼 연령기까지의 사망률 감소가 결정적인 역할을 했다. 생존자의 증가는 한정된 토지 자산의 부족을 가중시키며 농촌 내 토지 없는 노동자의 비중을 끌어올렸다.

둘째로 나폴레옹 전쟁을 제외한다면 전반적으로 평화로운 시기인 19세기 내내 그리고 제1차 세계대전 이전까지 자유방임주의적 분위기가 자유로운 이동을 조장했다. 국가가 이주를 통제하거나 개입하는 경우는 드물었지만 오히려 철도, 운하, 도로의 건설 등 국가의 대규모 건설 사업은 기존의 계절적 이주를 확대하고 개척하기도 했다. 독일, 이탈리아 등의 국민국가로의 통일은 지역 간 장벽을 해소하고 국내 이주를 촉진했다. 19세기 중반 이후의 제국주의 정책 역시 이주를 촉진한 중요 요인이었다.

먼저 도시로의 이주를 살펴보자. 18세기에는 농촌 공업의 발전에 따른 소읍의 성장이 특기할 만한 현상이었다면, 19세기에는 도시의 성장이 농촌의 성장을 압도하면서 도시화가 유럽인들의 생활에서 지배적 현실이 되었다. 1900년경이 되면 영국 인구의 절반이 2만 명 이상의 도시에 살게 되었고, 여기에는 못 미치지만 다른 나라들에서도 도시 인구의 성장이 속도를 더해갔다. 특히 수도를 비롯한 대도시와 공업도시에서의 인구 증가가 주목할 만하다. 가령 1750년에서 1850년, 1890년, 1910년 사이에 런던의 인구는 68만 명에서 232만 명, 560만 명, 730만 명으로, 베를린의 인구는 11만 명에서 45만 명, 160만 명, 210만 명으로, 상트페테르부르크의 인구는 14만 명, 50만 명, 100만 명에서 210만 명으로 증가했다. 공업도시의 경우, 1750년까지 5만 명 미만이던 맨체스터는 1850년에 41만 명, 1890년에 50만 명, 1910년에 71만 명으로 증가했으며, 1850년까지 10만 명 미만이던 뒤셀도르프의 인구는 1890년에서 1910년 사이에 14만 5,000명에서 35만 9,000명으로 증가했다.

이런 도시 인구 증가와 도시화에서 무엇보다 인구 이동의 역할이 중심적이었다. 젊은 농업 노동자, 농촌 수공업자, 젊은 여성들이 모두 집을 떠나게 되면서 이전부터 이어지던 이주 흐름은 한층 더 확대되고 확산되었다. 수도로서 흡입력이 특히 강력했던 파리는 자국 내 주요 도시로 향하는 이주에 관해서 풍부한 본보기를 제공한다. 19세기 초에 파리로 온 이주자들은 주로 프랑스 북부 지방 출신이었다. 하지만 세기말에는 전국 도처에서 이주자들이 몰려와서 이 도시 인구의 대부분을 차지했다. 이들 중 절반 이상은 공업에 종사했으며 두 번째로 큰 집단은 상업에 종사하는 사람들이었다. 이주자들은 주거지를 찾을 수 있는 변두리에, 특히 공장 주변의 동쪽 교외에 거주했다. 이들은 대개 높은 임금을 좇아 파리로 왔는데, 이들의 사회적 이동 가능성은 불확실했다. 가난한 이들 말고도 지방의 중간계급, 학생, 귀족, 정치인, 문화적 엘리트들도 각자의 기회를 위해서 수도로 몰려들었다. 이처럼 이주는 파리를 작은 프랑스로 만들었다. 그리고 파리의 사례는 유럽 주요 도시들에서 고스란히 재현되었다.

지방 인구의 유입에 힘입은 도시 인구의 증가는 자칫 이농이라는 희생을 대가로 한 도시의 일방적 승리라는 인상을 준다. 이런 단선적 설명이 장기적으로는 타당할 수 있을지언정, 도시화의 실상은 19세기 전반과 후반으로 나뉘어 굴곡진 모습을 띠었다. 무엇보다 유럽 나라들 대부분에서 19세기 전반까지는 전반적인 인구 증가가 도시화보다 더 급격하게 진행되어 양적으로는 농촌 인구가 오히려 증가했다. 따라서 영국을 예외로 한다면, 농촌 인구는 19세기 중엽에 정점에 달했으며, 농촌은 여러 차례 위기를 거치면서 변화에 굴복할 것이었다. 장기적으로 보면, 공업 발전이 더 광범위하게 도시화된 노동자 세력을 낳았지만, 그에 앞서 농촌의 위기가 이동 경향을 촉진했다. 농촌 공업과 환금 작물 중심의 농업이 발달하면서 농촌의 고용구조는 농업 노동자들에게 불리하게 바뀌어갔으며, 19세기 중엽 유럽에 덮친 곡물 흉작은 여기에 큰 충격을 더해주었다. 게다가 19세기 중엽 이후 수공업 위주의 농촌 공업이 기계제 생산과의 경쟁 속에서 몰락하면서 농촌 프롤레타리아들은 이주의 길에 오를 수밖에 없었다.

도시로의 이주 역시도 일사천리로 진행된 것은 아니었으며 실제로는 상당한 과도기가 존재했다. 계절적 노동과 일시적 이주의 지속이 그 증거로, 이주자들이 도시에 머무른 시간이 짧았음을 보여주는 많은 기록들을 볼 수 있다. 19세기 중엽 이전에는 그런 경향이 무척 강했다. 무엇보다 도시의 일자리가 고정적이기보다는 한시적 성격을 띤 경우가 많았기 때문이다. 가령 탄광과 직물업에서는 여전히 수력을 동력으로 이용한 경우가 많았는데, 갈수기는 수확기와 꼭 맞아떨어졌다. 도시의 건설업 또한 계절적 노동이었다. 대규모 운송체계 건설 사업, 특히 철도 건설은 현지 인력의 충원을 필요로 했다. 철도 체계의 건설은 도시의 시장을 위한 계절상품의 생산을 촉진했다는 점에서, 계절적 추수 노동자의 고용을 늘리는 결과를 가져오기도 했다. 따라서 19세기 중엽 이전에는 도시 이주민의 대부분이 주변 농촌 지역 주민들이었으며 이들에게는 여전히 일시적 이주가 결정적인 비중을 차지했다. 결국 사람들은 생각보다 훨씬 더 빈번하게 그리고 오랫동안 농촌과 도시를 오갔으며 단번에 도시에 매료된 경우는 흔치 않았다.

사실, 도시에는 많은 직업적 선택의 기회가 존재했지만, 낯선 환경에 적응하는 일은 수많은 어려움을 안겨주었다. 따라서 이런 난관을 극복하는 데 도움이 되기 위해서, 이주민들은 오히려 기존의 유대를 지속하려고 했다. 종종 한 마을 주민들이 같은 도시로 이동하곤 했는데, 거기에서 그들은 동향회나 직업적인 관계망을 만들어냈다. 특히나 혈족적 관계망은 이주민들에게 큰 도움이 되었다. 일반적으로 남성 가장이 먼저 이주한 뒤 부인과 아이들을 나중에 데려왔으며 더 나중에는 친척들을 데려오는 순서였다. 한편 새로운 환경에 잘 적응한 사람만큼이나 그렇지 못한 이주자들이 많았으며 일부는 고향으로 되돌아갔다. 이처럼 일자리와 주거 정보 등 현지 적응의 필요에서뿐 아니라 귀환 가능성을 염두에 두었기에, 이주민들은 고향과의 유대를 꾸준히 유지하려고 했으며 재산의 일부를 유지하거나 되도록 자주 고향을 방문하곤 했다.

이렇게 본다면, 19세기에 두드러지는 도시의 성장에서 이주민의 역할은 복합적이었다고 할 수 있다. 그들은 촌락과 소읍을 공업도시로 변화시키는 데 초기 추진력을 제공했다. 한데 이주 경로를 면밀히 조사한 연구들에 따르면, 도시로의 이주뿐 아니라 도시로부터의 이주 또한 도시 인구의 순증가를 훨씬 뛰어넘었다. 다시 말해서 이주민이 도시 성장에 기여했고 도시 인구 중 중요한 일부로 남기는 했지만, 이런 움직임은 더 큰 이동성의 일부였을 뿐이다. 결국 대규모의 이동이 도시화를 수반하기는 했지만 도시화의 유일한 원인은 아니었다. 왜냐하면 이전과는 달리 도시 내 사망률 감소가 도시 자체적으로 인구를 늘리는 데 적지 않은 역할을 했기 때문이다. 런던의 경우, 1852년과 1891년의 인구 증가 중 16퍼센트만이 이주에 기인한 것이었다면, 파리의 경우는 출생률이 낮은 반면 64퍼센트가 이주에 기인한 것이었다.

실제로 19세기 동안의 구체적인 이주 사례들을 살펴보면, 지역별로 매우 큰 차이를 보인다. 밀 경작 지역에서는 대농장과 자본주의적 농업이 확대되어 계절적 추수 노동자를 꾸준히 끌어들인 반면, 농민 생산이 존속했던 곳도 있었다. 대규모의 계절노동자들을 필요로 하는 사탕무 재배 지역은 오히려 19세기 후반이 되어서야 중요도가 커졌다면, 이주 부담이 적은 농촌 공업은 유럽 대륙의 많은 지역에서 철도의 등장으로 결정적인 타격을 받기는 했지만 제1차 세계대전까지 유지되었다. 반대로 맨체스터, 베르비에, 엘베펠트와 같은 초기 직물업 도시는 일찍부터 노동자들을 받아들였다. 한쪽에서는 특별한 자질의 노동력을 필요로 하는 중공업도시가 19세기 후반에 성장했다. 이주자의 성별과 관련해서는 여성들이 이전보다 원거리 이동에서 중요한 역할을 차지하게 된다. 그들은 이전보다 더 먼 곳에서 일자리를 찾았고 결혼했다. 젊은 여성은 특히 직물업 도시, 상업도시, 행정도시에서 두드러진 존재였다. 그뿐 아니라 집단적 농업 노동과 신대륙으로의 이주에서도 이들의 참여도가 높게 나타난다. 전반적으로 본다면, 급속한 인구 증가, 도시 자본의 성장, 농촌 매뉴팩처 및 농촌 고용의 쇠퇴, 도시 일자리의 확대가 지방 내 이주를 도시 지역으로의 주기적인 이주, 네트워크 이주로 바꾸어놓았다.

4 국제적 이주: 이동 범위의 확대

유럽의 19세기를 이주의 세기로 만든 원거리 이동 체계의 핵심은 국제적 이주이다. 특히 대양을 넘어선 아메리카로의 대량 이주는 그 압도적 비중과 비약적 양적 팽창, 충격의 강도 면에서 이전과는 비교할 수 없을 정도였다.

피에르 레옹이 추산한 바에 따르면, 1840년에서 1914년까지 족히 1억 명에 이르는 유럽인이 유럽 대륙을 떠났다. 이주했던 사람들 중 3분의 1가량이 되돌아왔다는 점을 감안해도, 대서양 간 이주자의 수는 4,500만 명을 웃도는 셈이다. 이런 이주의 움직임은 '장기의 19세기', 즉 나폴레옹 전쟁이 끝난 시점부터 제1차 세계대전 사이를 놓고 볼 때, 이주자의 수, 출신지, 각 집단의 특징 등을 고려하면 세 시기로 나뉜다.

우선 1815년부터 1840년까지는 대륙 간 이동이 주목할 만하지 않았는데, 이는 앞서 살펴본 도시로의 이주와 대체적인 흐름을 같이한다. 대서양 횡단 이주는 1840년대부터 본격화되어 1840-1880년에 1,100-1,200만 명이, 1880-1914년에 3,200만 명가량이 유럽을 떠났다. 더구나 이주의 물결은 점점 거세져서 1890년대에 600만 명 이상의 유럽인들이 해외로 움직였으며, 20세기의 첫 10년 동안에는 1,100만 명이, 제1차 세계대전 직전의 5년간은 거의 600만 명이 이동했다.

이처럼 대량의 대서양 횡단 이주가 일어난 이유로는 우선 대형 증기여객선의 도입으로 갈수록 저렴하고 정기적이며 안정된 운송이 가능해진 점을 들 수 있다. 실제로 유럽에서 뉴욕까지 3등 선실의 운임이 1870년에 40달러 수준에서 20세기 초에 20달러 선까지 떨어졌다. 하지만 더욱 중요한 것은 경제적 이유였다. 산업화가 진행된 유럽에서는 대규모의 잉여 농업 노동자가 생겨난 반면, 산업화의 초기 단계이거나 미처 시작되지 않은 미국과 라틴아메리카에서는 토지는 풍부하지만 노동력이 부족했다. 따라서 농촌의 변화로 대규모의 빈곤층이 생겨난 지역을 중심으로 많은 대륙 간 이주자들이 생겨났으며 여기에다가 흉작과 감자 위기가 결정적인 계기로 작용했다. 주요하게는 영국, 아일랜드, 독일, 이탈리아 출신의 이주민들이 원거리 이주를 감행했다.

하지만 대륙 간 이주를 단순히 잉여 인구의 압력이 낳은 막연한 결과로만 설명할 수는 없다. 대륙을 옮겨가는 위험 및 비용과 더불어 이주 행선지의 조건이 잠재적 이주자들에게 선택을 제약하는 역할을 했다. 유럽인들에게는 미국, 아르헨티나, 브라질, 캐나다, 남아프리카, 오스트레일리아와 뉴질랜드만이 자신의 대륙을 떠나게 할 만큼 충분히 매력적이었다. 가령 1896년의 불황 이후 미국 동부에서 비약적으로 발전한 산업은 새로운 땅에서 농부로 남기를 선호하는 남유럽과 동유럽의 농업 지역에서 온 많은 이주자들을 흡수했다. 미국 중서부의 농업은 독일과 스칸디나비아 출신의 초기 이주자들의 수중에 있었다. 이주한 농부들은 아르헨티나, 캐나다, 오스트레일리아와 뉴질랜드의 밀과 육류 공업, 브라질의 고무 및 커피 산업에서 더 많은 기회를 얻을 수 있었다.

이렇게 본다면, 모든 유럽인들이 똑같이 이주할 준비가 된 것은 아니었다는 점에서 이주의 원인과 결과에 관한 단순한 일반화는 위험하다. 서유럽의 산업화된 국가들은 매우 다양한 패턴의 이주를 경험했으며 나라마다 이주가 활발한 시기가 달랐다. 달리 말하면, 시기마다 중심적인 이주 국가들이 차이를 보였으며 행선지의 변화도 동시에 나타났다. 가령 1880년 이전의 대다수 이주자들은 북유럽과 서유럽 출신인 데 반해, 그 이후의 이주자들 다수는 남유럽과 동유럽, 특히 이탈리아 출신이었다. 19세기를 통틀어 영국과 아일랜드가 총 이주자의 3분의 1 이상을 제공했으며 그 이후에도 한참 동안 높은 비중을 유지한 데 비해서 독일인의 이주는 1900년 이후 감소했다. 주요 출발국과 행선지로 보자면, 대체로 영국인과 아일랜드인은 미국, 백인계 자치령, 카리브해로 이주했고, 독일인들은 미국 그리고 일부는 아르헨티나와 브라질로 이주했으며, 이탈리아인들은 미국과 라틴아메리카로 그리고 이베리아인들은 주로 라틴아메리카로 이주해갔다. 나머지 남유럽인과 동유럽인은 대다수가 미국으로 건너갔다. 한 가지 유념해야 할 사실은 아메리카로의 이주가 영구적이고 되돌릴 수 없는 선택이라고 말하기에는 너무도 많은 사람들이 되돌아왔다는 점이다. 미국으로의 이주자 중 1870년대에는 25퍼센트가, 1890년대에는 45퍼센트가 되돌아왔으며, 특히 이탈리아와 에스파냐 노동자들은 계절노동자로 이주하는 경우가 많았다.

대륙 간 이주의 개략적 특징을 시기별로 더 깊이 들여다보면 다음과 같다. 유럽에 평화가 도래하는 1815년경에 시작되어 1840년까지 이어지는 첫 번째 시기의 이주자들의 주요 출신지는 이베리아 지역을 제외하면 주로 대서양 연안에 위치한 잉글랜드와 스코틀랜드였다. 초기 이주자들의 규모는 매년 3만 명에서 시작해 1840년경에는 10만 명 정도에 이르렀는데, 특히 영국인이 19세기 중엽까지 꾸준히 80퍼센트의 압도적인 비중을 차지했다. 영국인 주도의 이주 흐름은 농업의 변화 및 산업화와 직결된 것으로, 이들 대부분은 농촌의 날품팔이꾼, 소작농, 인클로저 운동으로 땅을 잃은 소규모 자작농이었다. 또한 수공업자, 특히 방적공과 방직공도 끼어 있었는데, 이는 그들이 대규모 공장 생산 체계에 대항할 수 없었기 때문이다. 이들의 주요 이주지는 북미 대륙이며, 1820-1830년에 27만 명의 영국인들이 미국으로 건너갔다.

1840년부터 1880년에 이르는 두 번째 시기는 본격적인 대서양 간 이주가 진행되었다. 1846-1847년에는 매년 40-50만 명이, 그리고 1848년 이후에는 매년 30만 명이 유럽을 떠났으며, 특히 극심한 기근이 든 1848년에는 100만 명의 아일랜드인이 미국으로 이주했다. 따라서 1846년 이후에는 아일랜드 출신자의 숫자가 가장 많았고, 그 다음으로는 잉글랜드와 스코틀랜드였으며, 독일과 스칸디나비아가 뒤를 이었다. 아일랜드 이주자들 중에는 영국에 반대하는 민족주의 투사이거나 영국인 지주의 지배에 넌더리가 난 사람, 또는 지주에 의해 경작지에서 내쫓긴 사람들이 많았다. 특히 감자 병으로 인한 기근과 아일랜드 독립을 위한 무장봉기를 기화로 이들은 대거 짐을 싸서 대양을 건넜다. 한편 영국 제도를 출발한 이민 행렬은 절반 정도가 미국으로 향했고, 21퍼센트는 캐나다에, 15퍼센트는 오스트레일리아에 정착했다. 독일인의 이주는 규모는 컸지만 변동이 심했다. 1846년까지는 미미한 수를 기록했지만, 그 이후로 한동안 급증했다가 독일의 공업화가 절정에 이른 빌헬름 2세 시대에는 아주 낮은 수치로 떨어졌다. 특기할 점은 1830년과 1848-1850년의 혼란스러운 혁명기, 1880년대의 농업 위기와 농산물 가격 하락 시기 등에 독일 이주자의 수가 유독 증가했다는 사실이다. 이들은 1890년 이후에는 경제활동의 전초지인 신대륙으로 향했으며, 미국, 캐나다, 칠레, 우루과이가 주요 도착지였다.

1880-1914년에 걸치는 세 번째 기간에는 이주자의 숫자가 폭증하여 연평균 90만 명에 달했는데, 100만 명을 넘은 해도 몇 차례 있었다. 여전히 앵글로 색슨인이 다수였으나, 이탈리아인, 이베리아인, 그리스인과 같은 남유럽 출신과 우크라이나, 폴란드, 체코, 러시아, 오스트리아-헝가리의 유대인과 같은 동유럽 출신이 그 수를 앞서기 시작했다. 대부분은 특별한 기술도 재산도 없는 단순 노동자였으며, 적은 임금과 낮은 생활수준에 익숙해 있었다. 이탈리아 출신 이주자는 1880년 이전에는 극소수에 불과했지만, 이탈리아가 통일되면서 사유지가 급격히 불어난 남부 지역으로부터 수백만 명의 빈곤층이 이민 시장으로 내몰렸다. 1880년부터 12만 명이 미국, 아르헨티나, 브라질 등지로 떠났고, 1890년에는 22만 명, 1900년에는 35만 명, 1910년에는 65만 명, 1913년에는 87만 명이 대서양을 건넜다. 포르투갈과 에스파냐 이주민은 꾸준히 라틴아

감자 농사를 짓는 아일랜드인

유럽인들의
이주(1870-1914)

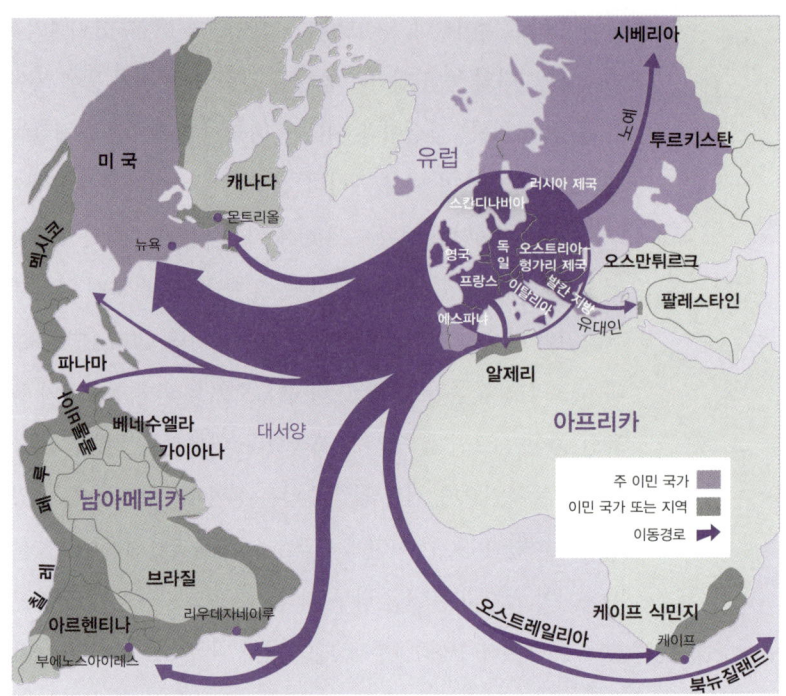

메리카의 이전 식민지들, 특히 아르헨티나와 브라질에 정착한 반면, 그리스 이주자 대부분은 미국으로 향했다. 동유럽 이주민은 주로 오스트리아-헝가리제국의 영향하에 있는 여러 민족이 잡다하게 뒤섞여 있었다. 이들 중 430만 명이 1875-1914년에 신대륙으로 떠나는 배에 올랐는데, 대부분이 가난한 농민이었지만 '정치적'인 이유로 떠나는 사람도 있었다. 그 밖에도 같은 시기에 약 260만 명의 폴란드인이 미국으로 이주했으며, 러시아 출신 이주민의 경우 실상은 주로 발트해 지역과 북동부 지방 출신의 유대인이었다.

19세기 유럽인의 이주에서 대서양 간 이주가 핵심적인 특징이기는 하지만, 유럽 내 국제 이주 역시 동시에 병행되었다는 점을 간과해서는 안 될 것이다. 유럽 내 국제 이주도 도시로의 이주, 대서양 간 이주와 같은 맥락에서 진행되었다는 점을 염두에 두어야 이 시기의 이주 흐름을 총체적으로 이해할 수 있다. 크게 보면, 영국을 비롯한 많은 서유럽인들이 빈곤한 삶을 벗어나기 위해 해외로 이주하자, 아일랜드, 이탈리아, 폴란드와 같은 주변 지역의 노동자들이 농업과 공업을 위한 대체 노동력으로 떠나간 빈 자리를 메웠다. 가령 1876-

1920년에 이주한 1,500만 명의 이탈리아인 중 절반에 가까운 680만 명이 유럽 내의 다른 나라로 향했다.

우선, 가장 먼저 공업화를 이룬 나라인 영국은 대서양 간 이주의 핵심 송출국이었지만 그와 동시에 대규모 노동 이민을 받아들인 첫 번째 나라였다. 영국에서 가장 가까운 식민지였던 아일랜드는 대체 노동력의 원천이었다. 아일랜드의 농촌 경제가 피폐해지고 국내 산업이 쇠퇴하자, 아일랜드인은 꾸준히 영국으로 건너와서, 웨일스와 스코틀랜드인이 해외로 이주함으로써 발생한 노동시장의 공백을 메웠다. 영국 내 아일랜드 인구는 1851년에 70만 명에 달했으며 이들은 공업도시, 특히 섬유 공장과 건설업에 집중되었다. 여기에 덧붙여, 19세기 말부터 동유럽계 유대인과 러시아계 유대인, 이탈리아인, 리투아니아인이 이주해왔다.

독일은 문서상으로는 프랑스만큼 높은 수준의 영구적 이주나 영주를 허용하지 않았다. 하지만 실제로는 외국인 노동자들이 독일 공업화에서 중요한 역할을 수행했는데, 이들은 주로 1880년부터 계절노동자로 이주해온 폴란드인들이었다. 19세기 중엽 이후에 발달한 루르의 중공업은 이들을 흡수했는데, 이들은 원래 동프로이센 대영지의 농업 노동자로 융커의 반(半)봉건적 억압을 피해서 열악한 탄광 노동을 선택했다. 여기에 이탈리아, 벨기에, 네덜란드 노동자도 추가로 가담했다. 1907년 당시 독일 제국 내 외국인 노동자 수는 95만 명에 달했으며 그중 30만 명은 농업에, 50만 명은 공업에, 15만 명은 상업과 운송업에 종사했다.

유럽 내 이주에서 가장 중요한 행선지는 프랑스였다. 이는 산업화 시기에 줄곧 노동력이 부족했던 프랑스의 특이한 상황에 기인한다. 프랑스는 다른 국가들에 비해 해외 이주의 규모가 상대적으로 작았으며 도시화의 정

이탈리아 이민선 광고

도도 느려서 농촌에서 도시로의 이주도 제한적이었다. 게다가 1860년 이후 출산율이 급격히 감소했으며, 농민, 소상인, 수공업자들이 산아제한을 행함으로써 다른 나라보다도 일찍 소가족이 출현했다. 따라서 근대 산업이 형성되고 노동계급이 구축되는 데 노동 이민이 중대한 역할을 했다. 프랑스 노동시장은 19세기 중엽 이래, 특히 1880년 이후 대공업 중심의 산업화를 이루면서 외국으로부터 이민자를 꾸준히 공급받았으며, 이들은 전체 노동계급의 10-15퍼센트를 차지해왔다. 프랑스의 외국인 수는 1851년에 38만 명이던 것이 1881년에는 100만 명으로 급증했고, 1911년에는 120만 명이 되었다. 그들 중 다수는 인접국 출신으로, 대부분 이탈리아, 벨기에, 독일, 스위스에서 왔다.

1815년에서 1914년까지를 이전과 비교한다면, 대부분의 지역에서 전체적으로 이동률이 증가했음은 분명하다. 양적 도약과 함께 원거리 이동의 확대라는 내용적 변화도 두드러졌다. 이런 변화를 통해 예전에는 별개로 존재하던 근거리 이주와 원거리의 국제 이주가 시간이 갈수록 도시라는 공간에서 교차하고 중첩되었다. 확대된 이동 경향은 여러 경계를 가로질러 고향과는 무관한 지방, 국가, 심지어 대륙 등의 영역에 속하게 되는 사람들의 비중이 증가했음을 의미한다. 결국 길을 떠난 사람들은 1914년에 이르면 한 세기 전과는 매우 다른 인구를 형성했다. 그것은 자유롭고 도시화한 프롤레타리아 중심의 인구였으며, 유럽의 노동력은 국경을 넘나드는 국제적인 노동력이 되었다.

추수하는 폴란드인 이주노동자 (20세기 초)

이처럼 '장기의 19세기'의 이주는 강제적 성격의 이주보다는 자발적 이주가 대세를 차지했다. 여기에는 100년간의 상대적 평화라는 국제 질서를 배경으로 유럽 내에 자유주의가 지속적으로 유지된 것이 큰 몫을 했다. 그런 가운데 사람들은 구애받지 않고 자유롭게 이주할 수 있는 자유를 보장받았으며 실제로 예전에는 상상할 수 없을 정도의 수가 이주했다. 이들은 산업화의 압력에 직면해 다른 곳에서 펼쳐질 더 나은 삶에 대한 희망 속에서 짐을 꾸리기만 하면 그만이었다.

5 1914년 이후의 이주

제1차 세계대전은 이주를 대하는 국가의 태도, 이주의 규모와 성격이라는 측면에서 중요한 변화의 계기였다. 무엇보다 그때껏 사람들의 자유로운 이동을 방조하는 자유방임주의가 주된 기조였다면, 제1차 세계대전을 고비로 국가의 간섭주의가 승리를 거두게 되었다.

사실 19세기 이전에 유럽 국가들은 접경 지역이나 변경의 회색지대를 어느 나라 땅인지 확연하게 구분하지 않았다. 하지만 점차 한 국가의 주권을 영토와 정확하게 일치시키려는 고정된 국경 개념이 등장했다. 더욱이 프랑스 혁명 이후 국민국가들은 국민의 주인의식을 고취하는 가운데 주민과 영토 사이의 긴밀한 관계, 즉 정주에 근거한 소속감을 강조했다. 또한 여권과 비자와 같이 이를 확인하는 장치들도 도입했는데, 집단적인 자아와 타자의 이런 구분을 토대로 국경을 넘는 행위에 간섭하면서 사람들의 이주 흐름을 통제하기 시작했다. 실제로 국경 통제의 현대적 형태는 19세기 말 미국에서 처음 선보였다. 1880년경에 이르면 시민권과 입국 심사에 관한 법이 통과되고 입국 절차와 규정이 까다로워졌다. 다른 한편으로 국제 긴장이 고조되고 전쟁 기운이 감돌자 이주자들은 옮겨온 땅에 대한 충성과 병역의 의무를 요구받기 시작했다. 다시 말해서 예전에는 타자였던 이주자들을 현재의 정착지에 동화시키려는 시도가 나타났다.

이주에 대한 국가 개입의 강화라는 흐름에 덧붙여서, 제1차 세계대전이라는 변수는 그 자체로 비자발적 이주라는 특징이 유럽에서 본격적으로 등장하는 계기였다. 전쟁 중에 영국을 비롯한 몇몇 나라들은 적국민을 강제수용소에 가두거나 추방했으며 이주민들에 대한 강압적 동화 노력도 시도되었다. 전쟁으로 노동력이 부족해지자, 독일은 '외국 국적 폴란드인' 노동자가 독일을 떠나지 못하게 했고, 프랑스는 북아프리카 등의 식민지에서 노동자와 군인을 모집하는 체계를 구축했다. 또한 종전 이후에는 베르사유 체제로 새로운 국경이 설정되면서 고향을 잃은 대규모 난민이 발생했다. 가령 폴란드인은 옛 러시아·오스트리아령 폴란드에서 신생 독립국 폴란드로 이주했으며 독일인도 서부 폴란드에서 바이마르 공화국으로 이주했다.

제1차 세계대전으로 인해 자발적 이주의 물결이 거의 중단되었으며 1918년 포연이 걷혔을 때에 상황은 이미 크게 변해 있었다. 여러 나라에서 민족주의적, 배타주의적 정치가 부상하기 시작했으며 이에 따라 이민에 대한 적대감이 증대하고 이주 제한 정책이 도입되어 전 세계적 이주 흐름이 둔화되었다. 가령 미국의 이민자 쿼터제 도입으로 이전과 같은 유럽인의 대서양 횡단 이주는 더 이상 불가능해졌다. 더욱이 종전 직후 유럽의 경제적 혼란과 1930년대의 전 세계적 경기 침체가 더해져서, 전간기 국제 이주의 규모는 크게 축소되었다. 그 결과, 제1차 세계대전 이후 대서양 간 이주의 형태가 크게 변화했다. 미국은 유럽에서의 이민을 대거 축소시키고 북동부의 산업 확장에 필요한 노동력을 확보하기 위해 멕시코 국경을 넘어온 비합법 노동자와 남부의 흑인과 백인 노동력을 활용하기 시작했다. 제1차 세계대전이 일어나기 직전 2년 동안 유럽에서 330만 명이 미국으로 이주했던 반면, 1920년대 중반에 이 수치는 연간 30만 명 수준으로 떨어졌고, 1930년대에는 1년에 10만 명 이하로 대폭 감소했다.

비자발적 이주의 확대라는 차원에서 보자면, 제1차 세계대전으로 인한 인구 이동은 제2차 세계대전에 비교하면 미미할 따름이었다. 제2차 세계대전 동안 엄청나게 많은 사람들이 독일군의 침공으로 피난을 떠났으며, 독일은 유대인을 비롯한 수백만 명을 주로 폴란드의 강제수용소로 몰아넣었다. 또한 전후에는 대규모의 난민이 비자발적 이주의 희생양이 되었다. 약 600만 명에 달하는 폴란드의 독일인이 독일로 돌아왔고, 400만 명의 독일인이 소련 점령지를 떠나 서독으로 넘어왔다. 폴란드의 국경이 다시 한번 서쪽으로 조정됨에 따라 동부 옛 폴란드 지역의 폴란드인 300만 명이 새 폴란드 땅으로 이주해왔다. 또한 체코슬로바키아에 살던 250만 명의 독일계가 오스트리아와 독일로 이주했다.

이처럼 양차 대전과 전간기는 비자발적 이주와 국가의 이주 통제가 이전의 자발적 이주를 압도하면서 이주의 규모를 축소시킨 시기였다. 하지만 이런 기조는 그 시대의 흐름일 뿐이며 제2차 세계대전 이후에는 다시금 이주의 물결이 넘실거리게 되었다. 이제는 국민국가 간의 확립된 경계와 세계화를 통한 국제 이주의 증가를 어떻게 조화할 것인가가 문제이다.

22

제1차 세계대전과 총력전의 세기

강창부

제1차 세계대전은 '세계전쟁'이자 '대전(大戰)'이었다. 그 이전 몇 세기 동안에도 세계의 도처에서 서로 싸워왔던 유럽의 열강들에게는 각 전쟁이 '대전' 그 자체였지만, 제1차 세계대전은 이전 전쟁들과는 양적·질적으로 차별화되는 전쟁이었다. 전쟁의 원인은 매우 복잡했고 전쟁은 전에 없이 대규모적이고 집약적으로 수행되었다. 동원된 인적·물적 자원의 규모는 미처 예측하지 못했을 정도로 방대했으며, 손실의 규모도 상상을 초월했다. 그것은 그야말로 '총력전(total war)'이었다. 전투원은 전선에서, 비전투원은 '후방전선(home front)'에서 국가의 총괄적인 전쟁 노력(war effort)에 동원되었다. 그런가 하면, 4년여의 전쟁 기간에 작전 수행의 방식은 심대하게 변화되었으며, 전쟁이 전후 국제관계와 전쟁을 경험한 사회에 미친 영향도 막대했다. 제1차 세계대전은 장기의 19세기에 종지부를 찍고 짧은 20세기를 여는 역사적 전환점이었다.

1 1914년의 유럽과 세계대전의 서막

'장기의 19세기' 후반의 유럽

'장기의 19세기(the long 19th century)'가 마침내 끝을 맺는 1914년, 유럽의 국제 정치적 지형은 전에 없이 불안정한 요소들을 많이 내포하고 있었다. 유럽의 주요 열강은 상충하는 다양한 제국주의적 야망을 견지하고 있었으며, 이는 또 서로에 대한 두려움을 확산시키고 있었다. 그러한 두려움은 집단 안보 체제의 형성을 촉진해 특정 열강 간의 군사적 충돌이 언제든지 세계대전으로 확대될 수 있는 가능성을 전에 없이 증대해놓았다. 19세기를 거치면서 강화된 민족주의도 유럽 세계 내에서 폭력적 대립의 가능성을 크게 증대시켰다. 그런가 하면, 19세기에 발전한 '사회적 다윈주의'는 '적자생존'과 '자연도태'의 자연적 원리를 인간 사회에도 적용하려는 지적(知的) 시도를 낳았으며, 이는 합리주의보다는 폭력이나 공격성에 대한 사회적 관심을 크게 불러일으켰다.

19세기 말에 유럽의 세력 균형에 심각한 변화를 가져온 사건은 1871년 독일의 통일이었다. 독일의 통일은 유럽의 중심부에 존재하는 약하고 분열된 독일을 가정하던 전통적인 유럽의 세력 균형에 근본적인 변화를 가져왔다. 통일 후 독일은 군사주의를 표방하고, 국가적 정체성을 강화하기 위한 정책들을 의식적으로 추진하기 시작했다. 이는 독일이 후발주자로서 제국주의 경쟁에 열성적으로 뛰어드는 배경이 되기도 했다. 그러나 이는 이미 광대한 식민 제국을 형성하고 있던 이웃 국가들의 이해관계에 위협을 가하는 것이었다. 특히 아프리카, 아시아, 오세아니아의 아직 점유되지 않은 영토들을 차지하려는 독일의 야심은 주요 열강 간의 긴장과 의심을 고조시켰다.

빌헬름 2세의 도전적인 '세계정책(Weltpolitik)'은 국제적인 긴장을 한층 더 격화시켰다. 그는 비잔티움과 바그다드 간의 철도 부설권을 따내고 이를 베를린과 연결하는 이른바 3B 정책을 강력하게 추진했다. 이는 유럽-발칸반도-중동을 아우르는 거대한 제국으로서 독일의 모습을 실현하려는 시도였다. 문제는 이러한 정책이 영국이 추진하던 이른바 3C 정책과 정면으로 충돌했다는 것이다. 영국은 1876년에 건설한 인도 제국의 중심지 캘커타와 '아프리카 종단 정책' 구현의 핵심 거점 이집트의 카이로, 남아프리카의 케이프타운을 삼각으로 연결하는 식민지 라인 형성에 심혈을 기울이고 있었다. 한편, 독일의 정책은 투르크와 지중해로 진출을 모색하던 러시아의 정책과도 정면으로 대립했다.

빌헬름 2세는 군비 확장 정책 또한 적극적으로 추진했다. 특히 1898년의 함대법 제정으로 본격화된 해군력 증강 프로그램은 영국에게 심각한 위협을 가했다. 함선의 총 톤수에서 영국 해군과 독일 해군 간의 격차는 1900년 3.7 대 1에서 1910년 2.3 대 1, 1914년에는 2.1 대 1로 좁혀졌다. 영국 해군은 자체적인 대규모 전력 증강 프로그램을 강력하게 추진함으로써 독일 해군에 대한 우위를 지속시키고자 했다. 1906년에 진수된 혁명적인 대(大)전함 드레드노트(Dreadnought) 호는 그러한 노력의 산물이었다. 이에 대해 독일 해군은 그에 필적하는 신형 대전함이나 구축함뿐 아니라 잠수함을 건조하는 일에도 박차를 가했다. 이러한 건함 경쟁은 영국으로 하여금 프랑스와 러시아와의 동맹 체제

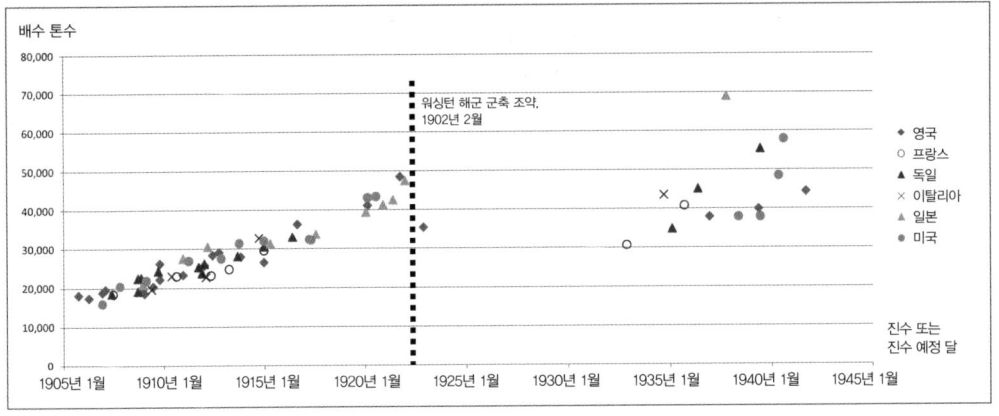

1905년 이후의
건함 경쟁

에 합류해 그 중심적 역할을 하도록 하는 데 결정적으로 기여했다. 그러나 이러한 군사주의가 영국이나 독일에만 국한된 현상은 아니었다. 유럽의 주요 열강 대부분이 전에 없는 수준으로 군사 대비 태세를 강화했으며, 이는 종국적인 파국을 예고하는 것이었다.

한편, 유럽의 주요 국가들은 1870년부터 본격적으로 구축되기 시작한 집단 안보 체제들의 망 속에 얽혀 있었다. 독일, 오스트리아, 러시아 간에는 '철혈재상' 비스마르크의 외교적 수완이 결실을 맺어 일찍이 1873년에 3제연맹이 결성되었다. 한때 러시아와 나머지 두 국가 간의 갈등 관계로 인해 심각하게 약화되기도 했지만, 이 동맹 체제는 러시아가 프랑스와 가까워지는 것을 경계했던 비스마르크의 노력으로 1881년에는 더욱 공식적인 관계로 발전되었다. 한편, 1882년에는 프랑스에 튀니지를 빼앗겨 독일과 오스트리아에 접근하던 이탈리아 간에 3국 동맹(Triple Alliance)이 결성되었다. 불가리아 문제로 1885-86년에 오스트리아와 러시아 간의 관계가 악화되면서 독일, 오스트리아, 러시아 간의 공식적인 집단 동맹 관계는 결국 와해되고 말았다. 그러나 다시 한번 비스마르크의 발 빠른 대응에 힘입어 1887년 독일과 러시아 간에는 은밀하게 재보장조약이 체결되었다.

그러나 비스마르크의 실각(失脚)과 그를 대신해 외교정책을 직접 지휘한 빌헬름 2세의 공격적인 외교정책으로 유럽의 국제 질서는 1890년 이후 심각한 위기를 맞았다. 1890년에 만료되는 재보장조약에 대해 러시아는 갱신을 강력히 요구했지만 빌헬름 2세는 이를 일관되게 거부했다. 유럽의 국제 질서 속에서 점점 더 고립감을 느끼게 된 러시아는 결국 1892년에 프랑스와 동맹 관계를 맺었다. 이는 비스마르크가 그토록 경계하던 상황이었다.

영국 또한 프랑스와 러시아 간의 동맹 관계에 합류했다. 19세기 말 이래로 영국은 외교적으로 '화려한 고립(splendid isolation)' 정책을 표방하면서 세력 균형의 상태가 유지되는 한 유럽 대륙에서 벌어지는 일련의 사건에 적극적으로 개입하는 것을 삼가왔다. 대신에 그들은 해외의 식민지나 자치령에서 자국의 이해관계를 증진하는 데 몰두했다. 그러나 강력한 통일독일의 등장과 독일의 오스트리아 및 이탈리아와의 동맹 결성, 그리고 무엇보다도 건함 경쟁으로 대표되는 독일의 적극적인 군비 확장은 영국으로 하여금 기존의 외교 노선을 수정해야 할 필요성을 절감하게 만들었다.

결국 영국의 고립주의는 아시아에서 러시아의 세력 확장에 맞서기 위해 1902년 일본과 동맹 관계를 체결하면서 결국 종식되었다. 이러한 변화는 분쟁 관계에 있던 유럽의 주요 열강들과의 관계 개선을 위한 노력으로 확대되어 1904년에는 영·불 협상(Entente Cordiale)이 결성되기에 이르렀다. 이로써 두 국가는 전쟁 직전까지 두 나라를 몰고 갔던 1898년의 파쇼다사건이 상징하는 것과 같은 오랜 분쟁적 관계에 종지부를 찍고 평화공존의 관계를 공식화할 수 있었다.

그런가 하면, 러시아가 러일전쟁에서 충격적 패배를 당한 뒤인 1907년에는 영·러 협상(Anglo-Russian Entente)이 체결되었다. 이는 독일의 증대하는 힘과 영향력에 대한 두 나라의 공통적인 두려움이 정치적 동맹 관계의 형성으로 표현된 것으로서, 이 또한 양국 간 기존의 갈등 관계에 종지부를 찍는 것이었다. 중요한 점은 이 협약이 이전에 맺어진 영·불협상과 더불어 영국, 프랑스, 러시아 간에 3국 협상(Triple Entente)이 결성되도록 하는 촉매의 역할을 했다는 점이었다.

그러나 전쟁 발발의 내재적 원인으로서 더 중요한 역할을 한 것은 열강들의 다양한 야심 자체보다는 그에 따른 두려움이었다. 프랑스인들은 프로이센-프랑스 전쟁으로 독일에 빼앗긴 알자스와 로렌을 회복하고자 안간힘을 쓰고 있었다. 아울러 그들은 이웃한 독일의 우세한 인구 수, 경제적 자원, 군사적 힘을 두려워했다. 오스트리아인들은 세르비아의 민족주의와 범슬라브주의가 가하는 위협이 다민족적인 자신들의 제국의 생존에 미칠 영향을 두려워했다. 독일인들은 가장 가깝고도 유일하게 믿을 수 있는 동맹국이던 오스트리아가 약화되거나 치욕을 당하는 것을 방관했을 때 자신들에게 가해질 수 있는 결과에 대해 두려워했다. 러시아인들은 세르비아에 대한 오스트리아의 위협이 슬라브인 종주국으로서 자신들의 위신과 권위에 가하게 될 부정적 영향에 대해 두려워했다. 반면에 영국은 경쟁 관계에 있는 국가들, 특히 대규모의 현대식 해군을 보유한 독일에 의해 저지대 국가들이 점령되는 것을 두려워했다. 그뿐 아니라 동맹 관계에 있는 프랑스와 러시아를 지지하지 않았을 경우 대영 제국의 장기적인 안보에 미칠 영향에 대해서도 두려워했다.

전쟁의 발발과 확대

전쟁 발발의 더 직접적인 원인은 발칸 지역에서 발생한 영토 분쟁이었다. 오스트리아와 러시아 및 세르비아는 이 지역에서 영토와 영향력을 확장하기 위해 치열하게 경쟁해왔다. 특히, 1908년 오스트리아가 보스니아와 헤르체고비나를 합병한 사건은 '보스니아 위기'를 불러왔으며, 이로써 오스트리아와 러시아 및 세르비아의 관계는 치명적으로 손상되었다.

그런 가운데 1914년 6월 28일 열병식에 참석할 목적으로 보스니아의 사라예보를 방문 중이던 오스트리아의 제위 계승자 페르디난트 대공 부부가 세르비아의 청년 프린치프에 의해 암살되는 사건이 발생했다. 프린치프는 혁명 조직인 '청년 보스니아(Young Bosnia)'에 연관되어 있었으며, 세르비아군 내의 비밀 군사 결사체인 흑수단(Black Hand)에 의해 조직된 암살자 중 하나였다. 이 사건은 '7월 위기'를 불러왔으며, 보스니아에 대한 세르비아의 간섭을 종식시키고자 했던 오스트리아는 독일과의 사

1914년 7월 2일 이탈리아 신문에 묘사된 페르디난트 대공 부부의 암살

전 협의 후에 암살에 세르비아 정부가 개입되어 있다는 결정적 증거가 없음에도 불구하고 세르비아에게 최후통첩을 보냈다. 세르비아가 오스트리아의 열 가지 요구 사항 중 음모에 가담한 이들에 대한 조사에 오스트리아의 대표단을 참여시키라는 요구를 거부함에 따라 7월 28일 오스트리아는 전쟁을 선언했다. 그에 앞서 독일의 황제 빌헬름 2세와 홀베크 재상은 오스트리아가 취하게 될 모든 행동을 지지할 것임을 공개적으로 선언했다. 이로써 보다 전면적인 전쟁으로 확대되는 연쇄적 과정이 시작되었다.

발칸 지역의 마지막 남은 동맹국이던 세르비아를 보호하기 위해 러시아는 7월 30일에 총동원령을 내렸다. 8월 1일 오후에는 독일과 프랑스가 동원령을 선포했고, 같은 날 저녁에 독일은 러시아에 전쟁을 선언했다. 영국의 애스퀴스 정부는 중립국 벨기에에 대한 독일의 침공이 임박한 8월 3일에 벨기에의 중립성을 지키기 위한 영국의 참전 의지를 공식화하고, 다음 날에는 실제 침공에 따라 독일과의 전쟁을 선언하기에 이르렀다. 이로써 이탈리아를 제외한 3국 협상과 3국 동맹의 모든 국가가 전쟁에 휘말리게 되었다. 내부적으로 사회주의자, 반전주의자, 공화주의자들의 강력한 요구에 직면해 있던 이탈리아는 '7월 위기' 동안 3국 동맹 국가 간에 의견 조율이 없었음을 구실로 8월 2일에 중립을 선언했다. 그러나 3국 협상 진영으로부터 재정적 지원과 전후의 영토적 보상을 약속받은 이탈리아는 1915년 5월에 연합국 측에 서 오스트리아군에 대한 대규모 공격을 감행하기에 이르렀다.

독일은 미리 마련한 전쟁계획인 '슐리펜 계획(Schlieffen Plan)'에 의거해 전쟁을 개시했다. 이는 1892년에 결성된 러시아와 프랑스 간의 동맹 관계에 대한 직접적인 대응책으로 나온 것으로서, 두 국가에 맞서 양면전쟁을 치르기 위한 비교적 구체적인 계획이었다. 독일은 러시아가 본격적으로 전쟁을 수행할 수 있게 되기까지 소요되는 기간을 6주로 가정하고, 그 기간 내에 중립국 벨기에를 관통하는 전략적 대우회(大迂廻) 기동을 통해 먼저 프랑스를 포위해 격파하려 했다. 반면에 독일의 침공에 대비한 프랑스의 '제17계획'은 정확한 표적이나 구체적인 시간대별 군사작전 계획 없이 가능한 몇 개의 공격 노선만을 규정한, 엉성하지만 유연한 계획이었다. 역설적이게도, 예상하지 못한 전황의 전개

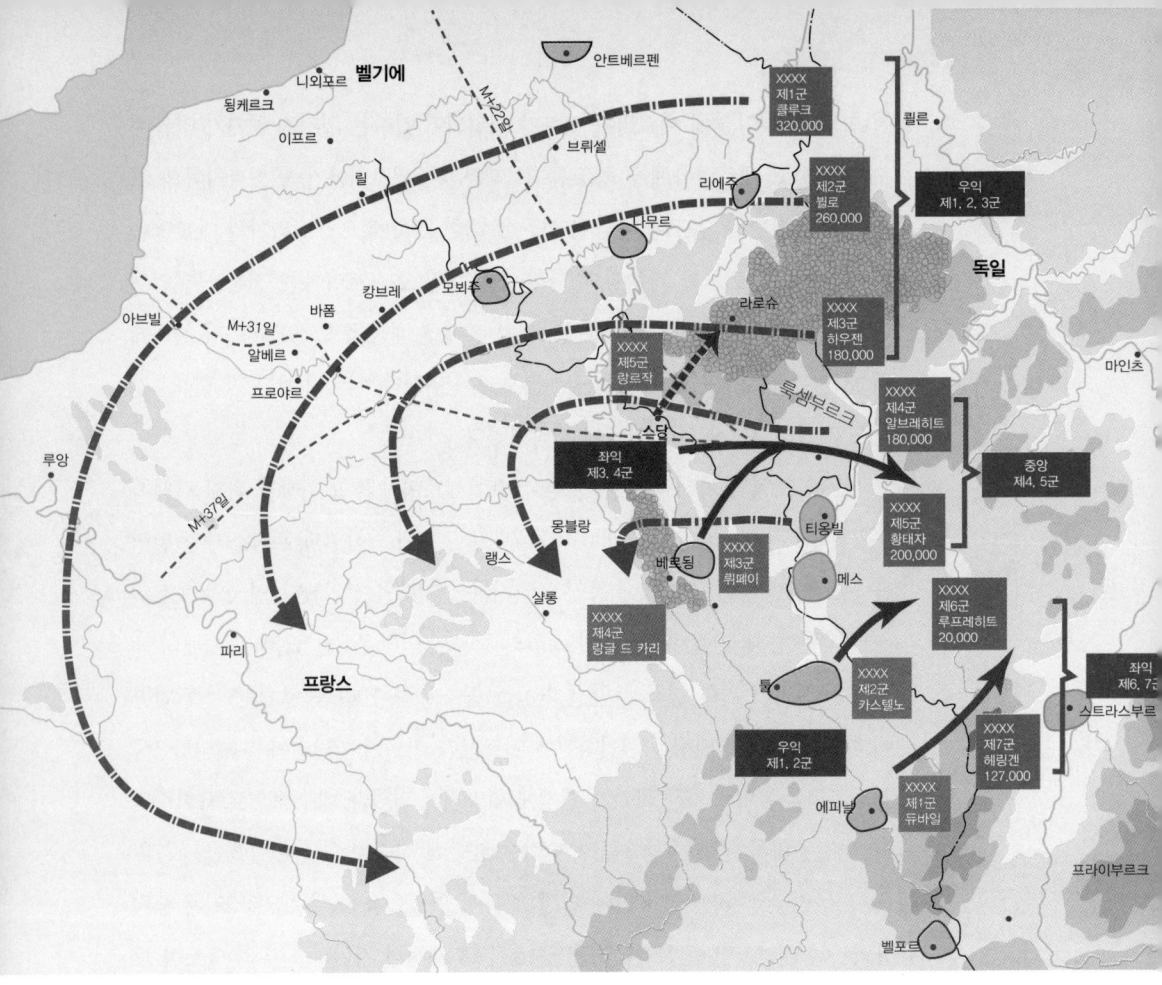

독일의 슐리펜 계획과 프랑스의 17계획

에 직면하여 프랑스가 전력 배치를 신속하게 재조정해 결국 독일의 공세를 저지할 수 있었던 요인들 중 하나는 바로 그들이 가진 전쟁 계획의 불완전성 또는 유연성이었다.

초기 전역(戰役)과 전선의 교착

독일군은 8월 2일에 룩셈부르크, 이틀 후에는 벨기에를 각각 침공함으로써 서부전선에서의 전쟁 수행을 개시했다. 이는 벨기에의 중립성을 보장하는 조약에 영향을 받았을 뿐 아니라 영국 해협의 항만들에 가해질 수 있는 위협에 대해서도 민감하게 경계하던 영국의 참전을 초래했다. 대대적인 공세에도 불구하고 벨기에군은 같은 달 25일까지 완강하게 저항하며 갈 길이 먼 독일군의 발목을 잡았다. 독일군은 벨기에의 저항을 제압하기 위해 공격 전력으로부터 5개 군단을 분리시켜야 했다.

동부전선의 상황은 슐리펜 계획의 운명을 더욱 암울하게 만들었다. 러시아가 동원을 시작한 지 불과 6일밖에 지나지 않았을 때 주러시아 프랑스 대사는 황제에게 러시아군이 즉각적인 공격을 감행해 프랑스군에 가해진 압박을 완화시켜줄 것을 간청했다. 그 결과, 8월 12-13일에 걸쳐 렌넨캄프의 제1군과 삼소노프의 제2군이 동프로이센을 침공했다. 예기치 못한 전황에 직면해 독일군 총참모장 몰트케는 동부전선을 보강하기 위해 서부전선으로부터 2개 군단과 1개 기병사단을 이동시켰다. 탄넨베르크와 마주리호에서 러시아군은 훨씬 더 적은 규모의 독일군에 의해 참패를 당하고 말았다. 하지만 독일군 전력이 서부전선에서 전용(轉用)된 것은 독일의 향후 전쟁 수행에 치명적인 타격을 주었다.

한편, 서부전선에서 독일군의 진군은 9월 초에 마른(Marne)강에서 결정적으로 중지되고 말았다. 9월 5-12일에 마른강 인근 전투에서 프랑스와 영국의 연합군은 반격을 가해 독일군으로 하여금 북동쪽의 엔(Aisne)강으로 퇴각하도록 강제했다. 이 전투로 인해 파리는 구제되었고, 서부전선에서의 신속한 승리를 추구하던 독일의 계획은 치명적으로 손상되었다. 그 이후 9월 말부터 양측은 일련의 소규모 기동을 통해 북동부 프랑스 지역에서 상대의 측방을 포위하고자 하는 시도를 지속했다. 이러한 '바다로의 경주(race to the sea)'도 연합군의 결정적인 승리를 가져온 제1차 이프르 전투(10월 19일-11월 22일)와 함께 막을 내렸다. 이후 서부전선에서는 1918년까지 기동전이 종적을 감추게 되었다.

1914-15년의 겨울 동안 전선은 해협 연안의 니외포르(Nieuport)에서 스위스 국경까지 뻗어 있는 참호들로 인해 총체적으로 교착되었다. 참호전에 대한 준비 상태는 균등하지 않았다. 전쟁 초기부터 독일군은 박격포, 수류탄, 중포, 곡사포 등과 같은, 참호전에 적합한 무기들을 비교적 잘 갖추고 있었다. 그러나 연합군의 준비는 여러 면에서 형편없었다. 특히 포탄의 부족은 연합군의 공통적 난제였다. 매일 5만 발에 달하는 75밀리미터 포탄을 필요로 했던 프랑스는

1914년 11월 중순경에 하루에 불과 1만 1,000발가량을 생산해낼 수 있었다. 다음 해 1월 당시 영국의 18파운드 포들은 하루에 기껏해야 4발을 사격할 수 있었다.

1914년의 임기응변의 단계에서 벗어나면서 참호 체계뿐 아니라 참호전에 사용되는 무기나 전술도 계속 정교화되었다. 그러나 전쟁의 거의 마지막 시점까지도 그것들은 교착 상태를 타개하는 데 결정적으로 기여하지 못했으며, 오히려 전쟁이 대량살육전의 양상으로 치닫게 하는 중요 요소로 작용하고 말았다. 단기전에 대한 공유되었던 기대는 냉혹한 전장의 현실 앞에서 터무니없는 공상이 되고 말았다. 병사들의 '지옥' 체험은 점점 더 끝이 없어 보였다.

열병(熱病)과 유행: 전선을 향하여

전쟁은 참전국들로 하여금 국가의 모든 역량을 총체적으로 동원할 것을 요구했다. 무엇보다도, 전에 없는 강도와 기간에 걸쳐 진행된 전쟁은 끊임없는 병력의 증원을 필요로 했다. 다른 국가에 비해 전쟁 준비가 훨씬 덜 되어 있던 영국과 같은 국가에게는 그러한 부담이 각별히 위중하게 느껴졌다. 실제로, 전쟁 발발 전 영국의 국방 계획에 '인력 기획'이란 존재하지 않았다. 그 때문에 징집제가 적용되는 1916년 1월 이전 전쟁 수행을 위한 영국의 인적 기반은 거의 전적으로 국민들의 자발성에 의존할 수밖에 없었다. 다행히도 전쟁 초기의 영국 사회 전체, 특히 젊은이들에게 자원입대는 거부할 수 없는 '열병'이자 '유행'이었다. 자원입대제가 고수되었던 1914년 8월부터 1916년 1월까지 매달 영국 육군에 입대한 젊은이들의 수는 전쟁의 나머지 기간에 징집제를 통해 획득한 수보다 오히려 두 배나 많았다.

특히 전쟁의 첫 두 달은 쇄도(殺到)의 기간이었다. 참전이 선언되던 날 웨스트민스터의 런던 모병 본부에는 헤아릴 수 없을 정도로 많은 젊은이들이 운집했다. 전쟁 발발과 함께 조성된 흥분 상태와 애국심, 그리고 대세적인 분위기에 동참하려는 열의의 분출이 결합되면서 그러한 상황은 런던뿐 아니라 영국의 거의 모든 도시에서 동시에 연출되었다. '의무, 명예, 조국'이라는 집단적 가치에 대한 호소는 전국적 열광을 불러오기에 충분했다. 그 결과, 첫 두 달 동안에만도 76만 명 이상이 영국 육군에 자원입대했으며, 이는 놀랍게도 52개월에 이르는 전쟁 기간에 영국 육군에 입대했던 전체 인원의 무려 15퍼센트에 해당하는 것이었다.

9월은 그러한 입대 열기의 최고점과 한계점을 동시에 보여주었다. 9월 한 달 동안 영국 육군에 자원입대한 이는 무려 46만 명을 상회했으며, 이는 전쟁의 전체 기간을 통틀어 가장 높은 월별 입대 실적이었다. 그러나 9월 중순 이후 전쟁에 대한 집단적 열광은 누그러지기 시작했다. 이는 입대할 수 있는 신체적 조건을 강화한 군 당국의 조치와 신병훈련소의 제한된 수용 능력, 전쟁에 대한 감정적 열광을 진정시키는 효과를 가져온 실제 전황 소식의 전달 등과 같은 요인이 복합적으로 작용한 결과였다. 그 이후, 군 당국의 더욱 조직적인 노력에도 불구하고 자원입대 체제의 한계는 날이 갈수록 명백해졌다. 결국 1916년에 병역법이 통과되면서 자원입대 체제는 공식적으로 포기되기에 이르렀다.

1914년 런던에는 입대 열풍이 일었다. 전쟁 초기 영국의 모병포스터

2 1915년: 대안 전략의 모색

서부전선

1915년에 들어서도 프랑스군은 서부전선에서 독일군에게 적극적인 공세를 폈다. 총참모장 조프르 원수는 프랑스군에게 독일군의 전선을 돌파하기 위해 1915년의 봄과 여름 동안 아르투아와 샹파뉴에서 대규모 공세를 감행하도록 지시했다. 조프르는 독일군이 프랑스군의 공세에 대적하기 위해 병력이나 물자를 전용하지 못하도록 영국 원정군이 독일군의 주의를 분산시키는 보조적인 역할을 해줄 것을 요구했다. 사실, 전쟁이 발발하는 시점에서부터 1917년 6월의 메신(Messines) 전투에 이르기까지 서부전선에서 영국의 전략은 프랑스의 그것을 보조하는 것에 지나지 않았다. 이는 동맹 체제에서 프랑스가 차지하던 압도적인 입지와 독일이 프랑스와 벨기에의 운명에 지속적인 위협을 가하던 현실, 그리고 러시아의 불안정한 상황 등이 복합된 결과였다. 특히 1915년 동안 영국군은 프랑스군이 선택해준 시간과 공간에 맞춰 프랑스군을 위해 공세를 감행하곤 했다. 그런 의미에서 1915년에 영국이 가한 공세들은 '정치적인' 공세들이었다.

헤이그 경이 이끄는 영국군은 뇌브 샤펠(3월 10-12일), 오베르 능선(5월 9일), 페스튀베르(5월 15-27일), 루스(9월 25일-10월 8일)에서 독일군을 공격했다. 뇌브 샤펠과 루스 공격 첫날 독일군의 진지에 침투하는 데는 성공했지만 그 기세는 유지되지 못했고 이내 반격을 당하고 말았다. 결과적으로, 독일군의 주의를 분산시킨다는 전략적 목적도 제대로 달성될 수 없었다. 그러나 실패를 통해 학습된 전술적 교훈은 1918년 연합국의 종국적인 승리에 의미 있게 기여했다.

갈리폴리 전역

엄청난 시간과 노력, 자원의 투입에도 불구하고 서부전선에서 이렇다 할 전략

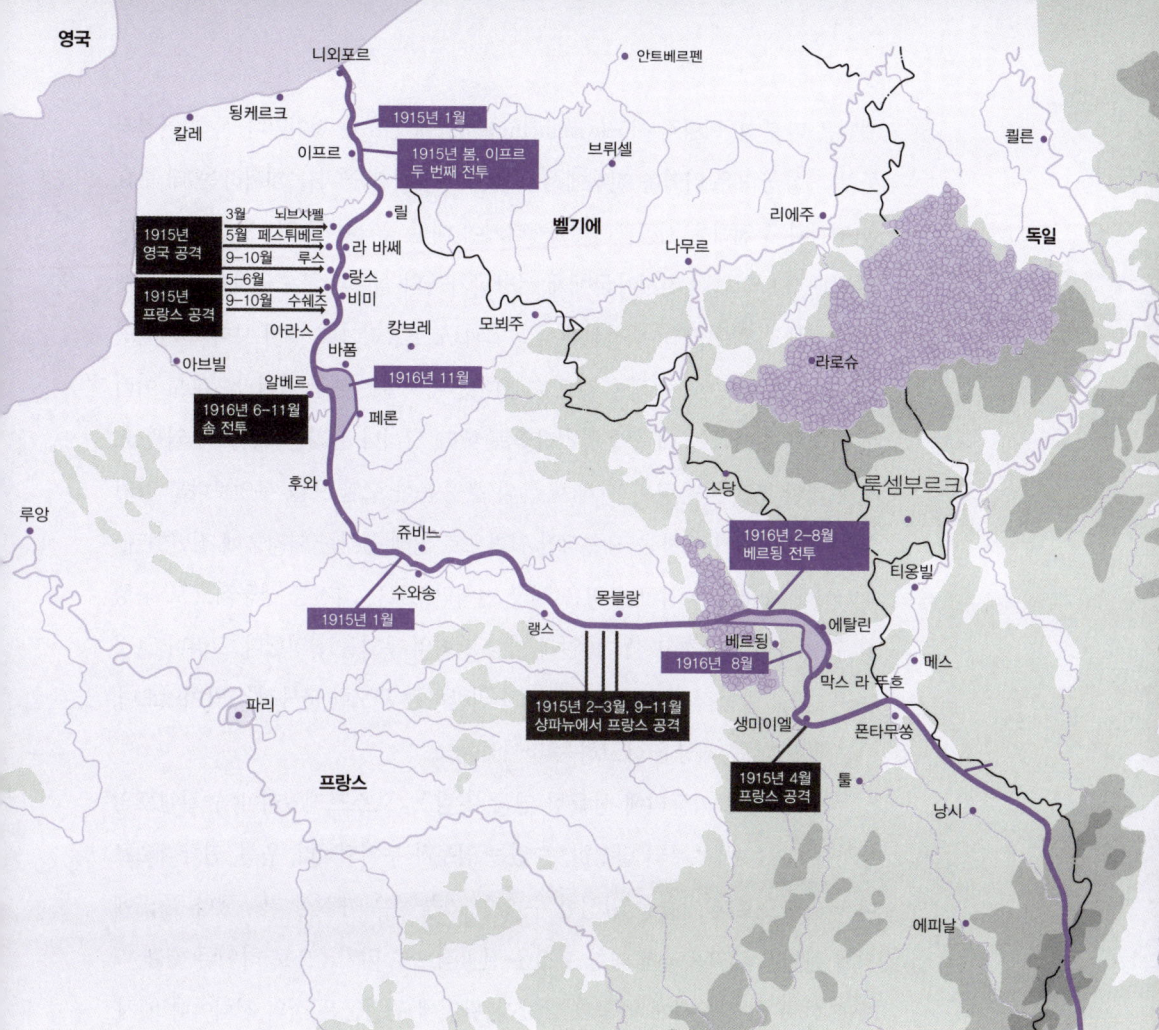

서부전선

적 돌파구를 마련하지 못하고 손실의 규모만 급증함에 따라 정치인들은 이제 다른 곳, 특히 지중해에서 새로운 전선을 여는 일로 시선을 돌렸다. 조지, 처칠, 로와 같은 주요 정치인을 포함하는 '동부전선주의자들(Easterners)'은 3국 동맹의 국가들이 서부전선보다는 그 '전략적인 측면'을 공격받았을 때 더 큰 타격을 받게 될 것으로 믿었다. 그들은 갈리폴리, 테살로니카, 팔레스타인, 메소포타미아 등을 새로운 작전 지역으로 제시했다.

갈리폴리(Gallipoli) 전역은 대안 전략을 모색하던 '동부전선주의자들'의 야심 찬 시도의 산물이었다. 그들은 동부 지중해에서 그 동맹국인 터키에 결정적 타격을 가하면 독일의 패배가 앞당겨질 것이라고 믿었다. 그러나 이 원정의 개념은 다분히 '희망적 사고(wishful thinking)'에 기초한 것이었다. 특히 처칠의 풍부한 상상력은 터키를 전쟁에서 이탈시키기 위한 공격을 계획하는 데 주요한 영감과 추진력을 제공했다. 그는 터키에 대한 공격이 규모는 방대하지만 무장 상태가 열악했던 러시아군에게 서방국가들의 식량과 군수물자가 전달되게 하여 그들로 하여금 동부전선에서 독일과 오스트리아에 맞서 보다 결정적인 전과를 달성할 수 있게 해줄 것으로 기대했다. 처칠은 해군 작전만으로도 이러한 기대를 실현하는 데 충분하리라 낙관했다. 그러나 갈리폴리반도의 외곽 요새에 대한 포격은 불량한 시계(視界)와 불충분한 포탄 보급, 무엇보다도 터키의 기뢰와 어뢰가 가하는 지속적인 위협으로 인해 심각한 어려움에 직면했다.

이에 육군장관 키치너 경은 해군 전력만으로는 작전을 성공적으로 수행할 수 없음을 간파하고 3월 10일에 지상 전력의 투입을 결정했다. 그러나 그것은 육·해군 합동작전의 기본 원칙조차 위반하는 무모한 군사적 도박이었으며, 이는 훨씬 더 큰 재앙을 예고하는 것이었다.

4월 25일 갈리폴리에 상륙한 영국, 프랑스, 오스트레일리아, 뉴질랜드의 병사들에게는 애초부터 달성할 수 없는 임무가 부여되었다. 우선, 전략적으로나 전술적으로나 기습을 달성할 수 있는 가능성은 사실상 전무했다. 해군에 의해 선행된 갈리폴리에 대한 포격은 결과적으로 터키군으로 하여금 경계 태세를 한층 더 강화하게 만들고 말았다. 반면에 원정군은 적의 전력이나 배치, 의도, 사기뿐 아니라 작전 지역의 지형에 대해서도 사실상 아무런 정보도 가지고 있지 못했다. 설상가상으로 전력은 수적으로 열세했을 뿐 아니라 이를 상쇄해줄 화력도 충분하지 않았다.

케말이 이끌고 독일의 잔더스에 의해 조직화된 터키군은 연합군의 상륙에 대해 광적일 정도로 격렬하게 저항했다. 반면에 연합군은 포탄의 부족으로 인해 심각한 문제에 직면했으며, 터키군의 소규모 표적들에 가해진 해군의 포격도 매우 비효과적이었다. 갈리폴리 전역에는 약 48만 명의 연합군이 참가했는데 대영 제국에서는 20만 5,000명, 프랑스와 그 식민지들에서는 4만 7,000명이 사상을 당했다. 반면에 터키군에서는 25만 명이 사상을 당했으며, 그중 사망자는 6만 5,000명이었다.

3 1916년: '과다출혈'의 해법

서부전선: 베르됭과 솜

연합군의 반복적인 공세에도 불구하고 독일군이 상당한 탄성을 보여준 1915년이 저물어가던 12월 초에 연합군 대표들은 샹티이에 모여 다음 해에 연합군이 공동으로 취할 전략의 기본 방향을 설정했다. 우선, 다시금 독일군과 오스트리아군이 연합군이 취할 전략의 주된 표적이 되었다. 그들이 격파되기 전에는 전쟁에서 승리할 수 없으며, 그들은 전력이 가장 많이 위치해 있는 지역, 즉 프랑스와 벨기에, 러시아, 이탈리아에서만 실질적으로 격파될 수 있다는 인식이 공유되었다. 다음 해에 연합군은 그런 '주요 전선'에서 모든 병력과 화력을 동원해 동시적으로 공세를 가하기로 합의했다. 실제로, 같은 달 말에 조프르는 헤이그에게 프랑스군과 영국군이 솜(Somme) 강의 양쪽에서 독일군에게 주요한 타격을 가할 것을 제안했다. 개인적으로 헤이그는 플랑드르 지역에서의 공세를 선호했다. 그러나 프랑스와 군사동맹에서 하위 파트너로서의 현실을 직시하고 있던 헤이그는 결국 영국 원정군이 7월 1일경에 솜에서 합동 공격을 가하는 데 참여하기로 동의할 수밖에 없었다.

독일 또한 1916년에 연합군을 격파할 준비를 했다. 독일의 총참모장 팔켄하인은 무제한 잠수함 작전을 통해 '최대의 적(arch-enemy)'인 영국을 굴복시킬 수 있으리라 기대했다. 동시에 지상에서는 프랑스인들이 어떤 대가를 치르더라도 방어에 나설 특정 지역에 대해 제한적인 목표하에서 집요한 공세를 가하기로 했다. 이를 통해 그들은 프랑스의 전력이 결국 '과다출혈로 사망에 이르게' 될 것으로 기대했다. 그렇게 팔켄하인이 선택한 '살육의 땅'은 프랑스인들의 민족적 자긍심을 상징하던 요새도시 베르됭(Verdun)이었다. 무엇보다도 그곳은 독일군이 세 개의 측면에서 포격을 가할 수 있는 돌출부에 위치해 있었다.

독일의 공격은 2월 21일 21시간에 걸친 예비포격과 함께 시작되었다. 무려 100만 발이 넘는 포탄이 프랑스 진영에 떨어졌다. 그로부터 4일 뒤에 베르됭을 보호하던 프랑스의 방어 체계 중 가장 강력한 부분이던 두오몽(Douaumont) 요새가 함락되었다. 이는 프랑스 국민들 사이에서 팔켄하인의 기대를 넘어서는 민족적 감정을 분출시켰다. 프랑스 정부나 군대 모두에게 베르됭에서의 퇴각은 정치적으로도 도덕적으로도 절대 받아들일 수 없는 것이었다. 결과적으로 330개에 이르던 프랑스 육군의 보병연대 중 259개 연대가 이 전투에 투입되었다.

전투가 시작된 지 불과 3개월 내에 프랑스군은 거의 20만 명의 병력을 잃었다. 전투는 그야말로 '분쇄기'에 다름 아니었다. 이러한 과중한 압박을 덜어주기 위한 영국군의 도움이 그 어느 때보다 절실했다. 5월 24일 조프르는 헤이그에게 늦어도 7월 초에는 솜 지역에서 공세를 개시해줄 것을 정식으로 요청했다. 헤이그는 영국 원정군의 전투준비 상태가 결코 충분하지 않음을 누구보다도 잘 알고 있었지만 상황의 절박함에 굴복하지 않을 수 없었다. 다시 한번 프랑스군이 영국군이 공격할 장소, 날짜, 심지어 정확한 시간까지도 선택해주었다.

7월 1일부터 141일간 지속된 솜 전투의 총체적인 이미지는 단 하루, 그 첫날의 전황에 의해 일찌감치 규정되어버렸다. 첫날에만 무려 5만 7,400여 명의 영국군이 사상을 당했으며, 그중 목숨을 잃은 이도 1만 9,200여 명에 달했다. 그에 비해 전과는 미미했다. 남쪽에서는 공격이 어느 정도 성공을 거두기도 했지만, 정작 돌파가 이루어질 곳으로 기대된 중앙이나 북쪽에서는 명백한 실패만이 있었다. 첫날의 목표였던 보몽아멜은 11월 13일에 가서야 점령되었으며, 세레는 결국 장악하지 못했다.

이러한 결과는 인적, 환경적 요소들이 복합적으로 작용한 결과였다. 우선, 총사령관 헤이그는 보병의 공격을 통해 기병이 활용할 수 있는 돌파구를 내고자 계획한 데 반해, 공격의 주된 책임을 맡은 제4군 사령관 롤린슨은 1915년 전투의 경험을 통해 독일군의 전선을 돌파하는 것이 불가능하다고 생각하고 있었다. 그는 독일군의 전선을 즉각적으로 돌파하는 것이 아니라 그것을 순차적으로 장악해가는 것을 목표로 했다. 이를 통해 그는 보병이 포병의

솜 전투의 경과

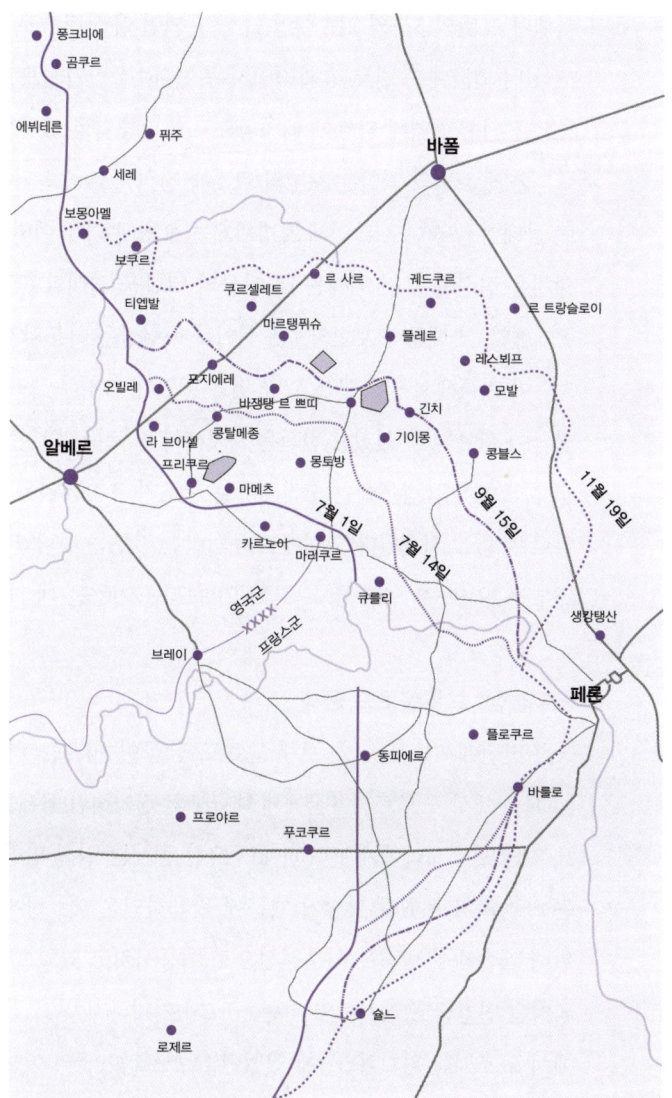

지원사격을 받을 수 있게 함으로써 필연적으로 뒤따르게 될 독일군의 반격으로부터 아군을 보호하려고 했다.

그러나 제한적인 목표를 설정하려는 롤린슨의 전략은 건전한 것이었지만 그 수행은 그리 건전하지 못했다. 그는 포병의 위력을 과신했을 뿐 아니라 전술기획은 지나치게 경직되어 있었다. 위력이 강한 포탄을 발사해줄 대구경 중포의 수는 불충분했으며, 다수의 포탄은 불발되고 말았다. 게다가 영국군이 발사했던 포탄의 3분의 2는 대인(對人) 무기인 유산탄으로 철조망의 보호를 받고 있던 참호에는 별로 효과적이지 못했다. 설상가상으로 그는 제한된 수의 중포를 전선 전역에 고르게 배치함으로써 집중력을 보이지도 못했다.

한편, 보병의 역할은 포병의 그것에 전적으로 종속되어 있었다. 조악한 훈련 상태나 무경험으로 인해 보병에게는 포병에 의해 이미 무력화된 적의 참호 체계를 점령하는 것 외에는 더 이상의 역할을 기대할 수 없다는 상황 인식이 존재했다. 그 때문에 보병의 주도권이나 독립성은 허용되지 않았다.

이 전투에서 영국군은 42만 명을 잃었다. 그러나 그러한 희생의 대가로 연합군이 확보할 수 있었던 전선은 기껏해야 7마일(11킬로미터)에 불과했다. 영국군에 국한했을 경우에는 고작 2마일 정도가 추가되었을 뿐이다. 전투는 그야말로 재앙 그 자체였다. 그럼에도 무의미한 전투는 아니었다. 다른 방식으로 솜 전투는 1918년에 연합군이 종국적인 승리를 거두는 데 기여했다.

동부전선: 브루실로프 공세

동부전선에서는 6월 초 브루실로프 장군이 이끄는 러시아군이 갈리치아(Galicia)에서 오스트리아군에게 대규모의 장기적인 공세를 개시했다. 사실, 어느 진영도 러시아에게 1916년에 주요한 공세를 펼칠 만한 능력이 있으리라고는 생각하지 못했다. 그렇기 때문에 팔켄하인은 베르됭에서 진행되던 전투를 위해 계속해서 병력을 서부전선으로 이동시키고 있었으며, 베르됭 전투에 허덕이던 연합군도 러시아의 지원은 크게 기대하지 않고 있었다. 그러나 베르됭에서 고조되던 위기와 5월에 있었던 오스트리아군의 이탈리아에 대한 공세는 러시아로 하여금 공격을 계획하도록 강제했다.

돌파 전술을 여전히 고집하던 러시아의 다른 고위 장군들과는 달리, 남부 방면군을 지휘하던 브루실로프는 좁은 전선에 압도적으로 병력을 증강하거나 포병의 우세를 확보하고자 애쓰지 않고 관할 전선의 전역에 걸쳐 개별적으로 이루어지는 동시적인 공격을 계획했다. 공세는 6월 4일에 러시아의 4개 군이 이례적일 정도로 일제히 정확한 예비포격을 가해 오스트리아군에 막대한 피해를 입히면서 시작되었다. 8월 12일까지 10주간에 걸쳐 진행된 공세 동안 오스트리아군에서는 37만 명의 사상자가 발생했다. 포로가 된 이들도 38만 명에 달했다. 그뿐 아니라 러시아군은 영토적으로도 1만 5,000평방마일 이상을 장악함으로써 이 공세는 연합군이 그때까지 거둔 가장 성공적인 공세로 자리매김했다. 오스트리아군이 당한 심각한 패배는 합스부르크 제국의 종국적인 와해를 촉진했다. 그러나 무엇보다 중요한 점은, 이 공세가 독일로 하여금 베르됭에서의 공세를 중단하고 상당 규모의 전력을 동부전선으로 이동시키도록 강제한다는 애초의 목표를 달성해냈다는 점이다. 그러나 러시아가 치러야 했던 대가도 못지않게 컸다. 러시아군에서도 55만 명 넘게 사상을 당했으며, 동부전선에 배치된 40만 명의 예비전력 중 4분의 3이 공세의 과정에서 소비되었다.

4 1917년: 위기와 기대의 공존

서부전선

1917년을 위한 전략을 구상하면서 독일의 지도자들은 기존 전략을 대대적으로 재평가하는 과정을 밟았다. 더 이상 베르됭에서와 같은 소모적인 공세는 고려의 대상이 될 수 없었다. 결국 그들은 서부전선에서 보다 견고한 방어 전략을 구사하는 길을 선택했다. 그들은 방어선을 보다 짧고 강력하게 유지하기 위해 솜 전투 동안에 그토록 사수하려 했던 영토들까지도 자발적으로 포기하는 전략적 전환을 이행했다. 2월에서 4월에 걸쳐 독일군은 힌덴부르크 방어선(Hindenburg Line)으로 퇴각했다. 랑스(Lens)에서 베르됭 너머까지 30마일에 걸친 이 방어선은 독일군이 방어해야 하는 전선을 축소시키는 효과를 가져와 그들로 하여금 13개의 사단을 전선에서 빼내어 예비대로 활용할 수 있게 해주었다.

  1916년의 실망스러운 전과에도 불구하고 그해 말에 조프르의 뒤를 이어 새로이 프랑스군 총사령관으로 임명된 니벨 장군은 일련의 새로운 공세를 계획했다. 그러나 4월의 슈맹 데 담므에 대한 공세는 프랑스군에게 재앙과도 같은 타격을 주었다. 몇몇 지점에서 약간의 진격이 이루어지기는 했지만 공격 첫날만 해도 4만 명가량이 사상을 당했다. 오히려 전역의 수행에 있어 하위 파트너로서 기능하던 대영 제국의 군대만이 의미 있는 전과를 달성할 수 있었다.

  공세의 실패는 이미 현저히 저하되어가던 프랑스군의 사기에도 결정적인 타격을 주었다. 또 한 번의 자기소모적인 공세 후에 프랑스군 내에서는 폭동이 번져갔다. 112개 중 68개 이상의 사단에서 휴식을 위해 전선(前線)에서 옮겨온 장병들이 복귀를 거부하는 '집단적 불복종' 행위가 발생했다. 지휘권도 페탱 장군에게로 넘어갔다. 그의 휘하에서 이제 프랑스군은 더 이상의 공세를 포기하고 수세적인 입장을 고수하기에 이르렀다. 이로써 연합군 내에서 독일군에 대한 작전 수행의 주된 책임은 영국에게로 넘어갔다.

1917년을 거치면서 영국의 헤이그 장군은 그해 후반기 영국의 전략을 결정할 수 있는 위치에 있었다. 그는 1917년을 위한 전략으로서 플랑드르 지역에서 공세를 가하는 것을 일찌감치 상정해놓은 상태였다. 게다가 그는 독일군의 붕괴가 임박했다고 믿었다. 이에 그는 세 단계로 이루어지는 '플랑드르 전투'를 계획했다. 먼저 그는 파스샹달-슈타덴 능선(Passchendaele-Staden Ridge)을 장악하고 이프르 지역을 돌파하고자 했다. 그 다음에는 메넌에서 오스탕드에 이르는 독일의 주요한 전략 철도를 차단하고, 궁극적으로는 이프르에서 북동쪽으로 30마일 떨어진 브뤼주(Bruges)를 장악해 벨기에에 있는 독일군 진지 전체를 위협하고 그들로 하여금 영국 해협의 주요 연안에서 퇴각하도록 강제하고자 했다.

파스샹달 능선을 장악하는 책임은 45세의 젊은 제5군 사령관 고프 장군에게 주어졌다. 그는 플랑드르 지역의 특성이나 그 지역에서 전투를 하는 데 제기되는 각별한 어려움에 대해 무지했다. 그는 능선을 장악하기에 앞서 별도의 예비공격을 감행해 우익에 위치한 고지들을 장악함으로써 독일군이 영국군 주공에 대해 종사(縱射)를 하지 못하게 하라는 총사령부의 충고를 무시했다. 심각한 기상 악화로 인해 공세는 개시와 거의 동시에 중대한 어려움에 직면했다. 영국군의 모든 움직임을 관찰할 수 있던 독일군은 포를 이용해 그들에게 큰 손실을 가했다. 8월 말까지 영국군에서는 7만 명에 가까운 사상자가 발생했다.

플루머 장군의 지휘하에 이루어진 두 번째 국면의 전투는 8월 28일부터 5주간 지속되었다. 플루머는 고프가 주도한 공격에 비해 절반밖에 되지 않는 범위의 전선을 목표로 하면서도 전력은 두 배나 집중시켰다. 그는 포의 지원을 받을 수 있는 사거리 내에서 이루어지는 일련의 소규모 진격을 계획하고 신중하게 준비했다. 치러야 했던 대가도 컸지만 9월과 10월 초의 일련의 공격으로 이프르의 동쪽 능선이 결국 영국군의 수중으로 넘어왔다. 이는 영국의 지휘관들로 하여금 독일의 방어선이 거의 무너지고 있다고 생각하게 만들었다. 그래서 헤이그는 계속되는 폭우로 인해 전장이 허리 깊이의 진흙들로 끔찍한 상태가 되어감에도 불구하고 이프르 동쪽 10킬로미터 지점의 파스샹달 능선을 향해 공격을 지속하기로 결심하기에 이르렀다. 그렇게 강행된 일련의 공격을 통해 11월 6일에 파스샹달은 마침내 영국과 캐나다의 보병에 의해 장악되었다. 그러나 그 과정에서 영국 원정군에서는 31만 명가량의 사상자가 발생했으며, 그에 비해 영국군이 추가로 점령한 전선은 불과 몇 킬로미터에 지나지 않았다. 전략적 가치가 없는 공격을 지속했다는 점에서 이 전투 후에 헤이그의 리더십은 더욱 혹독한 비판의 대상이 되고 말았다.

1917년이 지나기 전에 영국군은 또 한 번의 공세를 감행했다. 11월 20일에 빙 장군이 이끄는 영국군이 캉브레(Cambrai) 인근에 있는 독일군의 전선에 대해 대규모 탱크 공격을 개시했다. 기습 효과를 달성하기 위해 정형화되어 있던 장시간의 예비포격은 생략되었으며, 철저히 위장된 380여 대의 탱크가 집결하면서 발생시키는 소음은 항공기 엔진 소리인 것처럼 기만되었다. 보병의 공격은 탄막(彈幕)과 연막(煙幕)을 통해 보호되었다. 기습적인 공격에 직면하여 독일군은 공포에 사로잡힌 채 퇴각했으며, 1만 3,000야드에 이르는 전선의 거의 모든 지역에서 영국군은 즉각적인 성공을 거두었다. 영국군은 7,500명가량의 포로를 획득하고 독일군의 전선을 최고 7,000야드까지 돌파하는 눈부신 전과를 달성했다.

그러나 공격의 여세는 유지되지 못했다. 플랑드르 지역에서 선행되었던 전투들에서 발생한 심각한 인적, 물적 손실에 더해 5개 사단이 이탈리아 전선으로 전용되면서 가용한 보병 예비전력은 더 이상 남아 있지 않았다. 11월 30일에 반격을 가한 독일군은 결국 자신들이 잃어버린 것보다 더 넓은 지역을 다시 장악했다.

동부전선의 붕괴와 미국의 참전

1917년 들어 동부전선은 붕괴되기 시작했다. 연초만 해도 러시아군이 전반기에 이루어질 연합군의 공세에서 모종의 역할을 해줄 것이라는 기대가 있었다.

실제로, 3월 초까지 러시아군은 62개 사단을 확보했을 뿐 아니라 화력도 상당 정도 보강한 상태였다. 그러나 일찌감치 2월부터 공세를 펼 수 있는 러시아의 역량은 현저하게 와해되기 시작했다. 무엇보다도 장병들의 사기가 급격히 저하되고 탈영이 만연했다. 3-4월만 해도 무려 200만 명에 달했다.

이는 러시아가 처한 총체적인 위기 상황을 반영해주는 것이기도 했다. 차르의 체제는 그 지지자들에 의해서도 변화의 필요성이 공감되었을 정도로 국민들로부터 인기를 얻지 못하고 있었다. 수도인 페트로그라드에서는 식량 부족으로 인해 발생한 소요 행위들이 크게 확산되고 있었고, 군은 이의 진압을 거부했다. 결국 황제는 3월 초 강제로 폐위되고 케렌스키가 이끄는 임시정부가 탄생했다.

그러나 소비에트의 권위가 점점 증대되면서 새로이 탄생한 정부의 권력 장악은 심각한 도전을 받을 수밖에 없었다. 케렌스키는 자신이 이끄는 정부가 그 권위와 신뢰성을 공고히 할 수 있는 유일한 방법은 야전에서 주요한 승리를 거두는 것뿐이라고 생각했다. 그렇게 급조되어 6월 18일에 시작된 '케렌스키 공세'는 불과 3주 만에 끝나고 말았으며, 러시아군은 허둥대며 퇴각할 수밖에 없었다. 설상가상으로 9월에는 독일군이 러시아군의 우익을 공격했다. 이 시점에서 러시아군의 사기는 완전히 꺾이고 말았으며, 적이 아니라 민간 정부에 맞서는 군으로 변질되고 말았다. 곳곳의 도시에서 혁명 세력이 더욱 강력한 도전을 가하고 토지의 재분배를 요구하는 농민들의 요구도 커져가면서 케렌스키의 자유주의적 정부는 결국 무너지고 말았다. 10월 혁명의 결과, 권력은 볼셰비키에 의해 통제되는 소비에트로 넘어갔으며, 그 의장이던 레닌은 즉각적으로 독일 최고사령부에 휴전을 요청했다. 양측은 12월에 브레스트-리토프스크(Brest-Litovsk)에서 만나 강화 조건을 논의했다.

반면에 1917년에 미국은 마침내 연합국의 일원으로 참전하게 되었다. 미국은 전쟁에 휘말린 동맹국이 존재하지 않았을 뿐 아니라 내부적으로도 매우 다양한 민족적 분포를 보이고 있어 애초 전쟁에 대해 엄

독일군의 공격을 기다리는 러시아 병사들(1917년)

격한 중립을 견지했다. 그들은 단지 유럽에서 발발한 전쟁으로 인한 경제적 특수를 누리고자 했다.

그런 미국의 입장을 변화시킨 1차적 책임은 독일의 잠수함 작전에 있었다. 독일은 지상보다는 해상에서, 해군 전력보다는 상선을 대상으로 무제한적인 작전을 수행해 영국의 목을 옥죄고자 했다. 그렇게 1915년 2월 시작된 유보트(U-boat)를 이용한 무제한 잠수함전은 1918년까지 단속적으로 수행되었다. 이 과정에서 5월에 1,900여 명의 여객을 태우고 뉴욕에서 영국으로 항해 중이던 3만 2,000톤급 여객선 루지타니아(Lusitania)호가 격침되어 1,198명이 사망했다. 문제는 사망자 중에는 128명의 미국 시민이 포함되어 있었다는 점이다. 이는 미국 내에서 반(反)독일 정서가 비등해지는 주요한 계기를 제공했다.

한편, 독일의 외무장관 치머만이 1917년 1월 주미 독일 대사에게 보낸 전문은 미국의 참전에 결정적으로 기여했다. 이 전문에서 치머만은 대사가 멕시코 정부와 접촉하여 양국이 군사적 동맹을 맺고 미국에 대해 함께 전쟁을 수행할 것을 제의하고, 그 대가로 미국·멕시코 전쟁(1846-1848) 시에 잃어버린 영토와 텍사스, 뉴멕시코, 애리조나 등을 회복해줄 것을 약속하도록 지시했다. 그러나 이 전문은 영국 해군에 의해 해독되어 윌슨 대통령에게 보고된 뒤 3월에는 언론에 공개되었다. 이는 미국의 여론이 결정적으로 독일에 등을 돌리게 만들었다.

미국의 참전이 연합군 진영에 즉각적인 군사적 도움을 주지는 못했다. 참전 당시 미 육군은 6,000명의 장교와 10만 명의 병사로 이루어진 소규모 전력에 지나지 않았으며, 훈련 상태나 전투 경험도 보잘것없었다. 게다가 미국 원정군을 지휘하는 퍼싱 장군은 자신들이 독립적인 부대로서 운용될 수 있을 때까지 전투에 직접적으로 참가하려 들지 않았다. 그럼에도 막대한 인력과 경제력을 가진 미국의 참전은 소모적 장기전에 휘말려 있던 3국 동맹 진영의 국가들에게 치명적으로 불리하게 작용했다.

손익계산

수세 지향적인 전략에 입각해 한 해를 보냈음에도 1917년 연말의 전황은 독일에게 꽤나 유망해 보였다. 무엇보다도 러시아의 이탈로 독일은 이제 사실상 양면전쟁의 딜레마로부터 해방되어 있었다. 게다가 프랑스군이나 영국군도 그해에 상당한 좌절을 경험한 상태였다.

그러나 독일의 속사정은 결코 밝지 않았다. 서부전선에서 수세적 태세가 장기화해가면서 인적, 물적인 소진은 한층 더 심각해졌다. 그런가 하면, 영국에게 결정적인 타격을 가하기 위해 이루어진 해상에서의 전역은 영국의 전투 역량을 거의 손상하지 못한 채 미국의 참전만 불러오는 최악의 결과를 낳았다.

명암은 연합국 진영 내에도 존재했다. 무엇보다도 고무적이었던 것은 이제는 영국 원정군이 충분한 규모의 무기와 군수물자를 활용할 수 있게 된 점이다. 이는 1917년 동안 영국이 물적 자원에 대한 동원을 더 효과적으로 가속할 수 있었던 사정을 반영하는 것이다. 게다가 연합군은 독일의 잠수함전을 극복해내는 데 결국 성공했을 뿐 아니라, 미국의 합류로 인해 보급물자의 지원에 대한 전망은 전에 없이 밝아진 상태였다.

하지만 연합국 간 동맹 체계에 심각한 위기가 발생하고 있었다. 러시아는 전쟁에서 이미 이탈해 있었으며, 프랑스나 이탈리아의 전투 역량은 눈에 띄게 저하되고 있었고, 영국군 또한 플랑드르 지역에서 전역을 수행하는 과정에서 막대한 인적 손실을 겪은 상태였다. 이제 서유럽의 동맹국 중 신뢰할 수 있는 거의 유일한 존재로 전면에 나서게 된 영국조차도 예비전력이 고갈된 상태였다.

5 1918년: 결정의 해

황제의 전투

양측 모두는 서로 대조되는 염려 속에서 1918년을 맞았다. 연합군이 직면하고 있던 가장 절박한 문제는 병력의 부족이었다. 미 육군은 여름까지 그 규모를 24개 사단 100만 명 수준으로 증강할 것을 계획했지만, 연합군이 그때까지 버틸 수 있을지는 전혀 확실하지 않았다. 반면에 러시아의 이탈은 독일로 하여금 모든 자원을 서부전선으로 집중시킬 수 있게 해주었다.

독일의 염려는 훨씬 더 컸다. 우선, 동맹국들의 상황이 전반적으로 암울했다. 이미 힘의 한계에 직면해 있던 오스트리아는 러시아의 몰락 이후에 더욱 노골적으로 강화를 원했다. 게다가 터키군은 붕괴 직전의 상황에 놓여 있었으며, 1918년에도 그들은 팔레스타인에서 영국의 새로운 압박에 직면하게 될 게 확실했다. 그러나 1918년을 여는 시점에 독일이 직면해야 했던 가장 심각한 위협은 내부로부터 온 것이었다. 무엇보다도, 독일 군부는 더 이상 전쟁을 주도하는 위치에 있지 않았다. 특히 경제에 대한 통제권이 제국의회(Reichstag)로 넘어가 있었다. 그런가 하면, 장기간의 소모적인 전쟁으로 인해 애국심에 대한 호소는 그 위력을 현저히 상실한 가운데 경제적 곤궁은 주요한 소요 사태들을 불러왔다. 1917년 8월에는 빌헬름스하펜에서 지루함과 배고픔에 시달리던 해군 선원들이 공공연하게 폭동을 일으켰다. 다음 해 1월에는 킬과 베를린에서도 대규모의 장기적인 소요가 발생했으며, 함부르크와 브란덴부르크에는 계엄령이 내려지기도 했다.

정치적 이데올로기는 이러한 내부적 어려움을 악화시켰다. 미국의 참전은 민주주의적 성향의 열강 간 단합을 공고히 해준 반면, 헤게모니적 야심을 가지고 전쟁을 가차 없이 수행해온 독일은 고립시켰다. 그 결과, 평화를 요구하는 좌파의 요구는 커져갔으며, 제국의회도 영토의 병합이나 배상금이 없는 평화를 요구하기 시작했다. 이처럼 '후방전선'의 붕괴가 가속화하고, 오스트리아의 이탈이 임박해 보이는 상황에 직면하여 독일은 최단 시일 내에 서부전선에서 대공세를 가한다는 마지막 카드를 뽑아 들었다. 그것은 야심적이기는 했지만 도박 행위에 다름 아니었다.

독일의 공세가 성공하기 위해서는 세 가지 문제가 선결돼야 했다. 수적으로 독일군은 연합군에 비해 상당히 열세였다. 이는 결정적인 단일 전선에 모든 병력과 화력을 집중해 공세를 가하는 것만이 유일한 선택지가 되게 만들었다. 이를 위해 독일로서는 동부전선에서 병력을 이동해 서부전선에 집중시킬 필요가 절실했고, 그 결과 3월 초 러시아와의 강화조약이 공식적으로 체결되기에 이르렀다. 다음으로 공격의 지점을 선택하는 문제가 놓여 있었다. 루덴도르프는 독일군이 결정적 승리를 거둘 수 있는 유일한 장소는 연합군의 주력이 위치한 서부전선임을 확신하고 있었다. 결국, 공격은 연합군 전선 중 가장 취약 지점인 영국군과 프랑스군의 교차 지점으로 향할 수밖에 없었다. 그리하여 우아즈 강과 스카르프 강 사이의 지점이 공격 지점으로 선정되었다.

효과적인 공격법도 찾아야 했다. 해답은 넓지 않은 전선에서 '침투 전술'을 구사하는 것으로 모아졌다. 이 전술을 구사함에 있어 충분한 자체 화력을 가진 소규모의 공격부대는 사전에 식별된 적의 취약점만을 골라 지속적으로 침투하고, 적의 저항이 강력한 지점은 후속 전력에게 맡겨졌다. 이러한 전술은 적의 진지 내로 깊숙이 침투해 적의 균형을 깨뜨리고 그의 통신 및 교통과 퇴각로를 위협하는 것을 목표로 했다.

'루덴도르프 대공세' 또는 '황제의 전투(Kaiser's Battle)'라고 불리는 독일의 대공세는 3월 21일 새벽에 기습적이고도 격렬한 포격과 함께 시작되었다. 5시간 뒤 보병의 공격이 뒤따랐으며, 고프 장군이 이끄는 영국 제5군의 신장된 전선이 주된 타격의 대상이 되었다. 독일군의 진격은 매우 극적으로 이루어져서, 영국군의 전선은 1916년을 시작할 무렵의 지점으로 되돌려졌다. 이로써 연합군은 위기에 빠지게 되었으며, 영국 국민들은 자신들이 패전할지도 모른다고 생각하기 시작했다.

아미앵을 방어하는 일이 절대적 급선무가 된 상황에서 고프 장군은 해임되고 제5군이 관할하던 전선은 롤린슨 장군이 지휘하는 제4군에게로 이양되었다. 아미앵 부근에 집중적인 증원이 이루어지면서 그 마을을 장악하려던 독일군의 시도는 막대한 손실을 입은 채 4월 초에 가까스로 격퇴되었다.

루덴도르프는 더 이상의 진군이 어려워지자 플랑드르 지역으로 눈을 돌려 4월 9일부터 집요한 공세를 펼쳤지만 이 또한 극심한 손실을 내며 결국 격퇴되고 말았다. 매달 15만 명꼴로 미국의 병사들이 프랑스에 속속 도착하고 독일의 내부 상황은 점점 더 절박해갔지만 루덴도르프는 5월 말에 3개 군을 엔강을 넘어 파리를 향해 진군시켰다. 완벽한 전략적 기습을 달성한 독일군은 영국과 프랑스 연합군보다 여섯 배에 이르는 수적 우위를 활용해 수 일 내에 파리에서 채 40마일도 떨어져 있지 않은 지점까지 진격했다. 그러나 5-6월에 미국군과 프랑스군의 치열한 저항과 반격으로 인해 더 이상 진군은 불가능해지고 말았다. 3월 말부터 6월까지 이어진 일련의 공세 속에서 100만 명가량의 독일군이 손실되었으며, 병력과 보급물자의 부족으로 병사들의 사기는 한층 더 심각하게 저하되었다.

독일군은 7월 15일에 마른강 지역에 대해 마지막 공세를 가했다. 그러나 포로나 탈영자들을 통해 상대의 계획을 잘 파악하고 있던 프랑스군은 포격이 시작되기 전에 전방의 진지들로부터 철수했다 그리고 종심방어(강력한 단일 방어선을 구축해 적의 진격을 막고자 하는 선방어에 반대되는 개념으로, 복수의 방어선을 형성해 각 방어선을 넘어오면 전력이 점차적으로 소모된 적에게 종심 깊은 곳으로부터 기동성 있는 반격을 가하는 방어전략의 하나) 태세를 갖추고 독일군을 깊숙이 유인한 뒤 반격을 가해 격퇴해버렸다. 이 전투에서 독일군은 16만 8,000명가량의 손실을 당해 치명타를 입었다. 이로써 서부전선에서 승리의 주도권은 연합군에게로 넘어갔다.

'마지막 백일': 결판의 순간

7월 말에 접어들면서 독일의 패색은 짙어만 갔다. 영국군 총사령관 헤이그는 종국적 승전의 전제조건인 서부전선에서 독일군을 패퇴시키는 일이 1918년 내에 가능하리라는 확신을 가지게 되었다. 그는 8월 8일부터 11월 11일까지의 '마지막 백일' 동안 59개 사단을 동원해 일련의 눈부신 군사작전을 펼침으로써 독일의 99개 사단을 격파하고 약 150만 명의 포로와 2,300문의 포를 획득하는 데 성공했다. 이는 값비싼 대가를 치르고 선행된 전투들에서 체득한 교훈을 체계적으로 적용한 결과였다. 모든 작전 계획과 준비는 철저히 비밀에 부쳐지고 예비포격도 포기됨으로써 기습의 효과를 달성할 수 있었으며, 보병과 탱크는 상호 협력을 근간으로 하는 전술을 세밀하게 훈련했다. 포병의 지휘 구조도 주도권과 기동성, 공격적 태세를 강화하는 방향으로 단순화되었고, 항공기의 집중적인 운용을 통해 화력도 크게 보강되었다.

8월 8일의 아미앵 전투가 결정적 전환점이었다. 롤린슨 장군은 이 전투에 2,000여 문의 포와 534대의 탱크, 그리고 800기 이상의 항공기를 결집시켰다. 영국군에 속한 오스트레일리아 및 캐나다 군단들에 의해 아미앵 동쪽에서 가해진 공격은 극적인 성공을 거두어 첫날에만도 3마일이나 진격이 이루어졌다. 같은 날 독일군은 3만 명가량을 잃었다. 그러나 3일간 지속된 진군은 눈부신 전과를 더는 가져오지 못했다. 이는 보병의 진격 속도가 포병이 지원할 수 있는 한계를 넘어서고 탱크의 손실도 커졌을 뿐 아니라, 보급물자의 조달에도 문제가 생겼기 때문이다. 그러나 이 전투는 독일군의 전투력이 파멸적으로 저하되고 있음을 확인시켜주기에 충분한 것이었다.

알베르(Albert)에 대한 공세가 이어졌다. 8월 21일에 완벽한 기습을 달성하며 시작된 이 공세는 독일의 제2군으로 하여금 55킬로미터 퇴각하도록 강제했으며, 8,000명을 포로로 획득하는 전과를 달성했다. 전투는 29일에 바폼(Bapaume)을 장악하면서 공식적으로 종결되었다. 10월 8일 캉브레 전투에서 영국군은 마침내 힌덴부르크 방어선을 돌파했다. 10월 내내 독일군은 퇴각을 거듭했다. 27일에는 루덴도르프가 사임했으며, 11월 1일에는 터키도 항복했다. 9일에는 황제가 네덜란드로 망명했다. 끝내 멈추지 않을 것 같던 총성은 11월 11일 오전 11시를 기해 마침내 멈추었다.

그러나 '마지막 백일' 동안 연합군이 지불해야 했던 대가도 컸다. 영국군에서는 약 35만 명의 사상자가 발생했다. 이 기간에 하루에 3,645명꼴로 사상자가 발생했는데, 이는 1916년 솜 전투의 기간 때보다 높은 수치였다. 미국군도 9월부터 11월까지의 공세 동안 11만여 명을 잃었다.

평화 또는 휴전?: 평화의 대가(代價)

제1차 세계대전 동안 발생한 인적 손실의 규모를 정확히 가늠하는 것은 사실상 불가능하다. 독일에서는 최소 180만여 명이 사망하고 424만여 명이 부상을 당했던 반면, 프랑스의 사상자는 500만 명에 육박하고 그중 138만여 명이 사망하거나 실종된 것으로 추정된다. 미국군에서는 11만여 명의 사망자를 포함해 총 32만여 명이 사상을 당했다. 대영 제국에서는 326만여 명이 사상을 당했는데, 그중 95만 명이 사망하거나 실종되었다. 서부전선만 하더라도 269만여 명의 병사들이 사상을 당했는데, 이는 서부전선에서 복무했던 대영 제국 장병들 중 12퍼센트가량이 목숨을 잃고, 거의 38퍼센트가 부상을 당한 것에 해당한다. 오랜 대량살육의 전쟁이 주요 참전 국가의 사회에 남긴 상처는 실로 심대한 것이었다.

휴전의 결과 1919년 6월 28일에 체결된 베르사유 조약은 진정한 평화를 가져오기에 여러모로 불충분했다. 독일 정부는 그 내용에 상당한 불만을 제기했으며, 연합국의 지도자들 중에서도 일부는 조항이 너무 가혹함을 주장한 반면에 다른 일부는 오히려 조항의 관대함을 비판했다. 조약은 독일에 대한 강력한 처벌을 바라는 프랑스의 요구와 안정을 바라는 영국의 입장에 국제주의, 민주주의, 민족자결의 원칙에 기초하는 더 나은 세계에 대한 미국의 희망이 불만족스럽게 절충된 것이었다.

조약은 1914년 당시 독일이 소유했던 영토의 13.5퍼센트와 그 경제적 자원의 약 13퍼센트, 700만 명가량의 국민, 모든 해외의 식민지를 앗아가버렸다. 아울러 독일 육군을 10만 명으로 제한하고, 해군이나 공군 전력도 사실상 보유하지 못하게 엄격히 규정했다. 그뿐 아니라 독일은 '전범'으로서 배상금의 지불을 강요당했다. 배상금은 전후 독일의 경제를 더욱 취약하게 만드는 데 일조했으며, 독일을 '전범'으로 규정한 것은 독일 국민들 사이에서 반감이 확산되게 하는 데 기여했다. 프랑스의 포슈 장군이 언급한 것처럼 그것은 '평화가 아니라 20년간의 휴전'을 위한 조약에 가까웠다.

6 총력전과 전쟁의 새로운 양상

후방전선

제1차 세계대전은 총력전의 세기가 본격화하는 것을 알리는 역사적 사건이었다. 교전국들은 국가의 총력을 투입해 전례 없이 긴 기간에 전례 없는 수준의 충돌을 이어갔고, 그 영향 또한 실로 컸다. 전선에서의 투쟁은 전장을 넘어 국내의 생활에도 심대한 영향을 끼쳐 '후방전선'의 형성을 가져왔다. 각 교전국은 인적, 산업적 자원을 동원하기 위해 필사적인 노력을 기울였고, 원료·식량의 생산 및 분배, 물가와 임금, 언론과 교통을 통제하기 위해 광범위한 조치를 취했다. 특히 군사적 요구와 산업적 요구 사이에서 균형을 유지하는 일은 각 정부가 직면해야 했던 가장 주요한 난제였다.

침공의 주된 희생자이자 징집제를 적용하던 프랑스는 온 사회가 전쟁 수행을 위한 요구에 남달리 민감하게 반응할 수밖에 없었다. 실제로, 1915년 중반까지 군에 소집된 젊은이만도 544만여 명에 달했다. 이제 여성들이 농업뿐 아니라 공적 서비스나 상업 부문에서도 남성들의 역할을 대체하기 시작했다. 높은 임금에 매력을 느낀 여성들은 급격히 팽창해가던 군수공장에서 자리를 잡기 시작해 1915년 10월 무렵에는 7만 5,000명의 여성이 군수공장에서 일하고 있었다. 이는 여성들에게 전에 없는 수준의 개인적, 재정적 독립을 가져다주기도 했다.

전쟁은 프랑스 국민들의 일상생활에도 큰 영향을 주었다. 전쟁 전반기부터 식료품의 가격은 급등했으며, 임금의 상승과 군수업자들이 취하는 이윤의 급증은 생활비를 40퍼센트가량 상승시켰다. 밀을 수입하는 비용을 절감하기 위해 1916년 5월에는 '국민빵'이 도입되었고, 11월에는 '고기를 먹지 않는 날'을 운영하는 것을 포함하는 다른 제한 조치들도 도입되었다.

프랑스 사회가 가장 큰 어려움에 직면한 해는 1917년이었다. 국민들의 열정적 애국심은 전쟁에 대한 염증과 체념으로 상당 부분 대체된 상태였다. 게다가 희생에 비해 결실은 보잘것없는 장기간의 전쟁으로 인해 국가적 기강은 흔들리고 국민적 분위기는 한층 불안정해져 있었다. 이러한 상황 속에서 평화론자들이나 회의론자들에 의한 반전 활동이나 선전이 강화되었다. 1915년에는 산업체나 공적 서비스 부문에서 98회의 파업이 발생했지만, 1917년에는 그 수치가 689회로 급증했다. 식량 부족 현상도 더 악화되었다. 설탕의 보급에 심각한 문제가 발생하고 빵은 더 거칠어졌다. 1918년 1월에는 하루에 1인당 불과 10온스씩의 빵이 배급되어 배급량에 거의 절대적으로 의존하던 노동자들에게 심각한 타격을 주었다. 우유, 버터, 계란의 가격도 급등했으며, 카페나 식당, 정육점 등도 영업시간을 급격하게 단축시킬 수밖에 없었다.

여성 인력의 광범위한 활용에도 후방전선은 인력 부족 사태로 인해 심각한 어려움에 봉착했다. 그 결과, 1917년 4월부터 1918년 1월까지 약 35만 명의 장병이 전선에서 철수해 농업, 광업, 철도, 교육 부문에서 일하게 되었다. 특히 파리 시민들은 독일의 대규모 공습에 노출되어 1918년 3월 한 달에만 120명이 사망했다. 게다가 독일군의 대공세 시에는 파리가 독일군의 포격이 미칠 수 있는 거리에 놓이게 되어 3월 23일부터 8월 9일까지 256명의 시민이 사망했다.

1916년의 반전 만평(유럽 5개국 병사들이 예수를 처형하고 있다)

그럼에도 프랑스의 국민적 사기가 결정적으로 붕괴되지 않고 끝까지 전쟁 노력을 이어갈 수 있었던 것은 1917년 11월에 총리가 된 클레망소의 공이 컸다.

연합국의 경우와는 달리 전제적인 체제를 유지하고 있던 독일은 전쟁 초기부터 보다 철저하고 용이하게 민간 주민들을 전쟁 노력에 동원할 수 있었다. 산업적으로(특히 화학, 철강, 전기, 군수와 같은 부문에서) 더 발전되어 있던 독일은 전쟁부 원료국을 창설해 운영함으로써 그러한 이점을 신속하게 강화해갔다. 원료의 부족은 전쟁 원료의 조달을 책임지는 회사들을 통한 해결을 모색했으며, 연합군에 의한 봉쇄의 효과를 상쇄하기 위해 원료 보급은 부문에 따라 엄격히 통제되었다.

여성들도 더욱 기민하게 전쟁 노력에 동원되었다. 특히 여권운동의 핵심 인물인 바우머의 헌신적 분투는 전쟁 노력을 위해 여성을 동원하는 데 크게 기여했다. 그럼에도 베르됭과 솜 전투를 거친 후인 1916년 말부터는 독일 또한 심각한 인력 문제에 봉착할 수밖에 없었다. 결국 그해 말에 보조병역법을 도입해 이미 군에서 복무 중인 이들을 제외한 17-60세의 모든 남성에게 의무병역을 강제하고, 직업을 바꿀 수 있는 노동자의 자유도 제한했다.

독일이 가장 취약했던 부분은 식량 공급이었다. 봉쇄로 인해 전쟁이 지속될수록 이 문제는 더 악화될 수밖에 없었다. 일찌감치 1915년 1월 초부터 빵 배급이 도입되었으며, 토마토와 육류 공급도 엄격히 조절되었다. 이듬해에는 육류, 감자, 우유, 설탕, 버터 등이 모두 배급되어야 했으며, 중립국을 통한 수입의 감소와 흉작은 상황을 한층 더 악화시켰다. 특히 감자 생산량이 급격하게 감소하면서 독일 국민은 점점 더 순무에 의존하지 않을 수 없게 되었다. 전쟁의 마지막 두 해 동안 많은 독일인에게 주된 먹을거리는 질 나쁜 빵과 순무, 그리고 가능한 경우에 한해 감자가 전부였다.

독일에서도 전쟁에 대한 염증이 산업적 소요 사태들로 표출되었다. 1917년 4월에 빵 배급량의 삭감으로 인해 베를린과 라이프치히에서 소요가 발생했으며, 이에 참가한 이들은 영토 병합이 없는 강화를 요구하기도 했다. 그런가 하면, 6월에 루르에서 파업에 참가한 이들은 정치 개혁을 요구했다. 1918년에 들어서는 주요한 산업분쟁이 에센이나 함부르크에서도 발생했다. 그러한 파업은 종종 매우 급진적이거나 더러는 거의 혁명적 기운까지 띠고 있었다. 2월 초에는 베를린의 가장 큰 공장 7곳이 계엄령하에 놓이고, 수도 전체에 걸쳐서도 '계엄 상태'가 선포되었다. 일단 힌덴부르크 방어선이 심각한 위협을 받게 되자 독일은 급속하고도 결정적으로 혼돈과 혁명의 상태로 빠져들고 말았다.

전쟁 전 영국 사회는 산업분규, 공세적 여성 참정권 운동, 아일랜드 자치 문제를 둘러싼 논쟁 등으로 사회적, 정치적으로 불협화음이 커가고 있었다. 전쟁의 발발은 그러한 불화를 일시적이나마 중단시켰다. 대규모의 군대가 필요하게 되면서 산업과 인력에 대한 국가의 통제도 그에 부합하여 커질 수밖에 없었다. 1914년 8월 8일 통과된 국토방위법은 본능적으로 반(反)간섭주의적 태도를 보여왔던 영국 정부에게 전쟁 노력을 위한 상당한 권한을 부여해주었다. 전쟁이 진행되면서 국가의 힘은 일상생활의 거의 모든 측면을 침해하기 시작했으며, 전쟁 발발 이전에는 상상도 할 수 없던 규모로 개인의 자유도 제약했다.

무엇보다도 효율적 동원을 시행하고, 군과 산업 부문 간에 인적 자원을 균형적으로 운용하는 일이 시급했다. 합리적 총괄 계획이 결여된 상황에서 이루어졌던 전쟁 초기의 무제한적 모병은 1915년 5월에 들어 모병과 군수물자 생산에 동시적인 위기를 발생시켰다. 7월에 전시군수법이 제정되고서야 정부는 비로소 군수품 생산을 늘리기 위해 필요한 조치들을 취할 수 있게 되었다.

영국의 산업적 동원에도 여성들이 주요한 역할을 맡았다. 결과적으로 총 94만여 명의 여성이 군수물자 생산에 투입되었으며, 이는 전쟁 동안 같은 부문에 동원된 전체 노동력의 무려 90퍼센트에 해당하는 것이었다. 그뿐 아니라 거의 12만 명의 여성이 교통 및 수송, 그리고 23만 명이 농업 부문에 종사했다. 전쟁 후반에는 육군 여성 보조단, 해군 여성대, 공군 여성대와 같이 새로

영국의 전쟁 노력에 대한 여성들의 동참을 촉구하는 포스터(1915년)

이 창설된 부대에서 보조적이나마 군사적인 역할을 수행하기도 했다.

전쟁의 발발로 인한 실업 감소와 임금 상승의 효과는 물가 상승에 의해 상쇄되었다. 1916년 11월에 이르면 기본 일용품의 가격이 평균 75퍼센트나 상승한 상태였다. 게다가 1916년에는 독일의 잠수함 활동과 밀 저장량의 지속적인 감소로 인해 '전쟁빵(war bread)'이 등장하기에 이르렀다. 특히 독일이 무제한 잠수함전을 재개한 1917년 2월부터는 영국에게 진정한 위협이 가해졌다. 4월에만도 86만여 톤에 이르는 영국과 연합국 또는 중립국 선박들이 격침되어 영국에서 기아가 발생할지 모른다는 전망이 더욱 힘을 얻게 되었다. 호송선단 체계가 도입되고 공중 엄호가 제공되기 시작하면서 손실률은 상당 정도 감소했지만, 그것만으로는 영국의 식량 문제가 해결될 수 없었다. 결국 다음 해 4월에는 영국 전역에서 몇몇 기본 일용품에 대한 배급이 시행되기에 이르렀다.

그러나 영국에서도 전쟁에 대한 염증이 확산되고 있음을 보여주는 증상이 농후해지기 시작했다. 1917년에 688회의 파업과 노사 분쟁이 발생했으며, 이에 참여한 노동자의 수는 86만 명에 달했다. 주목할 점은 산업 분규가 전간기 동안에 비해 오히려 훨씬 적었을 뿐 아니라, 1918년에 만연하던 파업도 대부분은 서부전선에서 최악의 위기가 지난 후인 7월경부터 발생했다는 점이다. 영국 국민 대다수는 승리가 확보될 때까지는 어떻게든 버텨보려 애썼던 것이다. 영국군 내(특히 오스트레일리아군 또는 뉴질랜드군)에서도 소규모의 비행(卑行)이나 소란은 만연했지만, 대체적으로 장병들은 충직했다. 전선 지역에서 발생한 사건들 중 폭동으로 분류할 수 있는 사례는 1917년 9월 에타플(Étaples)에서 훈련캠프의 열악한 상황으로 인해 발생한 소요뿐이었다.

무기 체계의 발전과 전쟁 양상의 변화

참호전으로 인한 전선의 교착은 역설적이게도 다양한 무기 체계의 발전을 이끌었다. 그렇게 발전된 무기들은 다시 전쟁을 새로운 양상으로 이끌어갔다.

포가 장차 지상전에서 결정적 무기가 될 것이라는 점은 전쟁 초기부터 명확해졌다. 보병의 공격은 반드시 포병의 선행적 또는 동시적 지원을 필요로 했으며, 적의 공세에 맞서는 데도 포의 역할은 필수적이었다. 실제로, 러일전쟁 동안에는 전체 사상자 중 불과 10퍼센트만이 포격에 의해 희생되었지만, 제1차 세계대전 동안에는 그 비율이 70퍼센트로 급등했다. 그럼에도 많은 경우 방어자들은 여전히 집중 포격에서 살아남아 보병들에 의한 후속 공격을 격파할 수 있었다. 1916년에 영국군은 솜 공세를 시작하기 전 8일 동안 무려 170만 발을, 그리고 한 해 뒤 파스샹달 공세를 개시하기 전에는 14일 동안 420만 발의 포탄을 퍼부었지만 독일군의 방어망을 제압할 수는 없었다.

교착 상태를 타개하기 위한 시도는 처음으로 전투에 독가스가 인명 살상의 목적으로 사용되는 결과 또한 낳았다. 1915년 4월 22일에 독일군은 제2차 이프르 전투를 시작하면서 프랑스군과 그 식민지군에 대해 염소가스를 살포했다. 가스를 흡입한 병사들의 호흡기관은 수 초 내에 파괴되기 시작했다. 격심한 공포 상태에 빠진 프랑스군은 무질서하게 도주하기 시작했고, 그 결과 연합군의 전선에는 4마일 정도의 간극이 발생했다. 이러한 결과는 실험의 주체였던 독일군마저 깜짝 놀라게 했다. 그러나 독가스는 가장 다루기 까다로운 무기들 중 하나였다. 살포된 독가스가 적의 전선까지 제대로 도달하는 데는 풍향과 같은 자연적 조건이 결정적인 변수로 작용했다. 전쟁 동안 총 120만 명가량이 독가스에 희생되었다.

제1차 세계대전을 통해 그 전술적 잠재력을 보여준 대표적인 신무기는 탱크였다. 탱크는 철조망과 무인지대의 지형적 난관을 극복하는 수단으로 1915년 후반부터 제작되기 시작했다. 탱크가 전장에 첫선을 보인 것은 1916년 9월 15일부터 한 주간 이어진 플뢰르-쿠르세레트(Flers-Courcelette) 전투에서였다. 그러나 투입된 36대의 탱크는 독일군 병사들에게 상당한 심리적 충격을 주기는 했지만 고질적인 기계적 결함과 열악한 전장 상황으로 인해 이렇다 할 전과를 달성하는 데는 실패했다.

그러나 1917년 11월 20일의 캉브레 전투는 그와 달랐다. 총 474대의 탱크가 집중적으로 투입되어 12마일에 달하는 독일군 전선이 돌파되고 1만 명가량의 독일 병사들이 생포되었다. 보병 예비전력의 부족으로 인해 탱크들이 달성했던 전과는 독일군의 반격과 함께 무효화하고 말았지만, 이 전투는 탱크의 전술적 효용성을 입증하기에 충분했다. 1918년에는 탱크가 공격 전력의 선봉에서 보병들의 원활한 진격을 지원하는 방식으로 활용되어 그 가치를 거듭 입증했다.

해전에서는 무제한 잠수함전이 본격화되었다. 원래 무제한 잠수함전은 영국의 해역을 봉쇄하기 위한 조치의 일환으로서 1915년 2월에 독일에 의해 개시되었다. 그러나 중립 국가들의 항의로 9월에 중단되었다가 1917년 2월에 전면적으로 재개되었다. 연합군은 호송선단을 재등장시키고, 수중청음기와 수중음파탐지기를 개발해내 이에 대응했다.

제1차 세계대전은 장차 항공력이 전쟁의 양상을 변화시킬 수 있는 잠재성을 확인시켜준 전쟁이기도 했다. 기구, 비행선, 항공기를 이용한 작전 수행은 참호전에 의한 교착 상태를 타개하는 해법으로서 충분한 매력을 지니고 있었다. 초기 항공력은 주로 정찰이나 포격을 지원하는 용도로 활용되었다. 그러나 초보적인 전략폭격이나 공중전 또는 공지(空地)작전도 점진적으로 발전되었다. 민간 표적에 대해 최초의 공습이 가해진 것은 독일의 체펠린(Zeppelin) 비행선이 영국의 그레이트야머스를 공격한 1915년 1월의 일이었다. 5월 31일에는 급기야 런던이 처음으로 공습의 대상이 되었다. 1917년 5월 말에는 독일의 고타

솜 전투(1916)에 등장한
영국의 마크 1 탱크

(Gotha) 항공기가 포크스톤을 공격함으로써 항공기에 의한 최초 공습이 이루어졌다. 공습의 피해는 컸다. 14대의 고타 항공기에 의해 6월 13일에 감행되었던 런던 공습은 162명의 사망자를 내고 시민들 사이에서 심각한 공포를 유발했다. 영국에 대한 독일의 공습은 1,400여 명의 민간인을 희생시켰다. 역설적이게도, 독일의 공습은 영국이 세계 최초로 독립된 공군을 탄생시키는 데 결정적으로 기여했다. 1918년 4월 창설된 영국 공군은 종전 때까지 독일에 242회의 공습을 가했다.

항공기 간의 공중전도 탄생했다. 양 진영 모두가 항공기를 정찰 등의 목적으로 본격 활용하면서 서로 간의 조우는 점점 빈번해졌다. 정찰을 방해하는 적 항공기의 활동을 무력화해야 할 필요성은 공중전을 탄생시켰다. 1915년 4월에 네덜란드 태생의 포커에 의해 프로펠러와 기총을 연동시킨 동조기어가 개발되면서 공중전이 본격화할 수 있는 물리적 환경이 조성되었다. 포커 항공기는 개별 조종사들 간의 공대공 전투를 본격화했다. 그러나 조종사들 간의 일대일 공중전은 그리 오래 지속되지 못했다. 점차 다수 항공기들이 대형을 이루어 비행하게 되면서 대규모의 공중 전투가 더 일반적이게 되었다.

전쟁 후반기에는 항공기들이 대지공격의 임무에도 널리 사용되었다. 특히 1917년 7월 31일에 개시된 제3차 이프르 전투에서 9킬로그램 폭탄으로 무장한 영국의 항공기들은 적의 참호와 접근로를 폭격하여 효과를 거두었다. 독일군도 특유의 침투 전술을 사용하면서 항공기를 대지공격의 용도로 잘 활용했다. 항공기 조종사들은 적진에 기총을 발사하거나 수류탄을 투척하여 돌격대(Sturmtruppen)를 지원함으로써 전술의 성공에 기여했다. 전쟁의 '마지막 백일' 동안 영국 공군은 높은 수준의 공지 합동작전을 성공적으로 수행할 수 있을 만큼 발전해 있었다. 그들은 대지공격 전력으로서 전술적 성공에 기여했을 뿐 아니라, 정보 수집을 통해 지휘를 용이하게 하고, 장거리 관측을 실시하며, 보병에 대한 공중보급도 실시했다.

23

러시아 혁명과 사회주의 국가의 출현: 억압에서 해방으로, 해방에서 동원으로

류한수

1 1917년 혁명 이전의 러시아 제국

동슬라브(東Slav)인의 한 지파인 러시아인은 비잔티움 제국의 문화와 정교를 받아들이고 12세기부터 두 세기 넘게 몽골의 지배를 겪으면서 서유럽과는 다른 발전 경로를 걸었다. 비잔티움 제국이 사라진 뒤에 올바른 그리스도교의 수호자로 '제3의 로마'를 자처하던 러시아인의 국가는 표트르 대제 재위 기간(1682-1725년)에 큰 변화를 겪었다. 표트르는 행정 수도를 모스크바에서 유럽과 가까운 상트페테르부르크로 옮기고 유럽의 기술과 문화를 적극적으로 받아들였다. 중앙 권력을 비약적으로 강화하는 이 개혁을 발판 삼아 러시아 제국은 유럽의 한 주역으로 발돋움했다. 서방을 지향하는 개혁은 18세기 후반 예카테리나 대제 재위 기간(1762-1796년)에 한층 더 세게 추진되어 러시아 제국은 동유럽의 열강으로 자라났다. 예카테리나의 손자 알렉산드르 1세가 유럽의 패권을 쥔 프랑스의 나폴레옹을 물리치면서 러시아 제국은 유럽의 대열강이 되었고, 그 뒤 한 세기 동안 '보수반동의 보루' 노릇을 했다.

그러나 러시아 제국은 열강의 지위에 올라서는 과정에서 숱한 모순을 떠안게 되었다. 지배 엘리트인 지주귀족과 인구의 절대 다수를 구성하는 농민 사이에 넓고 깊은 골이 패였다. 제국 정부가 중앙 권력을 확장하고자 키워낸 신진 귀족은 러시아의 전통 문화가 아닌 서방 문화에 흠뻑 젖었고 전제정을 떠받치는 대가로 특권을 얻어냈다. 그들은 영지의 농민을 마음대로 부렸고, 농민의 지위는 꾸준히 떨어져 귀족에 예속된 존재가 되었다. 하느님은 땅을 일하는 사람에게 주셨다고 믿는 농민은 일하지 않으면서도 땅을 거머쥔 귀족을 내쫓고 언젠가는 그 땅을 차지하겠다는 마음을 버리지 않았다.

러시아 제국의 중심부에서 농노제가 확산되는 한편으로, 중앙권력이 세지자 제국의 변두리가 예전에 누리던 자율권이 줄어들었고 제국의 영토가 넓어지자 다른 여러 민족이 제국의 백성이 되었다. 지위 하락에 불만을 품은 농민, 자율권을 되찾으려는 변방 주민, 러시아인의 지배에 항거하는 소수민족이 결합되면 제국의 기초를 뒤흔드는 대봉기가 일어났다. 그 대표 사례가 1670-1671년 스텐카 라진(Stenka Razin)의 봉기와 1773-1774년 푸가초프(Pugachev)의 봉기였다. 러시아 제국의 전제권력은 중앙집권적 국가의 형성이라는 근대의 흐름을 거스르는 이런 저항을 이겨냈지만, 밑으로부터의 저항을 힘으로 억눌러 만들어낸 통치 구조 아래서 괴로움을 겪는 피지배층은 사회구조를 억누르는 '우리'와 억누르는 '그들'로 구분해서 인식했다.

러시아 제국은 서방과 맺는 관계에서 더 큰 시련을 맞이했다. 세계 체제에 편입된 러시아는 정치에서는 열강이었지만 경제에서는 유럽의 중심부에 값싼 곡물을 대주는 반주변부였다. 이런 불균형에서 비롯되는 취약성은 19세기 중반에 크림 전쟁에서 러시아가 지면서 그대로 드러났다. 19세기 초엽까지 유럽의 다른 여러 열강을 상대로 인구와 영토의 규모에서 보이는 우위를 바탕으로 누려온 군사 강국의 지위가 밑동부터 흔들렸다. 경제의 산업화와 정치의 자유주의화에서 앞선 서방 열강의 군대가 발휘하는 전쟁 수행의 효율성 앞에서 러시아 군대가 내세운 단순한 양적 우세는 더는 통하지 않았다. 러시아 제국이 근대화에 뒤처져 열강의 지위를 잃는다면 그동안 군사적 팽창으로 감춰온 통치 구조의 불안정성이 증폭되어 체제가 무너질 가능성이 없지 않았다.

일찍이 19세기 초에 서방의 변혁을 목도하며 전제 체제의 모순을 감지한 러시아의 일부 귀족 엘리트가 자유주의적 통치 체제를 도입하려고 시도했다. 그러나 서방이 겪는 근대화의 진통을 하느님이 '타락'한 자들에게 내리는 벌로 여기는 전제정은 이러한 시도를 받아들이기에는 너무 경직되어 있었다. 체제를 바꾸려는 귀족 엘리트의 열망은 1825년 데카브리스트(Dekabrist)의 봉기로 표출되었지만, 대중과 동떨어진 음모 집단의 한계를 이겨내지 못하고 곧바로 진압되었다. 그 뒤로 오히려 전제 체제를 강화하는 러시아 제국과 근대화의 길을 성큼성큼 나아가는 서방의 간격은 더 벌어졌다.

1855년에 크림 전쟁의 패배를 맞이하며 제위에 오른 알렉산드르 2세는 위기감 속에서 일정한 체제 개혁에 나섰다. 개혁의 핵심은 1861년의 농노해방령이었다. 이 법령으로 인구의 절대 다수를 차지하는 예속 농민이 자유민의 지위를 얻었다. 그러나 농민은 자기가 일구던 땅을 높은 값을 치르고 사야 했고, 노른자위 땅은 귀족의 손에 남아서 불만의 불씨는 꺼지지 않았다. 더구나 의회민주주의는 도입되지 않았다. 1870년대 초에 특권을 모두 내버리고 인민 속으로 들어가 체제 변혁을 촉진하려는 브나로드('인민 속으로') 운동에 나선 엘리트 청년 지식인은 사회 혁명의 주체로 삼은 농민을 일깨워 전제 체제를 깨뜨리고자 했다. 또한 같은 시기에 서유럽에서 부르주아지가 노동계급을 수탈하는 데 경악한 그들은 러시아 농촌에서 유지되는 농민공동체를 바탕으로 자본주의 단계를 건너뛰어 새로운 이상 사회를 세워야 한다고 보았다. 그러나 전제 군주인 차르를 '어버이'로 여기는 농민은 체제를 바꾸자는 선전에 귀를 기울이지 않았고, 농민공동체는 자본주의의 참상을 우회할 수 있게 해줄 사회주의적 조직과는 거리가 멀었다.

브나로드 운동의 실패에 좌절한 청년 지식인들은 테러 전술로 기울었고, 1881년에 폭탄으로 알렉산드르 2세의 목숨을 빼앗았다. 하지만 차르가 제거되어도 기대한 체제 변화는 일어나지 않았고, 오히려 아버지의 죽음에 복수심을 불태우는 새 차르 알렉산드르 3세의 반동 정책에 밀려 혁명 세력은 교수대에 오르거나 감옥에 갇히거나 시베리아 유형지로 쫓겨났다.

반동의 삭풍이 세차게 몰아쳐와 두꺼워지는 반동의 얼음장 밑에서는 돌이킬 길 없는 산업화의 물길이 흐르고 있었다. 대도시에서는 공업화가 진행되고 있었고, 1890년대에 시베리아 횡단철도 건설이 추진되면서 제국의 변경도 자본주의의 자장 안으로 끌려 들어왔다. 20세기 초까지 경제 성장률은 매우 높았고, 자본가계급과 노동계급이 자라나면서 신분으로 편성되어 있던 낡은 사회구조가 흔들렸다. 전제정은 굳건해 보였지만 사회의 역동성은 꾸준히 커졌다.

정부의 비호 아래서 육성된 자본가계급은 전제정에 불만을 품고 있으면서도 사회 혁명이 두려워 입헌군주제를 요구하는 선에 머물렀다. 노동계급은 전체 제국 인구의 10퍼센트에 못 미쳤지만, 비율에 걸맞지 않게 큰 영향력을 발휘할 수 있었다. 1917년에 수도 페트로그라드(Petrograd, 상트페테르부르크)

의 인구 240만 명 가운데 40만 명이 공장 노동자였다. 대도시의 대규모 산업체에 밀집해 있는 노동자의 저항은, 분산된 농민의 고립된 저항과 달리, 기존 체제를 뒤흔드는 위협 요소였다.

농민의 수동성에 실망한 반(反)체제 세력의 일부는 혁명을 주도할 노동계급의 잠재력에 주목하고 마르크스주의를 받아들였다. 도시에서 산발적으로 나타나던 마르크스주의자의 활동은 1898년에 러시아 사회민주주의노동당의 결성으로 이어졌다. 마르크스주의의 계급 이론은 '우리와 그들'이라는 러시아 인민의 이분법적 세계관에 포개지면서 큰 호응을 얻었다. 한편, 아직은 자본주의가 고도로 발달하지 않았고 부르주아 민주주의 단계에조차 들어서지 못한 러시아 제국에서 노동계급의 당면 과제를 놓고 견해차가 생긴 끝에 1903년에 마르크스주의 정당이 두 쪽으로 갈라졌다. 장기간의 자본주의 발전 단계를 상정하고 미숙한 러시아 노동계급이 부르주아지와 힘을 합쳐 전제정과 싸워야 한다고 보는 이들은 멘셰비키(Men'sheviki)가 되었고, 노동계급이 부르주아지와 제휴하기보다는 독자적 주도권을 발휘해서 체제를 변혁해야 한다고 보는 이들은 볼셰비키(Bol'sheviki)가 되었다.

세기의 전환기에 러시아 제국은 서방 선진국에 견줘서는 뒤떨어졌을지라도 절대 빈곤에 시달리는 나라가 아니라 역동적으로 발전하는 세계 제5위의 산업국가였다. 문제는 사회와 경제가 빠르게 바뀌는 가운데 발생하는 크나큰 경제 부문 간 편차와 지역 간 편차에서 비롯되는 충격을 조정하면서 체제를 지켜낼 능력이 통치 계급에게 있는지였다. 1894년에 제위에 오른 니콜라이 2세는 집단과 계급의 이해관계를 초월해 국가 전체의 이익을 추구한다는 전제정 원칙을 고수해야만 이질적 요소가 복잡하게 뒤엉켜 있는 광대한 다민족 국가를 제대로 다스릴 수 있다고 믿고는 전제 체제에 이의를 제기하는 모든 세력을 억눌렀다.

경직된 기존 체제는 1905년 1월에 드디어 큰 시련을 맞이했다. 동북아시아의 패권을 놓고 일본과 맞붙은 전쟁에서 수세에 몰린 러시아 전제정의 권위가 크게 흔들리는 와중에 수도에서 차르에게 호소해 경제적 지위를 개선하려던 노동자들의 평화 시위를 황궁 수비대가 무차별 총격으로 진압해서 많은 이가 목숨을 잃는 '피의 일요일' 사건이 일어났다. 이 사건으로 '어버이 차르'의 신화가 산산이 깨졌고 끓는점을 넘은 사회의 불만은 총파업으로 번졌다. 노동자들이 공장별로 선출한 대표들로 이루어진 노동계급의 대의 기구인 소비에트가 노동 운동과 혁명 투쟁의 구심점이 되었다. 레닌(Lenin)이나 트로츠키(Trotskii) 등 해외에 망명해 있던 혁명가들도 돌아와서 활동에 나섰다.

그러나 니콜라이 2세는 헌법과 의회 제도를 약속함으로써 혁명 진영에서 자유주의 세력을 떼어내고 모스크바 노동자들의 무장 봉기를 진압하는 데 성공했다. 1905년 혁명 기간 동안 흔들리던 군대가 결국은 체제 수호의 편으로 돌아선 덕에 가까스로 위기에서 벗어난 전제정은 1906년부터 대대적인 탄압에 나섰고, 러시아 인민은 힘을 되찾은 전제정의 위세에 짓눌렸다. 1905년 혁명은 제한된 권한을 지닌 의회인 두마(Duma)를 얻어낸 것을 빼고는 성과 없이 끝났지만, 열두 해 뒤에 일어날 대혁명의 '총예행연습'이었다.

겨울잠에 들어간 체제 저항 운동은 1912년에 기지개를 폈다. 시베리아 레나(Lena)강의 한 금광에서 일어난 노동자 파업이 군대를 동원해 진압에 나선 정부의 위세에 밀려 숱한 사상자를 내고 끝났지만, 이 사건을 계기로 그동안 잠잠하던 노동 운동이 깨어났다. 급진화하는 공장 노동자 사이에서 볼셰비키가 지지를 얻기 시작했다. 1905년 혁명 때 소비에트 의장으로 활약했던 트로츠키는 러시아에서는 부르주아 민주주의 혁명 단계를 거치고 한참 뒤에 프롤레타리아 혁명이 일어난다는 단계론적 혁명 이론을 내버리고 그 두 혁명이 잇달아 일어난다는 '연속혁명' 이론을 내놓았다. 1906년에 다시 외국으로 망명해야 했던 볼셰비키당 지도자 레닌은 당기관지 《프라브다(Pravda)》를 매체로 삼아 혁명 운동을 지도했고, 러시아 제국 안에서는 스탈린(Stalin) 등을 비롯한 혁명가들이 묵묵히 전제정에 맞서 싸웠다. 1914년 7월에는 수도의 거리가 바리케이드로 뒤덮여 있을 만큼 노동 운동이 격렬해졌다.

이런 와중에 제1차 세계대전이 일어났다. 유럽 슬라브 국가들의 후견자를 자처하던 러시아 제국은 세르비아에 선전포고를 한 오스트리아를 상대로 군 동원령을 내리면서 대전쟁에 휘말려 들었다. 니콜라이 2세는 전쟁으로 제국 내부의 위기에서 벗어나기를 바랐다. 러시아 제국이 전쟁에 뛰어들자, 애국주의 열풍이 불었고 반체제 세력의 기세가 단번에 꺾였다. 러시아 제국의 목숨은 전쟁으로 늘어날 듯 보였다. 전쟁은 늘 체제의 시험대였다. 전제정 원칙을 고수하며 나름대로 근대화의 길을 걸어온 러시아 제국은 단순히 군대의 충돌에 그치지 않고 국가의 모든 역량을 동원해서 치르는 총력전을 수행할 능력을 지니고 있어야만 버텨낼 수 있었다. 러시아 제국의 동원 체제는 독일에 한참 못 미쳤고, 이 격차 탓에 러시아군은 독일군에게 거듭 패했다. 군인의 인명 피해는 천문학적 수준으로 치솟았고, 민간인에 가해지는 압박은 패전과 맞물려 몇 곱절 더 고통스럽게 느껴졌다. 날이 갈수록 전쟁에 넌더리를 내는 분위기가 전선과 후방에 퍼졌다.

스위스에 있던 레닌은 제1차 세계대전의 본질을 자본주의 열강들이 세계의 식민지를 놓고 벌이는 제국주의 전쟁으로 규정하고 사회주의자의 당면 과제는 제국주의 전쟁을 내전으로 전환하는 것, 즉 자국의 패전을 촉진해서 지배계급을 위기에 몰아넣은 뒤 혁명을 일으켜 노동자 정부를 세우는 것이라고 주장했다. 혁명으로 자본주의 체제를 타도하지 않으면 수천 만 명의 목숨을 앗아간 세계대전은 끝나지 않는다는 것이었다. 그러나 체제의 위기가 언제 어디서 어떻게 끓는점에 이르러 혁명이 일어날지는 알 수 없었다.

2 러시아 혁명과 내전

1917년 2월 23일(그레고리오 달력으로는 3월 8일)에 수도에서 식량이 모자라 빵 배급이 중단되자, 전시 체제에서 쌓여온 여성 노동자와 주부의 불만이 한꺼번에 터져 시위가 벌어졌다. 남성 노동자와 시민이 합세하면서 시위가 도시 곳곳으로 번지자 군대가 시위 진압에 투입되었다. 그러나 병사들이 시위대에 발포하라고 다그치는 장교에게 항명하고 시위에 합류했다. 노동자들은 1905년 혁명의 기억을 되살려 소비에트를 조직했고, 군부대 병사의 대표까지 받아들여 노동자·병사 소비에트로 확대했다. 다른 도시에서도 비슷한 사태가 벌어지기 시작했다. 1905년 말에는 기존 체제 유지의 편에 섰던 군대가 1917년에는 체제에 등을 돌리자, 니콜라이 2세가 견디지 못하고 물러나면서 전제정이 무너졌다.

이 '2월 혁명'에서 전제 군주의 퇴위로 생긴 권력의 공백을 메운 것은 이중(二重)권력이라는 기묘한 체제였다. 헌법제정회의가 선출되어 헌법이 만들어질 때까지 국정을 이끌 임시정부가 자유주의자 위주로 만들어졌다. 그러나 이 정부의 법령은 소비에트의 인가 없이는 효력을 발휘하지 못했다. 소비에트 지도부의 온건 사회주의자는 러시아가 부르주아 민주주의 혁명 단계에 있다고 보고 노동계급이 권력을 잡아서는 안 된다고 판단했다. 명목상의 권력을 가진 임시정부와 실질적 권력을 가진 소비에트가 서로 의지하면서 견제하는 관계가 유지되었다. 이 이중권력은 모든 사회 영역에 나타났다. 군대에서는 폭압적인 지휘관이 쫓겨났고 장교의 명령은 병사 대표로 이루어진 병사위원회의 인가를 얻어야 효력을 지녔다. 산업체에서도 노동자 위에 군림하던 경영자와 관리자가 쫓겨났고 새로 들어선 경영진은 노동자가 뽑은 대표들로 이루어진 공장위원회의 감시 아래 공장을 운영했다. 대중이 바라는 혁명은 권력자의 전횡

이 억제되는 수준에서 더 나아가 권위의 위계제가 허물어져 윗사람과 아랫사람을 구분하는 구조 자체가 사라지는 권력 관계의 근본적 변혁이었다.

지구 지표면의 6분의 1을 차지하는 거대한 나라의 국정을 떠맡은 임시정부에 전쟁이라는 쟁점을 둘러싸고 첫 위기가 닥쳐왔다. 끔찍한 전쟁에 진절머리가 난 대중의 절실한 염원은 전쟁을 끝내는 것이었다. 그러나 동맹국인 영국과 프랑스의 반발을 의식한 임시정부는 독일과 강화 협상에 나서기를 꺼렸다. 외무장관이 '승리할 때까지 전쟁을 지속한다'는 비밀 각서를 연합국 정부에 보냈다는 사실이 알려지자 노동자와 병사가 시위를 벌였다. 외무장관의 사임으로 사태를 수습한 임시정부는 위기를 넘기고 권력 기반을 다지고자 온건 사회주의자들에게 정부 각료직을 제안했고, 온건 사회주의 세력은 자유주의 세력과 제휴하지 않아 혁명의 힘이 약해지면 반동 세력이 복귀하게 되어 내전이 일어나리라고 판단하고 그 제안을 받아들였다. 임시정부의 자유주의 세력과 온건 사회주의 세력은 공동 운명체가 되었다.

제국주의 전쟁을 내전으로 전환해야 한다는 볼셰비키당 최고 지도자 레닌의 입장을 익히 알고 있던 독일 정부는 스위스에 있던 그를 러시아로 보내면 동부 전선의 러시아군을 무력화할 수 있다고 판단하고 그에게 러시아로 가는 길을 터주었다. 4월에 러시아에 도착한 레닌은 「4월 테제」를 볼셰비키당에 내놓았고, 그 핵심은 다음과 같다.

> 러시아의 현 상황은 프롤레타리아 계급의식이 미성숙하고 조직이 취약해서 부르주아가 권력을 잡은 혁명의 제1단계에서 프롤레타리아트와 빈농 계층이 권력을 장악하는 제2단계로 넘어가는 이행기에 있다. 임시정부에 그 어떤 지지를 보내서도 안 된다. 노동자 소비에트가 있는 현 상황에서 의회제 공화국 수립이 당면 목표일 수는 없으므로, 소비에트 공화국을 수립해야 한다. 즉 모든 권력이 소비에트에 집중되어야 한다.

또한 레닌은 러시아에서 일어날 사회주의 혁명의 임무를 독일의 혁명을 촉발해서 세계혁명을 완수하는 것으로 규정했다. 레닌은 유럽에서 공업이 가장 발달한 나라인 독일에 들어설 노동자 정부의 도움을 받으면 러시아의 미숙한 사회주의 혁명이 살아남을 수 있다고 생각했다. 격론 끝에 당 지도부는 「4월 테제」를 받아들이고 "모든 권력을 소비에트로!"라는 슬로건으로 내걸고 임시정부를 뒤엎어서 사회주의 정부를 세운다는 목표를 내세웠다. 뒤늦게 러시아로 돌아온 트로츠키도 볼셰비키당에 들어가서 레닌과 함께 혁명을 이끌었다.

1917년 혁명 과정을 결정하는 가장 큰 힘은 대중이었다. 혁명 러시아에서 대중은 끊임없이 토론을 벌였다. 레닌과 함께 귀국한 그의 아내 크룹스카야(Krupskaia)에게 가장 인상 깊은 혁명 러시아의 모습은 길모퉁이마다 사람이 옹기종기 모여 정치 토론을 하는 광경이었다. 전선의 참호에 있는 병사는 후방에서 사람이 오면 뭔가 읽을 것, 즉 신문이나 팸플릿을 달라고 부탁했다. 대중의 각성 속에서 볼셰비키가 소비에트, 공장위원회, 노동조합에서 온건 사회주의자를 밀어내고 다수파의 지위에 올라서기 시작했다. 볼셰비키당은 "토지, 평화, 빵!"이라는 슬로건으로 토지를 분배하라는 농민의 요구, 전쟁을 끝내라는 병사의 요구, 노동자의 경영 개입을 허용해서 경제 파국을 막으라는 노동자의 요구에 기민하게 대응했다. 이런 기민성은 볼셰비키당의 체질이 1917년 혁명 과정에서 바뀐 결과였다. 노동자와 병사 등 '풀뿌리' 대중을 당원으로 받아들인 볼셰비키당은 레닌이 1902년에 쓴 『무엇을 할 것인가?』에서 주창한 소수 직업혁명가의 전위정당에서 대중정당으로 탈바꿈함으로써 당내 민주주의가 확립되어 일반 당원과 대중의 요구를 재빨리 감지할 수 있었다.

나날이 급진화하는 대중은 소비에트가 권력을 단독으로 차지해야 한다고 믿게 되었다. 대중 사이에서 임시정부에 입각한 온건 사회주의자들을 제치고 볼셰비키의 인기가 치솟았다. 임시정부는 전쟁에서 승리를 거둬 난국을 타개하고자 여름에 대공세를 펼칠 계획을 세웠다. 전쟁을 끝내기는커녕 대공세를 펼치려는 임시정부에 분노한 수도의 대중이 7월에 거리로 뛰쳐나와 시위를 벌이며 사회주의자들에게 권력을 잡으라고 요구했다. 임시정부는 이 시위를 무력 진압했고, 시위를 획책한 배후로 볼셰비키당을 지목하고 당 지도부를 체포했다. 러시아군의 대공세는 초기에 반짝 성공했을 뿐, 곧 처참한 실패로 끝이 났다. 임시정부의 권위는 땅에 떨어졌다.

이중권력 체제가 밑동부터 흔들렸다. 어떻게든 기존 질서를 유지하고 전쟁을 계속 수행하려는 러시아의 우익 세력은 임시정부가 사회주의 세력에 휘둘려 무정부 상태를 방조한다고 보고 대안을 모색했다. 그 대안은 군사 독재였고, 독재자 후보는 러시아군 총사령관 코르닐로프(Kornilov) 장군이었다. 전선 부대를 수도로 보내서 혁명 세력을 제압하려던 코르닐로프의 시도는 8월에 볼셰비키가 이끄는 대중의 저항에 부딪혀 실패했다. 고비를 넘긴 볼셰비키는 힘을 되찾았다. 농촌에서는 농민이 정부의 만류를 뿌리치고 귀족의 토지를 차지하는 일이 번져나갔다. 또한 지난날 러시아 제국의 억압적 민족 정책에 신음하던 소수민족 사이에서는 독자 정부를 세워 제국에서 떨어져 나가려는 경향이 거세졌다.

혁명 러시아의 사회주의 정부 1주년 축하 포스터. 1918년 10월. 연기를 내뿜는 공장 굴뚝 사이로 찬란한 해가 떠오르는 가운데 노동 계급과 농민 계급의 연대를 대표하는 두 사내가 각각 망치와 낫을 쥐고 있으며, 바닥에는 러시아 혁명으로 무너진 구체제를 표상하는 상징물들이 나뒹굴고 있다.

레닌은 반(反)혁명 세력이 반격하기 전에 하루라도 더 빨리 무장 봉기를 일으켜 임시정부를 무너뜨리고 권력을 잡으라고 볼셰비키당 지도부를 다그쳤다. 그러나 당 지도자 다수는 소비에트 전국 대회를 열어 더 다양한 사회주의 세력을 끌어들여야 한다며 레닌의 주장을 선뜻 받아들이지 않았다. 10월에 열린 볼셰비키당 중앙위원회 회의에서 격론 끝에 무장 봉기가 결정되었다. 봉기의 주력은 공장의 노동자 민병대원과 좌익의 아성 크론시타트(Kronshtadt) 해군기지의 병사였다. 10월 25일(11월 7일)에 봉기 세력이 임시정부 각료들이 있는 겨울궁전을 점령했다. 이튿날 열린 소비에트 전국대회에서 '노동자-농민의 소비에트 권력'이 인준되었고, 볼셰비키 정부가 구성되었다. 이 사건에 '10월 혁명'이라는 꼬리표가 붙는다.

러시아에 들어선 세계 최초의 사회주의 권력의 앞에는 가시밭길이 펼쳐져 있었다. 볼셰비키 정권의 기반은 몇몇 대도시에 한정되어 있었고, 농민은 도시에서 일어나는 정세 변화에 어두웠다. 또한 볼셰비키 정권을 환영하는 국가는 어디에도 없었다. 11월에 전국에서 치러진 헌법제정회의 선거에서 볼셰비키는 대도시 공장 노동자의 지지를 얻었지만, 총 득표율은 25퍼센트에 못 미쳤다. 농민 표를 많이 얻은 사회주의자혁명가당 우파의 득표율은 55퍼센트를 웃돌았다. 볼셰비키는 권력을 넘기기를 거부하고 1918년 1월에 헌법제정회의를 강제로 해산해서 의회 민주주의가 아닌 '프롤레타리아 독재'의 길로 나아갔다. 볼셰비키 정부는 수도를 내륙 중심부에 있는 모스크바로 옮겼다. 또한 볼셰비키 정권은 3월에 독일과 단독 강화조약을 맺어 전쟁에서 빠져나왔지만, 그 대가로 유럽 러시아의 서부 영토 대부분과 우크라이나를 독일에 넘겨줘야 했다. 어렵게 얻은 평화는 오래가지 않았다. 여름부터 볼셰비키 정권과 이에 반대하는 세력 사이에 충돌이 일어나 내전의 불길이 타오르기 시작했다. 갓 태어난 사회주의 국가는 이러한 불의 세례를 견뎌내고 살아남아야 했다.

국제주의 원칙을 신봉하는 볼셰비키당 지도부는 러시아에서 내전이 일어나더라도 10월 혁명이 유럽의 사회주의 혁명을 촉발해서 독일에 노동자 정부가 들어서면 독일 노동계급의 도움을 얻어 러시아에서 사회주의 체제를 유지할 수 있으리라고 믿었다. 그러나 1919년 1월에 독일에서 일어난 사회 혁명은 실패로 끝났다. 볼셰비키 정권은 혼자 힘으로 내전에서 승리하고 사회주의를 건설해야 했다. 1914년부터 전쟁 피해가 지속되고 혁명 과정에서 혼란이 일어나고 자본주의 열강들이 러시아를 봉쇄한 탓에 경제가 무너졌다. 도시의 공장이 멈춰버리자 공산품을 얻지 못한 농민은 도시에 곡물을 내놓지 않았다. 많은 노동자가 식량을 찾아 도시에서 빠져나갔다. 노동계급의 해체는 곧 혁명의 파멸이므로 볼셰비키 정권은 곡물을 강제로 빼앗아야 했고, 이 때문에 농민이 등을 돌리기 시작했다.

혁명 정부의 권력이 미치는 영토도 크게 줄어들었다. 1918년에 볼셰비키 정권은 러시아 제국의 일부였던 폴란드와 핀란드의 독립을 허용했고, 우크라이나가 독립을 선언했다. 가장 직접적인 위협은 1919년에 최고조에 이른 반혁명군의 파상 공세였다. 남쪽에서는 유데니치(Iudenich) 장군, 서쪽에서는 데니킨(Denikin) 장군, 동쪽에서는 콜차크(Kolchak) 장군이 볼셰비키 정권을 공격했다. 영국, 프랑스, 미국, 일본을 비롯한 14개국이 간섭군을 보내 러시아 곳곳을 점령하고 반혁명을 도왔다. "볼셰비즘을 요람에 있을 때 목 졸라 죽여야 한다"라는 영국의 윈스턴 처칠의 발언은 볼셰비키 정권을 대하는 열강의 입장을 잘 보여준다. 혁명 정부가 새로 창설한 '붉은 군대'는 서툴러서 반혁명군을 막아내지 못했다.

절체절명의 위기에서 볼셰비키는 선전으로 대중을 동원하고 때로는 무자비한 조치를 서슴지 않으며 자원을 쥐어짜내 내전을 수행했다. 원래는 기간산업과 중앙은행만 국유화하는 정책을 구상했던 볼셰비키는 철저한 동원 체제를 수립하는 방향으로 나아갔다. 볼셰비키 정권은 농촌에서 곡물을 강제 징발했고, 중소기업까지 국유화했고, 극심한 물자부족 사태를 타개하고자 배급제를 실시하고 시장을 금지했고, 효율성을 높인다며 조직 내의 민주주의적 관행을 축소하고 관리자의 권한을 키우려고 애썼다. 비밀경찰은 정권을 비판하는 세력을 철저히 억눌렀다. '전시 공산주의'라고 불린 이 일련의 조치들은 내전과 경제 파탄에 대처하는 임기응변이었지만, 얼마간은 볼셰비키가 품은 사회주의 개념의 발현이기도 했다. 1917년 혁명 과정에서 당내 민주주의가 작동하는 대중 정당으로 변모했던 볼셰비키당은 내전 동안 집권당으로서 상명하복

혁명 러시아 수도의 거리 풍경. 1918년. 10월 혁명으로 권력을 잡은 볼셰비키 정권은 세상이 바뀌었음을 느끼게 해주려는 의도로 당시에 가장 허드렛일로 여겨지던 눈 치우는 노동을 일부러 구체제의 특권 계층이었던 장교들에게 시켰다.

의 조직 원칙을 강조하며 권위주의적 위계제를 복원하는 경향을 보였다.

볼셰비키 정권이 1919년의 위기 속에서 무너지지 않은 까닭은 농민이 볼셰비키보다는 반혁명 세력에 더 큰 반감을 보였다는 데 있다. 반혁명이 이기면 지주가 되돌아와 토지를 빼앗아 가리라고 생각한 농민은 곡물을 빼앗아 가는 볼셰비키를 미워하면서도 내전에서 반혁명 세력보다는 볼셰비키 정권을 지지했다. 마흐노(Makhno)가 이끄는 농민 비정규군은 러시아 남부와 우크라이나에서 반혁명군의 후방을 교란했다. 붉은 군대는 내전의 불 세례를 견뎌내며 굳세졌다. 총사령관 트로츠키는 지원자로 구성되는 무장 시민의 민병대 원칙을 버리고 전통적인 정규군 체제를 도입해 강제 징집을 하고 장교의 권위를 키우고 병사의 권한을 줄였다. 이런 변모를 통해 붉은 군대는 강한 군대가 되었다. 1920년에 붉은 군대는 프랑스의 지원을 받아 공격해온 폴란드 군대를 다시 밀어냈고, 마지막 반혁명군을 크림반도에서 몰아냈다. 세 해 동안의 피비린내 나는 내전은 마침내 볼셰비키 정권의 승리로 끝이 났다.

이 승리는 일종의 '피로스 왕의 승리'였다. 반혁명군과 싸우는 과정에서 볼셰비키 지도부가 복원하는 권위주의적 위계제에 실망한 노동자 대중은 당에 등을 돌리기도 했다. 노동자들은 반혁명군이 기세를 올리면 위기감을 품고 볼셰비키 정권에 협조했지만, 위기가 가시면 파업과 태업을 벌이며 저항했다. 당황한 볼셰비키당은 노동자가 혁명적 계급의식을 잃고 소시민화했다는 '탈(脫)계급화'론을 내세우며 노동자 운동을 억눌렀다. 그러나 이 '탈계급화'론은 사실과 거리가 멀다. 노동자들은 새로운 권력자의 행태를 보이는 볼셰비키를 비판했을 뿐이며 혁명 정부가 '우리 정부'라는 인식을 끝내 버리지 않았다. 그러나 볼셰비키 정권이 대중과 얼마나 멀어져 있는지를 보여주는 비극이 일어났다. 1921년 3월에 크론시타트 해군 기지에서 해군병사들이 볼셰비키가 혁명을 배반했다며 무장 봉기를 일으킨 것이다. 혁명의 전위였던 해군병사가 반기를 치켜들었다는 사실에 볼셰비키는 경악했지만, 곧 크론시타트 봉기를 반혁명 세력의 책동이라고 비난하며 군대를 보내 무자비하게 진압했다. 집권당으로서 새로운 권력 구조를 만들어낸 볼셰비키는 내전의 끝자락에서 1917년

내전에서 반혁명군과 싸운 붉은 군대의 한 군인. 이름이 안톤 블리즈나크인 이 기관총 사수의 왼쪽 소매에 붙은 검정 줄은 그가 중상을 13번 입었음을 알려준다. 또한 전투에서 오른쪽 눈을 잃은 이 소년의 목에 걸린 쌍안경은 그가 지휘관임을 암시한다.

혁명의 이상을 기억하고 있는 인민의 목소리를 제대로 듣지 못할 만큼 경직되어 있었다.

　1922년에 농민층의 마지막 무장 저항이 결국은 진압되고 시베리아에서 버티던 일본군이 물러나 간섭군이 사라지면서, 러시아의 사회주의 혁명은 마침내 살아남는 데 성공했다. 떨어져 나갔던 옛 러시아 제국의 영토도 발트해 연안 국가들을 빼고는 빠짐없이 혁명 러시아로 복귀했다. 레닌이 내세운 민족 자결주의는 제국의 해체로 쏠리는 원심력으로 작용하지 않았고, 일시적으로 갈라섰던 옛 러시아 제국의 여러 민족은 제 각각 나름대로의 계급투쟁을 거쳐 소비에트 사회주의 공화국의 형태로 러시아 주위로 결집했다. 그 결과물이 1922년 12월에 성립한 소비에트 사회주의 공화국 연방(소련)이었고, 여러 민족의 소비에트 공화국들로 이루어진 이 체제는 그 뒤 70년 동안 지속된다.

3 혁명과 내전 이후의 소비에트 러시아

세계 혁명의 불길을 당기는 불꽃 역할을 하겠다는 볼셰비키의 포부와 기대에 어긋나게도 유럽의, 특히 독일의 혁명 운동이 잠잠해지는 상황에서 세계 최초의 사회주의 국가인 소비에트 러시아는 1920년대를 홀로 버텨내야 했다. 1921년에 소비에트 러시아의 경제는 벼랑 끝에 있었다. 공업 생산 수준은 제1차 세계대전 직전의 13퍼센트에 지나지 않았다. '전시 공산주의' 체제는 내전이 끝나가면서 도시민과 농민의 극심한 불만을 사게 되었다. 도시에서는 파업이 자주 일어났고, 농촌에서는 봉기가 끊이지 않았다. 마침내 볼셰비키는 '전시 공산주의' 체제를 내버리고 이른바 '신경제정책'(NEP)을 도입했다. 곡물 징발이 폐지되어 농민은 일정한 현물세를 내고 남은 곡물을 시장에서 팔 수 있게 되었고, 도시의 기간산업을 제외한 중소 기업체는 민영화되었다. '네프만'으로 알려진 자영업자들은 제한된 상황에서 허용된 시장 체제에 적응해서 큰돈을 벌었다. 경제가 빠르게 되살아나서 1927년에는 제1차 세계대전 이전 수준을 되찾았다.

문화 분야에서도 활력이 유지되었다. 배우려는 대중의 욕구가 불타오르면서 문맹률이 뚝 떨어졌다. 전통을 벗어던지려는 자유분방한 신세대 예술가에게 혁명 러시아는 새로운 문화의 씨를 뿌릴 기름진 들판이었다. 20세기 초에 구상되었던 다양한 예술 실험이 현실에서 실현되었고, 신선한 시도가 거침없이 이루어졌다. 예를 들어, 음악에서는 권위를 깨뜨리는 혁명 정신을 반영해서 지휘자 없는 관현악단이 교향곡을 연주했다. 이러한 숱한 실험 가운데 살아남은 몇몇 사조가 세계의 예술을 선도했다. 일례로, 에이젠시테인(Eizenshtein) 감독의 영화 〈전함 포툠킨〉에서 시도된 몽타주 기법은 그 뒤 영화 예술의 일반 문법이 되었다.

1922년 1월에 모스크바에서 열린 제1차 동방민족 대회의 한 장면. "공산당은 원동(극동) 해방의 선봉대"라는 표어가 눈에 띈다. 반(反)제국주의 투쟁에 아시아의 여러 민족을 끌어들이려는 볼셰비키 정권의 노력에 일본의 식민지였던 조선의 사회주의자들도 호응했다.

혁명 러시아의 경험은 유럽에서보다도 유럽 이외 지역에서 더 큰 관심과 기대를 끌었다. 특히 자본주의 열강의 식민지가 된 나라의 젊은이들은 제국주의의 지배에서 벗어나 해방을 이룩할 가르침을 러시아 혁명에서 얻고자 애썼다. 중국, 인도, 베트남, 조선의 젊은이들이 모스크바로 몰려와 배움을 구했다. 레닌이 1919년에 세운 제3인터내셔널, 즉 코민테른에서 소련 공산당은 유라시아 대륙에 있는 거의 모든 나라의 공산당들을 이끄는 주도 세력이 되었다. 훗날 사회주의 베트남의 국부가 될 호찌민은 1923년에 모스크바의 동방노력자 공산대학에 들어가 러시아 혁명의 경험을 학습했고, 코민테른이 세운 이 교육기관에는 조선에서 온 청년 활동가가 많이 있었다. 이처럼 러시아 혁명은 제국주의에 항거하는 식민지인의 운동을 북돋았다.

내전과 봉쇄를 견디고 살아남은 러시아의 사회주의 체제가 맞이한 1920년대는 활력과 억압, 희망과 실망이 교차하는 시기였다. 정치 영역에서는 공산당의 권력을 유지하지만 경제 영역에서는 자본주의 요소를 용인하는 '신경제정책'의 상황을 마냥 반기지는 않는 볼셰비키가 적지 않았다. 이들은 신문에 '하녀 급구'라는 광고가 실릴 만큼 자본주의적 요소가 되살아나는 세태에 초조해했고 네프만의 대두나 '옛사람', 즉 구체제 인물의 잔존을 못마땅해 했다. 또한, 내전 시기에 빚어진 군사식 사고방식과 맞물려 세계혁명의 실패에서 비롯된 위기의식은 쉽게 사라지지 않았다. 볼셰비키 정권은 공산당을 제외한 모든 정당을 사실상 불법화했고, 공산당 안에서도 분파 활동을 금지하며 당 규율을 강화했다. 이런 가운데 최고 지도자 레닌이 1924년 1월에 숨졌다. 레닌은 죽기에 앞서 당과 정부가 집단지도 체제로 운영되기를 바랐지만, 트로츠키와 스탈린을 비롯한 여러 지도자들 사이에서 이합집산과 권력 투쟁이 펼쳐졌다.

권력 투쟁은 노선 대결과 맞물려 진행되었다. 기대했던 독일의 혁명이 실패한 상황에서 볼셰비키가 소비에트 연방에서 새 세상의 건설을 실행하면서 기댈 수 있는 지침은 마르크스가 언급한 공산주의의 몇몇 원칙을 빼고는 어디에서도 찾아볼 수 없었다. 전통적인 국제주의 원칙에 충실한 트로츠키는 러시아 혁명의 궁극적 생존은 국제 혁명의 성공에 달려 있음을 강조한 반면, 스탈린은 국제 혁명이 일어나기 전에 러시아에 사회주의 체제를 건설해야 하고 건설할 수 있다는 '일국(一國) 사회주의' 이론을 내놓았다. 다른 한편에서는 국제 사회에서 고립되어 산업화에 필요한 자본과 기술을 외국에서 얻을 수 없는 소비에트 연방이 산업화의 동력을 어떻게 마련할지를 놓고 논쟁이 일었다. 어떤 이는 노동자와 농민의 동맹을 유지하면서 공업화를 차근차근 진행하자는 주장을, 다른 어떤 이는 농업 부문을 쥐어짜서 공업화의 재원을 마련해서 공업화를 급속히 추진하자는 주장을 내놓았다.

노선 논쟁과 맞물린 권력 투쟁의 마지막 승자는 스탈린이었다. 1917년 혁명 과정에서는 돋보이지 않았던 스탈린은 정치 무대의 뒤에서 묵묵히 일해온 조직가였으며, 레닌의 가장 충실한 제자라는 이미지를 활용해서 신세대 활동가들 사이에서 지지 기반을 다졌다. 혁명이 변질되고 있다는 불만을 품은 열혈 당원들은 일국 사회주의 이론에 더 공감했고, 이런 상황에서 힘을 잃은 트로츠키는 권력 투쟁에서 밀려나 결국 외국으로 쫓겨났다. 스탈린은 트로츠키와 맞설 때 손을 맞잡았던 여러 경쟁자를 시차를 두고 차근차근 쓰러뜨렸다. 권력의 위계를 철저히 타파하기보다는 단순히 재편해서 혁명의 생존을 도모해야 한다고 본 레닌의 혁명 개념은 궁극적으로는 스탈린이 최고 권력자로 떠오르는 길을 터주었다.

경제 부문에서 노동자-농민 동맹에 바탕을 둔 점진적 공업화를 주장했던 스탈린은 비교적 안정적인 권력 기반을 마련한 1920년대 말엽부터 급속하기 이를 데 없는 산업화 강행 노선을 추진하기 시작했다. 1929년에 공업 부문의 비약적 발전을 위한 '5개년 계획'이 실행되었고, 더불어 농업 부문에서는 소농 체제를 대규모 국영농장 및 집단농장 체제로 바꾸는 농업집산화 정책이 강행되었다. 이러한 노선 급선회는 스탈린 개인의 권력욕으로만 설명될 수 없다. 1920년대 말엽에 농촌의 소농 체제가 도시에 충분한 곡물을 공급하는 데에서 한계를 드러냈고 신경제정책 시기의 자본주의적 요소의 성장에 인내심을 잃어가는 젊은 공산당원 세대의 불만이 솟구쳤다. 이렇게 불안정성이 커지는 가운데 1927년에 영국이 소비에트 연방과 외교 관계를 끊고 자본주의 국가들의 적대적 태도가 거세지자 볼셰비키 지도부는 또다시 전쟁 위기가 엄습해온다는 두려움에 휩싸였다. 이러한 여러 요인이 어우러져 작용하면서 급격한 산업화로 키를 돌리는 방향 선회가 1929년에 이루어졌다.

'5개년 계획'과 더불어 농업집산화 정책이 강력하게 추진된 1930년대에 소비에트 연방은 1917년 혁명 못지않은 대변혁을 겪었다. 거대한 중공업 단지가 곳곳에 들어섰고, 농촌에서는 말로 나무 쟁기를 끌어 땅을 일구는 모습이 대형 콤바인이 대형 농장의 밭을 가는 광경으로 대체되었다. 일자리를 찾아 농촌을 떠나 도시로 이동한 이들이 노동계급의 대다수를 차지했다. 연간 경제 성장률이 10퍼센트를 웃도는 1930년대 전반기의 소비에트 연방은 같은 시기에 경제 대공황으로 극심한 위기에 빠진 자본주의 국가들과 극명한 대비를 이루며 세계 3위의 공업 국가로 올라섰다. '스탈린 혁명'이라고도 불리는 이 대변혁의 밑바탕에는 고립된 상황에서 자력으로 성장을 해야만 살아남을 수 있다는 절박함이 있었다. 이러한 심리는 1931년 2월에 한 대회에서 스탈린이 한 다음과 같은 연설에서 잘 드러나 있다.

> 옛 러시아 역사의 특징 하나는 러시아의 후진성 때문에 끊임없이 얻어맞았다는 데 있습니다. (……) 우리는 선진국가들에 50년 내지 100년 뒤떨어져 있습니다. 우리는 10년 안에 이 격차를 따라잡아야만 합니다. 우리가 이것을 해내든지, 아니면 그들이 우리를 쳐부수든지 둘 가운데 하

나입니다.

1930년대는 억압에서 벗어나 인간을 해방하려는 혁명이 현대적 산업 국가를 건설하는 동원 체제로 변화하는 순간이기도 했다.

바야흐로 공산주의 시대를 연다는 부푼 희망과 후발 국가의 압축적 현대화에서 비롯되는 격통이 교차했다. 농업집산화에 반발하는 농민의 저항이 무자비하게 진압되고 숱하게 많은 사람이 굶어죽는 대기근이 발생하는 한편으로, 공업 단지로 이주해서 공장 노동자가 된 농촌 젊은이들은 도시 문명을 맛볼 수 있었다. 도시민은 급속한 경제 성장이 주는 기회를 누리면서도 그 성장을 위해 극도로 낮춰진 소비 수준을 감내해야 했다. 대규모 동원으로 압축 성장을 이룩하는 '스탈린 혁명'에서 대숙청이라는 비극이 빚어졌다. 대놓고 소련을 극도로 적대시하는 나치즘이 독일에서 발호하는 1930년대 후반기에 소련에서는, 많은 경우에 근거 없이, '인민의 적'이라고 지목된 숱한 당원, 관료, 시민, 소수민족이 처형되거나 노동수용소로 끌려갔다. 고위직에 있는 사람도 비밀경찰의 체포로부터 자유롭지 못했다. 단순히 스탈린 개인의 권력욕이나 이

레닌과 스탈린, 1922년 9월. 러시아 혁명의 최고 지도자 레닌의 가장 충실한 제자라는 이미지를 선점한 스탈린은 레닌이 1924년에 죽은 뒤 벌어진 권력 투쟁에서 최종 승자가 되어 소비에트 연방 최고 권력자의 자리에 올라설 수 있었다.

상 성격으로 설명될 수 없는 이 거대한 테러는 스탈린 지도부가 실상이든, 가상이든 반대 세력을 없애는 수단이기도 했지만, 국가 및 당 기구 안에서 자기 나름의 아성을 만들어 그 안에서 우두머리 노릇을 하는 '관료'와 지도자에게 충격을 주어 그들의 힘을 빼앗고 고분고분하게 만드는 방법이기도 했다.

1917년 혁명 이후 스무 해 동안 이상과 현실, 연대와 고립, 건설과 파괴가 엇갈리며 스탈린 체제가 완성되었다. 이 체제의 정치 영역에서는 스탈린을 구심점으로 삼는 공산당이 국가 기구 위에 서고 경제 영역에서는 계획 경제가 '명령-행정 체제'로 작동되고 사회 영역에서는 상부가 허용하는 테두리 안에서만 시민의 자발성이 허용되고 문화 영역에서는 이른바 '사회주의 리얼리즘'이 최고의 가치로 내세워졌다. 이 체제는 1940년대 전반기에는 제2차 세계대전이라는, 이후에는 냉전이라는 시련을 거쳐야 했다.

4 나오는 말

근현대에 일어난 여러 혁명이 재해석되면서 단절적 격변이 아닌 점진적 변화로 다시 자리매김되는 경우가 적지 않지만, 20세기 초엽에 러시아에서 일어난 대격변에서 혁명이라는 꼬리표를 떼내려는 움직임은 없다. 러시아 혁명은 여전히 '혁명'이다. 러시아의 혁명가들은 1917년 러시아 혁명을 1789년 프랑스 대혁명이 제시한 가치인 '자유, 평등, 형제애'를 마저 완성하는 혁명으로 여겼다. 또한 대중은 권력을 이 계급에서 저 계급으로 넘겨서 정권을 바꾸는 데 그치지 않고 권력의 얼개를 뜯어고쳐서 명령을 내리는 이와 명령을 받는 이 사이의 구분을 없애는 근본적 변혁을 바랐다. 레닌이 세계 최초의 사회주의 국가의 성립을 선언한 1917년과 스탈린이 사회주의의 최종 승리를 선언한 1936년 사이에 러시아는 크나큰 변화를 겪었고 이 변화는 전 세계의 눈과 귀를 모았다. 러시아 제국은 소비에트 사회주의 공화국 연방으로, 전제 체제는 공산당 일당 체제로, 볼셰비키당(공산당)은 러시아의 소수 지하 정당에서 유럽뿐만 아니라 세계의 반체제 운동을 이끄는 조직으로 바뀌었다. 또한 농업 국가가 공업 국가로 탈바꿈했고, 기회를 잡은 노동자-농민 출신의 젊은이들이 출세해서 토지 귀족과 특권층이 사라진 자리를 메웠다. 그러나 러시아 혁명으로 나타난 체제는 1917년의 혁명 대중이 바란 대로, 모든 권위주의 구조가 타파되어 권력을 가진 이와 가지지 못한 이의 구분이 사라진 체제는 아니었다. 권력을 행사하는 이들의 사회적 출신이 특권 계급에서 기층 민중으로 바뀌는 경향이 두드러지면서도 권력이 행사되는 구조 자체는 사라지지 않았다. 이것이 러시아 혁명의 성과이자 한계였다.

24

전간기 유럽 사회와 파시즘의 전개

장문석

1 전쟁과 전후

제1차 세계대전(1914-1918)과 제2차 세계대전(1939-1945) 사이의 기간, 즉 전간기(interwar) 유럽의 역사는 일종의 막간극처럼 보인다. 19세기 후반부터 가속화된 세계화와 1945년 이후에 다시금 가속화된 세계화 사이에 끼어 있는 탈세계화의 시기라는 의미에서이다. 물론 탈세계화라는 개념은 전간기 유럽을 규정하는 정확한 표현은 아니다. 전간기에도 기술적·경제적 측면에서 세계화는 중단되지 않았기 때문이다. 그러나 전간기 세계화는 민족국가(nation-state)를 단위로 하는 영토화 및 파편화의 과정과 병행되었다. 또한 독일과 이탈리아, 일본 등 일부 민족국가들은 불균등한 세계화에서 비롯된 기술적·경제적 격차를 권력정치에 이용해 아시아·아프리카 등 다른 지역 및 국가를 지배하려는 야심을 숨김없이 드러냈다. 그렇기에 역사가 홉스봄은 1914년부터 1950년까지를 민족주의의 극성기로 명명하기도 했던 것이다. 이 민족주의의 극성기에 민족국가는 권력정치의 기본 단위가 되었고, 민족국가들 사이의 투쟁은 두 차례의 세계대전을 낳았다. 그리고 전간기에 전개된 파시즘은 민족주의적 권력정치의 상징이었다. 이렇듯 전간기 유럽의 역사는 일시적으로나마 세계화에 반대되는 흐름을 타고 있었다.

그런데 전간기 유럽의 역사가 막간극이었다는 사실은, 거시적인 시각에서 보면 그 역사가 세계화의 영향 아래에서 전개되었음을 암시하는 것이기도 하다. 과연 19세기 후반부터 교통·통신 혁명과 경제 통합의 가속화로 인해 세계사의 고질적 장애물이던 '거리'는 극복되고 '공간'은 압축되었다. 역사가 오스터함멜과 페테르손에 따르면, 이러한 거리의 극복과 공간의 압축으로 뜻밖의 결과가 초래되었으니, 곧 공간의 부족이 그것이었다. 이것이 구체적으로 의미하는 바는, 1913년 당시 18억의 세계 인구에게 '생활권'이 부족해졌다는 것이고, 그렇기에 '땅을 둘러싼 투쟁'이 한층 더 첨예해질 수밖에 없었다는 것이다. 특히 세계화에 늦게 참여한 나라들, 즉 상대적 후발국들에게 그러한 투쟁은 사활을 건 투쟁이었음이 틀림없다. 그렇다면 이 시기 민족주의의 고양은 명백히 세계화에 대한 필연적인 반응이었다고 하겠다.

제1차 세계대전의 발발도 정확히 그러한 맥락에서 이해할 수 있다. 과연 19세기 후반부터 가속화된 세계화는 그에 준하는 세계화된 전쟁을 낳았는데, 그것이 곧 제1차 세계대전이다. 이 전쟁은 세 가지 점에서 특징적인 양상을 보여주었다. 첫째, 제1차 세계대전은 장기전이었다. 1914년 당시 전선에 출정하던 병사들은 이 전쟁이 수개월이면 끝날 것이라고 생각했다. 그러나 결과는 그렇지 않았다. 물론 그보다 긴 전쟁이 역사 속에 숱하게 많았다는 점에서 장기전의 특징은 제1차 세계대전에만 고유한 것은 아니다. 따라서 제1차 세계대전의 두 번째 특징, 곧 '세계대전(global war)'이라는 특징이 아울러 고려되어야 한다. 과연 이 전쟁은 유럽 전역은 물론이요, 중동과 사하라 이남 아프리카까지 전쟁터로 만들었을뿐더러 남반구의 오스트레일리아와 뉴질랜드까지 출병했다는 점에서 세계 전쟁이었다. 그러나 제1차 세계대전은 장기전이요, 세계 전쟁이

"여기도 우리의 생활권이 있다!"라고 쓰인 포스터. 생활권(Lebensraum)이란 독일 민족에 더 많은 영토가 필요하다고 주장하면서 나치즘의 팽창 정책을 정당화한 히틀러의 정치적·이데올로기적 개념이다. 이 개념은 1901년에 독일 지리학자 라첼(Friedrich Raztel)이 처음 사용한 것으로 보이는데, 중세 이래 독일인들이 동쪽 슬라브인들의 땅으로 진출한 것을 가리키는 말이었다. 나치는 독일 민족이 슬라브인들을 내쫓거나 노예화하여 그들의 땅을 차지해야 한다고 주장했다. 생활권은 나치즘의 고유한 개념처럼 보이지만, 실은 민족주의 운동 일반에서 보편적으로 확인되는 개념이다. 가령 이탈리아의 민족주의자들과 파시스트들도 이탈리아에게 "태양 아래 한 자리"가 필요하다고 상투적으로 주장했다. 결국 생활권이란 세계화로 인해 부족한 공간과 이를 둘러싸고 각 민족이 경쟁하는 상황을 반영하는 개념이다.

었다는 시·공간적 특징 외에도 역사상 유례없는 '총력전(total war)'의 양상을 보여주었다. 그것은 민족주의의 시대에 전 국민의 에너지와 자원을 하나의 전쟁에 쏟아 부은, 전선과 후방의 구별이 없는 총력전이었다. 그런 만큼 이 전쟁은 전대미문의 대량 살상전이자 물량전일 수밖에 없었다.

이와 같은 전쟁을 경험한 사람은 이를 경험하지 못한 사람과는 다른 종류의 사람일 수밖에 없었다. 적의 포탄과 기관총탄이 작렬하는 최전선의 참호에서 수개월, 수년을 싸웠던 사람들은 폭력과 죽음에 무감각해진 채, 적에 대한 강한 증오심과 참호 속 아군에 대한 진한 전우애를 발전시키게 마련이었다. 이렇게 형성된 '전선 공동체'는 필경 전후의 '민족 공동체'가 발양하는 토양이 되었다. 제대병들은 '민족의 적'에 대한 증오심과 '민족 동지'에 대한 애착심을 드러내면서 부르주아적인 안락한 삶과 이기심에 대해 공공연한 적개심을 표출했다. 확실히, 이러한 변화된 정서와 사고는 민족주의적 권력정치에 쉬이 포섭될 수 있었으며, 권력정치 또한 이 과격한 의식에 편승했다. 즉 위로부터의 권력정치가 아래로부터의 대중 동원과 결합되어 폭력적인 수단을 불사하고라도 과거와 일거에 단절하여 새로운 '민족 공동체'를 세우려고 한 것이다. 이렇듯

전선 공동체. 제1차 세계대전 당시 참호 속의 독일 병사들

급진화한 대중의 출현은 곧 이탈리아와 독일을 중심으로 한 유럽 각국에서 파시즘이라는 표제어로 묶일 수 있는 새로운 정치 현상을 낳았다.

한편, 유례없는 전쟁은 유례없는 혁명을 낳았다. 1917년 러시아 혁명은 역사상 최초의 공산주의 혁명으로서, 그때까지 인간의 머릿속에만 존재했던 공산주의를 현실의 체제로 바꾸었다. 러시아 혁명은 당시 민족주의의 권력정치에 포섭된 대중에게 강한 사회개혁의 열망이 잠재해 있었음을 드러냈다. 다시 말해, 당시 대중에게는 강한 민족적 정체성만큼이나 강한 계급적 정체성이 있었고, 이를 바탕으로 자본주의적·부르주아적 사회질서를 근본적으로 뒤바꾸려는 잠재력이 있었다는 것이다. 러시아 혁명의 소식은 곧 유럽 각국의 공산주의자(사회주의자)와 노동 운동가를 고무했고, 세계 혁명이라는 유토피아적 꿈을 고양했다. 특히 총력전을 수행하면서 대중을 동원하기 위해 유럽 각국 정부가 약속한 사회개혁의 청사진이 전후에 급속히 왜소화되면서, 대중의 사회적 불만이 고조되었다. 이러한 불만을 틀어막거나 달래지 못할 경우, 불만은 손쉽게 혁명으로 옮겨갈 수 있었다. 그런 점에서 유럽 각국 정부는 전후에 좌파의 봉쇄라는 긴급한 정치적 과제에 직면해 있었다.

그리하여 전후 유럽에서 각국 정부는 파시즘과 공산주의라는 두 개의 강력한 이데올로기적·정치적 운동 사이에서 의회 민주주의의 틀을 유지하며 정치를 안정시키고 사회질서를 재건하는 어려운 과제를 떠맡아야 했다. 그리고 이러한 과제는 1920년대 이후 미국의 자본 투자와 테일러주의 및 포드주의로 대표되는 미국식 생산 모델의 차용, 나아가 미국식 소비 문화의 확산과 더불어 수행될 것이었다. 그렇기에 전후 유럽은 이탈리아와 독일의 파시즘, 소련식 공산주의, 미국식 민주주의 사이에 '내전'이 벌어진 공간이었다고 말할 수 있다. '내전'의 세 주체 중에서도 특히 파시즘은 '새로운 정치'를 표방하면서 등장해 전후 유럽의 정치 공간을 급속히 장악해 나갔다는 점에서 흥미롭다. 파시즘이야말로 전후 유럽의 공간을 요동치게 하면서 마침내 또 하나의 세계대전과 인종 학살을 낳은 장본인이었다. 과연 계몽사상과 민주주의의 땅으로 여겨지던 유럽 문명권은 파시즘의 발흥과 함께 '암흑의 대륙'으로 변모한 듯 보였다. 요컨대 파시즘은 전간기 유럽 사회의 근본적 변화를 야기한 핵심 변수였다.

2 파시즘의 대두

이탈리아 파시즘의 전개

파시즘을 전시 및 전후 유럽의 공간에서 발양된, 근대 유럽 사회 더 나아가 근대 사회 일반에 내재하는 어떤 경향이라고 본다면, 이탈리아 파시즘은 그러한 '종(種)'으로서 파시즘의 한 변종일 것이다. 그러나 파시즘이라는 말이 이탈리아에서 처음 만들어졌다는 사실에 주목해야 한다. 이탈리아를 파시즘의 본산으로 보는 것도 바로 그렇기 때문이다. 구체적으로 말하면, 파시즘의 고향은 이탈리아의 밀라노요, 생일은 1919년 3월 23일이다. 바로 이날 이곳에서 최초의 파시스트 운동 단체인 이탈리아 전투 파쇼(Fasci italiani di combattimento)가 결성되었다. 이 단체에는 왕년의 민족주의자, 사회주의자, 공화주의자, 미래주의자 등 각양각색의 지식인들이 참여했는데, 여기서 추론할 수 있듯이 최초의 파시즘은 기성의 이념들을 누더기처럼 기워놓은 이념의 혼종체로 등장했다.

이처럼 파시즘은 처음 등장할 무렵만 해도 그 실체가 불분명한 운동으로 전개되었다. 이는 파시즘의 약점이자 동시에 강점이었다. 파시즘에 명확하고 일관된 이념이 없었으므로 파시스트들은 통일된 대오를 유지하기 힘들었다. 이것은 파시즘의 약점이었다. 그러나 바로 그렇기에 누구도 파시즘의 정체를 쉽게 알아챌 수 없었고, 그래서 파시즘을 심각한 위협으로 받아들이기는커녕 오히려 쉽게 이용할 수 있으리라는 안이한 생각을 조장했다. 바로 이것이 파시즘의 강점이었다.

노동 운동과 사회주의 운동이 분출하여 공장 점거로 치달았던 전후 이탈리아의 '붉은 2년(1919-1920)'이라는 공간에서, 이탈리아 정부의 자유주의자들은 좌파의 공세를 봉쇄하기 위해 파시즘을 이용할 수 있다고 생각했다. 정부는 파시스트 행동대원들이 노동조합 사무실과 이탈리아 사회당(PSI) 지부, 노동회의소를 방화하고 사회주의자와 노동 운동가에 대해 테러를 자행하는 것을 묵인했다. 게다가 자유주의자들은 총선에서 파시즘과 선거 연합을 결성해 파시스트들에게 의회의 문을 활짝 열어주기까지 했다. 이로써 거리의 테러리즘 단체가 이탈리아 정치 무대에서 당당히 시민권을 획득했던 것이다. 역사가 맥 스미스는 그러한 상황을 가리켜 자유주의자들의 자살로 묘사하기도 했다. 말하자면, 파시스트들은 그 자신의 힘이 아니라 그 적들의 안이함 때문에 성공했던 것이다.

이탈리아 파시즘은 1922년 10월 27일과 28일 사이에 개시된 '로마 진군'으로 파시스트 운동의 지도자 무솔리니가 총리직에 취임함으로써 권력을 장악했다. 파시스트의 '로마 진군'에 직면하여 최후의 자유주의 정부의 총리이던 팍타는 계엄령 선포를 고려하기도 했으나, 국왕 비토리오 에마누엘레 3세가 거부함으로써 로마는 '무방비 도시'나 다름없게 되었다. 곧 국왕은 무솔리니와 교섭해 그를 총리에 임명했다. 무솔리니가 이탈리아 역사상 최연소 나이(39세)로 총리직에 오름으로써 마침내 파시즘은 엄연한 이탈리아의 집권 세력으로 변모했다. 이탈리아 자유주의는 이 파시즘의 무혈 쿠데타의 방관자이자 공모

파시즘의 상징 파스케스.
이탈리아 전투 파쇼의 이념으로서 (이탈리아어의) '파시스모(fascismo)', 즉 (영어로) '파시즘(fascism)'이라는 말에는 이 운동이 지닌 성격을 드러내주는 단서가 있다. 파시즘은 라틴어 '파스케스(fasces)'에서 유래한 말인데, 이때 파스케스란 고대 로마 공화정 시기에 최고 정무관인 콘술의 대권을 상징하는 권표이자 일종의 왕홀이었다. 콘술의 징벌권을 상징하는 작은 도끼를 중심으로 나뭇가지들을 동여맨 파스케스의 형상에는 카리스마적 지도자를 중심으로 전 국민의 단합과 결속을 추구한다는 의미가 숨어 있었다.

자였지만, 그에 걸맞은 대접을 받기는커녕 오히려 파시즘에 의해 억압받고 추방될 것이었다. 바야흐로 파시즘의 시대가 도래한 것이다.

무솔리니와 파시스트들은 집권 직후에 이른바 '정상화'를 외치며 법과 질서로의 복귀를 시도했다. 이것은 집권 전에 '볼셰비즘에 맞서 조국을 지키자'면서 법과 질서의 회복을 주장한 것과 일맥상통하는 것이었다. 그러나 파시즘이 '정상적' 정치 세력이 아니라 독재 권력을 행사하는 '예외적' 체제라는 징조들이 도처에서 나타났다. 그 대표적인 사례가 바로 1923년 4월에 의회에서 파시스트 민족당(PNF)의 다수당 지위를 보장하기 위해 새로운 선거법이 통과된 사건이었다. 이 선거법 개악을 지켜보면서 당시 자유주의자 아멘돌라는 "전체주의적 체제"가 등장하고 있다고 말했다. 이듬해에도 이탈리아 인민당(PPI) 당수인 스투르초는 파시즘에서 우세한 경향이 "파시스트라는 새로운 개념을 통해 일체의 도덕, 문화, 정치, 종교 세력을 전체주의적으로 변형"하는 것이라고 단정했다.

그러나 이때까지만 해도 전체주의는 파시즘의 비판자들이 붙여준 딱지였

무솔리니와 파시스트들
당시 왕가의 거주지였던 퀴리날레 궁전 앞의 파시스트 행진.

을 뿐이다. 파시스트들이 스스로 전체주의를 적극적으로 표방하기 위해서는 하나의 위기를 넘어서야 했다. 무솔리니의 명령으로 일어난 것으로 추정되는 사회주의자 마테오티 의원의 암살 사건은 파시즘에 바로 그 위기를 초래했다. 이러한 정치 위기에 맞서, 무솔리니는 1925년 1월 3일 담화를 내고 모든 책임을 그 자신이 떠맡을 것이며, 나아가 파시즘은 이탈리아 사회 전체를 "파시스트화"하려는 목표를 갖는다고 천명했다. 이 담화 이후 파시스트 정부는 언론, 출판, 결사의 자유를 탄압했고, 모든 반대 정당을 불법화했다. 이제 합법적 영역에서 파시스트 민족당은 유일 정당으로 군림했고, 그럼으로써 본격적으로 전체주의적 독재 권력을 행사하기 시작했다.

파시즘의 성격

파시스트 전체주의는 무솔리니에 의해 다음과 같이 표현되었다. "정치적으로는 파시스트이면서…… 학교, 가정, 직장에서 비파시스트일 수는 없다." 이러한 생각은 독일에서 나치즘을 이끈 히틀러에게서도 즉각적인 반향을 얻었다. 그도 무솔리니와 마찬가지로 "생존을 위해 투쟁하는 독일인들에게 이제 비정치적인 삶의 영역이란 없다"라고 선언함으로써 공적 영역과 사적 영역이라는 낡은 구별을 폐기했다. 무솔리니와 히틀러의 진술에서 전체주의는 곧 정치가 모든 삶의 영역을 지배하는 것을 가리킨다. 그리하여 전체주의 국가는 개인의 모든 일상 영역에 침투해 이를 지배하고자 한다. 히틀러는 전체주의를 가리켜 "모든 자유주의적 형태의 자율성을 파괴하라는, 권력에 대한 포괄적 요구"로 규정했다. 철학적 차원의 전체주의가 개인주의를 배격하는 것이었다면, 그것의 정치적 표현으로서 전체주의는 자유주의 혹은 자유민주주의를 배격하는 것이었다. 그렇다면 이러한 맥락에서 (나치즘까지 포함한) 파시즘은 반자유주의적·탈자유주의적 전체주의라고 규정할 수 있다.

여기서 기억해두어야 할 점은, 공적 영역과 사적 영역의 구별이 폐지된 전체주의적 삶의 공간이 '민족 공동체'로 이해되었다는 사실이다. 파시즘은 민족을 하나의 살아 있는 유기체로 보면서 개인의 존재를 민족의 생존과 번영에 철저하게 종속시켰다. 무솔리니는 파시즘의 알파와 오메가가 민족임을 다음과 같이 강조했다. "우리의 신화는 민족(Nazione)입니다. 우리의 신화는 민족의 위대함입니다! 그리고 우리가 완전한 현실로 옮겨놓고자 하는 이런 신화에, 이런 위대함에 나머지 모든 것을 바쳐야 합니다." 이러한 맥락에서 파시스트들은 세계사를 사회적 다윈주의에 입각해 열등 민족이 도태되고 우월 민족이 적자로서 생존하는 간단없는 진화론적 투쟁 과정으로 묘사했다.

나치즘 역시 '민족 공동체'의 이데올로기였다. 다만, 나치즘의 경우에는 민족을 철저하게 생물학적으로 결정된 것으로 이해했고, 그런 만큼 배타적인 인종주의로 나아갔다. 나치즘의 목표는 인종적으로 우월한 아리안족의 생활권을 확보하는 것이었고, 이 과정에서 방해가 되는 열등 인종들은 예속되거나 절멸되어야 했다. 물론 이탈리아 파시즘에도 그러한 인종주의적 요소가 약하기는 했지만 분명히 존재했다. 이탈리아에서도 인종법이 통과되었고, 유대인들이 격리되었으며, 슬로베니아인들이 학살되었고, '라틴 인종'이나 '지중해 인종'의 우월성이 강조되었다. 그러므로 파시즘과 나치즘 같은 전체주의는 정도의 차이는 있을지언정 공히 인종주의로 이끌리는 경향이 있는 극단적 민족주의였다고 말할 수 있다.

파시즘의 극단적 민족주의는 본질적으로 자민족의 우월성을 전제하면서도 특정한 시기에 민족이 쇠퇴했다고 여기면서 민족의 재생과 부흥, 통합과 정화를 부르짖는 특정한 담론들을 수반했다. 예컨대 이탈리아 파시스트들은 스스로를 19세기 이탈리아 리소르지멘토(Risorgimento), 즉 민족 부흥 운동의 계승자로 보았고, 리소르지멘토를 '파시스트화'함으로써 제2의 리소르지멘토를 추구했다. 이탈리아 파시스트들이 리소르지멘토의 영웅 가리발디의 사망 50주년을 성대하게 기념하거나 마치니를 파시스트로 묘사하려고 한 시도 모두가 그러한 맥락에서 나온 것이다. 이와 유사한 맥락에서 독일 나치즘도 독일 민족의 위대한 제국 프로젝트의 재생을 부르짖으며 그 옛날 독일 제1제국(신성로마 제국)과 독일 제2제국(빌헬름 제국)을 계승하는 독일 제3제국의 이념을 요란하게 제시했던 것이다. 요컨대 파시즘은 재생의 담론을 수반한 극단적 민족주의였던 것이다.

민족적 재생에 대해 파시즘이 보여준 열정에는 '혁명적' 잠재성이 깔려 있었다고도 볼 수 있다. 그래서 많은 학자들은 파시즘을 혁명적 민족주의로 규정하기도 한다. 그러나 역사가 팩스턴은 이때의 '혁명'이란 1789년 프랑스 혁명이나 1917년 러시아 혁명과 같은 전통적 의미의 혁명, 즉 기성 질서를 뒤엎고 사회적·정치적 권력을 재분배하는 혁명은 아니라고 본다. 파시즘은 소유와 위계에 기초한 기성 질서를 건드리지 않았다는 말이다. 팩스턴은 파시즘이 전통적 엘리트층과 불편하지만 효과적인 동맹 관계를 추구했다는 사실을 지적한다. 무솔리니는 이미 정권을 장악하기 이전부터 기업가들에게 손을 내밀고 있었고, 파시스트 노동조합 운동의 거물인 로소니를 숙청함으로써 파시즘 내부의 혁명적 운동의 싹을 미리 잘라버리려고 했다. 그럼에도 파시스트 노동조합 운동은 끊임없이 기업가들과 마찰을 일으키는 요소로 존재했다. 또한 일체의 사적 영역을 철폐하려는 파시즘의 전체주의적 기획 자체가 전통적 엘리트층에게 공포심을 불어넣은 것도 사실이다. 그렇다면 파시즘은 기성 질서의 유지를 원하는 보수적 운동인가, 아니면 철폐를 꾀하는 혁명적 운동인가? 역사가 루포는 파시즘이 추구한 정치적 내용은 극우 민족주의에 기초한 보수적인 것이었지만, 그것이 보여준 정치적 행위는 대단히 급진적이었다고 진단한다. 여기서 '급진적'이라는 말은 낡은 세계와의 타협을 경멸하면서 폭력을 불사하고라도 비루한 현실을 단번에 정화하려는 철저한 재생의 의지와 관련되어 있다. 요컨대 루포는 파시즘을 "새로운 우파"로 규정하는데, 이 정의가 말하는 것은 파시즘이 보수적인 내용을 급진적인 방식으로 제기한 새로운 민족주의라는 점이다.

이렇듯 파시즘이 인종주의에 이끌리고 재생의 담론을 수반하는 극단적·급진적 민족주의였다면, 그러한 민족주의적 경향은 이미 이탈리아 파시즘이 등장하기 훨씬 이전에도 있었다. 가령 19세기 후반 프랑스에서 '흙'의 이념에 기반을 둔 바레스나 악시옹 프랑세즈를 이끈 모라스의 극단적 민족주의가 그런 경우라고 하겠다. 그래서 일부 학자들은 대혁명의 본산인 프랑스야말로 진정한 파시즘의 고향이었다고 지적하기까지 한다. 그러나 이러한 생각에는 '파시즘'이라는 말을 남용하는 데서 비롯된 일정한 혼란이 내포되어 있다. 다시 말해서, 그러한 혼란은 이탈리아 파시즘의 성공이 너무도 인상적이어서, 이탈리아 파시즘 이전의 정치 현상들도 그와 조금이라도 유사한 점이 있으면 모두 파시즘으로 부르고 싶은 충동에서 나온 것이라고 하겠다. 확실히, 파시즘은 극단적 민족주의이지만, 극단적 민족주의가 모두 파시즘은 아닌 것이다. 거듭 강조하거니와, '파시즘'은 이탈리아에서 탄생했고, 그 깜짝 놀랄 만한 성공과 함께 국제적 영향력을 행사했다. 이에 쉽게 감화를 받은 사람들은 물론 각국의 극단적 민족주의자들이었는데, 이들은 이탈리아 파시즘에서 운동의 정형을 발견하고 이를 자국에 이식하고자 했다. 전간기 유럽 각국에서 '파시스트적' 단체들이 대거 출몰한 것도 바로 이러한 맥락에서였다.

그 전형적인 사례가 바로 1911년에 프랑스에서 민족주의적 노동자 조직을 이끌었던 발루아가 이탈리아 파시즘을 모방해 1925년에 세운 페소(Faisceau)일 것이다. 그 밖에도 유럽에서 이탈리아 파시즘(과 나중에는 독일 나치즘)에 영향을 받은 파시스트적 단체들은 수없이 많다. 프랑스의 경우에 라로크가 1927년에 세운 불의 십자가와 도리오가 1936년에 세운 프랑스 인민당, 루마니아의 경우에 코드레아누가 1927년에 세운 대천사 미카엘 군단과 철위대, 영국의 경우에 모슬리가 1932년에 세운 영국 파시스트 연합, 에스파냐의 경우에 데리베라가 1933년에 세운 팔랑헤, 헝가리의 경우에 살러시가 1935년에 세운 화살십자당 등이 그런 사례들이다.

물론 이러한 전간기 유럽 각국의 파시스트적 단체들은 이탈리아 파시즘

무솔리니와 영국 파시스트 연합의 리더 모슬리

을 모방했지만, 각국의 정치적 세력 관계와 정치 문화의 특성에 따라 반(反)유대주의나 반(反)-반유대주의를 표방하거나 왕정주의나 공화주의를 주창하면서 나름의 고유한 '민족적' 성향을 드러냈고, 그 정치적 운명도 다양하게 엇갈렸다. 그런 점에서 이들 단체를 이탈리아 파시즘과 동일시할 수는 없겠지만, 적어도 이탈리아 파시즘의 영향권 아래에서 발전한 파시즘 이후의 파시스트적 단체들로 볼 수는 있을 것이다. 이렇듯 전간기에 파시스트적 단체들이 우후죽순으로 생겨난 상황을 보면, 이 시기를 '파시즘의 시대'로 규정하는 것도 충분히 이해할 수 있다.

3 파시즘의 변형

대공황의 충격과 나치즘의 부상

전간기 유럽에 단일 요인으로 최대의 충격을 가한 사건을 들라면, 아마도 대공황이 유력한 후보가 될 것이다. 1929년 10월 24일 뉴욕의 증권거래소에서 주가가 폭락하면서 미국 경제공황이 시작되었고, 그 여파가 유럽을 비롯한 세계 각지로 퍼져나가면서 대공황이 나타났다. 대공황으로 수많은 은행과 기업이 도산하고 실업자가 급증하는 등 세계 경제가 휘청거렸다. 확실히, 대공황은 각 국가와 지역의 경제가 긴밀히 뒤얽히게 된 세계화의 부정적 효과를 웅변해 주는 사건이었다. 대공황의 원인은 여러 가지가 있겠으나, 근본적으로는 소비가 생산을 따라가지 못한 과잉생산에 있었던 것으로 보인다. 여기에 금융 당국이 적절한 시기에 적절한 통화 정책을 펴지 못함으로써 위기가 심화된 것으로 추정된다.

잘 알려져 있듯이, 미국은 뉴딜 정책으로 알려진 해법으로 대공황에 대처했다. 뉴딜 정책은 전통적인 자유방임의 원칙을 버리고 국가가 경제에 적극적으로 개입해 공공사업을 일으키고 사회보장 정책을 펴면서 총수요를 관리하려는 정책이었다. 그리고 이러한 발상은 케인스 경제학을 통해 이론적으로 정당화되었다. 물론 케인스 경제학의 비전과 뉴딜 정책이 대공황을 극복하는 데 실제로는 큰 역할을 하지 못했다는 견해도 있다. 이러한 견해에 따르면, 전쟁 즉 제2차 세계대전이야말로 진정한 해결책이었다. 그렇기는 해도 케인스 경제학과 뉴딜 정책은 국가가 경제 문제와 그로부터 야기된 사회문제에 개입해야 한다는 발상을 정당화하고 그에 대한 이론적·실천적 선례를 제시했다는 점에서 중요한 의미를 갖는다. 그리고 이는 역설적이지만 종래의 부르주아적 의회 정치와 자유주의적 경제 정책에 반감을 내보이면서 일반 대중('민족'으로 불리기도 하고 '인종'으로 불리기도 한다)의 '복지'를 선동적인 의제로 제시할뿐더러 민족(인종) 공동체에 바탕을 둔 강한 '국가주의적' 성향을 노골적으로 드러내는 파시즘에게도 유리한 조건으로 작용했음을 부정하기 어렵다.

이런 점에서 일찍이 경제인류학자 폴라니는 파시즘이 19세기의 자기 조정적 시장경제에 대한 반동에서 경제로부터 사회를 구제하려는, 20세기 판본의 사회적 보호 운동의 하나로 등장했음을 지적하기도 했다. 이 시각에서 보면, 미국의 뉴딜과 이탈리아의 파시즘, 독일의 나치즘 사이의 공통점이 두드러진다. 물론 폴라니에게는 자유를 압살한 파시즘이 사회적 보호 운동으로 보인다는 것 자체가 자기 조정적 시장경제가 초래한 파국적 결과들 중의 하나였지만 말이다. 그러나 최근의 일부 연구자들은 한두 발 더 나아가 그런 운동들 사이의 차이점보다는 공통점을 더욱 부각시키는 경향이 있다. 이 시각에 따르면, 미국의 뉴딜과 이탈리아의 파시즘, 독일의 나치즘은 같은 혈족적인 뿌리에서 유래하는 일종의 '가족 유사성'을 보인다는 것이다. 여기서 같은 뿌리란 대체로 대공황이라는 자본주의의 대위기 속에서 정당화된 경제와 사회에 대한 국

미국 대공황 직후의 뱅크런

가 간섭(대중 정치와 인민주의를 수반한다)이라는 공통의 '인식소(에피스테메, 그 자체로는 파시스트적이지도 공산주의적이지도 민주주의적이지도 않은 요소)'를 가리키는 것으로 보인다.

확실히, 이러한 논점들은 가설에 불과한 것으로서 즉각 논쟁을 야기하겠지만 그렇다고 간단히 기각해버리기도 어려운 면이 있다. 이와 관련해 한때 이탈리아 파시스트들과 소련 공산주의자들이 공히 미국으로 대표되는 자본주의에 대한 혐오감을 내보이면서 서로를 '동지'로 불렀다는 사실이나 미국 고위 관리가 당시 파시즘과 뉴딜의 공통점을 유보 조항 없이 받아들였다는 사실 등은 의미심장하다고 하겠다. 그러나 유사성을 지나치게 강조하는 것은 파시즘과 공산주의, 뉴딜이라는 근본적으로 서로 다른 정치적·이데올로기적 지향을 가진 운동과 체제를 동일시할 위험이 있다. 외형상의 유사성을 자칫 동일성으로 오해하는 것은 밤에 소를 보고서 모든 소가 검다고 말하는 오류와 다름없을지도 모른다.

그러나 해석상의 쟁점과는 별개로 대공황이 유럽의 파시스트 체제와 운동이 새로운 방식으로 확대·심화되는 중요한 전기가 되었다는 사실 자체에는 의문의 여지가 별로 없다. 파시즘과 관련해 전간기 유럽에서 대공황이 몰고 온 가장 중요한 정치적 결과로는 독일에서 나치즘이 집권한 사실을 꼽을 수 있다. 제1차 세계대전 직후 체결된 베르사유 조약으로 막대한 전쟁 배상금을 물어야 했던 독일 경제는 배상금 규모가 줄고 미국의 지원을 받게 되면서 점차 회복세를 보이고 있었다. 그러던 중 1928년부터 미국 자본이 철수하면서 다시 독일 경제에 먹구름이 드리웠고, 대공황의 충격을 정면으로 받으면서 독일 경제는 크게 비틀거렸다. 그리하여 1930년 3월의 225만 8,000여 명이던 실업자 수가 1932년 3월이 되면 600만여 명으로 급증하기에 이르렀다. 게다가 사회보장 정책을 축소하는 데 반대한 사회민주주의자들과 균형 재정을 요구한 보수적 중도 정당들이 대립하면서 중도 연립 정부는 좌초하고 의회정치가 난항을 겪게 되었다. 그 이전까지 소수파 운동에 불과했던 나치즘이 급속히 대중의 지지를 받으면서 마침내 정권을 장악하게 된 것도 정확히 그러한 경제적 붕괴와 정치적 불능 상태에서였다.

나치즘이란 기본적으로 독일노동당의 후신으로 1920년에 출범한 독일 민족사회주의노동당의 명칭에서 유래한 것인데, 이 정당의 이념인 '민족사회주의(Nationalsozialismus)'를 축약하여 나타내는 표현이라고 할 수 있다. 나치는 이미 1923년 뮌헨에서 '비어홀 폭동'을 일으킨 바 있었고, 이 사건으로 히틀러가 체포되었는데, 그는 복역 기간 중 훗날 나치즘의 경전이 될 『나의 투쟁』을 집필했다. 그는 무솔리니를 정치적 스승으로 인정하면서 파시즘의 주요 개념과 발상을 차용했다. 그런 점에서 나치즘은 파시즘의 변종으로 간주될 수 있다. 초기에 나치는 베르사유 체제에 대한 독일 국민의 증오심에 불을 지피며 정치 활동을 전개했지만, 독일 경제가 대공황의 충격을 받기 전까지는 소수파 운동에 머물러 있었다. 그러나 대공황이 운명을 바꿔놓았다. 1930년대부터 나치당은 합법(의회)·비합법(거리) 공간 모두에서 급격히 부상하기 시작했다. 1928년 선거에서 나치당은 고작 12개의 의석만을 차지했지만, 1930년 선거에서는 107석을 차지했고, 1932년 선거에서는 득표율 37.2퍼센트를 기록하며 230석을 차지하는 기염을 토했다. 나치에게 정치란 단순히 의회정치만을 의미하는 것은 아니었다. 권력 장악이라는 대명제 아래에서 나치는 거리 정치에서도 강력한 영향력을 행사하며 부상했다. 1930년에 10만여 명이던 갈색 셔츠의 나치 돌격대원들은 1933년에는 100만여 명을 헤아리게 되었고, 거리에서 공산주의자와 사회민주주의자, 노동운동 활동가에게 린치와 테러를 가하고 시가행진을 벌이면서 위세를 과시했다.

나치즘의 부상은 히틀러의 총리 취임으로 정점을 찍었다. 1932년 12월에 파펜의 뒤를 이어 총리에 취임한 슐라이허 장군이 극우와 극좌 사이의 첨예한 대립을 해소하려는 취지에서 보수적 그룹과 노동조합 지도자 사이의 광범위한 연립을 추구하자, 이에 놀란 보수파가 히틀러를 총리로 임명하도록 힌덴부르크 대통령에게 압력을 가했다. 마침내 1933년 1월 30일 히틀러가 독일 제국 총리직에 취임함으로써 나치즘의 '갈색 혁명'이 시작되었다. 나치 혁명은 그 선례인 이탈리아의 '검은 혁명'보다 훨씬 더 철저하게 전체주의 체제를 추구하면서 독일 사회의 전면적 개조를 요구했다. 이는 생물학적 결정론에 근거한 나치즘의 이데올로기적 극단성만큼이나 이탈리아보다 상대적으로 더 풍부한 독일의 인적·물적 자원에 바탕을 둔 것이었다. 비밀경찰(게슈타포)이 들이닥쳐 고문당하는 악몽에 시달린 많은 독일인의 경험은, 그 자체로 나치의 전체주의가 사람들의 꿈과 무의식까지 지배했음을 시사한다.

히틀러와 나치의 권력 장악 과정을 보면 그보다 10여 년 전에 이루어진 이탈리아 파시즘의 권력 장악과 흡사한 대목이 많다. 일단 파시즘과 나치즘 모두 합법·비합법을 넘나드는 정치 활동을 전개했음에도 권력 자체는 철저하게 합법적인 방식으로 장악했다. 또한 파시즘과 나치즘의 권력 장악은 필연적이고 불가피한 과정의 산물이 아니었다. 파시즘에서는 이탈리아 자유주의자들의 오판이, 나치즘에서는 독일의 보수적 정치가들의 실책이 두드러진다. 파시즘과 나치즘에게 거대한 권좌로 통하는 '좁은 복도'를 안내한 이 이탈리아와 독일의 기성 정치인과 정당에게는 두 가지 공통점, 즉 무솔리니와 히틀러보다 좌익 세력을 더 혐오했고, 좌익 세력을 봉쇄한 후에는 파시스트와 나치를 권좌에서 쉬이 몰아낼 수 있다고 잘못 생각했다는 공통점이 있다. 그들의 기대대로

아돌프 히틀러와
힌덴베르크 대통령

파시즘과 나치즘은 좌익 세력을 두들기는 '망치'로 기능할 터였지만, 이 망치가 이탈리아와 독일 사회 전체를 강타하는 것은 그들의 기대를 훌쩍 넘어선 것이었다.

파시즘의 모순

1930년대 유럽의 두 핵심 국가인 독일과 이탈리아의 권좌를 점령한 파시스트 전체주의 체제는 정치권력을 지렛대로 삼아 특유의 사회적 유토피아를 실현하려고 했다. 이탈리아의 무솔리니는 대공황의 한가운데서 "민중에게로 가자"라는 모토를 내걸고 본격적으로 코포라티즘(corporativismo, '조합주의'나 '담합주의'로도 번역된다)이라는 사회경제 체제를 실험하려고 했고, 독일의 히틀러는 독일인들의 "민족 공동체(Volksgemeinschaft)"를 내세우면서, 역사가 마조워의 표현을 빌리자면, "인종적 복지국가"를 약속했다. 이탈리아의 코포라티즘은 계급 갈등을 극복하려는 파시스트적 대안으로서 이탈리아 사회를 직군에 따라 22개 단위로 나누어 각각에 사용자 대표와 노동자 대표, 국가 대표자가 참여해 민족적 이해관계 아래서 각각의 이해관계를 조정함으로써 의회의 대체 기능을 수행하는 체제였다. 이탈리아 파시스트들은 코포라티즘이 자유주의적 자본주의와 공산주의에 대한 대안이라는 점에서 "제3의 세력"임을 자처했고 이를 통해 대공황의 위기를 타개할 수 있다고 선전했다. 그런가 하면 독일 나치의 인종적 복지국가는 생물학적 인종주의와 국가기구를 결합해 건강한 공동체를 유지하고 그 성원들의 복지를 보장하려는 개념에 입각해 있었다. 이러한 개념을 바탕으로 나치는 아리안족의 '생활권'을 확보하고 재무장 정책을 실행함으로써 대공황을 극복할 수 있다고 선전했다.

그러나 새로운 경제 질서를 세운다는 파시스트와 나치의 희망과 선전에도 불구하고 코포라티즘과 인종적 복지국가에는 중대한 모순이 도사리고 있었다. 무엇보다 체제 내적·국가 내적 차원의 모순이 있었다. 코포라티즘이건 인종적 복지국가이건 파시스트 전체주의는 계급 갈등의 현실과 인종적 불순함이 드러나는 것을 참을 수 없었기 때문에 노동조합이나 소수자들을 민족적 이해관계에 위해를 가하는 요인으로 간주하여 무력으로 억압했다. 가령 이탈리아 코포라티즘이 국가의 중재를 통해 사용자와 노동자의 이해관계를 조정한다는 선전에도 불구하고 실제로 그 속에서 노동자들의 대표성과 이해관계는 철저하게 무시되었다. 코포라티즘에 노동자 대표로 참여한 사람들은 모두 파시스트 노동조합에 속해 있었고 그 외의 노동조합 활동은 모두 불법이었다는 점에서 파시스트 코포라티즘은 노동운동에 대한 억압을 수반한 수사학에 불과했던 것이다. 독일의 인종적 복지국가 역시 공동체의 건강과 사회적 신체의 유기적인 기능을 강조하면서 사회적 문제 집단(유대인, 정신질환자, 동성애자, 사회 부적응자 등)을 강제로 격리하고 제거하는 폭력적인 해결책을 추구했다. 1935년 뉘른베르크법으로 유대인과 비유대인의 통혼이 금지되고 유대인의 정치적 권리가 박탈당했고, 1938년에는 유대인들의 교회와 상점, 주택에 대한 방화와 파괴를 야기한, 이른바 '수정의 밤(Kristallnacht)' 사건이 발생하기도 했다. 이러한 사건들은 모두 유대인의 절멸을 목표로 한 "최종 해결책"의 전주곡이었다. 그러므로 파시스트 전체주의의 유토피아는 공동체의 이익과 건강에 위

1938년 '수정의 밤' 유대인들이 운영하는 상점과 유대교 회당은 불타고 많은 유대인들이 체포되어 수용소로 끌려갔다.

배되는 존재로 간주된 이들에게는 끔찍한 디스토피아였던 것이다.

두 번째로는 체제 외적·국가 외적 차원의 모순이 있었다. 그러한 모순은 파시스트 전체주의가 민족적 혹은 인종적 이해관계를 절대시하여 타민족과 타인종을 배타적으로 소외시키는 계서제적 정치 질서를 추구했다는 데서 잘 드러난다. 이러한 정치 질서는 오직 특권 민족과 특권 인종을 피라미드의 정점에 위치시키면서 타민족과 타인종을 특권 민족과 특권 인종에 철저하게 봉사하는 역할로 고정시키는 것이었다. 이로부터 파시스트 전체주의 특유의 호전적인 팽창 정책이 정당화되었고, 그럼으로써 파시스트 전체주의가 추구한 유럽 차원의 새로운 질서를 위해 헌신할 잠재적 협력자들을 스스로 포기했고 고립을 자초하고 말았다. 당시 한 이탈리아 외교관은 다음과 같이 정곡을 찌르는 말로써 그러한 모순을 간파했다. "어떤 경제 질서도 정치 질서에 기초하지 않으면 안 된다는 것을 독일인들은 모르고 있다. 벨기에와 보헤미아의 노동자들을 일하게 하려면 높은 임금을 약속하는 것만으로는 충분하지 않다. 그들로 하여금 자신들이 공동체, 즉 그 자신 역시 속해 있으며 그 속에서 자신을 발견할 수 있는 그런 공동체를 위해 봉사하고 있다는 느낌이 들게 해야 한다는 사실을 알지 못한다."

이렇듯 파시스트 전체주의는 본질적으로 폭력을 수반하는 것이었으므로, 파시스트들은 대중의 동의를 획득하는 문제에 더욱더 집착했던 것으로 보인다. 말하자면, 파시스트들은 억압적임에도 '불구하고' 동의를 구한 것이 아니라 억압적이기 '때문에' 동의를 구한 것이었다. 그들은 하나의 사회를 공학자가 기계를 설계하고 제작하듯이 개조할 수 있고 이를 통해 바람직한 인간형("호모 파시스투스")을 주조할 수 있다고 생각한 것과 꼭 마찬가지로, 대중의 동의도 공장에서 제품을 찍어내듯이 제조할 수 있다고 믿었다. 그런 과정에서 파시즘과 나치즘은 일종의 정치 종교로서 압도적인 스펙터클을 수반하는 정교한 정치 제의를 개발하고 일사불란하게 움직이는 민족적 신체를 위한 '지도자 숭배'의 신화적 이데올로기를 고안했다. 또한 그런 과정에서 뜻하지 않은 정치적 혁신도 나타났는데, 이탈리아의 '도폴라보로(Dopolavoro)'나 독일의 '기쁨을 통한 힘(Kraft durch Freude)'과 같은 대중적 여가 조직이 등장한 것이 바로 그러한 혁신의 사례일 것이다. 그런 점에서 민족 신화와 대중 조직은, 한 역사가의 유명한 표현을 빌리자면, 파시즘이라는 이른바 "동의의 공장"을 떠받치는 두 주춧돌이었다.

이로부터 또 다른 모순이 나타났다. 파시즘과 나치즘은 민족적·인종적 순수함의 원형과 영광스러운 시절에 대한 기억을 찾아서 종종 과거로 역진하는 고색창연한 이념과 만들어진 전통들을 대중에게 제시하려고 애썼다. 가령 이탈리아 파시즘은 로마 제국의 위대한 과거에 의지해 로마식 경례와 로마식 전투구호를 외치고 이탈리아 농촌의 조화롭고 목가적인 이미지를 선전했는가 하면, 독일 나치즘은 무장친위대(Waffen-SS)를 중세 튜턴 기사단의 후예로 묘사하고 '피와 흙'의 원초적 이념을 선전했다. 그러나 동시에 파시즘과 나치즘은 대중의 동의를 획득하는 효과적인 수단으로 라디오와 영화, 자동차와 비행기 등 근대 문명의 이기들을 적극적으로 활용했다. 그런 점에서 일부 역사가들은 파시스트 전체주의에서 근대 기술과 전통문화의 독특한 접합을 발견하기도 한다. 물론 파시즘과 나치즘이 근대성 혹은 모더니즘과 맺는 관계가 정확히 무엇인지는 여전히 학계에서는 논란거리이다. 그런 점에서 파시스트 전체주의는 "반(反)모더니즘"일 수도 있고 "반동적 모더니즘"일 수도 있으며 "대안적 모더니즘"일 수도 있다.

'기쁨을 통한 힘'의 포스터

그러나 파시스트 전체주의를 어떤 개념으로 규정하든 간에 주목해야 할 점은, 파시즘이 이용한 근대적 이기들은 한편으로 대중을 체제에 접착시키는 역할을 하기도 했지만, 다른 한편으로는 개인주의와 물질주의를 확산해 대중을 체제에서 이반시키거나 체제에 무관심하게 만드는 역할을 하기도 했다는 것이다. 실제로 1930년대 이탈리아에서 로맨스 영화들("백색 전화기 영화들")이 유행했는데, 이는 강건한 민족적 신체를 선전한 파시즘의 이상과는 동떨어

좌 백색 전화기 영화의 한 장면

우 최초의 네오리얼리즘 영화 〈강박관념〉의 포스터

져도 한참 동떨어진 것이었다. 이와 관련해 무솔리니의 아들 비토리오가 남녀 간의 치명적 로맨스를 다룬 비스콘티의 영화를 보고 "이것은 이탈리아가 아니다!"라고 외쳤다는 사실은 의미심장하다. 그리하여 이탈리아에서 엄혹한 현실을 건조하게 드러내려는 '네오리얼리즘' 영화들이 반파시즘의 가치와 태도를 체현한 문화적 경향으로 간주될 수 있는 까닭도 거기에 있다. 이렇듯 근대성의 이기들을 통해 확산된 대중사회와 대중문화는 파시스트 전체주의자들이 결코 인정하고 싶지 않은 또 다른 현실, 즉 근대성의 물질적 혜택을 갈망하면서 점점 더 사적인 삶으로 침잠하는 원자화된 개인들을 만들어낸 것이다. 물론 파시스트들은 현실적인 정치적 지배의 필요에서 개인들의 무관심을 의도적으로 조장하기도 했지만, 그러한 무관심은 궁극적으로 전체주의 체제의 목표와 이상과는 배치되는 것이었다. 바로 이것이야말로 파시스트 전체주의가 노출한 가장 큰 모순이었다고 할 수 있다.

4 다시 전쟁과 전후

역사가에 따라서는 1938년 월드컵에서 이탈리아 국가대표 축구팀이 우승한 것에서 파시즘에 대한 이탈리아인들의 동의가 절정에 달했다고도 하고, 1936년 베를린 올림픽에서 나치즘에 대해 독일인들이 보인 절정의 열광을 확인할 수 있다고도 한다. 이러한 주장들은 다소간 과장된 것이기는 하지만 그래도 진실의 한 단면을 보여준다. 확실히, 당시 양국의 많은 국민들은 파시스트 전체주의가 민족의 영광과 번영을 가져다줄 체제라고 믿었던 것으로 보인다. 특히 독일에서 재무장 정책과 이를 통한 완전고용의 신화는 그러한 절정의 대중적 동의를 떠받친 물질적 기반이었다. 그러나 절정은 곧 하락이 시작되는 출발점이었다. 왜냐하면 군수산업에 바탕을 둔 파시스트 전체주의의 새로운 질서는 본질적으로 전쟁의 가능성을 내포한 체제였고, 이 전쟁에서의 패전과 그로부터 야기된 내전(이탈리아)과 분단(독일)으로 양국 국민들은 쓰라린 회한에 젖고 끔찍한 고통을 맛볼 것이었기 때문이다. 그런 점에서 파시스트 전체주의가 추구한 혁명은 실제로는 허무와 파괴의 혁명이었다고 하겠다.

1930년대 후반 이후 이탈리아와 독일의 공격적인 대외 정책은 큰 성공을 거두는 것처럼 보였다. 이탈리아는 1935년에 에티오피아를 침공해 이듬해 수도 아디스아바바를 점령하고 '이탈리아 제국'을 선포했다. 이탈리아와 독일은 1936년에 파시즘과 반파시즘의 대리전이라고 할 수 있는 에스파냐 내전에서도 파시즘 세력을 후원했다. 그런 가운데 이탈리아와 독일, 일본은 1937년에 3국 간 방공 협정을 체결해 추축국 동맹을 완성했다. 독일은 1938년에 오스트리아를 합병했고, 영국과 프랑스의 유화 정책을 이용해 체코슬로바키아까지 점령했으며, 그 여세를 몰아 독일 본토와 동프로이센을 갈라놓은 폴란드 회랑 지대까지 요구했다. 마침내 독일은 이데올로기적으로 도저히 어울릴 수 없는 소련과 불가침조약을 체결해 전 세계 여론을 한바탕 놀라게 한 뒤 1939년에 폴란드를 기습 침공함으로써 제2차 세계대전의 불뚜껑을 열기에 이르렀다. 이로써 유럽과 세계는 다시금 전면전으로 끌려 들어갔다.

전쟁 초반 독일은 기계화된 전격전의 신화와 함께 승승장구했다. 폴란드를 비롯해 덴마크와 노르웨이, 벨기에와 네덜란드, 마침내 프랑스의 수도 파리까지 점령하면서 기염을 토했다. 이러한 독일의 거침없는 진격을 지켜보던 많은 독일인들은 물론이요, 많은 국외자들도 독일이 추구하는 새로운 질서가 실현되고 있다는 느낌을 받았던 것으로 보인다. 그런 점에서 가령 파리의 어학원에서 독일어 수강생들의 수가 폭증한 반면에 영어 수강생들의 수가 폭락한 사실은 매우 의미심장하다. 한 미국 기자는 1940년 여름의 시점에 이대로 간다면 미래는 독일에 있을 것이라고 예측하면서 다음과 같이 말하기도 했다. "히틀러가 전쟁에서 이길 수 있을 뿐 아니라, 평화도 가져오고 유럽 전체를 조직할 수 있을 것 같았다."

그러나 전쟁은 파시스트 전체주의의 취약성을 여지없이 노출한 무대가 되었다. 과연 1940-41년에 독일의 동맹국 이탈리아는 알프스산맥, 알바니아, 그리스, 북아프리카 등지에서 벌어진 일련의 전투에서 악전고투하고 있었다. 무솔리니 자신이 당시 이탈리아군의 대포가 제1차 세계대전 때 사용한 것이었음을 알고 너무도 놀랐다고 회고했는데, 이는 파시즘의 화려한 전쟁 수사학에도 불구하고 이탈리아 군수산업이 전혀 전쟁 준비가 되어 있지 않았음을 드러낸다. 이탈리아에 비해 정도는 덜했지만, 독일도 마찬가지였다. 1941년 소련 침공 이후 전격전의 신화는 점점 색이 바래더니, 스탈린그라드가 독일군의 공동묘지가 되면서 무장친위대와 같은 소수 이데올로기적 전사들의 발악적 항전에도 불구하고 독일군 전체가 말을 끌고 발로 걷는 패잔병 신세로 내몰렸다. 당시 독일 군수산업을 총지휘한 슈페어는 독일 생산이 최고점에 달한 1944년 봄의 독일,

무솔리니와 히틀러, 강철 동맹

오스트리아, 체코슬로바키아의 총생산이 제1차 세계대전 때보다 못했다고 회고했다. 결국 무솔리니와 슈페어의 회고는 이탈리아와 독일의 경제가 미국과 소련이라는 거대한 산업국가와 맞서 싸우기에는 취약했다는 점을 웅변으로 말해준다.

    그렇듯 추축국의 경제력이 미국과 소련에 비해 열세였을 뿐 아니라 무능하고 비대한 관료제가 그러한 열세를 가중시켰다. 많은 역사가들은 이탈리아 파시즘과 독일 나치즘이 당과 국가의 이중 체제를 유지하면서 그때그때의 정치적·행정적 필요에 따라 급조된 관료 기구들을 양산해냄으로써 전체주의 체제를 '진흙 발을 가진 거인'의 신세로 만들었음을 지적해왔다. 그렇기에 독일과 이탈리아의 전체주의적 관료제 국가는 실제로 히틀러와 무솔리니 개인에 의해서만 간신히 통합성을 유지하는 국가였다는 지적이 타당하게 들리는 것이다. 실제로 전체주의의 외관에도 불구하고 양 국가는 봉건제보다도 더 분열적이고 원심적인 성향이 강한 일종의 정글과 같았고, 그렇기에 애초부터 무솔리니와 히틀러는 이데올로기적으로 보수적인 정파와 급진적인 정파, 권력욕에 사로잡힌 고위 당원들, 서로 간에 경계가 불분명하여 직무가 중첩되는 부서들 사이의 갈등을 이용하거나 억압하면서 체제의 불안정한 균형을 맞추어나가야 했다. 이 사실만큼 전체주의 이데올로기의 신화와 현실 사이의 간극을 더없이 극명하게 보여주는 것은 달리 없을 것이다.

    1943년 7월에 연합군이 이탈리아의 시칠리아에 상륙한 뒤 얼마 지나지 않아 무솔리니는 실각했고, 그 대신 들어선 바돌리오 장군의 임시정부는 휴전을 선포했다. 그리하여 20여 년 전 '로마 진군' 때와 꼭 마찬가지로 제국 수도 로마는 다시 '무방비 도시'가 되었다. 물론 독일 공수부대의 도움으로 탈출한 무솔리니가 1943년 9월 18일 북부에서 이탈리아 사회공화국(본거지가 가르다 호숫가의 마을인 살로에 있었다고 하여 '살로 공화국'으로 불렸다)을 선포하여 파시즘 최후의 거점을 마련했으나, 이는 예정된 패배를 단지 연장해 내전으로 인한 고통을 가중시킨 것에 불과했다. 독일은 이탈리아보다 훨씬 더 끈질기게 버텼지만, 역시 이탈리아와 마찬가지로 예정된 패배를 되돌릴 수는 없었다. 결국 무솔리니는 스위스로 탈출하는 과정에서 공산주의자 계열 파르티잔들에게 생포돼 처형되었고, 히틀러는 베를린 전투가 한창이던 때 자살했다. 새로운 천년 제국에 대한 파시즘의 약속은 끝내 전 지구적 차원의 대량 살상전으로 이어졌고, 파시즘은 패전함으로써 처참한 폐허만을 남긴 채 붕괴하고 말았다.

돌이켜 보면, 전간기 유럽을 '일주한' 파시스트 운동과 유럽의 두 국가를 '정복한' 파시스트 체제는 서로 양태와 강도는 달라도 공히 급속하게 세계화되는 시대에 극단적인 방식으로 민족 공동체를 추구한 정치 현상이었다. 이러한 정치 현상의 존재는 세계화와 민족주의가 양립할 수 있으며, 세계화의 역동성이 오히려 친숙한 공동체들(가족, 고향, 민족)에 대한 뿌리 깊은 노스탤지어를 자극했음을 잘 보여준다. 파시스트 운동이 대중 속에 파고들어 체제로 뿌리내린 것도 그러한 노스탤지어라는 비옥한 토양이 있었기 때문에 가능했다. 이러한 맥락에서 세계화의 현실이 민족 공동체에 근거한 극단적인 담론을 낳았다고 말할 수 있다. 그리고 그러한 담론이 세계화를 통해 널리 확산되고 발전된 근대성의 무기를 소유함으로써 유럽 및 세계 각지에서 전쟁과 학살의 악몽이 현실화되었다는 점을 덧붙여야 한다.

다른 한편, 파시즘이 야기한 전쟁은 그 자체 세계화를 촉진하기도 했다. 그 점은 가령 그 이전까지 '오지'로만 여겨진 북아프리카의 토브룩과 엘 알라메인, 태평양의 미드웨이와 레이테 등지에서 전개된 전투가 수십억 인류의 운명을 판가름 짓는 장소로 떠올랐다는 사실에서 극적으로 확인된다. 또한 추축국이 패전하면서 극단적 민족주의로서 파시즘은 철저히 악마화되었고, 그와 더불어 적어도 패전국에서 '민족'은 신중하게 발화해야만 하는 언표가 되었다는 사실도 의미심장하다. 그리하여 전후 이탈리아와 독일은 전범 국가의 멍에를 벗고 유럽 무대에 복귀하기 위해서는 '민족'이 아닌 '유럽'의 언어로 우회

그란 사소에서 독일 공수부대에 의해 구출되는 무솔리니

할 수밖에 없음을 깨달았다. 이탈리아와 독일이 전후 유럽 통합 과정에 적극적 태도를 보이고 주도적으로 참여한 것도 이와 무관하지 않다. 이러한 맥락에서 파시즘 이후 유럽의 담론 지형에서 민족주의 대신 유럽 통합과 세계화에 친화적인 담론이 급속히 부상한 것으로 보인다. 그러나 유럽 통합에도 불구하고 민족국가는 여전히 건재하며, 세계화가 만들어내는 불안정하고 혼종적인 낯선 현실은 친숙한 것들로 도피하는 하나의 방식으로서 민족주의나 인종주의를 끊임없이 자극할 것이다. 그런 점에서 재차 강조하거니와, 적어도 현재까지 인류를 통합하는 힘과 분열시키는 힘은 공존하고 있다고 말할 수 있다.

25

제2차
세계대전과
홀로코스트

이용우

1 제2차 세계대전

기원과 발발

1918년 11월, 1,000만 명의 사망자라는 전례 없는 기록을 남기고 제1차 세계대전이 끝났을 때 승전국이든 패전국이든 모두가 다시는 이런 끔찍한 세계 전쟁이 벌어지지 않기를 염원했다. 그러나 그로부터 불과 21년 만에 지구촌은 훨씬 더 큰 규모의 세계 전쟁에 휩싸였다. 어떻게 이런 끔찍한 규모의 재난이 반복된 것일까?

공식적으로 1939년 9월 1일 독일의 폴란드 침공으로 시작된 제2차 세계대전의 주원인이 히틀러와 나치 독일의 팽창 욕구라는 데에는 이론의 여지가 없다. 히틀러가 처음부터 독일의 유럽 지배라는 계획을 명확히 갖고 있었는지 여부는 불분명하지만 1939년 9월 제2차 세계대전의 발발에 이르기까지의 연대기는 나치 독일이 전후(戰後) 질서인 베르사유 체제를 무너뜨리는 과정을 여실히 보여준다.

1933년 1월에 총리가 된 히틀러는 그해 10월 독일의 국제연맹 탈퇴를 선언한 데 이어 1935년 3월에는 베르사유 조약의 독일군비제한 조항을 무시하고 징병제와 공군을 부활시켰다. 1936년 3월에는 베르사유 조약에서 비무장지대로 규정한 라인란트에 군대를 진주시켰고, 1938-39년에는 주변국인 오스트리아, 체코슬로바키아, 폴란드를 잇달아 침공했다. 우선, 오스트리아에 대해서는, 슈슈니크 총리가 히틀러의 합방 압력에 맞서 1938년 3월 13일의 국민투표로 독일과의 합방 여부를 결정하겠다고 발표하자 그 전날 침공해 합방해버렸다. 체코슬로바키아에 대해서는 훨씬 더 교묘한 방식을 썼다. 1938년 9월 29-30일 뮌헨에서 열린 영국, 프랑스, 이탈리아, 독일의 4개국 정상회담을 통해 독일과의 접경 지역인 주데텐란트를 넘겨받은 데 이어 다음 해 3월 15일 침공해 서쪽 절반을 '보헤미아-모라비아 보호령'으로 만들고 동쪽 절반은 '슬로바키아'라는 이름의 위성국으로 분리 독립시켰던 것이다. 끝으로, 폴란드에 대해서는 1939년 봄부터 단치히 자유시와 폴란드 회랑 지역을 요구하고는 폴란드 정부가 이를 거부하자 9월 1일 기어이 침공했다. 바로 그러한 침공이 이후 6년간이나 이어질 제2차 세계대전의 출발점이었다.

제2차 세계대전의 또 다른 원인, 엄밀하게 말해서 전쟁을 일으킨 원인이라기보다는 막지 못한 원인으로 제1차 세계대전의 대표적 승전국들인 영국과 프랑스 정부의 유화 정책을 논할 수 있다. 이 두 나라 정부의 끊임없는 양보와 무력함은 나치 독일의 팽창 욕구를 억제하기는커녕 고무하기까지 했다. 제2차 세계대전에서 독일 편이 될 다른 두 나라인 군국주의 일본과 파시스트 이탈리아의 침공에도 국제연맹과 영국, 프랑스 정부는 형식적으로 항의하는 데 그쳤다. 즉 1931년 9월 일본의 만주 침공에도, 1935년 10월 이탈리아의 에티오피아 침공에도 국제연맹은 효과적으로 대응하지 못했고, 특히 영국은 이탈리아 군함의 수에즈 운하 통과를 허용하기까지 했다. 이러한 과정을 지켜본 히틀러는 자국의 재무장 시도와 잇단 국제적 도발 행위를 더욱 자신 있게 밀어붙였던 것이다.

1935년 3월의 재군비 선언도, 1936년 3월의 라인란트 재무장도, 1938년 3월의 오스트리아 합방도 히틀러의 예상과 기대대로 어느 나라에 의해서도 제지받지 않았다. 1938년 가을의 체코슬로바키아 위기에서 영국의 총리 체임벌린은 독일의 부당한 요구에 반대하기보다는 체코슬로바키아 정부에 독일의 요구를 수락하라고 압박을 가했다. 결국 무솔리니의 주선으로 뮌헨에서 열린 4개국 정상회담에서 체임벌린과 프랑스의 총리 달라디에는 체코슬로바키아의 주데텐란트를 독일에 할양하는 데 동의했고(뮌헨 협정), 이로써 '뮌헨'이란 지명은 한동안 서방 민주주의 국가들의 비겁함의 상징이 되었다.

1938년 9월에 체코슬로바키아 문제를 놓고 영국과 프랑스 정부가 단호하게 나치 독일에 맞섰더라면, 혹은 더 거슬러 올라가 1936년 3월 독일의 라인란트 재무장 시도에 프랑스 군대가 반격했더라면 제2차 세계대전을 막을 수 있었을지 모른다는 논의도 있지만 이러한 유화 정책을 야기할 수밖에 없었던 요인들에 대해서도 충분한 주의를 기울여야 할 것이다. 우선, 영국과 프랑스의 국민과 정부 둘 다 가졌던 제1차 세계대전에 대한 끔찍한 기억을 논할 수 있다. 어떠한 대가를 치르더라도 제1차 세계대전과 같은 무력 충돌의 재발을 막고자 히틀러의 요구들에 끊임없이 양보했던 것이다. 그 대가를 영국과 프랑스 자신이 아니라 오스트리아, 체코슬로바키아, 폴란드 같은 주변의 약소국들이 치렀지만 말이다. 또한 제1차 세계대전 패전국인 독일 측의 베르사유 체제에 대한 불만이 어느 정도 일리 있다는 판단과, 히틀러의 목표가 제한적일 것이라는 생각, 그리고 (나치 독일에 맞서는 데 필요한) 군비 증강으로 인한 경제적 부담에 대한 우려도 유화 정책을 낳는 데 일조했다. 끝으로, 나치 독일이 동쪽의 소련 공산주의가 제기하는 위협을 든든하게 막아줄 것이라는 계산도 일부 유화 정책 추진자들의 동기나 의도에 포함되었으리라는 점을 부인할 수 없다.

공산주의 국가 소련에 대한 서방 민주주의 국가들의 공포와 불신은 결국 (나치 독일의 전쟁 도발을 가장 확실하게 억제할 수 있을) 영국·프랑스·소련의 반(反)독일 동맹을 무산시켰다. 자신이 홀로 독일과 싸우게 되지 않을까 두려워한 소련은 1939년 8월에 나치 독일이 내민 손을 잡았던 것이다. 8월 23일의 독소불가침조약은 양국 간의 불가침만 규정한 것이 아니라, 폴란드를 이 두 나라

뮌헨 협정 (1938년 9월) 왼쪽부터 영국 총리 체임벌린, 프랑스 총리 달라디에, 독일의 히틀러, 이탈리아의 무솔리니

가 분할하고 소련이 발트 3국을 점령할 수 있게 하는 비밀 규정도 포함했다. 전쟁을 막기 위한 의도에서 출발했으나 오히려 전쟁 도발을 부추겼고 그 과정에서 약소국을 희생시킨 것은 뮌헨 협정의 서방 민주주의 국가들이나 불가침조약의 소련이나 마찬가지였다. 동부에서 소련의 발을 묶어놓았다고 판단한 나치 독일은 그로부터 1주일 뒤인 9월 1일 선전포고도 없이 폴란드를 침공했다. 지금까지 잇단 독일의 침략 행위에 침묵하거나 무력했던 영국과 프랑스도 이번만큼은 그냥 넘어가지 않았다. 이틀 뒤인 9월 3일 독일에 선전포고했던 것이다. 그러나 때는 이미 너무 늦었고 영국과 프랑스는 폴란드를 구하기 위해 적극적인 군사행동을 취하지도 않았다. 폴란드는 9월 17일 소련의 침공까지 받고 결국 독일과 소련에 의해 분할되었다.

이렇듯 제2차 세계대전은 히틀러와 나치 독일의 팽창 욕구, 이를 막지 못한 영국과 프랑스의 유화 정책, 그리고 이 두 나라와 다를 바 없는 소련의 행동으로 발발했다고 볼 수 있지만 좀 더 근본적으로는 제1차 세계대전 자체가 제2차 세계대전의 기원이었다. 제1차 세계대전의 발발 책임은 어느 한 진영에 돌릴 수 없는 것이었는데 승전국은 그 전쟁의 책임을 독일과 그 동맹국들에 일방적으로 돌렸고 특히 베르사유 조약은 독일에 터무니없이 무거운 배상금, 극도의 군비 축소, 모든 해외 식민지의 박탈 등 가혹한 조건들을 부과했다. 이러한 승전국의 조치에 대한 복수와 독일의 강대국으로서의 기존 지위 회복을 가장 강력히 외친 이가 바로 히틀러였고 히틀러의 집권을 가능케 한 것도 바로 그러한 점이었다. 히틀러는 분명, 1914년 이전 독일의 지위 회복에 머무르지 않고 훨씬 더 나아가려 했지만 독일의 팽창 욕구(와 서방의 유화 정책)에 어느 정도 정당성을 부여하고 제2차 세계대전 발발에 기본 동력을 제공한 것이 제1차 세계대전의 결과로서의 전후 유럽 질서라는 점에는 이론의 여지가 없을 것이다.

나치 독일 지배하의 유럽

제2차 세계대전은 공식적으로, 1939년 9월 1일 독일의 폴란드 침공과 9월 3일 영국, 프랑스의 대(對) 독일 선전포고로 시작되었지만 9월 27일 폴란드의 항복 이후 한동안 실제 전투는 벌어지지 않았다. 침묵을 깬 것은 이번에도 나치 독일이었다. 1940년 4월 9일 독일은 덴마크와 노르웨이를 침공했는데, 덴마크 정부는 전투 없이 바로 항복했고 노르웨이는 나치즘 정당 당수인 크비슬링이 권력을 탈취하고는 역시 독일군에 항복했다. 한 달 뒤에는 네덜란드, 벨기에, 프랑스가 잇달아 침공당했다. 1939년 9월의 폴란드 침공에 이어 1940년 4-5월의 침공에서도 독일군은 전격전(Blitzkrieg) 전술, 즉 소규모이지만 효과적인 기갑부대의 신속한 기동공격을 압도적인 공군력이 지원하는 전술을 썼고 이는 놀랄 만한 성공을 거두었다. 네덜란드는 침공 닷새 만에 항복했고 벨기에 역시 5월 28일 항복했다. 가장 놀라운 사실은 강국 프랑스마저 6주 만에 무너졌다는 점이다. 제1차 세계대전의 영웅 페탱 원수가 이끄는 프랑스 정부는 6월 22일 사실상의 항복 조약인 휴전협정을 독일과 맺었다. 독일로서는 제1차 세계대전 4년간에도 이루지 못한 성과를 단 두 달 만에 거둔 셈이었다. 다음 해 4월에는 발칸반도의 유고슬라비아와 그리스까지 독일군의 침공을 받고 항복하여 1941년 봄의 유럽은 그야말로 나치 독일이 지배하는 '새로운 유럽'이 되었다.

 1941년 4월에 이르면 전 유럽에서 에스파냐, 포르투갈, 스위스, 스웨덴, 아일랜드(이상 중립국), (독일과의 전투에서 패하지 않은) 영국, (아직 독일과 전투에 들어가지 않은) 소련, 이렇게 7개국을 제외하고는 모든 나라가 독일군에 점령당하거나 독일의 직간접적인 지배를 받거나 독일과 '동맹'을 맺었다. 나치 독일이 유럽을 지배하는 방식은 나라마다 달랐다.

 1940년 6월 10일 영국과 프랑스에 선전포고함으로써 독일과 거의 대등한 동맹국의 지위로 참전한 이탈리아를 제외한 유럽 국가들에 대한 독일의 지배 방식은 크게 네 가지 유형, 즉 합병, 직접통치, 간접통제, 위성국으로 나눌 수 있다. 우선, 합병은 오스트리아, 주데텐란트, 서부 폴란드, 룩셈부르크, 프랑스의 알자스-로렌 지역, 북부 슬로베니아에 해당하는 것으로, 이 국가(혹은 지역)들이 원래의 독일과 함께 '대독일 제국'을 구성했다. 앞서 보았듯이 1938년에 합병된 오스트리아와 주데텐란트를 제외하면 모두 제2차 세계대전 초기(1939-41)에 침공 직후 합병된 것이고, 대체로 독일계 주민(혹은 독일어권 주민)이 많은 지역들이 이러한 범주에 해당했다.

 다음으로, 직접통치와 간접통제는 둘 다 독일군의 점령하에서 이루어진

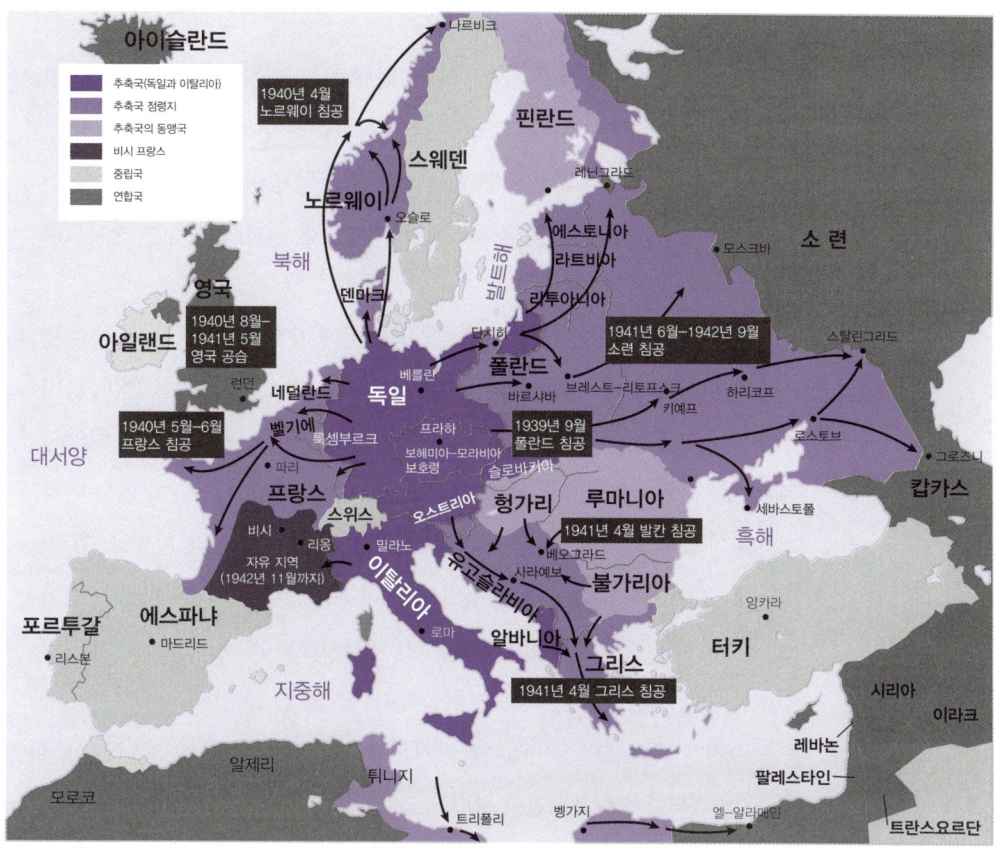

나치 독일의 유럽 침공 (1939–42)

방식으로, 전자가 피점령국의 정부가 존재하지 않는 상태에서 독일인들이 직접 통치한 것이라면, 후자는 독일이 현지 정부(괴뢰든 아니든)를 통제함으로써 지배력을 행사한 것이다.

직접통치는 다시, 통치하는 독일인이 민간인이냐 군인이냐에 따라 민정과 군정으로 나눌 수 있는데, 중부 폴란드, 노르웨이, 네덜란드가 민정이라면, 벨기에와 (파리를 포함한) 북부 프랑스는 군정이었다. 폴란드의 경우, 1939년 9월의 침공 직후 독일에 합병된 서부 지역과 소련에 점령된 동부 지역을 제외한 가운데 지역이 직접통치-민정에 해당했는데 이 지역은 폴란드 총독령이 되었다. 노르웨이와 네덜란드는 1940년 4-5월의 침공 직후 둘 다 '제국위원(Reichskommissar)'이 통치자로 파견되었다. 군정은 독일 육군 총사령부가 임명한 '군사령관(Militärbefehlshaber)'에 의해 실시되었는데, '벨기에·북부 프랑스

군사령관'이 벨기에와 프랑스 최북단 지역을, '프랑스 군사령관'이 수도 파리를 포함한 프랑스의 북쪽 절반 지역을 각각 담당했다. '직접' 통치라고는 하지만 노르웨이, 네덜란드, 벨기에는 총리와 각부 장관들로 구성되는 중앙정부만 없을 뿐이지, 차관급 이하의 자국민 기존 행정 기구는 존속했고 제국위원, 총위원, 군사령관, 군정청장 등 몇몇 독일인이 이 기구를 지휘, 통제하는 방식으로 실제 통치가 이루어졌다.

세 번째 지배 방식인 간접통제는 그 범주 안에 가장 다양한 양상의 나라들을 아우른다. 현재 체코에 해당하는 보헤미아-모라비아, 슬로바키아, 덴마크, 비시 프랑스, 크로아티아, 세르비아, 몬테네그로, 그리스가 이에 해당한다. 다양성은 주로 해당국 정부의 자율성 정도에서 발견되었다. 가장 자율성이 없는 나라는 지위 자체가 '보호령(Protectorat)'이던 보헤미아-모라비아였다. 1939년 3월 독일의 체코슬로바키아 침공 직후 성립한 이 나라의 정부는 체코인으로 구성되었지만 외무부도, 국방부도 없었고 독일인 '제국보호관(Reichsprotektor)'의 긴밀한 통제를 받았다. 다음으로 자율성이 적은 나라는 슬로바키아와 크로아티아였다. 1939년 3월 체코슬로바키아가 해체되면서 성립한 슬로바키아와 1941년 4월 유고슬라비아가 해체되면서 성립한 크로아티아는 둘 다 공식적으로 '독립'이 인정되었으나 건국과 정부 수립 자체가 나치 독일의 침공과 압박에 의해 이루어졌다는 점에서 두 나라 정부 모두 전형적인 괴뢰정부였다.

자율성 면에서 반대쪽 극단에 위치한 나라는 덴마크였다. 덴마크의 경우 독일군에 점령당한 나라들 가운데 유일하게 침공 전의 정부가 그대로 유지되었고, 점령군이 계속 주둔했음에도 왕과 정부, 의회가 모두 자신의 권한을 그대로 행사했다. 독일 외무부에서 파견한 '전권공사'가 덴마크 정부에 통제권을 행사하기는 했지만 덴마크의 외교정책은 다른 어느 피점령국들보다도 자율적이었던 것으로 보인다.

이 양 극단 사이에 있는 나라가 비시 프랑스였다. 프랑스는 1940년 6월 22일 독일과 맺은 휴전협정에 따라 북쪽 절반은 독일 점령군 당국의 직접통치에 들어가고 남쪽 절반은 비시(Vichy)를 수도로 한 자국민 정부에 의해 통치되었는데, 이 비시정부는 구성 과정에서 독일의 입김이 전혀 작용하지 않았다는 점에서 '괴뢰'정부는 아니었다. 또한 연합군이 북아프리카에 상륙한 1942년 11월 이전까지는 비시 프랑스 지역이 독일군에 점령되지도 않았다. 하지만 1942년 11월 이후 독일군의 점령이 프랑스 전국으로 확대되고 독일군의 전황이 갈수록 악화됨에 따라 비시정부의 자율성도 점점 줄어들었다. 제2차 세계대전에서 독일이 궁지에 몰리자 비시정부에 대한 통제와 압박을 점점 더 강화했던 것이다.

끝으로, 위성국의 범주에 해당하는 나라는 핀란드, 헝가리, 루마니아, 불가리아였다. 이 나라들은 제2차 세계대전 초기(혹은 전쟁 전)부터 독일과 우호적인 관계였고 공식적으로는 '동맹국'이지만 정치, 군사, 경제적으로 독일에 예속되어서 사실상 위성국의 지위로 전락한 상태였다. 의회공화국이던 핀란드를 제외하고는 모두 전쟁 전부터 이미 권위주의 체제였고, 불가리아를 제외하고는 모두 1941년 6월 독일의 소련 침공 이후 소련군에 맞선 전투에 참여했으며, 헝가리를 제외하고는 모두 독일군의 주둔이나 통과를 허용했다. 헝가리의 경우 1942년부터 연합군과의 접촉을 시도하다가 결국 1944년 3월에 독일군에 점령당했고 두 차례(1944년 3월과 10월)나 독일 점령 당국의 압력으로 친나치 정부가 들어섰다. 따라서 헝가리는 제2차 세계대전 말기에 위성국에서 간접통

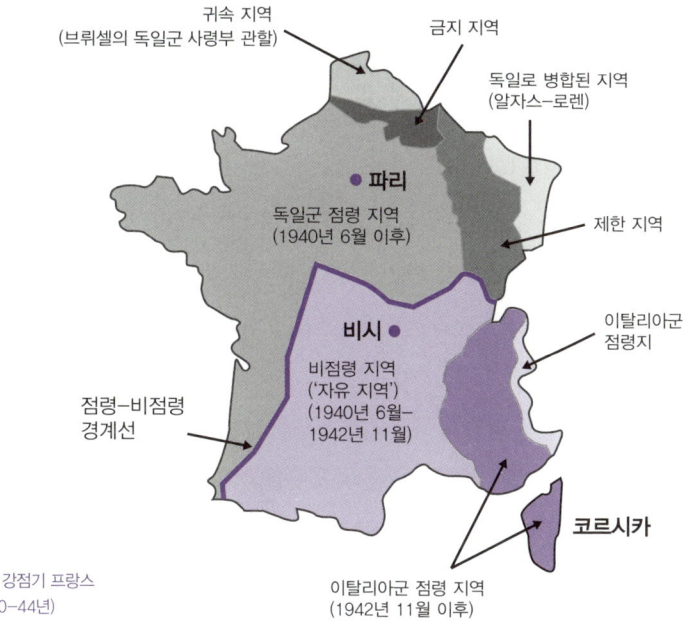

독일 강점기 프랑스
(1940–44년)

제-괴뢰정부로 지위가 바뀐 셈이었다.

확전과 전세의 반전

1941년 6월 22일 독일의 급작스러운 소련 침공은 여러 면에서 중요한 분기점이라 할 만하다. 동부전선이 새로 추가되었고 소련이라는 강국을 전쟁에 끌어들였으며 유대인 대학살이 본격적으로 시작되는 계기가 되었다. 이 침공은 불과 2년 전에 맺은 독소불가침조약을 일방적으로 파기한 것이고 독일 스스로 패전에 이르는 길을 연 것이어서 나치 독일이 왜 굳이 그러한 침공을 감행했는가에 대해 많은 의문이 제기되었다. 하지만 소련 침공은 네덜란드·벨기에·프랑스 침공보다는 덜 놀랄 만한 것이었다. 이데올로기적으로 나치즘의 불구대천의 원수는 서구의 자유민주주의보다는 공산주의였고 인종적으로도 나치즘은 슬라브족을 적대시하면서 (유대인 다음으로) 열등하게 보았는데 소련은 바로 그 두 요소가 결합된 존재였던 것이다. 따라서 소련 침공은 서유럽 침공과 달리 어느 정도 예견된 것이었고 그만큼 오히려 2년 전의 독소불가침조약이 충격을 주었던 것이다. 게다가 소련(특히 우크라이나 지역)의 석유, 식량, 광물을 차지하고, 광활한 영토를 독일인의 '생활권'으로 삼으며, '열등한' 슬라브족을 노예 노동력으로 활용하려는 경제적 계산도 작용했다. 또한 소련을 신속하게 제압하면 영국의 항전 의지를 꺾을 수 있으리라는 생각과, 1930년대 스탈린의 군부 대숙청으로 소련 군대가 크게 약화되었을 것이라는 판단도 작용한 것으로 보인다.

침공이 시작되고 처음 몇 달간은 이러한 판단이 옳았던 것처럼 보였다. 독일군이 파죽지세로 승리를 거두었고 히틀러는 129년 전의 나폴레옹보다 훨씬 더 깊숙이 진격할 수 있었다. 그러나 겨울이 오기 전에 수도 모스크바를 함락할 수 있으리라는 기대는 무산되었다. 1941년 11-12월의 모스크바 공방전에서 소련군은 끝내 독일군의 진격을 막아냈던 것이다.

한편, 1940년 9월 이래 독일, 이탈리아와 군사동맹 관계에 있던 일본은 동남아시아에서 기존 식민 종주국(프랑스, 영국, 네덜란드)의 힘이 약화된 틈을 타이 지역을 지배하고자 했고 이에 대해 미국이 경제봉쇄 조치로 맞서자 1941년

12월 7일, 미국의 태평양 지역 주요 해군기지인 하와이의 진주만을 기습 공격했다. 이 사건은 그때까지 '유럽' 전쟁에 머물던 제2차 세계대전을 대번에 세계전쟁으로 바꾸어놓았다. 바로 다음 날 미국은 일본에 선전포고했고 12월 11일에는 독일과 이탈리아가 미국에 선전포고했던 것이다.

1942년 중반 최고조에 달한 추축국(독일, 이탈리아, 일본)의 세력은 그해 말부터 약화되기 시작했다. 1942년 11월에 영·미 연합군은 프랑스령 북아프리카에 상륙했고 다음 해 5월 튀니지에서 독일·이탈리아군의 항복을 받아냈다. 7월에는 연합군이 시칠리아 섬에 상륙했고 곧이어 무솔리니가 권좌에서 쫓겨났다. 9월에는 연합군이 이탈리아 본토에 상륙했고, 새로 들어선 이탈리아 정부는 연합국에 항복했지만 독일이 이탈리아에 군대를 보내 무솔리니를 북부지역 괴뢰정부의 수반으로 복귀시켰다.

제2차 세계대전의 결정적인 반전은 사실상 동부전선에서 벌어졌다. 1942년 늦여름부터 여러 달째 계속된 독일과 소련 사이의 스탈린그라드 전투는 결국 1943년 2월, 독일군의 항복으로 끝났다. 이어서 7월에 쿠르스크(Kursk) 전투에서도 승리한 소련군은 이후 계속해서 독일군을 서쪽으로 도로 밀어냈다. 많은 역사가들은 제2차 세계대전에서 나치 독일을 패배시키는 데 가장 큰 역할을 한 나라가 소련이었다고 평가한다.

그러한 의미에서 1944년 6월 6일 영국·미국·캐나다 연합군의 노르망디 상륙작전은 연합군 승리의 결정적 계기라기보다는 그 승리를 앞당긴 사건으로 봐야 할 것이다. 8월 15일에는 연합군이 남부 프랑스에도 상륙했고 열흘 뒤 파리를 해방했으며 그해 11월까지는 프랑스 영토 대부분을 해방했다. 1945년 3월에는 연합군이 라인강을 건넜고 4월에는 소련군이 베를린에 진입했다. 결국 4월 30일 히틀러는 제국청사 지하 벙커에서 자살했고 5월 8일 독일군 총사령부는 무조건항복 문서에 서명했다. 1,000년은 갈 것이라고 히틀러가 호언하던 '제3제국'은 12년 만에 무너졌다. 추축국 가운데 마지막 남은 일본은 1945년 8월 6일(히로시마)과 9일(나가사키), 두 차례에 걸쳐 미군의 원자폭탄 공격을 받고 8월 8일 소련의 선전포고와 만주 침공까지 받은 끝에 8월 15일 무조건항복을 선언했다. 이로써 6년에 걸친 제2차 세계대전이 종결되었다.

2 홀로코스트

제2차 세계대전 기간에 벌어진 최대의 비극과 범죄는 단연 홀로코스트였다. '나치 독일의 유대인 대학살'을 지칭하는 이 사건으로 유럽 유대인의 3분의 2, 세계 유대인의 3분의 1이 사라졌다. 모두 600만 명의 유럽 유대인이 학살당했다. 그중 절반은 아우슈비츠를 비롯한 폴란드 지역의 절멸수용소에서 학살당했고 나머지는 게토, 강제 노동 수용소, 숲, 수송열차에서 굶주림과 질병, 과로로 죽거나 사살되었다. 대체 이러한 일이 왜 일어났고 어떻게 가능했을까?

절멸 이전의 유대인 박해

홀로코스트의 일차적인 이유는 히틀러를 비롯한 나치 수뇌부의 극단적 반유대주의, 즉 유대인을 독일의 적, 인류 문명의 적으로 보고 유럽을 유대인들로부터 '해방'하려던 사고방식과 정책에 있었다. 그러나 유대인에 대한 적대적 태도와 정책은 그 역사적 뿌리가 깊은 것이었다. 일찍이 기독교가 로마 제국의 국교가 된 서기 4세기 이래 유럽에서는 유대인에 대한 차별과 박해가 끊임없이 이어졌다. 기독교의 성립 이래 유대인들은 '예수 그리스도를 죽게 한 자'라는 원한을 샀고 중세 말부터는 자신들의 종교의식에 필요한 피를 얻기 위해 기독교도 어린이를 살해한다는 소문까지 퍼졌다. 13세기부터 16세기까지 영국, 프랑스, 독일, 에스파냐, 이탈리아, 보헤미아의 유대인들은 기독교로 개종하라는 압박을 받거나 추방당했다. 또한 11세기 말에 십자군전쟁이 시작되었을 때에도, 14세기에 흑사병이 번졌을 때에도 유대인은 '내부의 적'이거나 '흑사병을 퍼뜨린' 죄로 학살당했다.

유대인을 절멸해야 한다는 사고방식도 나치 독일의 발명품은 아니었다. 19세기 들어서서 기존의 종교적 반유대주의는 '과학적', 생물학적, 인종(주의)

나치당의 유대인 상점 불매운동 (1933년 4월). 상점 유리창에는 "독일인이여! 스스로를 지키자! 유대인 상점에서 사지 말자!"라고 쓰인 종이가 붙어 있다.

적 반유대주의로 바뀌었고 '악마'라는 기존의 유대인 이미지는 '기생충'으로 바뀌었다. 악마는 쫓아내면 되지만 기생충은 박멸해야 할 존재였다.

반유대주의 면에서 나치 독일이 기존의 선례들과 달랐던 점은 차별과 박해를 논리적 극단으로까지 밀고 나아갔고 일부 지식인이나 정치인들의 관념에 그쳤던 유대인 '절멸'을 실제 정책으로 구현했다는 데 있다. 이는 극단적 반유대주의를 신봉하는 정치 집단이 독일이라는 유럽의 주요 국가에서 권력을 장악하고 이들이 이끄는 나라가 제2차 세계대전에서 일시적이나마 성공을 거두었기 때문에 가능했던 것이다.

나치 독일의 반유대주의 정책이 처음부터 절멸을 표방한 것은 아니었다. 초기에는 차별과 사회적 분리에 그쳤다. 1933년 1월 30일에 히틀러가 총리가 되고 나서 유대인에 대한 첫 공격을 시작한 것은 열성 나치 당원들이었다. 1933년 3월에 나치 돌격대는 유대인 상점에 몰려가 낙서를 하고 유리창을 부수는 등의 폭력 시위를 벌였고 일부 지역에서는 법원 건물을 포위하고 유대인 판검사와 변호사를 내쫓았다. 4월 초에는 나치 지도부가 유대인 상점에 대한 불매운동을 벌였고, 일부 지역의 사법 당국은 유대인 판검사에게 휴직을 강요했으며, 프로이센 정부는 유대인 변호사의 자발적 휴업을 권고했다. 4월 7일에 공포된 직업공무원재건법은 '비(非)아리아인'을 퇴직시킨다는 조항을 포함했고 이에 따라 약 5,000명의 유대인 공직자가 해직되었다. 유대인 의사는 의료보험공단에서 탈퇴할 것을 강요당했고, 유대인 변호사는 면허를 취소당했으며, 유대인의 군 복무는 금지되었고, 유대인 언론인·유대인 이사·유대인 지사장은 해직되었다.

1935년 9월 15일의 이른바 '뉘른베르크법'은 결혼과 성생활까지 통제했다. '독일의 혈통 및 명예 보호법'이라는 공식 명칭을 지닌 이 법은 유대인과 독일인 사이의 통혼과 혼외정사를 금지했고, 유대인이 45세 이하의 독일인 여성을 가사 노동자로 고용하는 것을 금지했으며, 유대인의 독일 국기 사용을 금지했다. 같은 날 완성된 '제국국적법'은 "독일 혈통 혹은 그와 연관된 자"만이 독일 국민이 될 수 있다고 규정함으로써 유대인의 시민권을 박탈했다.

나치 정부는 유대인에 대해 차별과 함께 약탈과 국외 이주 정책 또한 추진했다. '약탈'이라 함은 유대인 재산의 강탈을 의미했다. 독일인들의 유대인 사업체 인수를 의미하는 '아리아화'는 유대인이 자신의 점포나 기업을 터무니없이 낮은 가격으로 매각하도록 강요당하는 과정이었고 이를 통해 1933-38년에 약 6만 개의 유대인 점포와 기업이 사라졌다. 국외 이주 정책은 유대인들에게 독일을 떠나도록 압박하는 것으로, 그 결과 1938년 10월까지 독일 유대인 60만 명 가운데 약 24만 명이 독일을 떠나야 했다.

1938년 11월에는 선전부 장관 괴벨스의 선동에 따라 독일 전역에서 유대인에 대한 최대의 폭력 사태가 벌어졌다. 나치 당원들이 벌인 이 테러로 250개의 유대교 회당이 불탔고, 7,500여 개의 유대인 상점이 파괴되었으며, 91명의 유대인이 사망했다('제국 수정의 밤'). 홀로코스트는 이후에 이러한 무질서한 방식이 아니라 국가기구에 의해 체계적, 조직적으로 집행될 것이었다. 또한 이 사건은 그 자체로 아리아화와 국외 이주를 더욱 촉진하는 계기가 되었다. 이제 유대인에게는 일체의 자영업이 금지되었고, 아직 '아리아화'되지 않은 모든 유대인 기업이 매각되거나 폐업해야 했으며, 1938년 11월부터 1940년 여름까지 20만 명의 유대인이 독일을 떠났다.

　홀로코스트는 극단적 반유대주의의 산물인 동시에 전쟁의 산물이었다. 전쟁은 폭력이 합법화되고 보편화되는, 그리하여 폭력을 쓰는 데 덜 망설이게 되고 폭력을 보는 데 더 무뎌지게 되는 공간이다. 1939년 9월 제2차 세계대전의 발발은 나치의 반유대주의를 한층 더 폭력적인 국면으로 전환시켰다. 아직 '절멸'로까지 나아가지는 않았지만, 지금까지 차별과 약탈의 수준에 머물고 국외 이주를 유도하던 국면에서 추방과 강제 이송을 적극 추진하는 국면으로 바뀌었던 것이다. 전쟁과 점령이라는 상황은 독일 지역의 유대인들을 어디론가 보낸다는 전망을 가능케 했다. 또한 폴란드 점령이라는 상황은 유대인들에 대해 독일 국내에서보다 훨씬 더 무자비하고 과감한 조치의 구상과 집행을 가능케 했다. 그 결과 생겨난 것이 바로, 폴란드 지역 곳곳에 설치된 게토였다. 게토는 유대인들을 주변 농촌에서 도시(주로 대도시)로 집중시키고 도시 내에서는 비유대인과 격리하기 위한 것인 동시에, 어딘가에서 추방된 유대인들과 다시 어딘가로 이송될 유대인들을 수용하기 위해 임시로 만든 거주 지구였다. 그러한 의미에서 게토는, 1939년 9월 제2차 세계대전 발발과 1941년 6월 소련 침공 사이의 기간, 더 이상 '차별'에만 머무르지 않지만 아직 '절멸'로 나아가지는 않은 과도기적 국면을 대표한다.

　게토는 대체로 한 도시에서 가장 낙후된 빈민 지역에 조성되었다. 이전에 그곳에 살던 비유대인들은 강제 퇴거되고 인근 지역에 살던 유대인들이 그곳에 수용되었다. 게토의 주위에는 담장과 철조망이 설치되었고 게토의 출입은 엄격히 통제되었다. 홀로코스트가 본격적으로 시작된 뒤에는 게토가 절멸수용소로 이송되기 직전에 유대인들이 머물던 학살 대기소 역할을 했지만 이미 그 전부터 게토는 열악한 주거 환경과 식량 부족으로 사망자가 속출하는 공간이었다. 폴란드 지역의 게토들에서만 모두 50만 명의 유대인이 굶주림과 전염병 등으로 사망한 것으로 추산된다. 따라서 홀로코스트는 절멸 정책이 결정되기 전에 이미 게토에서 시작된 셈이었다.

대부분의 게토가 설치된 폴란드 지역은 독일에 병합된 서부 폴란드와 중부의 총독령으로 나뉘는데, 특히 총독령이 ('대독일 제국'으로 확대된) 독일 지역의 유대인을 추방할 지역으로 선호되었다. 실제로 1939-40년에 병합 지역 폴란드와 독일, 체코 보호령의 유대인들이 대거 총독령 폴란드로 추방되었다. 그러나 폴란드 총독 한스 프랑크가 자신의 총독령을 독일 유대인을 처분할 '쓰레기 하치장'으로 만드는 데 전면 반대함으로써 추방이라는 해결책은 곧 난관에 부딪혔다. 그러한 상황에서 이번에는 아프리카의 프랑스 식민지 마다가스카르 섬이 최적의 유대인 이송 장소로 떠올랐다. 1940년 5월에 독일의 침공을 받은 프랑스가 6주 만에 무너짐에 따라 프랑스 식민지를 유대인 이송 지역으로 할양받을 가능성이 열린 것이다. 그리하여 나치 지도부는 유럽의 유대인 수백만 명을 마다가스카르로 추방할 꿈을 꾸었는데 이 꿈을 실현하는 데에는 이들을 실어 나를 배가 통과할 대서양의 제해권이 필요했고 이는 영국에 대한 승리를 전제로 하는 것이어서 결국 이 계획은 무산되었다.

바르샤바 게토
(1941년 5월)

절멸의 시작과 전개 과정

이렇게 폴란드도 막히고 마다가스카르 행도 불가능해진 상황에서 나치의 유대인 정책은 점차 '추방'에서 '절멸'로 나아갔다. 절멸에 유리한 분위기를 조성하는 계기를 제공한 것은 1941년 6월 독일의 소련 침공이었다. 1939년 9월의 폴란드 침공, 즉 제2차 세계대전의 발발이 홀로코스트를 향해 성큼 다가가게 했다면, 21개월 뒤의 소련 침공은 홀로코스트의 문을 열었다.

전쟁과 홀로코스트의 깊은 연관성은 제2차 세계대전이 발발하기 7개월 전에 이미 히틀러 자신에 의해 표명된 바 있다. 히틀러는 1939년 1월 30일 연설에서 "만일 유럽 안팎의 국제 금융 유대인들이 세계의 민족들을 또 한번 전쟁으로 밀어 넣는다면, 그 결과는 전 세계의 볼셰비키화와 유대인의 승리가 아니라 유럽 유대 인종의 절멸이 될 것"이라고 선언했던 것이다. 이 연설에서도 "볼셰비키화"가 언급되었듯이 소련과의 전쟁이야말로 나치 독일이 가장 열망한 동시에 두려워한, 이데올로기적 불구대천의 원수와의 전쟁이었으므로 가장 무자비해질 수 있는 전쟁이었다.

첫 번째 형태의 홀로코스트는 바로 이 소련 침공 과정에서, 전진하는 독일 정규군 바로 뒤를 따라간 '친위특공대'에 의해 수행되었다. 친위특공대는 나치당 친위대 보안국과 게슈타포 경찰관 3,000명으로 구성된 기동 학살 부대로서, 이 부대가 발트해 지역, 벨라루스, 우크라이나, 크림반도 지역 등에서 현지인 경찰 및 민병대의 동참과 독일 정규군, 치안경찰, 예비경찰 등의 도움으로 1941년 12월까지 50만 명 이상의 유대인을 학살했다. 학살 방식은 대체로 구덩이 앞에 줄지어 무릎을 꿇게 하고 뒤통수를 조준 사격하는 것이었다.

친위특공대의 유대인 학살
(1941–42년)

발트 3국 및 소련 지역에서의 이러한 '재래식' 학살이 전투 과정 자체와 깊은 관련이 있고 이 지역들에 국한된 현상이었다면, 1941년 말부터 나치 지도부는 범유럽 차원에서 유대인 절멸을 구상하고 준비하기 시작했다. 더 이상 유대인을 추방할 곳이 없는 마당에, 전 유럽의 유대인을 모두 사라지게 하려면 조준 사격이라는 재래식 방법으로는 어림없었다. 그리하여 가스에 의한 학살이라는, 더 '근대적'인 방식이 개발되었다. 가스 학살은 직접 사살에 비해 '인간적'인 방식, 희생자에게가 아니라 가해자, 즉 학살 집행자에게 더 '인간적'인, 정확히 말해 양심의 가책과 스트레스를 덜 느끼게 하는 방식으로 간주되었다.

처음에는 가스실이 아니라 가스차였다. 짐칸이 밀봉된 화물 트럭에 수십 명의 유대인을 몰아넣고 그 차의 배기가스를 주입해 죽이는 방식이었다. 트럭 안의 유대인이 모두 죽으면 트럭은 그대로 인근 숲으로 이동해 미리 파놓은 구덩이에 시체를 쏟아버렸다. 최초의 절멸수용소인 헤움노 수용소에서의 학살 방식이 바로 그러했다.

소련 침공 직후 이미 지역 단위의 절멸이 시작되고 나서 반년이 지난 시점인 1942년 1월 20일에 결국 중앙 차원에서 전 유럽 유대인의 절멸이 결정되었다. 그날 베를린 교외 반제(Wannsee) 호수 인근의 한 건물에 제국보안청장 하이드리히의 주재로 내무부, 외무부, 법무부, 4개년 계획청, 총리실, 폴란드 총독부, 제국철도 등의 차관급 고위 관리들이 모여 (유대인 문제의) '최종 해결'을 결의했던 것이다. 이 이른바 '반제 회의'에서 작성된 회의록에는 절멸 대상 유대인이 모두 1,100만 명으로 잡혀 있었다.

반제 회의 이후 폴란드 지역에 절멸수용소, 즉 학살 전용수용소들이 잇달아 설치되었다. 1942년 3월에 베우제츠 수용소, 5월에 소비부르 수용소, 7월에 트레블링카 수용소가 각각 가동되기 시작했다. 또한 원래 강제 노동 수용소 및 포로수용소로 쓰이던 아우슈비츠 수용소와 루블린-마이다네크 수용소에도 가스실이 설치되어 절멸수용소를 겸하게 되었다. 1941년 6월 이후 발트해 및 소련 지역에서의 기동 학살이 학살자가 희생자를 찾아가는 것이라면 이 6개 절멸수용소(헤움노 수용소 포함)에서의 학살은 거꾸로 희생자가 학살 장소로 이송되는 것이었다. 북쪽의 노르웨이에서 남쪽의 그리스까지, 서쪽의 프랑

헤움노 수용소의 가스차

스에서 동쪽의 소련까지 전 유럽의 유대인이 철도로 이송되어 이 절멸수용소들에서 학살당했다. 홀로코스트 희생자 600만 명 가운데 거의 절반에 해당하는 285만 명 이상의 유대인이 이 절멸수용소들(아우슈비츠에서만 100만 명)에서 죽음을 맞이했다.

가스차는 가스실로, 배기가스인 일산화탄소는 살충제인 치클론-비(Zyklon-B)로 '진화'를 거듭했다. 사실, 가스 학살의 첫 희생자는 유대인이 아니었다. 일찍이 1939년 10월부터 1941년 8월까지 총통 비서실의 주도로 7만 명 이상의 독일인 정신질환자들이 가스실에서 학살당했고, 아우슈비츠 수용소에서도 1941년 9월, 소련군 포로 600명이 치클론-비가 투입된 가스실에서 살해당했던 것이다. 이는 이후 훨씬 더 큰 규모의 유대인 학살을 위한 예행연습이었던 셈이다.

전 유럽의 유대인들이 절멸수용소에서 학살되기까지의 과정은 그야말로 '학살 공장'의 '컨베이어벨트'와도 같았다. 나치 독일이 지배하는 유럽 각국의 유대인들은 자기 집이나 게토나 수용소에서 끌려나와 짧게는 며칠, 길게는 2주 이상 밀폐된 열차에서 굶주림과 갈증과 악취에 시달리며 절멸수용소로 압송되었고(따라서 일부는 이미 기차 안에서 사망했다), 기차에서 내린 유대인들은

아우슈비츠 수용소

선별 과정을 거쳐 '죽을 자'로 분류된 경우 탈의실에서 옷을 벗고 귀중품을 맡기고 (샤워실로 위장된) 가스실로 들어갔다. 이들이 모두 죽으면 방독면을 쓴 유대인 노동대가 가스실에 들어가 시체를 끌어내고 시체의 입에서 금니를 뽑아낸 뒤 구덩이에 묻거나 소각장에서 태웠다.

    이 학살 공장을 돌아가게 한 것은 반유대주의 신념에 찬 나치 수뇌부 관료들만이 아니었다. 내무부, 외무부, 법무부, 경제부, 재무부, 교통부, 체신부, 동유럽부, 선전부 등 거대한 독일 관료 기구 전체가 이 절멸 정책을 구상, 준비, 실행하는 데 참여했던 것이다. 법무부는 학살당할 유대인의 범위를 정의했고, 경제부는 유대인의 재산을 몰수해 파괴의 그물에 걸려들기 쉽게 했으며, 내무부는 절멸수용소로 이송될 유대인을 포획했다. 또한 교통부 산하의 제국철도는 전 유럽의 유대인을 절멸수용소로 이송하는 업무를 담당했다. 따라서 독일의 공무원들은 정책을 입안하고, 법령을 통과시키고, 사무실에서 회의하고, 전화를 주고받고, 공문에 서명하고, 절멸수용소로 가는 철도 시간표를 짬으로써 손에 피 한 방울 묻히지 않고 엄청난 규모의 학살 과정에 가담한 셈이었다. 파괴 기계의 톱니바퀴가 되는 데에는 굳이 반유대주의 신념이 필요 없었다.

각국별 상황: 협력과 저항

절멸 정책은 독일과 독일에 합병된 나라들만이 아니라 독일의 직간접적 지배를 받은 모든 나라의 유대인을 겨냥한 것이었으므로 이것이 성공적으로 실현되는 데에는 각국 정부와 시민들의 협력이 반드시 필요했다는 사실을 간과해서는 안 된다. 즉 이들의 협력이 없었더라면 단기간에 십수 개국의 유대인 600만 명을 학살하는 일은 불가능했을 것이다.

각국별 유대인 희생자 수와 그 비율은 이러한 협력의 정도를 어느 정도 반영한다. 가장 많은 유대인이 희생된 나라는 폴란드로, 무려 300만 명이 사망했다. 홀로코스트 희생자 두 명 중 한 명은 1939년 당시 폴란드에 거주했던 셈이다. 이는 폴란드가 제2차 세계대전 발발 당시 유대인이 가장 많이 살던 나라(335만 명)였다는 점과 나치 독일이 유독 폴란드에 (다른 나라들보다 훨씬 더) 폭압적인 지배력을 행사했다는 점을 동시에 반영한다고 봐야 한다. 절멸수용소 6곳 모두가 이 지역에 세워진 것도 이 같은 사실들에서 비롯한다고 볼 수 있다. 두 번째로 사망자 수가 많은 나라는 소련으로, 모두 70만-110만 명의 유대인이 학살당했다. 다음으로는 헝가리가 55만, 루마니아가 27만, 체코슬로바키아가 26만, 독일과 리투아니아가 각각 13-14만, 네덜란드가 10만, 프랑스가 7만 5,000, 라트비아가 7만, 유고슬라비아와 그리스가 각각 6만, 오스트리아가 5만, 벨기에가 2만 4,000명이었다. 사망자 수가 가장 많은 나라 열 개 가운데 일곱 개가 동유럽에 속했다. 사망률(1939년 현재 유대인 인구 대비 사망자 수) 역시 가장 높은 나라 일곱 개 가운데 다섯 개가 동유럽 지역이었다. 즉 리투아니아가 90퍼센트로 가장 높았고, 폴란드가 89.6퍼센트, 오스트리아가 83퍼센트, 체코슬로바키아가 82.5퍼센트, 그리스가 81퍼센트, 유고슬라비아가 80퍼센트, 라트비아가 74퍼센트였다. 이는 동유럽에 워낙 유대인 인구가 많았다는 점 외에 나치 독일의 절멸 정책이 서유럽에서보다 더 적극적으로 수행되었고 현지 자체의 반유대주의 전통이 강했으며 현지인들의 협력 정도도 더 컸음을 반영한다.

현지인들의 협력이 가장 적극적이었던 사례는 발트해 지역 및 우크라이나, 벨라루스 등에서 발견된다. 1941년 6월 소련 침공 직후 리투아니아, 라트비아, 우크라이나, 벨라루스의 현지 보조경찰과 우크라이나의 민병대는 독일의 친위특공대가 그 지역 유대인을 수색, 체포, 사살하는 데 적극 협력했고 리투아니아의 민병대는 친위특공대의 사주로 수천 명의 유대인을 학살했다.

독일의 침공 이후 독립하면서 괴뢰정부가 들어선 슬로바키아와 크로아티아에서는 정부 자체가 적극 협력했다. 슬로바키아에서는 현지 경찰과 민병대가 독일인들과 함께 유대인 포획에 나섰고, 독일의 요구에 따라 정부가 총 8만 9,000명의 유대인 가운데 7만 명을 폴란드 지역으로 이송했는데 이들 중 6만 5,000명이 사망했다. 크로아티아에서는 정부가 들어선 지 3주 만에 자체적인 반유대주의 법령을 통과시켰고, 유대인의 절반 이상을 국내 수용소에 수감해 총 1만 9,800명을 질병, 기아, 총격, 익사, 고문 등으로 사망하게 했으며, 독일의 요구에 따라 7,000여 명을 절멸수용소로 보냈다.

독일과 공식적으로는 '동맹' 관계를 맺었지만 사실상 위성국으로 전락한 루마니아, 헝가리, 불가리아는 홀로코스트와 관련해 각기 다른 모습을 보였다. 루마니아는 소련 침공에 가담하고부터 그 군대가 크림 지역과 우크라이나에서 유대인 학살을 벌였고, 국내의 유대인에 대해서는 지역별로 이중적인 태도를 보였다. 즉 1년 전 소련에 빼앗겼다가 1941년에 되찾은 지역(부코비아, 베사라비아)의 유대인에 대해서는 사살하거나 이송 열차 안에서 질식사시키거나 수용소에서 죽게 했던 반면, 루마니아 본토의 유대인에 대해서는 독일 측의 이송 요구에 그리 협력하지 않았던 것이다.

헝가리 정부는 루마니아보다 더 단호하게 독일 측의 유대인 이송 요구를 거부했고 그리하여 1944년 초까지도 동유럽에서는 드물게 자국 유대인 72만 5,000명 모두가 무사했다. 그러나 1944년 3월, 끝내 독일군의 침공을 받았고 그로부터 7월까지 불과 넉 달 동안에 무려 44만 명의 유대인이 아우슈비츠로 이송되었다. 이 과정에서 (1944년 3월에 새로 들어선) 헝가리 정부, 군대, 경찰,

화살십자당 민병대, 운송 노동자의 협력이 없었더라면 그러한 대규모의 급속한 이송은 불가능했을 것이다.

반면, 불가리아는 독일의 이송 압력을 끝내 물리쳤고 이로써 5만 명의 불가리아 유대인 모두가 무사할 수 있었다. 여기에는 슬로바키아, 크로아티아, 루마니아, 헝가리와 달리 자생적 파시스트 운동이 미약했다는 점, 동유럽 대부분 지역과 달리 반유대주의 전통이 없었다는 점, 무엇보다도 국왕과 의회, 정치인, 성직자 및 주민 상당수가 유대인 이송에 적극 반대했다는 점이 작용했다.

불가리아의 유대인이 동유럽에서 예외적으로 무사했다면 네덜란드의 유대인은 서유럽에서 예외적으로 희생이 컸다. 1941년 2월 유대인 400명이 독일의 수용소로 끌려가자 암스테르담 노동자들이 이에 항의해 이틀간의 총파업을 벌였는데 점령 당국은 이를 무자비하게 진압하고 본격적으로 유대인 강제이송 작업을 벌였다. 전체 네덜란드 유대인 14만 명 가운데 모두 10만 5,000명이 독일과 폴란드 지역의 수용소들로 끌려갔고 그중 10만 명이 사망했다. 이 과정에서 네덜란드인들의 협력 정도는 컸다. 네덜란드 행정관리들은 유대인의 주소, 직업, 경력 등에 대한 정보를 점령 당국에 제공했고 네덜란드 경찰은 나치 친위대와 함께 유대인의 대규모 포획 작업을 벌였던 것이다.

피점령국 정부와 주민의 태도가 홀로코스트와 관련해 얼마나 중요한가 하는 것은 덴마크의 사례에서도 잘 입증된다. 덴마크 정부는 독일군에 점령당한 상태임에도 유대인 문제에 대해서는 독일에 비협조적이었고, 1943년 8월 점령 당국이 덴마크 군대를 해산하고 비상사태를 선포한 뒤에는 정부 관리들이 독일의 강제 이송 계획에 대한 정보를 유대교회에 미리 알려줌으로써 유대인들에게 피신할 시간을 주었다. 그리하여 1943년 10월 내내 덴마크 유대인 대부분이 배를 타고 중립국 스웨덴으로 피신할 수 있었다. 이 대규모의 구조 작업에 덴마크 각계각층의 시민이 참여했다.

서유럽에서 가장 많은 유대인이 살고 있던 프랑스의 경우, 정부의 태도는 유대인을 보호하기보다는 박해하는 쪽이었다. 즉 프랑스의 비시정부는 1940년 10월과 1941년 6월에 자체적인 유대인 차별법을 제정해 3,422명의 공직자를 해직했고, 자유 전문직의 유대인 비율을 제한했으며, 유대인 기업과 재산을 몰수했다. 유대인 절멸 정책과 관련해서는 프랑스계 유대인은 보호하고 (프랑스 전체 유대인의 절반에 이르던) 외국계 유대인에 대해서는 무자비한 입장을 취했다. 독일 측의 이송 요구를 받은 비시정부는 프랑스계 유대인은 내주지 않으려 했던 반면, 외국계 유대인은 절멸수용소로 보내는 데 적극 협력했던 것이다.

끝으로, 원조(元祖) 파시즘 국가 이탈리아는 독일의 절멸 정책에 협력하기는커녕 유대인을 적극 보호했다. 자국의 유대인뿐 아니라 이탈리아 군대가 들어간 모든 지역, 즉 남동부 프랑스, 그리스, 알바니아, 몬테네그로 등지에서 이탈리아인은 해당 지역의 유대인을 보호하고 피신시켰다. 이탈리아에서 홀로코스트는 1943년 7월 무솔리니 정부가 전복되고 북부 지역에서 독일의 괴뢰정부로 재수립된 뒤에야 시작되었다. 나치 독일은 헝가리에서 그랬듯이 현지 정부가 무력해지자마자 기다렸다는 듯이 파괴 기계를 작동시켰고 그리하여 1943년 10월부터 1년 동안 모두 8,000-9,000명의 이탈리아 유대인이 목숨을 잃었다.

3 제2차 세계대전의 유산

제2차 세계대전은 인류 역사상 전무후무하게 끔찍한 사건이었다. 폭격, 총격, 질병, 기아, 학살 등 그 전쟁이 직간접적 원인이 되어 사망한 사람의 수는 무려 7,000만 명에 이르는 것으로 추산된다. 더욱 끔찍한 것은 민간인 사망자가 군인 사망자보다 훨씬 더 많았다는 점이다. 가장 희생이 컸던 나라는 소련으로, 군인은 860만 명, 민간인은 1,600만 명 넘게 사망했다. 군인 사망자 860만 명 가운데 330만 명은 독일의 포로수용소에서 기아와 학대로 목숨을 잃었다. 폴란드는 전체 인구의 5분의 1인 600만 명이 사망했는데 그중 570만 명이 민간인이었다. 유고슬라비아는 전체 사망자 150만 명 중에 120만 명, 그리스는 46만 명 중 39만 명, 네덜란드는 20만 명 중 19만 명이 민간인 사망자였다. 오직, 독일과 영국에서만 군인 사망자 수가 민간인 사망자 수보다 컸다.

로마, 베네치아, 파리, 옥스퍼드, 프라하 등 유럽의 몇몇 유서 깊은 도시들은 운 좋게 참화를 면했으나 런던, 로테르담, 바르샤바, 루앙, 민스크, 키예프, 베를린, 함부르크, 쾰른, 드레스덴 등은 그렇지 못했다. 민스크는 도시 전체의 80퍼센트가 파괴되었고 베를린은 전체 건물의 75퍼센트가 파괴되었다. 소련에서는 2,500만 명이, 독일에서는 2,000만 명이 각각 집을 잃었고 프랑스에서는 1944-45년에만 50만 채의 주택이 파괴되었다.

유럽에서 제2차 세계대전은 독일의 무조건항복으로 끝났고, 제1차 세계대전 때와 달리 연합국이 인정하는 독일 정부가 존재하지 않았으므로 어떠한 강화조약도 공식적으로 체결되지 않았다. 전후 독일에 대한 처리와 영토 문제는 승전국과 패전국 사이의 조약을 통해서가 아니라 3대 승전국인 미국, 소련, 영국 수뇌들 간의 일련의 회담, 즉 1943년 11-12월의 테헤란 회담, 1945년 2월의 얄타 회담, 1945년 7-8월의 포츠담 회담에서 논의되고 결정되었다. 독일과 오스트리아는 미국, 소련, 영국, 프랑스에 의해 분할 점령되었고 이 두 나라의 수도인 베를린과 빈 역시 동일하게 분할 점령되었다.

제1차 세계대전의 결과로 유럽 지도의 국경이 대폭 바뀌고 여러 나라가 새로 생겨났던 반면, 제2차 세계대전 종전 이후에는 영토의 변화가 훨씬 적었다. 제1차 세계대전이 끝난 뒤에는 사람들이 대체로 살던 곳에 계속 살고 국경선이 다시 그어졌다면 1945년 이후에는 반대로 국경선보다는 사람들이 이동했다. 제2차 세계대전의 결과로 발생한 영토 변화는 폴란드를 중심으로 이루어졌다. 즉 폴란드는 동부 지역의 상당 부분을 소련에게 빼앗기고 대신에 오데르-나이세(Oder-Neisse) 강 동쪽의 독일 영토를 차지했다. 최대의 수혜국은 소련으로, 이 나라는 동부 폴란드 외에 발트 3국 전체, 그리고 루마니아 일부(부코비나와 베사라비아)와 체코슬로바키아 일부(루테니아)를 차지했다.

제2차 세계대전의 종전은 또한 대규모의 피난, 추방, 이주를 낳았는데 이 가운데 동유럽 각지로부터 독일인의 이동 물결이 가장 컸다. 동유럽에 거주하던 독일인들(상당수는 수백 년째 그곳에 살아왔다)은 때로는 소련군의 진군을 피해, 때로는 독일-폴란드의 국경 변화에 따라, 때로는 추방이나 강제 이송 조치로 모두 1,300만 명이 서쪽으로 이주했다. 이 폭력적인 이주 과정에서 모두 약 210만 명의 독일인이 사망한 것으로 추산된다.

제2차 세계대전은 피해 규모 면에서뿐만 아니라 나치 독일의 점령과 그에 대한 협력, 600만 유대인의 학살 등을 수반했다는 점에서 유럽 대부분 나라들에 전례 없는 상처를 남겼는데 그러한 점에서 각국은 암울하고 수치스러운 과거사에 대해 청산 작업을 벌여야 했다. 우선, 전쟁을 일으킨 나라이자 홀로코스트를 수행한 나라인 독일 자체에서의 과거사 청산은 '외부인'들, 즉 연합국에 의해 시작되었다. 1945년 8월에 미국, 소련, 영국, 프랑스의 합의로 설립된 국제 군사법정이 1945년 11월 20일부터 1946년 10월 1일까지 뉘른베르크에서 나치 독일의 최고위급 인물들을 대상으로 벌인 재판이 그것이었다. '뉘른베르크 재판'으로 불리는 이 재판에서 24명의 피고 중 22명이 판결을 받았는데 교수형이 12명으로 가장 많았고 종신형이 3명, 20년 징역 2명, 15년 징역과 10년 징역이 각각 1명, 무죄 3명이었다. 기소 사유로는 '평화 파괴죄', '전쟁범죄' 외에

(주로 홀로코스트를 겨냥한) '반인류 범죄'가 새로 도입되었다.

연합군 군정 당국은 추가로 국제 재판을 열 계획이었으나 연합국 사이의 이견으로 성사되지 못하고 결국 미 군정이 단독으로 1949년까지 나치의 주요 인사들을 처벌했다. 모두 184명이 재판을 받았는데 그중 5분의 4가 유죄판결을 받았고 24명이 사형을 선고받았다. 그 밖에 일선 책임자들을 대상으로 한 재판이 각 점령 지역별로 따로 열렸는데 미국, 영국, 프랑스 점령 지역의 군사법정에서 도합 6,033명의 독일인이 재판에 회부되었고 이 가운데 668명이 사형을 선고받았다. 소련 군정 지역에서는 1949년까지 8,055명이 유죄판결을 받았다.

이러한 독일판 과거사 청산은 역사상 처음으로 '반인류 범죄'란 개념이 도입되고 재판(특히 뉘른베르크 재판) 과정에서 홀로코스트의 규모와 실상이 적나라하게 드러났다는 점, 독일 국민들에게 나치의 재발을 막기 위한 교육적 효과를 거두었다는 점에서 그 의의를 평가할 수 있다. 그러나 이 청산이 독일인들 스스로에 의한 것이 아니라 연합국에 의한 것이란 점에서 '승자의 재판'으로 인식되었다는 점, 홀로코스트 범죄를 그 자체로 규명하지 않고 오직 나치 침략 전쟁의 일환으로만 부수적으로 다루었다는 점 등은 그 한계로 지적되고 있다.

일찍이 1938년부터 독일에 합병되었고 독일 다음으로 나치 당원이 많았던 오스트리아에서도 점령 연합국 4개국에 의해 나치 전범들에 대한 처벌이 시작되었는데 독일보다 훨씬 이른 시기(1945-46)에 자국 정부의 특별재판소가 그 처벌 업무를 넘겨받았다. 이 재판소에서 모두 13만 6,829명이 조사를 받았고 그중 1만 3,607명이 유죄판결을 받았으며 43명이 사형선고를 받았다.

이상의 두 나라와 달리, 제2차 세계대전기에 독일에 점령당한 나라들에서 전후의 과거사 청산은 대체로 전쟁범죄보다는 (나치 독일에 대한) 협력을 문제 삼았다. 이 나라들 대부분에서 해방 후 몇 년 동안 자국의 대독 협력자에 대한 대규모의 재판과 처벌이 이루어졌던 것이다. 이 재판과 처벌은 독일 및 오스트리아와 달리 처음부터 자국 정부(대체로 항독의 전력을 가진 정치인으로 구성된)에 의해 주도되었다. 대독 협력 정부(혹은 괴뢰정부)의 구성원, 점령 당국에 협력한 정치인과 언론인, 독일군에 자원입대하거나 독일 경찰에 복무한 자, 친나치 조직의 구성원, 밀고자, 점령 상황에 편승하여 치부한 자 등이 해방 직후 새로 들어선 정부가 설치한 특별재판소(프랑스, 네덜란드 등)나 군사재판소(벨기에)에 의해 크고 작은 형량을 선고받았다.

일례로, 프랑스에서는 12만 명 이상의 대독 협력 혐의자가 재판을 받았고 이들 가운데 약 9만 8,000명이 유죄판결을 받았다. 최고형인 사형은 모두 6,781명이 선고받았고, 그중 770명(비시정부 수반 라발 포함)이 실제로 처형되었다. 약 3만 8,000명은 유·무기의 징역 및 금고형을 선고받아 투옥되었고 이들 외에 약 5만 명은 공민권을 박탈당했다. 이러한 대규모의 처벌도 전체 인구당 비율로 보면 네덜란드, 벨기에, 덴마크, 노르웨이 등 이웃나라들에 비해 오히려 미약한 편이었다. 즉 인구 1만 명당 징역을 선고받은 자의 수가 프랑스의 경우 9명에 불과했던 데 비해 노르웨이는 63명, 네덜란드는 42명, 벨기에는 60명에 달했던 것이다. 사형이라는 극형도 벨기에 2,940명, 네덜란드 215명, 덴마크 78명 등 꽤 많은 수의 대독 협력자가 선고받았고 룩셈부르크 같은 아주 작은 나라에서도 12명이나 선고받았다. 네덜란드의 경우 사형은 72년 전에 폐지되었던 것이 이번 대독 협력자 처벌을 위해 부활한 것이기도 했다.

대독 협력자에 대한 처벌은 이러한 사법 처리의 방식으로만 이루어진 게 아니었다. 점령 당국에 협력했던 공직자는 견책에서 해임에 이르는 각종 징계를 받았고, 정계, 언론계, 문단, 학계, 법조계, 종교계, 노동계, 예술 분야 등 사회의 거의 모든 분야에서 대독 협력자에 대한 자체 숙청이 이루어졌다.

몇몇 나라에서 해방 전후에 대독 협력자 처단이 지극히 폭력적으로 이루어졌고(프랑스에서 약 9,000명, 이탈리아에서 1만 2,000-1만 5,000명이 정식 재판 없이 약식처형으로 사망했다), 대부분의 나라에서 협력자 처벌이 시기별 불균등(늦게 처벌받을수록 형량이 가벼워지는 경향)과 부문별 불균등 등의 문제점을 드러내기는 했지만 일단 한 차례의 큰 사법 처리 물결과 사회 각 부문에서의 자체 숙청 물결을 통해 수치스러운 과거사에 대한 청산 작업이 어느 정도 이루어졌다는 점만큼은 인정해야 할 것이다.

26

냉전 체제의 전개와 제3세계의 대두

이용재

제2차 세계대전이 끝난 1945년 이후 반세기 동안의 세계사의 흐름을 가늠케 하는 길잡이 단어가 있다면 그것은 바로 '냉전'과 '탈식민화'일 것이다. 전후의 세계는 한편으로 동·서 냉전의 기류에 휩쓸리고 다른 한편으로 식민지 해방의 파고로 요동쳤다. 냉전 체제의 구축과 제3세계의 대두는 지난 수백 년 동안 세계사의 주역으로 군림해온 유럽 열강이 20세기에 접어들어 두 차례 세계대전을 치르면서 스스로 몰락한 결과였다. 제2차 세계대전 이후 승전국이든 패전국이든 유럽 열강은 쇠퇴의 길을 걸은 반면 전쟁을 승리로 이끈 미국과 소련이 초강대국으로 등장했다. 미·소 냉전 체제 속에서 유럽은 긴장과 위기를 거듭하면서도 평화를 유지해나갔다. 아시아와 아프리카에서는 식민지 해방의 깃발이 오르고 유럽의 식민 제국들은 해체되기 시작했다. 신생 독립국의 탄생과 탈식민화 과정은 미·소 냉전의 각축과 복잡하게 뒤엉켰으며 때로 엄청난 전쟁과 인명살상을 낳았다. 이렇게 20세기 후반의 세계정세는 미·소 두 초강대국을 중심으로 구축된 양극 체제 아래서 제3세계라 불리는 저개발국 또는 개발도상국들이 유럽의 선진산업국들과 서로 밀고 당기는 각축장이 되었다.

21세기의 벽두에 세계는 냉전과 탈식민화의 시대를 뒤로하고 세계화 시대로 접어들었다. 하지만 세계사적 차원에서 탈냉전은 이루어졌지만 아직도 지구촌 곳곳에는 냉전으로 인한 긴장과 갈등이 고조되고 있으며 냉전적 사고와 논리가 여전히 기승을 부리고 있다. 아시아와 아프리카는 유럽 열강의 오랜 식민통치에서 벗어나 주권국가가 되었으나 신생 독립국들은 여전히 정치적으로나 경제적으로나 서구 강대국들에 종속되어 있는 실정이다. 지난 세기 식민통치와 냉전 체제로 인해 인류가 겪은 갈등과 충돌의 역사를 되돌아보는 것은 세계화 시대의 더 나은 미래를 모색하는 길이 될 것이다.

1 냉전 체제의 확립

냉전의 기원

1945년 제2차 세계대전의 종결에서 1991년 소련의 해체에 이르는 반세기는 흔히 '냉전의 시대'로 불린다. 제2차 세계대전을 통해 초강대국으로 부상한 미국과 소련이 종전 직후부터 끊임없는 대결을 벌이게 되자 세계는 다시금 전쟁 국면에 접어드는 듯했다. 미국과 소련을 두 축으로 서로 갈라선 동유럽과 서유럽 두 진영이 벌인 군사적·정치적·이념적 대립은 실제 벌어지는 열전(Hot War)과는 다른 무언가 독특한 새로운 종류의 전쟁을 연상시키기에 충분했다. 미국과 소련이 본격적인 대결 양상을 보인 1947년, 미국의 정치평론가 월터 리프먼이 『냉전, 미국외교 연구』라는 소책자를 출판하면서 '냉전(Cold War)'은 시사용어로 널리 쓰이기 시작했다. 종전 직후 유럽에서 시작된 이러한 대립과 갈등은 곧 전 세계로 번졌으며 정치군사의 영역을 넘어 사회문화 전반에 걸쳐 무려 반세기 가까이 지속되었다.

그렇다면 냉전의 원인은 무엇인가? 누가 냉전을 도발했는가? 당연하게도 미국과 소련은 냉전 발생 초기부터 서로 상대방의 호전성과 패권 야욕을 비난하며 상대방에게 책임을 전가해왔다. 하지만 반세기가 지난 후 돌이켜볼 때, 냉전의 기원은 양측 모두에게 있음을 인정하지 않을 수 없을 듯하다. 요컨대 상대방에 대해 해묵은 불신과 두려움을 지니고 있는 미국과 소련이 의도적이든 아니든 상황을 과장하거나 오판했으며 이에 따른 대응과 맞대응이 겹겹이 쌓이면서 마침내 일촉즉발의 대치 국면으로 치닫게 된 것이다.

파시스트 독일이라는 공동의 적에 맞선 자본주의 국가와 사회주의 국가의 어색한 전시동맹은 전후 국제질서를 다시 수립하는 과정에서 와해될 수밖에 없었다. 1945년 2월 얄타에서 개최된 연합국 정상회담에서 미국과 소련은 독일로부터 해방될 유럽 지역에서 민족자결의 원칙과 민주적 절차에 따라 독립국가들이 수립되어야 한다는 데 합의했다. 하지만 동유럽에 진주한 소련군은 서방의 기대와는 달리 공산주의 세력의 확대를 도모했다. 1946년 폴란드, 헝가리, 루마니아, 불가리아 등지에서는 제헌의회 선거도 거치지 않은 채 공산독재 정권이 수립되었으며, 유일하게 자유선거를 치른 체코슬로바키아에서도 1948년에 결국 쿠데타에 의해 공산 정권이 들어섰다. 이러한 동유럽의 공산화는 궁극적으로 유럽 전역의 공산화를 노리는 소련의 팽창주의 전략이라기보다는 전후 국제질서의 재편 과정에서 있을 수 있는 서방과의 충돌에 대비하는 방어 체제 구축으로서의 성격이 더욱 짙었다. 미국의 패권을 우려한 소련으로서는 동유럽을 서방의 공세에 대비한 완충지대로 삼으려 한 것이다. 하지만 동유럽의 갑작스러운 공산화를 눈앞에서 지켜본 서방으로서는 공산화의 물결이 곧 유럽 전역에 밀어닥칠지도 모른다는 불안감을 떨칠 수 없었다. 1946년 3월 총리직에서 물러난 직후 미국을 방문한 처칠은 '철의 장막'이 유럽을 가로지르고 있다고 역설하면서 소련의 노골적인 팽창주의를 경고했다.

동유럽뿐만 아니라 중동과 동지중해에서 발생한 사태도 공산주의의 팽창에 대한 서방의 불신과 적대감을 키우기에 충분했다. 전쟁 중에 영국군과 함께 이란을 점령한 소련군은 서방의 경고에도 불구하고 은밀하게 공산 게릴라 세력을 지원했다. 소련은 풍부한 석유자원을 지닌 중동 지역을 세력권에 넣으려 한 것이다. 그리스에서는 1946년 봄부터 영국의 지원을 받는 정부군과 동유럽 공산국가들의 지원을 받는 반정부군 사이에 내전이 발생했다. 더구나 소련이 다르다넬스 해협에 대한 공동관리권을 요구하며 터키를 압박하고 나서면서 공산주의의 영향력이 동지중해 전역에 미치기 시작했다. 이 모든 상황을 소련의 침략 야욕으로 간주한 미국은 공산주의의 팽창을 봉쇄하겠다는 단호한 전략으로 맞섰다.

1947년 3월 미국 대통령 트루먼은 의회 연설에서 압제와 폭력에 맞서 자유를 지키려 싸우고 있는 전 세계 국민들을 도와야 할 미국인의 사명을 역설했다. 이에 따라 그리스와 터키에 군사적·경제적 원조가 제공되었으며, 이어서 '마셜 플랜(Marshall Plan)'을 통해 전후 유럽 경제의 부흥을 위한 대대적인 원조가 시작되었다. 공산주의 봉쇄와 자유진영 원조를 내세운 트루먼의 연설은 소련이 볼 때 명백한 선전포고에 다름 아니었다. 미국의 공세에 대한 맞대응으로 소련은 그해 7월에 공산주의운동 국제조직인 코민포름(Cominform)을 창설했다. 창립총회에서 소비에트 정치국 의장 즈다노프는 세계가 제국주의적 반민주주의 진영과 반제국주의적 민주주의 진영으로 양분되었으며 공산주의자들은 제국주의에 맞서 투쟁해야 한다고 천명했다. 이어서 소련은 서유럽 국가들이 마셜 플랜을 실현하려 1948년에 설립한 유럽경제협력기구(OEEC)에 맞대응하기 위해 1949년에 동유럽 국가들을 위한 코메콘(Comecon, 경제상호원조회의)을 설립했다. 이렇게 '트루먼 독트린'에서 '즈다노프 독트린'으로 이어진 1947년에 냉전의 막이 올랐다.

블록 형성과 군비경쟁

냉전 초기 공산진영과 자유진영 사이의 대립은 베를린 위기를 거쳐 한국전쟁으로 절정에 이르렀다. 1948년 6월 서방 연합국이 서독 지역에서 화폐개혁을 시행하자 스탈린은 베를린 봉쇄를 단행하고 서베를린을 고립시켰다. 서방은 소련이 봉쇄를 풀 때까지 거의 1년 동안 서베를린에 생필품과 물자를 공수했다. 베를린 봉쇄는 독일 분단의 시발점이자 동·서 유럽 사이의 적대 전선의 형성을 알리는 상징적 사건이었다.

유럽에서의 대치는 곧이어 동아시아에서의 전쟁으로 발전했다. 마오쩌둥이 이끄는 공산당은 미국의 지원을 받는 장제스의 국민당을 물리치고 1949년 10월 중화인민공화국을 수립했다. 중국의 공산화에 따른 위기의식이 팽배하는 가운데 발생한 한국전쟁은 서방에 공산주의의 팽창에 대한 두려움을 더해주었다. 1948년 이래 한반도 북쪽에는 친소 정부가, 남쪽에는 친미 정부가 수립되어 있었다. 1950년 6월 25일 북한군이 마침내 남침을 강행했다. 미국은 소련이 아시아를 공산화하기 위해 북한을 사주해 벌인 침략전쟁으로 간주하고 유엔군을 이끌고 즉각 참전했다. 유엔군의 북진에 맞서 중공군이 참전하고 진퇴를 거듭한 끝에 전쟁은 휴전선을 경계로 두 진영이 갈라선 채로 3년 만에 막을 내렸다. 냉전기 두 진영 사이에 벌어진 최초의 군사충돌인 한국전쟁은 한국인에게 동족상잔의 비극을 초래했을 뿐만 아니라 냉전 블록의 형성을 촉진하는 결정적 계기가 되었다.

베를린 봉쇄에서 한국전쟁으로 이어지는 두 진영 사이의 대립과 충돌은 지구적 차원에서의 군사동맹 체제의 형성으로 이어졌다. 1949년 4월 미국과 유럽 11개국은 북대서양조약기구(NATO)를 창설하고 안보협력을 다짐했으며, 여기에 1952년에 터키와 그리스가, 1955년에 서독이 가입했다. 아시아에서는 1954년에 미국, 영국, 프랑스 등 8개국이 참여한 동남아시아조약기구(SEATO)가, 1955년에 미국, 영국, 이란, 이라크, 파키스탄으로 구성된 바그다드조약기구[1960년에 중앙조약기구(CENTO)로 개칭]가 탄생했다. 자유진영의 동맹 체제에 맞서 공산진영도 결속했다. 1955년 5월 소련은 동유럽 국가들과 함께 '우호·협력·상호원조'의 의무를 지는 바르샤바조약기구(WTO)를 결성했으며, 여기에 1956년에 동독이 가입했다. 이렇게 방위동맹을 중심으로 국가들이 결집함으로써 세계는 자본주의 진영과 공산주의 진영의 양대 블록으로 뚜렷이 나뉘었다.

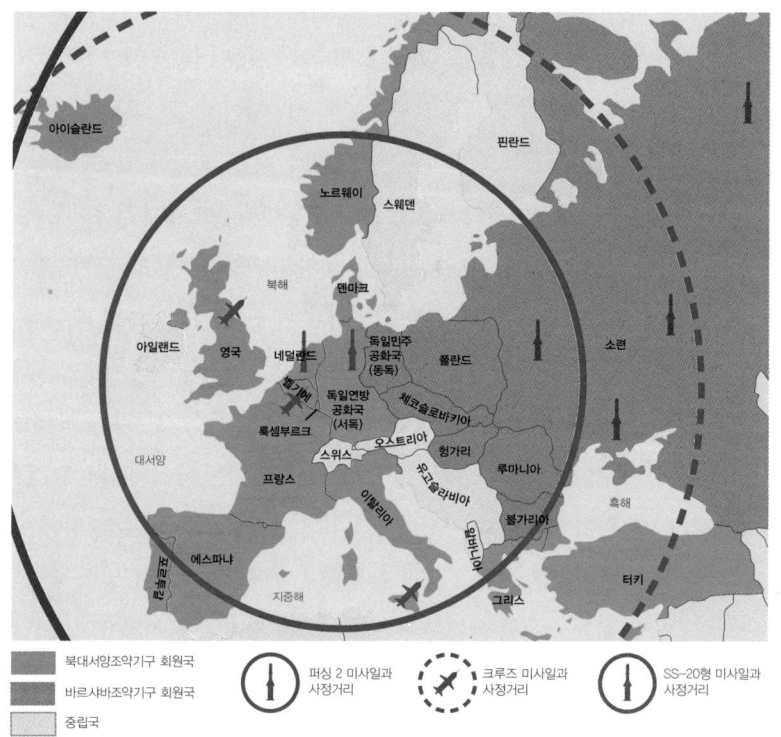

블록 형성.
북대서양조약기구
대
바르샤바조약기구

1950년대 냉전 체제의 구축에는 미국과 소련 사이의 군비경쟁이 한몫했다. 1945년 미국이 원자폭탄을 투하한 지 4년 만에 소련도 원폭실험에 성공함으로써 1950년대부터 핵무기 경쟁의 막이 올랐다. 1952년 11월 미국이 수소폭탄을 개발하자 소련은 8개월 만에 이를 따라잡았다. 1957년 소련은 대륙간 탄도미사일(ICBM) 개발에 성공하고 최초의 인공위성 스푸트니크(Sputnik)를 지구궤도에 쏘아올린 데 이어, 1961년 4월에는 최초로 유인우주선 비행에 성공했다. 미국인들은 장거리 핵미사일 분야에서 소련과의 '미사일 격차(Missile Gap)'로 인해 불안감에 휩싸였으며 소련이 어느새 우주개발에서 앞질러 나가자 더욱 큰 충격을 받았다. 핵전력에서 미국이 뒤처져있다는 미국의 엄살과 우려는 다분히 과장된 것임이 훗날 밝혀지긴 했지만, 군비증강은 미국의 정치와 선거를 좌우하는 핵심 사안이 되었다. 1958년에 미국이 항공우주국(NASA)을 창설하고 잠수함발사탄도미사일(SLBM)과 고공폭격기 개발에 박차를 가하면서 양국 간의 긴장은 더욱 고조되었다.

핵무기 경쟁은 '상호확증파괴(Mutual Assured Destruction, MAD)'라고 통칭되는 새로운 유형의 안보전략, 즉 핵전쟁이 일어나면 아무도 승리할 수 없다는 인식에 기초했다. 따라서 핵무기는 사용하기 위해서라기보다 상대방이 핵무기

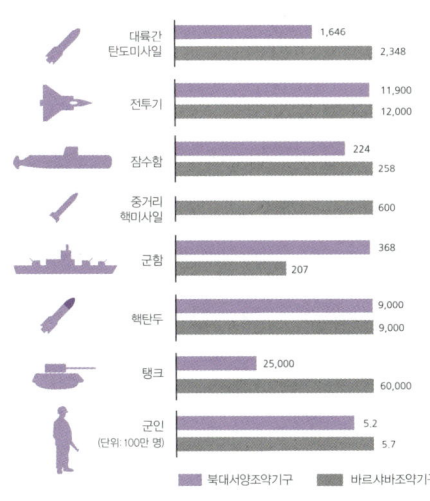

공산진영과 서방진영의 군사력 비교

미국과 소련의 핵무기 보유량 비교 (단위: 핵탄두 수)

를 사용하지 않도록 겁박하는 억제무기로서 필요하다는 명분으로 개발에 박차를 가했다. 군사력으로 상대방을 제압해야 한다는 강박관념 속에 인류 공멸의 위험을 안은 채 상대방의 핵전력을 누르기 위해서 핵무기를 개발해야만 하는 상황이 벌어진 것이다. 이렇게 냉전 시대에 전 세계 국민들은 핵전쟁으로 인해 어느 날 갑자기 공멸할지도 모른다는 만성화된 불안감 속에서 살게 되었다.

대립과 공존

냉전 체제의 구축은 겉으로는 양 진영이 협상과 교섭을 추진하면서도 안으로는 군비를 증강하고 내부 결속을 강화하는 방안으로 이루어졌다. 냉전이 심화될수록 양 진영 간의 협상과 타협의 움직임도 늘었다는 것은 무척 흥미롭다. 사실 냉전기의 긴장완화 정책은 진정한 평화로의 한걸음이라기보다는 대개 진영 내부에 정치적·경제적 위기가 닥쳤을 때 자체 결속을 다지기 위한 국면타개용으로 제시되곤 했던 것이다. 냉전의 심화와 긴장의 완화는 한 동전의 앞뒷면처럼 나타나기도 했다. 냉전의 본질은 바로 이러한 대립을 통한 공존에 있었던 것이다.

소련 측의 긴장완화 공세는 1953년 3월 스탈린이 사망한 후 더욱 뚜렷하게 나타났다. 1955년 7월 미국, 영국, 프랑스, 소련 4개국 정상은 제네바에 모여 냉전 체제로 인한 국제적 긴장을 완화하고 대화와 협력을 모색할 길을 찾았다. 하지만 정치적 구속력이 전혀 없는 '제네바 정신'은 상호 친선과 교류를 활성화하는 것 외에 실질적으로 어떤 성과도 약속하지 않았다. 1956년 2월 소련공산당 제20차 전당대회에서 흐루쇼프는 전쟁은 피할 수 있으며 사회주의 진영과 자본주의 진영은 평화롭게 공존할 수 있다고 선언한 데 이어 스탈린 치하에서 뿌리내린 억압 체제를 청산하겠다고 선언했다. 흐루쇼프의 평화공존론과 탈(脫)스탈린 노선은 냉전의 국제무대에 엄청난 파장을 몰고 왔다. 하지만 미국의 아이젠하워 행정부는 흐루쇼프의 평화공존론을 일종의 평화공세로 간주하고 소련의 팽창을 막으려는 강경노선을 굽히지 않았다.

1953년 3월 스탈린의 사망이 그 해 6월 체코슬로바키아와 동독에서 일어난 반체제 봉기의 자극제가 되었다면, 1956년 2월 소련 공산당의 탈스탈린주의 노선은 그 해 6월과 10월에 각각 폴란드와 헝가리에서 일어난 봉기의 도화선이 되었다. 동구권 봉기들은 공산당 독재와 소비에트화 정책에 대한 반대였으며, 소련의 간섭에서 벗어나려는 시도였다. 소련은 동맹국들의 이탈을 막기 위해서 강경한 대응책을 구사했으며, 특히 헝가리의 개혁 정부가 바르샤바조약기구에서의 탈퇴와 중립화를 선언하자 군대를 투입해서 봉기를 무자비하게 진압했다.

1956년 7월 이집트 대통령 나세르가 아스완 댐 건설자금을 마련하기 위해서 수에즈 운하의 국유화를 선언하자 동방과의 교역로를 상실할 위험에 빠진 영국과 프랑스가 그 해 10월 이스라엘과 연합해 이집트를 침공했다. 수에즈 운하를 둘러싼 대립은 1948년 이스라엘 건국 이후 이스라엘과 아랍 국가들 사이의 분쟁의 연장선인 동시에 강대국들의 이해관계가 맞물린 냉전 특유의 분쟁이기도 했다. 미국, 영국, 프랑스는 이집트가 반소 바그다드조약기구에 가입하지 않고 비동맹국 회의에 참여하자 경제 지원을 중단하고 이스라엘에 무기를 제공했다. 그러자 소련이 중동 사태에 개입했으며 이집트는 동구권 국가들에게서 무기를 제공받을 수 있었다. 영국군과 프랑스군이 개입하자 흐루쇼프는 이집트 편에 서서 의용군 파견과 핵미사일 공격을 운운하며 초강경 반응을 보였다. 그러자 미국 대통령 아이젠하워 역시 중동 지역에서 미국의 이익이 침해당할 경우 개입을 주저하지 않을 것임을 선언했다('아이젠하워 독트린'). 미국은 동맹국인 영국과 프랑스에 철수 압력을 가함으로써 소련의 개입을 미연에 차단했으며, 이스라엘군이 철수한 후 수에즈 사태는 일단락되었다.

중동 지역이 냉전의 각축지로 부각되는 동안, 흐루쇼프는 의도적으로 대립의 무대를 다시 베를린으로 돌렸다. 미·영·프·소 등 전승 4개국의 공동관리 지구로 서로 왕래가 가능했던 베를린은 1950년대에 동독인들이 서독으로 넘어가는 주요 탈출구 구실을 했다. 1958년 11월 흐루쇼프는 베를린을 중립도시로 만들 것을 제안하면서 미국, 영국, 소련, 프랑스 등 전승국 주둔군의 철수를 요구했다. 서베를린에 대한 동독의 통제를 강화함으로써 서베를린에서 끊임없이 이어지는 탈동독 행렬을 차단하려는 것이 흐루쇼프의 복안이었다. 1961년 7월에 미국 대통령 케네디는 베를린 주민의 자유 보장, 서방 군대의 주

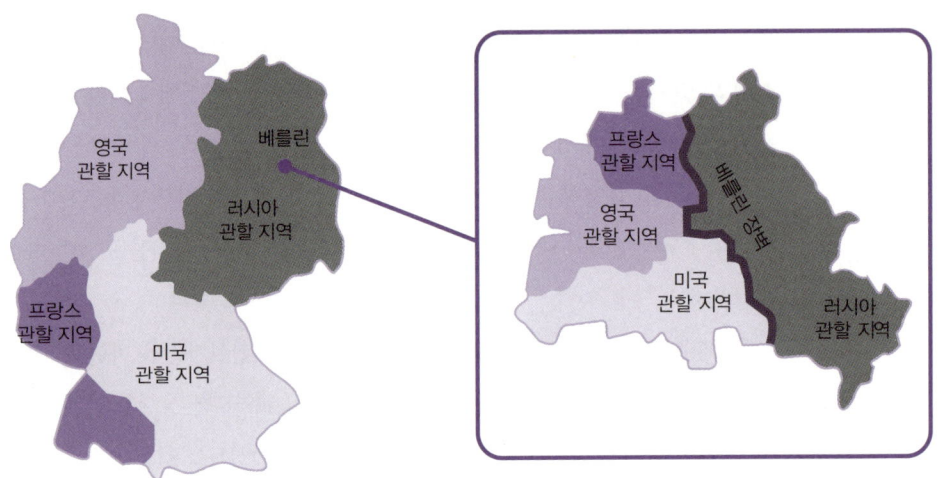

동서독의 분리와 1961년 베를린 장벽 축조

둔, 서베를린의 통행 보장이라는 3대 원칙을 고수하며 소련에 맞서겠다는 단호한 의지를 표명했다. 양측 간에 전운이 감도는 가운데 직접 충돌을 피하는 방편으로 동독은 소련의 동의를 얻어 8월 13일에 기습적으로 베를린 장벽을 축조했다. 이로써 서독으로의 탈출로는 봉쇄되었다. 베를린 장벽은 냉전기 유럽의 분할을 상징하는 기념물이 되었다. 장벽을 사이에 두고 동·서 두 진영은 서로 긴장을 유지하면서도 결국 분할된 상황을 기정사실로 받아들일 수밖에 없었다. 장벽의 축조는 유럽이 당분간 현상유지와 긴장완화의 국면에 접어들 것임을 암시했다. 이제 냉전의 무대가 조금씩 제3세계로 옮겨갈 것이었다.

'베를린 위기'는 큰 충돌 없이 마무리되었지만 이듬해 1962년 '쿠바 미사일 위기'는 소련과 미국을 핵전쟁의 문턱에까지 몰고 갔다. 오랜 세월 미국의 세력권에 속했던 쿠바는 1959년 1월 카스트로가 공산혁명을 일으킨 후 반미 친소 국가로 탈바꿈했다. 1961년 망명 쿠바인 부대를 침투시켜 카스트로 정권을 전복하려는 비밀군사작전이 완전한 실패로 끝났다. 케네디 정부는 1962년 쿠바를 국제기구에서 축출하고 무역을 금지시키는 등 쿠바 '봉쇄' 정책을 밀고 나갔다. 그러자 소련 정부가 쿠바에 핵미사일을 제공하겠다고 비밀리에 제안했다. 흐루쇼프가 쿠바에 중장거리 핵미사일을 제공하기로 한 것은 공산 정권 쿠바를 미국으로부터 보호하는 동시에 이미 터키에 미사일 기지를 설치해 소련을 위협하고 있는 미국에 맞대응하려는 전략이었다. 쿠바에 소련의 핵미사

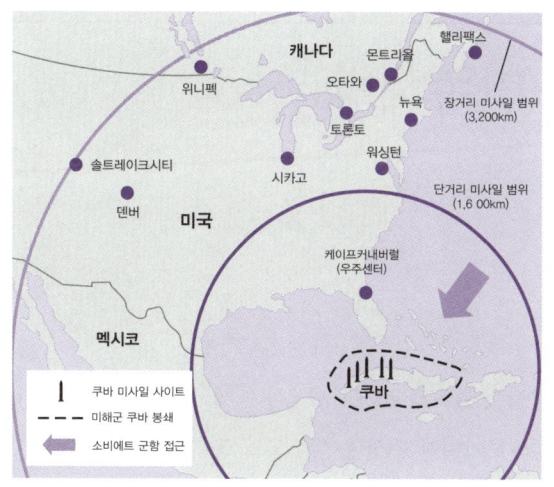

좌 쿠바 기지의 소련미사일 사정권

우 쿠바 미사일 위기, 핵무기 위에 앉아 팔씨름을 하는 흐루쇼프와 케네디 (영국 신문 만평)

일이 설치되자 케네디는 흐루쇼프에게 기지를 철거하고 미사일을 돌려보내라는 최후통첩을 보냈으며 핵전쟁도 불사하겠다는 입장을 취했다. 일촉즉발의 위기의 순간에 막후협상이 이루어졌다. 소련이 쿠바에서 미사일을 회수하고 발사대를 철거하는 대신에 미국은 소련이 요구하는 터키에서의 탄도미사일 철수에 합의한 것이다. 쿠바 위기로 절정에 달한 핵전쟁의 공포는 역설적으로 양측의 관계개선과 대화의 필요성을 인식시켜 주었으며 냉전의 긴장을 완화하는 계기가 되었다. 쿠바 위기는 데탕트로 나아가는 분수령이었던 것이다.

2 탈식민화와 민족해방

식민 제국의 해체

유럽 열강에 의한 세계 분할이 완료된 20세기 초, 식민 제국은 식민 종주국의 이익에 봉사하는 경제적 배후기지인 동시에 종주국의 국력과 패권의 상징이었다. 특히 제1차 세계대전과 경제공황을 거치면서 유럽 열강이 국내외적으로 위기를 맞을 때마다 식민지에 대한 통제와 수탈은 더욱 강화되었다. 제2차 세계대전이 발발할 무렵, 세계 육지 면적의 약 28퍼센트, 세계 인구의 약 30퍼센트가 여전히 서구 열강과 일본의 식민지 상태에 놓여 있었다.

하지만 제2차 세계대전을 거치면서 식민 제국은 쇠퇴의 길로 접어들었다. 양대 식민 제국 영국과 프랑스는 적어도 대전 초기에는 독일의 침공 앞에 수세를 면치 못했으며 해외 식민지들의 이탈을 막을 여력도 없었다. 반면에 아시아와 북아프리카 지역에서의 민족의식의 각성과 민족주의 운동의 대두는 식민지 해방의 원동력을 제공했다. 식민지 민족주의는 때로 이슬람교나 힌두교 등 토착 종교와 결합하거나 때로는 소련식 공산주의의 세례를 받아 무장독립투쟁으로 비화되기도 했다. 한편 종전 직후 평화와 번영을 위한 국제기구로 출범한 국제연합(UN)은 국가 간의 평등한 권리와 민족자결권을 국제관계의 원리로 재확인함으로써 식민지 독립에 우호적인 국제 정세를 조성했다. 신생 독립국들의 가입이 늘어날수록 국제연합의 각종 회의장은 식민주의의 침탈을 규탄하는 성토장이 되었으며, 산하 기구들은 식민지의 조속한 독립을 촉구하는 여러 결의안을 통과시키면서 유럽 종주국들을 압박했다.

더구나 전후 냉전기에 양대 강국으로서의 입지를 굳힌 미국과 소련이 식민 제국들로 짜인 낡은 세계질서에 제동을 걸었다. 제국주의와 식민주의 체제에 대한 공세는 마르크스-레닌주의에 기반을 둔 소련으로서는 당연한 국가의 이념적 토대이기도 했다. 소련과 코민포름은 종주국 프랑스에 맞서 해방전쟁을 벌인 인도차이나 공산당에 대해 배후지원을 아끼지 않았으며 공산권의 확대를 위해 식민지 해방투쟁에 직간접적으로 개입하곤 했다. 더구나 아프리카에서 탈식민화가 본격화된 1960년대 초에 제3세계 비동맹국가들의 눈길이 중국으로 쏠리기 시작하자 공산주의 종주국으로서의 지위를 중국에 넘겨주지 않기 위해서라도 소련은 줄곧 반식민주의 노선을 밀고나갈 수밖에 없었다.

미국은 한편으로 전통적인 외교노선 중 하나인 민족자결주의의 연장선에서, 다른 한편으로 통상관계에서의 형평성을 요구하는 문호개방 원칙에 따라 유럽 열강의 식민 제국 구도에 대해 자주 이의를 제기하곤 했다. 식민 제국의 해체가 오히려 자국의 이익에 도움이 된다고 판단한 미국은 약속한 대로 제2차 세계대전 직후에 필리핀의 독립을 허용함으로써 유럽 열강을 압박했다.

냉전기에 접어들면서 미국은 신생 독립국들이 소련의 영향권 안에 편입될 것을 우려해 유보적이고 때로는 상충된 입장을 취하기도 했지만, 적어도 해당 지역이 공산주의로 기울지 않는 한 식민지 해방에 호의적인 정책을 고수했다. 더구나 해당 지역의 독립이 자국의 이해관계와 밀접히 관련되어 있을 경우, 식민지 해방에 대한 미국의 태도는 더욱 적극적이었다.

아시아 · 아프리카의 탈식민화

제2차 세계대전이 끝난 후 식민지 해방의 첫 함성이 울린 곳은 지난 한 세기 동안 대영 제국의 번영과 영광을 상징하던 인도였다. 1947년 힌두교 인도와 이슬람교 파키스탄이 영국의 지배를 벗어던지고 분리 독립했다. 인접한 불교왕국 실론(스리랑카)과 버마(미얀마)는 1948년에 영국으로부터 독립을 달성했다. 말레이시아는 공산 반군과 10년에 걸친 내전을 겪은 끝에 1957년에야 영국으로부터 독립했다. 네덜란드령 인도네시아에서는 수카르노가 이끄는 민족주의 세력이 공산주의 세력을 누르고 정권을 장악한 후 1949년 12월에 국제사회의 중재 아래 독립을 달성했다. 호치민이 이끄는 베트남 공산당이 1954년 5월 디엔비엔푸 전투에서 프랑스군을 꺾은 후 베트남, 캄보디아, 라오스가 프랑스로부터 독립을 쟁취했다. 하지만 독립 베트남은 미 · 소 냉전 논리에 휘말리면서 북위 17도선을 경계로 공산주의 북베트남과 자본주의 남베트남으로 양분되었다. 이로써 인도가 처음으로 독립을 달성한 지 10여 년 만에 아시아의 탈식민화가 완료되었다.

아시아에서 출발한 탈식민화의 파고는 곧 아프리카에 밀어닥쳤다. 이슬람 문명권에 속하는 북아프리카의 리비아(1951), 모로코(1956), 튀니지(1957)는 충돌과 협상을 거듭하면서 비교적 일찍 독립을 달성했다. 반면에 1830년 프랑스군에 점령된 후 무려 100만 유럽인이 정착한 알제리는 1962년 해방을 맞을 때까지 종주국 프랑스에 맞서 유혈독립투쟁을 치러야 했다. 알제리 전쟁(1958-1962)은 알제리해방군의 테러전과 프랑스군의 잔인한 진압이 되풀이되는 가운데 엄청난 인명 살상과 인권 침해, 정치적 격변과 국민적 갈등 등 씻을 수 없는 상처를 남겼다. 30만 알제리인과 3만 프랑스군이 희생된 알제리 독립전쟁은 20세기 최대의 민족해방 투쟁으로 기록될 것이다.

사하라 사막 이남의 '검은 아프리카'에 있는 영국과 프랑스의 식민지들은 종주국과의 협상을 거치면서 비교적 순탄하게 탈식민화의 과정을 밟았다. 영국은 식민지 해방을 기정사실로 받아들이면서 독립을 허용하되 신생국들을

아프리카와 아시아의 식민지 해방

영연방의 틀 안에 묶어두는 실리적인 방안을 택했다. 가나(1957)가 제일 먼저 영국으로부터 독립을 달성한 후에 대서양 연안 감비아(1965)에서 아프리카 동쪽 해안 탄자니아(1964)에 이르기까지 거의 모든 영국령 식민지들이 차례로 독립을 성취했다. 프랑스령 식민지의 경우 '아프리카의 해'로 불리는 1960년 한 해에만 카메룬에서 세네갈을 거쳐 모리타니에 이르기까지 모두 14개국이 주권국가로 탈바꿈했다. 탈식민화의 물결에 놀란 유럽의 소국 벨기에는 1960년에 서둘러 아프리카에서 가장 큰 식민지 콩고의 독립을 승인했다. 하지만 갑자기 찾아온 독립은 냉전 대립과 종족 갈등에 휘말리면서 내란으로 이어졌다. 앙골라와 모잠비크는 탈식민화의 흐름을 거스르는 '철 지난 식민 제국' 포르투갈에 맞서 오랜 무장투쟁을 벌인 끝에 종주국에서 발생한 군사정변을 틈타 1975년에야 뒤늦게 독립을 달성할 수 있었다.

남(南)로데지아가 오랜 백인 지배를 청산하고 국제사회의 도움을 받아 짐바브웨라는 이름으로 독립을 달성한 1980년, 세계 언론은 아시아와 아프리카 대륙을 격동의 소용돌이 속에 몰아넣은 탈식민화 시대가 마침내 막을 내렸다는 사실에 주목했다. 한 세대에 걸친 탈식민화의 물결 속에서 전 세계에 걸쳐 6억 이상의 인구가 해방의 기쁨을 맞보았으며 80여 개 신생독립국이 탄생했다.

탈식민화는 해당 식민지에서의 민족주의 운동의 성숙도나 본국의 대응 수위에 따라 타협과 협상을 통한 점진적 독립 달성에서 무장 투쟁을 통한 독립 쟁취에 이르기까지 여러 가지 양태를 띠며 전개되었다. 일반적으로 사하라 사막 이남의 검은 아프리카 지역은 탈식민화의 대세를 받아들인 종주국과의 갈등, 타협, 조정을 거치면서 독립을 달성했다. 영국이든 프랑스든 종주국과 우호관계를 유지하기에 알맞은 현지 세력에게 정권을 양도했으며 독립을 허용하는 대신 유대를 이어가는 실리적인 선택을 한 셈이다. 이 경우 제국의 해체는 비교적 순탄하게 진행되었다. 하지만 백인 이주민들이 널리 자리를 잡은 정착 식민지들은 쉽사리 물러서려 하지 않았으며 결국 격렬한 저항과 전쟁을 초래하곤 했다. 프랑스가 본국 영토의 일부처럼 여긴 알제리는 물론이거니와 영국령 케냐, 포르투갈령 앙골라와 모잠비크 등이 여기에 해당한다.

반면에 오랜 역사전통과 강한 민족의식을 간직한 아시아와 북아프리카 지역에서는 독립을 달성하기 전까지 종주국에 맞서 봉기에서 심지어 전쟁으로 이어지는 격렬한 유혈투쟁을 되풀이해야 했다. 영국이 스스로 물러나기로 결정한 인도와 버마에서는 그래도 순탄하게 독립이 이루어진 반면에, 프랑스가 끝까지 식민통치를 고집했던 인도차이나에서는 격렬한 해방전쟁이 벌어졌으며 모로코와 튀니지에서도 반식민 봉기가 잇달았다. 더욱이 영국령 말레이시아나 네덜란드령 인도네시아에서와 같이 탈식민화가 미·소 냉전에 휘말릴 경우 상황은 더욱 복잡해졌다. 결국 탈식민화는 식민지의 독립 역량과 이에 맞선 종주국의 대응 양식이 국제정세의 여건과 맞물리면서 다양한 형태로 전개되었던 것이다.

제3세계와 비동맹운동

아시아와 아프리카에서의 식민지 해방과 신생 독립국의 탄생은 바야흐로 '제3세계'가 세계사의 전면에 등장하고 있다는 것을 뜻했다. '제3세계(tiers monde)'란 1952년 프랑스 시사평론가 소비(A. Sauvy)가 프랑스대혁명 당시 '제1신분'(귀족)이나 '제2신분'(성직자)과 구별되는 '제3신분(tiers état)'에 빗대어 만든 용어다. 소비는 "지금까지 무시되고 착취당하고 경멸당해온 제3세계가 이제는 무언가가 되고자 한다"라며 강대국들의 틈바구니를 비집고 국제무대에서 등장하기 시작한 아시아·아프리카의 신생국들에 관심을 촉구했다. 이렇게 동·서 냉전 체제 아래서 미국, 서유럽, 오스트레일리아 등 자본주의 진영(제1세계)과 소련, 중국, 동유럽 등 공산주의 진영(제2세계)의 어디에도 가담하지 않고 중립을 표방한 아시아·아프리카의 신생 독립국들은 라틴아메리카 국가들과 함께 제3세계로 통칭되었다.

제3세계 신생 독립국들의 연대와 협력은 곧 '비동맹운동(Non-Aligned Movement)'으로 구체화되었다. 1955년 4월, 인도네시아의 반둥에서 서구 열강의 이목을 집중시키면서 아시아·아프리카 연대회의가 개최되었다. 네루(인도), 수카르노(인도네시아), 저우언라이(중화인민공화국), 나세르(이집트) 등을 비롯해 29개국 정상들이 참가한 반둥회의는 수카르노의 표현대로 "인류 역사상 처음으로 열린 두 대륙에 걸친 유색인종의 회의"였다. 세계 25억 인구의 절반을 대

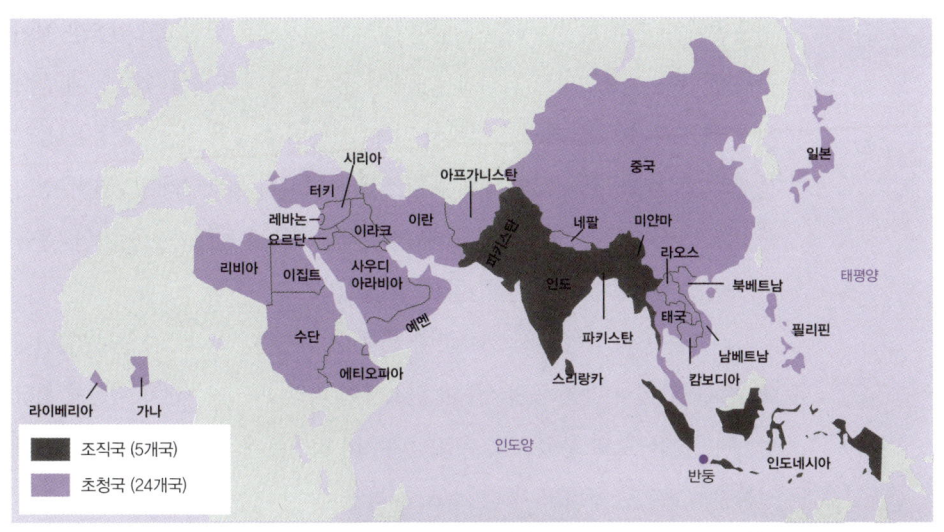

위 반둥 회의 참여국

아래 비동맹운동의 기수, 네루(인도), 은크루마(가나), 나세르(이집트), 수카르노(인도네시아), 티토(유고)

표한 반둥회의는 서구 열강에 맞서 아시아와 아프리카의 주체성을 천명하고 연대의식을 고취하는 무대였던 것이다. 반둥회의에서 채택한 세계 평화 및 협력에 관한 공동선언문에는 영토와 주권의 상호 존중, 상호 불가침, 내정 불간섭, 평등과 호혜, 평화 공존 등 이른바 '평화 5원칙'이 담겼다. 이것은 미국과 소련으로 양극화된 냉전 블록의 어느 쪽에도 가담하지 않겠다는 명시적 선언인 동시에 식민주의 세력에 맞서 아시아·아프리카 국가들이 정치적으로 경제적으로 연대해 제3의 블록으로 단합하자는 호소였다.

이어서 1961년 9월 유고슬라비아의 티토 대통령의 주도 아래 베오그라드에서 제1차 비동맹 정상회담이 개최되면서 공식적으로 비동맹운동의 막이 올랐다. 일찍부터 소련의 영향권에 편입되기를 거부하고 독자적인 사회주의 노선을 표방해온 유고슬라비아가 비동맹운동의 견인차로 등장했다는 것은 비동맹운동이 단순한 지역적 연고를 넘어 정치적 원칙으로 발전하고 있음을 보여주는 것이다. 베오그라드 회의에서 동·서 군사동맹에의 불참, 외국군에 군사기지 제공 불가 등을 천명한 것에서 알 수 있듯이 초창기 비동맹운동은 동서분쟁의 종식과 냉전 구도의 해체를 강조했다. 따라서 베오그라드 회의에 참가한 비동맹 국가들은 당시 독일의 베를린 장벽 축조를 둘러싸고 야기된 두 블록 사이의 첨예한 분쟁에 전혀 개입하지 않았다.

1961년 공식 출범 당시 25개국에 불과하던 비동맹 회원국 수는 1960년대에 아프리카에서 많은 독립국들이 탄생함에 따라 1970년 제3차 비동맹 회담 당시에 61개국으로 늘었으며, 1970년대부터 라틴아메리카 국가들이 대거 가입하면서 1979년 쿠바의 아바나에서 개최된 제6차 비동맹 정상회담에는 92개국이 참가했다. 미국과 대립각을 세우며 비동맹운동의 맹주로 부상한 카스트로는 쿠바 회담에서 "제국주의, (신)식민주의, 인종주의, 모든 형태의 침략, 점령, 지배, 간섭, 패권에 맞서서 투쟁하는 것이 우리의 목표"라고 천명하며 강경노선을 밀어붙였다.

하지만 이러한 비동맹운동의 확대가 비동맹 국가들이 실제적으로 양대 블록 모두에 대해 동일하게 맞섰다는 것을 의미하지는 않는다. 대다수 비동맹 국가들은 소비에트식 사회주의를 따르고자 하지는 않았지만 나름대로의 방식으로 사회주의의 길로 나아가고자 했으며, 그만큼 미국이나 서방보다는 소련과 공산권에 대해 일정한 공감을 표명하곤 했다. 이와 동시에 비동맹 국가들은 국가건설과 경제개발을 위해 미국이나 서방의 원조를 마다할 수 없는 입장이었다. 이에 따라 비동맹 국가들의 주요 관심도 1983년 인도 뉴델리에서 열린 제7차 정상회담을 계기로 선진국과 개도국 사이의 경제 격차의 해소와 개발협력이라는 현실적인 문제로 향했다. 비동맹운동의 방향이 이념과 체제의 대립이라는 '동서문제'에서 식민주의 잔재의 청산과 선진국과 개도국 사이의 경제격차라는 '남북문제'로 향하게 된 것이다.

결국 비동맹운동은 겉으로 울려 퍼지는 반식민주의, 반제국주의의 거친 함성에도 불구하고 현실적으로 그리 큰 영향력을 발휘하지 못했다. 사실 식민지들이 거의 독립을 달성한 1970년대 초반에도 제3세계의 사정은 그리 좋지 않았다. 민주주의 경험이 없던 아프리카의 신생 국가들은 군사정권이든 민간 정권이든 대개는 권위주의적인 독재 체제를 선택했고 부정부패와 족벌 정치가 만연했다. 대다수 신생국들은 인접국과 심각한 영토 분쟁과 인종 분규에 시달렸으며, 거듭된 군사 쿠데타는 경제파탄과 양민학살을 동반한 내전으로 귀착되곤 했다. 게다가 군사적 해결의 포기라는 비동맹운동의 원래 목표 중 하나는 비동맹의 일부 회원국들이 수십 년 넘게 서로 전쟁을 벌이는 실정에서 그야말로 유명무실할 수밖에 없었다(예컨대 인도-파키스탄, 베트남-캄보디아, 이란-이라크, 소말리아-에티오피아 분규 등). 교전국들이 소련이나 중국 또는 미국에서 무기를 사들이고 물자를 지원받는 것은 그리 낯선 일이 아니었다.

이러한 상황에서 비동맹운동이 냉전기에 정치적 측면에서 행사한 실질적 영향력은 대체로 미약했다. 비동맹운동은 북대서양조약기구나 바르샤바조약기구처럼 긴밀하게 결속하고자 했으나 식민지 독립의 물결을 타고 회원국 수가 날로 늘었음에도 불구하고 사실상 제대로 단결된 힘을 발휘하지 못했다. 회원국의 상당수가 경제원조나 현실적인 필요에 의해 공산 진영이든 서방 진영이든 강대국들과 개별적으로 동맹을 맺곤 했던 것이다. 더구나 소련과 긴밀한 관계를 맺고 있는 쿠바는 말할 것도 없고 사회주의 체제로 기운 나라들이 운동을 주도하면서 애초의 '비동맹' 정신과는 달리 공산주의 외곽단체와 같은 모습을 보여주기도 했다. 비동맹 국가들 사이의 불협화음은 특히 1979년 소련의 아프가니스탄 침공을 계기로 두드러졌다. 국제연합에서 파키스탄, 이란 등 친서방 이슬람 국가들은 미국의 요청에 따라 소련을 비판하는 측에 가담한 반면, 인도를 비롯한 소련 동맹국들은 소련에 대한 암묵적인 지지를 표명했던 것이다. 양극단 두 강대국 사이에서 분열된 비동맹운동은 소련과 사회주의권의 제2세계가 무너지고 냉전 시대가 막을 내린 1990년 이후에 급속히 쇠약해질 수밖에 없었다.

3 냉전인가 열전인가

1960년대 중반부터 유럽이 '데탕트'라는 장기적인 대치 국면에 들어섬에 따라 대립의 주 무대가 제3세계로 이동했다. 미·소 관계의 긴장완화 국면이 갈등의 종결을 의미하지는 않았다. 양측은 상대방에 대한 직접적인 공세는 자제했지만 제3세계라는 완충 지역에서 자신에게 우호적인 국가와 정권을 지지하고 적대 세력을 타도하려 했다. 따라서 유럽이 정치적·군사적으로 소강 상태에 접어들수록 제3세계는 더욱 치열한 전쟁터가 되었다. 유럽에서는 양극 체제로 나뉘어 긴장과 대치를 되풀이하면서도 역설적으로 '오랜 평화'를 누린 반면, 제3세계에서는 미·소 두 초강대국의 사주와 간섭 아래 크고 작은 '열전'이 벌어졌다는 사실은 냉전 체제의 본질이 과연 무엇인가를 잘 보여준다.

중심부 세계: '데탕트'

1960년대에 미·소 양국의 대립은 소강 상태에 빠지고 냉전은 긴장완화에 접어들었다. 양측이 군비강화와 극한대립을 자제하고 대화와 타협 국면으로 나아가게 된 데에는 무엇보다 핵전쟁에 대한 공포가 크게 작용했을 것이다. 미국과 소련은 쿠바 위기에서 실제로 핵전쟁 가능성에 직면했고 자칫하면 공멸할 수도 있다는 사실을 진지하게 깨닫게 된 것이다. 쿠바 위기 직후 미국과 소련 양국 정상 간에 직통전화(Hot Line)를 개통해서 비상시 의사소통 수단을 마련한 것도 성급한 오판으로 인한 돌이킬 수 없는 파국을 막기 위한 조치였다. 1963년 6월 케네디 대통령이 선제 핵공격 포기, 평화적 체제경쟁, 정치적 타결 등을 내건 '평화를 위한 전략'을 공표하고 소련에 화해의 손길을 내밀었다. 두 달 후 미국, 영국, 소련 3개국 대표는 모스크바에 모여 대기권, 우주공간, 해저에서 핵실험을 금지하는 이른바 '부분핵실험 금지조약(PTBT)'에 서명하고 핵

경쟁을 억제하기로 합의했다.

또한 1960년대에 들어 양 진영 내부에서 미국과 소련의 양극 체제에 대한 도전이 구체화된 것도 긴장완화의 길을 넓혀주었다. 유럽에서는 1957년에 독일과 프랑스를 포함한 유럽 6개국이 유럽경제공동체(EEC)를 결성하고 미국이나 소련의 간섭에서 벗어나려는 움직임을 보였다. 1972년 유럽공동체 회원국이 10개국으로 늘어나는 가운데 전통적으로 유럽 관계보다 대서양 관계를 더 중요시해온 영국마저 공동체에 가입하자 유럽 자체의 결속력이 강화되는 만큼 미국의 유럽에 대한 영향력은 줄어들 수밖에 없었다. 더구나 세계 판도를 좌우하는 미국의 패권전략에 불만을 가진 프랑스의 드골 대통령은 1966년 돌연 북대서양조약기구의 군사협정에서 탈퇴하고 소련과 등거리외교를 펼치면서 미국을 곤경에 빠트렸다. 1950년대 후반까지 소련과의 교역에 의존해온 중국은 소비에트 모델에 따른 경제개발에 별로 성과를 거두지 못하자 단기간에 산업 생산을 증가시키기 위한 '대약진운동'을 단행하면서 소련과 거리를 두기 시작했다. 소련이 모든 지원을 철회한 상황에서 중국은 1964년에 자체적으로 핵실험에 성공하고 핵무기 보유 국가의 대열에 들어섰다. 1966년에 문화대혁명이 일어나면서 양국 관계는 더욱 악화되었으며 급기야 1969년에는 우수리 강 주변 국경 지역에서 대규모 무력충돌이 벌어지기도 했다. 중국은 소련을 견제하는 방편으로 미국과의 관계개선을 도모했으며 1972년 중국을 방문한 미국 대통령 닉슨은 마오쩌둥의 손을 맞잡았다. 친미반소 국가로 변신한 중국이 아시아의 냉전 구도를 깨고 강국으로 부상한 것이다.

더구나 서방진영에서든 공산진영에서든 이념 대립과 전쟁 위협에 염증을 느낀 전후세대가 성장하면서 안보를 앞세운 군비경쟁에 제동이 걸리고 화해 무드가 조성되었다. 1960년대 후반부터 세계 각지에서 민권운동과 더불어 반핵·반전운동이 일어나고 평화의 분위기를 북돋았다. 이러한 상황에서 1965년 이후 미국의 베트남 전쟁 개입과 1968년 소련의 '프라하의 봄' 진압은 군비축소와 긴장완화의 필요성에 대한 인식을 더욱 증대시켰다.

긴장완화가 진척되고 데탕트 분위기가 무르익으면서 미국과 소련 사이에 군축협상이 성사되었다. 1972년 5월 소련의 수반 브레즈네프와 미국 대통령

닉슨은 전략무기제한협정(SALT-I)에 조인했다. 이로써 대륙간탄도미사일과 잠수함발사탄도미사일 등 핵무기 보유기수를 제한하는 협정을 통해 두 나라는 과열된 핵무기 경쟁을 식힐 수 있게 되었다. 긴장완화의 기류는 유럽에서 특히 독일에서 뚜렷이 감지되었다. 동독과 서독은 상대방의 체제를 존중하고 1972년 12월에 외교관계를 수립했으며 1973년 9월에는 국제연합에 동시 가입했다. 냉전 논리에서 벗어나 평화공존을 택함으로써 동독과 서독 사이에는 상호방문과 우편교류가 가능해지고 분단의 고통과 이질감이 완화되었다. 변화된 국제질서에 힘입어 서유럽 국가들과 소련 사이에 경제교류가 활성화되었다. 서유럽과 소련은 시베리아에 매장된 석유와 천연가스를 공동 개발하는 계획을 추진했으며 1980년대 들어 시베리아와 서독을 잇는 송유관이 문을 열었다.

1972년 미국과 소련, 유럽 국가들은 안보 문제를 군사적 대치가 아닌 정치적 타협으로 풀기 위한 협상을 시작했으며, 1973년부터 여러 차례 유럽안보협력회의(CSCE)가 개최되었다. 북대서양조약기구 회원국과 바르샤바조약기구 회원국이 협상 테이블에 마주앉은 것이다. 1975년 8월, 35개국이 서명한 '헬싱키 최종합의'는 법적 구속력을 가진 조약은 아니었지만 주권의 평등, 국경선의 존중, 분쟁의 평화적 해결 등을 회원국의 의무로 규정했다. 이렇게 1970년대 유럽의 국제무대에서 두 진영 사이에 경제-문화 교류가 활성화되고 상호 신뢰를 바탕으로 평화롭게 공존할 수 있는 바탕이 마련된 것이다.

주변부 세계: '냉전 속의 열전'

서방 세계가 긴장완화의 단계에 접어들자 제3세계에서 크고 작은 전쟁이 빈발했다는 사실은 냉전 체제가 지구적 차원에서 서로 연결된 국제정치질서의 일환이었음을 알려준다. 미·소 양 진영은 국제정치의 변수로 떠오른 제3세계를 놓고 열띤 경쟁을 벌였으며, 유럽이 정치적으로 군사적으로 소강 국면에 접어들수록 제3세계는 더욱 치열한 각축장이 되었다. 서방 세계가 역설적이게도 반세기 동안 '오랜 평화'를 누린 바로 그 '냉전'의 시기에, 제3세계에서는 서방 역사가들이 흔히 냉전의 '대리전쟁(proxy war)'이라고 부른 충돌이 끊이지 않았던 것이다.

미·소 '냉전'의 각축장인 제3세계는 사실상 '열전'의 무대였다. 1945년에서 1990년까지 냉전의 반세기 동안 제3세계에서 발생한 크고 작은 전쟁들로 인한 사망자수는 무려 2,000만 명이 넘는다. 물론 내전이든 국가 간 전쟁이든 제3세계에서 발생한 전쟁들은 대개 식민 종주국에 맞선 독립투쟁, 부패한 독재 정권에 맞선 투쟁, 종족 갈등과 국경 분쟁 등 다양한 원인들로 인해 발생한 것이었다. 그러나 제3세계로의 세력 확대를 꾀한 미국과 소련이 이 문제에 직간접적으로 개입함으로써 분쟁이 확대되었다. 미·소 양국은 정치 간섭, 경제 원조, 무기 제공 따위를 통해 개입하거나 때로는 군대를 보내 전쟁에 직접 뛰어들기도 했다. 제3세계에서의 분쟁이 많은 희생자를 내면서 오래 지속되는 열전이 되어버린 것은 바로 이 때문이다.

그렇다면 미·소 두 진영의 대립에 의한 냉전 체제는 제3세계의 탈식민화에 어떤 영향을 미쳤는가? '사회주의의 조국' 소련은 대외적으로 반제국주의, 반식민주의 혁명노선을 표방한 만큼 제3세계의 탈식민화에 우호적 입장을 취했다. 서구 열강의 식민주의 지배에서 벗어나고자 하는 제3세계 국가들은 자본주의 체제보다 사회주의 체제에 더 친화성을 느꼈으며 그만큼 소련의 지원을 기대했다. 반면에 미국은 적어도 원칙적으로는 낡은 식민 제국의 해체를 지지했지만 실제적으로는 해당 식민지가 공산화되는 것을 막기 위해 현지의 상황에 따라 탈식민화를 지지하기도 하고 저지하기도 했다. 공산화의 '도미노 효과'를 우려한 미국으로서는 공산주의 봉쇄가 먼저였고 식민지 해방은 나중이었다. 미·소 간의 '체제 대결'이라는 냉전 논리가 식민지 독립을 앞당기기도 하고 늦추기도 한 것이다. 냉전이 제3세계 탈식민화의 주요 원인이라고까지 말하기는 힘들 것이다. 하지만 냉전 대립이 탈식민화의 과정과 양태를 현저하게 뒤바꾸어놓게 되는 것이다.

제3세계에서 일어난 모든 탈식민화 분쟁이 미·소 대립의 냉전 논리와 결부되어 있지는 않았다. 하지만 식민지 해방의 소용돌이에 냉전의 이해관계가 끼어들 경우 상황은 복잡하게 뒤엉켰다. 독립투쟁은 곧 좌익과 우익 사이의 내란으로 번지고 결국은 예상치 못한 열전으로 치달았다. 아시아에서든 아프리카에서든 동족상잔의 큰 상처를 남긴 격렬한 식민지 해방전쟁일수록 냉전의 자국이 더 많이 배어있는 것은 바로 이 때문이다. 서방에서는 해빙무드가 감돌던 1960-70년대에 벌어진 베트남 전쟁과 앙골라 내전이 그 대표적인 예이다.

베트남 전쟁은 핵무기 냉전 시대에 벌어진 대표적인 재래식 열전이었다. 인도차이나에서 독립전쟁이 발발한 초기만 하더라도 분쟁은 미·소의 냉전 구도에서 별로 영향을 받지 않았다. 그것은 베트남 인민이 옛 식민 종주국 프랑스에 맞서 독립을 외친 민족해방전쟁의 전형적인 모습이었다. 베트남 공산해방군은 1954년 3월 디엔비엔푸 전투에서 프랑스군을 무찌르고 마침내 독립을 쟁취했다(제1차 인도차이나전쟁). 베트남은 북위 17도를 경계로 공산주의 북베트남과 자본주의 남베트남으로 분리되었다. 하지만 아시아 공산화의 '도미노 현상'을 우려한 미국이 본격적으로 군사개입을 시작하면서 인도차이나는 냉전의 각축장이 되었다. 1964년부터 직접 군사침공에 나선 미군과 미국의 요청으로 참전한 한국군에 맞서기 위해 베트남 공산군은 소련과 중국으로부터 동시에 지원을 받았다. 미군이 철수한 후 1976년 베트남사회주의공화국이 수립됨으로써 전쟁은 사실상 베트남의 승리로 끝난 셈이었다. 20여 년에 걸친 베트남 전쟁(제2차 인도차이나전쟁)은 무려 200만 명에 달하는 양측 병력과 민간인이 희생된 '열전'이었다.

아프리카에서 가장 늦게 독립을 달성한 곳은 포르투갈의 식민지였던 앙골라와 모잠비크였다. 앙골라와 모잠비크에서 벌어진 민족해방투쟁은 미국과 소련의 이해관계가 뒤엉킨 냉전의 대리전이기도 했다. 특히 앙골라에서는 독립을 전후해서 무려 30여 년 가까이 냉전의 입김이 서린 내전을 치러야 했다. 천연자원의 보고인 앙골라의 탈식민화에는 일찍부터 미국과 소련뿐만 아니라 서방 다국적기업들의 이해관계가 맞물려 있었다. 그러다 보니 1961년부터 펼쳐진 앙골라 해방전쟁에서도 소련과 사회주의권의 지원을 받는 '앙골라인민해방운동(MPLA)', 미국과 서방의 지원을 받는 '앙골라민족해방전선(FNLA)'과 '앙골라완전독립민족동맹(UNITA)' 등 세 조직이 서로 대립하고 있었다. 포르투갈 본국에서 일어난 정변으로 인해 식민지 독립이 선언된 1975년 이후에도 세 조직은 권력 장악을 노리고 서로 전투를 계속했다. 승승장구하는 인민해방운동군에 맞서 서방의 지원을 받는 남아프리카공화국 군대가 투입되자 전세는 역전되었다. 그러자 소련의 무기 지원이 잇달고 1만 5,000명에 달하는 쿠바 지원군이 투입되자 1976년 2월에 앙골라인민해방운동이 승리를 확정지었다. 비동맹국가들마저 냉전 논리에 따라 양편으로 갈라서서 지원전을 벌였다. 25년에 걸친 내전 동안 50만 명 이상의 민간인이 희생된 앙골라 내전은 냉전 시대가 지난 이후에도 한참 지속되다가 2002년에야 겨우 막을 내렸다.

미국과 소련의 이데올로기 대립과 그에 따른 대리전쟁은 라틴아메리카에서도 치열하게 전개되었다. '미국의 뒷마당'에서 반미 성향의 정부들을 축출하기 위한 미국의 정치개입과 비밀작전은 라틴아메리카 각국을 만성적인 정국 불안과 소요의 깊은 수렁으로 몰아넣곤 했다. 반공의 횃불을 든 미국은 1954년 아르벤스 구스만 좌파정부에 대한 과테말라 군부의 쿠데타를 지원하고 1973년 살바도르 아옌데 민주정부에 대한 칠레 군부의 쿠데타를 지원하는 등 라틴아메리카 우익 군부독재의 배후조정자 역할을 톡톡히 해냈다. 1979년 니카라과에서 미국의 후원을 등에 업은 소모사(Somoza) 가문의 40년 독재를 무너트린 '산디니스타(Sandinista)' 혁명이 일어났다. 하지만 미국은 친사회주의 산디니스타 정부를 축출하기 위해 경제봉쇄와 정치공작을 벌이는 한편 '콘트라(Contra)' 반군에 엄청난 무기와 군자금을 제공했다. 그러자 산디니스타는 인접한 쿠바의 지원을 받았으며 소련과 중국에 후원을 요청했다. 10여 년에 걸친 니카라과 내전은 산디니스타와 콘트라 반군 사이의 끝없는 충돌이 이어지는 가운데 4만여 명의 목숨을 앗아갔다.

4 냉전의 종식과 냉전 이후의 세계

냉전의 격화와 종식

1970년대에 불안하게 유지되던 데탕트 기조는 1977년 소련이 동유럽에 신형 중거리미사일 SS-20을 배치하면서 급격하게 흔들리기 시작했다. 소련은 SS-20의 배치가 미소 간의 전략무기제한 규정에 어긋나지 않는 정당한 군사적 근대화라고 주장했지만, 1979년 12월 미국과 북대서양조약기구는 소련이 이 신형 미사일을 철수하지 않을 경우 1983년부터 이에 대적할 신형 미사일 퍼싱 2(Pershing-II)와 순항미사일을 배치하겠다고 결정했다. 이렇게 양측 간에 긴장이 다시 고조되고 있는 순간에 감행된 소련의 아프가니스탄 침공은 데탕트의 막간극이 끝나고 냉전이 다시 격화되는 신호탄이었다. 1978년 아프가니스탄에서 쿠데타로 친소 공산주의 정권이 집권하자 이슬람 세력이 정권타도를 외치며 무장 항쟁을 벌였다. 소련이 친소 정권을 지원하러 대규모 군대를 투입하자, 미국과 영국은 물론 이란, 파키스탄 등 이슬람 국가들이 무자헤딘 반군을 지원하고 나섰다. 아프가니스탄 전쟁(1979-1989)은 소련이 자기 진영을 넘어서 군대를 투입한 첫 사례라는 점에서 소련의 팽창 야욕에 대한 서방의 불안을 증폭시키기에 충분했다. 소련의 아프가니스탄 침공을 계기로 국제정세는 급속도로 악화되었다. 미국은 그동안의 군비축소 노력을 완전히 거두고 국방예산을 대폭 증액했으며, 서방의 항의는 1980년 모스크바 올림픽에 불참하는 것으로 절정에 달했다. 1981년 '강력한 미국'을 주창하며 대통령에 당선된 레이건은 소련을 '악의 제국'이라고 부르며 세계 어디서든 소련에 대항하는 '자유의 투사'를 지원할 것이라고 공개적으로 선언했다. 1983년 3월 레이건은 소련이 핵미사일을 발사하면 대기 중에서 강력한 레이저광선으로 이를 요격한다는 최첨단 '전략방위구상(SDI)'을 발표하며 소련을 자극했다. 미국의 군비 확장과 대소 강경노선은 소련을 자극해 소련 역시 감당할 수 있는 한계를 넘어서까지 군비증강에 돌입하지 않을 수 없었다.

차갑게 얼어붙은 1980년대 초반의 국제정세로 볼 때 냉전은 끝없이 계속될 듯 보였다. 하지만 놀랍게도 냉전은 단 몇 년 후에 갑자기 그것도 평화롭게 종식되었다. 누구도 예상치 못한 이러한 갑작스러운 변화는 1985년에 소련 공산당 서기장으로 선출된 고르바초프와 함께 시작되었다. 당시 소련 경제는 아프가니스탄 개입에 따른 군사비 증대와 미국과의 군비경쟁으로 인해 심각한 위기에 직면했으며 이에 따라 공산주의 체제에 대한 내부의 불만이 고조되고 있었다. '개혁(페레스트로이카)'과 '개방(글라스노스트)'을 기치로 억압적 정치체제와 낙후된 경제구조의 개혁에 나선 고르바초프는 미국과의 파멸적인 대립을 피하고자 적극적으로 대화에 나섰다. 소련이 적극적으로 군비축소와 평화공세를 펼치자 미국과 서방도 결국 협상에 임하게 되었다. 그 결과 1987년 2월 미국과 소련은 유럽에 배치된 모든 단거리 및 중거리 미사일을 폐기하기로 합의했으며, 이후 재래식 무기와 전략 핵무기 감축에 대한 논의도 진전되었다.

고르바초프의 탈냉전 행보는 제3세계 및 동유럽 국가들을 향한 '신 사고(new thinking)' 외교로 표방되었다. 1986년 제22차 소련 공산당 전당대회에서 고르바초프는 앞으로 제3세계 국가들이 스스로의 힘으로 사회주의를 건설해야 한다고 선언했으며, 1988년 국제연합 연설에서 동유럽 위성국가들의 독자적인 주권행사를 허용할 뜻을 밝혔다. 쿠바를 비롯한 아시아 아프리카 국가들에 대한 소련의 지원은 대폭 삭감되거나 중단되었으며, 동유럽에 배치한 주요 무기들은 철수되었다.

1987년 전략무기제한협정 합의, 고르바초프와 레이건(미국 정치만평)

고르바초프의 노선은 동유럽에서 공산 정권의 지배를 거부하는 민주화 시위를 야기했으며 더 이상 소련의 지원을 기대할 수 없는 동유럽 사회주의 정권들은 순식간에 붕괴되었다. 1989년 가을 동독에서 일어난 대규모 민주화 시위로 호네

베를린 장벽 붕괴,
냉전의 종언

커 공산 정권이 붕괴되고 마침내 11월 9일 분단과 냉전의 상징이던 베를린 장벽이 붕괴되었다. 1990년 10월 독일은 분단 40년 만에 통일을 이룰 수 있었다. 1991년 12월 소련 내 각 공화국들의 독립이 인정되고 이들 11개 공화국으로 구성된 독립국가연합이 출범함에 따라 소비에트 연방은 70여 년의 역사에 마침표를 찍었다. 냉전의 한 축이 완전히 무너짐으로써 지난 반세기에 걸친 동·서 대립의 시대는 막을 내렸다.

'냉전 이후'의 세계

초강대국 미국과 소련을 중심으로 결집한 자본주의 진영과 공산주의 진영은 반세기에 가깝게 치열한 군사대립과 체제경쟁을 펼쳤다. 정치, 군사, 문화, 과학기술 등에 두루 걸친 총체적인 대립 구도 속에서 인류는 잠재적인 또는 당면한 전쟁의 공포 속에 살아야 했다. 냉전은 서방 진영에서 결과적으로 핵전쟁의 공포를 수반한 '상상의 전쟁'으로 머물렀지만 제3세계 지역에서는 재래식 무기를 동원해 혁명에서 내전으로 이어지는 '현실의 전쟁'으로 펼쳐졌다. 미국과 소련은 천문학적 수치의 재원을 군비증강과 전쟁에 쏟아 부었으며 직접 전쟁에 개입해서 많은 병력을 잃었다(냉전기 미국이 지출한 군사비는 8조 달러로 추산된다). 한국 전쟁, 베트남 전쟁, 아프가니스탄 전쟁 등 아시아에서 벌어진 대리전쟁에서만 수백만 명이 죽었다. 끝없이 계속될 듯 보이던 냉전 체제가 갑자기 숨가쁘게 해체되는 과정을 지켜본 세계인들은 놀라움을 넘어 허망함마저 느꼈을 것이다.

1989-1990년 미국과 소련의 정상은 냉전이 끝났다고 여러 차례 공식 선언했다. 냉전은 사실 승자도 패자도 없는 전쟁이었다. 냉전의 한 축을 담당했던 소련과 사회주의권이 스스로 몰락함으로써 냉전 체제가 저절로 와해되었을 따름이다. 냉전은 양 진영의 대결 끝에 두 체제가 수렴되어 새로운 세계질서가 창출되는 방식으로 극복되지 못했다. 그 결과 '냉전 이후(Post-Cold War)'의 세계질서는 유일하게 초강대국으로 남은 미국이 일방적으로 주도하는 일극 체제로 개편되고 말았다. 게다가 세계 유일의 '보편 제국'으로 부상한 미국의 패권주의는 냉전 체제의 완전한 종식을 가로막고 있는 것으로 보인다. 바르샤바조약기구를 비롯한 사회주의권의 군사동맹은 해체되었지만 북대서양조약기구에서 미일안보조약에 이르기까지 냉전기 미국 중심의 동맹 체제는 여전히 존속하고 있다. 냉전 대립의 상징이었던 핵무기는 냉전이 끝난 이후에도 지구상 곳곳에 남아 있다. 전략 핵무기의 위협은 감소했지만, 핵무기의 존재는 여전히 21세기 인류 공영의 절박한 관심사이다.

냉전 시대가 끝나고 냉전의 한 축인 제2세계가 붕괴되면서 제3세계의 의미와 위상도 달라졌다. 제10차 비동맹 정상회담이 개최된 1992년, 비동맹 회원국 수는 100개를 훌쩍 넘어섰지만 서구 진영이나 공산 진영의 어느 한쪽에 속하기를 거부하는 '비동맹'이란 더 이상 의미가 없어졌다. 비동맹운동의 방향은 북반부에 위치한 선진 산업국들과 남반부에 위치한 빈곤국들 사이의 경제 격차, 이른바 '남북문제'로 향한 지 오래다. 이에 따라 제3세계는 비동맹이라는 정치적 지향으로서보다 개발도상국 또는 저개발국이라는 경제적 범주로서 움직이며 또 그렇게 인식된다. 하지만 소련이 발을 뺀 제3세계 지역에 대한 미국과 서방의 경제 지원은 선별적이다. 더구나 미국은 자유와 인권의 이름으로 '테러와의 전쟁'이나 '악의 축'을 외치며 냉전 논리에 따른 지배를 강화하고 있다. 이른바 '냉전 이후'는 미국이 주도하는 하나로 통합된 세계 체제 안에서 '세계화(globalization)'라는 거친 물결에 휩쓸리면서 강대국과 약소국, 부국과 빈국이 서로 다투는 시대에 다름 아닌 것이다.

27

68운동과 새로운 사회운동

송충기

1 징후

1968년은 혁명적인 물결로 전 세계가 몸살을 앓았던 해였다. 유럽과 미국에서는 물론 일본과 동구에서도 시위, 점거, 농성, 진압이 폭발적으로 일어났다. 여기에는 자본주의와 공산주의의 구분도, 동양과 서양의 구분도 없었다. 그야말로, 월러스틴에 따르면, 1848년에 이은 두 번째 '세계 혁명'이었다.

이와 같은 거대한 사건에는 반드시 징후가 있는 법이다. 1950년대와 1960년대 초반의 분위기는 그 이전과 달리 심상치 않았다. 흥미롭게도 변화의 시작은 냉전 시대의 중심부가 아니라 주변부였다. 나중에 중심부까지 집어삼킬 거대한 소용돌이가 변방인 '제3세계'에서 시작되고 있었다. 쿠바 혁명(1959), 베트남 전쟁(1960-1975), 알제리 전쟁과 독립(1954-1962)이 바로 그것이다. 이들 변혁의 장소는 변경이었지만 이들에게 축출당한 세력은 중심부 국가였다.

변경 지역에 비해 중심부 국가들은 냉전의 구도 아래 상대적으로 평온한 시기를 보내고 있었다. 특히 1968년 혁명의 본거지인 미국과 유럽은 유례없는 경제적 호황기를 누렸다. 그렇지만 얄궂다면 얄궂게도 이곳의 경제적 호황이 또 다른 변혁의 징후였다. 대공황이나 양차 대전을 겪은 전 세대와 달리 평화로운 시기에 안락한 환경에서 자라난 청년세대가 이후 변혁을 일으킬 주역이기 때문이다. 이들은 이미 1950년대에 새로운 소비세대인 '틴에이저'의 도래를 알렸고, 이어 대학에 들어가서 반항의 세대가 되었다.

중심부의 새로운 세대는 풍요롭고 부조리한 일상에서 벗어난 진지하고 정의로운 삶을 꿈꾸었는데, 그 계기의 시작은 주변부의 전쟁과 혁명이었다. 하지만 주변부에서 지향한 정치적 변혁이 중심부에서는 이미 제도로서 정착된 지 오래였다. 제도적인 변혁이 불가능해지자 변혁의 열정은 길을 잃었고 혁명의 물결도 사라졌다. 그중 열정의 일부는 더 과격해져 테러를 낳기도 했지만,

1960년 3월 5일, 쿠바 아바나. 가장 왼쪽이 피델 카스트로, 중앙이 체 게바라.

대부분은 일상의 삶 속으로 스며들면서 새로운 운동을 일구어냈다. 우리가 새로운 사회운동이라고 일컫는 여성운동, 환경운동, 평화운동 등이 그렇게 탄생했다.

2 분출

초기 모습

68운동이 구체적인 모습을 먼저 드러낸 곳은 미국이었다. 전후 냉전 체제에서 '자본주의의 첨병'이자 경제적인 풍요로움을 마음껏 누렸던 미국에서 기존 질서를 뒤흔드는 새로운 흐름이 형성되었다는 것은 일견 모순이다. 그렇지만 한 사회의 모순은 그것이 절정에 달했을 때 오히려 더 날카롭게 드러난다. 전후 경제부흥으로 '풍요 사회'가 눈앞에 벌어지고 있는 그곳에는 그로부터 소외된 많은 계층이 존재했다. 사회가 넉넉해질수록, 특히 흑인이 느끼는 경제적 박탈감과 정치적 소외감은 더 커졌다. 이것을 극복하기 위해 전개된 민권운동은 68운동의 도화선이 되었다.

자신들의 정치적 권리를 사실상 사장시킨 채 흑백분리주의에 입각해서 사회에서 소외된 채 음지에서 묵묵히 생활했던 흑인은 1950년대부터 저항의 움직임을 보였다. 특히 사정이 나빴던 남부에서 그러했다. 1955년 알라바마의 몽고메리에서 흑인여성인 로사 파크스가 버스에서 자신의 좌석을 백인에게 양보하지 않았다는 이유로 체포되었다. 이에 거대한 보이콧 운동이 벌어져 사회에 커다란 반향을 일으켰다. 이어 1960년 벽두에는 노스캐롤라이나 농업기술대학 구내식당의 백인 전용 계산대에서 일어난 차별에 저항하는 운동이 인근 지역에까지 번졌고 그 해 말까지 약 7만 명이 거기에 참여했다. 이러한 산발적인 저항의 움직임은 점차 조직을 낳았다. 그 해 '학생비폭력조정위원회(SNCC)'가 결성되고 이어 킹 목사를 중심으로 한 정치세력이 모습을 갖추면서 흑인민권운동은 새로운 동력을 얻었다. 그 절정은 1963년 '워싱턴 행진'이었다. 수많은 백인 중산층도 행진에 참여했으며, 약 25만 명이 운집한 가운데 킹 목사는 "나에게는 꿈이 있습니다(I have a dream)"라는 유명한 연설을 했다.

흑인이 저항의 목소리를 내자 이번에는 백인들이 나섰다. 이들이 개입하면서 민권운동은 흑인들만의 운동이 아니라 미국의 법적 틀을 바꾸는 전국적 운동으로 바뀌었다. 1964년 6월에 시작된 '미시시피 자유 여름(Mississippi Free Summer)'은 이러한 민권운동이 구체화된 사례였다. 미시시피 주에서는 역사적으로 대다수 흑인들이 선거에서 배제되었는데(1962년에 단 6.7퍼센트 흑인만이 선거에 참여했다), 테러와 협박에 겁을 먹은 흑인들이 선거인 명부에 등록하지 않았기 때문이었다. 여러 민권조직이 흑인의 권리 찾기에 나서 지역 센터나 '자유 학교(Freedom School)'·'자유 집'(Freedom Houses)' 등의 프로그램을 열었다. 비록 이 운동 자체는 그리 성공적이지 않았지만, 그 여파로 남부에 남아 있던 짐크로법(Jim Crow Laws)이 이듬해 효력을 상실했다. 남북전쟁 후에 남부 주에서 제정된 이 법은 공공기관에서 백인과 흑인의 분리를 합법화함으로써 사실상 백인과 흑인의 차별을 인정했다. 이러한 움직임은 그 해 대학에서 다시 자유언론운동(Free Speech Movement)을 낳았다. 미시시피에서의 경험을 버클리 대학에서 전파하려는 학생들을 대학당국이 저지하면서 충돌이 일어났고 이것이 새로운 대학 문화에 대한 요구로 나타났다.

1960년대 미국에서는 민권운동이 활발했던 반면 독일에서는 반핵운동이 한창이었다. 가장 호황을 누리던 자본주의 국가에는 이로부터 배제된 소수 집단이 있었다면, 참혹한 전쟁을 일으켰던 독일에서는 그 짐을 벗으려는 전쟁반대자들이 존재했다. 원래 영국에서 출발한 반핵운동은 독일 땅을 밟자마자 걷잡을 수 없을 만큼 증폭되었다. 1957년 서독의 초대총리인 아데나워가 독일에

좌 '워싱턴 행진'에 참여한 마틴 루서 킹 목사

우 흑인민권운동이 백인을 포함하게 되자, 오히려 흑인들을 배제하려는 움직임도 생겨났다. 그 결과 흑인블랙파워라는 수사법을 마르크스 레닌주의 이데올로기 및 전투적인 조직과 결합한 블랙팬더당(Black Panther Party)이 등장했고, 이들은 이후 SNCC를 대신하여 흑인청년운동을 주도하게 되었다.

핵무장이 필요하다고 선언하자, 야당과 노동조합을 중심으로 반대운동이 전개되었다. 1958년에는 함부르크에 12만 명이 운집할 정도로 저항의 기세가 대단했다. 1960년에는 몇몇 평화주의자들이 주도한 부활절 집회가 이어져 '부활절 진군(Ostermarsch)'이 되었는데, 1968년에는 참가자가 거의 30만 명에 달했다. 내용도 처음에는 반핵운동이나 반전운동이었지만 점차 민주주의와 군축으로 확대되었다. 특히 이 과정에서 시위자들은 정부에 저항하는 문화에 익숙해져갔다.

프랑스에서는 이미 나중에 불어 닥칠 학생운동을 예고했다. 1966년 스트라스부르 대학에 〈대학 생활의 비참함과 그것을 치유하는 몇 가지 방식: 경제적인, 정치적인, 심리적인, 성적인, 그리고 특히 지적인 측면을 고려하여〉라는 긴 제목의 팸플릿이 배포되었는데, 이는 바로 대학에 대한 저항운동이 형성되고 있음을 보여준다. '상황주의 인터내셔널(Situationist International)'이라는 세력이 작성한 이 선언은 단순히 대학의 모순만을 비판한 것이 아니라 그것을 잉태한 자본주의 사회에 대해서까지 비판이 가해졌다. 그렇지만 이에 대한 저항의 시작은 대학이어야 했다. 그도 그럴 것이 사실 당시 북미나 유럽에서 대학은 일종의 위기상황에 처했다. 그 위기를 불러온 것은 우선 대학의 양적 팽창이었다. 제2차 세계대전이 끝난 후 베이비붐 세대가 등장했으니 이는 당연한 결과였다. 미국에서는 전후에 대학 진학률이 두 배로 늘어나 1960년대에 이르면 농부나 광부보다 대학생의 수가 더 많을 지경이었다. 영국이나 독일도 사정은 마찬가지였지만, 프랑스에서 대학의 양적 팽창은 훨씬 더 두드러졌다. 프랑스에서는 1960년대 초에 약 20만 명에 불과했던 대학생 수가 불과 십 년도 채 못 되어 세 배 가까이 늘어났다. 여기에는 대학의 진입장벽을 낮춘 조치도 한몫을 했다.

문제는 대학의 여건이나 대학생의 위상이 양적인 팽창에 미치지 못했다는 점이다. 68운동 직전에 프랑스 대학은 여러 문제에 봉착해 있었다. 입학자격을 완화해 대학생을 이전보다 훨씬 더 많이 받아들이기는 했지만 대학은 '엄격한' 학사관리를 통해 졸업장 수여에 아주 인색했다. 어느 기록을 보면 1960년대에 프랑스의 대학입학생 약 3분의 2가 졸업장을 얻지 못했다. 게다가 학위증이 '남발'되면서 대학졸업자의 사회적 지위는 오히려 떨어졌다. 이는 대학의 사회적 역할과 학문의 성격 변화에 대한 의문으로 이어졌다. 이에 대한 대학생들의 불만이 쌓여가면서 학내갈등이 심화되고 이후 1968년 프랑스의 그 뜨거웠던 5월을 이끌어내게 된다.

'신좌파'의 등장

이러한 초기 변혁운동에는 이른바 '신좌파(New Left)'라 불리는 구심체가 존재했다. 1960년대에 형성된 이들은 노동운동과 사회주의를 통해 계급 문제의 해결에만 매달린 '구좌파(Old Left)'와 달리 인간의 일상적인 삶에 관심을 기울였다. 그 대표적인 이론가였던 마르쿠제는 노동과 계급과 같은 사회적 담론보다 인간의 자연적 존재를 연구대상으로 삼았다. 영국에서는 톰슨 등 일단의 공산주의자들이 《신좌파(New Left Review)》와 같은 잡지를 발간했고, 미국에서는 사회학자였던 밀스가 『신좌파에 보내는 서한(Letter to the New Left)』을 집필해 신좌파라는 용어를 널리 유통시켰다.

이들이 만들어낸 이론을 바탕으로 각국의 젊은이들은 행동할 조직을 만들어 운동에 참여했다. 미국에서 흑인민권운동에 자극을 받은 대학생들이 '민주사회를 위한 학생조직(Students for a Democratic Society)'을 결성했다. 이들은 1962년 여름 미시간주 포트 휴런에서 대표자 모임을 개최하고 〈포트 휴런 선언(Port Huron Statement)〉을 발표함으로써 새로운 이론과 조직을 촉구했다. 여기에서 이들은 "우리는 대체로 편안하게 자라 지금은 대학에 들어와 있지만, 우리가 물려받은 세계를 편치 않은 심정으로 바라보고 있다"면서 각 개인이 자신들의 삶에 영향을 미치는 정책 결정에 직접 참여하는 것을 요구했다.

독일에서 전위 집단의 중추를 담당했던 사회주의학생연맹(SDS)은 원래 1946년 결성되어 사회민주당에 소속되어 있었지만, 1959년 사회민주당이 고데스베르크(Godesberg) 당대회에서 마르크스주의와 결별을 선언함으로써 양자의 밀월관계는 끝났다. 사회주의학생연맹은 자신들이 보기에 자본주의에 백기를 들고 투항한 사회민주당 대신에 '신좌파'에서 새로운 변혁이론의 근거를 찾았다. 사회민주당과 결별해 의회 밖의 세력으로 남은 이들은 정부가 추진하던 비상조치법(Notstandgesetz)에 대항하는 세력으로 부상했다. 비상위기 때

국가가 일종의 초헌법적인 조치를 취할 수 있도록 하는 이 법조항은 원래 바이마르 공화국 헌법에 들어 있었지만 역사적으로 보면 나치의 등장을 열어준 나쁜 선례를 남겼다. 따라서 반대자들이 보기에 이것을 다시 도입하려는 시도는 의회주의에 대한 폭거였다. 1968년에 통과될 이 법안에 대한 반대투쟁은 사회주의학생연맹이 활동하는 주요 무대가 되었다.

프랑스에서는 앞에서 말한 '상황주의 인터내셔널'이 68운동의 전위를 담당했다. 다다이즘과 초현실주의 등 아방가르드들이 주도한 이 집단은 기본적으로 상품화된 자본주의사회에 대한 비판에서 출발했다. 마르크스의 소외이론에 기대어 소비사회의 병폐에 예리한 비판을 가한 이들은 정치적이고 구조적 변혁보다는 일상적인 삶에서의 변혁을 지향했다. 그래서 힘겨운 노동과 지겨운 권태로 가득 찬 사회를 변혁해 진정한 욕망과 열정이 구현되는 사회를 꿈꾸었다. 이들은 "굶어죽을 가능성이 있는 세계일지라도 권태로움으로 죽을 가능성이 있는 세계와는 바꾸고 싶지 않다"라고 말했다.

신세대와 대항문화

〈포트 휴런 선언〉에서 스스로 밝힌 것처럼, 젊은 세대는 전후 경제적 호황기에 안락하게 자랐다. 이들보다 앞선 세대는 경제공황과 전쟁을 겪었던 세대로 이들은 굶주림과 죽음 속에서 거의 반평생을 보냈다. 따라서 이들 '부모 세대'는 어릴 때부터 일터로 내몰렸고, 일과 가족을 위해 평생을 바쳤다. 그들에게 여가나 소비는 상상하기 어려운 것이었다. '자식 세대'는 이와 달랐다. 어릴 때부터 가족의 보살핌 속에서 걱정거리 없이 유복하게 자랐다. 호황기에 청소년 시절을 보낸 덕분에 이들은 손쉽게 돈을 벌어 쓸 수 있는 주요 소비층인 '틴에이저'가 되었고 부모 세대와는 전혀 다른 가치관을 갖게 되었다.

자유와 풍요 속에서 자란 이들은 점차 기성세대의 권위적인 태도에 저항했다. 사실 1950년대만 해도 유럽이나 미국의 가정에서 아버지의 권위는 절대적이었다. 이러한 가부장적 질서는 가정 내에서 만이 아니라 작업장이나 학교에서도 마찬가지였다. 아버지가 식사하기 전에 포크를 들 수 없었고 학교에서는 두발검사를 받았으며, 특히 여성은 조신하게 행동해야 했고, 밤에는 일찍

귀가해야 했다. 하지만 이에 염증을 느낀 신세대는 성해방, 로큰롤, 청바지, 미니스커트, 마약을 즐기는 등 '금지를 금지한다'라는 구호를 외치며 이전 세대가 금기한 사항들로부터 이탈을 꿈꾸었다.

금기에서 자유롭고자 하는 의식은 점차 하나의 문화적 혁명운동으로 발전했는데, 이것이 바로 대항문화(Counterculture)였다. 이것이 단지 기성세대에 대한 무조건적인 저항만을 뜻하는 것은 아니다. 이것은 신좌파의 대안적 사회 이념이 구체화된 것이기도 하다. 이들은 개인주의, 경쟁, 자본주의를 거부하고 동양의 종교에서 힌트를 얻어 우주와 하나가 되는 삶을 꿈꾸기도 했다. 일부일처제를 거부하고 핵가족 대신 생활공동체를 형성하며, 개인과 사적 소유 대신 취사, 노동, 성(性)을 공유하고자 했다.

대항문화에서 중요한 세 요소는 환각제, 록 음악, 성해방이었다. 당시 많은 사람들은 환각제를 통해 세상과 소통할 수 있다면서 환각제의 긍정적 측면을 강조했다. 환각제 사용이 사회문제를 야기한 뒤에도, 일부는 금지되었지만 계속 퍼져나갔다. 록 음악은 젊은이들이 사회적 해방감을 만끽하도록 도왔다. 이들은 음악으로 일체감을 느꼈고, 흑인과의 유대감을 강화했으며, 민권운동에 더 적극적으로 임하게 되었다. '민주사회를 위한 학생조직'의 구성원이었던 제레미 브레처는 이렇게 말했다. "음악은······ 문화적으로 자기 지역에 고립되어 있으며 주위에 자기와 비슷한 사람이 없는 그런 사람들이 자신과 같은 사람들이 많이 있는 사회적 공간에 들어갈 수 있는 방법이었습니다. 그 느낌은 '민주사회를 위한 학생조직'에 가담하는 것과 유사한 것이었습니다." 1969년 우드스톡(Woodstock)에서 열린 음악 페스티벌은 그 절정이었다. 여기에서는 록 음악과 반전운동이 한 목소리로 녹아드는 장관이 연출되었다.

성의 해방이란 육체적인 쾌락을 넘어서 성을 둘러싼 모든 담론, 즉 성적 억압을 통한 노동력의 착취, 남녀의 역할 분담, 결혼과 이혼, 동성애와 이성애, 성적 표현 등을 밀실 밖으로 이끌어낸다는 것을 의미했다. 이로써 성의 해방은 인간의 삶 자체에 대한 이야기가 되었다. 1967년에 프랑스 낭테르 대학 기숙사에서 남녀 기숙사의 격리에 반발해 남학생이 여학생의 기숙사를 점거하는 소동이 벌어졌다. 이러한 움직임은 이후 다른 대학으로 퍼졌다. 같은 해 초에 이미 서(西)베를린에서도 남자 넷, 여자 셋 등 일곱 명이 공동으로 생활하는 '코뮌 1'이 만들어져 코뮌운동이 시작되었다. 이들의 이상은 곧바로 환상임이 드러났지만, 대항문화의 혁명성이 60년대 정치적 혹은 사회적 혁명과 결합했다는 점에서, 이는 이후 전개될 일상의 혁명을 상징적으로 보여주었다.

이제 젊은 세대는 예전처럼 학업에 전념하고 직업기술을 배우는 미성숙한 계층이 아니라, 완전한 '성인'을 뜻하게 되었다. 이들이 변혁운동에 들어선 것은 무엇보다도 젊음의 의미가 새롭게 발견되었기 때문이다. 게다가 이들은 새로운 미디어의 발전으로 이전 세대와 급격히 단절되었다. 달리 말해 이들은 더 이상 부모가 아니라 사회의 미디어로부터 경험을 전수받고 있었다. 이와 더불어 이혼과 독신의 급격한 증가로 핵가족이라는 가족 구성 자체가 해체되고 있었다. 독신 가정의 비율은 예컨대 영국에서 1930년대까지는 미미하게 증가하지만 1960년대에 급격히 증가했다. 핵가족 비율도 미국 등 서구 지역에서 1960년대를 기점으로 점차 후퇴하면서 개인화 경향이 뚜렷하게 나타났다. 1960년에서 1980년 사이 미국의 핵가족 비율은 44퍼센트에서 29퍼센트로, 스웨덴에서는 37퍼센트에서 25퍼센트로 하락해 해체의 길을 걷고 있었다. 가족의 해체로 당시 젊은 세대가 다른 세대보다 더욱 심각한 세대갈등을 겪었던 것은 결코 우연이 아니었다.

흥미로운 것은 이들 젊은이의 반항은 정치가 아니라 주로 문화 영역에서 이루어졌다는 점이다. 사실 1950년대 정치권은 늙은 세대의 무대였다. 아데나워, 드골, 프랑코, 처칠, 스탈린, 호치민, 티토, 흐루시초프 등 이미 한 세대 전에 시대를 풍미했던 노회한 정치가들이 여전히 무대를 지키고 있었다. 젊은 혈기를 발산했던 1930년대 '젊은' 정치가 세대 가운데 히틀러와 무솔리니만이 무대에서 퇴장했다. 젊은 혁명가인 체 게바라와 카스트로는 예외적 존재였다. 이와 달리 문화계는 이미 젊은이의 잔치였다. 제임스 딘, 지미 헨드릭스와 같은 젊은 스타의 요절은 상황을 더욱 극적으로 만들었다. 엘비스 프레슬리와 비틀즈는 새로운 소비층을 창출했으며, 청바지와 록음악은 이들의 국제적 연대를 강화시켰다. 언뜻 보면 이것이 미국 문화의 지배력을 강화시킨 것 같지만, 그 근간에는 다양한 문화적 원천과 저항의 씨앗이 숨어 있었다.

3 폭발

반전운동

이러한 젊은이들의 저항운동을 학교 밖의 사회운동으로 확대시킨 기폭제는 물론 반전운동이었다. 1950년대 말부터 알제리, 쿠바, 베트남에서 전쟁이 발생했는데, 그것은 기본적으로 민족해방운동의 성격을 띠었다. 우선 1954년 프랑스의 식민지였던 알제리에서는 해방전쟁이 일어나 1962년에 종결되었다. 프랑스는 징병제를 확대하고 체계적인 고문을 자행하면서까지 알제리를 '프랑스의 땅'으로 남기고 싶어 했다. 이에 대학생들은 반전운동으로 맞섰다. 시위를 주도하고 군인을 알제리로 수송하는 열차를 막는 등, 점차 반전운동의 열기는 뜨거워졌다. 1962년에는 경찰을 피하려던 시위대 여덟 명이 사망했고, 수많은 인파가 그들의 장례식 행렬에 참여했다. 이로써 본격적인 반전운동이 시작되었다.

베트남의 경우에는 좀 더 복잡한 양상을 보였다. 1954년 프랑스의 식민 지배에서 벗어난 후 베트남은 일시적으로 '제국주의'로부터 해방된 듯 보였다. 하지만 1960년 이후 미국은 베트남공화국(남베트남)을 은밀하게 지원하기 시작

베트남 전쟁을 반대하는 시위

했고, 1964년 통킹만 사건을 빌미로 노골적인 군사개입에 나섰다. 베트남에 파견되는 미군의 수가 크게 늘었고 미국의 '제국주의적 침략'을 비판하는 목소리도 점차 커졌다. 1965년 봄에 '민주사회를 위한 학생조직'의 본거지였던 미시간 대학에서는 베트남 전쟁에 반대하는 농성토론회가 개최되어 상당한 반향을 불러일으켰다. 많은 젊은 학생들이 모여 반전운동의 가능성을 보여주었다. 부활절 주말에는 워싱턴 반전행진이 이어져 반전 분위기는 점차 확산되었다.

'민주사회를 위한 학생조직'은 존슨 미 정부의 베트남 군사개입을 단순한 대외 정책의 결과로만 간주하지 않았다. 군사행동의 배후에는 "안목 없는 냉혈한 관료를 만들어내고 물질적인 가치를 인간적인 가치보다 계속 우선시함으로써 …… 세계 경찰의 역할에 적합하다고 여겨지는" 체제가 있다고 보았다. 그러므로 미국 내에 인종문제를 비롯한 다른 사회문제가 발생하는 것과 베트남에서 벌이는 '제국주의적' 침략이 서로 연관되어 있다고 주장했다. 결국 전쟁의 종식은 국내의 사회문제를 해결하는 지름길인 셈이었다. 이로써 중심부의 전위 집단 및 소수 집단과 제3세계의 피압박 민중이 동일한 목표를 갖게 되는 것이다.

이러한 인권 차원의 호소가 반전운동에 주효했지만 그것이 전부가 아니었다. 당시 젊은 세대에게 전쟁은 공포의 대상이었다. 전쟁이라는 국가적 '위기'에서 민주주의의 수호라는 대의명분에 따라 자원입대했던 아버지 세대와 달리, 이들은 '이 전쟁이 과연 누구를 위한 것인가'라는 의문을 던지며 징집에 반대했다. 베트남에 파견될 군인의 수가 많아지면서 징집대상이 확대되자, 징집거

좌 미군의 폭격을 바라보는 베트남 사람들

우 베트남 전쟁 구정공세 기간 동안 미 공군에 의해 살해된 베트콩

부는 점차 운동의 차원으로 발전했다. 많은 젊은이들이 징집을 피하기 위해 모든 수단을 강구했다. 신체 훼손이나 해외로의 이주도 마다하지 않았다. 그 결과 징집 대신에 감옥행을 택한 사람도 있었다. 프로권투 헤비급 세계챔피언이었던 무하마드 알리가 그중 한 명이었다. 1967년 베트남인은 자기에게 모욕을 가하지 않았기 때문에 참전할 이유가 없다면서 징집을 거부한 그는 챔피언 타이틀을 박탈당하고 5년형을 선고받았지만, 이후 반전운동이 고조되면서 그는 3년 후 가까스로 대법원에서 무죄판결을 받았다.

제2차 세계대전의 패전국이었던 독일에서도 반전요구는 저항운동에 상당한 위력을 가져다주었다. 1965년 6월에는 서베를린 학생들 3,000명이 자유대학에서 최초의 점거와 농성 토론회를 감행했다. 이어 12월에는 일단의 지식인들이 베트남 전쟁 반대를 선언했다. 1966년 2월에는 독일사회주의학생연맹이 조직한 베트남전 반전시위가 서베를린에서 2,000명을 동원하면서 반전운동에 기폭제 역할을 했다. 이것은 강의실에서 집회를 여는 것을 허락하지 않았던 당국에 대한 저항이기도 했다. 68운동에 주된 사상적 토대를 제공했던 마르쿠제는 아우슈비츠와 베트남을 연결시키며 반전운동의 정당성을 설파했다. "역사에서는 죄악과 다름없는 것이 존재하며, 베트남에서 일어나는 일은 전략적으로나 기술적으로 그리고 민족적으로 정당화할 만한 어떤 불가피성도 없다. 여성과 어린이 같은 민간인 학살, 체계적인 식량 파괴, 세상에서 가장 가난하고 방어력이 없는 나라에 대한 대량 폭탄 투하, 그것은 죄악이고 우리는 그것에 저항해야만 한다."

1966년에는 프랑스에서도 베트남 전쟁에 대한 반전운동이 시작되었다. 이미 알제리 전쟁에서 반전운동의 단초를 보였던 프랑스 전위 집단은 반제국주의적 이론을 수용하고 반전단체를 꾸렸다. 알튀세는 제3세계 민중연대에 동참하기도 했고, 사르트르는 제3세계 민중의 반식민지 해방운동에 이론적 단초를 제공했던 파농의 이론을 프랑스에 소개했으며 영국인 철학자 러셀과 함께 1967년 '러셀 법정'을 조직해서 베트남에서 전쟁범죄를 조사했다. 이탈리아 트렌토 대학에서도 베트남 전쟁에 반대하는 움직임이 이어져, 동맹휴학과 대학점거로 '반(反)대학'을 구체화시켰다. 독일의 비판대학을 연상케 하는 이 구상은 수업거부 및 교수 비판 등을 통해 베트남 반전운동을 뛰어넘어 자본주의 사회의 영향을 차단하려는 것이었다. 이 움직임은 곧바로 다른 대학으로 퍼져나갔다.

　초기에는 주로 도발적인 행동으로 사회의 주목을 이끌어냄으로써 효과를 냈던 반전운동이 1967년을 거치면서 거대한 저항운동이자 전 세계운동의 구심점이 되었다. 특히 반전운동에서 변혁이론과 반문화운동이 하나로 합쳐지면서 그것의 효과는 더욱 두드러졌다. 사회에 대한 참여를 더 강조하는 전자와 사회로부터 이탈을 꿈꾸는 후자가 드디어 하나가 된 것이다. 미국에서는 징집 확대를 통해 전국의 대학으로 확산된 반전운동이 1967년 10월 워싱턴 반전행렬에 집결했다. 약 10만 명이 참여한 이 행사에서 참여자들은 동원된 군인들의 총에 꽃을 꽂기도 하고 춤을 추기도 하고 노래도 불렀다. 하지만 이것은 시작에 불과했다. 바로 이듬해에는 이 모든 것이 폭발할 것이었다.

세계적인 저항과 '5월 파리'

1960년대 초부터 끓어오르던 온갖 종류의 저항운동이 드디어 1968년을 기점으로 서서히 폭발하기 시작했다. 폭발의 시작은 이미 한 해 전부터 나타났다. 독일에서는 1967년 6월 2일에 선진국의 원조금을 빼돌렸던 이란 왕이 서독을 공식 방문하자, 이에 반대하는 시위가 일어났고, 그 와중에 대학생인 오네조르크가 사망했다. 이는 사회 전체에 반향을 일으키는 계기가 되었다. 민족해방운동가인 체 게바라가 1967년 볼리비아에서 미정보국 CIA에 의해 살해됨으로써 우상은 전설로 남게 되었다. 미국 존슨 대통령이 베트남에서 전쟁을 확대하자, 반전운동가들은 "어이, LBJ, 오늘은 얼마나 많은 어린이를 죽였냐?"하는 구호로 맞섰다.

　1968년은 베트남전의 여진으로 시작되었다. 1월 30일에 북베트남군은 남베트남에 전면적인 공세를 가했다. 이른바 '구정공세(Tet offensive)'가 시작된 것이었다. 일시적이었지만 사이공의 미 대사관 건물도 점령당했다. 미국에 패배의 그림자를 드리운 이 사건으로 미국 내에서 반전운동의 힘은 배가되었다. 독일사회주의학생연맹은 호기를 놓치지 않기 위해 2월 17일부터 18일에 걸쳐 베트남 문제에 대한 국제회의를 서베를린 자유대학에서 열었다. 프랑스, 독일, 이

1968년 '5월 파리'

탈리아, 그리스, 노르웨이, 덴마크, 오스트리아, 캐나다, 영국, 미국의 대표자를 포함해 1만 명의 투사들이 참가했다. 영국에서도 10만 명 이상이 미국의 베트남전에 항의해 평화적으로 시위를 벌였고, 시위자 3만 명이 미국대사관 앞에서 경찰과 대치했다. 영국의 운동은 프랑스나 미국과 같은 범위에 도달하지 못했지만, 그 이전의 어느 때보다 많은 사람들을 동원했다.

1968년 4월에는 독일 학생운동 지도자인 두츠케가 총격을 받았으나 가까스로 죽음은 면했다. 학생 시위대는 암살을 조종한 배후 언론으로 슈프링어를 지목하고 이 회사를 공격했다. 파리, 런던 및 뉴욕과 버클리 등지에서 국제적인 동조시위가 일었다. 국내에서는 5월 연방의회에서 비상조치법이 통과되면서 대학가의 시위는 더욱 고조되었다.

하지만 저항의 절정은 파리의 '5월 혁명'이었다. 1968년 3월에 낭테르 대학에서 학내문제로 시위와 점거운동이 벌어지면서 파리의 뜨거운 5월은 준비되었다. 원래 1964년 대학생 정원을 늘리기 위해 관료들이 급조해 만든 이 대학은 일방적인 학사운영과 미비한 시설로 학생들의 불만과 소요가 매우 잦았다. 3월에는 반전시위 혐의로 수배된 학생이 대학을 점거해 농성을 벌였지만, 대학당국은 이들은 쫓아냈다. 이 사건은 그대로 수그러들지 않았다. 오히려 소르본 대학의 시위와 파리 바리케이드로 번져나갔다. 5월 초 소르본 대학에서 비슷한 사태가 재연되었는데 경찰이 대학에 진입해 학생을 체포함으로써 대학의 전통인 독립과 표현의 자유를 '훼손하는 일'을 저질렀다. 그러자 학생들은 대학 밖에서 연좌농성을 시작했고 시민들은 시위대를 지지했다. 5월 10일에는

파리에 다시 등장한 바리케이드

고등학생까지 가세한 엄청난 수의 시위대가 드디어 잊고 있던 바리케이드를 다시 등장시켰다.

파리가 시위대의 물결로 뒤덮이자, 전통적 저항세력인 공산당 및 노동조합이 이에 가세했다. 르노 자동차 회사를 비롯한 대기업에서 총파업이 잇달았다. 학생들과 노동자들이 함께 투쟁하는 노학연대라는 "생각할 수 없었던 일이 일어났던" 것이다. 시위대가 고대했던 드골 정권의 퇴진이 임박한 것처럼 보였다. 그러나 그것은 실질적인 권력과는 아무런 상관이 없는 일종의 환상이었다. 드골은 독일로 날아가 그곳에 주둔하고 있던 프랑스군의 충성심을 확인한 후 이미 5월 8일에 말한 바 있는 "합법적인 국가는 물러서지 않는다"라는 종전의 입장을 고수했다. 노동자들의 총파업으로 새로운 전기를 맞은 것 같았던 '5월의 혁명'은 금세 지리멸렬해지고 있었다. 저항운동이 오히려 퇴각의 늪에 빠졌다.

비슷한 시기 미국에서는 킹 목사와 로버트 케네디 상원의원의 사망으로 반전운동이 더욱 고양되었다. 킹 목사는 생전에 비폭력을 주장했지만, 그의 죽음은 비폭력의 종말을 뜻하는 것으로 여겨졌다. 전국적으로 흑인청년들이 소요를 일으켰다. 1968년 6월에 다시 케네디 상원의원이 암살의 제물이 되자, 저항운동 지도자들은 8월에 열리는 시카고 민주당 전당대회로 모여들었다. 여기에서 이들은 다양한 형태의 시위를 계획했다. 특히 대통령 후보를 돼지로 세워 거리에 몰고 다니는 행사도 벌였다. 하지만 민주당은 이러한 시위자들의 행동에 아랑곳하지 않고 베트남전의 철수에 대한 결의안을 통과시키지 않았다. 급진적인 전위 집단은 이에 실망했고 정치에 환멸을 느꼈다. 여기에서도 저항운동의 퇴조가 시작되었다.

　이러한 저항의 고조와 때 이른 퇴조는 서구 및 미국에 국한되지 않았다. 멕시코에서는 올림픽 경기를 앞두고 낮은 생활수준과 정권의 억압적인 정책에 반기를 든 민주화운동이 벌어졌다. 학생운동 조직은 올림픽을 연기시키거나 취소시키겠다고 위협하면서, 정치범 석방과 멕시코 시 경찰 본부장 퇴임을 촉구했고 올림픽보다는 시급한 국내 정책에 세금을 사용할 것을 요구했다. 10월 2일, 뜨레스 꿀뚜라스 광장에는 1만 명의 군중이 모였고, 오르다스 대통령이 직접 명령을 내린 군대가 이들에게 발포해 60명 이상이 사망하고 100여 명이 중경상을 입었다. 에스파냐에서도 파시스트 정권 프랑코 독재를 끝내기 위한 전국적 시위가 전개되었다. 이 시위는 무참히 공격받았고, 수백 명의 사람들이 체포됐다. 마드리드 대학이 폐쇄되었고 수천 명의 노동자들이 학생들의 대열에 참가했다. 에스파냐에 있는 총 14만 7,000명 중 10만 명이 투쟁에 돌입했다. 파키스탄에서는 미국의 후원을 받고 있던 아유브칸의 군사 독재에 대항한 운동이 일어나 다음 해에 이 정권을 몰락시켰다. 하지만 이 모든 움직임은 그 해가 지나면서 소멸하고 있었다.

　이러한 움직임은 동구에서도 벌어지고 있었다. '구좌파'에 대한 '신좌파'의 도전이었다. 1967년 말 무렵 체코슬로바키아 공산당의 개혁주의자들은 구시대의 스탈린주의 국가와 당의 우두머리인 노보트니가 물러나야 한다고 생각했다. 두브체크를 중심으로 하는 개혁주의자들은 "적극적인 중립 외교정책, 즉 우리 자신의 필요, 우리 자신의 가능성, 우리 자신의 선택에 따른 우리식 사회주의"를 요구했다. 그러나 이러한 개혁 시도는 1968년 8월 21일, 소련 탱크가 프라하를 침공하면서 꺾였다. 대규모 군대가 들이닥쳤고 분노한 군중들이 웬체슬라우스 광장을 가득 메웠다. 폴란드에서도 이미 1월 말, 당국이 연극 〈조상들〉의 공연을 금지하면서 갈등이 불거졌다. 이어 3월에 학생 두 명이 체포된 것에 항의하며 자유와 민주를 외치는 시위대가 모였다. 바르샤바의 저항운동은 다른 도시들로 확산되었다. 그러나 정부 당국이 이 개혁운동을 유대인들의 각본으로 몰아세우면서 대중적 적대감을 조장하고, 저항의 물결을 잠재웠다.

4 재분출

자발성과 폭력

1968년을 기점으로 폭발했던 혁명운동은 이듬해부터, 아니 부분적으로는 이미 그해 가을부터 소강 상태에 들어섰다. 혁명의 진원지였던 미국, 독일, 프랑스에서 그 기운은 현저히 떨어졌고 이탈리아에서는 노동자들이 가세함으로써 그 기세를 이어가는 듯했지만 그때뿐이었다. 분출이 폭발적이었던 것처럼 불길도 한순간에 사라졌다. 물론 뒤에서 살펴볼 것처럼, 혁명운동의 기운이 완전히 사라진 것이 아니라 나중에 문화혁명으로 혹은 '68세대'론 또는 '적군파'로 다시 점화되었지만, 예전의 열기는 아니었다. 여전히 베트남에서는 전쟁이 계속되고, 기성세대는 '반성'하지 않고, 유럽과 북미에서 이렇다 할 정치적 변화도 보이지 않았다. 혁명의 동력은 왜 그리 순식간에 사라졌을까?

무엇보다도 1968년에 분출된 변혁운동이 전 세계적인 것이었지만 그것이 조직된 운동의 산물은 아니었다. 물론 학생들의 전위조직이 존재했고 신좌파와 같은 이론가 집단도 있었다. 하지만 이들은 노동조합이나 정당과 같은, 혹은 예전에 혁명운동을 이끌던 지하조직과 같은 형태가 아니었다. 연좌농성이나 해프닝과 같은 형태의 시위방식에서 보이듯이 저항의 형태도 전략적인 것이 아닌 즉흥적이고 무조직적이었다. 이들의 저항이 세계적인 형태를 보인 것도 동일한 계급이라는 의식이 아니라 그에 공감하는 감성에서 비롯되었다.

그에 반해 기성 집단의 체제는 견고했다. 그것은 국가기구의 공권력이 강력했다는 뜻이 아니다. 국가기구를 둘러싼 시민사회가 '구좌파'들이 혁명을 일으킬 때와 비교할 수 없을 정도로 강력해졌다. 1960년대의 시민사회는 학생들이나 저항세력에도 어느 정도 공감을 표시했지만 기존의 국가 체제에 대해서도 굳건한 수호의지가 있었다. 뜻하지 않은 강력한 저항에 부딪혀 국가 체제가 흔들리는 듯했지만 시민사회는 체제의 존속에 대해서는 의문을 품지 않았다. 프랑스에서 드골이 다시 복귀하고 독일에서 대연정과 비상조치법이 통과된 것이 바로 그 예이다. 따라서 '제3세계'에서 체제의 교체에 이르렀던 변혁운동이 서유럽과 북미, 그리고 동구에서 그와 같은 위력을 발휘하지 못했다.

여기에는 폭력의 문제가 중요했다. 변혁운동이 폭력화되면서 이에 대한 의구심이 커졌던 것이다. 초기에는 공권력의 대응에 분노가 이어졌지만, 폭력이 계속되면서 시민들은 점차 시위 자체에 염증을 느꼈다. 20세기 초에 혁명을 쟁취한 '구좌파'들이나 베트남, 쿠바, 중국 등지에서 혁명을 쟁취하거나 하려던 사람들은 무력이 필수적이었는데, 68운동을 이끈 신좌파에게는 그러한 무력이 존재하지 않았고 또 부분적으로는 원하지도 않았다. 텔레비전을 통해 베트남 전쟁의 참상을 느낀 시민들은 반전운동에 나서기도 했지만 역시 자국 내의 폭력에는 더욱 민감한 반응을 보였다. 1968년에 미국에서 루터 킹 목사와 케네디 상원의원 암살, 독일에서 학생운동 지도자인 두츠케에 대한 암살기도는 사람들에게 위기의식을 불러일으켰고 좌파들의 대응, 예컨대 독일의 방화사건이나 일본의 전국학생공동투쟁회의 점거농성 등도 사람들에게 등을 돌릴 만큼 회의감을 자아냈다.

새로운 사회운동

정치적으로 68운동은 1970년대를 맞이하면서 급격하게 쇠퇴했다. 반항의 세대였던 이들도 나이를 먹음에 따라 대학을 졸업하고 취직을 하면서 서서히 기성 사회에 편입되었고 이들의 저항정신도 점차 무뎌지게 되었다. 물론 극좌파 일부는 자본주의에 대한 근본적인 회의감을 테러를 통해 해결하고자 했는데 독일과 일본의 적군파는 그러한 세력의 대표자였다. 또한 일부는 새로운 공동체 실험에 몰두하기도 했다. 이들을 제외한 대다수 활동가들은 어느 정도 방황의 시기를 거친 후 다시 일상의 삶으로 되돌아갔다. 하지만 이들이 일상에서 68의 경험을 완전히 잊은 것은 아니었다. 아니 오히려 이들은 정치 일선에서 후퇴해 가정이나 지역사회에서, 혹은 직장에서 새로운 문화를 일구었다. 그 결과 등장한 것이 바로 새로운 사회운동 곧 여성운동, 환경운동, 반핵운동, 평화운동, 성적 소수자운동 등이다.

여성운동은 68운동 이전에 시작되었다. 이미 1949년 보부아르가 『제2의 성』이라는 책을 통해 "여자는 태어나는 것이 아니라 여자로 만들어진다"라고 주장하면서 여성문제는 사회적 이슈로 떠올랐지만, 전후의 보수적 흐름에 묻혀 있었다. 가부장적인 흐름에 대한 저항과 성혁명의 영향으로 1960년대에 새로운 여성운동이 배태되었고, 1963년 베티 프리던이 『여성의 신비(The Feminine Mystique)』라는 저서를 통해 가부장적인 사회질서에 대한 도전을 촉구했다. 예전의 여성운동이 정치적 권리 추구에 집중되어 있었다면 이제는 사회적 해방을 추구하기 시작한 것이다. "남편과 아이들에게 목매지 말고 자신에게 의미 있는 일을 찾으라"라는 것이 그녀의 핵심 주장이다. 이에 동조하는 여성들이 1960년대에 일어난 성해방 등 대항문화에 합류해 여성의 사회적 해방을 시도했다. 그 결과 동일임금법과 성차별 금지법이 속속 통과되었다. 여성들은 이에 그치지 않고 피임과 낙태 허용에도 관심을 쏟았다. 프랑스에서 1971년 4월 철학자 보부아르, 소설가 사강, 배우 드뇌브 등 여성 343명이 낙태를 고백한 사건은 커다란 사회적 반향을 일으켰다. 이렇듯 등장한 급진적 페미니즘과

1971년 3월 6일, 여성들의 평등한 권리를 요구에 대한 연설을 듣기 위해 모인 런던 트라팔가 광장에 모인 군중들

그에 따른 낙태 및 피임에 대한 사회적 편견을 제거한 것은 68운동의 과정에서 등장한 많은 활동가들이 1970년대 이후 지속적으로 이 문제를 제기한 결과다.

여성운동과 더불어 68운동에 기폭제를 제공한 반핵운동은 1970년대 이후에도 계속되었다. 미국에서는 과학자들이 중심이 되어 핵문제를 제기하면서 반핵운동이 시민저항의 새로운 이슈가 되었다. 독일에서는 1971년 비일(Wyhl)에 핵발전소를 건립하려던 시도가 시민들의 저항에 부딪혀 좌절되었고 이 과정에서 반핵운동이 역동성을 얻었다. 프랑스에서도 비슷한 상황이 연출되었다. 같은 해 뷔제(Bugey)에 핵발전소를 건립하려던 계획이 주민들의 저항에 부딪혔고 이어 1975년부터 77년까지 프랑스에서 약 17만 5,000명이 시위에 참가할 정도로 저항운동이 거세졌다.

환경운동은 이보다 훨씬 긴 연원을 가지고 있지만 그것이 폭발적으로 일어난 것은 비로소 1970년대에 이르러서였다. 1960년대까지 환경운동은 기본적으로 반핵운동과 그 궤를 같이했지만 1970년대부터 환경오염, 숲이나 고래와 같은 자연의 보호 등 훨씬 더 광범위한 의제를 제시하면서 주목받기 시작했다. 대표적인 환경문제 국제조직인 그린피스(Greenpeace)가 반핵단체를 모태로 해 1971년 결성되었으며, 이듬해에는 로마클럽(Club of Rome)에서 환경오염 문제에 대한 의제가 형성되었다. 1979년 미국의 쓰리마일 섬(Three Mile Island)과 1986년 소련의 체르노빌에서 발생한 원자력 발전소 사고는 환경문제에 대한 심각성을 보여주었다. 이에 영향을 받아 많은 환경단체가 결성되었고 1980년대에는 독일을 비롯한 유럽 여러 나라에서 녹색당이 출범하면서 현실정치에도 개입하기 시작했다.

여성운동, 평화운동, 반핵운동, 생태운동은 68운동을 경험한 사람들에 의해 서서히 일상에 뿌리를 내렸다. 이들 '68세대'가 일상이 아닌 정치의 영역에서 다시 주목을 받게 된 것은 바로 1990년대 영국에서 노동당, 미국에서 민주당, 독일에서 사회민주당이 정권을 잡으면서였다. 클린턴은 68운동의 직접적인 세례를 받았고, 블레어와 슈뢰더도 비슷한 또래였으며, 이들이 구성한 정부 요직에는 68운동의 중심인물들이 당당히 포진해 있었다. 이들에게 권력을 쥐어준 것은 베이비붐 세대의 지지자들이었다. 또한 그동안 일상에서 점차 영향을 넓혀온 환경운동, 평화운동, 여성운동 등의 시민운동이 어느 정도 결실을 보았기 때문이다. 그렇지만 이들은 더 이상 반항의 세대가 아니었다. 이제 장년이 되어서 변화를 꿈꾸었지만, 새로운 반항은 불가능했다. 한 세대 전에 스스로 "리얼리스트가 되자, 그러나 불가능한 것을 요구하자"라고 주장했던 이들이 오히려 리얼리스트에 만족하고 있다.

현재 유럽의 베이비붐 세대는 황혼기에 접어들었다. 젊은 시절 반항으로 일상의 권위를 없앴고 반전운동으로 세계를 뒤흔들었으며, 환경운동과 여성운동을 일으켜 새로운 변혁의 물꼬를 텄던 이들 '68세대'는 죽음을 눈앞에 두고 있다. 이들을 바라보는 젊은 세대의 마음은 미묘하고 착잡하다. 아니 때로는 분노가 치민다. 제2차 세계대전 후 호황기에서 걱정 없이 자라난 이들 반항의 세대는 복지 정책이 확대될 당시의 최대 수혜자였다. 그러던 이들이 이제 노년 세대가 되어서 젊은 세대가 누려야 할 복지까지 빼앗고 있다는 비난이 커가고 있다. 그들에 도전하는 또 다른 '68운동'이 필요하다는 주장은 역사의 아이러니를 실감하게 한다.

28

박원용

제2차
세계대전부터
소련 사회주의
체제의 해체까지:
변화와
개혁의 시도

1 제2차 세계대전 이후 러시아사의 역동성

제2차 세계대전 이후 체제 전환기까지의 소련의 역사는 변화의 연속이었다. 초반의 열세를 극복하고 히틀러와의 전쟁에서 승리를 거둔 스탈린 체제는 전쟁 중에 인민의 단결을 위해 일시적으로 시행했던 유화적 조처를 철폐하고 이데올로기적 통제를 강화했다. 전쟁은 또한 승자인 연합국의 일원으로서 소련이 국제무대에서 미국의 강력한 경쟁상대로 부각할 수 있는 계기였다. 스탈린의 뒤를 이은 흐루쇼프의 등장은 또 다른 의미에서 변화의 물꼬를 튼 사건이었다. 그는 소련 지도자 누구도 시도하지 않았던 스탈린 체제의 과오를 거론하면서 침체에 빠진 사회주의 체제에 활력을 불어넣으려고 시도했다. 흐루쇼프의 이러한 개혁의 시도로 소련 사회가 획기적으로 변화하지 못했지만 그는 구질서의 복귀를 꾀했던 브레즈네프 시대를 넘어 고르바초프의 보다 광범위한 개혁을 위한 토대를 마련했다. 고르바초프의 '개혁'과 '개방'은 사회주의 체제의 틀을 유지한다는 전제하에서 소련 경제의 비효율성과 폐쇄성을 극복한다는 모순적 측면을 가지고 있었다. 그 결과 고르바초프의 개혁은 소련의 체제 전환을 가능케 한 힘들을 성장시켜 사회주의 혁명 이후 75년간의 실험에 종지부를 찍도록 만들었다.

혁명 이후 러시아의 이러한 변화 과정에서 강조하고 싶은 것은 그러한 변화의 요인이 외부로부터 온 것이든 아니면 내부적 요인에 의한 것이든 간에 소비에트 체제에서 변화를 위한 시도는 스탈린 체제의 말기부터 지속되었다는 점이다. 체제 강화를 위한 이러한 변화 시도가 결국 그것을 시행했던 지도자들의 의도와 같이 성공하지는 못했지만 그것은 소련 공산당 내부에서 상황 변화에 따른 다양한 통치전략이 시행되었음을 보여주는 하나의 지표이다. 어떤 의미에서 그러한 통치전략은 체제 전환 이후 현재의 푸틴 정부가 채택하고 있는 전략이기도 한 것이다.

2 제2차 세계대전과 소련 사회의 변화

제2차 세계대전에서 소련 인민의 피해는 독일에 맞서 싸운 연합국의 그 어떤 국가보다 컸다. 1941년 말을 기준으로 독일은 가용한 소련군 병력의 84퍼센트를 파괴했다고 하는데 이를 구체적 수치로 환산하자면 150만의 소련군 병사가 사망했고 300만 명이 독일군의 포로였다는 의미이다. 거의 4년간의 전쟁 기간 전체에서 인명 손실은 2,500만 명 이상에 달했고 양국의 대부분 지역이 폐허로 변했다. 제2차 세계대전은 이렇듯 엄청난 희생을 소련 인민에게 부과했지만 소비에트 체제는 그로 인해 더욱 단단해졌다. 즉 스탈린은 조국에 대한 수호 의지를 소비에트 체제의 인민들에게 효과적으로 확산시켜 나가면서 궁극적으로 전쟁에서 승리했다. 그 결과 스탈린 사후의 소련은 향후 50년 동안 세계 질서를 미국과 양분하는 초강대국 중 한 나라로 국제무대에 자리 잡았다.

스탈린과 히틀러의 전쟁에서 1차적으로 제기되는 질문은 왜 스탈린이 전쟁 대비를 그토록 하지 못했으며 그럼에도 불구하고 그의 체제가 승리를 쟁취할 수 있었던 동력은 무엇인가이다. 사실 1941년 6월 22일, 소련에 대한 공격 명령이라고 할 수 있는 '바르바로사 작전'의 감행 이전부터 스탈린은 여러 경로를 통해 독일이 소련을 공격할지도 모른다는 경고를 받고 있었다. 그러나 스탈린은 이념적으로 도저히 화해할 수 없는 독일 파시스트와 전격적으로 1939년 8월의 불가침 협정을 체결해 전 세계의 공산주의자들에게 충격을 안겨주었다. 스탈린은 나름대로 이를 정당화할 수 있었다. 불가침 협정에 수반된 비밀 보충 협약으로 스탈린은 폴란드의 3분의 1과 라트비아, 에스토니아 및 핀란드에 대한 영향력 행사와 소련에 인접한 루마니아의 주 베사라비아에 대한 소유권을 보장받을 수 있었다. 한 달 뒤, 스탈린은 일부 폴란드 영토를 리투아니아에 대한 소련의 지배권과 교환했다. 서방 국가들에 대한 스탈린의 불신 또한 히틀러

조약문에 서명하고 있는 소련 외무부 장관 몰로토프. 서 있는 사람 중 왼쪽에서 세 번째가 독일 외무부 장관 리벤트롭. 네 번째가 스탈린이다.

와의 불가침 협정 체결을 가능하게 만든 요인이었다. 스탈린은 서방 국가들이 독일과의 전쟁에 돌입할 경우, 소련을 포기하고 방치할지도 모른다고 생각했다. 자본주의·민주주의 진영이 소련과 더불어 싸울 거라고 믿지 않았기 때문에 스탈린은 히틀러와 동맹을 맺는 쪽을 선택했다. 스탈린은 히틀러로 하여금 유럽·러시아를 정복하고 말겠다는 결심을 실행하지 못하게 하는 최선의 방법이 서방 국가들의 지도자들과 협력하는 것이었는데 이를 깨닫지 못해 엄청난 대가를 치러야 했다.

조약으로 유럽 지역에서 자유로운 군사작전의 여지를 확보했던 히틀러는 1941년 3월 30일, 자신의 참모진에게 소련 침공 계획을 털어놓았다. 하등 슬라브인을 쓸어버리고 아리아인을 위한 동쪽의 '생활공간'을 확보할 필요가 있다고 일찍부터 생각하고 있던 히틀러는 유라시아에 대한 지배권을 그 누구와도 공유하고 싶은 생각이 없었다. 6-10주 안에 소련과의 전쟁을 끝낼 것이라고 생각하며 히틀러는 마침내 전격적으로 소련을 세 방향에서 공격해 들어가기 시작했다.

히틀러의 공세에 즉각적 대응을 주저하던 스탈린은 결국 주코프 육군 원수의 주장을 받아들여 전방 부대에 동원 명령을 하달했지만 이미 시기를 놓친 명령이었다. 이러한 판단 착오로 제2차 세계대전에서 소련군 인명 손실의 56퍼센트가 전쟁 개시 후 18주 동안의 초반부에 발생했다. 전쟁 초반부의 상황은 전체적으로 소련이 열세였다. 우크라이나의 키예프가 1941년 9월 함락되었으며 히틀러의 수중으로 넘어가지는 않았지만 레닌그라드에서는 방어 과정에서 100만 명 이상의 사람들이 기아와 추위 및 질병으로 사망했다. 수도인 모스크바로부터 약 40킬로미터 떨어진 외곽까지 독일군이 진격하자 수도마저도 위험한 지경에 처했다. 그러나 수도를 사수하고자 하는 스탈린의 단호한 의지와 시베리아와 극동에 주둔하던 노련한 부대들의 투입으로 독일군을 수도로부터 100킬로미터 후퇴시킬 수 있었다. 모스크바 점령에 실패한 히틀러는 1942년 여름부터 공격의 주력을 스탈린그라드로 바꿔 점령을 위해 사력을 다했지만 이마저 실패했다. 스탈린그라드의 참사 이후 1943년 봄, 히틀러는 남아 있는 전력의 대부분을 쿠르스크 전투에 결집해 반격을 노렸지만 보유한 탱크 대부분을 소모했을 뿐이었다. 쿠르스크 전투 이후 전세는 이제 완전히 소련군에게 유리하게 역전되어 1944년 초에 소련군은 독일군이 1941년 6월 이래 유린했던 남부의 모든 영토를 탈환했다.

독일과의 전쟁에서 소련이 궁극적으로 승리할 수 있었던 요인은 무엇일까? 그 대답을 위해 먼저 독일이 초반의 유리한 전세를 유지해 나가지 못한 이유를 지적할 필요가 있다. 독일은 잘못된 정보를 바탕으로 소련의 군사력을 과소평가했다. 전쟁 전 독일군 사령부가 파악하고 있던 적군의 사단 수는 200개였지만 1941년 8월 초 적군 사단 수는 360개였다. 또한 독일 정보국은 소련의 탱크사단 규모를 대략 50퍼센트 정도 적게 산정했고 소비에트 전시경제의 생산성 또한 과소평가했다. 히틀러의 인종주의적 편견 또한 점령지에서 소비에트 인민과의 갈등을 조장하는 요인이었다. 슬라브인들에 대한 가혹 행위는 민중, 특히 농민들을 독일군으로부터 멀어지게 했고 그 결과 독일군은 점령지에서 식량 조달을 용이하게 할 수 없었다.

스탈린의 소련이 궁극적으로 독일에 승리할 수 있었던 데에는 연합국의 원조도 한몫했다. 연합국은 항공 연료, 통신 장비, 트럭, 지프 등을 지원해 소련의 전쟁 수행 능력을 높였다. 그러나 무엇보다도 중요한 것은 전쟁 수행과 관련한 소비에트 체제의 효율성이었다. 소련 정부는 전쟁 초기의 어려운 상황을

쿠르스크에서 전진하는 독일군 전차. 쿠르스크 전투에서 약 3,000대의 전차가 교전했다.

정확하게 파악하고 있었으며, 전세를 역전시키기 위해서 모든 인적·물적 자원을 동원할 수 있는 힘을 지니고 있었다. 이러한 힘을 근거로 경제 전반의 불균형적인 생산 체계의 약점에도 불구하고 무기 생산에 있어서 독일군을 궁극적으로 능가할 수 있었다. 또한 1930년대 후반의 군 수뇌부에 대한 스탈린의 숙청에도 불구하고 군 내부에는 주코프, 코네프, 바실레프스키 등의 유능한 지휘관들이 남아 있었다. 마지막으로 결코 좌시할 수 없는 소련 인민의 엄청난 희생이 있었다. 그들은 조국 러시아를 지켜야 한다는 일념으로 스탈린을 인민의 단결을 위한 상징으로 생각하면서 전선으로 나갔다. 이들의 이러한 희생 뒤에는 전쟁에서의 승리가 소련을 더 낫게 하리라는 희망과 민족에 대한 수호 의지가 놓여 있었다.

전쟁의 승리를 위해 인민을 단결시키고자 일시적으로 시행했던 유화 조처들은 전쟁 종결 이후 스탈린이 문화, 과학, 예술 분야의 지식인에 대한 이데올로기적 통제를 다시 강화함으로써 사라졌다. 이데올로기 부문에서 스탈린의 대리인으로 알려진 즈다노프는 사회주의 체제의 "올바른" 관점을 전달하지 못하는 지식인들을 대대적으로 탄압했다. 지식인에 대한 통제만이 이데올로기적 순수성을 강화하기 위한 유일한 방식은 아니었다. 이미 전쟁의 막바지에 스탈린은 크림, 코카서스, 카스피해 스텝 지역의 주민들을 나치와의 협력을 우려해 시베리아와 카자흐스탄으로 대대적으로 이주시킨 바 있었다. 이러한 조처는 전쟁에서의 승리를 보장받기 위해서는 내부로부터 의심스러운 요소들을 제거해야 한다는 신념의 표현이었다. 마찬가지 맥락에서 종전 이후에 소련 사회로 돌아온 전쟁 포로들 가운데 일부를 도착 즉시 총살하거나 심문하고 투옥시켰다. 스탈린은 이들을 통해 서방 사상의 파괴적 충격이 소련의 인민에게 전파되는 것을 우려했던 것이다.

전쟁 이후의 소비에트 체제의 강화를 위한 이러한 노력의 결과 스탈린과 당의 지배적 역할은 더욱 강조되었다. 스탈린에 대한 숭배는 이미 전쟁 과정에서 싹트고 있었지만 이제 그러한 과정을 승리로 이끈 스탈린은 소련 체제의 자긍심을 확인시켜준 위대한 지도자라는 인식이 더욱 확산되었다. 이렇듯 스탈린이 '대원수'로서의 확고한 지위를 확보했지만 그는 여전히 마음 한구석에 깃든 불안감을 떨쳐낼 수 없었다. 체제의 반역자들이 여전히 곳곳에 존재한다며 그들에 대한 대대적 숙청의 기운을 언론을 통해 조장했지만 1953년 3월 5일 스탈린이 사망함으로써 또 다른 광풍은 일지 않았다.

나치 독일에 승리한 후 소련은 국제정치 무대에서 뚜렷한 존재감을 드러냈다. 그리하여 논쟁의 여지가 있지만 소련의 팽창주의적 정책과 전시 동맹국과의 협력 거부는 냉전이라는 또 다른 국제질서를 형성하는 데 일조했다. 그렇지만 변화의 동인이 제2차 세계대전 이후의 스탈린 체제 내에서 형성되고 있었다. 1946년에 이르면서 35세 이하의 당원이 전체의 3분의 2가 되었고, 농민과 노동자의 비율은 줄고 당원의 거의 절반이 도시의 전문직과 서비스 및 관료 계층 출신으로 채워지고 있었다. 이러한 젊은 "도시화된" 간부들이 스탈린의 뒤를 이은 흐루쇼프 시대의 변화를 위한 자양분을 제공하게 될 것이었다.

3 스탈린 체제의 유산 극복을 위한 시도: 흐루쇼프 개혁

스탈린의 사망 이후 도시 거주민들의 생필품 부족, 사회 지도 계층과 인민의 생활수준의 격차 등의 과제를 해결해야 하는 새로운 지도자가 흐루쇼프일 줄은 아무도 몰랐다. 스탈린의 장례식 때 연설을 했던 3인은 내각회의 의장 말렌코프, 비밀경찰과 보안기관의 수장 베리야, 외무장관 몰로토프로, 흐루쇼프는 그 명단에도 들지 못했다. 사실 흐루쇼프는 중앙 정치 무대에서 성장한 정치가가 아니었다. 1894년 남부 러시아 농촌의 가난한 가정에서 태어난 흐루쇼프는 처음에는 우크라이나에서, 그 다음에는 모스크바에서 관리로서의 경력을 쌓아나가고 있었다. 1947년 우크라이나 당 서기로 근무할 당시에는 곡물 수확의 상태와 기근을 고려하지 않은 스탈린의 일방적인 곡물 인도 명령을 거부했다가 '파퓰리스트'라는 비난을 받으며 카가노비치에게 잠시 자리를 내준 적도 있었다. 그렇지만 1930년대와 1940년대 내내 실천적인 성향의 스탈린주의자로서 보여준 그의 헌신성은 당내에 이미 정평이 나 있었고 누구보다 뛰어난 연설 능력 또한 인정받고 있는 터였다. 1949년 그는 당 중앙위원회 서기 겸 모스크바 당위원회 1서기로서 중앙 정치 무대에 다시 합류할 수 있었다.

스탈린의 후계자들에게 가장 강력한 경계 대상은 베리야였다. 소비에트 체제 붕괴 이후 공개된 최근의 사료에 의하면 베리야는 스탈린 사후, 자신의 신념에 따른 것인지 아니면 정치적 입지를 확보해보려는 잔꾀에 의한 것인지 확실하지 않지만 이전과는 다른 모습을 보이기도 했다. 즉 그는 소비에트 체제 인민 개개인의 권리는 존중되어야 한다고 지적했으며 1953년 3월 27일에는 사면을 통한 수감자들의 석방을 제안하기도 했다. 더 나아가 악명 높은 강제 노동 수용소의 관할을 내무 인민위원부로부터 이전하고 경제적 비효율성을 고려해 장기적으로 그것을 폐지할 것을 제안하기도 했다. 그는 또한 '의사들의 음모' 등을 포함한 스탈린 시대 말기의 조작 사건 등을 폭로했고, 5만 8,000명의 '반혁명 분자'들에게 내린 영구 추방령을 해제할 것을 제안하며 이전의 정치적 행보와는 차별화된 모습을 보였다. 거리를 두려고 했다. 베리야가 이러한 행보를 통해 정치적으로 약진한다면 그의 정치적 경쟁자들에게는 커다란 위협이 아닐 수 없었다.

베리야의 정적들은 1953년 6월 26일 간부회의를 통해 베리야의 해임과 체포를 만장일치로 의결했다. 곧이어 그들은 "베리야의 반당적이고 반국가적인 범죄행위"를 논의하기 위해 중앙위원회 총회를 소집했다. 기조 연설자로 나선 말렌코프는 베리야가 어떻게 "내무 인민위원부를 국가와 당 위에 군림하는" 기구로 만들었는가를 상세히 지적하면서 당의 통제를 벗어난 베리야의 과오를 비난했다. 두 번째 연설자로 나선 흐루쇼프는 베리야의 때늦은 자유주의적 개혁을 공격함과 동시에 사건을 조작하여 무고한 많은 사람을 희생시킨 비밀경찰을 비난했다. 6개월 후 베리야와 그의 측근들은 비밀리에 재판을 받고 처형되었다.

흐루쇼프의 가장 강력한 경쟁자는 이제 말렌코프였다. 말렌코프가 국가 관료 기구에 정치적 기반을 가지고 있다면 흐루쇼프의 정치적 기반은 당이었다. 말렌코프의 정치적 기반에 타격을 가하기 위해 1954년에 이르러 650만 명으로 성장한 관료의 수를 1955년까지 11.5퍼센트가량 축소할 것이라고 선언했다. 아울러 중앙 관료들의 권한을 지방 공화국 수준으로 이전시켜 정책 결정의 탈집중화를 도모했다. 경제 정책의 방향에서도 두 사람은 큰 차이를 보였는데 말렌코프가 농업 자원을 유용하여 경공업, 특히 소비재 산업의 확대를 주장했다면 흐루쇼프는 농업 문제의 해결, 특히 처녀지 개발을 통해 곡물 수확량을 늘리는 것이 중요하다고 강조했다. 흐루쇼프의 처녀지 개발 계획은 처음에는 중공업 우선의 경제발전 전략을 금과옥조로 여기면서 성장해왔던 스탈린 시대 국가 관료들의 반발을 초래했지만 1954년 8월경에 이르러 그러한 반대를 이겨냈다. 당정의 합동 법령은 처녀지 개발 계획을 승인하고 1956년까지 경작지를 1,300만 헥타르에서 3,000만 헥타르로 확대한다는 야심찬 계획까지도 발표했다. 예외적으로 좋은 날씨 덕분에 처녀지 개발 계획은 1954년에서 1958

년의 기간에 소련의 농업 생산성을 35.3퍼센트가량 증가시켜 흐루쇼프는 2-3년 안에 소련이 모든 곡물의 수요를 충족하게 될 것이라는 성급한 예상까지도 내놓았다. 이런 상황에서 말렌코프가 베리야와 결탁해 레닌그라드 등지에서 공산당과 정부 관리들을 대대적으로 숙청한 '레닌그라드 사건'을 날조한 사실이 1954년 말에 폭로되면서 말렌코프의 입지는 더욱 약화되었다. 말렌코프는 결국 1954년 12월 사임하고 두 달 후인 1955년 2월 불가닌이 총리로 임명되었지만 흐루쇼프는 이제 명실상부한 일인자였다.

권력 투쟁의 와중에 소비에트 체제 내부에서는 스탈린 체제의 경직성이 완화되어가는 듯한 조짐들이 나타나고 있었다. 1953년 말부터 권력의 심장부인 크렘린의 관람이 허용되는 상징적 조처가 있었고 '사회주의 리얼리즘'의 기치 아래 예술 활동에 가해졌던 교조적 지침도 완화되었다. 과학적 연구의 근거가 될 정도로 스탈린의 말은 모든 판단의 기준이었지만 당 기관지 《프라브다》에서조차 그의 연설과 저작들을 인용하지 않고 사설을 게재하는 경우도 발생했다. 이러한 과정은 스탈린 개인에 대한 우상숭배라는 이전 시대의 관행을 거부하는 것으로까지 나아갔다. 스탈린에 대한 이러한 격하 운동은 1956년 2월 20차 공산당 대회에서 무고한 인민을 희생시키고 소수민족에 대한 대대적인 강제 이주 등을 자행한 스탈린의 범죄행위를 언급한 흐루쇼프의 '개인숭배와 그 결과에 관하여'라는 비밀연설로 정점에 도달했다.

흐루쇼프를 중심으로 한 새로운 지도부가 스탈린에 대한 비판을 감행한 이유는 무엇일까? 스탈린 체제에서 기득권을 누려왔던 보수파의 입지에 타격을 가해 자신들의 입지를 강화하려는 새 지도부의 고려도 물론 하나의 이유가 될 수 있겠지만 보다 심층적 차원에서 그 이유를 살펴볼 필요가 있다. 흐루쇼프를 포함한 탈스탈린주의자들은 파시즘에 대한 승리와 산업화라는 위대한 업적의 성취를 당과 인민이 아닌 스탈린 개인에게 돌리는 것을 자신들의 신념에 어긋난다고 생각했다. 그들은 공산당 중앙위원회의 역할을 경시하고 소비에트 체제의 모든 업적을 스탈린에게 돌리는 것은 자신들의 철학적 신념에 부합하지 않는다고 주장했다. 이와 더불어 탈스탈린주의의 기치를 든 신시대의 주역들은 스탈린 치하에서 테러의 공포를 경험한 사람들이었다. 흐루쇼프 또한 1951년 3월 스탈린의 사전 재가 없이 콜호스를 통합한 거대 농업도시를 건설하여 농업 생산성을 증가시키자는 기사를 《프라브다》에 게재해 스탈린으로부터 혹독한 비판을 받은 바 있었다. 그는 테러의 공포에서 벗어나고자 지체 없이 자신의 과오를 인정하는 편지를 스탈린에게 보냈다. 스탈린에 대한 철저한 비판은 따라서 그들이 가지고 있던 이전의 공포를 완전히 털어버리기 위한 시도라고 할 수 있었다. 스탈린 체제로부터 부당하게 탄압을 받았던 인사들을 복권시키는 문제 또한 제기되고 있었다. 지난 정권의 과오로 피해를 보았던 사람들의 권리 회복 요구가 증가하고 강제 노동 수용소의 비효율성을 개선해야 하는 필요성이 증가하는 상황에서 그러한 과제를 유산으로 남긴 스탈린 체제에 대한 철저한 비판이 더욱 요구되었던 것이다.

  정치 개혁과 더불어 흐루쇼프는 소련 인민들의 삶을 개선하기 위한 대규모 주택 건설, 7시간 노동일 도입 등의 사회 정책을 내놓았다. 또한 기존 관료들의 권한을 축소하고 소련 인민들의 의사를 반영하기 위한 행정 체제의 개혁도 단행했다. 소브나르호스(sovnarkhoz)라는 새로운 경제 행정기관의 창설이 그것인데 중앙집중의 '행정·명령 체제'를 폐지해 지역 사정에 밝은 당 지도자와 관리자들이 생산 과정에서 주도적 역할을 발휘하도록 한다는 것이었다. 생산 현장에 가까운 의사 결정의 구조를 확립함으로써 경영의 효율성과 생산성의 향상을 성취하자는 의도였다.

  흐루쇼프는 이렇듯 소련 사회 전반에 걸친 야심찬 개혁을 추진했다. 그러나 그가 개혁 과정에서 등장할 수 있는 적지 않은 저항을 이겨낼 수 있는 신념에 찬 지도자였는가는 별개의 문제였다. 소브나르호스를 중심으로 하는 지방 분권화는 모스크바에서 권력을 누리던 고위 당지도자들의 기득권을 침해했다. 여기에 더해 곡물 생산지에 근접시킨다는 취지로 농업부를 모스크바에서 100킬로미터 떨어진 곳으로 재배치한 흐루쇼프의 조치는 2-3시간을 출퇴근에 소비해야 하는 고위 관리들의 불만을 자아내기에 충분했다. 흐루쇼프가 자신의 행정 계획을 성공적으로 만들려면 기존 구조에서 이득을 누리고 있는 당내 관료 집단의 반발을 고려해야 했지만 그는 그러한 세심함을 보여주지 못했다. 중앙으로부터 권한을 위임받은 지방관리들 또한 문제점을 드러냈다. 지방의 당 간부들은 자신들의 권리를 유지하기 위해 중앙에 허위 실적을 보고했고 다양한 형태의 부정부패를 일삼았다. 결국 1963년 최고 경제위원회를 설립해 하위 경제단위에 대한 중앙으로부터의 통제를 부활시킴으로써 "지방분권화를 통한 경제의 민주화"는 헛된 구호로 남게 되었다.

경제 분야에서도 개혁이 성공했다고 규정할 수 있는 지표는 찾기 어려웠다. 국내총생산의 성장률은 1956-60년의 5.9퍼센트에서 1961-66년의 5.0퍼센트로 하락했다. 흐루쇼프가 특별히 관심을 가졌던 농업 분야에서도 만족할 만한 성과는 나오지 않았다. 농업의 총생산은 인구 증가와 도시화로 인한 수요 증가를 충족시킬 수 있을 정도로 증가하지 않았다. 처녀지 개간운동을 통해 수확량을 증가시킨다는 그의 야심 찬 계획 또한 기대에 훨씬 못 미쳤다. 곡물 생산에 적합하지 않은 지역에서까지 무분별한 개간운동을 벌임으로써 엄청난 손실을 초래했다. 1960-65년 동안 카자흐스탄 지역에서만 400만 헥타르의 토지가 풍식작용으로 사라졌고 전체적으로 볼 때 개간된 처녀지의 대략 절반 정도가 그 피해를 입고 있었다.

대외 관계에서 잇단 실패 역시 흐루쇼프의 정치적 생명을 단축시킨 또 다른 요인이었다. 평화 공존이라는 흐루쇼프의 대외 정책을 중국은 '수정주의'라고 비난했고 핵을 보유하려는 중국의 시도를 소련이 지원하지 않았기 때문에 중국과의 관계는 소원해졌다. 또한 쿠바 미사일 위기 시 흐루쇼프의 대응은 미국의 요구에 대한 굴복으로 비쳐져 소련 국민은 자존심에 상처를 입었다. 또한 식량 부족과 불안한 경제 상황을 벗어나지 못했던 1964년에 소련은 이집트에 8억 2,100만 달러, 아프가니스탄에 5억 달러 규모의 대외원조를 단행하여 소련 국민의 인심을 잃고 말았다. 지식인과 일반 대중 모두를 소외시킨 문화 정책 또한 흐루쇼프에게 타격을 주었다. 노벨 문학상 수상자 파스테르나크에 대한 비난의 연장선상에서 흐루쇼프는 '해빙'이 예술적 자유를 의미하지는 않는다는 점을 분명히 했다. 또한 수도원, 교회, 신학교 등을 폐지하는 종교 불관용 정책으로 대중들의 반감을 샀다.

소련 사회주의를 유지하는 기본 구조나 원리를 획기적으로 바꾸지 않고 공산주의 이상을 성취하려고 했던 흐루쇼프의 개혁은 어떤 의미에서 시작부터 한계를 내포하고 있었다고 지적할 수 있다. 그렇다고 스탈린 사후 소련의 역사에서 그가 가지고 있는 의미를 축소해야 한다는 의미는 아니다. 흐루쇼프에 대한 최고의 전기 작가 중 하나인 터브먼이 지적했듯이 "흐루쇼프 시대의 개혁이 비록 어색하고 변덕스럽기는 했지만, 스탈린주의가 한때 황폐하게 만든 그곳에서 초기 시민사회가 형성"될 수 있는 토양을 제공했다. 흐루쇼프의 실패한 노력은 부분적으로 1980년대 고르바초프의 보다 포괄적인 개혁을 위한 토대를 제공한 것이었다.

4   구질서 회복을 통한 안정: 브레즈네프 시대

흐루쇼프 정책에 대한 반감은 당의 고위 간부들 사이에서 상당 기간 축척되고 있었다. 일찍이 1957년 스탈린의 측근들은 흐루쇼프의 핀란드 방문 기간을 이용해 그를 권좌에서 끌어내리려고 시도했지만 흐루쇼프는 자신의 지지자인 지역의 중앙위원들을 헬리콥터까지 동원해 모스크바로 이송함으로써 위기를 벗어났다. 하지만 흐루쇼프의 도움으로 모스크바 중앙 정치 무대에 입성한 브레즈네프와 포드고르니가 1964년 별장서 휴가 중인 흐루쇼프를 특별 중앙위원회에 소환해 "성급함, 실속 없는 허풍, 현실과 동떨어진 경솔한 계획" 등의 사유로 탄핵했을 때 그는 더 이상 지도자의 자리를 유지할 수 없었다. 흐루쇼프는 연금에 의존해 1971년까지 생존했지만 공직 사회에서는 완전히 잊힌 존재가 되고 말았다.

흐루쇼프의 축출 이후 새로운 지도부는 권력의 순조로운 이양을 위해 집단 지도부를 구축했다. 브레즈네프가 수석 당 서기, 코시긴은 총리, 포드고르니가 간부회 의장직을 나누어 가졌다. 그렇지만 당수로서 브레즈네프는 동료

브레즈네프

들 가운데 차근차근 일인자의 지위를 확보했다. 그는 특정 정책 노선을 강하게 드러내지도 않았고 상충하는 이해관계를 조율하는 데 능력을 보였지만 메달에 대한 집착은 남달랐다. 스탈린과 흐루쇼프를 합친 것보다 더 많은 메달과 훈장을 받은 브레즈네프에 대해 풍자작가들은 그의 사망원인이 더 많은 메달을 달기 위한 가슴 확장 수술의 후유증 때문이라고 조롱하기도 했다. 어쨌든 그는 권위주의적인 지도자의 위치를 확립함으로써 전임자의 정책으로 야기된 혼란을 바로잡으려고 했다.

브레즈네프는 먼저 흐루쇼프 시대 관직 보유자들의 잦은 이동과 임기 제한으로 빚어진 불만을 해소하려고 했다. 그는 사망 혹은 임무 수행이 불가능하다고 판단이 되기 전까지 관직 보유자들이 자신의 자리에서 물러나지 않도록 했다. 그 결과 1966년에서 1981년 사이 정치국원의 평균 연령이 55세에서 68세로 높아졌다. 하위 단계의 당 조직에서도 같은 현상이 나타났는데 지방 행정 단위인 주(oblast) 단위에서 1964-76년 동안 당 서기직의 유지 비율은 전 시대의 33퍼센트에서 78퍼센트로 높아졌다. 이렇게 "간부들에 대한 신뢰"라는 명목으로 사회적 지위를 보장함으로써 체제에 충성스러운 관리 계급을 만들어 나갔던 것이다.

새로운 통치 형태를 확립한 결과 브레즈네프 시대는 후일 고르바초프가 "정체의 시대"라고 명명한 특징적 현상이 등장했다. 사실상 모든 기구를 장악한 지도자 대부분이 60, 70대의 남성들로 채워진 "노인 정치"의 시대가 열렸던 것이다. 이러한 세대 구성을 가지는 지도부는 변화에 적대적일 수밖에 없었고 자신들의 보장된 권력을 바탕으로 부정을 저지르기가 쉬웠다. 관리들의 부패상은 중앙뿐 아니라 지방에도 만연해 이들은 사리사욕을 위해 국가와 당의 자금을 거리낌 없이 유용했다. 1971년부터 1981년 사이에 당은 거의 65만 명의 당원들을 부정부패의 이유로 쫓아내면서 흐름을 역전시켜 보려고 했지만 역부족이었다. 브레즈네프 딸의 친한 친구들과 주변인들이 경찰에 의해 체포될 정도로 고위층의 부패는 여전했다.

브레즈네프 시대는 이와 같이 국가의 중요 직책들을 독점하여 특권을 누리는 정치·사회 분야의 엘리트, 즉 노멘클라투라(nomenklatura)의 전성기였다. 원래 노멘클라투라는 당, 정부 및 기타 소비에트 사회기관들의 주요 직책 명부를 지칭하는 말이었지만 이 시기에 이르러 그러한 직책을 이용해 특권을 누리는 집단을 의미하게 되었다. 1970년을 기준으로 특권 집단의 규모는 70만 명 정도였는데 그중 25만 명은 당과 국가의 핵심 간부, 30만 명은 경제 분야, 마지막 15만 명은 과학 분야의 엘리트들이었다. 1982년에 이르면 이 집단은 대략 80만 명 정도로 성장했고 그들의 가족을 더한다면 전체 규모는 300만 명 정도에 달해 소련 시민의 1.2퍼센트를 차지하고 있었다.

고소득과 고급 주택, 특별 상점과 병원, 운전사가 딸린 리무진 등을 이용하는 '신계급'의 지배가 소련 사회의 일반 인민의 생활 개선을 위한 시도 없이 유지되지는 않았다. 정부는 노동일을 5일로 확립했고 최소 12-15일의 휴가를 강제했으며 최소 월 임금의 기준을 70루블로 상향 조정했다. 또한 극빈 계층의 생활 지원을 위한 보조금 지급을 1974년에 시행했다. 공식적인 '최저 생계선' 아래에 살고 있는 4분의 3가량의 집단 농장의 농민들에 대한 지원책도 등장했다. 이러한 조처는 사회적 불평등을 완화하려는 목적도 있었지만 농촌으로부터 청년들과 남성들의 유출을 막아보려는 목적도 갖는 것이었다. 그리하여 1970년대에 이르면 농촌의 임금은 도시 노동자의 임금보다 10퍼센트 적은 수준에 도달했다. 또한 정부는 개별 농가에 딸린 보유지에서 생산되는 작물을 자유롭게 처분하도록 허용함으로써 농가의 수입을 보충해주기도 했다. 전반적인 농업 생산성이 높지 않은 상황에서 이러한 개별 보유지에서의 생산성은 남달랐다. 1978년을 기준으로 개별 보유지는 경작지의 3퍼센트에 불과했지만 전체 농작물의 25퍼센트가 이곳에서 생산되었다.

'명령 경제'의 내재적 비효율성을 여전히 간직하고 있는 경제구조로 인해 소련 인민들 삶의 실질적 개선은 한계가 있었다. 일반 시민들의 소비재 부족 현상은 여전해 그에 대한 수요는 '제2경제'라고 알려진 암시장을 통해 충족되었다. 부족한 소비재와 서비스 등을 제공해 부를 축적한 '지하'의 백만장자들은 1985년 이후 사적 투자의 핵심적 원천을 제공했다. 반면 곽곽한 현실에 대한 불만 해소의 출구를 찾지 못한 인민들은 술에 점점 더 의지했다. 소련 사회에서 알코올 중독의 문제는 어제 오늘의 일이 아니지만 이 시기에 이르러 술 소비가 급속히 증가했다. 알코올 중독과 더불어 또 다른 사회문제는 유아 사망률의 증가였다. 유아 사망률은 1971년 신생아 1,000명당 22.9명이었지만 1976년 31.6명으로 증가했다. 가족당 평균 자녀수는 당연히 감소했는데 1970년 2.9명에서 1978년 2.4명으로 감소했다. 인종적인 맥락뿐 아니라 정치적인 맥락에서도 우려할 만한 현실은 가족 규모에서도 나타나고 있었다. 1970년 공화국의 평균 가족 수는 1.97명이었지만 우즈베키스탄과 투르크메니스탄의 그것은 각각 5.64명과 5.95명이었다.

사회 전반에 걸쳐 등장하는 이와 같은 문제들에 대해 소련 사회 내부에서 비판의 목소리가 등장하기 시작했다. 브레즈네프 시대의 국민들은 스탈린 시대 때 교육받은 노령의 지도부와는 판이한 정신세계를 형성해 나가고 있었다. 그들은 이전의 어느 세대보다도 서구에 대한 정보를 여행이나 미국의 소리(Voice of America) 같은 방송을 통해 많이 습득하고 있었고 자신들의 생활수준이 자본주의의 서구보다 떨어진다는 것을 알고 있었다. 구시대의 사람들이 브레즈네프의 보수주의에 안주하려고 했다면 이들 신세대들은 변화의 욕구를 드러내고 싶어 했다. 이들은 흐루쇼프의 해빙 정책으로 강제 노동 수용소의 실상을 묘사한 작품을 발표했던 솔제니친이 1965년 이후 어떤 작품도 국내에서 출판할 수 없게 되자 해외에서 출판된 그의 작품들을 밀반입해서 들여와 계속 접하고 있었다. 정부의 검열에 의해 공식적으로 출판되기 힘든 소설, 논문, 시 등의 자체 출판물, 즉 지식인들의 사미즈다트(samizdat)는 사회에 대한 이들의 개혁 의지를 대변하고 있었다.

반체제 운동을 주도한 지식인들이 사회주의 폐지 같은 과격한 목표가 아니라 체제의 개혁을 주장했지만 권력 주체의 입장에서 이들은 우려의 대상이었다. 특히 KGB의 수장 안드로포프는 이들의 행동을 방치하는 것은 정직한 소비에트 시민에 대한 기만이자 일부 지식인과 청년들로 하여금 권위를 조롱하도록 부추기는 것이라고 경고했다. 안드로포프는 솔제니친과 사하로프의 적대적 행동을 기소해야 한다고 강조하면서 솔제니친을 재판에 회부할 것과 사하로프를 노보시비르스크에 감금할 것을 제안했다. 결국 솔제니친은 강제로 추방되었고 1974년에는 소련 시민권마저 박탈되었다. 해외의 부정적 여론을 의식해 처리를 미루어오던 사하로프 또한 1980년 폐쇄 도시 고르키로 추방되어 서방 세계와의 접촉이 차단되었다.

사하로프와 솔제니친과 같이 국제적 관심의 대상이 되지는 못했지만 소련 내의 소수민족 문제 또한 적지 않은 중요성을 가지고 있었다. 지역 공화국 지도자들의 임기를 보장하는 정책으로 브레즈네프 통치 초기에는 지역과 중앙과의 타협이 어느 정도 가능했다. 브레즈네프는 각 지역의 문화적 자치 또한 일정 정도 허용하는 정책을 실시했기 때문에 비러시아계 민족들의 중앙정부

좌 폐쇄도시 전경. 러시아에는 핵무기 개발이나 다른 군사적인 이유로 일반인의 접근을 제한하는 폐쇄도시가 아직도 남아 있다.

우 러시아 크라스노야르스크 지방의 폐쇄도시 젤레노고르스크로 가는 보안 검문소

에 대한 노골적인 불만은 표출되지 않았다. 그러나 이러한 외관상의 평화는 지속되기 힘든 여러 요인을 내재하고 있었다.

중앙의 고위 관직들에 대한 러시아인들의 비율은 브레즈네프 통치 후기로 갈수록 늘어나고 있었다. 중앙의 요직에 지역의 비러시아인들이 진출할 수 있는 기회가 제한되어 있음을 깨닫게 됨에 따라 지역의 비러시아인들은 자신들의 공화국 내에서 민족의식을 키워나가게 되었다. 또한 비러시아계 공화국의 주민들은 자신들의 역사, 언어, 문화를 자각할 수 있는 교육을 통해 자신들만의 정체성과 공동체 의식을 키워가고 있었다. 지역 공화국의 민족주의적 감정은 중앙정부가 이들의 열망을 무시한 강압적 정책을 실시하려고 할 때 폭발하기도 했다. 일례로 1978년 트빌리 시에서는 중앙정부가 그루지야어를 공화국 내의 공식 언어에서 제외하려고 하자 그루지야인들은 대규모의 시위를 통해 그러한 시도를 저지시켰다. 대부분의 비러시아인들이 러시아어를 습득하고 일부는 유창하게 구사할 수도 있었지만 각 공화국의 토착언어들은 여전히 통용되고 있었다. 브레즈네프가 1981년 26차 당 대회에서 인정했듯이 소수민족을 동화시키고 그들의 민족주의를 억제하려는 정부의 정책은 이런 맥락에서 거의 성공을 거두지 못했다. 이러한 긴장은 러시아인들의 유입으로 지역 공화국 주민들의 경제 활동이 위협당했을 때도 발생했으며 중앙아시아의 무슬림 공화국과 발트 3국에서 특히 첨예했다.

브레즈네프가 1982년 11월 10일 사망했을 때, 결국 그가 남긴 것은 심각

한 구조적 위기에 처한 소련이었다. 농업과 산업의 재건을 위해 필요한 자본 확보는 석유 등 에너지 자원의 수출가격 하락으로 원활하지 않았다. KGB는 체제를 위협하는 민주주의적 개혁운동과 민족주의적 운동의 지도자들을 무력화한 듯이 보였지만 반체제적인 감정은 광범위하게 남아 있었다. 대외 정책 측면에서도 브레즈네프 정부는 신뢰를 줄 만한 모습을 보이지 못했다. 1979년 아프가니스탄을 침공하면서 소련 정부는 단시일 내에 아프간 반군을 분쇄하고 생존 가능한 괴뢰정부를 수립하려고 했지만 8년간의 지루한 전쟁 끝에 충격적인 수의 사상자만을 양산하고 자신들의 적도 제거하지 못했다. 바르샤바 동맹이나 코메콘을 통해 소련의 우산 아래로 동부 유럽을 통합하는 기도 역시 성공하지 못하면서 소련의 국제적 위상은 추락했다.

브레즈네프의 뒤를 이은 안드로포프나 체르넨코, 그 어느 누구도 이러한 상황을 타개할 만한 능력이 없었다. 안드로포프는 KGB를 이끌었던 수장답게 법과 질서를 강조하면서 경제적 위기의 해결조차 질서만 유지된다면 가능하다고 믿는 인물이었다. 그는 또한 간부들의 자리를 보장하는 브레즈네프의 정책이 부패를 양산한 근본 원인이라고 생각해 중앙 관리들과 지방 당서기들을 4분의 1이나 교체함으로써 체제에 활력을 불어넣으려 했다. 그러나 그의 개혁 조치는 1984년 심장병으로 인한 돌연사로 한때의 실험 이상의 의미를 지니지 못했으며 뒤를 이은 체르넨코 또한 1년가량을 버티다가 지병으로 사망했다. 국내외의 심각한 도전에 직면하여 권좌에 오른 젊은 서기장 고르바초프는 위기를 타개하기 위한 보다 과감한 개혁을 생각하지 않을 수 없었다.

5 체제 구원을 위한 또 하나의 시도: 고르바초프의 개혁과 개방

체르넨코의 사망에서 푸틴의 대통령 취임까지 14년 반의 기간은 미국의 역사가 프리즈의 표현을 빌린다면 17세기 초의 '동란의 시대'가 재현된 것 같았다. 고르바초프가 이러한 급격한 변화의 물꼬를 연 인물이었다. 소비에트 체제를 되살리고 궁극적으로 그것을 개혁하려고 한 그의 '페레스트로이카'는 그렇지만 그의 예상과는 달리 소련 자체를 와해시키는 결과를 가져오고 말았다. 고르바초프 개혁의 한계를 비판하면서 정치적 입지를 구축한 옐친 또한 러시아를 민주주의와 자유시장의 경제 질서가 작동하는 체제로 전환시키려고 했지만 그러한 이행의 과정은 결코 순탄치 않았다. 1990년대 말 러시아의 지위는 한때의 초강대국에서 '저개발'의 경제 상태를 벗어나지 못하는 약소국과 같았다. 공산당의 주도적 지위를 유지한 채 소련 사회의 구조적 문제를 해결할 수 있다고 믿었던 고르바초프의 한계가 이러한 현대판 '동란의 시대'를 초래했던 것이다.

1931년 동남부 러시아에서 농민의 아들로 출생한 고르바초프는 집단농장의 생산력을 비약적으로 증가시키는 데 공헌해 노동적기 훈장을 받을 정도로 젊은 시절부터 당 내에서 두각을 나타냈다. 소련의 농업 문제에 대한 전문가로서의 명성과 안드로포프와의 관계에 힘입어 그는 이미 1978년에 정치국원이 되었고 체르넨코가 사망한 다음 날 그로미코의 추천을 받아 54세의 나이로 당 총서기로 부임했다. 소련 지도부의 최고 자리에 그와 같은 젊은 나이에 오른 사람은 스탈린 이후 처음이었다.

고르바초프의 정치적 성장이 구세대 정치인들의 후원으로 가능하긴 했지만 그는 그들과는 여러 면에서 달랐다. 흐루쇼프와 브레즈네프 시대에 경력을 쌓아나간 고르바초프는 당 기구를 장악하고 있던 이전 시대의 당 관료들과는 달리 스탈린주의적 경직성에서 벗어나 있었다. 또한 1970년대의 해외여행으로 얻은 경험으로 그는 소련의 체제에 대해 더욱 비판적 안목을 가질 수 있었으며 개혁적 사상가 야코블레브와의 관계를 통해 소련 체제의 문제점을 더욱 선명하게 인식하고 있었다. 그리하여 그는 이미 당의 총서기로 임명되기 전인 1984년 12월부터 1970년대와 80년대 초까지의 더딘 경제성장을 공개적으로 지적했을 뿐 아니라 혁신과 성장을 저해하는 통제경제의 기본 전제들을 문제시하고 있었다.

최고 권력자가 된 고르바초프는 이제 본격적으로 자신의 구상을 실현하기 위한 구체적 조처를 실천에 옮겼다. 고르바초프와 새롭게 임명된 그의 보좌진은 먼저 침체 상태를 벗어나지 못하는 경제를 살릴 필요가 있다고 보았다. 번영하는 서방의 경제와 비교할 때 소련 경제는 비효율성, 후진성, 사기 저하로 성장과 생산성은 하락하고 있다고 고르바초프는 보았다. 이러한 문제는 사실 소련 경제의 구조적 특성으로 인해 발생하는 것들이기 때문에 소련 체제 자체의 혁신적 변화를 필요로 했지만 고르바초프는 처음에 온건한 변화만을 제안했다. 즉 경영자들에게 생산비용을 줄이고 원료를 좀 더 효율적으로 사용할 것을 권고하거나 노동자들에게 좀 더 열심히 일하라고 촉구하는 식이었다. 또한 음주로 인한 무단결근, 사고, 비능률을 줄이기 위해 금주운동을 전개하기도 했는데 이는 별다른 성과를 거두지 못하고 흐지부지 종결되었다. 소비재 부족 문제의 해결, 경제성장을 촉진하는 데 필요한 투자 재원을 확보하지 못하고 적자에 시달리는 정부의 재정상황을 해소하기 위해서는 좀 더 광범위한 개혁이 필요했다.

고르바초프는 이러한 필요성을 인식하고 있었다. '페레스트로이카'라는 그의 개혁 이념은 온건한 혁신뿐만 아니라 체계적이고 근본적인 전환을 포괄하는 말이었다. 그의 페레스트로이카는 경제뿐만 아니라 사회관계, 정치 체제, 이데올로기, 공직자의 삶의 방식 등 공공 생활의 모든 측면을 재편하는 것이었다. 정치 영역에서의 이러한 재편은 다당제 도입의 실험으로 나타났다. 1987년 지방 소비에트 선거 때 몇몇 지역에서 제한적으로 다수 후보의 출마를 용인했고, 1989년 3월의 인민대표자 대회의 선거에서는 대표자의 3분의 1을 경쟁에 의해 선출하도록 허용했다. 또한 개방과 공공성의 확대를 의미하는 '글라스노스티'를 통해 스탈린 체제의 과오를 명확하게 드러냄으로써 반대파의 저항을 누르고 자신의 개혁 노력에 대한 사회적 정당성을 확보하려고 했다.

고르바초프는 이러한 '혁신'과 '개방'의 시도가 '인간의 얼굴을 한 사회주의'를 성취시켜 궁극적으로 사회주의 체제를 강화시키는 계기가 될 것이라고 생각했다. 이러한 희망이 성취되기 위해서는 당의 최고지도자로서 그에 대한 신뢰와 권위가 뒤따라야 했지만 상황은 반대로 흘러갔다. 먼저 글라스노스티로 태동한 독립적인 신문과 잡지들이 스탈린 시대의 폭정을 연일 폭로하고 이를 제대로 저지하지 못한 당의 무기력에 대한 비판의 강도가 거세짐에 따라 당은 개혁의 주체가 아닌 비판의 대상이 되었다. 더구나 당 지도부에서도 고르바초프의 개혁 정책은 더 이상 지지의 대상이 아니었다. 당에 대한 비판의 가속화는 당의 지도부를 인민들로부터 고립시키는 결과를 낳았기 때문이다. 폴란드나 동유럽, 헝가리 등의 동구권 국가들이 소련의 우산에서 벗어나 자신들의 이해와 독립을 추구해 나가는 상황도 이들에게는 자존심 상하는 일이었다. 1988년 레닌그라드의 화학 교사 니나 안드레예바는 신문에 투고한 기사를 통해 페레스트로이카를 소련의 사회주의적 기본질서에 대한 파괴적 공격이라고 비난해 당 엘리트의 불만을 대변했다.

당 안팎에서 터져 나오는 비판에 직면하여 고르바초프는 개혁의 강도를 애초의 구상보다 약화시키면서 보수적 세력에게 좀 더 의존하기 시작했다. 1990년 3월에 인민대의원 대회가 대통령직을 신설했을 때 그는 직접 선거에 의한 대통령 선출보다는 당원이 다수를 차지하고 있는 대회가 대통령을 선출하도록 했다. 그는 또한 통제경제 체제를 자유시장으로 대체하자는 급진적 경제개혁안을 거부했으며 보수적인 정치적 인물이 지배하는 대통령 위원회를 창설했다. 그렇지만 이러한 조처들은 사회주의 체제의 기본을 이미 훼손했다고 믿는 당내의 인사들과 보다 민주적이고 개혁적 성향의 운동가들 모두의 불만을 잠재우지는 못했다.

고르바초프의 정치적 권위에 대한 도전이 심화되면서 소련 체제를 유지하기 위해 억눌려왔던 민족주의적 감정이 폭발하기 시작했다. 사실 민족주의적 운동은 이미 고르바초프 시대 이전부터 등장하기 시작했지만 민주주의와 글라스노스티를 내건 개혁 정책이 본격적으로 전개됨에 따라 개별 공화국들은 자신들의 열망을 보다 노골적으로 드러내었다. 고르바초프는 이러한 민족주의적 열망을 1986년 12월에는 카자흐스탄 공화국에서, 1988년에는 아제르바이잔 공화국 내 나고르노-카라바흐 지역에서 직면했지만 근본적 해결책을 제시할 수는 없었다. 반소비에트 감정은 이후 소련에 마지막으로 편입된 발틱 공화국, 즉 에스토니아, 라트비아, 리투아니아에서 더욱 격렬하게 표출되어 이들 국가들은 1991년 소련에서 이탈해 최초로 독립을 선언했다.

연방국가로서 소련을 유지해야 한다는 신념을 버리지 않았던 고르바초프는 이렇게 거세지는 민족주의적 열망의 파도를 속수무책으로 바라보고 있지만은 않았다. 그는 먼저 1991년 4월의 국민투표를 통해 다수의 국민이 소련 체제를 유지하기 바란다는 것을 강변했지만 이것으로 소련 전역에서 일어나고 있는 민족주의 운동의 파도를 잠재울 수는 없었다. 소련의 외형을 지속하기 위한 마지막 시도로서 고르바초프는 '신 연방 조약'의 채택을 위해 노력했

1991년 쿠데타 때 페테르부르크 궁전 광장에 모인 사람들.

다. 신 연방 조약은 소련을 외교와 국방에 대해 책임을 지는 대통령 아래의 느슨한 연방체로 전환시키는 것이었다. 고르바초프는 대다수 공화국 지도자들에게 조약을 받아들일 것을 설득해 1991년 8월 20일 공식적인 조인식을 가질 예정이었다.

신 연방 조약이 소련의 해체와 다를 바 없다고 생각한 부통령, KGB의 수장 등을 포함한 보수파는 고르바초프를 축출하기 위한 쿠데타를 감행했다. 휴가 중인 고르바초프에게 사절단을 보내 권력 이양을 요구했으나 고르바초프가 이를 거부하자 쿠데타 주동세력들은 그를 가택 연금시키고 국가 비상위원회를 설치해 새로운 권력을 출범시키려고 했다. 그러나 쿠데타의 준비는 철저하지 못했고 지도부 또한 무능해서 3일도 지나지 않아 실패로 끝나고 말았다. 이 과정에서 고르바초프의 미온적 개혁에 일찍부터 반대의 목소리를 키워 왔던 옐친은 탱크에 올라 쿠데타의 부당함을 역설하며 국민적 영웅으로 부상했다. 쿠데타 진압 이후 고르바초프는 옐친의 주장에 따라 공산당을 불법화하여 소련 정치 체제의 제도적 기초를 해체했다. 연방으로부터 개별 민족 공화국의 탈퇴 움직임도 가속화되어 1991년 12월 말 고르바초프를 몰아낸 옐친은 연방을 해체하고 발트 3국과 그루지야를 제외한 나머지 11개국으로 훨씬 느슨한 형태의 '독립국가연합'을 출범시킴으로써 소련은 역사의 뒤안길로 사라졌다.

소비에트 체제 해체 이후 30여 년이 지난 현 시점에서도 여전히 그 사건을 설명하기 위한 다양한 설명방식이 존재한다. 사회주의 권력의 출범 자체가 불법이었기 때문에 붕괴는 처음부터 예정되어 있었다는 설명은 소비에트 체제가 내전과 히틀러의 침략과 같은 도전들을 극복할 수 있었던 요인과 체제에 대한 인민들의 지지를 고려하지 못한 설명이다. 소비에트 체제의 붕괴는 그것이 존재했던 역사 과정의 구체적 맥락 안에서 찾아야 할 것이다. 즉 체제 내부에서 이미 자라나고 있었던 통제의 약화, 이로 인한 부패구조의 확산, 경제적 침체, 새로운 가치체계를 지닌 세대

러시아 의회 건물 앞에 세워진 탱크 위에 올라 옐친이 연설을 하고 있다.

들의 사회관과 국가관의 변화 등의 요인들이 지적될 수 있는 것이다. 이러한 요인들로 인해 사회주의 체제 아래의 러시아는 외부적으로 '강한 국가'의 모습으로 비칠 수도 있었지만 내부적으로는 '약한 국가'의 상태를 벗어나지 못했다. 새 천년의 시작과 더불어 푸틴은 러시아를 명실상부한 '강한 국가'로 변모시킨다는 기치를 내걸며 권력을 잡았고 잠시 동안의 휴지기를 거쳐 2012년 3기정권을 출범시켰다. 푸틴의 3기는 투자환경 개선, 광범위한 민영화 등의 국정과제를 제시하면서 의욕적으로 출범했지만 21세기 초반 세계경제 환경은 푸틴 정부에 호의적으로 보이지 않았다. 석유와 천연가스의 수출로 국가 재정수입의 상당 부분을 의지하고 있지만 국제 시장에서 이들 천연자원의 가격 불안정은 러시아 경제를 불안하게 만드는 요인이다. 우크라이나의 영토였지만 친러시아 성향인 크림 공화국의 국민투표를 근거로 크림 공화국을 러시아에 합병시킨 푸틴 정부에 대해 국제사회의 제재도 있었다. 이런 와중에 4기 정부를 2018년에 출범한 푸틴은 2020년에 헌법 개정을 위한 국민투표까지 실시하여 2036년까지 대통령직을 유지할 수 있는 기반도 만들어놓았다. 러시아의 현 상황을 볼 때 체제 전환기에 러시아 국내외에서 빈번하게 제기되었던 "러시아는 어디로 가는가?"라는 질문이 다시 유효한 것 같다. 그렇지만 20세기 후반의 단기적 역사뿐 아니라 천 년 이상의 장기적 역사 과정이 증명하듯이 러시아는 혼돈의 상태에 머물러 있지는 않을 것이다. 러시아의 지도자뿐 아니라 보통 사람들은 러시아의 저력이 그들의 역사 과정에서 소멸되지 않고 발휘되었던 순간들을 여러 차례 목격했기에.

참고문헌

**1장
고대 그리스 세계**

김봉철, 「빅토르 에렌버그: 폴리스의 본질과 사회구조」, 양병우 엮음, 『역사가와 역사인식』, 민음사, 1989, 169-187쪽.
김봉철, 「아테네의 역사」, 『개정 서양고대사강의』, 한울, 2011, 12-46쪽.
양병우, 「폴리스의 탄생」, 《학술원논문집(인문사회과학편)》 통권 40호, 2001, 329-346쪽.
Bernal, Martin, *Black Athena*, vols.1-2, New Brunswick: Rutgers University Press, 1987, 1991.
Burkert, Walter, *Griechische Religion der archaischen und klassischen Epoche*, Stuttgart: Kohlhammer, 1977.
Burkert, Walter, *The Orientalizing Revolution*, London: Harvard University Press, 1992.

**2장
헬레니즘 세계**

루크레티우스, 강대진 옮김, 『사물의 본성에 관하여』, 아카넷, 2012.
아리아노스, 윤진 옮김, 『알렉산드로스 대왕 원정기』, 아카넷, 2017.
월뱅크, 김경현 옮김, 『헬레니즘 세계』, 아카넷, 2002.
윤진, 『헬레니즘』, 살림, 2003.
차전환, 『로마 제국과 그리스 문화: 헬레니즘의 수용과 변용』, 길, 2016.
퀸투스 쿠르티우스 루푸스, 윤진 옮김, 『알렉산드로스 대왕 전기』, 충북대학교출판부, 2010.
Erskine, Andrew(ed.), *A Companion to the Hellenistic World*, MA: Blackwell, 2003.
Shipley, Graham, *The Greek World After Alexander, 323-30*, London and New York: Routledge, 2000.
Thonemann, Peter, *The Hellenistic Age*, Oxford: Oxford University Press, 2016.

**3장
고대 로마와
지중해 세계**

김덕수, 『아우구스투스의 원수정: 공화정에서 제정으로』, 길, 2013.
김창성, 『사료로 읽는 서양사, 고대편 고대 그리스에서 로마제국까지』, 책과함께, 2014.
리비우스, 『로마사』.
수에토니우스, 조윤정 옮김, 『열두 명의 카이사르들』, 다른세상, 2009.
신상화, 『로마: 물의 도시, 돌의 도시, 영원의 도시』, 청년사, 2004.
에드워드 기번, 윤수인, 김희영 외 옮김, 『로마제국쇠망사』(1-6권), 민음사, 2008-2010.
키케로, 김창성 역, 『국가론』, 한길사, 2007.
프리츠 하이켈하임 외, 김덕수 옮김, 『로마사』, 세드릭 A 요앨런 M.워드 개정판, 현대지성사, 1999.
플루타르코스, 이성규 옮김, 『플루타르크 영웅전 전집』 I, II, 현대지성사, 2000.
허승일, 『로마사 입문 공화정편』, 서울대학교출판부, 1995.
허승일 외, 『로마제정사연구』, 서울대학교출판부, 2000.

**4장
기독교의
형성과 고대 세계**

게르트 타이쎈, 박찬웅·민경식 옮김, 『그리스도교의 탄생: 예수 운동에서 종교로』, 대한기독교서회, 2009.
게리 윌스, 김창락 역, 『바울은 그렇게 가르치지 않았다』, 돋을새김, 2007.

김세윤, 『바울 신학과 새관점』, 두란노아카데미, 2008.
김세윤, 『예수와 바울』, 두란노아카데미, 2008.
김창락 외, 『신약성서개론』, 대한기독교서회, 2002.
박익수, 『바울의 서신들과 신학 1-3』, 대한기독교서회, 1994, 2001.
서중석, 『바울서신해석』, 이레서원, 1998.
서중석, 『복음서의 예수와 공동체의 형태』, 이레서원, 2007.
수잔네 하이네, 정미현 옮김, 『초기 그리스도교 세계의 여성들』, 이화여자대학교 출판부, 1998.
스티븐 헤이네스·스티븐 매켄지, 김은규·김수남 옮김, 『성서비평 방법론과 그 적용』, 대한기독교서회, 1997.
요하임 예레미아스, 『예수 시대의 예루살렘』, 한국신학연구소, 1988.
조철수, 『예수 평전』, 김영사, 2010.
최갑종, 『예수 그리스도 그의 생애와 가르침』, 그리스도교연합신문사, 2005.
E. P. 샌더스, 『예수와 유대교』, 크리스챤다이제스트, 1994.
Neusner, Jacob, *The Rabbinic Traditions about the Pharisees Before 70*, Vol. 1, Brill, 1971, pp.377-378.

5장 중세 유럽의 탄생과 세 문명권의 성립

게오르크 오스트로고르스키, 한정숙·김경연 역, 『비잔티움제국사 324-1453』, 까치, 1999.
나종일 편, 『봉건제』, 까치, 1988.
마르크 블로크, 이기영 역, 『서양의 장원제-프랑스와 영국의 장원제에 대한 비교사적 고찰』, 까치, 2002.
버나드 루이스, 이희수 역, 『중동의 역사』, 까치, 1998.
베르나르트 슬리허 반 바트, 『서유럽 농업사 500-1850년』, 까치, 1999.
브라이언 타이어니·시드니 페인터, 이연규 역, 『서양 중세사』, 집문당, 1986.
위렌 트레드골드, 박광순 역, 『비잔틴 제국의 역사』, 가람기획, 2003.
이기영, 「고전장원제와 봉건적 부역노동제도의 형성: 서유럽 대륙지역을 중심으로」, 사회평론아카데미, 2015.
자크 르 고프, 유희수 역, 『서양 중세 문명』(개정판), 문학과지성사, 2008.
패트릭 J. 기어리, 이종경 역, 『민족의 신화, 그 위험한 유산』, 지식의 풍경, 2004.
페르디난트 자입트, 차용구 역, 『중세의 빛과 그림자』, 까치, 2000.
호르스트 푸어만, 안인희 역, 『중세로의 초대』, 이마고, 2001.
Collins, Roger, *Early Medieval Europe 300-1000*, 3rd ed., Hampshire & New York: Palgrave Macmillan, 2010.
Costambeys, M., M. Innes & S. MacLean, *The Carolingian World*, Cambridge: Cambridge University Press, 2011.
Fichtenau, Heinrich, *The Carolingian Empire. The Age of Charlemagne*, Oxford: Harper and Row, 1957.
McKitterick, Rosamond, *Charlemagne. The Formation of a European Identity*, Cambridge: Cambridge University Press, 2008.
Winks, Robin W. & Teofilo F. Ruiz, *Medieval Europe and the World*, New York & Oxford: Oxford University Press, 2005.

**6장
중세 서유럽
세계의 발전**

강일휴, 「중세 프랑스 도시의 자치 및 농촌과의 관계」, 《서양중세사연구》, 7호, 2001, 71-91쪽.
마르크 블로크, 이기영 옮김, 『프랑스 농촌사의 기본 성격』, 나남, 2007.
마르크 블로크, 이기영 옮김, 『서양의 장원제: 프랑스와 영국의 장원제에 대한 비교사적 고찰』, 까치, 2002.
마르크 블로크, 한정숙 옮김, 『봉건사회 I, II』, 한길사, 2002.
박흥식, 「한자 초기 북유럽의 상인 네트워크」, 《서양중세사연구》, 21호, 2008, 27-52쪽.
손은실, 「토마스 아퀴나스의 정의로운 가격(iustum pretium)에 대한 재해석」, 『서양중세사연구』, 28호, 2011, 129-158쪽.
앙리 피렌느, 강일휴 역, 『중세 유럽의 도시』, 신서원, 1997.
에디트 엔넨, 안상준 역, 『도시로 본 중세 유럽』, 한울아카데미, 1997.
이영재, 「교황 Gregory 7세의 서임권 투쟁에 관해」, 《서양중세사연구》, 15호, 2005, 27-62쪽.
자크 르 고프, 최애리 역, 『연옥의 탄생』, 문학과지성사, 1995.
자크 르 고프, 김정희 역, 『돈과 구원』, 이학사, 1998.
자크 르고프, 유희수 옮김, 『서양 중세 문명』, 문학과지성사, 2008.
조르주 뒤비, 성백용 옮김, 『세 위계: 봉건제의 상상 세계』, 문학과지성사, 1997.
조르주 뒤비, 최생열 옮김, 『전사와 농민』, 동문선, 1999.
조르주 뒤비, 최애리 옮김, 『중세의 결혼: 기사, 여성, 성직자』, 새물결, 1999.
토머스 매든, 권영주 역, 『십자군: 기사와 영웅들의 장대한 로망스』, 루비박스, 2005.

**7장
중세 유럽 사회:
농민과 귀족, 성직자**

콘스탄스 브리텐 부셔, 강일휴 옮김, 『중세 프랑스의 귀족과 기사도』, 신서원, 2005.
페르디난트 자이프트, 차용구 옮김, 『중세의 빛과 그림자』, 까치, 2000.
M. M. 포스탄, 이연규 옮김, 『중세의 경제와 사회』, 청년사, 1989.

**8장
중세 유럽의 문화와
타 문명과의 교류**

김장구, 「플라노 드 카르피니의 『몽골인의 역사』에 보이는 몽골사 인식」, 《동국사학》, 49집 2010, 69-103쪽.
김호동, 『동방 기독교와 동서문명』, 까치, 2002.
남종국, 「몽골 평화 시대 아시아에서 유럽 상인들의 상업 활동」, 《서양중세사연구》, 28호, 2011, 159-196쪽.
남종국, 『지중해 교역은 유럽을 어떻게 바꾸었을까?』, 민음인, 2011.
르네 그루쎄, 김호동 외 역, 『유라시아 유목제국사』, 사계절, 1998.
성백용, 「맨드빌의 『여행기』와 동양」, 《동국사학》, 49집, 2010, 105-138쪽.
스기야마 마사아키, 임대희 외 역, 『몽골 세계 제국』, 신서원, 2004.
이석우, 『대학의 역사』, 한길사, 1998.
자닉 뒤랑, 조성애 옮김, 『중세 미술』, 생각의 나무, 2004.
자크 르고프, 유희수 옮김, 『서양 중세 문명』, 문학과지성사, 2008.
자크 르고프, 최애리 옮김, 『중세의 지식인들』, 동문선, 1999.
재닛 아부-루고드, 박흥식 역, 『유럽 패권 이전: 13세기 세계체제론』, 까치, 2006.
존 볼드윈, 박은구·이영재 옮김, 『중세문화이야기』, 혜안, 2002.
토머스 매든, 권영주 역, 『십자군: 기사와 영웅들의 장대한 로망스』, 루비박스, 2005.

**9장
중세 사회의
위기와 변화**

박용진, 『중세유럽은 암흑시대였는가』, 민음인, 2010.
박흥식, 「흑사병과 중세 말기 유럽의 인구문제」, 《서양사론》 93호, 2007, 5-32쪽.
성백용, 「백년전쟁 말기 '영국령 프랑스'에서의 '저항'과 '협력'」, 《서양중세사연구》 33호, 2014, 209-234쪽.
성백용, 「봉건제의 위기와 민중봉기」, 《서양사연구》 13호, 1992, 1-41쪽.
성백용, 「잔다르크-프랑스의 열정과 기억의 전투」, 《역사비평》 66호, 2004, 봄, 365-387쪽.
조지프 스트레이어, 『국가의 탄생』, 학고방, 2012.
존 켈리, 『흑사병시대의 재구성』, 소소, 2006.
필립 지글러, 『흑사병』, 한길사, 2003.
홍용진, 「서양역사 속의 공공성과 공론장: 14세기 전반기 프랑스의 정치현실과 공공성」, 《서양사론》 110호, 2011, 30-67쪽.

**10장
대항해 시대와
세계 체제**

니얼 퍼거슨, 구세희·김정희 역, 『시빌라이제이션. 서양과 나머지 세계』, 21세기북스, 2011.
로버트 B. 마르크스, 윤영호 역, 『다시 쓰는 근대세계사 이야기』, 코나투스, 2007.
민석홍, 『서양사개론』, 삼영사, 1996.
벤자민 킨·키스 헤인즈, 김원중·이성훈 역, 『라틴아메리카의 역사 제1권』, 그린비, 2014.
이성형, 『콜럼버스가 서쪽으로 간 까닭은?』, 까치, 2003.
이영림·주경철·최갑수, 『근대 유럽의 형성, 16-18세기』, 까치, 2011.
주경철, 『대항해 시대: 해상 팽창과 근대 세계의 형성』, 서울대학교 출판부, 2008.
주경철, 『문명과 바다』, 산처럼, 2009.
케네스 포메란츠·스티븐 토픽, 박광식 옮김, 『설탕, 커피, 그리고 폭력』, 심산, 2009.
J. H. 페리, 김성준 역, 『약탈의 역사: 유럽의 헤게모니 확립』, 신서원, 1998.

**11장
르네상스와
종교개혁**

강철구, 『강철구의 우리 눈으로 보는 세계사 1』, 용의 숲, 2009.
김영한, 「르네상스와 종교개혁」, 《계간사상》, vol.43, 1999, 68-89쪽.
박준철, 「르네상스 휴머니즘과 종교개혁의 관계. 멜란히톤의 비텐베르크 대학 커리큘럼 개편을 중심으로」, 《서양사론》, 52호, 1997, 1-31쪽.
시어도어 래브, 강유원·정지인 옮김, 『르네상스의 마지막 날들』, 르네상스, 2008.
아르놀트 하우저, 백낙청·반성완 옮김, 『문학과 예술의 사회사 2. 르네쌍스·매너리즘·바로끄(개정판)』, 창작과 비평사, 1999.
엘리자베스 아이젠슈타인, 전영표 옮김, 『근대 유럽의 인쇄 미디어 혁명(새 개정판)』, 커뮤니케이션북스, 2008.
오형국, 「르네상스 인문주의의 개념과 성격. 종교개혁과의 관계를 중심으로」, 《서양의 역사와 문화》, vol.1, 2004, 61-85쪽.
왈라스 퍼거슨, 이연규·박순준 옮김, 『서양근세사. 중세에서 근세로의 이행』, 집문당, 1989.
이혜령, 「근대정신과 문화의 대두」, 배영수 편, 『서양사강의(개정판)』, 한울, 2000.
임병철, 「르네상스 휴머니즘, 과거와 현재의 교차로」, 《한국사학사학보》, vol.19, 2009, 169-198쪽.
임병철, 「르네상스, 짜여진 신화에서 파편화된 역사로」, 《한국사학사학보》, vol.11, 2005, 193-218쪽.
진원숙, 「이탈리아 르네상스와 기독교」, 《대구사학》, vol.38, 1989, 1-37쪽.
찰스 나우어트, 진원숙 옮김, 『휴머니즘과 르네상스 유럽문화』, 혜안, 2003.

패트릭 콜린슨, 이종인 옮김, 『종교개혁』, 을유문화사, 2005.
황대현, 『서양 기독교 세계는 왜 분열되었을까?』, 민음인, 2011.
S. 오즈맹, 박은구 옮김, 『프로테스탄티즘. 혁명의 태동』, 혜안, 2004.

**12장
근대 초 유럽의
재정·군사
국가의 형성**

김준석, 『근대국가』, 책세상, 2011.
윤은주, 「근대국가의 재정혁명 II: 신용정책을 통해 본 영국과 프랑스의 재정 비교」, 《서양사론》 110호, 2011, 175-205쪽.
윤은주, 「근대국가의 재정혁명: 조세제도를 통해 본 영국과 프랑스의 재정 비교」, 《프랑스사연구》 24호, 2011, 5-32쪽.
이영림, 『루이 14세는 없다』, 푸른역사, 2009.
찰스 틸리, 이향순 역, 『국민국가의 형성과 계보-강압, 자본과 유럽국가의 발전』, 학문과 사상사, 1994.
최갑수, 「리바이어던의 등장: 절대주의 국가에서 국민국가로의 이행」, 《서양사론》 82호, 2004, 71-94쪽.
Bonney, Richard(ed.), *The Rise of the Fiscal State in Europe c. 1200-1815*, Oxford: Oxford Univ. Press, 1999.
Brewer, John, *The Sinews of Power: War, Money and the English State, 1688-1783*, NY: Knopf, 1989.
Downing, Brian, *The Military Revolution and Political Change: Origins of Democracy and Autocracy in Early Modern Europe*, Princeton, NJ: PUP, 1992.
Ertman, Thomas, *Birth of the leviathan: Building states and regimes in medieval and early modern Europe*, Cambridge: Cambridge Univ. Press, 1997.
Gerstenberger, Heide, *Impersonal Power: History and Theory of the Bourgeois State*, translated by David Fernbach, London: Brill, 2007.
Glete, Jan, *War and the State in Early Modern Europe: Spain, the Dutch Republic and Sweden as Fiscal-Military States, 1500-1660*, London: Routledge, 2002.
Henshall, Nicholas, *The Myth of Absolutism: Change & Continuity in Early Modern European Monarchy*, London: Routledge, 1992.
Mettam, Roger, *Power and Faction in Louis XIV's France*, Oxford: Blackwell, 1988.
Mousnier, Roland, *Les Institutions de la France sous la monarchie absolue, 1598-1789*, 2 volumes, Paris: PUF, 1974-1980.
Parker, David, *Class and State in Ancien Régime France: The Road to Modernity?*, London: Routledge, 1986.
Parker, Geoffrey, *The Military Revolution, 1500–1800: Military Innovation and the Rise of the West*, Cambridge: Cambridge University Press, 1988.
Sivers, Peter von, Charles A. Desnoyers & George B. Stow, *Patterns of World History, vol. 2: Since 1400*, N. Y.: Oxford University Press, 2012.
Swann, Julian, *Provincial Power and Absolute Monarchy: The Estates General of Burgundy, 1661~1790*, Cambridge: Cambridge University Press, 2003.
Teschke, Benno, *The Myth of 1648: Class, Geopolitics, and the Making of Modern International Relations*, London: Verso, 2003.
Wood, Ellen Meiksins, *The Pristine Culture of Capitalism: A Historical Essay on Old Regimes and Modern States*, London: Verso, 1991.

13장 근대 초 유럽의 사회와 문화

로버트 브레너 외, 이연규 역, 『농업계급구조와 경제발전: 브레너 논쟁』, 집문당, 1991.
르박 브아리언, 김동순 역, 『유럽의 마녀사냥』, 소나무, 2003.
모리스 돕 외, 김대환 편역, 『자본주의 이행논쟁: 봉건제로부터 자본주의로의 이행』, 동녘, 1997.
이영림·주경철·최갑수, 『근대 유럽의 형성: 16-18세기』, 까치글방, 2012.
찰스 틸리, 윤승준 역, 『유럽 혁명 1492-1992, 지배와 정복의 역사』, 새물결, 2000.
최갑수 외, 『구체제 프랑스의 권력구조와 사회』, 한성대출판부, 2009.
토머스 쿤, 김명자 역, 『과학혁명의 구조』, 까치, 2011.
페르낭 브로델, 주경철 역, 『물질문명과 자본주의, 1-3』, 까치, 1995-1997.

14장 시민혁명과 신체제의 수립

데이비드 파커 외, 박윤덕 옮김, 『혁명의 탄생, 근대 유럽을 만든 좌우의 혁명들』, 교양인, 2009.
레이 라파엘, 남경태 옮김, 『미국의 탄생: 미국역사교과서가 왜곡한 건국의 진실들』, 그린비, 2005
로버트 달, 박상훈·박수형 옮김, 『미국 헌법과 민주주의』, 후마니타스, 2001
미셸 보벨, 최갑수 외 옮김, 『왕정의 몰락과 프랑스혁명 1787-1792』, 일월서각, 1987.
민석홍 엮음, 『프랑스혁명사론』, 까치, 1988.
박현숙, 『미국혁명과 공화국의 여성들』, 이담북스, 2009.
버나드 베일린, 배영수 옮김, 『미국혁명의 이데올로기적 기원』, 새물결, 1999.
스테파니 슈워츠 드라이버, 안효상 옮김, 『세계를 뒤흔든 독립선언서』, 그린비, 2005
알베르 소불, 최갑수 옮김, 『프랑스대혁명사』, 두레, 1984.
육영수, 『혁명의 배반 저항의 기억, 프랑스혁명의 문화사』, 돌베개, 2013.
자크 고드쇼, 양희영 옮김, 『반혁명』, 아카넷, 2012.
장 마생, 양희영 옮김, 『로베스피에르, 혁명의 탄생』, 교양인, 2005.
조르주 르페브르, 민석홍 옮김, 『프랑스혁명-1789년-』, 을유문화사, 1993.
조르주 르페브르, 최갑수 옮김, 『1789년의 대공포』, 까치, 2002.
주명철, 『대서사의 서막: 혁명은 이렇게 시작되었다』, 여문책, 2015.
주명철, 『1789: 평등을 잉태한 자유의 원년』, 여문책, 2015.
토머스 페인, 박홍규 옮김, 『상식, 인권』, 필맥, 2004
프랑수아 퓌레, 정경희 옮김, 『프랑스 혁명의 해부』, 법문사, 1987.
프랑스와 퓌레·드니 리셰, 김웅종 옮김, 『프랑스혁명사』, 1990.

15장 산업혁명과 자본주의

그레고리 클라크, 『맬서스, 산업혁명 그리고 이해할 수 없는 신세계』, 한스미디어, 2009.
김종현, 『영국 산업혁명의 재조명』, 서울대학교 출판부, 2006.
데이비드 랜즈, 『국가의 부와 빈곤』, 한국경제신문사, 2009.
송병건, 『영국 근대화의 재구성』, 해남, 2008.
양동휴 외, 『산업혁명과 기계문명』, 서울대학교 출판부, 1997.
이영림 외, 『근대 유럽의 형성 16~18세기』, 까치, 2011.
이영석, 『공장의 역사: 근대 영국사회와 생산, 언어, 정치』, 푸른역사, 2012.
잭 골드스톤, 『왜 유럽인가: 세계의 중심이 된 근대 유럽 1500~1850』, 서해문집, 2007.

16장
19세기 전반기 대서양 양안 세계의 변화

김용구, 『세계외교사』, 서울대학교출판부, 1998.
베네딕트 앤더슨, 서지원 옮김, 『상상된 공동체-민족주의의 기원과 보급에 대한 고찰』, 도서출판 길, 2018.
수전 벅모스, 김성호 옮김, 『헤겔, 아이티, 보편사』, 문학동네, 2012.
아르놀트 하우저, 염무웅·반성완 옮김, 『문학과 예술의 사회사 3』, 창작과비평사, 1999.
이매뉴얼 월러스틴, 박구병 옮김, 『근대세계체제 IV: 중도적 자유주의의 승리, 1789-1914년』, 까치, 2017.
존 H. 엘리엇, 김원중 옮김, 『대서양의 두 제국: 영국령 아메리카와 에스파냐령 아메리카 1492-1830』, 그린비, 2017.
존 찰스 채스틴, 박구병·이성형·최해성·황보영조 옮김, 『아메리카노: 라틴아메리카의 독립투쟁』, 도서출판 길, 2011.
Adelman, Jeremy, *Sovereignty and Revolution in the Iberian Atlantic*, Princeton and Oxford: Princeton University Press, 2006.
Barney, William L.(ed.), *A Companion to 19th-Century America*, Malden and Oxford: Blackwell Publishing, 2006.
Benjamin, Thomas, *The Atlantic World: Europeans, Africans, Indians and Their Shared History, 1400-1900*, Cambridge and New York: Cambridge University Press, 2009.
Lynch, John(ed.), *Latin American Revolutions, 1808-1826: Old and New World Origins*, Norman and London: University of Oklahoma Press, 1994.
Sexton, Jay, *The Monroe Doctrine: Empire and Nation in Nineteenth-Century America*, New York: Hill and Wang, 2011.

17장
19세기 민족주의 시대

고유경, 『독일사 깊이 읽기. 독일 민족 기억의 장소를 찾아』, 푸른 역사, 2017.
김기순, 「자유주의와 민족주의」, 배영수 편, 『서양사 강의(2판)』, 한울아카데미, 2006.
김장수, 『19세기 독일 통합과 제국의 탄생』, 푸른사상사, 2018.
니라 유발-데이비스, 박혜란 옮김, 『젠더와 민족』, 그린비, 2012.
박지향 외, 『영웅만들기. 신화와 역사의 갈림길』, 휴머니스트, 2005.
베네딕트 앤더슨, 서지원 옮김, 『상상된 공동체』, 도서출판 길, 2018.
어네스트 겔너, 이재석 옮김, 『민족과 민족주의』, 도서출판 예하, 1988.
에르네스트 르낭, 신행선 옮김, 『민족주의란 무엇인가』, 책세상, 2002.
에릭 홉스봄, 강명세 옮김, 『1780년 이후의 민족과 민족주의』, 창작과 비평사, 1994.
에릭 홉스봄 외, 박지향·장문석 옮김, 『만들어진 전통』, 휴머니스트, 2004.
오토 단, 오인석 옮김, 『독일국민과 민족주의의 역사』, 한울아카데미, 1996.
임지현, 『민족주의는 반역이다』, 소나무, 1999.
장문석, 『민족주의 길들이기』, 지식의 풍경, 2007.
장문석, 『민족주의』, 책세상, 2011.
정현백, 『민족과 페미니즘』, 당대, 2003.
한국서양사학회 편, 『서양에서의 민족과 민족주의』, 1999.
한스-울리히 벨러, 이대헌 역, 『독일제2제국』, 신서원, 1996.
Balakrishnan, G.(ed.), *Mapping the Nation*, London: Verso, 1996.

Planert, U. (Hg.), *Nation, Politik und Geschlecht. Frauenbewegungen und Nationalismus in der Moderne*, Frankfurt/New York: Campus Verlag, 2000.

Wehler, H. -U., *Nationalismus. Geschichte-Formen-Folgen*, München: C. H. Beck, 2001.

Weichlein, S., *Nationalbewegungen und Nationalismus in Europa*, Darmstadt: Wissenschaftliche Buchgesellschaft, 2006.

18장 산업사회의 등장과 노동운동

고세훈, 『영국노동당사』, 나남, 1999.

김금수, 『세계노동운동사』, 후마니타스, 2013.

도널드 서순 저, 강주현 등 역, 『사회주의 100년: 20세기 서유럽 좌파 정당의 흥망성쇠』, 황소걸음, 2014.

안병직 등 저, 『유럽의 산업화와 노동계급』, 까치, 1997.

이진모, 『개혁을 위한 연대: 독일 사회민주당과 노동조합』, 한울, 2001.

제프 일리 저, 유강은 역, 『더 레프트 1848-2000: 미완의 기획, 유럽좌파의 역사』, 뿌리와 이파리, 2008.

19장 도시화와 근대 문화의 성장

가브리엘 크레팔디, 하지은 옮김, 『경계를 넘어 빛을 발하다: 낭만과 인상주의』, 마로니에북스, 2010.

데이비드 하비, 김병화 옮김, 『모더니티의 수도 파리』, 생각의 나무, 2005.

로버트 피시만, 구동회·박영한 옮김, 『부르주아 유토피아: 교외의 사회사』, 한울, 2000.

마크 기로워드, 민유기 옮김, 『도시와 인간』, 책과함께, 2009.

발터 벤야민, 조형준 옮김, 『아케이드 프로젝트 I, II』, 새물결, 2006.

에릭 홉스봄 외, 박지향·장문석 옮김, 『만들어진 전통』, 휴머니스트, 2004.

프리드리히 엥겔스, 이재만 옮김, 『영국 노동계급의 상태』, 라티오, 2014.

Briggs, Asa, *Victorian Cities*, Berkeley: University of California Press, 1993.

20장 제국주의의 시대 (1870-1914)

로버트 J. C. 영, 김택현 옮김, 『포스트 식민주의 또는 트리컨티넨탈리즘』, 박종철출판사, 2001.

박지향, 『제국주의: 신화와 현실』, 서울대학교 출판부, 2000.

배영수, 「미국 제국론」, 『미국 예외론의 대안을 찾아서』, 일조각, 2011.

안병직 등 저, 『유럽의 산업화와 노동계급』, 까치, 1997.

에릭 홉스봄, 김동택 옮김, 『제국의 시대』, 한길사, 1998.

이용재, 「식민제국의 해체와 제3세계의 대두」, 『세계화 시대의 서양 현대사』, 아카넷, 2009.

이진모, 『개혁을 위한 연대: 독일 사회민주당과 노동조합』, 한울, 2001.

제프 일리 저, 유강은 역, 『더 레프트 1848-2000: 미완의 기획, 유럽좌파의 역사』, 뿌리와 이파리, 2008.

프란츠 파농, 이석호 옮김, 『검은 피부, 하얀 가면』, 인간사랑, 2013.

Cain, Peter J. & Mark Harrison(eds.), *Imperialism: Critical Concepts in Historical Studies*, vol. I-III, London: Routledge, 2001.

Headrick, Daniel R., *Power Over People: Technology, Environments, and Western Imperialism, 1400 to the Present*, Princeton: Princeton University Press, 2010.

Hunt, Lynn et. al., *Making of the West, vol. II: since 1500: Peoples and Cultures*, Boston: Bedford, 2012.

McClintock, Anne, *Imperial Leather: Race, Gender and Sexuality in the Colonial Contest*, New York: Routledge, 1995.

21장
이주의 물결과
이동의 확대

기 리샤르, 전혜정 옮김, 『사람은 왜 옮겨 다니며 살았나』, 에디터, 2004.

박단 엮음, 『현대서양사회와 이주민: 갈등과 통합 사이에서』, 한성대학교 출판부, 2009.

스티븐 카슬·마크 J. 밀러 지음, 한국이민학회 옮김, 『이주의 시대』, 일조각, 2013.

제리 벤틀리, 김병화 옮김, 『고대 세계의 만남: 교류사로 읽는 문명이야기』, 학고재, 2006.

황혜성, 「왜 호모(Homo Migrans)인가」, 《호모미그란스》, vol. 1, 2009.

Bade, J. Klaus, *L'Europe en mouvement. La migration de la fin du XVIIIe siècle à nos jours*, Paris: Seuil, 2002.

Canny, Nicholas, *Europeans on the Move. Studies on European Migration, 1500-1800*, Oxford: Clarendon Press, 1994.

Harzig, Christiane & Dirk Hoerder, *What is Migration History*, Malden: Polity Press, 2009.

Hoerder, Dirk & Leslie Page Moch(eds.), *European Migrants. Global and Local Perspectives*, Boston: Northeastern U. P., 1996.

Lucassen, Jan, Leo Lucassen & Patrick Manning(eds.), *Migration History in World History. Multidisciplinary Approaches*, Boston: Brill, 2012.

Moch, Leslie Page, *Moving Europeans. Migration in Western Europe since 1650*, Bloomington: Indiana U. P., 2003.

Parsons, Craig A. & Timothy M. Smeeding(eds.), *Immigration and the Transformation of Europe*, Cambridge: Cambridge U. P., 2006.

22장
제1차 세계대전과
총력전의 세기

Beckett, Ian, *Home Front 1914-1918: How Britain survived the Great War*, Kew: National Archives, 2006.

Beckett, Ian, *The Great War 1914-1918*, Harlow: Pearson/Longman, 2007.

Bourne, John, *Britain and the Great War 1914-1918*, London & New York: Edward Arnold, 1989.

Brown, Malcom, *The Imperial War Museum Book of The Western Front*, London: Pan Books in association with the Imperial war Museum, 2001.

Cecil, Hugh & Peter H. Liddle(eds.), *Facing Armageddon: The First World War Experienced*, London: Leo Cooper, 1996.

Horne, John(ed.), *State, Society and Mobilization in Europe during the First World War*, Cambridge: Cambridge University Press, 2002.

Howard, Michael, *The First World War*, Oxford: Oxford University Press, 2002.

Jukes, Geoffrey, *The First World War: The Eastern Front 1914-1918*, Oxford: Osprey Publishing, 2002.

Mombauer, Annika, *The Origins of the First World War: Controversies and Consensus*, Harlow: Longman, 2002.

Mosier, John, *The Myth of the Great War: A New Military History of World War One*, London: Profile, 2002.

Prior, Robin & Trevor Wilson, *The First World War*, London: Cassell & Co., 2001.

Sheffield, Gary, *Forgotten Victory: The First World War, Myths and Realities*, London: Headline Review, 2002.

Simkins, Peter, *The First World War: The Western Front 1914-1916 & 1917-1918*, Oxford: Osprey Publishing, 2002.

Strachan, Hew, *The First World War: A New Illustrated History*, London: Simon & Schuster, 2003.

Winter, Jay & Jean-Louis Robert(eds.), *Capital Cities at War: Paris, London, Berlin*, Cambridge: Cambridge University Press, 1999.

23장 러시아 혁명과 사회주의 국가의 출현: 억압에서 해방으로, 해방에서 동원으로

니콜라스 랴자놉스키·마크 스타인버그, 조호연 옮김, 『러시아의 역사』 하권, 까치, 2011.

디트리히 가이어, 이인호 옮김, 『러시아 혁명』, 민음사, 1990.

레온 트로츠키, 최규진 옮김, 『러시아 혁명사』 총3권, 풀무질, 2003-2004.

로버트 서비스, 김남섭 옮김, 『레닌』, 교양인, 2017.

로버트 서비스, 윤길순 옮김, 『스탈린』, 교양인, 2010.

쉴라 피츠패트릭, 고광열 옮김, 『러시아 혁명: 1917~1938』, 사계절, 2017.

스티브 스미스, 류한수 옮김, 『러시아 혁명: 1917년에서 네프까지』, 박종철출판사, 2007.

알렉 노브, 김남섭 옮김, 『소련경제사』, 창작과비평사, 1998.

알렉산더 라비노비치, 류한수 옮김, 『1917년 러시아 혁명: 노동계급이 권력을 잡다』, 책갈피, 2017.

올랜도 파이지스, 조준래 옮김, 『혁명의 러시아 1891-1991』, 어크로스, 2017.

이인호 엮음, 『러시아 혁명사론』, 까치, 1992.

존 리드, 서찬석 옮김, 『세계를 뒤흔든 열흘: 1917년 러시아 10월 혁명의 현장 기록』, 책갈피, 2005.

존 톰슨, 김남섭 옮김, 『20세기 러시아 현대사』, 사회평론, 2004.

Acton, E., V. Cherniaev & W. Rosenberg(eds.), *Critical Companion to the Russian Revolution, 1914-1921*, Bloomington and Indianapolis : Indiana University Press, 1997.

Chamberlin, William H., *The Russian Revolution, 1917-1921*, 2 vols., New York: Grossett & Dunlap, 1963.

Figes, Orlando, *A People's Tragedy: The Russian Revolution: 1891-1924*, London: Weidenfeld & Nicolson, 1996.

Mints, I. I., *Istoriia Velikogo Oktiabria*, 3 vols., Moscow: Nauka, 1977-1979.

Sakharov, A. N.(et al.), *Rossiia v nachale XX veka*, Moscow: Novyi khronograf, 2002.

Sokolov, A. K., *Kurs sovetskoi istorii, 1917-1940*, Moscow: Vysshaia shkola, 1999.

Volobuev, O. V. et al.(eds.), *Drama rossiiskoi istorii: Bol'sheviki i revoliutsiia*, Moscow: Novyi khronograf, 2002.

Ward, Chris, *Stalin's Russia*, London: Bloomsbury Publishing, 1993.

24장 전간기 유럽 사회와 파시즘의 전개

데틀레프 포이케르트, 김학이 옮김, 『나치 시대의 일상사: 순응, 저항, 인종주의』, 개마고원, 2003.

로버트 O. 팩스턴, 손명희·최희영 옮김, 『파시즘: 열정과 광기의 정치 혁명』, 교양인, 2005.

마르틴 브로샤트, 김학이 옮김, 『히틀러 국가: 나치 정치혁명의 이념과 현실』, 문학과지성사, 2011.

마크 마조워, 김준형 옮김, 『암흑의 대륙: 20세기 유럽 현대사』, 후마니타스, 2009.

볼프강 쉬벨부시, 차문석 옮김, 『뉴딜, 세 편의 드라마: 미국의 뉴딜, 무솔리니의 파시즘, 독일의 나치즘』, 지식의풍경, 2009.

알베르트 슈페어, 김기영 옮김, 『기억: 제3제국의 중심에서』, 마티, 2007.

장문석, 『파시즘』, 책세상, 2010.
조지 L. 모스, 임지현·김지혜 옮김, 『대중의 국민화: 독일 대중은 어떻게 히틀러의 국민이 되었는가?』, 소나무, 2008.
칼 폴라니, 박현수 옮김, 『거대한 변환: 우리시대의 정치적·경제적 기원』, 민음사, 1991.
케빈 패스모어, 강유원 옮김, 『파시즘』, 뿌리와이파리, 2007.
E. J. 홉스봄, 강명세 옮김, 『1780년 이후의 민족과 민족주의』, 창비, 1998.
Ben-Ghiat, Ruth, *Fascist Modernities: Italy, 1922-1945*, Berkeley: University of California Press, 2001.
Cannistraro, Philip V., *La Fabbrica del consenso: Fascismo e mass media*, Roma e Bari: Laterza, 1975.
De Grazia, Victoria, *The Culture of Consent: Mass Organization of Leisure in Fascist Italy*, Cambridge, Eng.: Cambridge University Press, 1981.
Kagan, Donald, Steven Ozment and Frank M. Turner(eds.), *The Western Heritage*, vol. 2, tenth edition, Upper Saddle River: Prentice Hall, 2010.
Lupo, Salvatore, *Il Fascismo: La politica in un regime totalitario*, second edition, Roma: Donzelli, 2005.
Mack Smith, Denis, *Italy: A Modern History*, Ann Arbor: The University of Michigan Press, 1959.
Osterhammel, Jürgen and Niels P. Petersson, *Globalization: A Short History*, tr. Dona Geyer, Princeton: Princeton University Press, 2005.
Payne, Stanley G., *A History of Fascism, 1914-1945*, Madison: The University of Wisconsin Press, 1995.
Steger, Manfred B., *The Rise of the Global Imaginary: Political Ideologies from the French Revolution to the Global War on Terror*, Oxford: Oxford University Press, 2008.

25장 제2차 세계대전과 홀로코스트

라울 힐베르크, 김학이 옮김, 『홀로코스트, 유럽유대인의 파괴』, 개마고원, 2008.
로버트 S. 위스트리치, 송충기 옮김, 『히틀러와 홀로코스트』, 을유문화사, 2011.
리처드 오버리, 류한수 옮김, 『스탈린과 히틀러의 전쟁』, 지식의 풍경, 2003.
마크 마조워, 김준형 옮김, 『암흑의 대륙―20세기 유럽 현대사』, 후마니타스, 2009.
안병직 외, 『세계의 과거사 청산』, 푸른역사, 2005.
이용우, 『프랑스의 과거사 청산―숙청과 기억의 역사, 1944~2004』, 역사비평사, 2008.
존 키건, 류한수 옮김, 『2차세계대전사』, 청어람미디어, 2007.
최호근, 『서양 현대사의 블랙박스 나치 대학살』, 푸른역사, 2006.
토니 주트, 조행복 옮김, 『포스트워 1945~2005』, 플래닛, 2008.
A. J. P. 테일러, 유영442 옮김, 『제2차 세계대전의 기원』, 지식의 풍경, 2003.
Azéma, Jean-Pierre et François Bédarida(dir.), *1938-1948. Les années de tourmente de Munich à Prague. Dictionnaire critique*, Paris: Flammarion, 1995.
Deák, István, Jan T. Gross and Tony Judt(eds.), *The Politics of Retribution in Europe. World War II and Its Aftermath*, Princeton: Princeton University Press, 2000.
Durand, Yves, *Le nouvel ordre européen nazi. La collaboration dans l'Europe allemande (1938-1945)*, Bruxelles: Editions Complexe, 1990.

Eismann, Gaël et Stefan Martens(dir.), *Occupation et répression militaire allemandes. La politique de 《maintien de l'ordre》 en Europe occupée, 1939-1945*, Paris: Éditions Autrement, 2007.
Ferro, Marc, *Questions sur la IIe Guerre mondiale*, Firenze: Casterman, 1993.
Novick, Peter, *The Resistance versus Vichy. The Purge of Collaborators in Liberated France*, New York: Columbia University Press, 1968.

26장
냉전 체제의 전개와 제3세계의 대두

권헌익, 이한중 역, 『또 하나의 냉전』, 민음사, 2013.
박지향, 『제국주의』, 서울대출판부, 2000.
베른트 슈퇴버, 최승완 역, 『냉전이란 무엇인가』, 역사비평사, 2008.
에릭 홉스봄, 이용우 역, 『극단의 시대, 20세기 역사』, 하권, 도서출판 까치, 1997.
이근욱, 『냉전, 20세기 후반의 국제정치』, 서강대학교출판부, 2012.
존 루이 개디스, 정철 역, 『냉전의 역사』, 에코리브르, 2010.
토니 주트, 조행복 역, 『포스트 워, 1945-2005』, 플래닛, 2008.
Droz, Bernard, *Histoire de la décolonisation au XXe siècle*, Paris: Seuil, 2006.
Jeannesson, Stanislas, *La guerre froide*, Paris: La Découverte, 2002.
Leslie, James & Elizabeth Leake, *Decolonization and the Cold War; Negotiating Independence*, London & New York: Bloomsbury, 2005.
Westad, Odd Arne, *The Global Cold War*, Cambridge: Cambridge University Press, 2007.

27장
68운동과 새로운 사회운동

로널드 프레이저, 안효상 옮김, 『1968년의 목소리』, 박종철출판사, 2002.
브루스 왓슨, 이수영 역, 『프리덤 서머 1964』, 삼천리, 2014.
오제명 외, 『68. 세계를 바꾼 문화혁명』, 도서출판 길, 2006.
잉그리트 길혀-홀타이, 정대성 역, 『68운동, 독일, 서유럽, 미국』, 들녘, 2006.
조지 카치아피카스, 이재원·이종태 역, 『신좌파의 상상력, 세계적 차원에서 본 1968』, 이후, 1999.
크리스 하먼, 이수현 역, 『세계를 뒤흔든 1968』, 책갈피, 2004.
타리크 알리, 안효상 역, 『1960년대 자서전』, 책과함께, 2008.
타리크 알리·수잔 왓킨스, 안찬수·강정석 역, 『1968—희망의 시절, 분노의 나날』, 삼인, 2001.
Frei, Nobert, *1968, Jugendrevolte und globaler Protest*, München: dtv, 2008.
Klimke, Martin & Joachim Scharloth(ed.), *1968, Handbuch zur Kultur- und Mediengeschichte der Studentenbewegung*, Stuttgart: Metzler, 2007.
Roth, Roland & Dieter Rucht(ed.), *Neue soziale Bewegungen in der Bundesrepublik Deutschland*, Frankfurt: Campus Verlag, 1987.

28장
제2차 세계대전부터 소련 사회주의 체제의 해체까지: 변화와 개혁의 시도

니콜라이 V. 라자놉스키, 마크 D. 스타인버그, 조호연 옮김, 『러시아의 역사』, 하권, 까치, 2011.
니키타 흐루쇼프, 박상철 옮김, 『개인숭배와 그 결과들에 대하여』, 책세상, 2006.
리처드 오버리, 류한수 옮김, 『스탈린과 히틀러의 전쟁』, 지식의 풍경, 2003.
마크 마조위, 김준형 옮김, 『암흑의 대륙』, 후마니타스, 2009.
송충기·류한수 외, 『세계화 시대의 서양 현대사』, 아카넷, 2009.
존 M. 톰슨, 김남섭 옮김, 『20세기 러시아 현대사』, 사회평론, 2004.

Bialer, S., *Stalin's Successors*, Cambridge: Cambridge University Press, 1982.

Breslauer, G. W., *Khrushchev and Brezhnev as Leaders*, London: George Allen and Unwin, 1984.

Erickson, J., *The Road to Stalingrad*, New York: Cassell, 2007.

Freeze, Gregory L., *Russia: A History*, Oxford: Oxford University Press, 2009.

Fürst, J.(ed.), *Late Stalinist Russia: Society Between Reconstruction and Reinvention*, London: Routledge, 2006.

Service, Robert, *A History of Modern Russia: From Nicholas II to Vladimir Putin*, Mass.: Harvard University Press, 2005.

Suny, Ronald G.(ed.), *The Structure of Soviet History: Essays and Documents*, Oxford: Oxford University Press, 2003.

Taubman, William, *Khrushchev: A Man and His Era*, New York: W.W. Norton, 2004.

Zubok, V., A., *Failed Empire: the Soviet Union in the Cold War from Stalin to Gorbachev*, Chapel Hill, NC.: The University of North Carolina Press, 2008.

찾아보기

용어

ㄱ

가격혁명 316
가우가멜라 045
가톨릭 종교개혁(반종교개혁) 276, 283, 285, 286
간다라 미술 048
갈리아인 052, 054
『갈리아 전쟁기』 114
갈리폴리 전역 560, 562
강제법(Coercive Acts) 339
검은 돌 126
검은 손 440
게드로시아 049
게르만족의 대이동 115, 117, 208
게토 648, 651, 652, 655
계승자들(디아도코이) 049, 050
고데스베르크(Godesberg) 당대회 701
고딕 양식 199
고트족 115-118
골리앗 시인들(Golliards) 200
공동방목권 322
공산주의 356, 459, 613, 624, 640, 646, 668, 676, 690, 728
공성자 051
공정가격제 349, 352, 355
공포정치 351
과학혁명 330, 375

관료제 123
관습법 118
관직매매 303, 329
교반법 370
교통혁명 377, 429
교황령 130
교회의 대분열 232, 276
구정공세(Tet offensive) 708
구츠헤어샤프트(Gutsherrschaft) 322
국가이성 301
국제노동자협회 459
군사혁명 292-294
『군주론』 272
궁재 129
궁정식 사랑(courtly love) 177
『궁정인』 272
권리장전 310
권리청원 308
그라니코스강 044
그룬트헤어샤프트(Grundherrschaft) 323
그리스 독립투쟁(독립전쟁) 391, 407, 423
그리스-페르시아 전쟁 017, 025, 026, 028-030, 039, 431
그린피스(Greenpeace) 715
글라스노스티 738

기계파괴운동 372
기계화 447, 448, 462
『기독교 강요』281
기독교 인문주의 270, 274, 277, 287, 288
기독교 제국(imperium Christianum) 130
기쁨을 통한 힘(Kraft durch Freude) 629
기사도 176, 177, 180, 181, 201, 227, 228, 235, 254
기즈(Guise) 가문 300
김나시온 058

ㄴ

나치즘 606, 611, 617, 618, 620, 622-627, 629, 630, 632, 634, 642, 646
남북전쟁(미국 내전) 402-404, 489, 503, 699
낭테르 대학 703, 709
낭트 칙령 300
냉전 607, 666-677, 679-694, 696, 698, 723
네덜란드 독립전쟁 297, 318
네오리얼리즘 631
노동조합 445, 446, 451, 461-466, 596
노르만 왕조 153, 155, 224
노르망디 상륙작전 647
노멘클라투라(nomenklatura) 731
노예무역 75, 342, 350, 378, 388, 402, 405, 406, 520
노예제 폐지 운동 405
노예해방령 404
농노 144, 145, 169, 170, 175, 219, 220, 322, 344, 346
농노제 170, 324, 399, 528, 588

농민보유지 322
농업혁명 140, 508, 524
농지법 075
누에바그라나다 395
누에바에스파냐 395
뉘른베르크법(독일의 혈통 및 명예 보호법) 650
뉘른베르크(Nünberg) 재판 662
뉴딜 정책 622
뉴커먼 증기기관 370
능동시민 347
『니벨룽겐의 노래(Nibelungenleid)』200
니케아 공의회 104
니케의 반란 122

ㄷ

다원주의 435
다호메이(Dahomey) 왕국 515
당통파 353
대간주 308
대공황 622
대륙회의(Continental Congress) 340
대분기(Great Divergence) 385
대불황 435, 437
대서양 간 이주 538
대중민족주의 436
대천사 미카엘 군단 620
대항문화(Counterculture) 702-704, 714
대헌장(Magna Carta) 154, 181
데모스 027
델로스 동맹 025, 026, 028-030

도시문화 498
도시화 450, 489, 543
도폴라보로(Dopolavoro) 629
독립국가연합 629, 740
(미국) 독립선언서 340, 341
독소불가침조약 646
독일 농민전쟁 280
독일재향군인회 436, 440
독일제국 427, 430
독일함대협회 439
독일 혁명 426
동고트족 117, 118, 192
동로마 제국 084, 085, 116, 118, 121, 166, 198
동맹국 전쟁 029, 077
동부전선 557, 562, 566, 567, 570, 575, 646, 647
동부전선주의자들(Easterners) 561
동업조합(guild) 145, 336, 348
드레드노트(Dreadnought) 호 551
등본보유농(copyholder) 324

ㄹ

〈라오콘〉 063
라인란트 638
라틴인 069
랑고바르드족 129
러셀 법정 707
러시아 혁명 465, 466, 608, 613, 619
런던통신협회 358
레닌그라드 사건 726
레온-카스티야 왕국 128

로마 055, 056
로마 공화정 072-074, 81, 87, 615
로마 광장 074
로마군단 080
로마네스크 124
로마네스크 양식 198
로마법 118
『로마사』 237
로마의 평화 081
로마 제국 114, 116, 118, 121
로마 진군 615
로마화 114, 119
로맨티시즘(Romanticism) 391, 392, 497
『롤랑의 노래(Chanson de Roland)』 201
롬바르드족 116
루덴도르프 대공세 575
루블린-마이다네크(Lublin-Majdanek) 654
루비콘 077
루이지애나 매입 400
루지타니아(Lusitania) 호 572
루터파 280, 305
르네상스(Renaissance) 266
리소르지멘토(Risorgimento) 618
리케이온 064

ㅁ

마그네시아 전투 056
마녀사냥 333, 334
마라톤 전투 029
마르크스주의 443, 444, 456-460, 468, 482, 511, 518, 591, 701

마상시합 180
마자르족 135, 151, 488, 527
마케도니아 021, 029, 031, 033, 043, 054, 055, 057
만인사제주의 279
매뉴팩처 373
메노파 298
메디나(야스브리) 126
메디치 가문 271
메로빙 왕조 129
메르센 조약 134, 135
메세니아 023
메스타 325
메카 125, 126
멘셰비키 591
멜레아그로스 050
면벌부(indulgence) 278
면직공업 364, 368-370, 372, 380, 382, 509
명예혁명 310, 362, 376, 377
무기광물경제(inorganic mineral economy) 372
무산시민 076
무제한 잠수함전 583
문화 투쟁 432
뮌헨 협정 639-641
뮬 방적기 369
미시시피 자유 여름(Mississippi Free Summer) 699
미주리 대타협 400
미케네 문명 017, 019-021, 036
미트라다테스 057
미트라다테스 전쟁 057
민권운동 698
민네징거(minnesinger) 201

민족자결주의 601, 677
민족주의 412, 413, 415, 635
민주사회를 위한 학생조직(Students for a Democratic Society) 701
민주주의 613
민회 024, 027, 028, 070, 072, 073
밀라노 칙령 103

ㅂ

바다로의 경주(race to the sea) 557
바렌(Varennes) 349
바르바로사 신화 430
바르바로사 작전 719
바르샤바조약기구(WTO) 670
바리사이파 091
바빌론 045, 049
바스티유 346
바이킹 134, 198
박트리아 042, 046, 054, 056, 058
반달족 118
반유대주의 648
반제 회의 654
반핵운동 713
반혁명 혐의자 체포법 352
백년 전쟁 216, 223, 224, 234, 235, 237, 290, 293
백인의 책무(White men's burden) 517-519
버지니아 권리장전(Virginia Bill of Rights) 341
범민족주의 440
『법학제요(Institutiones)』 123
베르됭 전투 566
베르됭 조약 134

베르뱅(Vervins) 조약 292
베르베르 이주민 125
베르사유 301
베르사유 조약 578, 624, 638, 641
베를린 위기 669
베버명제 282
베스트팔렌 조약 276, 298, 305, 306
『베오울프(Beowulf)』 200
베우제츠(Bełżc) 수용소 654
베이비붐 세대 700
베트남 전쟁 685, 688, 693, 705-708, 710, 712
보수주의 388, 389, 393, 397
보스턴 차 사건 339
보스턴 학살 339
보통선거제 398
보편논쟁 193
보헤미아 291
보헤미아-모라비아(Bohemia-Moravia) 639
복지 정책 466, 469
볼로냐 대학 194
볼셰비키 591, 592, 596-600, 602, 604
볼셰비키당 608
봉건적 부과조 324, 328, 329
부르고뉴 공국 291, 292
부르군트족 118
부르주아 328
부왕령 258
부활절 진군(Ostermarsch) 700
부흥민족주의 417
북대서양조약기구(NATO) 670, 683, 685, 686, 690
불가타 성경 274, 284, 287

불의 십자가 620
불입권 137
붉은 2년 614
브나로드 운동 590
브라운슈바이크 선언 355
브란덴부르크 292
브레티니 조약 227
비동맹운동(Non-Aligned Movement) 680
비상조치법(Notstandgesetz) 701
비시정부 659
비시 프랑스 644, 645
비어홀 폭동 625
비자발적 이주 545-547
비잔티움 제국 085, 121, 159, 203, 237, 272, 527, 588
빈 체제 397, 422
빈 회의 388, 422

ㅅ

사두가이파 091
사라피스 059
『사랑에 관하여(De Amore)』 201
〈사모트라케의 니케〉 064
사미즈다트(samizdat) 733
사산조 페르시아 82, 122
사실주의(Realism) 498
사제 요한 왕국 213
사회개혁 453, 469
사회문제 443, 482
사회적 다원주의 517, 550, 618
사회주의 443

사회주의 리얼리즘 726
사회주의 정당 478, 490
사회주의학생연맹(SDS) 701
산업혁명 362, 474
산업화 381, 481, 544
살라미스 전투 030
삼두정치 077
삼부회 153, 163, 181, 237, 344-346
상업의 부활 143
상퀼로트 349
상황주의 인터내셔널(Situationist International) 700
새러토가 전투 341
생활권(Lebensraum) 610, 611, 618, 627, 646
샹파뉴 정기시 144
샹파르 344
서고트족 084, 115
서로마 제국 084, 085
서부전선 556, 557, 560, 561, 563, 566, 568, 573-576, 578, 583
서임권 투쟁 157
선대제 320, 366
선제후 277
성 도미니쿠스 수도회(설교자 형제회) 186
성직자 민사기본법 348
성 프란체스코 수도회(작은 형제회) 186
세계박람회 489
세계화 635
세속화 시대 412, 431
세포이의 봉기 503
셀레우코스 왕국 053, 055, 056, 059
소그디아나 042, 046

소독일주의 426, 437
소련(소비에트 사회주의 공화국 연방, 소비에트 연방) 592, 594-596, 601, 605, 608
소르본 대학 709
소브나르호스(sovnarkhoz) 727
소비부르(Sobibó) 수용소 654
소피스트 037
속인주의 118
솜 전투 568
수동시민 347
수력 방적기 369
수사 045
수장법(Act of Supremacy) 283
수정의 밤(Kristallnacht) 628
수평파 309
순니파 127
쉬아파 126
슐리펜 계획(Schlieffen Plan) 555
스콜라(schola) 193
스콜라철학(scholasticism) 193
스탈린그라드 전투 647
스토아주의 065
스튜어트 왕조 307
스파르타 022-025, 029-031, 043, 054
시뇨레(signore) 272
『시민법대전(Corpus Iuris Civilis)』 123
시와 045
시토 교단 142
시토 수도회 186
식민주의(colonialism) 500, 502, 676, 677, 681, 682
식민지 528, 529, 542, 543, 546

신고전주의 489

『신곡(Divina Commedia)』 202

신분투쟁 074

신성 동맹 389-391, 397, 408

신성 로마 제국 85, 131, 147, 151, 213, 274, 277, 292, 305, 306, 314, 618

신약성경 107

신의 평화 166

신의 휴전 188

신좌파(New Left) 701, 703, 711-713

『신칙법(Novellae)』 123

『신학대전』 202

신항로 개척 315

신형군 308

신화 420, 430

십자군 159, 188

쓰리마일 섬(Three Mile Island) 715

ㅇ

아나톨리아 042

아리아화 650

아리우스파 117

아비뇽 유수 163

아비스 가문 244

아스테카 제국 256

아씨냐 348

아우디엔시아(audiencias) 258

아우슈비츠(Auschwitz) 수용소 648, 654, 655, 658

아우크스부르크 화의 280

『아이네이스(Aeneis)』 069

아이라리움 사투르니(aerarium Saturni) 080

아이톨리아 연맹 054, 057

아쟁쿠르 전투 229

아카데메이아 064

아카이아 연맹 054, 057

아타나시우스파 117

아테네 043, 054

아편전쟁 513

아프리카너(Afrikaner) 520

악시옹 프랑세즈(Action Française) 439, 619

알레만족 119

알렉산드리아 045, 055, 064

알렉산드리아 도서관 060

알렉산드리아 박물관 060

알제리 전쟁 678, 696, 707

압바스 왕조 127

압연법 370

앵글로색슨족 118, 153, 155, 504, 508, 541

야스브리(메디나) 126

에베르파 353

에스파냐 내전 632

에트루리아인 070

에피쿠로스주의 065

엔코미엔다(enco-mienda) 257

『엘시드의 노래(Cantar de Mio Cid)』 201

여성운동 435, 713

여성 협회 429

역직기 369

연방주의 반란 352

연합회의(Confederation Congress) 343

열월 9일의 쿠데타 355

열전(Hot War) 667, 684, 686-688

영국 파시스트 연합 620
영주 법정 328
영주직영지 322
예수회(Society of Jesus) 285
예정설 281, 282
『오디세이아』 086
오라녜파 336
오스만튀르크 207, 208, 238, 241, 242, 245, 262, 290, 314, 315, 391, 407, 408, 500, 506
옥스퍼드 대학 195
요먼 324
우드스톡(Woodstock) 703
우리 바다(mare nostrum) 081
우마이야 왕조 127
원로원 070, 071
원로원 결의 073
원산업화 320, 531
원자론 065
웨스트민스터 회담(1926) 504
위그노 전쟁(프랑스 종교전쟁) 286, 300
위마야드 가 125
위트레흐트 동맹 298
유기경제(organic economy) 372
유대인 056
유토피아 사회주의 453
융커(Junker) 170
이로쿼이 연맹 342
이상도시 481
이소스 044
이슬람 제국 391
이윤 인플레이션(profit inflation) 317

이주 체계 531
이탈리아 사회공화국(살로 공화국) 634
이탈리아 사회당(PSI) 614
이탈리아 왕국 425
이탈리아 인민당(PPI) 616
이탈리아 전투 파쇼(Fasci italiani di combattimento) 614
이탈리아 총사령관 119
인간과 시민의 권리선언 347
인더스강 047
인문주의(휴머니즘) 267
인상주의(Impressionism) 498
인종적 복지국가 627
인종주의 627
인지세법 338
인지세법 회의 338
인클로저 325
『일리아스』 086
임페리움 079
잉글랜드 296
잉글랜드 국교회(성공회) 280, 283, 307-309
잉카 제국 256

ㅈ

자발적 이주 544, 546, 547
『자본론』 458
자본주의 296, 297, 311
자영농민 075, 077, 442
자유 교양교과 196
자유대학 707
자유언론운동(Free Speech Movement) 699

자유의 아들(Sons of Liberty) 339
자유주의 388-390, 393, 395-398, 401, 407
자치도시(코뮌) 146, 147, 155
자코뱅파 356
잔부의회 309
장기의 19세기 412, 415
장로파 309
재세례파 298
재정·군사 국가(fiscal-military state) 290, 378
재정복 운동(Reconquista) 245
재판농노제 323
적군파 713
전 독일 연맹 439
전염병 478
전체주의 616-619, 625-634
절대주의 181, 296, 302-304, 307, 311, 388, 484,
정복자들(conquistadores) 257
제1인터내셔널 444
제1차 마케도니아 전쟁 056
제1차 세계대전 511, 526, 545, 546, 578, 579, 585, 592, 610, 611, 640, 641, 662
제2공화정 398
제2인터내셔널 444
제2제정 398
제2차 마케도니아 전쟁 056
제2차 세계대전 546, 547, 622, 633, 638, 639, 641, 645-649, 651, 653, 657, 671-674, 676, 677, 718-720, 723
제3세계 677
제3신분 344
『제3신분이란 무엇인가』 344
제3인터내셔널(코민테른) 603

제4차 라테라노 공의회 188
제국주의(imperialism) 436, 500
제니 방적기 369
젠트리 309, 327
조직민족주의 438
종교개혁(Reformation) 276
종사제 136
주데텐란트(Sudetenland) 638, 639, 642
주종제 130
〈죽어가는 갈리아인〉 064
즈다노프 독트린 669
증기기관 369
지롱드파 349
지방 내 이주 537
지중해 교역 205
짐크로법(Jim Crow Laws) 699

ㅊ

차티스트 운동 449
차티즘(Chartism) 397, 478, 484
참을 수 없는 법(Intolerable Acts) 339
철위대 620
청교도(청교도주의) 282, 283, 307-309
청교도혁명 283, 310
청년보스니아 440
초기 사회주의 453
총력전(total war) 579, 612
총요소생산성(total factor productivity) 364
총재정부 356
최상신서 137

칙령군 235
『칙법집(Codex)』 123
친위특공대 653

ㅋ

카노사 굴욕 158
카라벨선 247
카롤링 르네상스 132, 193, 266
카롤링 소문자체 132
카롤링 왕조 129
카르타고 074
카스트로 704
카이로 128
칼리지(College) 196
칼뱅파 296-298, 305-308
캄포포르미오 조약 357
『캔터베리 이야기(The Canterbury Tales)』 202
켄투리아 071
코뮌 운동 146, 147, 271
코민테른(제3인터내셔널) 603
코이나 054
코이네 059
코크스 선철 제조법 370
코포라티즘(corporativismo) 627
콘스탄티누스 대제의 기진장 268
쿠르스크(Kursk) 전투 647
쿠리아 070
쿠바 미사일 위기 728
쿠바 혁명 696
크레시 전투 227

크레타 문명 017
크리오요(criollo) 394
크림 전쟁 407-409, 589
클뤼니 수도회 186

ㅌ

타운센드법 339
탈세계화 610
탈식민화 396, 504, 666, 676-680, 687, 688
테니스코트의 선서 346
테바이 025, 043, 053
테일러주의 613
토르데시야스 조약 254
토리파 310
토지대장(둠스데이북) 154
통합민족주의 435, 438
통합아일랜드인협회 358
튜더 왕조 307
트레블링카(Treblinka) 수용소 654
트렌토 공의회 283
트로이아 전쟁 019, 036, 043, 044, 070, 086
트로파우(Troppau) 회의 390
트루먼 독트린 669
트루바두르(trouvadour) 201
트루베레(trouvèe) 201
트루아 조약 229
트리부스 072
티레니아해 068
티로스 045
티베리스강 068

ㅍ

파로스 045
파르테논 037
파르티아 056, 057
파르티아인 054
파스케스 615
파시즘(fascism) 610, 613, 615, 660, 726
팔라티움 074
팔랑헤 620
페닌술라르(peninsular) 394
페레스트로이카 736
페르가몬 054
페르시아 043
페소(Faisceau) 620
펠로폰네소스 전쟁 025, 029-031, 039
평등주의자의 음모 356
평화운동 713
포드주의 613
포에니 전쟁 074, 075
포토시 259
포트 휴런 선언(Port Huron Statement) 701
폴리스 021-023, 025, 027, 031-033, 039, 040
푸아티에 전투 227
프랑스 인민당 620
프랑스 혁명 294, 302, 311, 344, 346, 348, 349, 357-359, 378, 380, 382, 389, 390, 392, 394-396, 405, 406, 453, 454, 475, 478, 494, 545, 619
『프랑스 혁명에 관한 성찰』 389
프랑크족 118
프로스키네시스 047
프로이센 421, 426, 427, 434

프로테스탄트(Protestant) 280
프로테스탄티즘 194, 276, 282
프롱드의 난 301
프린켑스 체제(프린키파투스) 079
프톨레마이오스 왕국 055, 056, 057
피에몬테 424, 440
피털루 학살 391

ㅎ

하기아 소피아 124
하노버 왕조 311
하와이 병합 508
학생비폭력조정위원회(SNCC) 698
『학설휘찬(Digesta)』 123
한국전쟁 693
한자 동맹 143, 319
합스부르크 301
합스부르크 제국 290, 415, 425, 428, 463, 470, 569
향신료 144
헤르만 신화 430
헤움노(Chełmno) 수용소 654
헤타이로이 043, 045, 047, 050
헬라파 094
헬레니즘 042, 056
혁명 공화파 여성시민협회 351
혁명력 1년 헌법 356
혁명력 3년 헌법 356
협동조합 482
호국경 309
호민관 080

호엔슈타우펜 왕조 155
'화려한 고립(splendid isolation)' 정책 553
화살십자당 620
환경운동 713
활판인쇄술 277
황제교황제(Caesarpapism) 123
후방전선(Home Front) 579
후원제 303
훈족 115
휘그파 310
흑사병 122, 213, 216, 218, 219, 227, 233, 241, 314, 528, 530, 648
흑인의 벗 협회 350
히다스페스강 048
히파스피스타이 043

기타
10월 혁명 597
1791년 헌법 348
1793년 헌법 350
1832년 선거법 개정 397
2월 혁명(1848년) 398, 424, 594
30년 전쟁 276, 280, 286, 294, 296, 298, 301, 305, 306, 321, 530
3B 정책 551
3C 정책 551
3국 동맹(Triple Alliance) 552, 555, 561, 572
3국 협상(Triple Entente) 553
3세기의 위기(Third-Century Crisis) 081, 082
3포제 140, 172
4제 통치(tetrarchy) 082-084
4차 십자군 161

500인회의 356
5월 파리 708
5현제 시대 081
68세대 712, 715, 716
68운동 698, 700, 702, 707, 713-716
7년 전쟁 338, 342, 344
7월 혁명 423
95개조 반박문 276

인명

ㄱ
가리발디, 주세페(Giuseppe Garibald) 425, 618
가마, 바스코 다(Vasco da Gama) 240
그라쿠스, 가이우스(Gaius Gracchus) 076
그라쿠스, 티베리우스(Tiberius Gracchus) 075
갈레노스(Galenos) 331
갈릴레이, 갈릴레오(Galileo Galilei) 331
고르바초프, 미하일(Mikhail Gorbachev) 736
괴벨스, 요제프(Joseph Goebbels) 650
구스타브 아돌프 2세(Gustav Adolf II) 298
구텐베르크, 요하네스(Johannes Gutenberg) 277
그레고리우스 7세(Gregorius VII) 158
기번, 에드워드(Edward Gibbon) 085
기조, 프랑수아(Francois Guizot) 397

ㄴ
나이팅게일, 플로렌스(Florence Nightingale) 408
네로(Nero) 097
노르망디 공작 윌리엄 153
노벨, 알프레드(Alfred Nobel) 515

뉴턴, 아이작(Isaac Newton) 332
니콜라이 2세(Nicholas II) 591, 592, 594

ㄷ

다레이오스(Darius) 044, 045
다윈, 찰스(Charles Darwin) 517
단테, 알리기에리(Alighieri Dante) 202
달라디에(Éouard Daladier) 639
던, 존(John Donne) 330
데리베라(José Antonio Primo de Rivera) 620
데메트리오스(Demetrius) 051
데모크리토스(Democritos) 037, 065
데카르트, 르네(RenéDescartes) 332
데키우스(Decius) 100
도리오, 자크(Jacques Doriot) 620
(성) 도미니쿠스(Dominicus) 186
도미티아누스(Domitianus) 097
두브체크, 알렉산드르(Alexandr Dubček) 711
두츠케, 루디(Rudi Dutschke) 713
둔스스코투스(Duns Scotus) 194
드골, 샤를(Charles de Gaulle) 506
드로이젠, 구스타프(Johann Gustav Droysen) 042
드트루아, 크레티엥(Chréien de Troyes) 201
들라크루아, 외젠(Eugée Delacroix) 391
디아스, 바르톨로뮤(Bartolomeu Diaz) 241
디오클레티아누스(Diocletianus) 082-084, 102, 103

ㄹ

라로크, 프랑수아 드(François de La Rocque) 620
레닌, 블라디미르(Vladimir Lenin) 511, 592, 593, 595-597, 604, 608
레오 3세(Leo III) 130
로드 경 308
로물루스 아우구스툴루스(Romulus Augustulus) 122
로베스피에르(Robespierre) 350
로소니, 에드몬도(Edmondo Rossoni) 619
로욜라, 이냐시오 데(Ignatius de Loyola) 285
로즈, 세실(Cecil Rhodes) 504
로타르(Lothair) 134
록사네 047, 050
루도비쿠스(Hludovicus) 133, 134
루드비히 독일왕(Ludwig der Deutshe) 134
루이 14세(Louis XIV) 262, 294, 301-303, 529
루이 7세(Louis VII) 160, 201
루터, 마르틴(Martin Luther) 276, 278, 279, 281
루포, 살바토레(Salvatore Lupo) 619
룩셈부르크, 로사(Rosa Luxemburg) 511
르고프, 자크(Jacques Le Goff) 167
르샤플랭, 앙드레(Andréle Chaplain) 201
리비우스(Livius) 070, 237
리슐리외(Richelieu) 301
리시마코스(Lysimachos) 051, 052
리치, 마테오(Matteo Ricci) 286
링컨, 에이브러햄(Abraham Lincoln) 403

ㅁ

마르켈리누스(Marcellinus) 115
마르쿠제, 헤르베르트(Marcuse, Herbert) 701
마르크스, 칼(Karl Marx) 478, 604
마이모니데스(Maimonides) 193

마젤란(Magellan) 255
마조워, 마크(Mark Mazower) 627
마치니, 주세페(Giuseppe Mazzini) 424, 618
마키아벨리, 니콜로(Niccolo Machiavelli) 272, 294
마테오티, 자코모(Giacomo Matteotti) 617
말렌코프(Malenkov) 725, 726
먼로, 제임스(James Monroe) 394
메디치, 로렌초 데(Lorenzo de Medici) 272
메디치, 코시모 데 (Cosimo de Medici) 272
메테르니히(Metternich) 391, 422
모라스, 찰스(Charles Maurras) 619
모슬리, 오즈월드(Oswald Mosley) 620
모어, 토머스(Thomas More) 275
몬테수마(Montezuma) 256
몰로토프(Molotov) 724
무솔리니, 베니토(Benito Mussolini) 615-617, 619, 620, 625-627, 631, 633-635, 639, 640, 647, 660, 704
무함마드(Muhammad) 125
밀스, 찰스 라이트(Charles Wright Mills) 701
밀, 존 스튜어트(John Stuart Mill) 397

ㅂ

바돌리오, 피에트로(Pietro Badoglio) 634
바란, 폴(Paul Baran) 512
바레스, 모리스(Maurice Barrè) 619
바바, 호미(Homi Bhabha) 518
바뵈프, 프랑수아 에밀(Françis ile Babeuf) 356
(성) 바실리우스 185
발라, 로렌초(Lorenzo, Valla) 268
발라메르 118

발렌스 황제 115
발루아, 조르주(Georges Valois) 620
발보아, 바스코 누녜스 데(Balboa Vasco Nunez de) 255
버크, 에드먼드(Edmund Burke) 389
(성) 베네딕투스(Benedictus) 185
베르길리우스(Vergilius) 069
베버, 막스(Max Weber) 282
베살리우스, 안드레아스(Andreas Vesalius) 331
베이컨, 로저(Roger Bacon) 194
베케트, 토머스(Thomas Becket) 202
보나파르트, 나폴레옹(Napolén Bonaparte) 356, 388, 588
보날드, 루이 가브리엘 암브뤼아 드(Bonald) 390
보니파키우스(Bonifacius) 130
보니파키우스 8세(Bonifacius VIII) 162
보댕, 장(Jean Bodin) 317
보부아르, 시몬 드(Simone de Beauvoir) 714
볼리바르(Bolivar) 395
부르크하르트, 야코프(Jacob Burckhardt) 266
뷔제(Bugey) 715
브레즈네프, 레오니트 일리치(Leonid Il'ich Brezhnev) 718
블레어, 토니(Tony Blair) 715
비스마르크, 오토 폰(Otto von Bismarck) 427, 430, 432, 503
비스콘티(Luchino Visconti) 631
비토리오 에마누엘레 3세(Vittorio Emanuele III) 615
빌럼 5세(Willem V) 336
빌헬름 1세(Wilhelm I) 430

ㅅ

사르트르, 장 폴(Jean Paul Sartre) 707
사하로프, 안드레이 디미트리예비치(Andrei Dimitrievich Sakharov) 733
살러시, 페렌츠(Ferenc Száasi) 620
샤를 대머리왕(Charles the Bald) 134
샤를마뉴(Charlemagne) 184, 198, 201
생시몽, 클로드(Claude Saint-Simon) 443
생쥐스트, 루이 앙투안 드(Louis Antoine de Saint-Just) 352
셉티미우스 세베루스(Lucius Septimius Severus) 082
셀레우코스(Seleukos) 051, 052
셰이스(Shays) 343
소크라테스(Socrates) 038
소포클레스(Sophocles) 036
솔론(Solon) 026
솔제니친(Solzhenitsyn) 733
술리(Sully) 301
슈뢰더, 게르하르트(Gerhard Schröer) 715
슈슈니크, 쿠르트 폰(Kurt von Schuschnigg) 638
슈페어, 앨버트(Albert Speer) 633
슈프링어(Springer) 709
슐라이허, 쿠르트 폰(Kurt von Schleicher) 625
스미스, 맥(Denis Mack Smith) 615
스키피오 아시아티쿠스(Scipio Asiaticus) 056, 075
스탈린(Stalin) 014, 592, 604, 605, 607, 608, 633, 646, 647, 669, 672, 704, 711, 718-730, 733, 736-738, 751-753
스투르초, 루이지(Luigi Sturzo) 616
스트롱, 조사이어(Josiah Strong) 508
스펜서, 허버트(Herbert Spencer) 518
(성) 시메온(Simeon) 185
시에예스, 에마뉘엘 조제프(Emmanuel Joseph Sieyè) 357

ㅇ

아데나워, 콘라트(Konrad Adenauer) 699
아르키메데스(Archimedes) 062
아리다이오스 050
아리스타르코스(Aristarchos) 060, 062
아리스토텔레스(Aristoteles) 022, 032, 038, 064, 065, 073, 128, 193-195, 206,
아리스토파네스(Aristophanes) 036
아리우스(Arius) 109
아멘돌라(Giovanni Amendola) 616
아몬(Amon) 045
아벨라르, 피에르(Pierre Abelard) 193
아우구스투스(Augustus) 069, 070, 079-082, 087, 105,
아우구스티누스(Augustinus) 116
아이밀리우스 파울루스(Aemilius Paullus) 057
아이스킬로스(Aeschylos) 036
아케메네스(Achaemenes) 046
아퀴나스, 토마스(Thomas Aquinas) 149, 194, 202
아타나시우스(Athanasius) 105
아폴로니오스(Apollonios) 063
아퐁수 데 알부케르케(Afonso de Albuquerque) 250
안드로포프(Andropov) 735
(성) 안토니우스(Antonius) 185

안티고노스(Antigonos) 051, 054
안티고노스 고나타스(Antigonos Gonatas) 052, 054
안티오코스 3세(Antiochos III) 056
안티오코스 4세(Antiochos IV) 057
안티파트로스(Antipatros) 050, 051
알라릭(Alaric) 116
알라릭 2세(Alaric II) 118
알렉산드로스(Alexandros) 031, 042-047, 049, 050, 052, 053, 109, 110, 527, 742
알렉산드로스 4세(Alexandros IV) 050, 051
알렉산드르 1세(Aleksandr I) 390, 588
알렉산드르 2세(Aleksandr II) 409, 589, 590
알렉산드르 3세(Aleksandr III) 590
알리, 무하마드(Muhammad Ali) 707
알리에노르(Aliéor) 201
알바 공 297
알베르티, 레온 바티스타(Leon Battista Alberti) 273
알쿠이누스(Alcuinus) 130
알폰소 6세(Alfonso VI) 128
앙리 4세(Henry IV) 152, 300, 301
에드워드(흑세자)(Edward the Black Prince) 226
에라스뮈스, 데시데리우스(Desiderius Erasmus) 287
에라토스테네스(Eratosthenes) 061
에우리피데스(Euripides) 036
에우세비우스(Eusebius) 182
에피쿠로스(Epikouros) 064
엔히크(항해 왕자)(Infante Dom Henrique) 250
엘리자베스 1세(Elizbeth I) 283, 307
엥겔스, 프리드리히(Friedrich Engels) 476
예수(Jesus Christ) 90
예카테리나 대제(Ekaterina) 588

옐친, 보리스(Boris Yeltsin) 736
오네조르크(Ohnesorg) 708
오도아케르(Odoacer) 116
오르다스(Ordaz) 711
오스만(G. E. Haussmann) 486
오스터함멜, 위르겐(Jürgen Osterhammel) 610
오시리스(Osiris) 059
오언, 로버트(Robert Owen) 453
오컴의 윌리엄(William of Ockham) 194
오토 1세(Otto I) 151
오토(Otto)135
옥타비아누스(Octavianus) 057
올림피아스(Olympias) 051
와트, 제임스(James Watt) 370
요제프 2세(Joseph II) 336
요하네스 12세(Joannes XII) 135
우르바누스 2세(Urbanus II) 161
울필라스(Ulfilas) 117
워즈워스, 윌리엄(William Wordsworth) 357, 497
월러스틴, 이매뉴얼(Immanuel Wallerstein) 512
위클리프, 존(John Wycliffe) 233
유스티니아누스(Justinianus) 119
이르네리우스(Irnerius) 194
이반 4세(Ivan IV) 292
이븐 루쉬드(Ibn Rushd, 아베로에스) 193
이븐 시나(Ibn Sina, 아비센나) 193
이사벨 여왕(Isbel I) 245
이소크라테스(Isocrates) 031
이시스(Isis) 060
인노켄티우스 3세(Innocentius III) 161

ㅈ

자카리우스(Zacharias) 129
잔 다르크(Jeanne d'Arc) 229-231, 234-236
잘목시스(Zalmoxis) 116
잭슨, 앤드류(Andrew Jackson) 401
정화(鄭和) 243
제논(Flavius zeno) 116, 122
제논(Zenon) 064
제임스 1세(James I) 307
제임스 6세(James VI) 307
제퍼슨, 토머스(Thomas Jefferson) 400
즈다노프, 안드레이 알렉산드로비치(Andrei Aleksandrovich Zhdanov) 722
주코프, 게오르기 콘스탄티노비치(Georgii Konstantinovich Zhukov) 720

ㅊ

차터지, 반킴 찬드라(Bankim Chandra Chatterjee) 518
찬드라굽타(Chandragupta) 048
찰스 1세(Charles I) 307
채드윅(Chadwick) 477
처칠, 윈스턴(Winston Churchill) 561, 562, 599, 668, 704
체 게바라(Che Guevara) 704
체르넨코, 콘스탄틴(Konstantin Chernenko) 735
체임벌린, 네빌(Neville Chamberlain) 639
초서, 제프리(Geoffrey Chaucer) 202
츠빙글리, 울리히(Ulrich Zwingli) 281
칠데릭 1세(Childeric I) 119

ㅋ

카롤루스, 마르텔루스(Carolus Martellus) 129
카를 5세(Karl V) 279, 280, 297
카보우르(Cavour) 425
카산드로스(Kassandros) 051, 052
카스트로, 피델(Fidel Castro) 697, 704
카스틸리오네, 발다사레(Baldassare Castiglione) 272
카이사르, 율리우스(Julius Caesar) 077, 114
카페, 위그(Hugh Capet) 134, 152
칼리마코스(Kallimachos) 063
칼뱅, 장(Jean Calvin) 280, 281
케네디, 로버트(Robert Kenndy) 710
케플러, 요하네스(Johannes Kepler) 332
코드레아누, 코르넬리우(Corneliu Codreanu) 620
코르넬리우스(Cornelius) 182
코르테스, 에스난(Hernan Cortes) 257
코시긴(Kosygin) 730
코페르니쿠스, 니콜라우스(Nicolaus Copernicus) 331
콘스탄티누스(Constantinus) 084, 121
콘월리스, 찰스(Charles Cornwallis) 342
콜럼버스, 크리스토퍼(Columbus, Christopher) 245
쿠통(Couthon) 352
크라테로스(Craterus) 050, 051
크롬웰, 올리버(Oliver Cromwell) 308
크비슬링, 비드쿤(Vidkun Quisling) 642
클레오파트라(Cleopatra) 057
클레이스테네스(Cleisthenes of Sicyon) 023
클레이토스(Cleitus) 047

클로비스(Clovis) 119, 192
클린턴, 빌(Bill Cliton) 715
키플링, 러디어드(Rudyard Kipling) 517
킹, 마틴 루서 주니어(Martin Luther Jr. King) 698

ㅌ

테렌티우스 아페르, 푸블리우스(Publius Terentius Afer) 086
테오도라(Theodora) 122
테오도리쿠스(Theodoricus) 192
테오도릭(Theodoric) 118
테오도시우스(Theodosius) 105
테오크리토스(Theokritos) 063
테첼, 요하네스(Johannes Tetzel) 278
토크빌, 알렉시스 드(Alexis de Tocqueville) 402
톰슨, 에드워드 파머(Edward Palmer Thompson) 701
투생 루베르튀르(Toussaint Louverture) 394
투키디데스(Thucydides) 035
투팍 아마루(Tupac Amaru) 394
트로츠키, 레온(Leon Trotsky) 592, 596, 604

ㅍ

파농, 프란츠(Franz Fanon) 518
파라오(Pharaoh) 055
파르메니온 047
파스테르나크(Pasternak) 728
파스퇴르, 루이(Louis Pasteur) 479
(성) 파코미우스(Pachomius) 185
파크스, 로사(Rosa Parks) 698

파펜, 프란츠 폰(Franz von Papen) 625
팍타, 루이지(Luigi Facta) 615
팩스턴, 로버트(Robert O. Paxton) 619
페르난도 7세(Ferdinand VII) 393
페르디난트 2세(Ferdinand II) 305
페르디카스 050, 051
페르세우스 057
페리클레스(Perikles) 026
페이시스트라토스(Peisistratos) 027
페인, 토머스(Thomas Paine) 358
페탱, 앙리 필리프(Henri Philippe Petain) 642
페테르손, 닐스(Niels P. Petersson) 610
페트라르카, 프란체스코(Francesco Petrarca) 268
펠리페 2세(Felipe II) 297
포드고르니(Podgorny) 730
포로스 048
폭스, 찰스 제임스(Charles James Fox) 357
폴라니, 칼(Karl Polanyi) 623
폴리페르콘(Polyphercon) 051
표트르 대제(Pyotr I) 294, 588
푸리에, 샤를(Charles Fourier) 481
푸틴, 블라디미르(Vladimir Putin) 736, 741
폴로, 마르코(Marco Polo) 211
(성) 프란체스코(Francesco) 186
프랑크, 안드레 군더(Andre Gunder Frank) 512
프랑크, 한스(Hans Frank) 652
프루동, 피에르 조제프(Pierre Joseph Proudhon) 482
프리던, 베티(Betty Naomi Friedan) 714
프리스틀리, 조지프(Joseph Priestley) 357
프톨레마이오스(Ptolemaios) 042, 050, 051, 052, 059, 195, 330

플라미니누스(Flamininus) 056

플라톤(Platon) 032

플리니우스(Gaius Plinius Caecilius Secundus) 100

피로스(Pyrrhos) 054

피사로, 프란시스코(Francisco Pizarro) 241

핀다로스(Pindaros) 043

필로타스(Philotas) 047

필리포스 2세(Philippos II) 043

필리포스 3세(Philippos III) 050, 051

필리포스 5세(Philippos V) 056

피피누스(Pippinus Brevis) 129, 130

필리프 2세(Philippe II) 153, 161, 195

필리프 4세(Philippe IV) 153, 162, 163, 223, 232

필리프 6세(Philippe VI) 225, 226

후스, 얀(Jan Hus) 233

흐루쇼프, 니키타 세르게예비치(Nikita Sergeevich Khrushchyov) 718

히틀러, 아돌프(Adolf Hitler) 617, 625-627, 634, 635, 638-641, 646-649, 653, 704, 718-721, 740

힌덴부르크, 파울 폰(Paul von Hindenburg) 625

ㅎ

하비, 윌리엄(William Harvey) 331

하이드리히, 라인하르트(Reinhard Heydrich) 654

하인리히(Heinrich) 135, 151

하인리히 4세(Heinrich IV) 158, 159

한니발(Hannibal) 074

헤로도토스(Herodotos) 035, 039

헤르만(Hermann) 420

헤르더, 요한 고트프리트 폰(Johann Gottfried von Herder) 358

헤이, 존(John M. Hay) 508

헨리 8세(Henry VIII) 283, 307

호메로스(Homeros) 036, 086

홉스봄, 에릭(Eric Hobsbawm) 500

홉슨, 존 앳킨슨(John Atkinson Hobson) 501

저자 약력(가나다순)

강창부

공군사관학교 졸업, 서울대학교 서양사학과 학사, 동 대학원 서양사학과 석사, 영국 버밍엄 대학교에서 역사학 박사. 현재 공군사관학교 역사/철학과 교수. 저서로 『항공우주시대 항공력 운용』(공저), 역서로 『다시 쓰는 전쟁론』, 『항공전의 역사』, 『근현대전쟁사』, 『현대전의 이해』가 있으며, 주로 제1차 세계대전의 군사사와 사회사 관련 논문을 집필했다.

고재백

총신대학교 졸업, 서울대학교 서양사학과 석사, 동 대학원 박사과정 수료, 독일 지겐 대학교 역사학 박사, 현재 국민대학교 교양대학 교수. 주요 저서로 *Wissenschaftspopularisierung und Frauenberuf*, 『크리스트교, 유럽의 중세를 지배하다』, 논문으로 「19세기 후반기 독일 부르주아 가족잡지의 역사」, 「서유럽 근대사회의 종교와 세속화 논의」, 「서유럽 근대사회의 세속화와 종교의 여성화」 등이 있다.

김대륜

서울대학교 서양사학과 졸업, 동 대학원 서양사학과 석사, 영국 옥스퍼드 대학교 사학과 박사, 현재 대구경북과학기술원(DGIST) 기초학부 교수. 주요 논문으로 「18세기 영국의 경제와 정치제도: 분석의 시각에 관한 검토」, 「『영국노동계급의 형성』 다시 읽기 - 출간 50주년에 부쳐」, 'In search of "Affectionate Regard": American Merchant Lobbies and the State during the Atlantic Imperial Crisis' 등이 있다.

김덕수

서울대학교 서양사학과 졸업, 동 대학원 서양사학과 석사·박사. 현재 서울대학교 역사교육과 교수. 주요 저서로 『아우구스투스의 원수정: 로마공화정에서 제정으로』, 『그리스와 로마-지중해의 라이벌』, 역서로 『로마문명사』, 『로마사』, 『로마혁명사』가 있다. 논문으로 「로마혁명에서 신흥엘리트의 등장과 역할-아그리파와 마이케나스를 중심으로-」 등이 있다.

김봉철

서울대학교 서양사학과 졸업, 동 대학원 서양사학과 박사. 현재 아주대학교 사학과 교수. 주요 저서로 『그리스신화의 변천사』, 『전환기 그리스의 지식인, 이소크라테스』, 『영원한 문화도시, 아테네』, 역서로 『그리스 민주정의 탄생과 발전』, 논문으로 「고대 아테네의 사회변화와 고등교육의 역할」, 「고대 그리스에서의 유럽의 형성과정에 관한 역사적 분석」, 「고전기 아테네의 종교적 추방자에 관한 연구」, 「헤로도토스의 역사서술과 그리스신화」 등이 있다.

김원중

동국대학교 사학과 졸업, 서울대학교 서양사학과 석사, 에스파냐 콤플루텐세 대학교 역사학 박사. 현재 서울대학교, 인하대학교 등에서 강의. 주요 저서로는 『대항해 시대의 마지막 승자는 누구인가?』, 『스페인 문화순례』(공저), 『인물로 본 문화』(공저), 역서로는 『라틴아메리카의 역사』, 『스페인 제국사』 등이 있다.

남종국

서울대학교 서양사학과 졸업, 동 대학원 서양사학과 석사, 프랑스 파리 1대학 역사학 박사. 현재 이화여자대학교 사학과 교수. 주요 저서로 *Le commerce du coton en Méditerranée à la fin du Moyen Age*, 『이탈리아 상인의 위대한 도전: 근대 자본주의와 혁신의 기원』, 역서로 『프라토의 중세 상인』, 논문으로 "Medieval European medicine and Asian spices" 등이 있다.

류한수

서울대학교 서양사학과 졸업, 동 대학원 서양사학과 석사, 영국 에식스 대학교 역사학과 박사. 현재 상명대학교 역사콘텐츠학과 교수. 주요 저서로 『러시아의 민족정책과 역사학』(공저), 역서로 『러시아 혁명: 1917년에서 네프까지』, 『1917년 러시아 혁명: 노동계급이 권력을 잡다』, 논문으로 「러시아 혁명과 노동의무제」, 「공장 작업장의 러시아 혁명」, 「러시아 혁명의 "펜과 망치"」 등이 있다.

민유기

고려대학교 서양사학과 졸업, 동 대학원 서양사학과 석사, 파리 1대학 사학과 석사, 파리사회과학고등연구원 역사학 박사. 현재 경희대학교 사학과 교수. 주요 저서로 『도시이론과 프랑스 도시사 연구』, 『도시는 역사다』(공저), 역서로 『도시와 인간』, 논문으로 「프랑스 사회주의 시정의 탄생」, 「아르누보와 문화민주주의」 등이 있다.

박구병

서울대학교 서양사학과 졸업, 동 대학원 서양사학과 석사, 미국 로스앤젤레스 소재 캘리포니아 주립대학교(UCLA) 사학과 박사. 현재 아주대학교 사학과 교수. 주요 저서로 『제3세계의 역사와 문화』(공저), 『글로벌 냉전과 동아시아』(공저), 논문으로 「아메리카노의 독립투쟁과 에스파냐 자유주의의 변화」, 「탈식민 운동으로서의 1910년대 멕시코 혁명」, 역서로 『아메리카노: 라틴아메리카의 독립투쟁』(공역), 『변화하는 라틴아메리카: 세계화와 근대성』, 『근대세계체제 IV: 중도적 자유주의의 승리, 1789~1914년』 등이 있다.

박용진

서울대학교 서양사학과 졸업, 동 대학원 석사, 아미앵을 대상으로 한 중세 프랑스 도시사 연구로 박사학위를 받았다. 현재 서울대학교 인문학연구원 HK연구교수. 저서로 『유럽 바로 알기』, 『중세 유럽은 암흑시대였는가』, 『문명 밖으로』(공저), 『문명의 교류와 충돌』(공저) 등이 있으며, 역서로 『기적을 행하는 왕』, 『기억의 장소』(전 5권), 『기베르 드 노장의 자서전』, 논문으로 「중세 말 프랑스 왕권과 파리의 부르주아」를 비롯한 프랑스 중세사와 도시사에 대한 논문들이 있다.

박원용

서울대학교 서양사학과, 동 대학원 서양사학과 석사, 미국 인디애나 대학교 박사. 현재 부경대학교 사학과 교수. 주요 저서로 『소비에트 러시아의 신체문화와 스포츠』, 『스포츠가 역사를 말하다: 정치, 계급, 젠더』(공저), 『해양사의 명장면』(공저), 역서로 『에릭 홉스봄 평전』(근간), 『E. H. 카 평전』, 『역사에 대해 생각하기』, 논문으로 「동청철도 건설과정을 통해 본 세기 전환기의 러시아 극동」, 「냉전기 올림픽에서의 미국과 소련의 이미지 전쟁」 등이 있다.

박윤덕

서울대학교 서양사학과 졸업, 파리 1대학 프랑스혁명사연구소에서 〈제헌국민의회 시기의 농촌소요와 농민운동 1789-1791〉에 관한 연구로 역사학 박사 학위. 현재 충남대학교 사학과 교수. 주요 저서로 『시민혁명』, 『프랑스 구체제의 권력구조와 사회』(공저) 등, 역서로 『혁명의 탄생』 등, 논문으로 「프랑스혁명 초기 농민운동의 성격」, 「민중의 "도덕경제"와 식량폭동-18세기 말 프랑스의 경우」 등이 있다.

박재욱

서울대학교 서양사학과 박사. 서양고대사 전공. 현재 신라대학교 역사교육과 교수. 역서로 『고대 그리스, 그리스인』, 『투퀴디데스 역사를 다시 쓰다』 등이 있으며, 고대 스파르타의 교육 및 사회와 관련한 논문을 쓰고 연구를 계속하고 있다.

박흥식

서울대학교 서양사학과 졸업, 독일 괴팅엔 대학교 중세-근대사학과 석사·박사. 현재 서울대학교 서양사학과 교수. 저서로 *Krämer-und Hökergenossenschaften im Mittelalter*(중세 잡화상동업조합과 식료품상동업조합), 역서로『유럽패권 이전-13세기 세계체제』(공역),『중세 유럽의 코뮌 운동과 시민의 형성』등이 있으며, 중세 말기의 사회경제사, 일상생활사, 교회사, 흑사병 등을 주제로 다수의 논문을 집필했다.

성백용

서울대학교 서양사학과 박사. 서양 중세사 전공. 현재 한남대학교 역사교육과 교수. 저서로『영웅만들기』(공저), 역서로『세 위계: 봉건제의 상상세계』,『자본주의는 미래가 있는가』, 논문으로「서유럽 중세의 노년에 관한 담론」,「서유럽 중세 수도원운동의 이념과 수도회 조직들」등이 있다.

송충기

서울대학교 서양사학과 졸업. 독일 보쿰 대학교 박사. 현재 공주대학교 사학과 교수. 저서로『근대 엔지니어의 성장』(공저),『나치는 왜 유대인을 학살했을까』, 역서로『20세기 포토 다큐 세계사 4(독일의 세기)』, 논문으로「경험의 역사로서 독일 구술사」,「독일 68운동기 〈코뮌〉의 일상과 성혁명, 그리고 몸의 정치」등이 있다.

신명훈

서울대학교 서양사학과 졸업, 동 대학원 서양사학과 석사, 독일 빌레펠트 대학교 역사학과 박사. 현재 선문대학교 역사문화콘텐츠학과 교수. 주요 저서로『독일 노동운동과 노동자상담소』, 논문으로「사회정책, 법 그리고 노동운동」,「드라마 "홀로코스트"와 독일의 과거청산」,「빌헬름제국의 복지정책과 노동운동」등이 있다.

양희영

서울대학교 서양사학과 졸업, 동 대학원 박사. 현재 서울여자대학교 사학과 교수. 저서로 『프랑스의 열정, 공화국과 공화주의』(공저), 『혁명은 왜 일어났을까?』, 『서양 여성들 근대를 달리다』(공저), 『19세기 허스토리』(공저) 등이 있고, 역서로 『로베스피에르, 혁명의 탄생』, 『반혁명』, 『기억의 장소』(전5권, 공역), 『파리의 풍경』(전6권, 공역) 등이 있다. 논문으로 「프랑스혁명과 폭력: 농민봉기에서 국가폭력으로?」, 「지롱드파 대 산악파-프랑스혁명과 당파의 탄생」, 「프랑스혁명기 형제애, 코스모폴리타니즘, 전쟁」, 「차이와 평등의 공화국-프랑스의 1848년 혁명과 여성의 정치적, 경제적 권리-」 등이 있다.

이경일

서울대학교 서양사학과 졸업, 동 대학원 서양사학과 석사, 프랑스 파리사회과학고등연구원 역사학 박사. 현재 경성대학교 인문문화학부 교수. 역서로 『사진으로 읽는 세계사 3. 파시즘』, 『세상을 어떻게 바꿀 것인가』, 『과열의 시대』, 논문으로 「프랑스의 이탈리아 이민 연구」, 「전쟁과 이민-귀화와 귀국의 기로에 선 2차 대전기 프랑스 내 이탈리아 이민자들-」, 「전간기와 파시스트 체제 하의 알토 아디제: 이탈리아화 과정」 등이 있다.

이용우

서울대학교 서양사학과 졸업, 동 대학원 서양사학과 석사·박사. 현재 동덕여자대학교 국사학과 교수. 주요 저서로 『레지스탕스 프랑스: 신화와 망각 사이』, 『미완의 프랑스 과거사: 독일강점기 프랑스의 협력과 레지스탕스』, 『프랑스의 과거사 청산: 숙청과 기억의 역사, 1944-2004』, 역서로 『극단의 시대: 20세기 역사』, 논문으로 「기 모케 사건: 역사, 기념, 논쟁」, 「프랑스 철도와 홀로코스트-재판, 논쟁, 역사-」, 「전후 프랑스의 유대인 재산 반환 문제와 마테올리 연구단」 등이 있다.

이용재

서울대학교 서양사학과 졸업, 동 대학원 서양사학과 석사, 프랑스 파리 1대학 역사학 박사. 현재 전북대학교 사학과 교수. 주요 저서로 『함께 쓰는 역사』(공저), 『세계화 시대의 서양현대사』(공저) 등이 있고, 역서로는 『앙시앵레짐과 프랑스혁명』, 『폭력에 대한 성찰』, 논문으로는 「제국의 해체: 영국과 프랑스의 '탈식민화' 비교」, 「드골과 알제리 독립」 등이 있다.

임승휘

서울대학교 서양사학과 졸업, 프랑스 파리 4대학 소르본 석사, 동 대학원 박사. 현재 선문대학교 역사문화콘텐츠학과 교수. 주요 저서로 《절대왕정의 탄생》, 《식인양의 탄생》 등이 있고, 역서로 《유럽문명의 역사》 등이 있다.

장문석

서울대학교 서양사학과 졸업. 동 대학원 서양사학과 석사·박사. 현재 서울대학교 서양사학과 교수. 전 영남대학교 역사학과 교수. 주요 저서로 『민족주의 길들이기』, 『피아트와 파시즘』, 『파시즘』, 『민족주의』, 『근대정신은 어떻게 탄생했을까?』, 『자본주의 길들이기』 등이 있고, 주요 역서로 『제국의 지배』, 『래디컬 스페이스』, 『스페인 은의 세계사』, 『현대 유럽의 역사』, 『파시즘의 서곡, 단눈치오』 등이 있다

정기문

서울대학교 역사교육학과 졸업, 동 대학원 역사교육학과 석사, 서양사학과 박사. 현재 군산대학교 사학과 교수. 주요 저서로 『로마는 어떻게 강대국이 되었는가?』, 『역사란 무엇인가?』, 『한국인을 위한 서양사』, 역서로 『아우구스티누스』, 『인문정신의 역사』 등이 있다.

최재인

서울대학교 서양사학과 박사. 현재 서울대학교 강사. 주요 저서로 『서양 여성들 근대를 달리다』(공저), 『다민족 다인종 국가의 역사인식』(공저), 『고무 따라 역사여행』, 논문으로 「미국 역사교육의 쟁점과 전망: 아프리카계 미국인 역사교육을 중심으로」, 「지난 10년 미국여성사 연구동향-하나의 시각」, 역서로, 『세계사 공부의 기초』, 『가부장제와 자본주의』, 『아름다운 외출: 페미니즘 그 상상과 실천의 역사』, 『유럽의 자본주의』 등이 있다.

황대현

서울대학교 서양사학과 졸업, 동 대학원 서양사학과 석사, 독일 아우크스부르크 대학교 역사학과 박사. 현재 목원대학교 역사학과 교수, 주요 저서로 『서양 기독교 세계는 왜 분열되었을까?』, 역서로 『근대 초기 매체의 역사. 매체로 본 지배와 반란의 사회 문화사』, 논문으로 「역사축제와 연출된 기억」, 「자전적 텍스트를 통한 '개인의 발견'?」 등이 있다.

개정증보판
서양사강좌

1판 1쇄 펴냄 | 2016년 2월 20일
1판 7쇄 펴냄 | 2021년 1월 25일
개정증보판 1쇄 펴냄 | 2022년 3월 1일
개정증보판 6쇄 펴냄 | 2025년 9월 19일

지은이 | 박윤덕 외
펴낸이 | 김정호

책임편집 | 박수용
디자인 | 이대응

펴낸곳 | 아카넷
출판등록 2000년 1월 24일(제406-2000-000012호)
10881 경기도 파주시 회동길 445-3
전화 | 031-955-9511(편집)·031-955-9514(주문)
팩시밀리 | 031-955-9519
www.acanet.co.kr / www.phildam.net

ⓒ 박윤덕 외, 2022
Printed in Paju, Korea.

ISBN 978-89-5733-783-7 93920